suhrkamp taschenbuch
wissenschaft 1352

Kaum ein Beruf ist in stärkerem Maße von Mythen umwoben und mit einem vergleichbar hohen Ansehen ausgestattet wie der des Künstlers. Über alle epochentypischen Unterschiede hinweg blieb ein Kranz von Bedeutungen für die Vorstellung vom Künstler im 19. und 20. Jahrhundert stabil. Rupperts Untersuchung fragt nach dem Zusammenhang der Merkmale des modernen Künstlers mit den Strukturen der bürgerlichen Gesellschaft und den sozialen Bedingungen für die Entfaltung der Subjektivität in der kulturellen Moderne. In erster Linie konzentriert sie sich auf die Figur des Malers. Mit der »Kunststadt« München erhält das Thema einen Fokus. Es werden mehrere Ebenen mit einander ergänzender Aussagekraft kombiniert: eine sozialgeschichtliche Analyse der Ordnung des sozialen Raumes durch den Kunstmarkt und die Öffentlichkeit, eine kulturgeschichtliche Analyse, welche die Diskurse über die Begriffe und Vorstellungen, die den Künstlerhabitus konstituierten, verfolgt, sowie eine institutionengeschichtliche Analyse, die die Trennlinien, wie sie in die Ausbildungsinstitutionen Akademie und Kunstgewerbeschule eingeschrieben wurden, als Quelle für die Bedeutungen der künstlerischen Professionen aufnimmt.

Wolfgang Ruppert, 1946 in Hof/Saale geboren, ist seit 1988 Professor für Kulturgeschichte an der Hochschule der Künste Berlin. Buchveröffentlichungen: *Bürgerlicher Wandel. Studien zur Herausbildung einer nationalen deutschen Kultur im 18. Jahrhundert*, Frankfurt am Main/New York 1981; *Die Fabrik. Geschichte von Arbeit und Industrialisierung in Deutschland*, München 1983; (Hg.) *Die Arbeiter. Lebensformen, Alltag und Kultur von der Frühindustrialisierung bis zum »Wirtschaftswunder«*, München 1986; (Hg.) *Fahrrad, Auto, Fernsehschrank. Zur Kulturgeschichte der Alltagsdinge*, Frankfurt am Main 1993; (Hg.) *Chiffren des Alltags. Erkundungen zur Geschichte der industriellen Massenkultur*, Marburg 1993.

Wolfgang Ruppert
Der moderne Künstler

Zur Sozial- und Kulturgeschichte
der kreativen Individualität in der kulturellen Moderne
im 19. und frühen 20. Jahrhundert

Suhrkamp

Die Deutsche Bibliothek – CIP-Einheitsaufnahme
Ruppert, Wolfgang:
Der moderne Künstler : zur Sozial- und Kulturgeschichte
der kreativen Individualität in der kulturellen Moderne
im 19. und frühen 20. Jahrhundert /
Wolfgang Ruppert. –
1. Aufl. – Frankfurt am Main :
Suhrkamp, 1998
(Suhrkamp-Taschenbuch Wissenschaft ; 1352)
ISBN 3-518-28952-7

suhrkamp taschenbuch wissenschaft 1352
Erste Auflage 1998
© Suhrkamp Verlag Frankfurt am Main 1998
Suhrkamp Taschenbuch Verlag
Alle Rechte vorbehalten, insbesondere das
des öffentlichen Vortrags, der Übertragung
durch Rundfunk und Fernsehen
sowie der Übersetzung, auch einzelner Teile.
Druck: Wagner GmbH, Nördlingen
Printed in Germany
Umschlag nach Entwürfen von
Willy Fleckhaus und Rolf Staudt

1 2 3 4 5 6 – 03 02 01 00 99 98

Inhalt

Vorbemerkung 9

Einleitung 11
1. Erkenntnisinteresse und Forschungsstand 11
Zwei Ansichten zum modernen Künstler 13 Der Künstler in der Forschungsliteratur 16
2. Problemstellungen und Begriffe 26
Fragen sind zu präzisieren 26 Zentrale Begriffe 28 Eingrenzungen und Aufbau 39 Quellen 43
3. Die Programmatik der Kulturgeschichte 45
Was verstehen wir unter Kultur und Kulturgeschichte? 46 Kulturgeschichte und Kunstgeschichte 54

Erster Teil
Zur Sozialgeschichte der Künstler

I. Der moderne Künstler als Produzent und sein sozialer Raum 66
1. Der moderne Künstler gewinnt sein Profil 68
Porträts 69 Die Selbständigkeit und die Infrastruktur 74 Freier Künstler im Kunstbetrieb 78 Die Gleichzeitigkeit ungleichzeitiger Konzepte des Künstlers 80
2. Neues Selbstbild und die bürgerliche Kultur 85
Kunstvereine 95 Ausstellungen 99 Kunstkritik 103 Kunsthandel 105 Die Käuferwünsche und die innere Spezialisierung 106

II. Quantitative Analyse 117
1. Das Berufsbild und die Arbeitsteilung 117
Die Aussagefähigkeit der Begriffe 118 Die relative Beständigkeit des Arbeitsmarktes für Künstler 124 Die Kunststadt München 127
2. Soziale Herkunft, Wanderung, Familienstand 130
Die Herkunft Münchner Kunststudenten 1882-1907 130 Schichtungsmodelle 131 Überregionale Mobilität 138 Religion und Lebensform 140

III. Der moderne Künstler in der bürgerlichen Gesellschaft 143
1. *Definition und Differenz* 143
Der moderne Künstler als bürgerlicher Beruf 144 Künstler und
Bürger 150 Die Künstlerinnen und die Wirkungsmacht geschlechterspezifischer Zuschreibungen 154
2. *Soziale Prozesse der Selbstfindung* 168
Selbstorganisation 168 Sezessionen 173 Die Gleichheit der
Künstler und die demokratische Reform 178 Teilhabe an der
Bürgerlichkeit 180 Die Boheme und die Sonderstellung in der
bürgerlichen Gesellschaft 188

IV. Reichtum und Armut 193

V. Bezugsorte des Künstlerlebens: München-Schwabing als
stadtkultureller Raum und die ländliche Szenerie der
Künstlerkolonie Dachau 204
München als Kunststadt 205 Schwabing als »Künstlerviertel« 213
Die Bedeutung der ländlichen Künstlerkolonien 217

ZWEITER TEIL
DIE KONSTRUKTION DES KÜNSTLERHABITUS

I. Begriffe und ihre Bedeutungsaufladungen 225
1. *Zum Begriff des modernen Künstlers* 229
Definitionen in der Gegenwart 229 Die begriffsgeschichtliche
Transformation des Künstlerbegriffs in der ersten Hälfte des
19. Jahrhunderts 236 Zwischen künstlerischer Freiheit und Existenzsicherung 241
2. *Die Individualität als Repräsentation der Moderne* . . . 253
Zwiespältige Erfahrungen mit dem Kult der Individualität 257
Historische Konstruktionen der Entstehung des modernen Individuums 258 Die Etablierung des Individualkünstlers als Leitbild 262 »Freie« Individualität oder Zweckbezogenheit? 266 Die
Idealisierung von Genie und Subjektivität 267 Die Konstruktion
des Individuums im Modernisierungsprozeß und die Phantasieproduktion 276
3. *Sakrale Mythen der Kunst und der Künstlermythos* . . . 280
Die Säkularisierung und die Bedeutung quasisakraler Mythen 280
Die Sakralisierung des Kunstwerks und die Projektion heroischer
Bilder in die Geschichte 286

4. Die Schwierigkeiten mit der Autonomie der Kunst . . .   289
Die Autonomie der Werkentstehung und der Künstlerhabitus 292
Kunsttheoretische Begründungen 295 Die Autonomie und die
Kontextbezüge der kulturellen Moderne 301

II. Symbolische Formen als Praktiken der Repräsentation
des Künstlerhabitus   304
1. Literalität als Repräsentation des Künstlerhabitus. . . .   304
2. Die Zeichen der Maler als Codes eines Berufs   309
3. Von der Werkstatt zum Kultort. Das Atelier als Repräsentation mentaler Muster   316

III. Der Künstlerhabitus als Chiffre:
»Der Rembrandtdeutsche« und die krisenhafte Erfahrung
des Modernisierungsprozesses   327
München, das »Standquartier« Langbehns 328 Der Text 329 Kunst
und Wissenschaft 331 Individualität 333 Die Kritik an der kulturellen Moderne und die völkisch-nationale Utopie 336

IV. Der Künstler als Geschäftsmann:
Franz Lenbach und der Historismus   340
Quellen 342 Generation und Individuum 344 Der »Kultus der alten
Meister« 349 Der freie Maler und sein Markt 353 Porträtist der
Oberschicht und »Seelenmaler« 356 Parvenü und Künstlerfürst 363 Der Sammler und sein Museum 367 Die Villa als
symbolische Repräsentation 376 Kreativer Kommunikator und
Künstlerkult 385 Das Ende einer Ära 388 Ein moderner
Künstler? 392

V. Wassily Kandinsky als Repräsentant der künstlerischen
Moderne   396
Die kunsthistorische Perspektive 396 München um 1900 und das
Anregungspotential der kulturellen Konfiguration 400 Kandinsky
in München 410 Die »moderne Bewegung« und die ästhetische
Aussagekraft für das »seelische Erleben« 423 Theoriearbeit: »Das
Geistige in der Kunst« 427 Der Blaue Reiter 431 Die Zeit am
Bauhaus 437 Kandinsky als Bildungs- und Besitzbürger 445 Bürgerlichkeit 448 Das Konzept des Künstlers, politische Identität und
die mentalen Muster des Eigen- und Fremdbildes 458 Kandinsky
als moderner Künstler 465

Dritter Teil
Institutionen zur Vermittlung des Künstlerhabitus

I. Die Ausbildung zum Maler. Die Kunstakademie als
legitime Ausbildungsinstitution der Professionalisierung . 475
1. Der Weg zum akademischen Künstler 476
Absolutistische Akademie und bürgerliche Reform 476 Grenzziehung zwischen »hoher« und gewerbebezogener Kunst 483
Kontinuität des Akademiebetriebs 490 Die Trennungslinie zur
»angewandten« Kunst und das Selbstverständnis der Akademie 494
2. Diskurse um die Neuorganisation. 500
Abwehr der Öffnung des Künstlerbegriffs 600 Stagnation und
Autonomie 511

II. Gewerbekünstler und angewandter Künstler. Begründungen eines Berufsbildes für den gesellschaftlichen Bedarf 514
1. Handwerk, Industrialisierung und Kunstgewerbe 515
Die Kunstgewerbebewegung 520 Museen, Geschmacksbildung,
Gewerbekünstler 527 Objektkultur und die Konstruktion einer
deutschen Tradition 531
*2. Kunst im Alltagsleben. Die Öffnung der Grenzen des
Künstlerhabitus* 536
Innovation und Künstlerhabitus xx Öffentliche Anerkennung und
Auftragsmärkte 541 »Künstlerischer Ausdruck unserer selbst« 545
Diskurs über die Ausbildung 547 Institutionelle Reformversuche
und das Berufsprofil 554 Industrie und die Gestaltung der modernen Massenkultur 559 Neuer Diskurs um die Öffnung der
»Scheidelinien« im Künstlerhabitus 562 Die Chance zur Reform
567 Stagnation und administrative Erlasse 570

Zusammenfassung und Ausblick 577

Anhang

Tabellen. 593
Archivalische Quellen 597
Veröffentlichte Quellen 602
Sekundärliteratur 614
Bildnachweis. 639
Register. 640

Vorbemerkung

Die Idee zu dieser Arbeit entstand im Mai 1985. Ich beschäftigte mich damals im Kontext der Startphase des Bielefelder Sonderforschungsbereichs Bürgertum mit konzeptionellen Ansätzen zur Kultur des Bürgertums. Meine damalige Lehrtätigkeit legte es nahe, eingehender nach der Entstehungsgeschichte des modernen Künstlers zu fragen. Zunächst schien mir eine Untersuchung mit kollektivbiographischem Zugriff reizvoll. Doch die schwer systematisierbare Datenbasis brachte methodische Probleme mit sich, so daß ich mich entschloß, diesen Ansatz nicht weiter zu verfolgen. Das Konzept zum vorliegenden Buch reifte schließlich 1990/91. Seit 1992 entstand dieser Text.
Sehr hilfreich war die kollegiale Unterstützung bei der Erschließung von archivalischen Materialien verschiedener Institutionen, so von Claus Pese, Germanisches National Museum Nürnberg, und von Frau Ilse Holzinger, Gabriele Münter Archiv in der Galerie im Lenbachhaus der Stadt München.
Jürgen Kocka, Adelheid von Saldern, Hans-Ernst Mittig, Thomas W. Gaehtgens, Hagen Schulze, Werner Busch und Silke Rossow haben das Manuskript in früheren Fassungen ganz oder in Ausschnitten gelesen und nicht wenige wertvolle Hinweise gegeben. Friedhelm Herborth, Suhrkamp Verlag, betreute die letzte Phase des Arbeitsprozesses in verständnisvoller Weise, Elke Habicht lektorierte die Endfassung des Manuskripts. Ihnen allen gilt mein besonderer Dank.
Gisela Heßler hat mich auf dem Weg durch die Materialgebirge begleitet und die Mühen der Ebenen bei der Ausarbeitung über den ganzen Zeitraum hinweg mitgetragen.

Berlin, im November 1997   W. R.

Einleitung

1. Erkenntnisinteresse und Forschungsstand

Der Künstler gilt gemeinhin als die Personifizierung des »schöpferischen Menschen«,[1] der kreativen Individualität und der exponierten Subjektivität. Mit ihm verbinden sich Vorstellungen wie die des Außergewöhnlichen und der ästhetischen Gestaltung des »Geistigen«. Kaum ein Beruf[2] ist mehr von Mythen umwoben und mit einem vergleichbar hohen Prestige ausgestattet. Zugleich hat der moderne Künstler eine nicht nur glanzvolle, sondern auch »fremde« Außenseiterstellung in der Gesellschaft inne. Obwohl viele unterschiedliche Erscheinungsformen unser Bild beeinflussen, sprechen wir mit Selbstverständlichkeit von »den Künstlern«,[3] im Sinne einer fest umgrenzten sozialen Gruppe mit kulturellen Eigenschaften, die von den Prägungen der Zeit unabhängig zu sein scheinen. Wie ist dies alles in seiner Historizität zu erklären? Unsere Untersuchung fragt nach der Sozial- und Kulturgeschichte der modernen Künstler, nach den Gründen für die lange Beständigkeit von Merkmalen,[4] die die gemeinsame Identität der Künst-

---

1 Beispielhaft Otto Rank: Der Künstler, 4. verm. Aufl., Leipzig/Wien/Zürich 1925, S. 7: »als Typus des ideell schöpferischen Menschen, ob er nun Religionsstifter, Philosoph oder Forscher ist«.
2 Um 1900 brachte der Begriff eines »Lebensberufes« das Selbstverständnis der Maler zum Ausdruck, vgl. weiter unten, beispielsweise Lovis Corinth: Meine Lebensbeschreibung, II. Teil »Werden«, S. 1, in Germanisches Nationalmuseum Nürnberg, Archiv für Bildende Kunst (GNM, ABK), Lovis Corinth, sowie Statut der Münchner Akademie von 1911, Bayerisches Hauptstaatsarchiv München (BHStA), MK 40907.
3 Eine repräsentative Formulierung für die Wahrnehmung als Gruppe von der Künstlerin, Kunsttheoretikerin und Frauenrechtlerin Lu Märten: Die wirtschaftliche Lage der Künstler, München 1914, S. 11: »Wir reden von den Künstlern. Nicht von einer Art Künstlerschaft. Wir umschreiben Dichter, Maler, Bildhauer, Musiker und ziehen die Kreise unserer Betrachtung bis tief in die Reihen der kunstgewerblichen Künstler, soweit sie auch da schöpferische Werte schaffen. Wir meinen den schöpferischen Geist aller dieser. Den geistig dauernd Wertschaffenden.«
4 Fernand Braudel: Geschichte und Sozialwissenschaften. Die »longue durée« (1958), in: Hans-Ulrich Wehler (Hg.): Geschichte und Sozio-

ler stifteten und deren Bild in der öffentlichen Kommunikation prägten.[5] Sie fragt aber auch nach den mit den Epochen wechselnden und in sich variierenden kulturellen Leitbildern. Deren Geschichtlichkeit verweist in diesem Konzept auf die Verwobenheit der Künstlergeschichte mit den kulturell-mentalen Formationen und Strukturen der Gesellschaft des 19. und 20. Jahrhun-

logie, Köln 1972 (wiederabgedruckt in: M. Bloch u. a.: Schrift und Materie der Geschichte. Vorschläge zur systematischen Aneignung historischer Prozesse, hg. von Claudia Honegger, Frankfurt am Main 1977). Braudel definierte die Wirkungsmacht langlebiger Strukturen über eine Kette von Generationen hinweg in einer offenen Begrifflichkeit: »Unter Struktur verstehen die Beobachter des Sozialen ein Ordnungsgefüge, einen Zusammenhang, hinreichend feste Beziehungen zwischen Realität und sozialen Kollektivkräften.« Ebd., S. 55.

5 Als der Maler Georg Baselitz im November 1992 in den »Reden über Deutschland« ein Bild von sich selbst, von seinem Arbeitsprozeß und seiner Identität entwarf, griff er auf ein älteres Ensemble von Begriffsfragmenten, kulturellen Mustern, Bildern und Deutungen zurück, das geeignet war, ihn als modernen Künstler zu legitimieren. Baselitz referierte konventionelle kulturelle Muster, als er den modernen Künstler als ein Individuum kennzeichnete, das allein auf seine inneren Seelenlagen und Gefühle bezogen ist und sein Profil aus der produktiven Reibung zu den Wahrnehmungskonventionen und normativen Praktiken der Gesellschaft entwickelt. Vgl. »Reden über Deutschland« in den Münchner Kammerspielen, abgedruckt in: Süddeutsche Zeitung vom 14./15. November 1992. Bei Karla Fohrbeck/Andreas Johannes Wiesand: Der Künstler-Report. Musikschaffende – Darsteller/Realisatoren – Bildende Künstler/Designer, München 1972, erschienen das »Außenseitertum des Künstlers« und seine Arbeit am »Neuen« als Merkmale (S. 29 u. 40). Auch andere Quellen bestätigen die Existenz eines kollektiv kommunizierten Bildes vom »modernen Künstler« im sozialen Gedächtnis unserer Gegenwart. Eine Umfrage der Bundesanstalt für Arbeit bei Jugendlichen zwischen 16 und 24 Jahren hinsichtlich ihrer Berufswünsche belegt die Präsenz von Chiffren für das schöpferische Subjekt. So wollte jeder fünfte deutsche Jugendliche am liebsten ein »freies Künstlerleben« führen. Die Jugendlichen assoziierten mit dem Künstler – in Abgrenzung zu anderen Berufsbildern – ein hohes Maß an Selbstverwirklichung, Selbstausdruck, individueller Unabhängigkeit und unreglementierter Daseinsgestaltung. Vgl. Karen Schober/Manfred Tessaring: Vom Wandel im Bildungs- und Berufswahlverhalten Jugendlicher, in: Materialien aus der Arbeitsmarkt- und Berufsforschung, Bundesanstalt für Arbeit Nürnberg, Nr. 3, 1993, S. 14.

derts.⁶ In welcher inneren Beziehung standen die entfalteten Formen der kreativen Individualität und deren soziale Organisationsformen zur kulturellen Moderne? Gibt es ein Wechselverhältnis zwischen den langfristigen Entwicklungen der Gesellschaft, die durch Begriffe wie Modernisierung und Industrialisierung⁷ gekennzeichnet werden, und den künstlerischen Ausdrucksformen für die Erfahrungen der modernen Individuen? Wie wurde der moderne Künstler professionalisiert? Fragen dieser Art bedürfen einer eingehenderen Reflexion der Voraussetzungen der Untersuchung.

Zwei Ansichten zum modernen Künstler

Ein Ausgangspunkt für unsere Problemstellung ergibt sich aus den unterschiedlichen Auffassungen vom modernen Künstler und seiner Geschichte, wie sie im wissenschaftlichen Diskurs faßbar sind. Es ist aufschlußreich, die Positionen je eines Repräsentanten der Geschichtswissenschaft und der Kunstgeschichte einzuführen und nach der Erklärungskraft ihrer jeweiligen Konstrukte zu fragen. Thomas Nipperdey wies dem Bürgertum als der führenden Trägerschicht der gesellschaftlichen Entwicklungen des 19. Jahrhunderts eine maßgebliche Rolle bei der Herausbildung der modernen Kunst und des modernen Künstlers zu.⁸ Seit dem Ende des 18. Jahrhunderts sei die Kunst nicht mehr auf »höfische, kirchliche, öffentliche

---

6 Zum Begriff der Strukturgeschichte Jürgen Kocka: Sozialgeschichte, Göttingen 1986 (zweite erweiterte Aufl.), S. 163.
7 Zusammenfassend Thomas Nipperdey: Probleme der Modernisierung in Deutschland, in: ders.: Nachdenken über die deutsche Geschichte, München 1986, S. 44-59: »Er [der Begriff der Modernisierung, d. V.] soll den einmaligen Prozeß des ungeheuer schnellen ökonomischen, sozialen, kulturellen, politischen Wandels beschreiben, der sich in den letzten 200 Jahren seit der Doppelrevolution des späten 18. Jahrhunderts, der industriellen und der demokratischen Revolution, zuerst in der europäisch-atlantischen Sphäre und dann in der ganzen Welt abgespielt hat« (S. 44). Nipperdey stützte sich auf Max Webers Ansatz und bewertete Individualismus, Rationalität und Pluralismus als zentrale Aspekte der Modernisierung (S. 46). Ferner Hans-Ulrich Wehler: Modernisierungstheorie und Geschichte, Göttingen 1975.
8 Thomas Nipperdey: Deutsche Geschichte 1866-1918, 1. Band: Arbeitswelt und Bürgergeist, München 1990, S. 692.

Repräsentation« beschränkt gewesen, sondern zu einem »Teil des bürgerlichen Lebens« umgeformt worden. Als Folge der Abschwächung der kirchlichen Bindungen sei »eine säkulare Kunstfrömmigkeit, eine quasireligiöse Verehrung der Kunst« entstanden, an der auch »der Künstler, das Genie, vor allem der unsterblich gewordene Künstler der Vergangenheit« teilhatte, der nunmehr »den Heroen der Menschheit« zugerechnet wurde. Nipperdey bekräftigte mit dieser Deutung die Muster der im 19. Jahrhundert konsolidierten und von Idealisierung getragenen Vorstellung vom Künstler, dem im Selbst- und Fremdbild jene Sonderstellung in der »bürgerlichen Gesellschaft« zuerkannt wurde, die sich aus der kulturellen Konstruktion von Autonomie ergab:[9]

»Der Künstler ist auf sich gestellt, malt ein Bild um seiner selbst willen, nur seinem Gewissen und Genius, seiner Idee der Kunst verpflichtet. Künstler und Kunst werden, so auf sich gestellt, unruhig, unsicher und entdeckerisch zugleich.«

Die so beschriebene Tätigkeit des Künstlers stützte sich auf ein Verhaltensmodell, das einen Gegenpol zu einer von bürgerlichen Normen geordneten Lebensführung und zum kalkulierenden Zweckhandeln bildete. In diesem Konzept des Künstlers habe die Forderung nach »Originalität« an Bedeutung gewonnen. Ferner habe sich die »tragende Gemeinsamkeit zwischen Künstler und Publikum zunehmend aufgelöst«, wodurch die soziale Sonderstellung markiert war: »Die freie Kunst und der einsame Künstler stehen dem Leben, der Gesellschaft gegenüber.« Zu fragen bleibt, in welchem Spannungsverhältnis sich diese emphatische Vorstellung vom Künstler[10] zur sozialen Realität der Künstlerexistenz bewegte.

In der kunstgeschichtlichen Literatur zeigt sich eine Unschärfe, sobald man nach den sozialgeschichtlichen Bedingungen des modernen Künstlers fragt. Martin Warnke hatte sich eingehend mit der gesellschaftlichen Stellung und kulturellen Bedeutung des

---

9 Ebd., S. 695.
10 Wenngleich es Nipperdey vermied, die zeitliche Gültigkeit dieser Konstruktion zu präzisieren, deutete er einen fließenden Beginn an, in Analogie zur Säkularisierung des Weltbildes und zum Erfolg des Bürgertums als der prägenden gesellschaftlichen Kraft bei der Umformung der Kultur im 19. Jahrhundert. Vgl. auch die breitere Vorstudie, ders.: Wie das Bürgertum die Moderne fand, Berlin 1988.

Hofkünstlers für die höfische Welt beschäftigt.[11] In der Weiterführung dieser Analyse definierte er die Subjektivität der Bildsprache als ein distinktives Merkmal des modernen Künstlers, das sich mit der Entwicklungsgeschichte der Moderne herausgebildet hatte und diesen von den Normen der traditionellen handwerklichen Standards unterschied. Ferner komme der Aufladung der Künstlerrolle mit einer spezifischen »geistigen« Kompetenz besondere Bedeutung zu. Die Höherstellung des Künstlers im sozialen Status, die in der Folge mit der Produktion dieses »Geistigen« begründet wurde, sei jedoch nicht erst mit dem Aufstieg des Bürgertums im 19. Jahrhundert erfolgt, sondern bereits ein Ergebnis der Praktiken des höfischen Umgangs mit der Kunst und den Künstlern gewesen.[12] Die Hofkünstler hatten als Fachleute für den Bedarf an visueller Repräsentation der absolutistischen Herrscher oder der Bischöfe gearbeitet.[13] Aufgrund dieser äußerst bedeutsamen Funktion des Einsatzes der Medien »für weltliche Überzeugungsarbeit« zur Machtsicherung und Selbstdarstellung der Herrschaftsträger sei ihnen eine »abgehobene Stellung« gegenüber den anderen Hofhandwerkern in der Prestigehierarchie der Höfe eingeräumt und der Eindruck einer »höheren«, auf einer »universalen Kompetenz« beruhenden, außergewöhnlichen Tätigkeit hervorgerufen worden.[14] Hieraus sei das Bild eines »durch besondere Gnaden erhöhte(n) Individuum(s)« abgeleitet worden und die spätere Konnotation des Außenseiters entstanden.[15] Diese Sonderstellung des Hofkünstlers erschien Warnke als eine pro-

---

11 Als Habilitationsschrift Münster 1969, in ausgearbeiteter Fassung, Martin Warnke: Hofkünstler. Zur Vorgeschichte des modernen Künstlers, Köln 1985.
12 Ebd., S. 9.
13 Ebd.
14 Ebd., S. 11.
15 »Erst mit dem Wegfall der Höfe wird der Künstler zu einem Außenseiter der Gesellschaft, zu einem Sonderwesen, dem die höheren Weihen, die ihm einst am Hofe zuteil geworden waren, noch attributiv anhaften, ohne jedoch substantiell geschützt und legitimiert zu sein. Die Avantgarden der Moderne haben die neue Rolle, welche den Künstlern nach ihrer Aussetzung aus dem Hofschutz in die Welt des Tauschverkehrs geblieben war, nicht nur akzeptiert, sondern produktiv gewendet und die Außenstellung als Plattform kritischer Introspektion genützt.« Ebd., S. 12.

duktive Voraussetzung, aus der sich die Introspektion als eine spezifische kulturelle Kompetenz bildete.
Warnke wandte seinen Erklärungsansatz zur »Vorgeschichte« des modernen Künstlers explizit gegen die im 18. und 19. Jahrhundert entwickelte Konstruktion einer Geschichte des Künstlers, nach der diese in der stadtbürgerlichen Kultur der Renaissance begonnen habe und als eine große bürgerliche Leistung bewertet wurde, unter gleichzeitiger negativer Einschätzung der Rolle der Höfe. Mit der älteren Interpretation der Herkunft des »höheren geistigen Vermögens«, die auch Nipperdey fortschrieb, habe das aufsteigende Bürgertum des 19. Jahrhunderts die Kunst zu einer »Errungenschaft des Bürgertums« erklärt. In Wahrheit habe es mit diesem Bild aber seine eigene kulturgeschichtliche Projektion entworfen, die die Annahme einschloß, mit dem bürgerlichen Wirtschaftssubjekt sei auch das Künstlersubjekt entstanden.[16] Trotz der Überzeugungskraft von Warnkes Argumentation bleiben Fragen nach den spezifischen gesellschaftlichen Faktoren offen, die die soziale Stellung und die kulturelle Bedeutung des modernen Künstlers in der Gesellschaft des 19. und 20. Jahrhunderts definierten.
Diese beiden repräsentativen Positionen der geschichtswissenschaftlichen und der kunstgeschichtlichen Literatur bieten somit erheblich differierende Versionen zur Erklärung von Merkmalen des modernen Künstlers.

Der Künstler in der Forschungsliteratur

Die Thematisierung der Geschichte des Künstlers weist eine starke Verflechtung mit den zeittypischen Kontexten der wissenschaftlichen Konzepte und der Einstellungen der Forscher auf. Erste Untersuchungen mit einer reflexiven Sicht auf die kulturelle Natur der Zuschreibungen entstanden vor dem Hintergrund der sozialwissenschaftlichen Diskussion der zwanziger Jahre. Der schließlich 1934 publizierten Arbeit von Ernst Kris und Otto Kurz »Die Legende vom Künstler«[17] lag aus dem Kontext des psychoanalyti-

---

16 Ebd., S. 9.
17 Ernst Kris/Otto Kurz: Die Legende vom Künstler. Ein geschichtlicher Versuch, Wien 1934 (Neuausgabe mit einem Vorwort von Ernst H. Gombrich, Frankfurt am Main 1979).

schen Diskurses eine kritische Perspektive auf die aus der Romantik hergeleiteten mythischen Konnotationen des Künstlerhabitus zugrunde.[18] Die Autoren fragten danach, von welchem Zeitpunkt an die Beziehung zwischen Künstler und Werk in Begriffen beschrieben wurde, die diesen zu einer heroisierungsfähigen Figur erhoben, wie dies in gesteigerter Weise in der zweiten Hälfte des 19. Jahrhunderts zu beobachten war. Als Quellen dienten ihnen die Künstlerbiographik und die Anekdotenliteratur in einem weit gefaßten Untersuchungszeitraum zwischen der Antike und der Renaissance. Kris und Kurz kamen zu dem Ergebnis, daß derartige Zuschreibungen um 1800 keineswegs neu waren, sondern bereits in Formulierungen wie beispielsweise »Talent«, »göttliche Begabung« und anderen in den frühesten literarischen Dokumenten zu finden sind.

Etwa zeitgleich, in der zweiten Hälfte der zwanziger Jahre, hatte der Kunsthistoriker Martin Wackernagel damit begonnen, den »Lebensraum des Künstlers in der florentinischen Renaissance« zu erforschen.[19] Sein Erkenntnisinteresse richtete sich auf die sozialgeschichtlichen Aspekte der Arbeits- und Lebensbedingungen, auf empirische Aussagen zu den Kunstaufgaben, den Künstlerwerkstätten und zum Kunstmarkt, die bei der weitgehenden Konzentration der Kunstgeschichte auf die Form- und Stilaspekte der »bewunderten« Kunstwerke und die Individualbiographien der Künstler vernachlässigt worden waren. Wackernagel fragte nach dem Wechselverhältnis, das vor der Entstehung der Kunstwerke zwischen den Auftraggebern und den Künstlern vorhanden gewesen sein mußte, ehe das »künstlerische Ingenium« sich in Bewegung setzte.[20] Der Kunstbedarf war in starkem Maße durch die Gebrauchsformen in profanen Lebenszusammenhängen und in religiösen Kultpraktiken bedingt. Daher wurden die Kunstwerke nicht aus der freien Initiative der Künstler heraus, sondern für die vom Auftraggeber vorgegebene Bestimmung angefertigt.[21] Selbst bei

18 Hierzu beschreibend Bernhard Knauss: Das Künstlerideal des Klassizismus und der Romantik, Reutlingen 1925.
19 Martin Wackernagel: Der Lebensraum des Künstlers in der florentinischen Renaissance, Leipzig 1938.
20 Ebd., S. 10.
21 Zu den Varianten dieses Spannungsverhältnisses Francis Haskell: Maler und Auftraggeber. Kunst und Gesellschaft im italienischen Barock, Köln 1996.

religiösen Werken war das Interesse des Auftraggebers keineswegs nur auf die innere Andacht der Menschen beim Gottesdienst, sondern ebenso selbstverständlich auf die für die kommunale Öffentlichkeit inszenierte Selbstdarstellung der Stifter gerichtet. Wackernagel wies darauf hin, daß es grundsätzlich keine Trennung zwischen den verschiedenen Bereichen der Kunstproduktion gegeben hatte.[22] Die größeren Künstlerwerkstätten übernahmen Aufträge jeder Art, wie Truhenmalerei, Stoffbemalung oder Wandbehänge, besorgten die Ausschmückung der Kirchenräume und anderes mehr. Wackernagels Untersuchung zeigte den Handwerkerkünstler des Mittelalters als einen selbständigen, in die stadtzünftische Lebenswelt eingebundenen Handwerker, der von einem offenen Begriff seines Werkstückes geleitet war. Mit der kanonisierten Auffassung vom Kunstwerk und der Spaltung in »freie« und »angewandte« Kunst, wie sie im 19. Jahrhundert vollzogen wurde, hatte diese ältere künstlerische Praxis noch nichts gemein.

Während Wackernagel es vermieden hatte, die »modernen« Vorstellungen vom Künstler des 19. und 20. Jahrhunderts auf das mittelalterliche Gegenstandsfeld zu projizieren, unterstellte das Buch von Rudolf und Margot Wittkower eine lange Gültigkeit der Kategorie des »Außenseitertums« für die soziale Stellung des Künstlers in der Gesellschaft.[23] Die Autoren Wittkower versammelten eine Anzahl von Zuschreibungsmustern und Verhaltensstereotypen, die für das 20. Jahrhundert zutrafen, und suchten deren zeitübergreifende Gültigkeit nachzuweisen.[24] Sie erklärten mit einem phänomenologischen, enthistorisierenden Zugriff den Gegensatz zwischen »dem Künstler« und dem »normalen« Zeitgenossen zu einem unwandelbaren Konstrukt, das sie, im Sinne einer allgemeinen kollektiv-psychologischen Eigenschaft als ver-

---

22 Wackernagel 1938, S. 14.
23 Rudolf und Margot Wittkower: Künstler. Außenseiter der Gesellschaft, Stuttgart 1965. Ihrer Projektion eines überzeitlichen »Wesens« des Künstlers in die Geschichte entsprechend, reichte das in dieser Untersuchung verarbeitete Material von der Antike bis zum 17. und 18. Jahrhundert, mit einem Schwerpunkt im 15. und 16. Jahrhundert, ohne daß eine Eingrenzung auf eine regionale oder nationale Kultur vorgenommen wurde. Vgl. auch eine essayistische Studie von Franz Roh: Der verkannte Künstler, München 1948.
24 Die nachgewiesenen Belegstellen lassen diese Folgerung häufig als überdehnt erscheinen.

breitete Vorstellung, bereits vorgefunden hätten.[25] Jene »Entfremdung« sei in einer besonderen Zuschreibung begründet, die vom »Glauben« des Publikums gestützt werde, »daß Künstler egozentrisch, temperamentvoll, neurotisch, rebellisch, unzuverlässig, ausschweifend, extravagant, von der Arbeit besessen, der bürgerlichen Gesellschaft entfremdet und alles in allem schwierige Lebensgefährten sind und immer waren«.[26]
Aus den Fragestellungen der englischsprachigen Sozialwissenschaft der fünfziger Jahre ergab sich ein neuer Blick auf den modernen Künstler. Bruce A. Watson untersuchte dessen Genese im England des 18. Jahrhunderts unter dem Paradigma der Elitenforschung.[27] Watson war jedoch weniger an der historischen Empirie als an der Nachzeichnung eines verallgemeinerbaren Künstlerhabitus interessiert. Mit der Konturierung der Sozialgeschichte in den sechziger Jahren konkretisierte sich hingegen die Wahrnehmung der gesellschaftlichen Bedingungen der Künstlerindividuen.[28] In dieser Perspektive entstand Peter Burkes Studie »Die Renaissance in Italien«.[29] Wenngleich ebenfalls von der angelsächsischen Elitenforschung getragen und durchaus – im kunstgeschichtlichen Traditionsverständnis – am konventionellen Bild der überragenden Bedeutung dieser Epoche orientiert, untersuchte Burke die Renaissancekünstler als Repräsentanten eines neuen Individualitätsverständnisses des neuzeitlichen Menschen. Sein Erkenntnisinteresse galt darüber hinaus den Ursachen für »kreative Kunstepochen« und den sozialen und kulturellen Vorausset-

25 Ebd., S. VII: »Diese Andersartigkeit des Künstlers wird von den breiten Massen des Publikums allgemein als Tatsache angenommen.«
26 Ebd.
27 Bruce A. Watson: Kunst, Künstler und soziale Kontrolle, Köln und Opladen 1961.
28 Soziologische Untersuchungen mit empirischem Interesse für die gesellschaftliche Wirklichkeit der Künstler: Helmuth Plessner: Über die gesellschaftlichen Bedingungen der Malerei, in: ders.: Diesseits der Utopie, Berlin 1966; R.-D. Hermann: Der Künstler in der modernen Gesellschaft, Frankfurt am Main 1971; P. Rech: Engagement und Professionalisierung des Künstlers, in: Kölner Zeitschrift für Soziologie 24, 1972, S. 509-522; Alphons Silbermann: Empirische Kunstsoziologie. Eine Einführung mit kommentierter Bibliographie, Stuttgart 1973; ferner Fohrbeck/Wiesand 1972.
29 Peter Burke: Die Renaissance in Italien. Sozialgeschichte einer Kultur zwischen Tradition und Erfindung (zuerst London 1972), Berlin 1984.

zungen für Kreativität.[30] Zur schöpferischen Elite rechnete er diejenigen, »deren kreative Fähigkeiten anerkannt« waren, und beschrieb ihre Rekrutierung und ihre Ausbildung,[31] die Organisation und den Status der Künste, die Funktionen der Kunstwerke sowie die Beziehung von Auftraggebern und Förderern zu den Künstlern und anderes mehr. Burke bezeichnete seinen Ansatz als »Sozialgeschichte einer Kultur«, der die Voraussetzungen klären sollte, unter denen der ungewöhnliche gesellschaftliche Aufstieg von Künstlern und die neue Anerkennung der künstlerischen Arbeit möglich waren, die vereinzelt sogar eine Näherung zwischen Künstler und Fürst erlaubte und somit die inneren Grenzen der Ständegesellschaft relativierte.

Ein deutsches Pendant hierzu stellte die bereits eingeführte Arbeit Martin Warnkes über den Hofkünstler dar, in der dieser Autor jedoch die bis dahin gängige bürgerliche Apologie des Renaissancemenschen in Frage stellte[32] und statt dessen dem sozialen Raum der Höfe eine positive Bedeutung zuwies. In einer späteren Untersuchung verortete Martin Warnke die Entstehung des modernen Künstlers im Erscheinen eines neuen Typus des Architekten in der ersten Hälfte des 13. Jahrhunderts, den er an französischen Beispielen beschrieb.[33] Dessen neu strukturierte Tätigkeit konzentrierte sich nunmehr auf den Entwurf eines Baues mit Hilfe von Instrumenten der Vorstellung, wie Plan und Modell, die eine räumliche Anschauung ermöglichten.[34] Aufgrund der Beherrschung dieser Medien erreichte der Architekt eine für handwerk-

---

30 Ebd., S. 9.
31 Ebd., S. 41. Burke wählte für den empirischen Teil seiner Untersuchung 600 Maler, Bildhauer, Architekten, Schriftsteller, Humanisten, Naturwissenschaftler und Musiker aus, vgl. ebd., S. 303-310, und erhob diese Informationen nach den Kategorien Geburtsregion, Größe der Geburtsstadt, Beruf des Vaters, Ausbildung, wichtigste ausgeübte schöpferische Tätigkeit, Spezialisierung, Verwandte, geographische Mobilität, Auftraggeber und Förderertum, Geburtszeitraum, geistlicher oder weltlicher Stand.
32 Warnke 1985.
33 Martin Warnke: Bau und Überbau. Soziologie der mittelalterlichen Architektur nach den Schriftquellen, Frankfurt am Main 1976.
34 Vgl. auch zur Entwicklung eines berufsspezifischen Mediums, Bernd Evers (Hg.): Architekturmodelle der Renaissance. Die Harmonie des Bauens von Alberti bis Michelangelo, München/New York 1995.

liche Berufe nicht mögliche Anerkennung in der Gesellschaft im Sinne eines Künstlergenies.[35] Allerdings warnte Enrico Castelnuovo vor einem allzu linearen Bild von der Stellung des Künstlers in der mittelalterlichen Gesellschaft und verwies auf die Unterschiede zwischen der Antike und dem frühen Mittelalter, die sich im zeitweiligen Verlust der Signatur manifestierten. Erst der Wiederaufstieg von einem niederen Handwerk führte im Hochmittelalter zu jenem Künstler, der, wie die Gelehrten, zur geistigen Elite zählte.[36]

In einer systematischen Perspektive beschäftigte sich Thomas Neumann anhand der »Künstlerästhetik Friedrich Schillers« mit dem Künstler in der bürgerlichen Gesellschaft.[37] Sein Interesse zielte darauf, die »autonome künstlerisch-dichterische Produktion« zu beschreiben und hieraus eine »Soziologie der künstlerischen Subjektivität« abzuleiten.

Ebenfalls im Diskurszusammenhang der Kunstsoziologie erschien 1974 ein Sonderheft der »Kölner Zeitschrift für Soziologie und Sozialpsychologie« mit Beiträgen zu »soziologischen Aspekten der Beziehungen zwischen Künstler und Gesellschaft«.[38] Darin

35 Diesen Befund bestätigte Dieter Kimpel in einer etwa gleichzeitig ausgearbeiteten Studie, so daß die neue Bewertung der schöpferischen Entwurfsarbeit als ein markanter Einschnitt für die Entstehung der Künstleridentität angesehen werden kann. In Teilen veröffentlicht, Dieter Kimpel: Die Soziogenese des modernen Architektenberufs, in: Friedrich Möbius/Helga Sciurie (Hg.): Stil und Epoche. Periodisierungsfragen, Dresden 1989, S. 106-143; Kimpel bemängelte den Nichteinbezug von bauarchäologischen Befunden als Quellen in Warnkes Arbeit.

36 Vgl. Enrico Castelnuovo: Der Künstler, in: Jacques Le Goff: Der Mensch des Mittelalters, Frankfurt am Main/New York 1989, S. 232-267, hier S. 266.

37 Thomas Neumann: Der Künstler in der bürgerlichen Gesellschaft. Entwurf einer Kunstsoziologie am Beispiel der Künstlerästhetik Friedrich Schillers, Stuttgart 1968. Diese Arbeit basiert auf einer eindimensionalen theoriegeleiteten Konstruktion, die Defizite aufweist, da sie der Vielschichtigkeit der historischen Konfigurationen nicht ausgesetzt wurde.

38 Vgl. Alphons Silbermann: Zur Wesentlichkeit der Beziehung zwischen Künstler und Gesellschaft, in: Kölner Zeitschrift für Soziologie und Sozialpsychologie, Sonderheft 17, Künstler und Gesellschaft, Opladen 1974, S. 326.

thematisierten die Autoren die exponierte Stellung der Künstler im Gegenwartsbezug zur Nachkriegsgesellschaft. Alphons Silbermann sprach in seinem Aufsatz von einer »beflissenen Aufmerksamkeit«, die ihnen entgegengebracht würde, so daß sich der Eindruck aufdränge, sie gehörten »zu jenen Stützen der Gesellschaft, ohne die ein soziales Leben unausdenkbar wäre«.[39] René König behandelte das Selbstbewußtsein des modernen Künstlers unter der Perspektive der »Antinomie von Innovation und Tradition« als eine Ressource, »die für die Entfaltung der modernen Kunst seit der Mitte des vorigen Jahrhunderts geradezu fundierend« geworden sei.[40]

Untersuchungen zur Sozialgeschichte der Künstler im 19. und 20. Jahrhundert entstanden nur ausnahmsweise. Verdienstvoll sind die detailgesättigten Arbeiten des englischen Kulturhistorikers Robin Lenman.[41] Hervorzuheben ist ferner die empirische Studie von Andree Sfeir-Semler[42] zu Malern des Pariser Salons zwischen 1791 und 1880.

Um 1980 thematisierte Norbert Elias in einem unvollendet gebliebenen Werk die Spannung zwischen der historischen Konfiguration der Gesellschaft und der neu entstehenden Figur des modernen Künstlers am Beispiel der Lebensgeschichte von Wolfgang Amadeus Mozart.[43] Elias arbeitete den Konflikt heraus, der sich zwischen den im kollektiven Bewußtsein noch dominierenden Mustern des Handwerkerkünstlers, der die Musik nach den

---

39 Ebd., S. 326. Silbermann setzte sich in einer kritischen, wenn auch wenig problembewußten Rezeption des Begriffs der »Kulturindustrie« von Theodor W. Adorno und Max Horkheimer mit der sozialen Stellung »aller« im »individuellen und industrialisierten Herstellungsprozeß verwickelten Künstler« auseinander. Ebd., S. 327.

40 René König: Das Selbstbewußtsein des Künstlers zwischen Tradition und Innovation, in: Kölner Zeitschrift für Soziologie, Sonderheft 17, 1974, S. 345; König stützte sich überwiegend auf reflexive Texte französischer Schriftsteller, leitet daraus jedoch einen medienübergreifenden Begriff des Künstlers her.

41 In einer überarbeiteten Fassung als Buch, Robin Lenman: Die Kunst, die Macht und das Geld. Zur Kulturgeschichte des kaiserlichen Deutschland 1871-1918, Frankfurt am Main/New York 1994.

42 Andree Sfeir-Semler: Die Maler am Pariser Salon 1791-1880, Frankfurt am Main/New York 1992.

43 Norbert Elias: Mozart. Zur Soziologie eines Genies, Frankfurt am Main 1991.

Konventionen der Zeit und dem Willen seines adligen Auftraggebers zu verfertigen hatte, und dem sich bereits emanzipierenden Selbstverständnis Mozarts als einem nach Eigenständigkeit strebenden Subjekt ergab. Dieser wollte sich nicht mehr mit der abhängigen Rolle eines Hofmusikers begnügen, da er für sich bereits die moderne Form der schöpferischen Individualität entwickelt hatte. Seine Musikproduktion erfüllte – so Elias – die Merkmale, die man künftig dem hochindividualisierten genialen Künstler zuweisen sollte,[44] der seine »eigenen« Phantasien, seine »freie«, in hohem Maße »individuelle Eingebung« gestaltete.[45] Diese »Individualisierung des Gefühls« sollte den wichtigsten Bezugspunkt des modernen Künstlerhabitus ausmachen.[46] Indem das Kunstwerk aus einem Spielraum des Künstlers für »selbstkontrolliertes, individuelles Experimentieren und Phantasieren« erwuchs und als »Selbstbefragung eines einzelnen Menschen« in der modernen Gesellschaft ästhetische Formqualitäten gewinnen konnte, war die Bedeutung des Kunstwerkes neu definiert.[47] Elias ging in dieser Studie von einem Verständnis des modernen Künstlers aus, das auf der Unabhängigkeit des Individuums im Prozeß der schöpferischen Selbstfindung beruhte. Er interpretierte diese Spannung als einen historischen »Kanonkonflikt« zwischen dem herrschenden Establishment der höfischen Gesellschaft, das die sozialen Stellungen, die Einkommen und das gesellschaftliche Prestige zuerkannte, und den neu entstandenen »bürgerlichen Gruppen«,[48] die diese Akzeptanz in der gesellschaftlichen Situation des Übergangs noch nicht erreicht hatten. Die Tragik Mozarts bestand demnach darin, so resümierte Norbert Elias, daß er den älteren Normen des Hofkünstlers nicht mehr entsprechen

---

44 Elias 1991, S. 30, betrachtet den Geniebegriff noch nicht als gesellschaftlich gültig, sondern spricht vom »romantischen Geniebegriff«. Die Verknüpfung mit der sogenannten Romantik entspricht einem verbreiteten Klischee, jedoch weniger den historischen Gegebenheiten. In Deutschland hatte der Geniebegriff und eine individualisierte Subjektivität bereits in der literarischen Sturm und Drang-Bewegung der frühen siebziger Jahre des 19. Jahrhunderts einen Ausdruck gefunden.
45 Ebd., S. 43.
46 Ebd., S. 66.
47 Ebd., S. 65.
48 Ebd., S. 19.

konnte, gleichwohl aber die Gesellschaft für die neue Definition des »freien« Künstlers noch nicht in ausreichender Weise adäquate Lebensumstände bereitstellte.

Im Gefolge des sozialwissenschaftlichen Paradigmas der siebziger Jahre hatte sich bis in die zweite Hälfte der achtziger Jahre ein Interesse an den gesellschaftlichen Bedingungen des Künstlers so weit durchgesetzt, daß auch verstärkt nach den institutionellen Formen des Kunstbetriebes,[49] der Bedeutung der gesellschaftlichen Beziehungen und des Kunstmarktes als strukturierende Voraussetzungen der Kunstproduktion gefragt wurde.[50] Auch der Zusammenhang zwischen der historischen Situation und der künstlerischen Gestaltung fand zunehmend Aufmerksamkeit, wie dies in Studien zur historischen Malerei Anton von Werners

49 Beispielsweise Stefan Germer: Alte Medien – Neue Aufgaben. Die gesellschaftliche Position des Künstlers im 19. Jahrhundert, in: Monika Wagner (Hg.): Moderne Kunst Bd. 1, Reinbek bei Hamburg 1991, insbesondere S. 97 f.; Ekkehard Mai/Peter Paret unter Mitwirkung von Ingrid Severin (Hg.): Sammler, Stifter und Museen. Kunstförderung in Deutschland im 19. und 20. Jahrhundert, Köln/Weimar/Wien 1993.

50 Bereits Wackernagel hatte von den »völlig anders gearteten Beziehungen« zwischen den vormodernen Formen und den gegenwärtigen gesprochen, in denen die Beziehung zwischen Kunstproduzenten und dem konsumierenden Publikum strukturiert war, vgl. Martin Wackernagel: Vier Aufsätze über geschichtliche und gegenwärtige Faktoren des Kunstlebens, Wattenscheid 1936, S. 17 (zuerst in: Schweizerische Rundschau 30. Jg., Jan./Febr. 1931): »Die völlig anders gearteten Beziehungen, in denen einst und jetzt die Produzenten der Kunst zu dem Kunst konsumierenden, zu dem Kunst begehrenden, Kunst kaufenden Publikum stehen« und »... die Spaltung zwischen Künstlern und Publikum und die in ihrem Gefolge hervorgetretene Spaltung des Künstlertums selbst auf zwei gegensätzliche Pole hin, die wir in ihrer äußersten Auswirkung als ›Künstlerkunst‹ oder ›Art pour l'art‹ und als ›Salonkunst‹ oder Kitsch zu kennzeichnen gewohnt sind. Allgemeiner gesagt: auf der einen Seite das Prinzip einer ganz eigengesetzlichen, auf die rein artistischen Darstellungsprobleme eingestellten Kunstübung, die von vornherein nur mit einem eng beschränkten Kreis von Kennern, und also auch nur mit gelegentlichen Verkäufen rechnen kann; während ihr Gegenpol, die konventionelle, mehr oder minder kitschig glatte Salonkunst vielfach ganz bewußt und planmäßig, jedenfalls ohne höhere künstlerische Problematik und Zielsetzung auf den Augenblickserfolg bei der großen Menge und auf leichten Absatz ihrer Produkte bedacht ist.«

beispielhaft deutlich wurde.[51] Werner Busch charakterisierte die Kunst der ersten Hälfte des 19. Jahrhunderts mit dem Begriff der »fehlenden Gegenwart«[52] und räumte dem Anpassungsprozeß des Künstlers an die bürgerliche Gesellschaft einen maßgeblichen Stellenwert ein.[53] Die Untersuchung von Joachim Grossmann zum Spannungsfeld zwischen Hof und Bürgertum in Preußen zwischen 1786 und 1850 konzentrierte sich auf die frühe Phase des Übergangs.[54] Diese Arbeit beschreibt in ihrem ersten Teil sozialgeschichtliche Indikatoren des Lebens und der Arbeit von Malern in der ersten Hälfte des 19. Jahrhunderts: Funktionen der Kunst in der Gesellschaft, Sozialisation der Künstler, Berufsprägungen, der Einfluß von Hof und Staat auf Künstler und bürgerliches Publikum. Einen zweiten Schwerpunkt bildet die Rolle der Künstler in der Revolution von 1848/49.

Von all diesen Autoren wurde dem Bürgertum und der Etablierung der bürgerlichen Gesellschaft ein prägender Einfluß auf die Entwicklung des Künstlers und der Kunst zugeordnet, allerdings ohne daß die Begriffe präzisiert wurden und Klarheit über die zugrundeliegenden sozial- und kulturgeschichtlichen Voraussetzungen geschaffen werden konnte.

---

51 Thomas W. Gaehtgens: Anton von Werner. Die Proklamierung des Deutschen Kaiserreiches. Ein Historienbild im Wandel preußischer Politik, Frankfurt am Main 1990; auch Peter Paret: Kunst als Geschichte. Kultur und Politik von Menzel bis Fontane, München 1990; Dominik Bartmann (Hg.): Anton von Werner. Geschichte in Bildern, München 1993.
52 Unter Aufnahme eines Kommentars von Jacob Burckhardt zur zeitgenössischen Kunstproduktion aus dem Jahre 1843, Werner Busch: Die fehlende Gegenwart, in: Reinhart Koselleck (Hg.): Bildungsbürgertum im 19. Jahrhundert, Teil II. Bildungsgüter und Bildungswissen, Stuttgart 1992, S. 286-316.
53 Ebd., S. 286: »Das ganze 19. Jahrhundert ist davon gekennzeichnet, daß der Künstler sich der entstehenden bürgerlichen Gesellschaft gegenüber zu definieren sucht.«
54 Joachim Grossmann: Künstler, Hof und Bürgertum. Leben und Arbeit von Malern in Preußen 1786-1850, Berlin 1994.

2. Problemstellungen und Begriffe

Aus dem Forschungsstand ergibt sich ein Kranz von Fragen. Gemeinhin wird der Künstler als der schöpferische Produzent langlebiger »geistiger« Werte definiert. In welcher Weise erklärt der in der Forschungsliteratur angenommene Bezug zur Geschichte des Bürgertums und der bürgerlichen Gesellschaft die Umformungen des Künstlers im 19. und 20. Jahrhundert?

Fragen sind zu präzisieren

Welche Merkmale charakterisieren den modernen Künstler? Bewegten sich die kunsttheoretischen Postulate, die seit Immanuel Kant und Friedrich Schiller die Autonomie des Künstlers propagierten, in einem Spannungsverhältnis zur sozialen Wirklichkeit des modernen Künstlers? Worin besteht dessen Sonderstellung in der Gesellschaft und wie läßt sie sich erklären? Welche Strukturen und kulturellen Muster formten seinen sozialen Raum,[55] die Trennlinien der verschiedenen Künstlerberufe und das Geschlechterverhältnis? In welcher Beziehung stehen diese Ordnungen zu den Erscheinungsformen der kulturellen Moderne?

Mit dem modernen Künstler wurden kulturelle Vorstellungen von kreativer Individualität verbunden. Kann man die darin kommunizierten Begriffe, Verhaltenspraktiken und Bilder als eine kulturelle Grammatik begreifen, die vom einzelnen Künstlerindividuum angeeignet und variiert wurde? Wie beständig war dieses Ensemble über längere Zeitabläufe hinweg und in welcher Weise erfolgte seine Vermittlung über die Ausbildungsinstitutionen Akademie oder Kunstgewerbeschule? Welche Kontinuitäten und Brüche zeigen sich in dieser Tradierung in den Institutionen und auf welche gesellschaftlichen und kulturellen Veränderungen gehen sie zurück?

---

55 Vgl. zu diesem Begriff Pierre Bourdieu: Sozialer Raum und »Klassen«, Frankfurt am Main 1985, S. 9-45, insbesondere S. 10: »Insoweit die zur Konstruktion des Raumes herangezogenen Eigenschaften wirksam sind, läßt sich dieser auch als Kräftefeld beschreiben, das heißt als ein Ensemble objektiver Kräfteverhältnisse, die allen in das Feld Eintretenden gegenüber sich als Zwang auferlegen und weder auf die individuellen Intentionen der Einzelakteure noch auf deren direkte Interaktionen zurückführbar sind.«

Um die langfristige Gültigkeit von überindividuellen Mustern und Zuschreibungen an die Figur des modernen Künstlers erfassen zu können, führen wir den Begriff des *Habitus* ein. Wir definieren diesen mit Bourdieu als ein »System der organischen und mentalen Dispositionen und der unbewußten Denk-, Wahrnehmungs- und Handlungsschemata«.[56] Dieser Begriffsgehalt erschließt die im Künstlerberuf angelegten Praktiken der kreativen Individualität, die sich auf Arbeitskonzepte, den ästhetischen Ausdruckswillen, die unbewußten Empfindungen und inneren Bilder stützen. Der Künstlerhabitus[57] umfaßt somit sowohl die Formen der Erwerbstätigkeit als auch die kulturellen Instrumente, Ausdrucksmittel, mentalen Einstellungsmuster und Vorstellungen, die sich mit diesem Akteur verbinden.[58]

Im Künstlerhabitus sind drei Merkmalsebenen zu unterscheiden:

1. Der moderne Künstler ist ein Produzent von kulturellen und »geistigen« Gütern, zu deren Gestaltung spezifische Kompetenzen erforderlich sind. Diese werden als Arbeitsverfahren und Maßstäbe der ästhetischen Urteilskraft überindividuell tradiert. Wie erfolgte die Aneignung der qualifizierenden Befähigungen für den Beruf, die eine wesentliche Grundlage für die Erwerbschancen im Kunstmarkt bildeten?
2. Der Künstler erhielt seine Anerkennung in der Gesellschaft

---

56 Bourdieu 1974, S. 40; vgl. auch Ingrid Gilcher-Holtey: Kulturelle und symbolische Praktiken: das Unternehmen Pierre Bourdieu, in: Wolfgang Hardtwig/Hans-Ulrich Wehler (Hg.): Kulturgeschichte heute, Geschichte und Gesellschaft, Sonderheft 16, Göttingen 1996, S. 111-130, insbes. S. 120.

57 Pierre Bourdieu: Die feinen Unterschiede. Kritik der gesellschaftlichen Urteilskraft, Frankfurt am Main 1982, S. 277. Habitus als das »Erzeugungsprinzip objektiv klassifizierbarer Formen von Praxis und Klassifikationssystem (principium divisionis) dieser Formen«.

58 Im Falle des Künstlerhabitus leitet sich die Ähnlichkeit der Merkmale aus den Bestimmungen des Berufes und der Inhalte der Zuschreibungsmuster her, die den kollektiv anerkannten Begriff des Künstlers bilden: »Der Habitus bewirkt, daß die Gesamtheit der Praxisformen eines Akteurs (oder einer Gruppe von aus ähnlichen Soziallagen hervorgegangenen Akteuren) als Produkt der Anwendung identischer (oder wechselseitig austauschbarer) Schemata zugleich systematischen Charakter tragen und systematisch unterschieden sind von den konstitutiven Praxisformen eines anderen Lebensstils.« Ebd., S. 278.

aufgrund der Fähigkeit, sich als eigenständig artikulierendes Subjekt in einer schöpferischen Sprachlichkeit ausdrücken zu können. Wie und unter welchen sozialen Bedingungen konstituierte der moderne Künstler diese kreative Individualität in ästhetischen Praktiken? In welchem Verhältnis standen hierbei sein Gefühlsleben und eine innovative Wahrnehmung zur Rationalität der bürgerlichen Gesellschaft?

3. Im Selbstbild, aber auch in der Perspektive des »Bürgers«, ist der moderne Künstler ein Repräsentant spezifischer kultureller Muster, Vorstellungen und Mythen, die in der kunstinteressierten Öffentlichkeit kommuniziert werden. Wir können annehmen, daß diese mit dem Erfahrungshaushalt, den ideellen Bedürfnissen, kollektiven Wünschen und Phantasmagorien der bürgerlichen Gesellschaft in einer inneren Beziehung stehen.

Aus dieser Durchdringung von Berufspraktiken mit kulturellen Wahrnehmungs- und Ausdrucksformen resultiert die Notwendigkeit, Strukturgeschichte mit Subjekt- und Erfahrungsgeschichte zu verknüpfen. Die Individualität der einzelnen Künstler ist an eine Vermittlungsarbeit zwischen den Strukturen des historischen Prozesses und den Praktiken der Person gebunden.[59] Zur Vertiefung der Ansatzpunkte unserer Untersuchung ist es erforderlich, einige zentrale Begriffe zu klären, die für ein adäquates Verständnis der Zusammenhänge grundlegend sind.

Zentrale Begriffe

Die eingehende Erforschung des Bürgertums und der mit der bürgerlichen Gesellschaft verbundenen historischen Prozesse in den achtziger Jahren hat Ergebnisse erbracht, die unser Gegenstandsfeld schärfer konturieren.[60] In der Folge der Bearbeitung des

---

59 Vgl. Pierre Bourdieu: Zur Soziologie der symbolischen Formen, Frankfurt am Main 1974, S. 125.
60 Jürgen Kocka: Einleitung, in: ders. (Hg.): Bürger und Bürgerlichkeit im 19. Jahrhundert, Göttingen 1987, S. 18; ders. (Hg.): Bürgertum im 19. Jahrhundert. Deutschland im europäischen Vergleich, 3 Bde., München 1988; vgl. auch David Blackbourn: The German Bourgeoisie. An Introduction, in: David Blackbourn/Richard J. Evans (Hg.): The German Bourgeoisie. Essays on the Social History of the German Middle Class from the Late Eighteenth to the Early Twentieth Century, London 1991.

Bildungsbürgertums[61] geriet die gesamte Breite von Fragestellungen des »Bürgerlichen«, von bürgerlicher Gesellschaft,[62] bürgerlichen Berufen[63] und bürgerlichen Geschlechterrollen[64] in das Sichtfeld. Neben sozialgeschichtlichen Aspekten wurde der Kultur zunehmend ein größeres Gewicht eingeräumt.[65] Vor diesem Hintergrund läßt sich der Begriff der *Bürger* mit der Zugehörigkeit zu Berufen mit geistigen Leistungsprofilen umreißen.[66]
Dagegen wird der Begriff der *bürgerlichen Gesellschaft* in enger Verbindung mit dem der Moderne gesehen und von seiner Konstitution im späten 18. und frühen 19. Jahrhundert als fortschritts-

61 Werner Conze/Jürgen Kocka (Hg.): Bildungsbürgertum im 19. Jahrhundert. Teil I: Bildungssystem und Professionalisierung im internationalen Vergleich. Stuttgart 1985; Ulrich Engelhardt: »Bildungsbürgertum«. Begriffs- und Dogmengeschichte eines Etiketts, Stuttgart 1986; Jürgen Kocka (Hg.): Bildungsbürgertum im 19. Jahrhundert, Teil IV: Politischer Einfluß und gesellschaftliche Formation, Stuttgart 1989; Reinhart Koselleck (Hg.): Bildungsbürgertum im 19. Jahrhundert, Teil II: Bildungsgüter und Bildungswissen, Stuttgart 1992.
62 Utz von Haltern: Bürgerliche Gesellschaft. Sozialtheoretische und sozialhistorische Aspekte, Darmstadt 1985.
63 Vgl. Hannes Siegrist (Hg.): Bürgerliche Berufe. Beiträge zur Sozialgeschichte der Professionen, freien Berufe und Akademiker im internationalen Vergleich, Göttingen 1988.
64 Ute Frevert (Hg.): Bürgerinnen und Bürger. Geschlechterverhältnisse im 19. Jahrhundert, Göttingen 1988.
65 Kocka 1987, S. 18. Jürgen Kockas Resümee beinhaltet bereits das Ergebnis dieses Forschungsprozesses: »Wenn denn das Bürgertum des 19. Jahrhunderts weder als Klasse noch als Stand, sondern eher von seiner Kultur, seiner Lebensführung und seinen Normen her definiert werden kann, dann kommt einer Reflexion darüber, was denn bürgerliche Kultur als solche kennzeichnete, besondere Bedeutung zu.« Auch Hans-Jürgen Puhle (Hg.): Bürger in der Gesellschaft der Neuzeit. Wirtschaft – Politik – Kultur, Göttingen 1991, vergleichend darin Reinhart Koselleck/Ulrich Spree/Willibald Steinmetz: Bürgerliche Welten? Zur vergleichenden Semantik der bürgerlichen Gesellschaft in Deutschland, England und Frankreich, S. 14-58.
66 Kocka 1987, S. 24. Mit Kocka sind Besitzer und Direktoren von größeren Wirtschaftsunternehmen, akademisch gebildete Beamte und Universitätsprofessoren, ferner die Angehörigen der freien Berufe hierunter zu fassen. Kocka rechnete dieser Gruppe einen Teil der Künstler zu. Vgl. auch ders.: Middle Class and Civil Society in Nineteenth-Century Europe, Vortrag Lund, MS 1996, S. 3.

gerichtetes utopisches Programm hergeleitet.[67] Wenn die Definitionen auch unterschiedliche Akzente setzen, so nehmen sie gleichwohl ein komplementäres Verhältnis zueinander ein, das die Vielschichtigkeit verdeutlicht. Jürgen Kocka definierte die bürgerliche Gesellschaft in Kriterien wie »Ausdifferenzierung relativ autonomer gesellschaftlicher Teilsysteme« und deren »Koordination durch öffentliche Diskussion, durch repräsentative, begrenzte Regierung und universalisiertes Recht«.[68] Ergänzt man – mit Hannes Siegrist – das Bestehen eines Marktes, in dessen Bedingungen sich die Vermittlung von Angebot und Nachfrage frei regelt, in dem eine Offenheit in der Strukturierung sozialer Beziehungen existiert, die Zugänglichkeit von Habitus und Position auf der Basis eines Normensystems funktioniert, das sich auf Gewerbe- und Handelsfreiheit, Eigentums- und Vertragsfreiheit gründet, so sind damit sozialgeschichtliche Grundfaktoren benannt.[69] Mit einem anderen Schwerpunkt betonte Utz von Haltern Merkmale wie »individuelles Erwerbsstreben, Wettbewerb, zweck- wie wertrational begründete Leistung, Selbständigkeit und Unabhängigkeit durch produktive Arbeit«, ferner »private Verfügung über Eigentum und Gewinn, freie Entfaltung und Selbstbestimmung, Wille zu kultureller, politischer und sozialer Emanzipation«.[70]

Demgegenüber erfaßt der Begriff der *Bürgerlichkeit* ein spezifisches Verhaltensmodell von bürgerlichen Individuen, das normative Standards bündelt.[71] Der damit verbundene Daseinsentwurf orientiert sich an Wertbegriffen von Arbeit, Leistungsethos, Bildung, vernunftorientiertem Handeln, Selbstreflexion, Individualisierung, an Öffentlichkeit und Intimität.[72] Wengleich die lineare

---

67 Beispielsweise Utz von Haltern: Bürgerliche Gesellschaft. Sozialtheoretische und sozialhistorische Aspekte, Darmstadt 1985, S. 13; vgl. auch Lothar Gall (Hg.): Stadt und Bürgertum im Übergang von der traditionalen zur modernen Gesellschaft, München 1993.
68 Kocka 1987, S. 13, auch S. 29 ff.; ders. 1996 (= Vortrag Lund), MS, S. 12.
69 Siegrist 1988, S. 18.
70 Haltern 1985, S. 2. Darüber hinaus sei ihr politischer Liberalismus als Form »bürgerlicher« Politik zu eigen.
71 Vgl. P. Münch (Hg.): Ordnung, Fleiß und Sparsamkeit. Texte und Dokumente zur Entstehung der »bürgerlichen Tugenden«, München 1984.
72 Zur Herleitung aus der frühen Neuzeit ebd., S. 14.

Zuordnung der *bürgerlichen Kultur* zu einer gesellschaftlichen Schicht oder Klasse als zu eng betrachtet wurde,[73] da deren Inhalte – zumindest partiell – immer auch Teile des Adels, der Handwerker oder gar der Arbeiter erreichten, so besteht dennoch Einvernehmen über den Zusammenhang zwischen den neuen Formen der sozialen Kommunikation in der zweiten Hälfte des 18. Jahrhunderts und der innovativen Neuorientierung des gesellschaftlichen Handelns durch die bürgerlichen Mittelschichten auf der Basis von Werten, Normen, Leitbildern, kulturellen Codes und ästhetischen Geschmacksmustern, mit denen ein neues kulturelles Selbstbild entworfen wurde. In diesem Sinne ist von »bürgerlicher Kultur« zu sprechen.[74] Thomas Nipperdey ordnete »dem Bürgertum« bei diesem Vorgang eine explizite kulturproduzierende Rolle zu.[75] In einem weiteren Schritt wurden auch Konzepte konsensfähig, die die Konstituierung »des Bürgerlichen« als ein »kulturelles Konstrukt, als Folie einer neuen Welt- und Selbsterfahrung« beschrieben.[76]

Ferner nehmen in unserem Ansatz die Begriffe *Moderne* und *kulturelle Modernisierung* eine zentrale Bedeutung ein. Als früher Theoretiker der Moderne hatte Charles Baudelaire den Begriff der Modernität für die neuartigen Wahrnehmungen des Transitorischen geprägt, den zahlreiche Autoren fortschrieben: »Die Moder-

---

73 Der ältere und das Ideal der bürgerlichen Kultur des 19. Jahrhunderts bestimmende Begriff orientierte sich mit dem Goethekult an den Leitwerten der deutschen Klassik, vgl. Georg Keferstein: Bürgertum und Bürgerlichkeit bei Goethe, Weimar 1933.

74 Vgl. Wolfgang Ruppert: Bürgerlicher Wandel. Die Geburt der modernen deutschen Gesellschaft im 18. Jahrhundert, Frankfurt am Main 1984, S. 43-56; ein Tableau verschiedener Formen siehe Dieter Hein/Andreas Schulz: Bürgerkultur im 19. Jahrhundert. Bildung, Kunst und Lebenswelt, München 1996.

75 Thomas Nipperdey: Kommentar »bürgerlich« als Kultur, in: Kocka 1987, S. 143 f.; »Bürgertum konstituiert sich als ›Kultur‹, als ein Insgesamt von Tugenden und Verhaltensweisen, von Normen und Formen, das auch weit über die ›höhere‹ Kultur, über die sogenannte Bildung und ihre Inhalte in die elementaren Bereiche des Lebens greift.« Vgl. auch ders. 1988.

76 Rudolf Braun/David Gugerli: Macht des Tanzes – Tanz der Mächtigen. Hoffeste und Herrschaftszeremoniell 1550-1914, München 1993, S. 187. An anderer Stelle »das ›Bürgerliche‹ ist in der formativen Phase eine Chiffre für Kultur«, ebd., S. 189.

nität ist das Vorübergehende, das Entschwindende, das Zufällige, ist die Hälfte der Kunst, deren andere Hälfte das Ewige und Unabänderliche ist.«[77] Der »Zustand des Fließens in unaufhörlicher Bewegung«, des sich ständig transformierenden »Zeitgenössischen«, verband sich mit Dimensionen der Beständigkeit.[78] In der dynamisierten Gesellschaft und der Kultur der Großstadt wurde diese Erfahrung zu einem wesentlichen Thema der reflexiven Weltbildverarbeitung und der modernen Künste.

In einem engeren Sinne diente der Begriff der *Moderne* Autoren der Kunstwissenschaft dazu, das Konzept der ästhetischen Innovation zu kennzeichnen, das in den Austausch von »freien« Individuen, in die offene Kommunikation zwischen Maler und Betrachter, eingebunden war:[79] »Der Betrachter als autonomes Subjekt steht einem ebenso autonomen Kunstwerk gegenüber.« Diese Begrifflichkeit zur Charakterisierung der modernen Kunstproduktion, deren Beginn in Deutschland mit Caspar David Friedrich bestimmt wurde,[80] bezog sich auf die neue Identität des autonomisierten Individuums. Der Künstler repräsentierte nunmehr die Erfahrungen und die Wahrnehmungsperspektiven des modernen Individuums, die mit der bürgerlichen Kultur entstanden waren.[81] Insofern ist es folgerichtig, daß in diesem Konzept auch dem Rezipienten Autonomie in seiner Wahrnehmung des Kunstwerkes zugesprochen wurde.

In kulturgeschichtlicher Perspektive bezeichnet der Begriff der *kulturellen Moderne* Phänomene, die seit der zweiten Hälfte des 18. Jahrhunderts ein neues Menschenbild begleiteten, das von der

---

77 Charles Baudelaire: Der Maler des modernen Lebens (1863), in: ders.: Zur Ästhetik der Malerei und der bildenden Kunst, übers. von Max Bruns, Minden in Westf. 1906 (= Charles Baudelaires Werke, 4. Bd.), S. 286; vgl. auch David Frisby: Fragmente der Moderne. Georg Simmel – Siegfried Kracauer – Walter Benjamin, Rheda-Wiedenbrück 1989, S. 23.
78 Ebd., S. 27.
79 Monika Wagner: Das Problem der Moderne, in: dies.: (Hg.): Moderne Kunst 1. Das Funkkolleg zum Verständnis der Gegenwartskunst, Reinbek bei Hamburg 1991, S. 27.
80 Zusammenfassend Wagner 1991, S. 19 ff.
81 Zur Veränderung der Bildwahrnehmungen am Beispiel der englischen Kultur Werner Busch: Das sentimentalische Bild. Die Krise der Kunst im 18. Jahrhundert und die Geburt der Moderne, München 1993.

Vorstellung der Entfaltung des menschlichen Individuums in den beruflichen Mustern der leistungsbezogenen »Tüchtigkeit«, in kulturellen Formen der individuellen Empfindung, im Ausdruck der Subjektivität und der existentiellen Erfahrung ausgeht. In der Spannung, die sich zwischen der in der bürgerlichen Kultur hegemonial gewordenen Rationalität des innovatorischen Handelns und der Utopie der »freien« Entfaltung des phantasiebegabten Individuums ergab, stabilisierte sich eine euphemistische Sicht des Wandels und der Mobilität in der Gesellschaft. In der geschichtswissenschaftlichen Diskussion war dem Begriff der Modernisierung seit den siebziger Jahren ein zentraler Stellenwert eingeräumt worden.[82] In einem engeren Sinn umfaßt der Begriff der *kulturellen Modernisierung* solche kulturellen Phänomene, die als Voraussetzung, Begleiterscheinung oder Folge der Industrialisierung des 19. und 20. Jahrhunderts mit dem Wandel der Gesellschaft, der Wirtschaft und der Politik einhergingen.[83] Er bezeichnet gleichermaßen die Subjektgeschichte, die Wahrnehmungen, Erfahrungen und Vorstellungen der von der Dynamik dieser technischen, wirtschaftlichen und gesellschaftlichen Prozesse betroffenen Menschen, den sprachlichen, symbolischen und materiellen Ausdruck, den sie hierfür fanden, sowie die Lebenspraktiken, die sie hierauf aufbauten. Er schließt die entstandenen »Spuren« dieser Prozesse ein, die sprachliche Kommentierung ebenso wie die »geistige« und ästhetische Verarbeitung, ferner die Institutionen, die der Artikulation, der Vermittlung und dem

---

82 Nipperdey (1986) und Hans-Ulrich Wehler: Deutsche Gesellschaftsgeschichte, 1. Bd.: Vom Feudalismus des Alten Reiches bis zur defensiven Modernisierung der Reformära 1700-1815, Bd. 2: Von der Reformära bis zur industriellen und politischen »Deutschen Doppelrevolution« 1815-1845/49, München 1987, S. 333 f. Modernisierung bezeichnet demnach den »einmaligen Prozeß des ungeheuer schnellen ökonomischen, sozialen, kulturellen und politischen Wandels (...), der sich in den letzten 200 Jahren, seit der Doppelrevolution des späten 18. Jahrhunderts, der industriellen und der demokratischen Revolution (...) abgespielt hat«.

83 In diesem Sinne kann die »Moderne« – in den Begriffen Aleida Assmanns – als »das In-Fluß-Geraten von Traditionen durch systematische Freisetzung von Evolutionspotentialen« beschrieben werden. Aleida Assmann: Kultur als Lebenswelt und Monument, in: dies./Dietrich Harth (Hg.): Kultur als Lebenswelt und Monument, Frankfurt am Main 1991, S. 23.

gesellschaftlichen Austausch dienten. Mit der kulturellen Modernisierung ging die hohe, teilweise mythenhafte Bewertung des »Neuen« als eine die Moderne charakterisierende Wertsetzung einher. Boris Groys hat die Prozesse der Valorisierungen der Objekte als eine Folge des beschleunigten Wandels, als einen fortwährenden Umschlag von Bedeutungssetzungen und Entwertungen charakterisiert,[84] der als symbolische Fortschreibung betrachtet werden kann.

In einer inneren Verbindung zum Begriff der Modernisierung steht der Begriff der *Rationalisierung*, dessen vielschichtige Bedeutung von Max Weber herausgearbeitet wurde.[85] Mit der Konsolidierung des Bürgertums im letzten Drittel des 18. Jahrhunderts und der Etablierung der bürgerlichen Gesellschaft als Ordnungsmodell im 19. Jahrhundert verdichteten sich zwei ältere zivilisatorische Tendenzen. Erstens verstetigte sich die Rationalisierung des bürgerlichen Berufshandelns und die daraus resultierende Dynamisierung der gesellschaftlichen Entwicklung.[86] Zweitens hatte die damit einhergehende rationale Durchdringung der Natur und des Alltagshandelns eine neue Struktur des Weltbildes zur Folge. Weber leitete die Erscheinungen der modernen Arbeitsgesellschaft vom Begriff der Rationalisierung ab,[87] indem er die »Entstehung der Bürokratie, die Verselbständigung von Sachzwängen, die Spezialisierung, die Ablösung der Arbeitsdisziplin von den traditionalen Antrieben« sowie das »Auseinandertreten der Fachmen-

---

84 Boris Groys: Über das Neue. Versuch einer Kulturökonomie, München/Wien 1992.
85 Vgl. zur geschichtlichen Dimension dieses wissenschaftlichen Denkers Jürgen Kocka (Hg.): Max Weber, der Historiker, Göttingen 1986; Detlev J. K. Peukert: Max Webers Diagnose der Moderne, Göttingen 1989.
86 Zum Begriff und zu den verschiedenen historischen Erscheinungsformen der Rationalisierung im 19. und 20. Jahrhundert vgl. Peukert 1989, insbesondere den Abschnitt »Paradoxien der Rationalisierung«, S. 83-91.
87 Wolfgang J. Mommsen: Max Webers Begriff der Universalgeschichte, in: Kocka 1986, S. 51-72, hier S. 51. Mommsen weist auf den in der Intention pluralistischen Ansatz Webers hin, der sich nicht auf die »Gesellschaftsgeschichte des Okzidents« beschränkte, für die eine »beständig fortschreitende Rationalisierung aller Sozialbeziehungen und die zunehmende Entzauberung aller außeralltäglichen Werthaltungen« kennzeichnend sei.

schen ohne Seele, der Genußmenschen ohne Geist« hieraus erklärte.[88]

Für die innovativen Berufe der bürgerlichen Eliten, für ihre Leistungsbegriffe und ihr Arbeitshandeln besaß die Kategorie Rationalisierung in besonderem Maße Gültigkeit.[89] Sie strukturierte die Erfindungen der technisch-materiellen Kultur in Form der Mechanisierung und der Maschinenwelt,[90] der Objekt- und Apparatekultur, aber ebenso das bürgerliche Handeln nach dem Paradigma der Sachlichkeit, mit der Folgetendenz der partiellen Abspaltung von Subjektivität in Sonderräume. Weber glaubte die mit der Rationalisierung einhergehende »Entzauberung« als eine Überwindung der Magie und des Mythos bestimmen zu können.[91] Die Rationalisierung formte die moderne Kultur, indem »die Verlagerung des Akzents von der symbolischen Repräsenta-

---

88 Zusammenfassende Formulierung von Thomas Nipperdey: Der Mythos im Zeitalter der Revolution, in: Dietrich Borchmeyer (Hg.): Wege des Mythos in der Moderne. Richard Wagner – Der Ring des Nibelungen, München 1987, S. 108.

89 Für die »Systematisierung der Lebensführung« und die »innerweltliche Askese« als zwei Faktoren, die bei der Entstehung der berufsrationalen Mentalität in der europäischen Kultur wirkten, wurde Max Webers Protestantismusthese eine partielle Erklärungskraft zuerkannt. Max Weber: Die protestantische Ethik. Eine Aufsatzsammlung, hg. von Johannes Winckelmann, München und Hamburg, 2. Aufl. 1966, S. 115 und 318. Weber sah in der Prädestinationslehre des calvinistischen Weltbildes die dynamische Kraft für die Entstehung des modernen Kapitalismus. Die empirische Überprüfung zeigte, daß auch in gegenreformatorisch-katholischen Regionen wie Flandern ein erfolgreicher Kapitalismus entstanden war. Richard van Dülmen: Protestantismus und Kapitalismus. Max Webers These im Licht der neueren Sozialgeschichte, in: Christian Gneuss/Jürgen Kocka (Hg.): Max Weber. Ein Symposion, München 1988, S. 88-101; Peukert betonte die mehrschichtige und gerade für kulturwissenschaftliche Aspekte offene Analyse Webers, die aber von zu eindimensionalen Sichtweisen der Weber-Rezeption verstellt werde. Vgl. Detlev J. K. Peukert: Die Rezeption Max Webers in der Geschichtswissenschaft der Bundesrepublik Deutschland, in: Kocka 1986, S. 266.

90 Als struktureller Prozeß erfaßt bei Siegfried Giedion: Die Herrschaft der Mechanisierung, Frankfurt am Main 1982.

91 Vgl. Wolfgang J. Mommsen: Rationalisierung und Mythos bei Max Weber, in: Karl Heinz Bohrer (Hg.): Mythos und Moderne. Begriff und Bild einer Rekonstruktion, Frankfurt am Main 1983.

tion auf die Funktion« sowie Planung und Konstruktion Leitbildwert annahmen.[92] Dies hatte jedoch für den Erfahrungs- und Lebenshaushalt der Menschen ebenso Konsequenzen wie für die Funktionen der Kultur und schließlich der Kunst.[93] Bereits in der zweiten Hälfte des 19. Jahrhunderts sah Weber allerdings durchaus die Gefahr einer drohenden »Versteinerung«, da die »schöpferische Regeneration« als offenbar aus der realen Erscheinungsform der Bürgerlichkeit abgedrängt erschien.[94]

Im Gegensatz zur Weberschen Annahme einer fortschreitenden Entzauberung hatte bereits Walter Benjamin in seinem in den zwanziger Jahren begonnenen, aber niemals vollendeten »Passagen-Werk« die These formuliert, daß mit der modernen Kultur und insbesondere der kommerziellen Warenwelt »neuerliche Verzauberungen der sozialen Welt herbeigeführt« worden seien.[95] Dies habe eine Reaktivierung der »mythischen Kräfte« in Gestalt der »lockenden und drohenden Antlitze« der Großstadt, der Werbung, des Films und der Mode, bewirkt.

Ferner nehmen die Begriffe des Symbols und der *symbolischen Form* für eine Kulturgeschichte des modernen Künstlers einen zentralen Stellenwert ein. Einen maßgebenden Einfluß auf die Begriffsbildung in der kulturwissenschaftlichen Diskussion übten die Arbeiten Ernst Cassirers mit seiner Sicht des Menschen als eines »animal symbolicum« aus. Er nahm an, daß der Mensch seine

92 Zum Stellenwert des Begriffs der Kultur bei Weber vgl. Friedrich Jaeger: Der Kulturbegriff im Werk Max Webers und seine Bedeutung für eine moderne Kulturgeschichtsschreibung, in: Geschichte und Gesellschaft, 18. Jg., 1992, S. 371-393.
93 Assmann 1991, S. 22: »Der sachlichere Umgang mit Materialien und Formen, Texten und Objekten hat zu einer Krise der Repräsentation geführt.«
94 Detlef Peukert hat auf die teilweise an Nietzsche angelehnte kultur- und modernisierungsskeptische Bewertung der Modernisierung im Werk Webers hingewiesen. Detlev J. K. Peukert: Die »letzten Menschen«. Beobachtungen zur Kulturkritik im Geschichtsbild Max Webers, in: Geschichte und Gesellschaft, 12. Jg., 1980, H. 4, S. 425-442, und ders.: »Der Tag klingt ab, Allen Dingen kommt nun der Abend...«. Max Webers »unzeitgemäße« Begründung der Kulturwissenschaften, in: Rüdiger vom Bruch u. a.: Kultur und Kulturwissenschaften um 1900, Stuttgart 1989, S. 155-173.
95 Susan Buck-Morss: Dialektik des Sehens. Walter Benjamin und das Passagen-Werk, Frankfurt am Main 1993, S. 308.

Welt nur durch unterschiedliche Symbole zu erkennen und zu ordnen vermöge. Mit dieser Auffassung geriet Cassirer in Gegensatz zu dem in weiten Teilen der Wissenschaften dominierenden rationalistischen Weltbild, da er der vorsprachlichen, vorbegrifflichen, vorwissenschaftlichen »Repräsentation« auch für die Kulturformen der Moderne eine hohe Bedeutung zuschrieb. Im Unterschied zur rationalistischen These, die Erfahrung der Menschen erschließe sich einer widerspruchsfreien Logik des »Kalküls« des Individuums, entwickelte er ein Verständnis des Denkens als einen Vollzug von Bildern und verschiedenartigen Symbolen. Cassirer ging von der Vermittlung der Weltauffassung durch Zeichen aus, so daß sich alle kulturellen Hervorbringungen als eine Form von Zeichengebung dechiffrieren lassen. In seiner Argumentation definierte er den Begriff der »symbolischen Form« als eine Erscheinungsform »des Geistigen«[96] in einem Kontext: »Unter einer ›symbolischen Form‹ soll jene Energie des Geistes verstanden werden, durch welche ein geistiger Bedeutungsgehalt an ein konkretes sinnliches Zeichen geknüpft und diesem Zeichen innerlich zugeeignet wird.«

Versteht man unter Zeichen die durch Menschen hervorgebrachten Träger von Sinn,[97] so ist der Künstler als ein in besonderer Weise schöpferisches Individuum charakterisiert, das berufsmäßig als ein kreativer Produzent von ästhetischen Zeichen, Formen und Bildern agiert. Seine Arbeit beruht auf der Codierung von Zeichen, der Gestaltung von Objekten und deren Ausstattung mit »Bedeutungen«.[98]

---

96 Ernst Cassirer: Wesen und Wirkung des Symbolbegriffs, Darmstadt 1969, S. 175. Vgl. den Überblick zu Cassirers Hauptbegriffen bei John Michael Krois: Ernst Cassirers Semantik der symbolischen Form, in: Zeitschrift für Semiotik, Bd. 6, H. 4, 1984, S. 433-444.
97 Ernst Cassirer: Philosophie der symbolischen Form. Erster Teil: Die Sprache, Berlin 1923, S. 18: »Der Gehalt des Geistes erschließt sich nur in seiner Äußerung; die ideelle Form wird erkannt nur an und in dem Inbegriff der sinnlichen Zeichen, deren sie sich zu ihrem Ausdruck bedient.« Vgl. auch Umberto Eco: Zeichen. Einführung in einen Begriff und seine Geschichte, Frankfurt am Main 1981.
98 Dieser zentrale Begriff ist mit Cassirer als eine Erfahrung von Sinn zu definieren, die sich mit symbolischen Formen verbunden hat, Krois 1984, S. 435. Vgl. auch Erwin Panofsky: Meaning in the Visual Arts, New York 1955.

Vor diesem Hintergrund können wir in der Figur des Künstlers zwei sich überlagernde Ebenen unterscheiden, erstens die auf die Reproduktion der Existenz gerichtete sozialgeschichtliche des Berufs und zweitens die kulturgeschichtliche in der Produktion von kulturellen und ästhetischen Objektivationen. In diesem Sinne bringt der Künstler Artefakte seiner kulturellen Produktion in den gesellschaftlichen Güteraustausch ein, denen die Qualität von symbolischen Formen zugeordnet ist.

Hiervon läßt sich unsere Hauptthese ableiten: Die Tätigkeit des modernen Künstlers ist als ein Beruf anzusehen, der in der kulturellen Moderne mit dem Aufstieg des Bürgers und der Etablierung der bürgerlichen Gesellschaft umgeformt wurde. Der moderne Künstler arbeitete für deren symbolischen Bedarf in einem spezifischen sozialen Raum; ihm wurde als Akteur eine kulturelle Stellvertreterschaft für »den Bürger« übertragen. Man erhob ihn ferner zum Repräsentanten der kreativen Individualität. Es wurde ihm zugewiesen, ungebunden von den normativen Standards der Bürgerlichkeit, die symbolische Repräsentation, das »geistige« und ästhetische Leben, in origineller Weise zu entfalten. Häufig stand er mit der Aufgabe, die Möglichkeiten der Phantasieproduktion zu entdecken und darin den subjektiven Erfahrungsausdruck des Individuums in gesteigerter Weise auszuleben, in einer Gegenposition zur Rationalität. Er entwickelte hierzu eine kulturelle Grammatik, deren Formen, Inhalte und ästhetische Sprachlichkeit der kulturellen Modernisierung unterlagen, wenngleich die Beständigkeit des Künstlerhabitus im 19. und 20. Jahrhundert durch seine Funktionen in der Gesellschaft, durch die Trennlinien zur Rationalisierung und zur normativen Ordnung der Bürgerlichkeit aufrechterhalten wurde.

Die methodischen Schwierigkeiten der Verbindung von Sozial- und Kulturgeschichte sollen mit einem empirischen Zugriff bewältigt werden, der die wechselseitige Erklärungskraft mehrerer Zugangsebenen miteinander kombiniert: strukturgeschichtliche Fragestellungen, Diskursgeschichte, lebensgeschichtliche Fallstudien und institutionengeschichtliche Rekonstruktionen. Somit können die kollektiv-überindividuellen Muster des Habitus einerseits und die Formen der Verarbeitung durch die Künstlerindividuen andererseits erfaßt werden. Mit einer Formulierung Jacques Le Goffs zielt dieser Zugriff darauf, das Sichtfeld für die »Schnittstelle zwischen Individuellem und Kollektivem, Langfristigem und Alltäglichem, Vorbewußtem und Geplantem, Strukturellem und Konjunkturellem« in das Sichtfeld zu heben.[99]

Eingrenzungen und Aufbau

Wir beziehen uns weitgehend auf die Gruppe der Maler, da diese in erheblichem Maße das Künstlerbild prägte. Wie schon der Volkswirtschaftler Paul Drey um 1910 feststellte, stand sie »im Mittelpunkt des allgemeinen Künstlerinteresses«.[100] Ihr Berufsbild und ihr sozialer Raum genossen im kulturellen Leben der bürgerlichen Gesellschaft höchstes Ansehen, in Abstufung zu anderen Künstlerberufen wie dem des Kunstgewerblers beziehungsweise angewandten Künstlers, dessen Nähe zur gewerblichen Zweckrationalität ihn in eine Grenzlage innerhalb des Künstlerhabitus brachte.

Um das Gegenstandsfeld unserer Untersuchung operationalisierbar zu halten, werden wir vier Eingrenzungen vornehmen:
- die eines zeitlichen Schwerpunkts zwischen 1850 und 1930;
- die der räumlichen Lokalisierung mit einem häufigen Bezug zu der im deutschen Sprachraum exponierten »Kunststadt« München;
- ferner von zwei Lebensgeschichten, die zwei aufeinander folgende Stadien der kulturellen Modernisierung repräsentieren;
- sowie mit der Rekonstruktion von exemplarischen Ausbildungsinstitutionen der Künstler und der damit intendierten Vermittlungsprozesse des Künstlerhabitus, insbesondere der Diskurse über die damit verbundenen Bedeutungen.

Diese Entscheidungen bedürfen der Erläuterung. Die Behandlung der Kulturgeschichte der modernen Künstler im Kontext der Gesellschaftsgeschichte erfordert eine Perspektive der »langen Zeitabläufe«, wie sie der sozialen und kulturellen Zeit eigen ist.[101] Eine

---

99 Jacques Le Goff: Eine mehrdeutige Geschichte, in: Ulrich Raulff (Hg.): Mentalitäten-Geschichte. Zur historischen Rekonstruktion geistiger Prozesse, Berlin 1987, S. 21, dort bezogen auf mittelalterliche Gegenstandsfelder.
100 Paul Drey: Die wirtschaftlichen Grundlagen der Malkunst. Versuch einer Kunstökonomie, Stuttgart/Berlin 1910, S. IV.
101 Braudel (1958), in: Wehler 1972, S. 195, verwies auf die eigene Zeit von langen »Strukturen« des menschlichen Verhaltens, der geistigen Werk-

an den Daten der Ereignischronologie orientierte enge Eingrenzung erschien weder möglich noch sinnvoll. Der Zeitraum zwischen 1850 und 1930 ist als formativ für die neue Vorstellung vom modernen Künstler im deutschen Sprachraum und dessen sozialer Lebenswirklichkeit zu betrachten. Er umfaßt mehrere Phasen der Etablierung der bürgerlichen Gesellschaft und der ambivalenten Verarbeitungen der kulturellen Moderne. Die Markierungen lassen sich begründen, wenngleich es sich eher um graduale Schwellen als um scharfe Grenzen handelt. In den fünfziger Jahren des 19. Jahrhunderts vollzog sich ein qualitativer Sprung in der Konsolidierung des Künstlerhabitus. Während bis zur Revolution von 1848/49 noch teilweise eine Bindung an die spätabsolutistische Monarchie und deren Weltbild dominiert hatte, eröffnete nun das Leitbild der Selbständigkeit und Selbstorganisation neue soziale Räume. Eine weitere sinnvolle Zäsur ergibt sich mit dem kulturellen Bruch um 1930, dem Abflachen der Durchsetzungskraft optimistischer Vorstellungen der künstlerischen Avantgarde und der Kultur- und Sozialreform, ein Zeitpunkt, der häufig als das Ende der klassischen Moderne charakterisiert wurde.[102] Öffnungen in die Vorgeschichte bis in die neunziger Jahre des 18. Jahrhunderts und gelegentlich in die Zeit davor sowie in die Nachgeschichte bis zur Gegenwart sind geboten.
Eine weitere Schwerpunktsetzung ergibt sich aus der räumlichen Eingrenzung auf einen regionalen Fokus im deutschen Sprachraum. Regionalstudien haben den Vorzug, daß sie ein dichtes Bild ermöglichen.[103] Eine ausschließliche Beschränkung auf die »Kunststadt« München erwies sich jedoch für unsere Fragestellung als nicht adäquat, da die überregionale Mobilität zum typi-

    zeuge, der »Denkverfassungen« und der Kultur mit eher unscharfen Grenzen gegenüber den exakten Markierungen der kurzen Zeitabläufe der Ereignisgeschichte.

102 Das Konzept eines sozial- und kulturgeschichtlichen Überblicks zum »Aufbruch in die Moderne« verortet die Entstehungsphase der »modernen Welt« zwischen 1880 und 1930, vgl. August Nitschke/Gerhard A. Ritter/Detlev J. K. Peukert/Rüdiger vom Bruch (Hg.): Jahrhundertwende. Der Aufbruch in die Moderne 1880-1930, 2 Bde., Reinbek bei Hamburg 1990.

103 Ein gelungenes Beispiel der kulturgeschichtlichen Analyse einer Stadt ist Carl E. Schorske: Wien. Geist und Gesellschaft im Fin de Siècle, Frankfurt am Main 1982.

schen Berufsbild der Künstler gehörte. Gerade erfolgreiche Künstler bewegten sich in einem weiterreichenden geographischen Raum. Das strenge Konzept einer Regionalstudie hätte somit eine künstliche Eingrenzung zur Folge gehabt, die weder den artikulierten Strategien noch den realen Lebensgeschichten der Künstler angemessen gewesen wäre. Aus diesen Gründen war es erforderlich, den methodischen Zugriff offener anzulegen. Den Entwicklungen in dieser kreativen Region wird eine exemplarische Bedeutung für die Geschichte des modernen Künstlers in Deutschland zugemessen, da München im 19. Jahrhundert als führende deutsche »Kunststadt« galt.[104] Deren Mythos beruhte auf wirkungsvollen institutionellen Voraussetzungen, die durch die Kunst- und Baupolitik Ludwigs I. begründet worden waren. Die großen Kunstausstellungen hatten seit den fünfziger Jahren des 19. Jahrhunderts Münchens Stellung auf dem internationalen Kunstmarkt gefestigt. An der Akademie der Bildenden Künste sowie in den privaten Malschulen studierten zahlreiche bedeutende Künstler. 1892 formierte sich hier die erste Sezession in Deutschland. 1896 fanden die Tendenzen des Zeitgeistes, die sich zur »modernen Bewegung« verdichteten, in den in München herausgegebenen Zeitschriften »Jugend« und »Pan« einflußreiche Medien. 1897 formulierte eine kleine Gruppe von Künstlern, die überwiegend Ausbildungen als Maler absolviert hatten, das Programm der »angewandten Kunst«, unter Durchbrechung der mit institutionellen Trennlinien gefestigten Grenzen der künstlerischen Medien. Schließlich wurden in München die künstlerischen Entwicklungen radikalisiert, die zur Abstraktion in der von Wassily Kandinsky und Franz Marc formulierten Programmatik des »Blauen Reiter« führten. Es bleibt zu fragen, welche Voraussetzungen die Stadtkultur Münchens als sozialer Raum für dieses kreative Milieu der Künstler bot, das so bedeutende Leistungen ermöglichte.

Andererseits werden in der Geschichte der »Kunststadt« »gebrochene« kulturelle Phänomene wie der gründerzeitliche Historis-

---

104 Noch 1887-1888 schien es für Friedrich Pecht ausgemacht: München werde »wohl noch lange seinen Rang als erste deutsche Kunststadt behaupten«. Friedrich Pecht: Geschichte der Münchner Kunst, München 1887-88, S. VII. Doch bereits um 1900 verschob sich die Gewichtung zugunsten der aufstrebenden Metropole Berlin.

mus und der »Künstlerfürst« Lenbach als Repräsentanzen von widersprüchlichen Epochenkonfigurationen faßbar. Es erscheint daher als unangemessen, die innere Geschichte des modernen Künstlers lediglich in der Perspektive einer linearen Entwicklungsgeschichte von »Modernität« zu betrachten, wie dies unter dem Leitbegriff der ästhetischen Autonomie der modernen Kunst in den fünfziger und sechziger Jahren überwiegend der Fall war. Die kulturgeschichtliche Perspektive kann vielmehr die Einsicht in die Ambivalenz und Vielschichtigkeit der kulturellen Moderne vertiefen.

In zwei qualitativen Fallstudien werden lebensgeschichtliche Entwicklungsvorgänge innerhalb des Künstlerhabitus thematisiert. Für die Auswahl aus dem Spektrum von Varianten waren folgende Gründe ausschlaggebend: Erstens sind diese Lebensgeschichten in zwei aufeinanderfolgende Stadien der kulturellen Modernisierung eingelagert. Zweitens eigneten sich diese Künstler den Künstlerhabitus in der Münchner Künstlerszene an und erfanden jeweils prägnante Individualisierungen seiner kulturellen Grammatik für ihre Selbstbehauptung im sozialen Raum des Kunstbetriebes. Franz Lenbach, 1836 geboren, wirkte seit den 1860er Jahren in den Künstlerorganisationen. Ihm wurde hohe Anerkennung zuteil. Seine zeitgenössische Berühmtheit in einer breiten Öffentlichkeit legitimiert es, ihn als einen repräsentativen Künstler zu behandeln, mit dem Ziel, die kulturellen Leistungen zu rekonstruieren, die er in den Augen seiner Zeitgenossen erbrachte. Wassily Kandinsky, 1866 geboren, gehörte dagegen einer Generation an, die zwar im Historismus aufgewachsen war, sich jedoch im letzten Jahrzehnt des 19. Jahrhunderts von diesem eklektizistischen Code absetzte. Sie trieb die Suche nach neuen künstlerischen Konzepten voran und bestimmte maßgeblich die Kunstentwicklung der ersten Hälfte des 20. Jahrhunderts.

Als ein weiteres Untersuchungsfeld, an dem die tatsächliche Vermittlung des Künstlerhabitus in die angehende Künstlerschaft untersucht werden kann, ziehen wir die Münchner Ausbildungsinstitutionen Akademie der Bildenden Künste und Kunstgewerbeschule heran. In ihnen sind die formativen Konzepte der Berufsbilder, deren Legitimationen, Bedeutungszuschreibungen und Trennlinien faßbar. Wir fragen anhand der begleitenden Diskurse nach den Brüchen und Kontinuitäten der Vorstellungen vom Künstlerhabitus sowie nach den Begründungen für die mit den

kulturellen Modernisierungen angestrebten oder vollzogenen Reformen.
Aus den Implikationen dieses Zugriffs ergibt sich der Aufbau der Untersuchung: In einem ersten Teil werden die sozialgeschichtlichen Bezüge sowie die Strukturen des sozialen Raumes im Kontext der bürgerlichen Gesellschaft herausgearbeitet, die den Kontinuitäten und den Umschreibungen der Berufsrolle des Künstlers zugrunde lagen. Hierin sind auch geschlechtergeschichtliche Trennlinien impliziert. Der zweite Teil beschäftigt sich mit den kulturellen Begriffen, Vorstellungen und symbolischen Chiffren, die in die Konstruktion des Künstlerhabitus eingingen und dessen innere Stabilität in der Zeitachse konstituierten. Die Vermittlung zwischen den sozialgeschichtlichen Bedingungen und den jeweiligen Individualisierungen des Künstlerhabitus wird mit der Rekonstruktion von lebensgeschichtlichen Strategien in den Fallstudien untersucht. Im dritten Teil soll der Vergleich zwischen den Professionalisierungen der beiden künstlerischen Berufsgruppen, der Maler und der neu entstehenden der Kunstgewerbler sowie angewandten Künstler, sichtbar machen, welche Folgen sich aus der unterschiedlichen Distanz zur Rationalisierung und kulturellen Modernisierung der Alltagswelt für die Selbst- und Fremdbilder der Künstler ergaben.

Quellen

In Erweiterung des konventionellen Quellenbegriffs beziehen wir über schriftliche Quellen hinaus prinzipiell Artefakte aller Art ein,[105] die von Künstlern hervorgebracht oder in Beziehung zu ihnen entstanden sind. Hierzu zählen Texte, Fotografien, vereinzelt Gemälde und skulpturale Objekte. Als von Menschenhand hervorgebrachte Objekte besitzen diese Artefakte jeweils spezifische mediale Eigenschaften, die mitgelesen werden müssen.
Wenn wir die »Gewebe« der Kultur als das Medium der kommunikativen Verständigung der historischen Subjekte betrachten,

---

105 Vgl. den weiten Quellenbegriff der »Überreste«, der »alles und jedes, was die Spur von Menschengeist und Menschenhand an sich trägt«, heranzieht, bei Johann Gustav Droysen: Historik, hg. von R. Hübner, 3. Aufl., Darmstadt 1958, S. 38.

so ist die Sprache ein wesentlicher Zugang zur sozial- und kulturgeschichtlichen Wirklichkeit.[106] Insbesondere sind wir auf Quellen angewiesen, in denen sich gleichermaßen Begriffe, Vorstellungen und Kontexte als Ausdruck eines zeitgenössischen Verständnisses vermittelten. Solche Äußerungen und Feststellungen wurden als Teil von Diskursen über die Künstler, deren Aufgaben und Bedeutungen niedergeschrieben. Sie beinhalten narrative Schilderungen von Sachverhalten und sie reflektieren komplexere soziale und kulturelle Beziehungen. Für unser Gegenstandsfeld stehen uns Textformen als Quellen zur Verfügung, die explizit zur Formung von Vorstellungen und zur Hierarchisierung von Bedeutung geschrieben wurden.

Diesen medialen Status haben *Konversationslexika*.[107] Sie beinhalten Artikel, die mit der Absicht verfaßt wurden, einem Adressatenpublikum eine sachkundige Übersicht zur Reichweite eines Begriffs und der dahinter stehenden sozialen und kulturellen Realität zu geben.[108] Die zeitliche Abfolge solcher lexikalischen Texte ist daher eine Quelle zur Analyse der Veränderungen von zeittypischen Zuschreibungen.

Selbstreflexive Texte und autobiographische Schilderungen[109] sowie *Briefe* von Künstlern ermöglichen dagegen Zugänge zu den subjektiven Selbstbildern der Künstler sowie zu den individuellen Interpretationen des Künstlerhabitus. Sie beinhalten Wahrnehmungen und Intentionen der Individuen, dienten der Selbstverständigung wie auch der Ordnung von Bildern. Neben publizier-

---

106 Eine Zusammenfassung von Aspekten, die mit der Bedeutung der Sprache für eine kulturgeschichtlich erweiterte Sozialgeschichte einhergehen, findet sich bei Peter Jelavich: Poststrukturalismus und Sozialgeschichte aus amerikanischer Sicht, in: Geschichte und Gesellschaft 21, 1995, S. 259-289, hierzu S. 259 ff.; zusammenfassend zur diskursiven Konstruktion von Wirklichkeit Peter Schöttler: Wer hat Angst vor dem »linguistic turn«?, in: Geschichte und Gesellschaft 23, 1997, S. 134-151.
107 Allgemein Ernst Herbert Lehmann: Geschichte des Konversationslexikons, Leipzig 1934.
108 Allgemein dazu Reinhart Koselleck: Einleitung, in: Otto Brunner/Werner Conze/Reinhart Koselleck (Hg.): Geschichtliche Grundbegriffe, Bd. 1, Stuttgart 1972, S. XIII-XVII.
109 Vgl. Georg Misch: Geschichte der Autobiographie, Bd. I-IV, Frankfurt am Main, 2. Aufl. 1949-1952.

ten Quellen wurden archivalische Materialien, insbesondere aus dem Archiv für Bildende Kunst im Germanischen Nationalmuseum in Nürnberg herangezogen.

Um einige Grundfragen des Künstlerhabitus entfalteten sich dichtere *Diskurse* mit lokalisierbaren zeitlichen Schwerpunkten. Diese spiegeln ein Problembewußtsein wieder, das sich häufig in Umbrüchen von Epochenkonfigurationen artikulierte. Solche Diskurse entstanden beispielsweise, um die Legitimität der Institutionen der Künstlerausbildung zu überprüfen oder Reformen programmatisch zu konturieren. In diesen Texten bildeten sich Vorstellungen und Bedeutungsabklärungen ab. An den Debatten beteiligten sich betroffene Künstler und kommentierende Sachverständige gleichermaßen.

Ein konsistentes Bild von Vorgängen, Entscheidungen und Begründungen ist ferner aus den institutionellen Geschäftsabläufen behördlicher *Aktenüberlieferungen* zu gewinnen. Die Akten der Münchner Ausbildungsinstitutionen Akademie und Kunstgewerbeschule sind im Zweiten Weltkrieg verbrannt. Eine komplementäre Perspektive auf die Münchner Akademie ergibt sich jedoch aus der erhaltenen Ablage des zuständigen Bayerischen Staatsministeriums des Kultus im Bayerischen Hauptstaatsarchiv München. Ferner wurden einschlägige Akten des Stadtarchivs München und der Städtischen Galerie im Lenbachhaus benutzt. Außerdem wurden als einmalige und bisher unerschlossene Quelle die Matrikelbücher der Akademie der Bildenden Künste München sowie Artefakte der Bayerischen Staatsbibliothek München und der Sammlung Monacensia Literaturarchiv der Münchner Stadtbibliothek ausgewertet. Quantitative Erkenntnisse über die Künstlerberufe im Kontext des Beschäftigungssystems der Gesellschaft wurden aus den *Materialien* der Berufszählungen der Statistischen Ämter erschlossen.

3. Die Programmatik der Kulturgeschichte

Der Mensch wird in seiner Existenz nicht allein von sozialen Strukturen bestimmt, sondern ebenso von den kulturellen Ausstattungen, die seinen Wahrnehmungsformen zugrunde liegen und in denen er sich in seinem Handeln als Individuum orientiert. Diese sind der Geschichtlichkeit unterworfen und somit auch

Teil von Epochenkonfigurationen. Von dieser Erkenntnis ausgehend, bleibt zu fragen, auf welches begriffliche Konzept der Kulturgeschichte sich eine Untersuchung stützen kann, die neben der Sozialgeschichte auch die kulturelle Konstruktion des modernen Künstlers thematisiert.

Was verstehen wir unter Kultur und Kulturgeschichte?

Als Kultur definieren wir das überindividuell kommunizierte »Geflecht« von Begriffen, der verbalen und nonverbalen Zeichen, von Deutungsmustern, bildlichen Vorstellungen und ästhetischen Chiffren, von mentalen Handlungspraktiken, Gefühlen und Ritualen. Hierzu gehören gleichfalls die gestalteten materiellen Objekte, die Formen des Kults, ferner die symbolischen Ordnungen der Gesellschaft, ihrer Schichten und Gruppen sowie die der Individuen.[110]

Somit umfaßt der Begriff Kultur zwei Bedeutungsebenen: Erstens bestimmen wir *Kultur* als ein Medium zur alltäglichen Kommunikation in den sozialen Räumen und zum sozialen Austausch in den Beziehungsgeflechten, in denen die Menschen sich als Akteure artikulieren und Erfahrungen verarbeiten, sich in Deutungen orientieren und Sinnkonzepte entwerfen. Die Formen der Kultur nehmen dann einen Sprachcharakter für die Individuen an, wenn die Intentionen und Selbstäußerungen, der Ausdruck ihrer Subjektivität sowie ihres Innen- und Gefühlslebens in den gesellschaftlich kommunizierten Zeichen, Chiffren, Symbolen und Vorstellungsbildern erfolgen. Zweitens beinhaltet der Begriff die von den Subjekten hervorgebrachten Artefakte. Diese Objektivatio-

---

110 Ich schreibe hiermit eine frühere Formulierung fort, vgl. Wolfgang Ruppert: Zur Kulturgeschichte der Dinge, in: ders. (Hg.): Fahrrad, Auto, Fernsehschrank. Zur Kulturgeschichte der Alltagsdinge, Frankfurt am Main 1993, S. 22; zur komplexen Geschichte des Begriffs »Kultur« in seinem Bezug zur Gesellschaft vgl. den »Problemaufriß« von Ute Daniel: »Kultur« und »Gesellschaft«. Überlegungen zum Gegenstandsbereich der Sozialgeschichte, in: Geschichte und Gesellschaft 19, 1993, S. 69-99; zur Begriffsgeschichte vgl. Jörg Fisch: »Zivilisation und Kultur«, in: Geschichtliche Grundbegriffe, hg. von Otto Brunner u. a., Bd. 7, Stuttgart 1991.

nen können als gestaltete Formen der Kultur in ihrer Aussagekraft für die Praktiken des Lebensvollzugs, der Arbeit, der Alltagsbewältigung sowie des Kults gelesen werden.

Die »Gewebe« der Kultur[111] sind in dieser Perspektive ein unverzichtbares Medium für die Existenz der Individuen und ihres geschichtlichen Handelns, das der Kommunikation und dem sozialen Austausch in der Gesellschaft sowie der Unterscheidung von Bedeutungen zugrunde liegt.[112] Diese sind eine Grammatik, die die Individuen aufnehmen, sich aneignen und umformen,[113] in der sie ihre Vorstellungen entwerfen,[114] ihre Selbstbilder markieren und die Fremdbilder verarbeiten, mit denen sie konfrontiert sind.

111 Die Vorstellung eines Geflechtes war als Metapher der Verbindung und des inneren Zusammenhangs durchaus verbreitet. Beispielsweise: »Kunst ist ein Stück nationalen Daseins, mit tausend Fäden, wirtschaftlich, technisch, sozial, geistig in den Teppich des Volkslebens verwoben.« Wilhelm Waetzoldt: Gedanken zur Kunstschulreform, Leipzig 1921, S. 4.

112 Die Produktion von Bedeutungen ist ein universeller Vorgang, hier am Beispiel des Umgangs mit Dingen expliziert, vgl. Wolfgang Ruppert: Der verblassende Reiz der Dinge. Die Produktion von Bedeutung als Teilschicht der Objektkultur in der industriellen Massenkultur, in: Gerd Kuhn/Andreas Ludwig (Hg.): Alltag und soziales Gedächtnis. Die DDR-Objektkultur und ihre Musealisierung, Hamburg 1997, S. 217-229. Ein semiotischer Ansatz, der die verschiedenen Formen der Kultur erörtert bei Roland Posener: Kultur als Zeichensystem. Zur semiotischen Explikation kulturwissenschaftlicher Grundbegriffe, in: Aleida Assmann/Dietrich Harth (Hg.): Kultur als Lebenswelt und Monument, Frankfurt am Main 1991, S. 37-74.

113 In einer prägnanten Formulierung von Ina-Maria Greverus wird die Beziehung zwischen immaterieller und materieller Kultur in ihrem Zusammenhang gekennzeichnet: »Als Kultur werden sowohl die menschliche Fähigkeit, die zur aktiven Anpassung, Gestaltung und Veränderung der Umwelt wie der eigenen Verhaltensweisen befähigt, als auch die materiellen und immateriellen Objektivationen dieses Handelns bezeichnet.« In dieser Formulierung wird der Prozeß des aktiven Hervorbringens von »geistigen« Vorstellungsbildern und der gestalteten Formen materieller Artefakte verklammert. Ina-Maria Greverus: Kultur, in: Wolfgang R. Langenbucher u. a.: Kulturpolitisches Wörterbuch, Stuttgart 1983, S. 344.

114 Dieser Zusammenhang wurde nicht nur von Walter Benjamin thematisiert, sondern vor ihm beispielsweise auch von Joseph August Lux: Ingenieur-Ästhetik, München 1910, S. 1: »In der Technik geschieht

Ohne eine angemessene kulturelle Grammatik ist sowohl die Selbstverständigung der Akteure als auch die Verständigung in der Gesellschaft nicht möglich. Die Konstituierung des Selbst erfolgt im Kontext der Prozesse der gesellschaftlichen Reproduktion und der Dynamik der kulturellen Modernisierung, die die Vorstellung des »Zeitgemäßen« fortschreiben.[115]

Aus diesem Verständnis von Kultur leitet sich unser Begriff von *Kulturgeschichte* her, der auch die Geschichte des Innenlebens der Individuen umfaßt, die für die Geschichte des modernen Künstlers von besonderer Bedeutung ist. Der Austausch der Menschen mit ihrer Umgebung vollzieht sich überwiegend auf den Mikroebenen der Gesellschaft, als Teil der sozialen und kulturellen Prozesse. Dieser Wechselbezug der Individuen und der Gesellschaft findet großteils in den Schichten des Alltäglichen statt, denen – in den Begriffen Jacques Le Goffs – in der Lebenspraxis der Menschen der Charakter des »Automatischen« anhaftet, »dessen, was den individuellen Subjekten der Geschichte entgeht, weil es den unpersönlichen Inhalt ihres Lebens ausmacht«.[116] Dieses Verständnis der mentalitätsgeschichtlichen Dimension in der Kulturgeschichte, das auch die unbewußten und emotionalen Prozesse im Leben der Menschen einbezieht, kann sich durchaus auf Einsichten älterer Autoren wie Jacob Burckhardt[117] oder Sigmund

    nichts, was nicht vorher schon als Traum, als Dichtung, als Utopie dagewesen ist.«

115 Kultur ist somit nicht identisch mit Gesellschaft oder Wirtschaft, wenngleich auch diese von kulturellen Aspekten durchdrungen und konstituiert sind.

116 Le Goff 1987, S. 21. Allgemein zur Mentalitätengeschichte Volker Sellin: Mentalität und Mentalitätsgeschichte, in: Historische Zeitschrift, Jg. 1985, H. 241, S. 555 ff.

117 Jacob Burckhardt hatte in Hinblick auf die griechische Kulturgeschichte neben den »sachlichen« Informationen und den entworfenen Vorstellungsbildern auch die »unfreiwillig(en)« und »unbewußten« Aussagegehalte der Quellen sowie ihre Kontextualisierungen als eine bedeutsame Erkenntnisebene der Kulturgeschichte bezeichnet. Jacob Burckhardt: Die Kunst der Betrachtung. Aufsätze und Vorträge zur Bildenden Kunst, hg. von Henning Ritter, Köln 1984, S. 175. Der Text wurde als »Einleitung in die Griechische Kulturgeschichte« verfaßt: »Ein Vorteil der kulturhistorischen Betrachtung überhaupt ist nun vor allem die Gewißheit der wichtigeren kulturhistorischen Tatsachen gegenüber den historischen im gewöhnlichen Sinne, den Ereignissen,

Freud stützen. Letzterer hatte beispielsweise 1913 auf eine innere Verbindung zwischen der Vorstellungsproduktion der Individuen, ihren Handlungsorientierungen und den kollektiven Grundmustern der Kultur der betreffenden Epoche hingewiesen:[118] »Alle Kulturgeschichte zeigt nur, welche Wege die Menschen zur Bindung ihrer unbefriedigten Wünsche einschlagen unter den wechselnden und durch technischen Fortschritt veränderten Bedingungen der Gewährung und Versagung von seiten der Realität.« Freud ging somit von einer dynamischen Beziehung zwischen den Wünschen und Empfindungen der Akteure sowie den begrenzenden Bedingungen ihrer sozialen Realität aus.

In der Weiterführung der Argumentation ist kulturelles Handeln als ein gestalteter Akt zu verstehen, so daß die Kulturgeschichte nach der inneren Verbindung zwischen der kulturellen Grammatik der Akteure, den kollektiv geteilten Mustern und den gesellschaftlichen Strukturen fragen muß. In dieser kulturellen Grammatik erfolgt der Austausch der Subjekte mit der ihnen als »äußerliche« Umgebung gegenüberstehenden »objektiven Kultur«.[119] Mit dieser Dichotomie hatte Georg Simmel in Reaktion auf den Modernisierungsschub der 1890er Jahre die neue Erfahrung des modernen Individuums zu charakterisierren versucht, als er die Spannung zwischen der erstrebten »Emanzipation« des Subjektes und den strukturellen Bindungen und vielfältigen Objektivationen der kulturellen Moderne beschrieb:[120]

> welche der Gegenstand der Erzählung sind. Letztere sind mannigfach ungewiß, streitig, gefärbt oder, zumal bei dem griechischen Talente zum Lügen, von der Phantasie und vom Interesse völlig erdichtet. Die Kulturgeschichte dagegen hat primum gradum certitudinis, denn sie lebt wichtigerenteils von dem, was Quellen und Denkmäler unabsichtlich und uneigennützig, ja unfreiwillig, unbewußt und andererseits sogar durch Erdichtungen verkünden, ganz abgesehen von demjenigen Sachlichen, welches sie absichtlich melden, verfechten und verherrlichen mögen, womit sie wiederum kulturgeschichtlich lehrreich sind.«

118 Sigmund Freud: Das Interesse an der Psychoanalyse (1913), in: Gesammelte Werke, 8. Bd., Werke aus den Jahren 1909-1913, 5. Auflage, Frankfurt am Main 1969, S. 415.
119 Georg Simmel: Die Großstädte und das Geistesleben, in: Die Großstadt. Vorträge und Aufsätze zur Städteausstellung, Dresden 1903.
120 Ebd., S. 186.

»Die tiefsten Probleme des modernen Lebens quellen aus dem Anspruch des Individuums, die Selbständigkeit und Eigenart seines Daseins gegen die Übermächte der Gesellschaft, das geschichtlich Ererbte, der äußerlichen Kultur und Technik des Lebens zu bewahren – die letzterreichte Umgestaltung des Kampfes mit der Natur, den der primitive Mensch um seine leibliche Existenz zu führen hat.«

Der Austausch der »eigensinnigen« Individuen mit ihrer gesellschaftlichen und kulturellen Umgebung, in die sie zugleich verstrickt waren, erfolgte in den technischen und materiellen Strukturen statt, die der Dynamik der kulturellen Modernisierung und der Geschichte der Zivilisation unterworfen waren.[121] Diese Spannung habe den »Widerstand des Subjektes« gegen den normativen Druck hervorgerufen, »in einem gesellschaftlich-technischen Mechanismus nivelliert und verbraucht zu werden«.[122]

Ein Instrument zur Definition der Handlungschancen und -grenzen in der Gesellschaft, die den Individuen in ihrer sozialen Umgebung zugeschrieben wurden, finden wir im Begriff der *Konfiguration*. Damit bezeichnete Norbert Elias[123] den epochentypi-

---

[121] In Deutschland entwickelte sich mit der Hegemonie der Geistesgeschichte seit dem letzten Drittel des 19. Jahrhunderts unter dem Begriff »Zivilisation« eine Abwertung der technischen Objekte, der Alltagswelt und der industriellen Massenkultur. Norbert Elias hat die politischen Folgen der Hierarchisierung des mit dem deutschen Selbstbild identifizierten Begriffs der Kultur gegenüber der mit Frankreich verbundenen »Zivilisation« thematisiert, vgl. ders.: Über den Prozeß der Zivilisation. Soziogenetische und psychogenetische Untersuchungen, 1. Bd., Wandlungen des Verhaltens in den weltlichen Oberschichten des Abendlandes, Frankfurt am Main 1976, S. 47; Elias definierte: »Der Begriff ›Zivilisation‹ bezieht sich auf sehr verschiedene Fakten: auf den Stand der Technik, auf die Art der Manieren, auf die Entwicklung der wissenschaftlichen Erkenntnis, auf religiöse Ideen und Gebräuche. Er kann sich auf die Art des Wohnens oder des Zusammenlebens von Mann und Frau, auf die Form der gerichtlichen Bestrafung oder der Zubereitung des Essens beziehen ...«, ebd., S. 1.

[122] Simmel 1903, S. 187.

[123] Norbert Elias: Die höfische Gesellschaft. Untersuchungen zur Soziologie des Königtums und der höfischen Aristokratie, Frankfurt am Main 1983. In der Einleitung »Soziologie und Geschichtswissenschaft« entwickelte Elias den Begriff der Konfiguration zur Erklärung der Beziehungen der Menschen, die die höfische Gesellschaft bilden. Er sprach von der »Figuration interdependenter Menschen« (S. 11),

schen Entfaltungsrahmen, die sozial strukturierten und kulturell geformten Handlungsketten, in die der einzelne Mensch eingebettet ist.[124] Von Norbert Elias wurde eine Dialektik bei der Formung des historischen Subjektes im aktiven Austausch mit den überindividuell kommunizierten Handlungsmustern, Normen und mentalen Formen der epochalen Konfiguration seiner Zeit angenommen. Deren Internalisierung durch das einzelne Subjekt, als Teil einer vorbewußten Steuerung der kulturellen Praktiken, wurde in seiner Geschichtlichkeit von Elias als »Prozeß der Zivilisation« beschrieben.[125]

Entgegen einer allzu harmonischen Vorstellung müssen wir jedoch die »Gewebe« der Kultur[126] als ein in sich mehrschichtiges Amal-

> die den »Spielraum der Individualisierung« oder »die Chance der Individualisierung der einmaligen und einzigartigen Ausgestaltung jeder Menschenperson« bestimmt (S. 36). Gesellschaften seien nichts anderes »als Figurationen interdependenter Menschen« (S. 35). Menschen können in seiner Perspektive sehr unterschiedliche Figurationen bilden: »In der Figurationsanalyse stellen sich die einzelnen Individuen in höherem Maße so dar, wie man sie betrachten kann, als offene, gegenseitig aufeinander ausgerichtete Eigensysteme, die durch Interdependenzen verschiedenster Art miteinander verbunden sind und die kraft ihrer Interdependenzen miteinander spezifische Figurationen bilden. Auch die, im Sinne spezifischer gesellschaftlicher Werthaltungen größten Menschen, auch die mächtigsten Menschen haben ihre Position als ein Glied in diesen Abhängigkeitsketten« (S. 47).

124 Seine in den dreißiger Jahren gewonnene Einsicht, daß das Individuum sich als Subjekt des gesellschaftlichen Lebens mit den Strukturen der Arbeitsteilung und den davon ausgehenden Spaltungen der Gesellschaft in unterschiedliche soziale Räume auseinandersetzen muß, wirkte in den siebziger Jahren innovativ gegenüber solchen geschichtswissenschaftlichen Auffassungen, die entweder ausschließlich quantitativ-abstrakte Strukturen im Blick hatten oder aber die Heroisierung des als »autonom« gedachten und als »groß« idealisierten handlungsmächtigen Individuums propagierten.

125 In einem euphemistischen Sinn, ders. 1976.

126 Vgl. eine geglättete Definition von Kultur, die mit der Intention der Verknüpfung mit sozialgeschichtlichen Fragestellungen von Jürgen Kocka formuliert wurde. Kultur sei »ein System von Zeichen, die für eine größere Zahl von Menschen (eine Berufsgruppe, einen Stand, eine Klasse, eine Religionsgemeinschaft, ein Dorf, ein Volk, die Mitglieder einer Gesellschaft etc.) Wirklichkeit sinnvoll deutet und damit deren

gam betrachten. Insbesondere für epochentypische Kulturformen, wie beispielsweise den gründerzeitlichen Historismus, die die Individuen in die kulturellen Formationen von Generationen, von lokalen, regionalen oder nationalen Gesellschaften integrierten und die doch häufig die sozial strukturierten Bindungen lediglich überlagerten, muß eine fraktierte Struktur angenommen werden. Um die Aneignung und Individualisierung von widersprüchlichen »Mustern von Bedeutungen« erfassen zu können, ist ein prozeßorientierter Begriff von Kultur angemessen, der ambivalente Bedeutungen umgreift. David Warren Sabean beschäftigte sich mit dem Austausch der Menschen mit ihrer sozialen Umgebung.[127] Sein Augenmerk richtete sich dabei weniger auf das Produzierte, sondern primär auf die Produktion im Alltag. Ihn interessierte die Bedeutung der Kultur für die »Fähigkeit, auf die Wirklichkeit zu reagieren«, die Daten des Alltagslebens zu verarbeiten, wie die wiederkehrenden Arbeitsabläufe und die Kommunikation. In dieser Perspektive erscheinen die Formen der Kultur als ein Medium, in dem »Konflikte ausgetragen und fehlerhafte und unvollständige Sichtweisen korrigiert werden«, aber auch »die realen und symbolischen Momente von Gewalt« bewältigt werden.[128]

Ein weiteres Problem stellt die Verbindung der Sozialgeschichte mit den *Vorstellungen* von der Welt dar. Roger Chartier hat auf die Bedeutung der »Repräsentationen« für ein Konzept der Kulturgeschichte hingewiesen, das sowohl die Spaltungen der »sozialen Welt« beachtet als auch die Formungskraft von »widersprüchlichen und aufeinanderprallenden Vorstellungen« für das Handeln

---

soziale Beziehungen (Kommunikation, Zusammengehörigkeiten und Abgrenzungen) ebenso erst ermöglicht wie deren Verhältnis zu sich selbst und zu ihrer Umgebung«. Ders.: Sozialgeschichte, 2. erw. Aufl. Göttingen 1986, S. 153.

127 David Warren Sabean: Das zweischneidige Schwert. Herrschaft und Widerspruch im Württemberg der frühen Neuzeit, Frankfurt am Main 1990, S. 113 f.: »Auch wenn die Menschen einem Gutteil der tagtäglichen Ereignisse nur geringe Aufmerksamkeit zukommen lassen, gestalten sie sie gleichwohl in irgendeiner Weise. Und ihre Fähigkeit, auf die Wirklichkeit zu reagieren, ist das Ergebnis eines Prozesses anderer Art, nämlich dem, daß jeder sich mit seinem Mitmenschen beständig aktiv auseinandersetzt.«

128 Ebd.

der Individuen thematisiert.¹²⁹ Mit diesen Repräsentationen (représentations) verleihen die Individuen ihrem Handeln und ihrer Welt Sinn. In dieser Sicht stellt sich die kulturelle Seite der Geschichte nicht als eine einfache Ableitung von den Strukturen des Sozialen dar. Vielmehr gewinnen die kollektiven Vorstellungen und die medialen Formen, in denen diese vermittelt werden, wiederum Einfluß auf die Strukturierung des Sozialen im historischen Prozeß. Chartiers Verständnis der Kulturgeschichte löst sich nicht von der Sozialgeschichte, hebt jedoch jegliche eindimensionale Determinierung auf und postuliert einen offenen Wechselbezug von Einflüssen, insbesondere sofern diese als »kulturelle Praktiken mit den Formen der Machtausübung« und andererseits der Resistenz dagegen verbunden sind.¹³⁰

Zur Einordnung der Programmatik der neuen Kulturgeschichte ist es ferner hilfreich, sich die Historizität des Verständnisses von Kultur zu vergegenwärtigen und eine entwicklungsgeschichtliche Teleologie zu vermeiden. Noch in der zweiten Hälfte des 19. Jahrhunderts waren ältere Begriffe von »Kultur« verbreitet, die die Produktionsvorgänge der Gestaltung der materiellen Objektwelt im Sinne einer »Kultivierung« der Natur ebenso umfaßten wie die »Veredelung des geistigen Lebens der Menschen«.¹³¹ Mit der Verdrängung dieses weiten Verständnisses des Subjekt-Objekt-Bezuges setzte sich im letzten Drittel des 19. Jahrhunderts jene äußerst wirkungsmächtige geistesgeschichtliche Verengung des kulturell-reflexiven Diskurses auf die Gegenstände der »Hochkultur« durch, die für die Normbildung des Bildungsbürgertums hegemoniale Prägekraft annahm.¹³² Unter dem Einfluß ethnolo-

---

129 Chartier 1994, S. 326: (Die Tatsache ...) »daß es keine Tätigkeit oder Struktur gibt, die nicht durch die widersprüchlichen und aufeinanderprallenden Vorstellungen (représentations) erzeugt werden, mit denen Individuen und Gruppen ihrer Welt einen Sinn verleihen.«
130 Ebd., S. 344.
131 Ein verbreitetes lexikalisches Werk wie Meyers Konversationslexikon, 3. gänzl. umgearbeitete Auflage, 10. Bd., Leipzig 1877, S. 436, definierte: »Kultur (lat.), eigentlich Pflege und Vervollkommnung eines derselben fähigen Objektes, z. B. K. des Bodens, der Waldungen, einzelner Thiere, besonders aber die Entwicklung und Veredelung des geistigen Lebens der Menschen.«
132 Lediglich eine Minderheit von Intellektuellen, die mit den Namen Karl Lamprecht, Georg Simmel, Walter Benjamin, Karl Mannheim

gischer Forschungen und der Rezeption der darin entwickelten integrativen Begriffe wandelte sich seit den siebziger Jahren die Auffassung von Kultur erneut. Nun gewannen Konzepte an Bedeutung, die zunächst zur Analyse und Darstellung sogenannter »primitiver« Gesellschaften, mit geringer ausdifferenzierten Bezugsfeldern von Leben, Arbeit und Kultur, entwickelt worden waren.[133] Dieser Impuls trug anscheinend dazu bei, daß das Erkenntnisinteresse sich auch auf die Bedeutung der symbolischen Kultur für die Lebensgestaltung der Individuen in modernen Gesellschaften richtete.

Kulturgeschichte und Kunstgeschichte

Die Schwierigkeiten der historischen Wissenschaften mit der Thematisierung des modernen Künstlers erklären sich aus den Konsequenzen des Auseinandertretens der Geschichts- und der Kunstwissenschaft seit der zweiten Hälfte des 19. Jahrhunderts. Die Abspaltung des Ästhetischen von der sozialen Lebenswelt hatte schwerwiegende Folgen für die heuristische Formierung der Arbeitsteiligkeit des Wissenschaftssystems.[134]
Als J. J. Winckelmann, einer der Begründer der Kunstgeschichte,[135] um 1760 von der biographischen Geschichte der

oder Norbert Elias chiffriert werden kann, arbeitete mit einem offeneren Begriff des Kulturellen.
133 Aus diesem Kontext heraus definierte der einflußreiche amerikanische Anthropologe Clifford Geertz als Kultur jene »historisch überlieferten Muster von Bedeutungen, die in symbolischer Gestalt auftreten, ein System überkommener Vorstellungen, die sich in symbolischen Formen ausdrücken, ein System, mit dessen Hilfe die Menschen ihr Wissen vom Leben und ihre Einstellungen zum Leben mitteilen, erhalten und weiterentwickeln«. Clifford Geertz: Dichte Beschreibung. Beiträge zum Verstehen kultureller Systeme, Frankfurt am Main, 2. Aufl. 1991, S. 9.
134 Ein Überblick bei Udo Kultermann: Geschichte der Kunstgeschichte. Der Weg einer Wissenschaft, Düsseldorf und Wien 1966; eine reflexiv-systematische Untersuchung Heinrich Dilly: Kunstgeschichte als Institution. Studien zur Geschichte einer Disziplin, Frankfurt am Main 1979.
135 Vgl. Dilly 1979, S. 90.

Künstler zur Geschichte einer überindividuellen, abstrakten Kategorie der Kunst überging, orientierte sich sein Erkenntnisinteresse am Vorbildwert der Griechen für die Entfaltung der »schönen« Individualität. Bis zu Jacob Burckhardt, der die Kunstproduktion in ihrem inneren Wechselbezug zur Kulturgeschichte bearbeitete, blieb eine übergreifende Perspektive erhalten.[136]
Burckhardt hielt häufig gleichzeitig historische und kunsthistorische Vorlesungen.[137] Auch sein großes Werk über die Kultur der Renaissance konzipierte er mit der Intention einer Synthese,[138] die das Eigenleben der Kunst und deren Zusammenhang mit der allgemeinen Kultur gleichermaßen umfaßte.[139] Als Bezugskategorien der Kunst benannte er die Religion, den »Volksgeist« und die Bedingtheit durch Staat und Gesellschaft.[140] Noch Heinrich Wölfflin sah die für sein Werk zentrale Kategorie des »Stilwandels« und das durch die jeweilige Historizität begrenzte Formrepertoire mit den Wandlungsprozessen außerhalb der Kunst verknüpft.[141]
In der Kunstwissenschaft des 20. Jahrhunderts verstärkte sich jedoch schließlich die Apologie des Autonomieanspruchs der Kunst, der sich aus dem »eigentümlichen« Charakter des Kunstwerkes begründete.[142] In der Folge interessierte sich die neuere

---

136 Vgl. zu Burckhardt Wolfgang Hardtwig: Geschichtsschreibung zwischen Alteuropa und moderner Welt. Jacob Burckhardt in seiner Zeit, Göttingen 1974, insbesondere S. 147-187.
137 Dies war nicht ungewöhnlich, sondern entsprach der noch engen Einbindung der Kunst in verschiedene historische Fächer, vgl. zur Institutionalisierung der Kunstgeschichte Dilly 1979, S. 175 ff.
138 Hardtwig 1974, S. 147.
139 Erörtert bei Burke 1984, S. 15.
140 Hardtwig 1974, S. 148-156.
141 Burke 1984, S. 16.
142 Als einen expliziten Beleg für die gewonnene institutionelle Autonomie des Faches können wir eine Definition aus den dreißiger Jahren lesen: »Die Kunstgeschichte ist von einer allgemeinen Geschichtswissenschaft durch die Besonderheit ihrer Gegenstände geschieden. Der eigentümliche künstlerische Gehalt ist es vor allem, der die Kunstwerke auszeichnet. Dieser Gehalt stellt sich der Wahrnehmung in der Form der anschaulichen Gegebenheit dar; zugleich ›bedeutet‹ er etwas.« Gerhard Bahlsen: Grenze der Kunstwissenschaft, in: Festschrift

Kunstgeschichte der fünfziger und sechziger Jahre für den Künstler als das »schöpferische, seine Zeit prägende oder widerspiegelnde Individuum« und erschloß dessen Biographie vor allem zur Herleitung der Werkgeschichte des Künstlers, zur Interpretation des Kunstwerks und der Kunst.[143]

In den späten sechziger Jahren wurden die Defizite dieses engen Zugriffs erkannt und ein Bedarf an methodischer Neuorientierung artikuliert. Mit einer »kritischen« Haltung von Kunsthistorikern zu den weiterhin dominanten individualisierenden Interpretamenten öffnete sich um 1970 das Verständnis des wissenschaftlichen Gegenstandes.[144] In einer paradigmatischen Formulierung Martin Warnkes[145] wurden nun »alle visuell gestalteten Äußerungsformen, welche Wirkung ausüben wollen«, zum Forschungsfeld erklärt. Da dieser Ansatz nicht in einer bloßen geistesgeschichtlichen Fortsetzung der sich (teil)autonom von der Geschichte definierenden Kunstgeschichtsschreibung bearbeitet werden konnte, adap-

(FS) für Richard Hamann zum 60. Geburtstag, 29. Mai 1939, Burg bei Magdeburg 1939, S. 18.

143 Formulierung aus kultursoziologischer Sicht bei Fohrbeck/Wiesand 1972, S. 50. Exemplarisch für diesen üblichen Zugriff ist das Konstrukt in der Einleitung zu einer der ersten größeren Kandinsky-Ausstellungen in München: »Die Beziehungen zwischen einem Künstler und seinem Werk sind mitunter leicht, dann wieder schwerer und erst auf Umwegen nachzuvollziehen, aber es unterliegt wohl keinem Zweifel, daß Persönlichkeit, Temperament und Charakter weitgehend auf den Schaffensprozeß einwirken und daß die inneren und äußeren Daten eines Lebens in einem mehr oder weniger kausalen Zusammenhang mit ihren schöpferischen Ergebnissen stehen. Dies trifft in besonderem Maße auf Wassily Kandinsky zu, dessen Persönlichkeit, durch Herkunft, Umgebung und die formbildenden Kräfte des Lebens selbst geprägt, ihrerseits eine künstlerische Entwicklung bestimmten, die sich an den fast fünfzig Jahren seiner Kunst ablesen läßt.« Thomas M. Meser: Wassily Kandinsky, in: Wassily Kandinsky 1866-1944, Ausst. Kat. Haus der Kunst München 13. November 1976 bis 30. Januar 1977, S. 19.

144 Der Begriff »kritischer« Wissenschaft wurde im Titel der Zeitschrift des Ulmer Vereins »Kritische Berichte« repräsentiert.

145 Martin Warnke: Das Bild als Bestätigung, in: Werner Busch (Hg.): Funkkolleg Kunst, München 1987, S. 499.

tierten manche Forscher kultur- und sozialgeschichtliche Zugriffe,[146] um jedoch bald auch deren Grenzen zu erfahren.[147]
In unserer kulturgeschichtlichen Perspektive kann es nicht um die Bestimmung des Ranges und der Wirkung von »Kunstwerken« in einem Wertgefüge hierarchisierter Medien gehen, eine Aufgabe, die der kunstgeschichtlichen Forschung vorbehalten bleiben muß. Wir fragen vielmehr nach der kulturellen Bedeutung und den gesellschaftsgeschichtlichen Voraussetzungen der Kunstproduktion sowie nach den sozialgeschichtlichen Lebens- und Arbeitsbedingungen der Produzenten. Die Erforschung der Geschichte des modernen Künstlers setzt einen Zugriff voraus, der nicht von den voneinander weitgehend abgeschotteten Traditionen der beiden Wissenschaften begrenzt wird. Insofern ist unsere Untersuchung davon geleitet, ein Verständnis von Kulturgeschichte weiterzuführen, das sich nicht als reine Geistesgeschichte von den sozialen Trägerschichten löst, sondern dem sozialgeschichtlichen Lebensvollzug der Künstler folgt, ohne die ästhetischen und symbolischen Ausdrucksformen der Menschen zu vernachlässigen,

146 Eine Problemskizze zur Beziehung von Kunst, Kulturgeschichte und Sozialwissenschaft bei Ernst H. Gombrich: Die Krise der Kulturgeschichte. Gedanken zum Wertproblem in den Geisteswissenschaften, München 1983 (zuerst London 1979). Vgl. als Beispiel einer empirischen Studie Martin Warnke: Zur Situation der Couchecke, in: Jürgen Habermas (Hg.): Stichworte zur »Geistigen Situation der Zeit«, Bd. 2, Frankfurt am Main 1979, S. 683-697; beispielsweise auch in dieser Perspektive Ingrid Severin: Baumeister und Architekten. Studien zur Darstellung eines Berufsstandes in Porträt und Bildnis, Berlin 1990.

147 Ein Plädoyer für die Interpretation der ästhetischen Form im Kontext der Geschichte bei Klaus Herding: Against the Cliché of Constants Beyond History, in: Irit Rogoff (Ed.): The Divided Heritage. Themes and Problems in German Modernism, Cambridge et al. 1990, S. 9-13; eine konsensfähige Perspektive etwa: »Das Kunstwerk in seinem sozialen Umfeld, die Wirkung eines Gemäldes auf ein durch Erziehung und Bildung unterschiedlich vorbereitetes Publikum und die vermittelnde Rolle des Kunstkritikers und Kunsthistorikers sind als Themen der Kunstgeschichte in das Blickfeld gerückt.« Vgl. Thomas W. Gaehtgens: Die Berliner Museumsinsel im Deutschen Kaiserreich. Zur Kulturpolitik der Museen in der wilhelminischen Epoche, München 1992, S. 11. Gaehtgens plädierte für die Einbeziehung des Kunstsammelns als ein sozialgeschichtliches Phänomen.

denen eine Bedeutung für die Erfahrungsverarbeitung zugemessen wird.

Bourdieu stellte in seinem Werk »Die feinen Unterschiede« die konventionellen Grenzen der Hochkultur in Frage, als er die ästhetischen Muster unterschiedlicher Geschmacksvalenzen in sein wissenschaftliches Konzept einbezog:[148]

»Die Wissenschaft vom Geschmack und vom Kulturkonsum beginnt mit einer – mitnichten ästhetischen – Übertretung. Sie hat jene sakrale Schranke niederzureißen, die legitime Kultur zu einer separaten Sphäre werden läßt. (...) Diese ›barbarische‹ Wiedereingliederung des ästhetischen in den Bereich des ordinären Konsums widerruft den die gelehrte Ästhetik seit Kant fundierenden Gegensatz zwischen ›Sinnen-Geschmack‹ und ›Reflexions-Geschmack‹, zwischen leichtem, auf Sinnenlust verkürzten sinnlichen Vergnügen, und reinem, von Lust gereinigten Vergnügen, das wie geschaffen scheint zur Symbolisierung moralischer Vollkommenheit.«

Die Auseinandersetzungen um die Errichtung und Öffnung der »sakralen Schranke« um die »legitimen Künstler« können wir in unserem Gegenstandsfeld empirisch am Beispiel der Diskurse um die Aufgaben der Institutionen der Künstlerausbildung und ihre Abgrenzungen zueinander nachvollziehen. Für unsere Fragestellung ist daher ein integratives kulturgeschichtliches Paradigma angemessen, das die Thematisierung des künstlerischen Individuums in seinen gesellschaftlichen Bedingungen und kulturellen Kontexten ermöglicht.[149]

---

148 Ebd., S. 26 f.
149 Wir schließen uns damit der Argumentation Bourdieus an, der sich gegen einseitige Individualitätsklischees wandte, eine Konnotation, die der traditionellen Kunstgeschichte durchaus eigen war: »Wer Individualität und Kollektivität zu Gegensätzen macht, bloß um den Rechtsanspruch des schöpferischen Individuums und das Mysterium des Einzelwerkes wahren zu können, begibt sich der Möglichkeit, im Zentrum des Intellektuellen selber Kollektives zu entdecken; Kollektives in Form von Kultur – im subjektiven Sinne des Wortes ›cultivation‹ oder ›Bildung‹ oder, nach Erwin Panofskys Sprachgebrauch, im Sinn des ›Habitus‹, der den Künstler mit der Kollektivität und seinem Zeitalter verbindet und, ohne daß dieser es merkte, seinen anscheinend noch so einzigartigen Projekten Richtung und Ziel weist.« Bourdieu 1974, S. 132.

Erster Teil
Zur Sozialgeschichte der Künstler

Die wirtschaftliche Situation der Künstler fand über lange Zeiträume hinweg nur geringe öffentliche Aufmerksamkeit. Um so erstaunlicher ist es, daß um 1910 mehr Schriften hierzu publiziert wurden als jemals zuvor oder danach. Was waren die Gründe für das gesteigerte Interesse an dieser sonst vernachlässigten Seite des Künstlerberufs zu diesem Zeitpunkt? Intention der Beiträge war es, die gesellschaftlichen Bedingungen offenzulegen, an denen die Lebensgestaltung der Künstler ihre strukturellen Grenzen fand, obgleich sie doch Ausübende eines Berufes waren, der in ganz besonderem Maße sein Selbstverständnis vom Leitbild der freien Individualität herleitete. Solche Abhandlungen verfaßten Joachim von Bülow, Paul Kutter, C.-E. Uphoff-Hagen,[1] ferner der Wirtschaftswissenschaftler Paul Drey,[2] ein Schüler Lujo Brentanos, und Lu Märten.[3] Als Problem wurde nicht allein die ungesicherte soziale Situation, sondern vor allem die verbreiteten Formen von offener sowie verdeckter Armut empfunden, die das Leben einer größeren Zahl von Künstlern prägten,[4] ohne daß Konzepte für eine Verbesserung der existentiellen Notlagen in Aussicht gestellt werden konnten.

Eine Lektüre dieser Texte ist weniger in Hinblick auf die Zuverlässigkeit der Detailinformationen von Bedeutung. Vielmehr können diese als Quellen für Meinungsbilder und die zeitgenössische Wahrnehmung der Merkmale des sozialen Raumes der Künstlerexistenz betrachtet werden. Die Autoren sprachen meist allgemein vom Künstler, bezogen sich jedoch in selbstverständlicher Weise auf den Beruf des Malers, von dem im Bewußtsein der Öffentlichkeit die klarste Vorstellung präsent war.

Die Denkschrift »Künstler Elend und -Proletariat« des Juristen

---

1 Joachim von Bülow: Künstler Elend und -Proletariat. Ein Beitrag zur Erkenntnis und Abhilfe, Berlin 1911; C.-E. Uphoff-Hagen: Die soziale Stellung von Kunst und Künstler, in: Das freie Wort, Frankfurter Halbmonatsschrift für Fortschritt auf allen Gebieten des geistigen Lebens, begründet von Carl Saenger, hg. von Max Henning, 10. Jg., Nr. 13 (1. Oktoberheft) 1910, S. 611-615; Paul Kutter: Das materielle Elend der jungen Münchner Maler, München 1912.

2 Drey 1910; Drey ging vom Münchner Beispiel aus: »Meine Erhebungen und Beobachtungen beziehen sich in der Hauptsache nur auf München.« Ebd., S. IV.

3 Märten 1914.

4 Explizit bei Uphoff-Hagen 1910, S. 615.

Joachim von Bülow belegt eine sachkundige Wahrnehmung der Rahmenbedingungen, die das Berufsbild des Künstlers formten und die individuelle Künstlerexistenz prägten. Er erfaßte die »Künstler aller Richtungen« aus der Perspektive eines Bürgers, indem er ihren Werken die Funktion von kulturellen Dienstleistungen in der Arbeitsteiligkeit der bürgerlichen Gesellschaft zuschrieb:[5] »Sie sind dazu da, in der Hast des täglichen Lebens die Ruhepunkte zu bilden, an denen sich der arbeitende Mensch erfreut, die ihm Ausgleich schaffen, ihn für Augenblicke wenigstens, die täglichen Sorgen vergessen lassen können.« In diesem Verständnis reduzierte sich die künstlerische Arbeit auf die Bedeutung, die sie im Kontext der bürgerlichen Lebenswelt annahm. Die Werke hatten die Funktion, als Gegenpol zur Alltagserfahrung und zur beruflichen Arbeit erholsame Besinnung und Entspannung zu ermöglichen.

Von Bülow war ferner bemüht, auch in quantitativer Hinsicht präzisere Vorstellungen vom »Künstlerberuf« als einer Erwerbstätigkeit zu gewinnen:[6] »In Deutschland leben etwa 30 000 Personen, welche auf den Namen eines bildenden Künstlers Anspruch machen, in Berlin werden es 4000 sein. Hierin sind allerdings die eigentlichen Kunstgewerbler mit inbegriffen.« Dieser offene Begriff des »bildenden Künstlers« entsprach einer gängigen Auffassung in der kunstinteressierten Öffentlichkeit, die die innere Trennungslinie zwischen »freier« und »angewandter« Kunst zwar als bedeutsam erachtete, aber doch der umfassenderen Berufsbezeichnung unterordnete. Bülow erarbeitete eine spekulative Einkommensanalyse für die Maler, bei der er sich auf eine Überschlagskalkulation der Aufnahmefähigkeit des anonymen Kunstmarktes stützte. Er ging von etwa 20 000 Bildwerken aus, die in Deutschland in etwa zehn großen und einer erheblichen Zahl kleinerer Ausstellungen angeboten würden. Eine realistische Schätzung der Zahl von fertiggestellten Bildern veranschlagte Bülow auf etwa 40 000 Werke, mit denen etwa 10 000 Maler beschäftigt seien. Bei einem angenommenen Durchschnittspreis von 1000 Mark ergab seine Rechnung einen durchschnittlichen Verdienst von jährlich 2000 Mark brutto für den einzelnen Künstler. Aus dieser Zahl schloß er, daß in Deutschland lediglich 1333 Maler von den Ein-

---

5 Von Bülow 1911, S. v.
6 Ebd., S. 1.

nahmen ihrer Kunst leben könnten, wenn auch – nach seiner Formulierung – »recht bescheiden«, die anderen 9000 sich aber »vom Kapital«[7] unterhalten müßten. Hierunter verstand er den Rückgriff auf vorhandenes eigenes Vermögen. Somit definierte von Bülow den »bildenden Künstler« als eine auf den Kunstmarkt bezogene Berufstätigkeit, die jedoch nur für eine Minderheit von weniger als einem Achtel der erwerbsfähigen Personen auch tatsächlich eine Basis für den eigenen Lebensunterhalt bot.
Wenn man auch aus guten Gründen an der Präzision einer solchen hilfsweise eingeführten Arithmetik zweifeln muß, so wurde doch mit dem Fassungsvolumen des Kunstmarktes ein strukturierender Faktor für den Künstlerberuf benannt. Die Preise wurden in der freien Vereinbarung zwischen Maler, Käufer oder Kunsthändler bestimmt und variierten von Kauf zu Kauf, entsprechend der künstlerischen Qualität und der gesellschaftlichen Bewertung der Werke. Auf statistisches Material, das eine Gesamtrechnung der Einkommenssituation der Maler für Deutschland ermöglicht hätte, konnte sich der Autor damals ebensowenig stützen, wie dies heute möglich ist.
Eine noch skeptischere Einschätzung der realen Einkommensverhältnisse gab der Autor Uphoff-Hagen. Er ging davon aus, daß es bestenfalls einem von hundert Malern gelänge, sich allein aus eigener Kraft über den Markt »eine sorgenfreie Existenz« zu schaffen.[8] Für diejenigen Künstler, die über kein Vermögen verfügten, zudem bei etwaigem Mißerfolg auf keinerlei staatliche Absicherung zurückgreifen konnten, war die existentielle Unsicherheit als Erfahrung omnipräsent. Die soziale Not sei daher keine Einzelerscheinung und das »Künstler-Elend« offenbar unabwendbar, so die Folgerung Uphoff-Hagens. In Teilen der bürgerlichen Öffentlichkeit wurden mit dem »Künstlerberuf« kulturelle Zuschreibungen assoziiert, die geeignet waren, zur scheinbaren Erklärung der Armut eines erheblichen Teiles der Künstler beizutragen. Von Bülow referierte ein verbreitetes Klischee, wonach »99% aller Deutschen, Intellektuelle nicht ausgenommen«, den Künstler schlichtweg als »Faulenzer« betrachteten.[9] Im Gegensatz zu diesem Vorurteil wies er den Mechanismen des Marktes

---

7 Ebd., S. 3.
8 Uphoff-Hagen 1910, S. 613.
9 Von Bülow 1911, S. 7.

eine erhebliche mentale Prägewirkung gerade für die Internalisierung von Arbeitsformen zu. So sei festzustellen, daß von nicht wenigen Künstlern, die Bilder verkaufen könnten, eine verdichtete Arbeitsweise praktiziert werde, die den Charakter von »Massenproduktion« trage.

Ferner bestimmte von Bülow auch grundsätzliche Veränderungen im Bedarf an symbolischen Gütern in der Gesellschaft, der sich auf die beruflichen Chancen der Maler im Kunstmarkt auswirkte. Mit der Neuordnung der Bildmedien und ihrer Bedeutungen sei ein Ungleichgewicht von Angebot und Nachfrage für die Malerei entstanden:[10]

> »Die Kunst diente ursprünglich neben ihren ästhetischen Eigenschaften dazu, Dokumente zu schaffen, sie entsprach einem durchaus praktischen Bedürfnis. Dies änderte sich mit einem Schlage, als die Photographie aufkam, denn diese ersetzt und betrifft den Künstler in den weitaus meisten praktischen Fragen der Dokumentierung.«

Auf die Frage, wie die Verdichtung solcher Veröffentlichungen zu den sozialen Problemen der Künstlerschaft um 1910 zu erklären ist, erhalten wir in einer weiteren Schrift einen Hinweis. Der Münchner Autor Paul Kutter benannte eine »allgemeine Verteuerung der materiellen Lebensbasis« und eine daraus resultierende aktuelle Stagnation auf dem Kunstmarkt als Grund für die Verschärfung der Not, selbst unter den begabten jungen Künstlern Münchens.[11] Auch er teilte die Skepsis hinsichtlich der Erfolgschancen von Maßnahmen zur Abhilfe, da die neueren Modelle des Sozialstaates und der kollektiven Sicherheitssysteme für Arbeiter auf die Künstler nicht übertragbar seien. Sein Appell zielte vielmehr darauf, daß die bürgerliche Gesellschaft diesen aus dem Bewußtsein verdrängten Teil der zeitgenössischen Wirklichkeit der »Kunststadt München« zumindest zur Kenntnis nehme:[12]

10 Ebd., S. 11.
11 Kutter 1912, S. 8, unterschied explizit zwischen jungen Künstlern, die »trotz ihres bedeutenden Talentes, ja Genies« darbten, und der anderen großen Gruppe notleidender Künstler, dem »Gros nur mittelmäßiger, nicht entwicklungsfähiger Talente«.
12 Ebd. Kutter nahm in diesem Zusammenhang auf eine in der Kunstöffentlichkeit wahrgenommene Broschüre Bezug, in der auf die Absatzschwierigkeiten für deutsche Maler hingewiesen worden war. Der Worpsweder Maler Carl Vinnen hatte ein Manifest initiiert, das mit dem Titel »Ein Protest deutscher Künstler« (Jena 1911) erschienen war.

»Also die Öffentlichkeit weiß nichts von der tausendfachen Not, will nichts wissen von dem Hunger, Gram und Elend, die in den Stuben und Ateliers des Nachwuchses herrschen, oder hilft sich mit einem Witzwort über die Bohème darüber hinweg.«

Bei derartigen Überlegungen zur sozialen Lage der Maler gerieten die Autoren durchweg in ein strukturelles Dilemma, da zwei Ebenen des Kunstbetriebes ineinandergriffen. Die eine bezog sich auf den ökonomischen Zusammenhang, die andere auf die kulturelle Codierung der Kunstwerke. Die unterschiedliche Verkäuflichkeit hing zwar auch von den Konjunkturen des Kunstmarktes ab, sie war jedoch ebenso an die mit den Bildern assoziierten kulturellen Bedeutungen und deren Akzeptanz beim Publikum gebunden. Während der Erfolg des einen Künstlers zu ausgezeichneten materiellen Lebensverhältnissen führte, darbten andere Künstler ohne öffentliche Anerkennung oder stagnierten in ihrer individuellen Produktivität.

Aus den zeitgenössischen Wahrnehmungen ergeben sich Fragen nach den sozialgeschichtlichen Strukturen und Bedingungen, in denen der moderne Künstler seine Existenz gestaltete.

Darin wurde mit deutschnationalen Argumenten gegen den Ankauf von Werken der französischen Impressionisten durch deutsche Museen polemisiert. Kutter selbst plädierte in diesem Punkt, ähnlich wie Kandinsky, strikt für eine gegenüber allen Künstlern offene internationale Grundhaltung.

1. Der moderne Künstler als Produzent und sein sozialer Raum

Die Analyse der besonderen Merkmale des modernen Künstlers kann nur im Kontext des Bedingungsgefüges erfolgen, das seinen sozialen Raum formte. Im Verlauf der ersten Hälfte des 19. Jahrhunderts bildeten sich Institutionen heraus, die in ihrem Zusammenwirken einen Rahmen definierten, in dem die Individuen sich bewegen mußten, sofern sie in ihrer Berufsrolle als Künstler Akzeptanz finden wollten. Die Ordnungsfaktoren dieses sozialen Raumes hatten über die Generationen hinweg auch im 20. Jahrhundert Bestand. Es wurden Grenzen aufgerichtet und Trennlinien von langer Dauer markiert, die die Entfaltungschancen und Handlungsspielräume der schöpferischen Subjekte vorzeichneten. In den Zonen dieses sozialen Raumes wurden die Beziehungsnetze geknüpft, in denen die Künstler ihren jeweiligen Ort gestalteten. Diese Merkmale gewinnen aus dem Vergleich mit früheren historischen Ausprägungen der Künstlerprofession schärfere Konturen.

In der Phase des Übergangs zur bürgerlichen Gesellschaft, gegen Ende des 18. und im 19. Jahrhundert, bestanden zunächst mehrere Konzepte des Künstlers nebeneinander: Dies waren der Handwerkerkünstler, der Hofkünstler und der moderne Künstler.[1] Die Konsolidierung des Profils des modernen Künstlers ist in zweierlei Hinsicht mit dem Aufstieg des Bürgertums verwoben. Erstens wuchs den Künstlern mit der neuen »geistigen« Elite des Bürgertums eine neue Bezugs- und Käuferschicht zu. Zweitens entstand das Konzept des modernen Künstlers im ausgehenden 18. bis zur Mitte des 19. Jahrhunderts sowohl partiell als Teil der Formen der bürgerlichen Gesellschaft als auch in manchen Merkmalen in Abgrenzung bzw. in einer Antihaltung hierzu.

1 Vgl. auch die Bemerkungen zum Übergang um 1800 bei Rudolf Zeitler: Handwerk – Kunsthandwerk – Kunst. Ansprache zur Eröffnung der Ausstellung »Künstlerleben in Rom – Bertel Thorvaldsen (1770-1844). Der dänische Bildhauer und seine deutschen Freunde« im Germanischen Nationalmuseum in Nürnberg am 1. Dez. 1991, in: Anzeiger des Germanischen Nationalmuseums und Berichte aus dem Institut für Realienkunde, Nürnberg 1994, S. 20-24.

Für diese Einordnung sind gesellschaftsgeschichtliche Bezüge maßgebend. Wenngleich sich das Bürgertum als die im »geistigen« Leben hegemoniale innovative Kraft erwies und sich das Konzept der bürgerlichen Gesellschaft in der Gesamtgesellschaft allmählich stärker durchsetzte, blieb das Bürgertum in quantitativer Hinsicht eine Minderheit. Der sozialgeschichtliche Prozeß der Konsolidierung von neuen Mittelschichten setzte in der zweiten Hälfte des 18. Jahrhunderts ein. Dieser wurde von der Ausbildung einer neuen bürgerlichen Kultur begleitet, an deren reflexiven Diskursformen und individualisierter Gefühlskultur Teile des Adels und des älteren Stadtbürgertums partizipierten.[2] Der hierdurch bewirkte »bürgerliche Wandel« gewann bis in den »Vormärz« der 1830er und 1840er Jahre hinein den Charakter einer modernisierenden kulturellen und gesellschaftlichen Transformation. Für die hieran anschließende Phase der 1840er bis 1860er Jahre ist von der Durchsetzungsphase des Bürgertums und der Bürgerlichkeit als hegemonialer gesellschaftlicher Kraft zu sprechen.[3] Hiervon ist eine dritte Phase zwischen etwa 1870 und dem Ersten Weltkrieg zu unterscheiden.

Die Binnenstruktur des Bürgertums weist ein differenziertes Bild auf.[4] Die Kernschichten des Wirtschafts- und Bildungsbürgertums stellten lediglich einen kleinen Teil der Reichsbevölkerung. Wehler nimmt für die Zeit um 1870 für die »oberen wirtschaftsbürgerlichen Klassen« etwa drei bis vier Prozent der Erwerbstätigen an, die bis 1913 auf vier bis fünf Prozent anwuchsen. Das Bildungsbürgertum blieb mit etwa 300 000 Personen (bei einer Reichsbevölkerung von etwa 39 Millionen) um 1870 und etwa 600 000 Personen 1913 im Status einer gesellschaftlichen Minderheit von 0,75 bis einem Prozent der 65 Millionen Reichsbevölkerung. Unter Einbeziehung der Familienangehörigen summiert sich »das Bür-

---

2 Vgl. Ruppert 1984, S. 43 ff.
3 Jüngst Jürgen Kocka: The Difficult Rise of a Civil Society. Societal History of Modern Germany, in: Mary Fulbrook (Hg.): German History Since 1800, London 1997; vgl. auch Lothar Gall: »... ich wünschte ein Bürger zu sein«. Zum Selbstverständnis des deutschen Bürgertums im 19. Jahrhundert, in: Historische Zeitschrift 245, 1987, S. 601-623; Nipperdey 1990, S. 374-395.
4 Hans-Ulrich Wehler: Deutsche Gesellschaftsgeschichte, 3. Bd., 1849-1914, München 1995, S. 712. Die Zahlen im folgenden wurden von Wehler übernommen.

gertum« kurz vor 1914 auf 3,6 bis 3,8 Millionen Menschen, somit auf etwa sechs Prozent der Bevölkerung. Selbst wenn das Kleinbürgertum, das sind kleine Selbständige, »alter Mittelstand« (Handwerker), Angestellte oder »neuer Mittelstand«, hinzugerechnet wird, ergeben sich bestenfalls 15 Prozent der Gesamtbevölkerung.

Die gesellschaftliche Prägekraft des Bürgertums wirkte dennoch in den sozialen Raum, in dem auch die Künstler ihre schöpferischen Kräfte neu bestimmten. Die Konsolidierung der Merkmale des modernen Künstlers zu einem dominanten Konzept ist empirisch an verschiedenen zueinander komplementären Indikatoren für die Phase zwischen den 1840er und 1860er Jahren nachzuweisen, wie im folgenden gezeigt werden soll. Welche Faktoren und institutionellen Formen sind benennbar, über die der kulturelle Beziehungskontext entworfen und gefestigt wurde?

1. Der moderne Künstler gewinnt sein Profil

Die Neudefinition der Produktionsformen des modernen Künstlers als Beruf korrespondierte mit drei grundlegenden kulturellen Modernisierungsprozessen im Verlauf der ersten Hälfte des 19. Jahrhunderts:[5] Zum einen mit der Modernisierung der Bildherstellung durch neue technische Verfahren und den daraus erwachsenden Bedeutungsverschiebungen bei den künstlerischen Medien, zum zweiten mit der weitgehenden Kommerzialisierung der Bildproduktion durch den freien Kunstmarkt, zum dritten mit der Übernahme neuer Begriffe aus dem Kontext der bürgerlichen Kultur.

---

5 Neben dem Begriff »Lebensberuf«, mit dem die Wertigkeit einer besonderen »Berufung« mitschwingt, wurde auch weniger ambitioniert vom »Berufsleben des Malers und des Bildhauers« gesprochen, beispielsweise bei Paul Schultze-Naumburg: Der Kampf um die Kunst, München 1932, S. 3.

Porträts

Der Zusammenhang zwischen dem Berufsbild und der Entwicklung der visuellen Medien ist am Beispiel einer spezifischen Bildgattung nachzuvollziehen, deren Bildbegriff in den Wandel der gesellschaftlichen Auffassungen und Selbstbilder von der menschlichen Person eingebunden war.[6] Die Anfertigung von Porträts,[7] die den Menschen als Dokumente ihres Aussehens dienten, stellte einen stetigen Bedarf dar. Diese Bildform hatte sich als ein traditionelles Segment des Marktes der Maler mit der Entstehung von personaler Individualität seit dem späten Mittelalter entwickelt und bestand bis ins 19. Jahrhundert fort. Es wurde nicht nur von den zünftischen Bildhandwerkern in der Stadt, sondern auch von einem ambulanten Gewerbe bedient.

Einen illustrativen Einblick in diese Berufstätigkeit vermitteln autobiographische Notizen aus den 1860er Jahren. In der Tradition dieser älteren Praktiken reiste der Münchner Künstler Franz Defregger,[8] der später als »Bauernmaler« hohes Ansehen genoß,

---

6 Vgl. Busch 1993, dort Überblick zur Entwicklungsgeschichte des Porträts S. 381-456. Busch untersuchte den Zusammenhang von Historisierung, Ästhetisierung und Säkularisierung im 18. Jahrhundert in England. Er zeigt den Zusammenhang der Veränderung der Auffassungen vom gelungenen Porträt mit der aufsteigenden Schicht von Kaufleuten und Frühindustriellen, die aufgrund der Industrialisierung mit ihrem bürgerlichen Identitätsbild Einfluß auf die Bildsprache gewannen. Aufgrund der späteren Gesellschaftsentwicklung konnten in Deutschland Entsprechungen hierzu erst im 19. Jahrhundert ausgebildet werden.

7 Burckhardt verfaßte in seiner Spätphase 1893 bis 1895 drei Aufsätze zum Porträt, zum Sammler und zum Altarbild. Darin erörterte er auch die Beziehung von Kunst und Gesellschaft. Jacob Burckhardt: Beiträge zur Kunstgeschichte von Italien, in: ders.: Gesamtausgabe, Berlin/Leipzig 1930 (hg. von Heinrich Wölfflin).

8 Defregger reüssierte in den siebziger Jahren des 19. Jahrhunderts mit einer genrehaften Verarbeitung von ländlichen Motiven und Porträts seiner Tiroler Heimat. Seine Malerei blieb in der Distanz, die der romantische Blick des Bürgertums auf die ländliche Lebenswelt zu deren Verklärung brauchte. »Seine Idyllen aus dem Leben der bayerischen und tiroler Alpler werden ihren dauernden Reiz behalten, auch wenn sich bewahrheiten sollte, was man nach seinen letzten Schöpfungen annehmen muß, daß sein Stoffgebiet erschöpft ist und daß er sich in demselben Kreise von Typen bewegt. In diesen Genrebildern liegt Gefühlswärme

während seiner ersten Studienjahre in den Sommermonaten in seiner Tiroler Heimat umher und verdiente seinen Lebensunterhalt mit Porträtaufträgen, ehe er 1866 durch Karl Piloty zum Studium an der Münchner Akademie aufgenommen wurde. Er hielt in seinen Lebenserinnerungen die ihm erteilten Aufträge in Stichworten fest:[9] »Meine nächste Niederlassung war Abfalterbach, wo ich Porträtaufträge hatte. Es war der Gasthofbesitzer, der sich und seine Frau malen und die 4 Töchter und Sohn zeichnen ließ, welches eine geraume Zeit in Anspruch nahm.« Eine weitere Station war Winklern: »Hier porträtierte ich in der Familie von Aichenegg den Herrn, die Frau, 3 Töchter und den Sohn, ferner den untern Wirt Wernich, die Frau und 2 Töchter etc.« In der ständischen Gesellschaft hatte das gemalte Bild eine prestigefähige Wertigkeit als symbolische Form der Verortung des Porträtierten in der Genealogie von Verwandtschaftsbeziehungen und von Standeszugehörigkeit angenommen.[10] Insbesondere in der Kultur der Höfe mit ihrem Bedarf an visueller Repräsentation der Statushierarchie der monarchischen Herrschaft sowie in den distinktiven Formen der Adelskultur war das Porträtgemälde zu einer Konvention entwickelt worden.[11] Ebenso diente das gemalte Bild im Honoratiorenbürgertum dazu, den sozialen Ort in der stadtbürgerlichen Gesellschaft zu veranschaulichen.

    und Empfindung, auch wenn die letztere nicht besonders tief ist. Man kann nicht übersehen, daß Defregger dem Tragischen aus dem Wege geht und sich nur auf das Heitere und Anmutige beschränkt. Es kommt wohl auch vor, daß einmal ein Dirndl betrübt ist, aber niemals bis ›zum Tode‹ wie Goethes Clärchen. Dies liegt tief in seinem Temperament begründet, und deshalb gelingt es ihm auch nicht, wenn er ernste historische Stoffe behandelt, eine tragische Seelenstimmung schlicht und natürlich durchzuempfinden.« Adolf Rosenberg: Die Internationale Kunstausstellung in München, in: Zeitschrift für bildende Kunst, 19. Bd., 1884, S. 129.
9 GNM, ABK, Nachlaß Franz Defregger, IB Lebenserinnerungen, S. 22; ferner: »In Dölsach hielt ich mich bei meinen Geschwistern und Verwandten auf, so auch in Winklern, in der Heimat meiner Mutter, portraitierte viele derselben (...)«, ebd.
10 Ein Beispiel für diese symbolische Repräsentation einer Institution und ihrer Mitglieder im Gemälde aus der niederländischen Malerei: Gerard Terborch, Der Stadtrat von Deventer (1667), gemalt von einem seiner Mitglieder, Deventer, Rathaus; abgedruckt bei North 1992, S. 59.
11 Zum Weiterwirken dieser Formen vgl. Rainer Schoch: Das Herrscherbild in der Malerei des 19. Jahrhunderts, München 1975.

Abb. 1: Carl Spitzweg: Der Porträtmaler, um 1850.
Spitzweg inszenierte die Spannung, die sich zwischen dem Künstler als einem erfassenden sowie in ästhetische Formen umsetzenden Akteur und dem Porträtierten ergab, mit satirischem Oberton, sofern dieser den Wunsch hegte, in der symbolischen Form eines tradierten Kleidercodes repräsentiert zu werden, der Würde chiffrierte. Die Datierung wird in der Literatur abweichend voneinander mit »um 1850« und »um 1860« angegeben. Ich folge hier Wichmann 1990, S. 208.

Für dieses ältere Segment im Berufsfeld der Maler stellte die »Erfindung« des neuen Mediums der Fotografie im Jahre 1839 und die folgende Modernisierung der Produktion von Abbildungen der Person einen tiefen Einschnitt dar. Die neue Bildtechnik senkte die Kosten für ein Porträt so erheblich, daß diese mediale Revolution erstmals einer breiteren Bevölkerung die Möglichkeit eröffnete, über ein eigenes Bild zu verfügen. Dieser tiefreichende zivilisatorische Prozeß der kulturellen Neubewertung des Bildes ging zwischen 1840 und 1870 schubartig vor sich. Es bildete sich das spezialisierte Berufsbild des Fotografen heraus. Zahlreiche Kunsthandwerker, Lithographen, Kupferstecher, Holzschneider und andere, die bereits berufsmäßig mit älteren Verfahren der seriellen Bildreproduktion beschäftigt gewesen waren, aber auch auf Porträts spezialisierte Bildermaler integrierten sich in das neuartige Bildgewerbe.[12] Dieses beruhte nunmehr auf der visuellen Gestal-

12 Dieser Modernisierungsprozeß der Bildmedien ist beispielhaft am Münchner Lithographen Hanfstaengl zu verfolgen, der als Geschäfts-

tung mit Hilfe der technischen Apparaturen und von chemischen Verfahren. Es wurde im Status einer handwerklichen Geschäftstätigkeit bewertet.

Vom Vordringen der Technik und der Modernisierung der Apparaturen blieb der Habitus der Maler nicht unberührt, wie wir dem Erfahrungsbericht des Malers Otto Knille entnehmen können, der den früher vollzogenen Transformationsprozeß beim Einsatz von Medien 1886 schließlich kommentierte:[13]

»Die Maschine greift bereits in das Studiengebiet des Künstlers ein. Die meisten Porträts werden mit Hilfe der Photographie hergestellt. Es gibt schon jetzt Maler, welche mit dem photographischen Apparat reifen. Was wir früher nur nach langwieriger Beobachtung zu erhaschen vermochten: schäumende Wellen, fliegende und laufende Geschöpfe, wehende Gewänder, alle solche flüchtigen und darum so schwer wiederzugebenden Erscheinungen, liefert heute das Momentbild täuschend genau in die Werkstatt.«

Knille benannte jedoch auch präzise die von dieser Entwicklung der Medien ausgelöste Bedeutungsverschiebung im Selbstbild der Künstler als eine Akzentuierung der kreativen Individualität:

»Aus der Überschauung dieses Umstandes kann unser Selbstgefühl nur gestärkt hervorgehen. Denn wir werden uns sagen müssen, daß für den Künstler nicht eine objektive Abspiegelung der Natur, sondern allein die Summe des Lebendigen entscheidet, welches er in seiner Seele zusammenzufassen wußte.«[14]

Im Berufshabitus wurden die Aufgaben des Bildermachers umdefiniert. In Abgrenzung zum Fotografen behielt das von der Hand des Künstlers gemalte Porträt eine spezifische Wertigkeit. Die »Seele« des Künstlers wurde vollends zu der inspirierenden Instanz erhoben, aus der sich die unverwechselbare Schöpferkraft des Malers speisen sollte. Die Tendenz der Moderne, den Ausdruck der Subjekterfahrung des Individuums zum wesentlichen

---

mann die Fotografie aufnahm und zu hoher künstlerischer Qualität entwickelte, vgl. Heinz Gebhardt: Franz Hanfstaengl. Von der Lithographie zur Photographie, München 1984; ein Überblick, Karin Schambach: Photographie – ein bürgerliches Medium, ein Hein/Schulz 1996, S. 66-81.

13 Otto Knille: Grübeleien eines Malers über seine Kunst, in: Deutsche Rundschau, 48. Bd., Juli-Sept. 1886, S. 429.
14 Ebd.

Merkmal des modernen Künstlers zu erheben, die seit etwa 1800 an Gewicht gewann, beherrschte nunmehr die Wertbegriffe.
Mit dieser Codierung, die Einzigartigkeit des Individuums wiederzugeben, behauptete sich das gemalte Porträt als ein prestigestiftendes Medium. Es behielt auch weiterhin die Funktion der Repräsentation von gesellschaftlichen Eliten und Hierarchien, zumal die soziale Grenze durch die pekuniäre Selektion der hierfür aufzuwendenden Geldbeträge weiter fortbestand. Das gemalte Bild galt daher als eine höherwertige symbolische Form,[15] der Bedeutungen anhafteten, die im Bildungs- und Besitzbürgertum Ansehen schufen, bei Gelehrten ebenso wie bei Fabrikanten.[16] Erst recht galt diese Codierung bei Aufträgen, wie sie von den korporativen Gremien der Stadträte, den Universitäten und anderen öffentlichen Institutionen vergeben wurden, die weiterhin Por-

15 Hermann Obrist: Wozu über Kunst schreiben (1896, mit Zusätzen 1898), in: ders. 1903, S. 16, erörterte im Vergleich das »normale« Porträt eines Hoffotografen mit der Porträtstudie Lenbachs: »Was ist der Unterschied? Dort das Bild einer Person, die weder besonders gescheit, noch besonders dumm, noch besonders lebhaft, noch besonders tief, noch besonders beleuchtet, noch besonders gestellt, noch besonders irgend etwas ist; das Porträt vielleicht eines anständigen älteren Schneiders. Hier blickt uns ein Kopf an von ausgesuchter Intensität des Ausdruckes. Alles Nebensächliche ist weggelassen und kein banaler Porträthintergrund zieht unseren Blick auf die Geistigkeit dieses Antlitzes ab. Alles, was sich im Laufe eines langen Lebens in diesem Gesicht in Haut und Weichteilen und Knochenbau als der Ausdruck des Geistes- und Affektlebens verdichtet hat, ist hier herausgeholt und mit der äußersten rassigen Schärfe unzweideutig hingezeichnet. (...) ›Das also wäre Kunst: gesteigertes, verdichtetes Leben? So einfach wäre das?‹ Gewiß, so einfach ist das.«
16 Solche Porträts blieben ein wichtiger Erwerbszweig, beispielsweise Hans Thoma: Im Herbste des Lebens, München 1909, S. 51, berichtete vom Auftrag des Frankfurter Arztes Dr. Eiser, ein Porträt seiner Frau und von Kindern seiner Verwandten anzufertigen. Ferner exemplarisch das Porträt des Nürnberger Kaufmanns und Unternehmensgründers der Maschinenfabrik Friedrich Klett, der als Kennzeichnung seines Berufes und seiner Bildungskompetenz mit einem Brief in der Hand dargestellt wurde. Vgl. Wolfgang Ruppert: Theodor Cramer-Klett. Industrieherr, in: ders. (Hg.): Lebensgeschichten. Zur deutschen Sozialgeschichte 1850-1950, Opladen 1980, S. 27. Sein Schwiegersohn Theodor Cramer-Klett ließ sich von Franz Lenbach porträtieren.

träts von Honoratioren mit dem ausdrücklichen Charakter einer repräsentativen Würdeform bestellten.

Die Selbständigkeit und die Infrastruktur

Ein wesentliches Merkmal der neuen Berufsrolle des modernen Künstlers bestand in der Gewinnung von »Selbständigkeit« in der neuen sozialen Stellung.[17] Deren Etablierung zog sich als ein struktureller Prozeß der graduellen Verschiebung bis in die 1860er Jahre hin, in der Gleichzeitigkeit des Ungleichzeitigen. Diese Selbständigkeit bezog sich auf die Produktionsform des Kunstwerks, die dessen Entstehungsprozeß in einem vom Künstler verfügten Raum privatisierte.[18] Darüber hinaus entstand jener »strikt abgegrenzte« und nur einer Minderheit der Bevölkerung zugängliche »Raum des Elitären«, in dem die Künste ihre neuen gesellschaftlichen Bezüge fanden und mit dem zugleich die »Sonderstellung« der Künstler definiert wurde.[19]

Als Voraussetzung dieser Selbständigkeit des modernen Künstlers im sozialen Raum konstituierten sich im Verlauf des 19. Jahrhunderts drei institutionelle Formen der Infrastruktur:[20] Das Ausstellungswesen, der Kunsthandel und die Kunstkritik. Sie flankierten die Entwicklung des Marktes für Kunstobjekte und definierten gleichsam die Prozesse des Austausches der kulturellen Güter. Sie vermittelten die erforderlichen Kontakte der Individuen, ermöglichten die Aneignung von spezifischen Fachkenntnissen und schufen die Semantik eines Diskurses über die kulturellen Bedeu-

---

17 »Selbständigkeit« des Künstlers ist der Leitbegriff eines Artikels (ohne Namenszeichnung) in: Grenzboten 1, 1865, S. 9 ff., mit dem Titel »Die Münchner Kunst der Gegenwart. Die bayerischen Könige Ludwig der Erste und Maximilian der Zweite«, beispielsweise S. 17.
18 Germer 1991, S. 98.
19 Silbermann 1974, S. 326, spricht in einer unhistorischen Pauschalität von der »Rolle des am Rande der Gesellschaft lebenden Bohemien«.
20 Vgl. Drey 1910, S. 65: »Die Ausübung des Kunstberufes ist frei; sie ist von keiner bestimmten Vorbildung oder Ausbildung abhängig gemacht. In fakultativen staatlichen Unterrichtsanstalten und in Privatschulen ist jedoch dem Künstler Gelegenheit geboten, sich systematisch die nötigen Fachkenntnisse, insbesondere die technischen Grundlagen anzueignen.«

tungszuweisungen. In ihrem Zusammenspiel fand der moderne Künstler seine berufsspezifische Öffentlichkeit, die neben dem eigenen Atelier die stimulierenden Bezugspunkte seiner Existenz bildete.

Um den Beruf des Künstlers in der Malerei und der Bildhauerei ausüben zu können, war es nach wie vor erforderlich, handwerkliche Grundlagen zu erwerben. Hinzu kam die Befähigung zur künstlerischen Arbeit, die darin bestand, den »Vorstellungen des menschlichen Geistes« einen Ausdruck geben zu können.[21] Die Handwerke der bildenden Künste schienen die Mittel hierzu bereitzuhalten, da sich in ihnen »gewissermaßen das Wesen des menschlichen Daseins kristallisiert, in denen unsere Sehvorstellung Form annehmen, das Objekt außer uns sich darstellen« kann.[22]

Definiert man die Besonderheit der Arbeit des modernen Malers als eine berufsmäßige schöpferische Produktion von Bildwerken für den freien Kunstmarkt,[23] so unterscheidet sich diese Form der Erwerbsarbeit von den früheren historischen Formen.[24] Für die im Verlauf des 19. Jahrhunderts prägende Version des Künstlers ist

21 Thoma 1909, S. 206: »Es sind Handwerke, durch die sich die Vorstellungen des menschlichen Geistes manifestieren lassen. Ein solches Handwerk bedarf einer gründlichen, weisen, langen Lehrzeit.« Es handele sich um »edle Handwerke«, die »kaum so schnell gelernt werden können wie das Schuhmachen«.

22 Ebd.

23 Vgl. die detailreiche Überblicksskizze bei Robin Lenman: Der deutsche Kunstmarkt 1840-1933. Integration, Veränderung, Wachstum, in: Mai u. a. 1993, S. 135-152.

24 In den 1880er Jahren ging man von drei Entwicklungsschritten zum Beruf des Künstlers aus: »Die Künstler des frühen Mittelalters waren Klostergeistliche, die nicht für ihren Lebensunterhalt zu sorgen hatten, sondern ausschließlich zur Ehre Gottes arbeiteten. Einen Stand, der durch die Kunst sich ernährte, gab es erst seit dem dreizehnten Jahrhundert. An die Stelle der geistlichen Künstler traten damals die Laienmeister, die städtischen Steinmetzen, Rotgießer und Maler, schlichte Handwerker, die uns nur durch ihre Werke, nicht durch ihre persönlichen Erlebnisse fesseln. Und aus diesem weltlichen Handwerksstande erst entwickelte sich im 15. und 16. Jahrhundert der eigentliche Künstlerstand.« Richard Muther: Deutsches Künstlerleben im 15. und 16. Jahrhundert, in: Die Grenzboten, 44. Jg., 3. Quartal, Leipzig 1885, S. 15.

nicht mehr die im Mittelalter übliche Anfertigung von Bildwerken auf Bestellung kennzeichnend, die mit der Vorgabe von präzisen Wünschen und Merkmalen oder sogar eines genauen Bildprogrammes[25] durch den Auftraggeber erfolgte. Ein Text aus dem Jahre 1865 deutet darauf hin, daß das neue Konzept der Autonomie des modernen Künstlers, bezogen auf den Arbeitsprozeß der Werkentstehung, als zu diesem Zeitpunkt bereits ausgebildet wahrgenommen wurde, da es nunmehr als angemessen galt, die »Achtung vor der Selbständigkeit und der Natur des Künstlers« einzufordern.[26] Der namentlich nicht gezeichnete Autor appellierte an das Problembewußtsein seiner Leser: Der Auftraggeber solle sich direkter Eingriffe enthalten und eine Beziehungsform zum Künstler pflegen, für die aus der Geschichte positive Beispiele angeführt werden könnten. Auch Potentaten hätten dem Künstler die »Freiheit« als Voraussetzung für die sich entfaltende Phantasieproduktion eingeräumt: Die genannten Regenten

»gaben der Produktionskraft desselben freien Spielraum, und indem sie ihm seine Aufgabe nur in ihren allgemeinsten Zügen und im Einklang mit seinem Talente stellten, überließen sie ihm alles Weitere, die Auffassung sowohl wie die Darstellung. Seine Phantasie empfing daher durch sie nur die wohltätige Schranke eines bestimmten Ideenkreises, behielt aber innerhalb desselben die volle Freiheit der Bewegung und blieb in dem belebenden Zusammenhang mit dem Künstlercharakter des ganzen Zeitalters.«

Auch Gustav Freytag beschrieb 1866 diese strukturellen Veränderungen in der Beziehung zwischen den Künstlern und ihren Auftraggebern bzw. Käufern als abgeschlossen.[27] Er bewertete die Prägkraft des Marktes als eine neue Gegebenheit mit »befreiender« Funktion, indem er feststellte, die Künstler seien nun nicht mehr von der Gunst der Mächtigen als Auftraggeber abhängig, wie

25 Muther 1885, S. 18; König 1974, S. 341, wies darauf hin, daß die mittelalterlichen Handwerker nicht wußten, »ob sie Gebrauchsgegenstände oder Kunstwerke herstellten«.
26 »Die Münchner Kunst ...« (ohne Namenszeichnung), Grenzboten 1, 1865, S. 15.
27 Gustav Freytag: Fürst und Künstler, in: Grenzboten 1866, Nr. 1. Mit dieser Quelle hat bereits Martin Warnke 1985, S. 323, auf den Abschluß des gesellschaftlichen Prozesses hingewiesen: »Der Künstler hat tatsächlich aufgehört, Tischgänger der Vornehmen zu sein, er ist Schützling eines großen Volkes geworden, und er soll sich hüten, diese unabhängige Stellung aufzugeben.«

dies bei den Hofkünstlern der Fall gewesen war. Vielmehr werde die Kunst »von der ganzen Nation« getragen, und die Künstler seien zu »Geschäftsmännern« geworden. Jetzt seien die öffentlichen Auftraggeber und die »reichen Privatleute« die maßgeblichen gesellschaftlichen Akteure, die den Künstlern Beschäftigung gäben. Zu diesem Zeitpunkt waren in München bereits erste große Kunstausstellungen realisiert worden, und auch der Kunsthandel hatte sich differenziert.

Der epochale Wandel wurde in den 1860er und 70er Jahren von Zeitgenossen somit durchaus erkannt und in zahlreichen Äußerungen retrospektiv als eine Chance zur Entfaltung des Künstlers bewertet, in quantitativer Hinsicht jedoch auch in seiner Janusgesichtigkeit skeptisch kommentiert:[28] »Deutschland hat heute eine erstaunliche Menge von Künstlern und einen Bildermarkt, welcher numerisch keinem anderen Land nachsteht; aber alle Kraft ist mehr in die Breite als in die Höhe gegangen.« Mit dem anonymen Kunstmarkt hatte sich ein ökonomisches Regulativ der gesellschaftlichen Akzeptanz etabliert, von dessen Mechanismen der einzelne Künstler abhing, mit dem das Kunstwerk jedoch ein »Eigenleben unabhängig von der Existenz des Künstlers« gewann.[29] Die Künstler waren in den Wandel von epochentypischen Geschmacksvorlieben und den daraus resultierenden Bedarfsverschiebungen selbst verwoben.[30]

28 Beilage zur Allgemeinen Zeitung Berlin 20. 5. 1876, zit. nach Mai 1977, S. 22.
29 König 1974, S. 347, wies der künstlerischen Arbeit bei einer Dominanz der Marktorientierung den Begriff des Kunsthandwerks zu: »Dazu kommt mit der modernen bürgerlichen Welt der nicht nur künstlerische, sondern überdies kommerzielle Aspekt des Kunsthandwerkes. Das Kunstwerk wird zur ›Ware‹, und aus diesem Warencharakter resultieren neue Formen der Entfremdung, denen etwa die Soziologie des Kunsthandels nachgeht. Diese Entfremdung erfaßt aber den Künstler ganz unmittelbar in seiner Existenz, indem er nicht mehr in wirklichkeitsenthobener Muße auf den Besuch der Musen ›wartet‹, sondern in der arbeitsteiligen Gesellschaft zum Künstler als Berufsmann, zum professionellen Künstler wird, wie wohl von allen Emile Zola am intensivsten erkannt hat.«
30 Einen Überblick zur Entwicklung der Münchner Malerei, die in besonderer Weise durch epochengebundene Geschmacksmuster und Marktbedingungen bestimmt war, gibt Heidi C. Ebertshäuser: Malerei im 19. Jahrhundert. Münchner Schule, München 1979.

Mit der Etablierung der neuen Institutionen verstetigte sich der Kunstbetrieb. Die Kunstausstellungen avancierten zu einer Form der bürgerlichen Öffentlichkeit, in der nicht nur ein Medium zur Präsentation der Kunstwerke entstand, sondern die schöpferischen Produzenten selbst eine wichtige Bühne für ihre Selbstdarstellung als moderne Künstler fanden.[31] Hiermit verband sich der Diskurs über die schöpferische Arbeit als ein Teilsegment der Kunstöffentlichkeit, der den Künstler bekannt machte, für die Anerkennung und Bewertung seines »Namens« oder zumindest für eine gleichfalls förderliche kontroverse Wahrnehmung sorgte und die potentiellen Käufer aufmerksam machte.[32]

Mit dieser Etablierung des freien Bildermarktes und des Kunstbetriebes ergaben sich neue Zuordnungen. Der Maler wurde zum Angehörigen eines freien Berufes, der sich in hohem Maße auf seine individuellen Fähigkeiten stützte und in seinem Berufsbild an Aura und Faszination gewann, da er als Gegenpol sowohl zur zunehmenden Industrialisierung, der Mechanisierung der Arbeit durch die Maschinenproduktion[33] und der mit der modernen Arbeitsteilung einhergehenden Spezialisierung wahrgenommen werden konnte. Er erschien nun als eine von all dem »befreite« Person, die den normativen Zwängen der Rationalisierung und ihren Ambivalenzen nicht ausgesetzt war.[34] Der Ort des künst-

---

31 Thoma 1909, S. 48/49, berichtete von dem Frankfurter Maler Eysen: Dieser »malte in aller Stille und konnte sich kaum zum Ausstellen entschließen; erst nach seinem Tode kamen die Bilder in die Öffentlichkeit und wurden gewürdigt«.

32 Schultze-Naumburg sah diese Bedeutungsverschiebung in einem Zusammenhang mit der Ausdifferenzierung und Verfestigung der Berufsbilder innerhalb des Künstlerhabitus, die sich erst in den neunziger Jahren des 19. Jahrhunderts zur »angewandten Kunst« hin erneut geöffnet hatte: »Die Ausstellung war allmählich der einzige Ort geworden, an dem der Künstler seinen Lorbeer suchte, und so wurde das, was zum Schmuck des Hauses zu schaffen war, dem Handwerker überlassen.« Paul Schultze-Naumburg: »Münchner Bericht«, in: Der Kunstwart, 9. Jg., 1895/96, S. 37.

33 Mit den Folgen der »Kollektivierung, Standardisierung und der Unterdrückung persönlicher Freiheit«, Silbermann 1974, S. 327.

34 Drey 1910, S. 78: »Eine Maschinenproduktion ist immer ausgeschlossen. Die Maschine hat auf den künstlerischen Gewerbebetrieb in drei

lerischen Arbeitens, in dem sich die schöpferische Individualität im Kunstwerk entfalten konnte, das Atelier, repräsentierte die »ganzheitliche« Gegenwelt der inneren Besinnung des Menschen,[35] die zur Fabrik, als dem Symbol des industriellen Fortschritts, in Gegensatz stand.

Diese Umformungen des Berufs des Künstlers entsprachen andererseits den Grundtendenzen der bürgerlichen Gesellschaft, der Etablierung des Berufssystems nach Professionen, der Kommerzialisierung des Güteraustausches und der Erwerbsarbeit zu den Bedingungen des Marktes.[36] Der Kunstmarkt entschied als regulierende Instanz über Erfolg oder Mißerfolg, über ein Leben in relativem Reichtum oder in der Armut des Künstlerproletariats. Der Status des modernen Künstlers war nunmehr zwar als »frei« deklariert und nicht mehr von lokalen Zünften oder den Auflagen der Herrschaftsträger reglementiert, doch er blieb in seinem ökonomischen Erfolg von den kulturellen Wahrnehmungen, Bedürfnissen und Geschmacksauffassungen seiner Zeitgenossen abhängig, die sich ihr Urteil in der Kunstöffentlichkeit bildeten und hiernach Kaufentscheidungen trafen. Die Prozesse der sozialen Kommunikation des kunstinteressierten Publikums im Kunstbetrieb und dessen Bewertungen entschieden wesentlich über die Preise, die die Werke als ein Handelsgut auf dem Kunstmarkt erzielen konnten.

Daß diese Abhängigkeit für die Kunstproduktion keineswegs nur positive Seiten hatte, sondern sich auch eine normierende Macht des Verkäuflichen etablierte, wurde von einem urteilskräftigen

---

Beziehungen eingewirkt: sie hat die Herstellung der Malgeräte und Malmaterialien dem Künstler genommen, sie hat vielfach Künstler als Mitarbeiter im Fabrikbetrieb eingereiht – diesem Moment wird künftig eine noch viel größere Bedeutung zukommen, als es heute bereits der Fall ist – und endlich hat sie dem starken Bedürfnis nach guten billigen Kunstwerksurrogaten durch Herstellung von Massenreproduktionen des individuellen Werkes Rechnung getragen.«

35 Thoma 1909, S. 45, mietete »ein recht kleines Atelier und wollte in aller Stille für mich bleiben und fing auch ein bestelltes Bild auf ›Hebels Morgenstern‹ an zu malen«.
36 Ebd., S. 47, beschrieb Thoma für die 1870er Jahre die Freiheit zu individueller Bilderfindung in seiner Ambivalenz. Er berichtete von Viktor Müller: »Er malte damals im Auftrage, nicht nach eigener Wahl, die Shakespeare Bilder Hamlet, Romeo, Ophelia.« (…).

Zeitgenossen, dem Kunsthistoriker und Hamburger Museumsdirektor Alfred Lichtwark, wahrgenommen und kritisch kommentiert:[37]

»Seit der Mitte des Jahrhunderts wuchs zu ungeheurer Macht der Kunsthandel, den seine geschäftlichen Interessen zunächst zur Begünstigung des leicht absetzbaren Mittelgutes führten und der erst später in der Aufsuchung des Verkannten ein Spekulationsgebiet entdeckte.«

Lichtwark beschrieb die Radikalität der Etablierung der neuen Paradigmen des Kunstbetriebes aus der Perspektive eines um 1900 abgeschlossenen Vorganges und wies ferner auf die Bedeutung für die zahlreichen Künstler hin, die ihre Arbeiten anboten und, bei Bildern jenseits der Konvention, der nicht berechenbaren Nachfrage der gesellschaftlichen Trägerschichten ausgesetzt waren:[38]

»Es gab seit dem 2. Drittel des Jahrhunderts unendlich viel mehr Künstler, als das Leben brauchte. Die alten Mächte, die die Kunst getragen hatten, waren verschwunden oder in ihrem Kern verwandelt. Fürst und Aristokraten waren vom Schauplatz zurück getreten, die Kirche hatte sich von der lebenden Kunst abgewandt und pflegte ausschließlich archaisierende Tendenzen. Der Staat, der an die Stelle des Fürsten getreten war, förderte Kunst durch das Organ der unpersönlichen Kommissionen, deren Beschlüsse dem Genius nicht günstig sein konnten. Die Bourgeoisie war künstlerisch vollständig ungebildet. Sie und die Organe des Staates begünstigten in der Kunst, was sie begreifen konnten, also nur zufällig einmal, was sich über den Durchschnitt erhob.«

Die Gleichzeitigkeit ungleichzeitiger Konzepte des Künstlers

Mit der Etablierung der bürgerlichen Gesellschaft und den neuartigen Erfahrungen der Individuen in der gesellschaftlichen Realität der Moderne mit ihrer gesteigerten Mobilität, auf die sich Bürger und Künstler gleichermaßen einstellten, ging ein Verlust von tradierten Bindungen einher. Dies führte zu kulturellen Verarbeitungsformen, die sich auf die Ressourcen der Geschichte rich-

---

37 Alfred Lichtwark: Schlußwort zu den Böcklin-Ausstellungen in Berlin und Hamburg, in: ders.: Die Seele und das Kunstwerk, Berlin 1899, S. 52 f.
38 Ebd., S. 52.

teten. Als Gegenentwurf zur eigenen Gegenwart und zur modernen Realität des Kunstbetriebes wurde mit emphatischer Imagination die Erinnerung an die mittelalterlichen Formen der Künstlerexistenz als leitbildhafte Konzepte einer alternativen Lebenspraxis wachgehalten.[39] Die Faszination, die für die Maler des 19. Jahrhunderts vom mittelalterlichen Malerhandwerk ausging, erklärt sich einerseits aus einem romantisch-verklärten Bild hiervon und andererseits aus den Verlusten an sozialer Stabilität, die als die ambivalente Kehrseite aus dem Zugewinn an Ungebundenheit erwuchsen.[40] Im Mittelalter war der Maler, wie andere Handwerker, durch die tradierten Normen, Rituale und Ehrbegriffe der zünftischen Ordnung definiert gewesen und hatte als Meister mit Gesellen und Lehrlingen in seiner Werkstatt und seinem Haus gelebt.[41] Die Emanzipation aus den Zünften hatte sich, wenn auch in regional ungleichzeitigen Erosionen, vielfach bis ins 19. Jahrhundert hingezogen. Sie wurde mit der Durchsetzung der Gewerbefreiheit vollendet.[42]

In der besonderen Rolle des Hofkünstlers war für eine kleine Gruppe eine begrenzte Emanzipation aus den engen normativen Grenzen des Handwerks möglich gewesen,[43] die von den absolutistischen Herrschern mit der Gewährung von Privilegien garan-

---

39 Die Nazarener pflegten diese existentielle Lebensform als religiös-künstlerische Gemeinschaft, die sich der Säkularisierung der bürgerlichen Gesellschaft verweigerte.
40 Auf diesen romantischen Blick auf die mittelalterlichen Künste hat Castelnuovo hingewiesen und differenzierend die enormen Unterschiede der sozialen Stellung hervorgehoben, vgl. Castelnuovo 1989, S. 233 f.
41 Die Produktionsformen einer Bildermanufaktur wurden zuletzt beispielhaft zusammengefaßt bei Berthold Hinz: Lucas Cranach d. Ä. und seine Bildermanufaktur. Eine Künstler-Sozialgeschichte, München 1994 (hg. von der Bayerischen Vereinsbank, Abteilung Öffentlichkeitsarbeit), insbesondere S. 45 ff.
42 Hardtwig 1993, S. 12, weist darauf hin, daß diese Modernisierung weitgehend vom neuen Berufsbeamtentum durchgesetzt wurde, häufig gegen den Widerstand der Betroffenen, die in die selbständige soziale Unsicherheit entlassen wurden.
43 Alois Schmid: Der Hof als Mäzen. Aspekte der Kunst und Wissenschaftspflege der Münchner Kurfürsten, S. 185-268, in: Rationalität und Sentiment, St. Ottilien 1987.

tiert wurde.⁴⁴ Die bedeutsame Funktion, die die Künstler für die Repräsentation adeliger Herrschaft in den symbolischen Formen des Schloßbaues, der visuellen Inszenierung der Herrschaftspraktiken, des höfischen Alltagslebens, des Zeremoniells und der höfischen Feste einnahmen, schien ihre bevorzugte und wegen der üblichen Anweisungen zur künstlerischen Gestaltung auch nahe Stellung zum Herrschaftsträger gegenüber den anderen Hofhandwerkern zu rechtfertigen.⁴⁵ Erst recht galt dies aber gegenüber den Handwerkern in der stadtbürgerlichen Kultur.

Doch noch in der ersten Hälfte des 19. Jahrhunderts kam es vor, daß sich Künstler gegenüber den Monarchen in den mentalen Verhaltensmustern von Hofkünstlern zu bewegen hatten.⁴⁶ Dies galt für Bayern unter König Ludwig I.⁴⁷ Mit dessen absolutistischem Verständnis der ständischen Hierarchie zwischen dem gebietenden Auftraggeber und dem ausführenden Auftragnehmer waren für ihn Praktiken selbstverständlich, sich von einem Künstler Entwürfe ausarbeiten zu lassen und diese, seinen königlichen Wünschen entsprechend, zur Fertigstellung an einen anderen Künstler weiterzugeben.⁴⁸ Diese Handlungweise konnte allerdings nur solange durchgesetzt werden, wie die essentiellen Kri-

---

44 Vgl. Warnke 1985.
45 Hierzu auch, Hans-Peter Schwarz: Im Spannungsfeld von Fürstenhof und Bürgerstadt. Die Entstehung der Künstlerhäuser im 16. Jahrhundert, in: ders. (Hg.): Künstlerhäuser. Eine Architekturgeschichte des Privaten, Frankfurt am Main 1989 (zugleich Ausst. Kat. Deutsches Architekturmuseum).
46 Ingeborg Cleve: Geschmack, Kunst und Konsum. Kulturpolitik als Wirtschaftspolitik in Frankreich und Württemberg (1805-1845), Göttingen 1996, S. 210. In Württemberg wurden die Hofkünstler 1807 aus dem Schloß ausquartiert und die Kabinettschreinerei 1816 als Hofamt abgeschafft. Der Hofebenist Klinkerfuß lieferte jedoch nunmehr als selbständiger Unternehmer weiterhin Möbel für den Hofbedarf.
47 Vgl. die Darstellung dieser Wechselbeziehung als Huldigung aus den 1840er Jahren in den Gemälden von Wilhelm Kaulbach in der Neuen Pinakothek München; auch Wolfgang Hardtwig: Privatvergnügen oder Staatsaufgabe? Monarchisches Sammeln und Museum 1800-1914, in: Mai u. a. 1993, S. 81-103, insbesondere S. 84. Für Preußen vgl. Grossmann 1994, S. 79 ff.
48 Beispiele bei Winfried Nerdinger: Weder Hadrian noch Augustus – Zur Kunstpolitik, in: ders. (Hg.): Romantik und Restauration. Architektur

Abb. 2: Wilhelm von Kaulbach: Die von König Ludwig I. zur Ausführung seiner Ideen berufenen Künstler im Fache der Historien-, Schlachten-, Landschafts- und Genremalerei, Entwurf 1848. – Die autoritär-absolutistische Kunst- und Stadtgestaltungspolitik dieses bayerischen Königs (1825-1848) legte den Entfaltungsraum der künstlerischen Produktivität auf eine späte Form des Hofkünstlers fest, der vom persönlichen Willen seines Auftraggebers abhängig war. Die im Gemälde dargestellten Bilder zeigen die im Kontext der auf den monarchischen Staat bezogenen Kunst gängigen religiösen sowie mythologischen Themen und damit jenen von den Zeitgenossen beklagten Mangel an Gegenwart, zu dem etwa die frühen Werke Adolph Menzels im Gegensatz standen, da sie die Wahrnehmung der zeitgenössischen Lebenswelt spiegelten.

terien, die zum neuen Konzept des modernen Künstlers zählten, von einer breiteren Öffentlichkeit noch nicht als legitim anerkannt waren.[49] Erst mit der Etablierung der Strukturen der bürgerlichen Gesellschaft formten sich der soziale Raum sowie die sozialen Beziehungen zwischen Künstlern und »Konsumenten« neu aus. Die Produktion des Kunstwerkes wurde nunmehr nach dem neuen Wertekanon als eine autonome Angelegenheit des »freien« Künstlers betrachtet. Zu einem Zeitpunkt, zu dem diese Entwicklung offenkundig in hinreichendem Grade bereits vorangeschritten war, 1865, kritisierte die Zeitschrift »Grenzboten« die bayerischen Könige Ludwig I. und Maximilian II. retrospektiv dafür, daß ihnen »diese Achtung vor dem eigenen Wesen der Kunst« gefehlt habe,[50] weil sie mit der »Einmischung königlicher Einfälle in das künstlerische Schaffen« die Entstehung von Kunst nicht gefördert, sondern behindert hätten.[51]

in Bayern zur Zeit Ludwigs I. 1825-1848, Ausst. Kat. Münchner Stadtmuseum 1987, S. 14.
49 Ebd. Leo von Klenze beklagte sich über ständige Eingriffe König Ludwigs I.: »Er läßt keinem Künstler Freiheit und Muße, hat nie etwas anderes als fixe Ideen ... Alle Künstler verzweifeln über sein beständiges Einreden in Detailsachen.« Klenze, Memoiren II, S. 11, zit. in: ebd., S. 14 f.
50 Grenzboten 1865, S. 16.
51 Ebd.: »Aber beide hätten viel mehr, ja sie hätten ganz Anderes leisten und die deutsche Kunst wirklich ein Stück vorwärts bringen können, wenn sie dieselbe nicht betrachtet hätten als ein Ding, das sich nach fürstlichem Belieben betreiben lasse, und um in Werth zu steigen nur der fürstlichen Gunst bedürfe, sondern als einen lebendigen Organismus, der wohl Pflege und Nahrung braucht, aber nur nach seinen eigenen Gesetzen gedeiht und sich entwickelt. Der Dilettantismus ist in aller Kunst von Übel; aber wenn die Spielerei des Privatmanns harmlos und unschuldig ist, so ist die Einmischung königlicher Einfälle in das künstlerische Schaffen fast immer gefährlich, und nicht selten sind die eigenthümlichen monumentalen Gebilde, welche plötzlich und mit einem Male auf ein königliches Zauberwort aus dem Boden tauchen, ein bloßes Gaukelwerk.«

2. Neues Selbstbild und die bürgerliche Kultur

Vor dem Hintergrund der sich konsolidierenden bürgerlichen Kultur in der zweiten Hälfte des 18. und dem Übergang zur bürgerlichen Gesellschaft im Verlauf des 19. Jahrhunderts in Deutschland entwickelten die Künstler eine neue kulturelle Vorstellung ihres Selbst, das Bild des modernen Künstlers. Ihre schöpferische Einbildungskraft richtete sich auf die veränderten Bedingungen aus und schuf eine visuelle Kultur der Sinne, an der die Kunstkonsumenten als Käufer und, ihrer Bildung entsprechend, als Rezipienten teilhaben konnten.[52]

In das neue Selbstbild gingen mehrere Bedeutungsebenen ein. Die sozialen Erfahrungen der Künstler resultierten nunmehr aus der Tätigkeit als Produzenten für den anonymen Kunstmarkt oder aus der direkten Begegnung mit bewundernden oder kritischen Käufern.[53] Weiterreichend lud sich die Produktionsform des Ästhetischen mit einer paradigmatischen Individualität schlechthin auf. Der von den neuen bürgerlichen Trägerschichten geprägte Markt verlangte nach der ästhetischen Darstellung des Idealen und erhob die in der bildungsbürgerlichen Kultur kom-

---

[52] Reinhart Koselleck betonte den aktiven Charakter der Aneignung der Werke der Künstler als einen substantiellen Teil der gesellschaftlichen Kommunikation: »Die Künste, die Musik und die Literatur werden aktiv rezipiert, d. h. von den Gebildeten reproduziert, ein Verhalten, das zügig zu eigener Produktion hinleitet. In Anbetracht der Spezialisierungen in den Wissenschaften und der virtuosen Leistungen in den Künsten gehört ein gewußter und gekonnter Dilettantismus zur Bildung. Er schafft eine Schutzzone der Autonomie, die für Kunst und Wissenschaft allemal beansprucht wird.« Die dilettierende Aneignung mag für das Gedicht und die Kammermusik in höherem Maße Geltung besessen haben als für die Malerei. Koselleck 1992, S. 36.

[53] Wackernagel 1936, S. 31: »In Deutschland zeigt sich allgemein erst von etwa 1860 ab die offenbar schon vorher in Frankreich aufgetretene fatale Spaltung zwischen Künstlern und Publikum, besser gesagt zwischen einer kleinen Elite von Künstlern mit bewußter, hoher strebender Zielsetzung – denen nur ein enger Kreis einsichtiger, künstlerisch aufnahmefähiger Kenner folgt –, und ihnen gegenüber die große Masse modemäßiger Kunstproduzenten, die weder etwas anderes können noch wollen, als das, was dem Geschmack und Bedürfnis der zeitgenössischen Publikumsmehrheit entspricht.«.

munizierten Bildwelten in den Rang eines Kultes.[54] Der Sinn der Kunst richtete sich auf die Erfahrung ganzheitlicher Existenz, jenseits der Alltagspragmatik der bürgerlichen Lebenswelt.[55] Die Fähigkeit des Individuums, »in der Kunst den idealen Schein des Daseins mit freiem, über die mühevolle Wirklichkeit hinausgehobenem Sinn zu genießen«, bildete die Basis für die Wahrnehmungs- und Vorstellungskraft des modernen Künstlers, mit der »seine Phantasie neue Bildungen und Gestalten herausarbeitet«.[56]

Neben den alten Eliten von Adel und Kirche, die weiterhin in der zeitgenössischen Elite der Gesellschaft präsent, aber – um mit Lichtwarck zu sprechen – »im Kern verwandelt«, nämlich partiell »modernisiert« waren,[57] bildete fortan vor allem der Bedarf der aufsteigenden Professionen an symbolischer Repräsentation eine neue Triebfeder der Kunstproduktion. In der bürgerlichen Kultur war das Verständnis von der Einzigartigkeit des Individuums deutlicher konturiert worden. Es fand in vielfältiger Form eine symbolische Repräsentation, im individuellen Namen, im eigenen Bild, im Bewußtsein und der Inszenierung des eigenen Körpers, im Anspruch an eigenen Raum in der Wohnung und anderem mehr.[58]

54 »(...) Unserer Kunst ist der goldene Boden, die Tüchtigkeit des Handwerks verloren gegangen; sie arbeitet zuviel für Sammlungen, zu wenig für das tägliche Leben (...) Und mit all dieser Absonderung von fruchtbarer praktischer Tätigkeit, mit all dieser ausschließenden Pflege der sogenannten hohen Kunst ist die allgemeine Durchschnittsleistung, wie ebenbürtig auch viele deutsche Namen neben gefeierten ausländischen Größen dastehen, dennoch hinter dem durchschnittlichen Können anderer Nationen unverkennbar zurückgeblieben.« Beilage zur Allgemeinen Zeitung Berlin 20. 5. 1876, zit. n. Mai 1977, S. 22.
55 »So wenig die Kunst ein bloßes Reizmittel für die blinde Menge ist, so wenig soll sie eine bloße Liebhaberei reicher Privatleute sein; sie ist vielmehr vor allem Angelegenheit des Volkes, das heißt nicht der Masse, sondern derjenigen, welche nicht in die kleinlichen Interessen des täglichen Daseins versunken, noch Sinn haben für die großen, das Einzelne in sich fassenden Züge des ganzen Menschenlebens.« »Die Münchner Kunst ...«, Grenzboten 1, 1865, S. 9.
56 Ebd.
57 Vgl. Lichtwarck 1899, S. 52 f.
58 Vgl. die anschauliche Skizze für Frankreich von Alain Corbin: Kulissen, in: Michelle Perrot (Hg.): Von der Revolution zum Großen Krieg,

Häufig wurde der Wunsch nach Distinktion in ästhetischen Mitteln realisiert: Kleider, Anzüge, Hüte, Wohnungseinrichtungen, gestaltete Ausstattungen aller Art bezogen sich auf diesen Bedarf an Individualität. Modeschneider und Putzmacher, Architekten und Kunstgewerbler, Maler und andere arbeiteten für diesen Markt. Die wirtschaftliche Emanzipation des Bürgertums und die zunehmende Urbanisierung zogen den Bau neuer öffentlicher Orte mit einem entsprechenden Gestaltungsbedarf nach sich.[59] Museen wurden sowohl zur Sammlung und öffentlichen Ausstellung von Kunstwerken als auch für kulturell bedeutsam erklärte historische Objekte entworfen und ausgeschmückt.[60] Vor allem aber sollten neu projektierte Rats- und Versammlungshäuser, Theater und Konzerthallen das gestiegene Selbstbewußtsein und die Ansprüche an ein entwickeltes kulturelles Leben des Bürgertums zum Ausdruck bringen.[61] Nachdem bereits im letzten Drittel des 18. Jahrhunderts zahlreiche Theaterbauten (u. a. Leipzig 1766, Augsburg 1776, Bremen und Ulm 1781, Frankfurt am Main 1782, Köln 1783, Nürnberg 1801) errichtet worden waren, kam es mit dem Modernisierungsbedarf und den veränderten Vorstellungen von bürgerlicher Repräsentation zu einer zweiten Bauwelle nach 1860 (beispielsweise Leipzig und Bautzen 1868, Breslau und Köln 1872, Düsseldorf 1875, Magdeburg 1876, Frankfurt am Main 1878 Schauspiel/1880 Oper, Halle 1886, Berlin 1888).[62]

> Frankfurt am Main 1992, S. 427 ff. (= Philippe Ariès und George Duby (Hg.): Geschichte des Privaten Lebens, Bd. 4).
> 59 In dieser Form blieb die staatliche und kommunale »Patronage« auch im 19. Jahrhundert bestehen und wurde teilweise zu einer Aufgabe der Kunstförderungspolitik. Einige ältere Gattungen der Malerei, wie »das Wandbild oder das Historiengemälde, die für die öffentliche Repräsentation gedacht waren, wären ohne diese Förderung zum Untergang verurteilt gewesen«. Hinweis bei Germer 1991, S. 97.
> 60 Volker Plagemann: Das deutsche Kunstmuseum 1790-1870, München 1967; Bernward Deneke und Rainer Kahsnitz (Hg.): Das kunst- und kulturgeschichtliche Museum im 19. Jahrhundert. Vorträge des Symposions im Germanischen Nationalmuseum Nürnberg, München 1977.
> 61 Zwischen 1870 und 1896 stieg die Zahl der kommerziellen Theater im Kaiserreich von etwa 200 auf etwa 600, vgl. zum Theater Peter Jelavich: Munich and Theatrical Modernism, Harvard 1985.
> 62 Frank Möller: Zwischen Kunst und Kommerz. Bürgertheater im 19. Jahrhundert, in: Hein/Schulz 1996, S. 21 u. 32.

Einen exemplarischen Auftrag dieser Art erteilte der Münchner Stadtrat dem Professor für Historienmalerei an der Münchner Akademie der Bildenden Künste, Karl Theodor Piloty, der seit 1874 zugleich das Amt des Direktors bekleidete.[63] Dieser entwarf zwischen 1875 und 1879 ein Monumentalgemälde von 3,6 auf 15,2 Metern für die Stirnwand des großen Sitzungssaales des Neuen Rathauses. Dargestellt wurde eine Zusammenschau der Münchner Kultur, wie sie sich im Selbstbild des Münchner Bürgertums ergab. Das inhaltliche Konzept hierzu hatte der Historiker Karl Theodor von Heigel erarbeitet. Im Mittelpunkt erschien die imposante Frauengestalt Monachia als eine Allegorie der Stadt, umgeben von Pagen. Vor dem Hintergrund heroischer Architekturkulissen waren um sie herum 128 Einzelpersonen zu Szenen gruppiert, die namentlich bekannte Persönlichkeiten der Münchner Geschichte vorstellten, Bürgermeister, Patrizier, Räte, Wissenschaftler und Künstler, die den Ruhm der Stadt repräsentieren sollten.

Für den Bedarf des bürgerlichen Geschäftslebens entstanden Repräsentationsbauten für Firmen, Banken und Versicherungen, mit denen sich die im Geschäftsleben agierenden Unternehmer symbolisch darstellten.[64] Die Besitzer, Anteilseigner, Betriebsdirektoren von Unternehmungen und sonstigen vermögenden Angehörigen der bürgerlichen Berufe errichteten Villen oder großzügige Wohnhäuser für ihren eigenen Lebensstil,[65] um ihren neuen Status als erfolgreiche Angehörige der unternehmerischen Elite und als vermögende Privatleute in der stadtbürgerlichen Gesellschaft angemessen zu veranschaulichen.[66] Für diese zahlreichen Bauten

---

63 Ich folge der Beschreibung dieses »Pantheons bürgerlicher Kunst« von Renate Schostak, in: Frankfurter Allgemeine Zeitung vom 26. August 1995.

64 G. Stein: Unternehmer als Förderer der Kunst, Frankfurt am Main/ Bonn 1952; Hermann Sturm: Fabrikarchitektur – Villa – Arbeitersiedlung, München 1977; Tilmann Buddensieg: Die Villa Hügel, Berlin 1984.

65 Reinhard Bentmann/Michael Müller: Die Villa als Herrschaftsarchitektur, Frankfurt am Main 1970; Andreas Ley: Die Villa als Burg. Ein Beitrag zur Architektur des Historismus im südlichen Bayern 1842-1968, München 1981; Wolfgang Brönner: Die bürgerliche Villa in Deutschland 1830-1890, Düsseldorf 1987; Thomas Weichel: Bürgerliche Villa im 19. Jahrhundert, in: Hein/Schulz 1996, S. 234-251.

66 Der Maler Schultze-Naumburg sah um 1900 die Verschiebung der Trägerschichten für Kunst mit durchaus kritischer Distanz und be-

war eine vielschichtige Ausstattung an visueller Kultur zu entwerfen, gemalte Bilder und ornamentaler Schmuck, dem die Funktion von demonstrativer Repräsentation zukam. Zugleich gewann die Privatheit der Wohnung an kultureller Ausstrahlung. Sie wurde mit Motiven ausgestaltet, die in das kulturelle »Gewebe« von Bildern, Worten und Bedeutungen des bürgerlichen Bildungswissens hineinreichten, welche zur Reflexion und Stiftung von Lebenssinn beitragen sollten oder aber auch als genrehafte Idyllen der bloßen Unterhaltung dienten. Mit dieser Verschiebung des gesellschaftlichen Kontextes der Bildaneignung, in dem die bürgerliche Privatisierung der ästhetischen Objekte in stärkerem Maße neben die Monumentalität der Historienbilder der Staatskunst trat,[67] verschob sich der Schwerpunkt der Bildformen hin zu den nach den klassischen Bewertungen »niederen« Gattungen Porträt, Landschaft und Genre.[68] Die Blüte der Pilotyschule in den fünfziger und sechziger Jahren des 19. Jahrhunderts mit ihrer Pflege von Motiven des »höheren« Bildungsgutes und des populären Geschichtswissens wurde in den siebziger Jahren von dieser sozialen Bedeutungsverschiebung beendet, woraufhin bereits der zeitgenössische Kunstkritiker Rosenberg seine Leser

zweifelte die ästhetische Kompetenz des nun als »Konsumenten« für die Entwicklungsmöglichkeiten der Kunst einflußreichen Besitzbürgertums: »Mit dem 19. Jahrhundert war eine Verschiebung der Verhältnisse für die Kunst eingetreten, die von tiefgehender Bedeutung war. Das Amt der Kunstpflege, das die Konsumenten allein verwalten, war in andere Hände übergegangen. Hatten früher kunstliebende Fürsten und ein feinkultiviertes Bürgertum sie ausgeübt, so trat allmählich ein erst in seiner Bildung begriffener Besitzstand an seine Stelle, der ästhetisch so gut wie ganz unerzogen war.« Paul Schultze-Naumburg: Der Studiengang des Malers, Leipzig 1896, S. 5.

67 Hierzu modifizierend, Germer 1991, S. 97: »Für die Legitimation bürgerlicher Herrschaft spielte Kunst bei weitem nicht die Rolle, die ihr im Rahmen höfischer Repräsentation zugekommen war. Kunst besaß für das Bürgertum weniger die Aufgabe öffentlicher Selbstdarstellung, sondern war eher eine Form des privaten Luxus. Für die Kunst bedeutete diese Entwicklung sowohl einen Funktionsverlust, da sie einen Teil ihrer repräsentativen Aufgaben und damit ihrer gesellschaftlichen Nützlichkeit verlor, als auch eine Befreiung, da die Künstler aus der direkten Abhängigkeit von ihren Auftraggebern entlassen wurden. Für die Kunstwerke hatten beide Aspekte einschneidende Konsequenzen.«

68 Busch 1992, S. 286.

hinwies:[69] »Die Malerei ist ganz und gar von ihrem hohen Kothurn herabgestiegen, und im Gegensatz zu dem früher geltenden Axiom werden große Haupt- und Staatsaktionen, deren Flächeninhalt man sonst nur nach Quadratfüßen taxierte, auf den Maßstab der Genrebilder herabgedrückt.«

Das Spektrum der Motive, die aus dem literarischen und historischen Bildungsgut aufgenommen und durch das »Genie« des Künstlers interpretiert wurden, reichte von den politischen Themen der nationalen Mythen, wie Pilotys Darstellung der Thusnelda von 1873, bis zu den Stimmungsbildern von traumhaften Sehnsüchten bei Arnold Böcklin, der der transzendierenden Suche nach geheimnisumwobener und doch feierlicher Ruhe eine ästhetische Form gab (beispielsweise in Motiven wie der »Toteninsel«), bis zu Bildchiffren für Todes- und Schreckensängste oder den Veranschaulichungen der moralischen Reflexion von psychischen Prägungen in der »Seelenmalerei« von Gabriel Max.[70] Überwiegend wurde das ästhetische Assoziationsfeld des bürgerlichen Subjektes jenseits der industriellen Lebenswelt und der modernen Erfahrungen angesiedelt.[71] Diese Beschränkung der künstlerischen Wahrnehmungsräume war insbesondere für die »Münchener Schule« kennzeichnend. Seit den 1870er Jahren bildete sich in eingeschränkter Weise eine Gegenströmung aus, beispielhaft in den frühen Arbeiten Max Liebermanns oder in der naturalistischen und religiösen »Arme-Leute-Malerei« der 1880er Jahre, die Alltagsszenen thematisierte. Mit den Sezessionsbewegungen der 1890er Jahre pluralisierten sich die künstlerischen Wahrnehmungen und die ästhetischen Konzepte weiter.

69 Rosenberg 1884, S. 130, sah diese Verschiebung in stärkerem Maße in München um 1880 mit dem Abstieg der Pilotyschule und der neuen Malweise der Diezschüler gegeben.
70 Rosenberg 1887, S. 16, wies Max die Bedeutung eines »Seelenarztes« zu: »Er will ein Arzt der Seele sein und die Menschheit von allen moralischen und sozialen Gebrechen heilen, indem er diese Gebrechen und alle Sünden und Freveltaten, welche Geschichtsschreiber in ihrer Chronik verzeichnet, Dichter aus der Tiefe ihrer Phantasie oder ihrer Lebenserfahrung geschöpft haben, in recht eindringlicher und herzbewegender Weise vor Augen führt.«
71 Eher eine Ausnahme stellt Adolph Menzels Arbeit an dem Gemälde »Eisenwalzwerk« dar, das aus detailgenauen Studien zur Arbeitswelt der frühen siebziger Jahre des 19. Jahrhunderts komponiert wurde.

Für den Bedarf der gesellschaftlichen Eliten an Objekten der symbolischen Kultur arbeiteten zahlreiche Maler,[72] wenngleich sich dieser nur partiell auf Reflexion richtete. Lu Märten kommentierte die verbreiteten Wahrnehmungssujets der neuen Bildkonsumenten für die Jahrzehnte um und nach 1900:[73]

»Viel lieber als unsere moderne Gesellschaft, deren Leben es so wenig an künstlerischen Motiven wie an Reiz der Erscheinung gebricht, schildern die deutschen Genremaler einestheils die Menschen des urwüchsigen Volkes auf dem Lande, und besonders des notleidenden in den tieferen Schichten der großen Städte, anderntheils die Menschen und Zustände fremder ›malerischer‹ Nationalitäten, und einer mehr oder weniger entlegenen Vergangenheit ihres eigenen Volkes.«

Nicht die industrielle Gegenwart oder die neue Erfahrung des Flüchtigen in der Moderne, sondern der von den Modernitätserfahrungen entlastende und verklärende Blick auf das kulturell »Andere« befriedigte die mentalen Bedürfnisse der bürgerlichen Kultur.

Die Münchner Künstler Franz Defregger, Franz Lenbach oder Friedrich August Kaulbach arbeiteten für diesen epochentypischen Bildbedarf, der den Wahrnehmungsmustern des Käuferpublikums der 1870er und 1880er Jahre entsprach, und sie wurden hierbei reich.[74] Lenbach wurde wegen seiner Porträtkunst gefeiert, ebenso Kaulbach, der sich auf Damenbildnisse spezialisiert hatte.

---

72 Märten 1914, S. 170, unterschied bei der Entstehung künstlerischer Werke zwischen einem »ehrlichen künstlerischen Bedürfnis« und einem »Repräsentationsbedürfnis«, womit die Pole von reflexiver Sinnverständigung und demonstrativer Repräsentation gemeint gewesen sein dürften: »Vom ehrlichen künstlerischen Bedürfnis einer aufsteigenden Gesellschaftsklasse bis zu seinem Repräsentationsbedürfnis, zum Zeigen von Macht, ist ein weiter Weg, und gerade in der ersten Phase dürfte der Kunst bei auch nur einiger Inanspruchnahme die lebendigste Aufgabe erwachsen.«

73 Ludwig Pietsch: Die internationale Kunstausstellung zu München, in: Deutsche Rundschau, 20. Bd., Juli-Sept. 1879, S. 461 f.

74 K. Zimmermann: Friedrich August von Kaulbach 1850-1920. Monographie und Werkverzeichnis. Materialien zur Kunst des 19. Jahrhunderts XXVI., München 1980.

Diese Künstler sammelten in ihren Villen selbst Kunstobjekte und kulturelle Artefakte. Die ästhetischen Inszenierungen, die sie für deren Ausstattung entwarfen, wurden von den »Gebildeten« als Paradigmen der Aneignung symbolischer Formen und der Gestaltung des Innenraums aufgenommen.[75]

Für Bildhauer erwuchs mit der Gestaltung von Gebäudefassaden, von Brunnen für den öffentlichen Raum oder auch von Grabdenkmälern ein einträglicher Markt. Lorenz Gedon (1843-1883) ist ein illustratives Beispiel für die vielbeschäftigten Ausstattungskünstler der Gründerzeit.[76] Gedon erfand neue Formen der künstlerischen Verarbeitung des historistischen Geschmacks, die dem Wunsch nach individueller Originalität der Wohnungsausstattung von vermögenden Privatiers entsprachen. So schuf Gedon beispielsweise für die Einrichtung eines Zimmers des Rittmeisters Hügel künstlerisch geformte Objekte wie Herolde mit Fahnen und Wappen, Figürchen aus Silberguß und anderes mehr.[77] Gedon gestaltete aber auch die »Trophäen für den Truppeneinzug« der 1871 aus dem Kriege gegen Frankreich zurückkehrenden bayerischen Militärverbände in München. Er übernahm den Umbau der Galerie des Grafen Schack und eines Hotels, entwarf eine Villa, ein Palais, ein Bankhaus, auch Grabdenkmäler.[78] Seine letzte Arbeit war eine Kopfskulptur Richard Wagners.

75 Münchner Stadtbibliothek, Sammlung Monacensia Literaturarchiv, Nachlaß Hubert Wilm, MS 200. Wilm berichtete über den Umgang mit Kaulbachs Hinterlassenschaft für die Süddeutsche Sonntagspost am 7. 8. 1929. Kaulbachs Sammlung kam im November 1929 zur Versteigerung durch das Münchner Kunsthaus Hugo Helbing. Der erste Tag brachte ein Auktionsergebnis von 360 000 Mark (MS 16). »Dabei erzielten wenige gute Stücke der Malerei einen hohen Preis, viele mittelmäßige Werke jedoch einen geringen Zuschlag.« Neben Kunst- und Ausstattungsobjekten aller Art hatte Kaulbach auch Stoffe gesammelt: »gotische und Renaissancesamte und Brokate, alte Stikkerein u. ä. m«.
76 Einen Überblick über sein Werk gibt Brigitte Gedon: Lorenz Gedon. Die Kunst des Schönen, München 1994.
77 Vgl. Auflistung für das Jahr 1879, GNM, ABK, Lorenz Gedon 1, B-4.
78 GNM, ABK, Nachlaß Lorenz Gedon, 11, B-1. Eine Liste schlüsselt die wichtigsten Arbeiten auf: »1871-74 Trophäen für den Truppeneinzug in München, architekt. Umgestaltung d. Galerie f. Graf Schack, Umbau des Hotels Bellevue, Cymannhaus in München, am Rindermarkt, Villa Meggendorfer in München, Bankhaus Ruederer in München Marien-

Daß diese neue Marktsituation zugleich untrennbar als ein überregionales Geflecht von kommunikativ vermittelten Bedeutungen, von ineinandergreifenden sozialen Verbindungen und Bekanntschaften, Empfehlungen und Lektüren zu verstehen ist, wird aus den Ankäufen anschaulich, die der »Eisenbahnkönig« Bethel Henry Strousberg auf dem Höhepunkt seines wirtschaftlichen Erfolgs für sein neu errichtetes Berliner Palais an der Wilhelmstraße tätigte. Äußerlich geschah dies in einer mäzenatischen Geste, die jedoch zugleich vom Eigeninteresse der Aneignung kulturellen Kapitals motiviert war. Die Zweckbestimmung des Raumkonzeptes seines Hauses ist Beleg für eine Vorstellung des sozialen und kulturellen Bedarfs. Das als Privatbau aufwendig angelegte und repräsentativ ausgestattete Gebäude wurde 1867/68 errichtet.[79] Neben großem Empfangszimmer, Musiksaal mit kleiner Bühne u. a. m. befand sich in der »Beletage« ein Speisesaal für fünfzig Gäste mit Renaissancemöbeln und Silbergeschirr. Daran schloß sich ein Billardzimmer an, von dem aus die Bildergalerie erreichbar war, die mit etwa 200 Werken der zeitgenössischen deutschen und französischen Kunst eine der bedeutendsten Privatsammlungen Berlins darstellte. Für diese Galerie erwarb der Finanzjongleur Strousberg die Werke vielversprechender Künstler.

Einen Hinweis darauf, in welchen kommunikativen Netzen solche Präferenzentscheidungen und Aneignungen verliefen, erhalten wir aus einer Briefmitteilung. Der Bildhauer Reinhold Begas übermittelte Strousbergs Bilderwünsche an Böcklin mit einer Bemerkung, die die mäzenatische Geste des Auftraggebers unterstrich:[80]

platz, Palais Heyl b. Heylsdorf in Worms, Innenausbau v. Heylsdorf in Worms, Grabmäler Mausoleum f. d. Fürsten v. Hanau in Horowitz/Böhmen, Grabmäler f. Gen. v. Seckendorf in München, Grabmäler Fam. A. v. Kaulbach München; 1875-78 Entwurf zu einer Geschäftshaus-Fassade, Festsaal-Gestaltung für d. Kunstgewerbe-Verein München, Deutscher Saal auf der Weltausstellung in Paris, Prunksaal Ausst. i.d. Schlössern Detmold u. Dessau; f. König Ludwig II. Figuren f. d. Bekrönung der Königlichen Prunkwagen und Schlitten, Zimmer der Residenz, Ausgestaltung und figuraler Schmuck für den neuen Bodensee-Dampfer Bavaria.«

79 Vgl. Joachim Borchart: Der europäische Eisenbahnkönig Bethel Henry Strousberg, München 1991, S. 94 f.
80 Brief Begas' an Lenbach vom 13. 2. 1869, zit. nach Ranke 1988, S. 184.

»Ich habe mich gefreut, in der letzten Woche den Dr. Strousberg von hier bewogen zu haben, von Böcklin ein Bild für einen von Böcklin zu bestimmenden Preis zu bestellen (...).« Böcklins Werke waren in einem vordergründigen Sinne für den typischen Zeitgeschmack keineswegs eingängig. Mit scharfem Analysevermögen für den gesellschaftlichen Zusammenhang von Märkten ausgestattet,[81] setzte dieser auf dem Höhepunkt der Gründerzeit mit klar verbalisiertem Kalkül auf das in der Metropole Wien vorhandene Käuferpublikum:[82]

»Wien ist eine wunderbare Stadt (...) der Reichtum und der Luxus grenzen an's Unglaubliche (etwa 450 Millionäre), von denen mehrere Millionen Einkünfte haben sollen. Dabei wollen alle ihren Reichtum genießen und zeigen, wozu ihnen die Künste unentbehrlich sind. Auf diese Weise machen die Kunsthändler gute Geschäfte, und mir ist ein fortgesetzter guter Verkauf sicher. In den letzten 3 Monaten habe ich 15000 Fs. ermalt (...).«

Der Markt für Gemälde kleineren Formats, die in den Wohnungen und Villen ihren Platz finden konnten, wurde von Malern abgedeckt, die als selbständige Unternehmer, meist als Einzelpersonen, in ihrem Atelier arbeiteten und nur selten abhängig Erwerbstätige angestellt hatten.[83] In diesem Prozeß der Neuformulierung von Selbstbildern im Kontext des Marktes für

---

81 Zu Böcklin vgl. Winfried Ranke: Böcklinmythen, in: Rolf Andrée: Die Gemälde, Basel und München 1977.
82 Brief A. Böcklins an F. Burckhard, München, 22.3.1872, zit. bei Ranke 1988; vgl. Böcklin 1910, S. 198 f., Anm. 28.
83 In diesem Falle verrichteten die Helfer solche Arbeiten, die keiner weiteren Vorbildung bedurften, und waren als Diener zugleich mit »häuslichen« Arbeiten beschäftigt. Die Berufsstatistik erlaubt ein präzises Bild, wie im Kapitel zur quantitativen Analyse des Künstlers weiter unten gezeigt wird. Zusammenfassend auch, Drey 1910, S. 77: »Nächst dem Versicherungsgewerbe sind die künstlerischen Gewerbe diejenigen, die am meisten selbständige Unternehmer, am wenigsten Angestellte und Arbeiter beschäftigen. In Bayern trafen nach der Berufsstatistik von 1907 auf 1 Selbständigen im Durchschnitt 3 Arbeiter, in den künstlerischen Gewerben aber nur 0,8 Arbeiter; hier überwiegt also die Zahl der Selbständigen. Im Reich trafen 1907 0,6 nicht selbständig Erwerbstätige im Künstlerberuf auf 1 Selbständigen; von 7558 Künstlergewerbebetrieben waren nur 977 Gehilfenbetriebe, von 5890 Hauptbetrieben im Kunstmalergewerbe waren nur 370 Gehilfenbetriebe, d. h. 93,6 Prozent waren Alleinbetriebe.«

künstlerische Objekte des bürgerlichen Bedarfs verwischten sich immer wieder die Grenzen zwischen den Malern, den als Entwerfer von Ausstattungen tätigen Architekten und den Gewerbekünstlern. Da diese Fluktuation auch als ein Kampf um Marktanteile erfahren wurde, konnte dies für die Entstehung neuer Konzepte, wie das der »angewandten Kunst« in München, ein Argument sein:[84]

»München war die erste Stadt, wo die moderne angewandte Kunst in Deutschland eine organisierte Betriebsform erhielt, durch die Gründung der Vereinigten Werkstätten im Jahre 1898. In München saßen die meisten Künstler, sie hatten jahrelang vorher, mehr der Not gehorchend, als dem eigenen Trieb, neben der brotlos gewordenen Malerei und Plastik sich dekorativen Arbeiten zugewendet, vor allem auf dem Gebiet der Graphik, aber auch auf vereinzelten Gebieten der Handwerkskunst.«

An der Entwicklung Münchens zur Kunststadt läßt sich exemplarisch nachvollziehen, in welcher Weise der soziale Raum der modernen Künstler vom Zusammenwirken der Institutionen dauerhaft strukturiert wurde. In diesen verdichteten sich die Bedürfnisse des bürgerlichen Publikums zu neuen Formen von Kunstöffentlichkeit,[85] wie dem Verein oder der Ausstellung.

Kunstvereine

Bereits 1788 hatte im kurfürstlichen Galeriegebäude am Hofgarten in München eine erste öffentliche Kunstausstellung stattgefunden, doch erst in den zwanziger Jahren des 19. Jahrhunderts organisierten sich interessierte Privatpersonen zu einer

---

84 Josef August Lux: Das neue Kunstgewerbe in Deuschland, Leipzig 1908, S. 120.
85 Allgemein E. A. Franke: Publikum und Malerei in Deutschland vom Biedermeier zum Expressionismus, Emstetten 1934; H. Nohl: Die Kunst und das Publikum, in: Sammlung 7, 1952, S. 14-22; P. Meyer: Die Kunst und ihr Publikum, in: G. Eisermann (Hg.): Wirtschaft und Kultursystem, Erlenbach/Zürich/Stuttgart 1955, S. 255-266; Peter H. Feist: Publikum und Ausstellungen in Deutschland um die Mitte des 19. Jahrhunderts, in: Arbeiten des XXV. Internationalen Kongresses für Kunstgeschichte, 4: Zugang zum Kunstwerk, Wien 1986 (Sektion 4 am 25. 4. 1983), S. 79-86.

spezifischen bürgerlichen Kunstöffentlichkeit. Sie gründeten 1824 den »Kunstverein«.[86] Ähnliches geschah etwa gleichzeitig in anderen Kunstzentren auch.[87] Die Inhalte und rituellen Formen der Partizipation an der Kunstentwicklung wurden in einem Selbstverständnis definiert, das die kulturellen Muster des Bildungsbürgertums als gemeinsame Norm für den freiwilligen Selbstzusammenschluß im Verein, der üblichen bürgerlichen Organisationsform, zugrunde legte.[88] Die Satzungen, die im Gründungsprozeß verfaßt wurden, geben über die Intention Auskunft:[89] »Der Kunstverein in München ist eine freiwillige Verbindung von gebildeten Männern zur Aufnahme und Beförderung der verschiedenen Zweige der bildenden Künste in der Hauptstadt.«

Mit der Schaffung eines kommunikativen Bezugsraumes sollte die bildende Kunst durch »Annäherung der Künstler und Kunstfreunde untereinander« gefördert werden. Demselben Ziel diente die ständige Ausstellung von Kunstwerken im Vereinslokal. Mitglied konnte jeder »selbständige ausübende Künstler, Kunstliebhaber und Kunstfreund werden«, sofern er in München ansässig

---

86 Vgl. zur Bedeutungsgeschichte der Vereinsgründung für die Entstehung bürgerlicher Öffentlichkeit Thomas Nipperdey: Verein als soziale Struktur in Deutschland im späten 18. und frühen 19. Jahrhundert, Göttingen 1972 (= Veröffentlichungen des Max-Planck-Instituts für Geschichte, Bd. 1); ein Überblick unter Einbeziehung eines internationalen Vergleichs bei Walter Grasskamp: Die unbewältigte Moderne. Kunst und Öffentlichkeit, München 1989, S. 14 ff.; ders.: Die Einbürgerung der Kunst. Korporative Kunstförderung im 19. Jahrhundert, in: Mai u. a. 1993, S. 104-113.

87 Kunstvereine entstanden zumeist aus der Initiative von über Kunstwerke debattierenden Laiengruppen. 1792 war in Nürnberg eine solche Gesellschaft gegründet worden, 1818 in Karlsruhe, 1825 in Berlin, 1828 in Dresden und 1829 in Düsseldorf. Sie trugen zur Kommerzialisierung des Kunstbetriebes bei.

88 Vgl. Otto Dann (Hg.): Vereinswesen und bürgerliche Gesellschaft in Deutschland, München 1984.

89 York Langenstein: Der Münchner Kunstverein im 19. Jahrhundert. Ein Beitrag zur Entwicklung des Kunstmarktes und des Ausstellungswesens, München 1983, S. 302; vgl. auch Barbara Eschenburg/Ingo Tornow/Fritz Groß: Zur Geschichte des Kunstvereins in München, in: Künstler – Kommunikation – Kunstverein. 150 Jahre Kunstverein München, München 1974.

war.[90] Ferner verständigte man sich darauf, die Künstler durch Verlosung bzw. durch den Ankauf ihrer Werke zu unterstützen. Auf diese Weise wurde den Interessen der Mitglieder – über die Jahresgaben hinaus – mit dem bevorzugten Erwerb von Kunstwerken entsprochen.[91] Außerdem sollten die Vereinsräume den geselligen Bedürfnissen der Mitglieder dienen, indem dort Gelegenheit »zum Austausch der Ideen, zum gesellschaftlichen Zwecke und zur ungezwungenen Unterhaltung in den Abendstunden« gegeben war. Mit diesem Konzept gelang es, eine erfolgreiche Vereinstätigkeit zu etablieren, die vor allem mit der kontinuierlichen Veranstaltung von Jahresausstellungen eine institutionelle Stütze für die kommunale Kunstszene darstellte. Die Zahl der Mitglieder des Münchner Kunstvereins stieg von 275 im Jahre 1824 allmählich auf die stattliche Zahl von 5960 im Jahre 1894, unmittelbar nach der Gründung der Münchner Sezession.

Wir wissen aus autobiographischen Aufzeichnungen, daß diese Öffentlichkeit vor allem für unbekannte Künstler eine enorme Bedeutung gewann.[92] Beispielsweise stellte der 1866/67 bei Piloty studierende Franz Defregger seine erste an der Münchner Akademie entstandene Studienarbeit »Der verwundete Jäger« im Kunstverein in der Hoffnung aus, mit dem Verkauf dieses Bildes kurzfristig seinen Lebensunterhalt finanzieren zu können. In ehrgeiziger Selbsteinschätzung verlangte er die beachtliche Summe von 700 Gulden, die von einem Käufer auch bezahlt wurde.

Eine statistische Übersicht über die quantitative Entwicklung des Münchner Kunstvereins belegt dessen Funktion als eine Organisationsform der kunstinteressierten Öffentlichkeit:[93]

---

90 1824 wurde bereits das Kriterium der bürgerlichen »Selbständigkeit« eingeführt, ein Indikator für die zentrale innovative Bedeutung bei der Umformulierung der Vorstellung des Künstlers.
91 Marina Reitmaier: Die Jahresgaben des Münchner Kunstvereins (1825-1865), München 1988.
92 GNM, ABK, Nachlaß Franz von Defregger, Lebenserinnerungen, S. 24.
93 Tätigkeit des Münchener Kunstvereins. Zusammengestellt aus dem Rechenschaftsbericht des Kunstvereins München für das Jahr 1903 von Drey 1910, S. 314.

Münchner Kunstverein

Jahr	Mitglieder	Einnahmen Mark	Verlosungs-gegenstände	Ankaufswert derselben inkl. Vereins-sammlg.-Blatt Mark
1824	275	3 880	12	713
1834	1 425	28 959	100	22 280
1844	3 161	68 000	170	55 230
1854	3 178	71 442	154	54 464
1864	3 229	70 730	147	56 571
1874	4 600	91 885	146	76 609
1884	5 488	115 204	139	87 000
1894	5 960	130 344	167	93 138
1904	5 306	106 951	205	74 550

Um 1900 nahm die Ausstellungstätigkeit in der Vereinsgalerie einen nicht unerheblichen Stellenwert im Münchner Kunstbetrieb ein, zumal die Umsätze durch den Verkauf von Kunstwerken als eine Form der Künstlerförderung stabil blieben.[94] Es wurden

Jahr	Gemälde einge-liefert	ausge-stellt (ca.)	verkauft insge-samt	davon durch Verlo-sung	Verlo-sungsan-käufe Mark	Vereins-galerie Mark	Ankäufe Privater Mark (ca.)
1898	6 778	6 000			76 900	9 500	
1899	6 231	6 000			75 000	–	
1900	8 214	7 500			75 000	–	
1901	7 382	6 500			77 100	9 600	
1902	7 788	6 800			71 500	1 000	
1903	7 153	6 500	5 300	2 400	66 500	2 000	550 000
1904	8 683	7 000			65 100	1 000	
1905	8 259	7 000			45 200[95]	–	
1906	9 600	7 500			52 000	–	
1907	10 237	8 000			51 000	–	
1908	10 359	8 200			51 000	–	

94 Tabelle, Drey 1910, S. 315.
95 Der Rückgang erklärt sich aus der 1905 eingeführten Ermäßigung der Jahresbeiträge der Künstler und der Wiedereinführung des allgemeinen Vereinsgeschenkes, für das durchschnittlich 12 500 Mark jährlich bezahlt wurden.

Neben der Tätigkeit der Münchner Akademie, die ebenso wie die Berliner im ausdrücklichen königlichen Auftrag die Meinungs- und Geschmacksbildung des kunstinteressierten Publikums fördern sollte,[96] gewann diese Form der bürgerlichen Kunstöffentlichkeit für den Diskurs über Kunst an Bedeutung. Zugleich stützte sie den Übergang zu einem freien Kunstmarkt, gemäß der Einsicht, daß »zur Produktion überall die Consumtion« gehörte.[97]

Ausstellungen

Am Münchner Beispiel ist ferner die Etablierung einer weiteren Institution zu verfolgen, die die Herausbildung des sozialen Raumes des modernen Künstlers maßgeblich strukturierte. In den 1850er Jahren etablierte sich nach englischem Vorbild ein neuer Typus der größeren Ausstellung,[98] der überregional einen hohen Ereigniswert hatte und zahlreiche Besucher anzog. Die im neu errichteten Münchner Glaspalast durchgeführte Industrieausstellung[99] von

---

96 Im revidierten Statut der Münchner Akademie von 1846 war dieser Auftrag des Königs, Ausstellungen zu veranstalten, festgeschrieben worden. Die reale Entwicklung mit der Entstehung einer bürgerlichen Kunstöffentlichkeit höhlte diese Funktionszuweisung aus, so daß sie in den 1860er Jahren schließlich aufgehoben wurde. Zur Frühgeschichte vgl. G.-F. Koch: Die Kunstausstellung. Ihre Geschichte von den Anfängen bis zum Ausgang des 18. Jahrhunderts, Berlin 1967.

97 In der Festrede bei der Enthüllung des Schadow-Denkmals 1869 benannte Julius Hübner die Motive, mit denen Wilhelm von Schadow die Gründung des Rheinisch-Westfälischen Kunstvereins in Düsseldorf betrieben hatte: »Bei alledem hatte Schadows praktischer Blick bald erkannt, daß jede, auch die beste Theorie eines gesunden, festen Bodens der Wirklichkeit bedurfte, daß zur Produktion überall die Consumtion gehöre, daß beide sich wechselseitig bedingen.« Julius Hübner: Schadow und seine Schule, Bonn 1869, S. 16, zit. n. Fredel/Verspohl 1974, S. 286, Anm. 22.

98 Einen summierenden Überblick gibt Ekkehard Mai: Expositionen. Geschichte und Kritik des Ausstellungswesens, München 1982.

99 Zum neuen Typ der Industrieausstellung vgl. Utz Haltern: Die »Welt als Schaustellung«. Zur Funktion und Bedeutung der internationalen Industrieausstellung im 19. und 20. Jahrhundert, in: Vierteljahresschrift

1854[100] sowie die »Deutsche allgemeine und historische Kunstausstellung« von 1858 erwiesen sich hierbei als maßstabsetzende Attraktionen, die den Künstlern eine spektakuläre und Glanz verleihende Bühne zur Präsentation ihrer Werke boten.[101] Die Ausstellungen sind zugleich als ein Indikator für die vollzogene Umformulierung des Berufes der modernen Künstler anzusehen, da die Münchner Künstlergenossenschaft seit den 1850er Jahren selbst als Veranstalter auftrat. Die Künstler beherrschten die Juryentscheidungen und kontrollierten hierüber die Normenbildung und den Begriff des Ausstellungswürdigen. Der steigende Einfluß dieser Ausstellungen festigte jene spezifische Kunstöffentlichkeit, »die die Kunst immer mehr vom Leben« loslöste.[102]

Mit der »Internationalen Kunstausstellung«[103] im Glaspalast 1869 stieg Münchens Bedeutung als Platz des internationalen Kunst-

> für Sozial- und Wirtschaftsgeschichte 60, 1973, S. 1-40; Neue Sammlung (Hg.): Weltausstellungen im 19. Jahrhundert (Ausstellungskatalog), München 1973; Evelyn Kroker: Die Weltausstellungen im 19. Jahrhundert. Industrieller Leistungsnachweis, Konkurrenzverhalten und Kommunikationsfunktion unter Berücksichtigung der Montanindustrie des Ruhrgebietes zwischen 1851 und 1880, Göttingen 1975.
> 100 Volker Hütsch: Der Münchner Glaspalast des August von Voit von 1854 und seine Stellung in der zeitgenössischen Architektur und Ingenieurbaukunst, München 1980.
> 101 Vgl. als Beschreibung: Deutsche allgemeine und historische Kunstausstellung in München, 22. Juli bis Oktober 1858, München 1858.
> 102 Lichtwarck 1899, S. 53.
> 103 Eine monographische Aufarbeitung für München bei Andrea Gößlein: Die internationalen Kunstausstellungen der Münchner Künstlergenossenschaft im Glaspalast in München von 1869 bis 1888, München 1987; 1869 wurden »etwa 2000« Ausstellungsgegenstände gezeigt, 440 aus München, je 200 aus Wien und Berlin, etwa 120 aus Paris, 120 aus Italien, je 70 aus Stuttgart, Karlsruhe und Düsseldorf, 30 aus Frankfurt am Main, 20 aus anderen preußischen Städten, 20 aus Prag, 50-60 aus Belgien, 30-36 aus Holland, 12 aus England, 6 aus Nordamerika. Auflistung nach Mai 1982, S. 37; vgl. auch Mappe Bayerische Staatsbibliothek: Schriften, welche die deutsche Kunst (und Kunstindustrie-Ausstellung) in München im Jahre 1876 betreffen; ferner: Die Internationale Kunstausstellung in München im Jahre 1879, München 1880, und Ludwig Pietsch: Die Internationale Kunstausstellung zu München, in: Deutsche Rundschau, 20. Bd., Juli-Sept. 1879, S. 456-479.

marktes. 1879 und schließlich 1888,[104] als neben der aktuellen Kunst ein Rückblick über 100 Jahre Münchner Malerei gezeigt wurde, hatte sich der autonom gewordene Einfluß der selbstbestimmten Standesorganisation gefestigt und in einer institutionalisierten Tradition etabliert. Gleichzeitig trat seit 1863 der Einfluß des bayerischen Königs vollends zurück, als Ludwig II. die Regentschaft übernahm und seine finanziellen Ressourcen überwiegend mit dem Schlösserbau außerhalb Münchens verbrauchte.[105]
Die Bedeutung der regelmäßig veranstalteten Ausstellungen bestand darin, daß sie dem Publikum, der Fachöffentlichkeit und nicht zuletzt den Künstlern einen Überblick über die aktuellen Strömungen boten, den Vergleich der Werke ermöglichten und die Urteilsbildung über ästhetische Innovationen förderten. Mit der Institution Kunstausstellung stabilisierte sich das Prinzip des »Neuen«, des Kults der verstetigten Innovation als eine beschleunigte Abfolge von Moden und Distinktionen, die fortan zu einem Merkmal der Kunstentwicklung der Moderne wurde. Als Folge der wechselseitigen Beeinflussung der Künstler und der Dynamik des überregionalen Austausches im Kunstbetrieb wurden von den Kommentatoren neben den Unterschieden auch Angleichungen der künstlerischen Auffassungen in der nationalen wie internationalen Öffentlichkeit beobachtet:[106]

»Man malt heute in Berlin nicht viel anders als in Paris oder Weimar, und man malt nicht mehr bescheiden in seinem Atelier für sich und ein paar Kunstverständige, die liebevoll des Jünglings Talent entdeckten und das des Mannes förderten, man schafft heut mit Trara, um gleichzeitig in allen Hauptstädten der Welt auszustellen.«

Diese Wirkung des zunehmend international vernetzten Kunstbetriebes auf die Formen, in denen die kreative Individualität der Maler ihren Ausdruck fand, galt freilich nur für die kleine erfolgreiche Minderheit. Sie war aber dennoch prägend für das Bild des modernen Künstlers.

---

104 Diese Dritte Internationale Kunstausstellung fand aus Anlaß der 100 Jahre zurückliegenden ersten Münchner Kunstausstellung von 1788 statt.
105 Vgl. Gerhard Hojer (Hg.): König Ludwig II., München 1986.
106 Von Bülow 1911, S. 14.

Abb. 3: Erste Internationale Ausstellung im Glaspalast, 1869.
Die filigrane Glas-Eisenkonstruktion war 1854 in München für die erste
große Industrieausstellung errichtet worden. Sie beruhte auf dem Vorbild

Die Kunstkritik

Die Entstehung der Ausstellungsöffentlichkeit wurde von der Etablierung der Kunstkritik als einem substantiellen Zweig des geistigen Lebens des Bildungsbürgertums flankiert,[107] der sich in eigenständigen Kunstzeitschriften entfaltete. Zahlreiche periodische Werke versammelten den Diskurs und verstetigten die Meinungsbildung,[108] wie beispielsweise seit 1816 im »Schorn'schen Kunstblatt«.[109] Zur Information »gebildeter« Leser publizierten verschiedene Zeitungen regelmäßig Beilagen. Beispielsweise brachte das Tübinger Morgenblatt zwischen 1820 und 1849 ein »Kunstblatt« heraus. Schließlich wurde 1866 die »Zeitschrift für bildende Kunst« als ein bedeutsames Medium gegründet.[110] Dieser Zeitpunkt ist ein weiterer Indikator für die Strukturierung des sozialen Raumes und die Festigung des modernen Künstlerhabitus in den 1850er und 1860er Jahren.

Die überwiegend essayistischen Texte der Kunstkritiker widmeten sich den Ereignissen des Kunstbetriebes, sie berichteten von Aus-

---

107 Allgemein L. Venturi: Geschichte der Kunstkritik, München 1972; Rüdiger vom Bruch: Kunst- und Kulturkritik in führenden bildungsbürgerlichen Zeitschriften des Kaiserreichs, in: Ekkehard Mai/Stephan Waetzold/Gerd Wolandt (Hg.): Ideengeschichte und Kunstwissenschaft. Philosophie und bildende Kunst im Kaiserreich, Berlin 1983, S. 313-347.
108 Vgl. Kurt Fassmann: Die Kunstkritik der Presse in der Antikritik bildender Künstler. Studien zur Geschichte der deutschen Kunstkritik im 19. Jahrhundert, Diss. München 1951; Esther Betz: Kunstausstellungswesen und Tagespresse in München um die Wende des 19. Jahrhunderts. Ein Beitrag zum Kunst- und Kulturleben in der bayerischen Hauptstadt, Diss. München 1953.
109 Vgl. hierzu Inge Dahm: Das Schornsche Kunstblatt 1816-1849, Diss. phil. München 1953.
110 Hierzu erschien eine »Kunstchronik«. Beilage zur Zeitschrift für bildende Kunst, Leipzig 1866-1932.

---

des Londoner »Crystal Palace«, der Hallenarchitektur für die erste Weltausstellung von 1851. In ihren Bauteilen in der Fabrik gefertigt und vor Ort nur montiert, galt diese Bauweise als Ikone der Moderne und als Symbol des Durchbruchs der Industriekultur. Hinter den Skulpturen sind Historien- und Landschaftsbilder zu sehen.

stellungen und von Künstlern, reflektierten die Wahrnehmung der Werke, kommentierten kontroverse Meinungsbilder und wiesen Deutungsmuster zu. Als einen Beleg für die Orientierungsfunktion der Kunstkritik und die Autonomie dieser Vermittlungsinstanz können wir die programmatische Äußerung eines Kritikers aus dem Jahre 1883 lesen:[111]

»Die Kritik in den Zeitungen ist gar nicht dazu da, dem Künstler gute Lehren zu geben und ›produktiv‹ zur Erzeugung guter Bilder mitzuwirken. Sie vermittelt den Zusammenhang zwischen den Künstlern und dem Publikum. Sie gibt dem letzteren in dem Walde von Bildern, Statuen, Aquarellen, Kupferstichen, zu dem unsere Ausstellungen allmählich geworden sind, den Leitfaden in die Hand.«

Bei den mehr als 2000 Bildern der großen Münchner Ausstellungen der 1880er Jahre war diese Information für das nicht professionelle Publikum der Bürger unerläßlich geworden.

Als ein einflußreicher Repräsentant dieser neuen Gruppe von Kunstvermittlern galt der in München ansässige Friedrich Pecht,[112] der als Maler begonnen hatte und sich dann im Zuge der Erweiterung des medialen Berufsfeldes zum Fachpublizisten hin entwickelte. Anderen exponierten Repräsentanten dieses Genres, wie dem von Berlin aus agierenden Ludwig Pietsch und vor allem Richard Muther mit seiner »Geschichte der Malerei«, wurde ein Arbeitsstil der allzu leichtfertigen Kompilation der Erkenntnisse anderer Autoren vorgeworfen. Muther wurde jedoch konzediert, daß er über »ein im malerischen Sehen geübtes Auge« verfüge und mit großer Belesenheit Material überzeugend dargestellt habe, das dem kunstinteressierten Leser sonst nicht zugänglich geworden wäre.[113]

---

111 So der Autor U. Fr. von der »Kunstkritik Berlins«, U. Fr.: Künstler und Kritiker, in: National-Zeitung, 36. Jg., vom 23. November 1883.
112 Vgl. die materialreiche Arbeit von Michael Bringmann: Friedrich Pecht (1814-1903). Maßstäbe der deutschen Kunstkritik zwischen 1850 und 1900, Berlin 1982.
113 Vgl. hierzu Ernst Schnur: Kunst und Publikum, in: Blaubuch 1910, Nr. 50, S. 109. Vgl. weiterführend auch Maria Rüger (Hg.): Kunst und Kunstkritik der dreißiger Jahre, Dresden 1990.

Kunsthandel

Auch die berufsmäßige Agententätigkeit für den Verkauf von Kunst gewann an Gewicht.[114] Die Zahl der spezialisierten Kunsthändler, die in ständigen Verkaufsräumen Werke anboten und für diese ein Publikum suchten, nahm zu.[115] In München wurden 1886 etwa 65 Kunsthandlungen und Kunstverlage, 1912 bereits 133 gezählt.[116] Insbesondere die Galerien der Kunsthändler Littauer, Thannhäuser und Goltz, die sich im letzten Jahrzehnt des 19. Jahrhunderts auch für experimentelle und das Publikum schockierende Werke öffneten,[117] erlangten für die Entwicklung der Moderne große Bedeutung. Ferner wirkten die Kunsthändler Heinemann und Brakl sowie für historische Objektkultur der Antiquitätenhändler und Ausstatter Bernheimer als erfolgreiche kommerzielle Vermittler.[118] Diese Galerien erfüllten eine doppelte Funktion, da

114 Ein breit angelegter, populärer Überblick bei Hugo Keith Weihe: Die Ware Kunst. Geschäft mit der Ästhetik, hg. von Suzanne Kappler, Zürich/Villingen 1989.
115 Zum Zeitpunkt eines entfalteten Kunstmarktes um 1910 lauteten die Empfehlungen für Kunstinteressierte: »Die Galerie Heinemann am Lenbachplatz bietet meist gleichzeitig alte und neue Kunst (...) Alle, die führende Münchner Meister der Moderne kennenlernen wollen, sind in Brakls moderner Gemäldegalerie abonniert. Dort ist ein ganzes Haus mit immer neuen Werken der Plastik, der Malerei, aber auch der Buchkunst und von Werken eigenartiger Wohnungsgestaltung, Stelldichein der jüngeren künstlerischen Kreise Münchens. Das Schwabinger Völkchen kann man dort kennenlernen. Mitten in der Stadt ladet Thannhausers sowohl ebenso große Galerie zu fremden und heimischen Meistern aller bildenden Künste ein (...) Überdies bieten sodann die Auslagen der Kunsthändler oft Genüsse, wie sie nur eine Künstlerstadt wie München mit großem und reichem Fremdenpublikum zeitigen kann.« In: München. Ein Führer und Ratgeber zur dauernden Ansiedelung, 1. Teil, München 1911, S. 14 f., zit. bei Bauer 1988, S. 103.
116 Susanne von Möller: Kunsthandel und Kunstexport. Ein Markt für gehobene Schichten, in: Prinz/Krauss 1988, S. 501-513; vgl. auch Susanne Christians (v. Möller): Studien zum Münchner Kunsthandel der Prinzregentenzeit (1886-1912), München 1989 (Magisterarbeit).
117 Vgl. auch Thomas Knorr: Die Galerie Thomas Knorr, München 1904.
118 Lenman 1994, S. 118. Beispielsweise verkaufte die Blumenmalerin Marie Nyl zwischen 1900 und 1914 insgesamt 106 ihrer Bilder über die Galerie Heinemann mit Preisen von je unter 1000 Mark.

sie einerseits im Sinne der Verkaufsinteressen der Kunsthändler als kommerzieller Präsentationsraum dienten, andererseits aber, als Orte der bürgerlichen Öffentlichkeit, die Begegnung des Kunstkonsumenten mit dem Kunstwerk ermöglichten.

Neben Paris, Brüssel und London hatte sich München zum führenden Ort des Kunsthandels wie auch des Exports deutscher Kunst und von Antiquitäten entwickelt.[119] Zeitweise nahm der Export von Kunst in die USA einen beträchtlichen Umfang an,[120] der nach 1900 seinen Höhepunkt erreichte.[121]

Die Käuferwünsche und die innere Spezialisierung

Mit dem Bildbedarf des Käuferpublikums und den Gegebenheiten des Marktes waren den hauptberuflichen Malern strukturierende Bedingungen für ihre Arbeit vorgegeben,[122] die in unterschiedli-

119 Vgl. hierzu v. Möller 1988, S. 252.
120 Vgl. Wilhelm von Bode: Die amerikanische Konkurrenz im Kunsthandel und ihre Gefahr für Europa, in: Kunst und Künstler, Jg. 1902.
121 Hierzu existierten präzise Zahlen der Zollbehörden; vgl. beispielsweise Statistik über die Auswanderung von Kunstwerken nach Amerika, in: Der Kunstmarkt 7, 1910. Die Gemäldeausfuhr aus dem Kunsthandelszentrum München in die Vereinigten Staaten wurde von den Zollbehörden zur Taxierung der Werke in Wertsummen festgehalten, so daß diese Quelle ein präzises Bild vermittelt. Der Export umfaßte folgendes Volumen: 1900: 63 649 Dollar, 1901: 151 393 Dollar, 1902: 149 385 Dollar, 1904: 123 973 Dollar, 1905: 135 658 Dollar, 1906: 192 818 Dollar, 1907: 155 423 Dollar und 1908: 355 580 Dollar. Die Zahlen nach Drey 1911, Tabelle IX, S. 311. Sie wurden den amtlichen Zusammenstellungen des Bayerischen Statistischen Landesamtes entnommen und durch Auskünfte bei den amerikanischen Generalkonsulaten von München und Berlin erhoben. Die Vergleichszahlen von Berlin zeigen die eindeutige Führungsstellung Münchens. Aus dem Generalkonsulatsbezirk Berlin wurden Gemälde und sonstige Kunstwerke (die Zahlen für München bezogen sich allein auf moderne Ölgemälde) in die USA exportiert: 1900: 23 996 Dollar, 1901: 18 932 Dollar, 1902: 22 602 Dollar, 1903: 23 712 Dollar, 1904: 107 329 Dollar, 1905: 70 038 Dollar, 1906: 64 064 Dollar, 1907: 32 721 Dollar und 1908: 22 471 Dollar.
122 Eine quantitative Quelle für Kunsthandelsumsätze ist die Summenstatistik, die in der Phase der späten Blüte der Kunststadt München seit 1893 und für das erste Jahrzehnt des 20. Jahrhunderts zusammen-

cher Weise vermittelt wurden. Sie hatten einen Widerspruch zu bewältigen, der aus dem Wunsch entstand, einerseits am Kunstmarkt Akzeptanz zu finden, und andererseits der idealen Vorstellung des Künstlerhabitus entsprechend als Schöpfer von »autonomen« Bilderfindungen dem »Geistigen« Ausdruck zu geben.
In diesem Spannungsfeld wurden von den Künstlern unterschiedliche Positionen eingenommen. Nicht wenige Maler spezialisierten sich ausschließlich auf Bildwerke mit gut verkäuflichen Bildsujets, die konventionellen Bildvorstellungen genügten. Von diesem Gewerbe der Bilderfertigung berichtete Drey 1911:[123] »Der extremste Fall dieser Spezialisierung ist es, daß manche Maler immer wieder das gleiche Sujet mit geringfügigen Variationen bearbeiten.« Diese Form eines weitgehenden Verzichtes auf die Originalität des Einzelwerkes hatte fließende Übergänge zum Kunstgewerbe. Hier wurden ästhetische Objekte in seriellen Arbeitsformen mit rationeller Zeitökonomie für den Markt hergestellt. Im vorbürgerlichen Konzept hatte die reproduzierende Fertigung durchaus im Tätigkeitsspektrum von Malern gelegen; nunmehr wurde diese aber aufgrund der mangelnden Repräsentanz von Originalität aus der neu definierten Vorstellung des modernen Malers ausgeschieden.[124]
Im Zuge der Konsolidierung des bürgerlichen Kunstmarktes hatte sich unter den Malern des Bildgewerbes eine innere Spezialisierung gefestigt, die auf einzelne Sparten des Kunstkonsums ausgerichtet war und mit spezifischen Selbstbildern, technischer Professionalität sowie distinktiven Begriffen die jeweilige Profession auswies. Diese sogenannten »Fächler« bezeichneten sich als Marine-, Tier-, Chiemsee-, Blumen-, Aquarell-, Porträt-, Genre-, Panorama- oder Schlachtenmaler u. a. mehr und bedienten in ihrer durch Routine gekennzeichneten Berufspraxis die in den Bildmustern zu Stereo-

gestellt wurde. Hieraus ergibt sich sowohl für die Ausstellungen der Münchner Künstlergenossenschaft mit durchschnittlich über 2000 Bildern, bei der VIII. Internationalen Ausstellung 1901 sogar mit 3064 Bildern, eine hohe Zahl von ausgestellten Werken. Von diesen ausgestellten Bildern und Skulpturen wurden in Schwankungsgrenzen jedoch lediglich zwischen 10 und 19 Prozent verkauft. Drey 1910, S. 312; ferner Paul Drey: Der Kunstmarkt. Eine Studie über die wirtschaftliche Verwertung des Bildes, Stuttgart 1911.

123 Drey 1911, S. 76.
124 Ebd.

Abb. 4: Eine Fotografie aus der Atelierserie des Münchner Fotografen Carl Teufel, 1889.
Dokumentiert wurde das Arbeitsarrangement des Münchner Genremalers Max Ebersberger, eines sogenannten »Fächlers«. Die Fotografie veranschaulicht den Abbildungsvorgang, in dem der Maler die Formen des Modells in sein Bildkonzept übertrug, und offenbart eine durchschnittliche Ästhetisierung in diesem Bildstereotyp, das seinen Reiz aus der Nacktheit des weiblichen Körpers schöpfte.

typen geronnenen Genres. Die in den Berufszählungen präzise erfaßten Bezeichnungen dieser Spezialisten zeigen ein hoch differenziertes Gewerbe. Dieses wuchs und schwand mit den Geschmacksschwankungen im Publikum, wie sie der Kunstmarkt auswies, und der Zahl der jeweiligen Interessenten. Seit dem Beginn der »Gründerzeit« war die Nachfrage nach Kunst insgesamt schubartig angewachsen.[125] Auch der Wert der Werke, vor allem der populären Genremalerei,[126] steigerte sich im Kunsthandel erheblich, eine Tendenz, die sich seit dem Erfolg der Münchner Malerei auf der Pariser Weltausstellung von 1867 abgezeichnet hatte. Ein Zeitgenosse wie der Maler Herrmann Schlittgen ging für die Werke der Münchner Maler von einer »drei- bis zu zehnfachen Steigerung« der Preise in den Jahren zwischen 1870 und 1890 aus.[127] Die Blüte der Münchner Malerei fand andererseits ihren Ausdruck in der erfolgreichen Lehrtätigkeit Karl Theodor Pilotys (1826 bis 1886) an der Münchner Akademie, aus der die gründerzeitlichen Kultkünstler Hans Makart und Franz Lenbach hervorgingen.[128] Piloty begründete eine Historienmalerei, in der er den Vorstellungen des bürgerlichen Geschichtswissens eine dramatisierende ästhetische Anschauung gab. In den Texten des Kritikers Adolf Rosenberg haben sich Begriffe objektiviert, an denen wir die zeitgenössische Wahrnehmung und die Bedeutungsaufladungen von Pilotys Werken ablesen können. Rosenberg lobte die »künstlerische Individualität«, die diesem Künstler eigen sei, und mit der er die Erfahrung des Individuums in seinen »Helden« zu einem »Maß geistiger Größe und seelischer Vertiefung« stilisierte:

125 Als Überblick: Horst Ludwig: Malerei der Gründerzeit. Bayerische Staatsgemäldesammlungen. Vollständiger Katalog, München 1977; ders.: Münchner Malerei im 19. Jahrhundert, München 1978.
126 Lothar Brieger: Das Genrebild. Die Entwicklung der bürgerlichen Malerei, München 1922, S. 7, versuchte den »undeutlichen« Begriff der Genremalerei durch den Begriff der »Sittenmalerei« zu ersetzen.
127 Hermann Schlittgen: Erinnerungen, Hamburg-Bergedorf 1947.
128 Adolf Rosenberg: Die Münchner Malerschule in ihrer Entwicklung seit 1871, Leipzig 1887, S. 1. Pilotys Vater (1786-1844) war Lithograph und erarbeitete ein Lithographiewerk zu den hervorragendsten Gemälden der Münchner Pinakothek; Karl Piloty besuchte die Münchner Akademie seit 1840, unternahm 1847 eine Reise nach Venedig und erweiterte seine Kompetenz 1852 mit Aufenthalten in Antwerpen und Paris. Er wurde 1856 als Professor an die Akademie berufen.

Abb. 5: Der Landschafts- und Marinemaler Alfred Bachmann, 1889. Dieser »Fächler« bediente den Kunstmarkt mit einem klar umrissenen Genre, das im Bürgertum als Ausstattungsstück beliebt war (Foto aus der Serie Teufel).

»Piloty begeisterte sich in seinen Geschichtsbildern vornehmlich für die Helden, welche, auf einsamer Höhe, ein befehdetes oder beneidetes Dasein geführt, welche die Schuld für ihr Hinausschreiten über menschliches Durchschnittsmaß durch einen frühen Tod oder tragischen Untergang gebüßt haben.«

Cäsar, Nero, Columbus, Galilei, Wallenstein, Thusnelda wurden mit »reichem« malerischen Aufwand und mit professionalisierter »koloristischer Gesamtwirkung« für den »gebildeten« Betrachter inszeniert. Sein Schüler Hans Makart stieg 1869 zu einem Künstleridol auf; ihm wurde vom österreichischen Kaiser ein großes Atelier in Wien eingerichtet. Motive wie »Kleopatra auf dem Nil« und »Der Traum« boten Gelegenheit, sein Talent für Farbeffekte in einem dekorativen Reichtum an populären Vorstellungsbildern zu entfalten. Doch bemühte er historische Motive lediglich, um aus der künstlerischen Phantasie seine »gewöhnlichen Reizmittel« zu entfalten. Rosenberg tadelte diese inhaltliche Beliebigkeit, indem er den »Mangel an geistigem Leben« kritisierte.[129]

Neben Piloty trat mit der Berufung an die Münchner Akademie 1872 der von älteren niederländischen und deutschen Meistern inspirierte Wilhelm Diez. Er förderte eine an der Renaissance und dem Genre orientierte Malerei, die mit ihrem gefälligen Motivkanon im bürgerlichen Ausstattungsbedarf einen expansionsfähigen Markt fand. Daneben entwickelten sich Franz Defregger und Eduard Grützner zu gefragten Repräsentanten der Münchner Malerei. Defregger bediente die sich verstärkende Gegenbewegung zur kulturellen Modernisierung, die sich, vom städtischen Bürgertum getragen, an einem idealisierenden und ästhetisierenden Blick auf die vorbürgerliche Gesellschaft und die traditionale Kultur der bäuerlichen Menschen orientierte. Rosenberg kommentierte den mentalitätsgeschichtlichen Kontext dieses visuellen Bildbedarfs reflexionsscharf:[130]

»Er hielt ›Einkehr in das Volksthum‹ und schilderte nicht nur das urwüchsige, noch von keiner verfeinerten Kultur angekränkelte Leben seiner tiroler Heimat, wie es sich in der Gegenwart noch auf einsamer Alp bietet, sondern diesen kernigen tatkräftigen Volksstamm auch in seiner geschichtlichen Vergangenheit, während der ruhmvollen Kämpfe gegen die französischen Unterdrücker.«

129 Rosenberg 1887, S. 14.
130 Ebd., S. 22.

In diesem Genre richtete sich das Interesse der Kunstkäufer auf die Verarbeitung zivilisatorischer Gegenbilder und nationaler Heldenmythen. Eduard Grützner wiederum fand einen Markt, indem er in seinen Stilleben wein- und biertrunkene Mönche variierte.[131] Karl Raupp und Josef Wopfner hatten sich dagegen auf Darstellungen des Motivs der »bayerischen Landleute«, von Fischern und Jägern, spezialisiert.[132] Beide bezogen sich in einer kommerziellen Arbeitshaltung auf kulturelle Muster mit spezifischen inhaltlich-mentalen Bedeutungen. Auch Wilhelm Lindenschmit gelang es, eine Schule zu bilden. Seine Schüler beeindruckten das Publikum als Erzähler von populären Idyllen, die in Bildwerken wie den »Dorfpolitikern« oder im »Dilettantenquartett« von Anton Seitz Veranschaulichung fanden.[133]

Andere Künstler bestanden gemäß der idealen Vorstellung auf ihrer bilderfinderischen Originalität, die in der Distinktion von Konventionen und den bekannten bürgerlichen Sehgewohnheiten ihren Bezugsrahmen hatte, und beharrten auf der seit der Romantik herangereiften Vorstellung, die dem Künstler die höchste Individualität und Subjektbezogenheit zugestand. Demnach sollte er allein seiner inneren Intuition und Seelenstimmung verpflichtet sein, unabhängig davon, ob die potentiellen Käufer, wie sie auf dem Kunstmarkt auftraten, ihren Geschmack oder ihre Empfindungen in den Werken bestätigt finden würden. Eine solche Haltung zog oftmals die schwere Verkäuflichkeit der Bilder nach sich. Dies machte beispielsweise dem Deutsch-Römer Anselm Feuerbach zu schaffen.[134] Feuerbach konnte sich jedoch über längere Zeit hinweg auf die finanzielle Unterstützung seines Münchner Mäzens, des reichen Industrieerben und Kunsttheoretikers Conrad Fiedler, stützen.

Die Wertbildung für die Werke erfolgte in einem Prozeß der sozialen Kommunikation, in dem sowohl wirtschaftliche Mechanismen des Kunstmarktes als auch kulturelle Faktoren zusammenwirkten. Neben Konjunkturen waren dies kollektive Geschmacksmoden ebenso wie individuelle oder gattungsspezifische

---

131 Ebd., S. 31. Grützner malte etwa 40 bis 50 Bilder in Abwandlung dieses Motivs.
132 Ebd., S. 32.
133 Ebd., S. 53.
134 Vgl. »In uns selbst liegt Italien«. Die Kunst der Deutsch-Römer, Ausst. Kat. Haus der Kunst München 1987.

Bedeutungszuschreibungen. Es stand dem Künstler frei, einen Verkaufspreis für sein Werk festzusetzen. Ob dieser jedoch in seinem Marktwert, gemessen an der malerischen Qualität, dem Zeitgeschmack oder den Preisstandards des betreffenden »Faches«, als adäquat erachtet wurde,[135] erwies sich erst in der offenen Situation, wenn ein Werk in einer Ausstellung oder beim Kunsthändler angeboten wurde.[136]
Selbst ein später so erfolgreicher Maler wie Wilhelm Leibl war immer aufs neue froh, wenn ihm der Verkauf eines Bildes gelang. Beispielsweise wurde sein Gemälde »Dorfpolitiker« 1878 auf der Weltausstellung in Paris zu einem für ihn guten Preis von 15 000 Francs von einem Amerikaner erworben.[137] Der als »Malerfürst« hoch angesehene Porträtist Friedrich August Kaulbach, zu diesem Zeitpunkt zudem einflußreicher Direktor der Münchner Kunstakademie, verkaufte 1892 ein im Glaspalast ausgestelltes Werk, . eine »Grablegung Christi«, zum Spitzenpreis von 40 000 Mark.[138] Als Käuferin trat die Bayerische Staatsgemäldesammlung auf. Dieselbe Institution erwarb andererseits im selben Jahr zu deutlich abgestuften Preisen Heinrich von Zügels »In Erwartung« für 10 000 Mark, Adolf Hölzels »Hausandacht« jedoch für lediglich 850 Mark. Diese Preisvarianz verdeutlicht die Offenheit der Preisbildung.

135 Lovis Corinth: Meine frühen Jahre, Hamburg 1954 (das Manuskript war 1917 abgeschlossen worden), S. 132, berichtet davon, daß er das Bild »Kreuzabnahme« als sein erstes für 1350 Mark an einen Maler verkaufen konnte.
136 Hertha Wellensiek: Kunsthandel in München. Verkaufsformen im frühen 19. Jahrhundert, in: Katalog der 15. Deutschen Kunst- und Antiquitätenmesse, München 1970.
137 Ein Überblick, Götz Czymmek: Wilhelm Leibls Leben in seinen Briefen und in der Überlieferung seiner Freunde, in: Ausst. Kat. Neue Pinakothek München 1994, Wilhelm Leibl zum 150. Geburtstag, S. 8-48, hier S. 32; eine Würdigung Leibls im Kontext der zeitgenössischen Malerei bei Christian Lenz: Wilhelm Leibl. Der Maler, in: ebd., S. 49-79. Kritisch hierzu: Boris Röhrl: Die Kontroverse um Wilhelm Leibl. Über die Umwertung des Realismus als konservative Strömung. Eine Kritik der Leibl-Retrospektive in der Neuen Pinakothek und im Wallraff-Richartz-Museum, in: Kritische Berichte, 1/1995, S. 46-56; und ders.: Wilhelm Leibl. Leben und Werk, Hildesheim 1994.
138 Horst Ludwig: Kunst, Geld und Politik um 1900 in München, Berlin 1986, S. 188.

Obgleich die Münchner Malerei bis zur Jahrhundertwende ihre führende Stellung auf dem internationalen Kunstmarkt behaupten konnte, stellte sich die ökonomische Situation für die Münchner Maler äußerst differenziert dar.[139] Die überwiegende Zahl konnte aus den institutionellen Bedingungen des Marktes für ihre künstlerische Produktion als »freie Künstler« zwar die Autonomie in der eigenen Arbeit ableiten. Sofern ein Künstler jedoch der Notwendigkeit unterworfen war, seine Lebenshaltung, die Wohnung und das Atelier aus dem Verkaufserlös zu finanzieren, bedeutete dies ständig ein hohes Maß an Risiko, selbst für die zeitweise Erfolgreichen. Aus dem individuell abgestuften Zwang zur beruflichen Erwerbstätigkeit vieler Künstler sind die »entfremdeten« Formen von reiner Verlagsproduktion für den Kunstmarkt zu erklären. Doch gerade die am Rande des Kunstmarktes und der Kunstöffentlichkeit lebenden Künstler hatten keine Wahl. Drey berichtete für die Zeit um 1910 von der inneren Ökonomie dieser seriellen Bilderproduktion:[140]

»Heute finden sich in allen Kunstzentren Leute, die notleidende Maler gegen einen lächerlich geringen Stück- oder Akkordlohn ein und dasselbe Bild, zur marktgängigen Ware, dreißigmal und öfters malen lassen. Machen Sie mir, so lautet wohl der ›Auftrag‹, 24 Abendstimmungen dieses Musters, 60:40, bis zu dem und jenem Termin. Bei solchen Händlern kann man dutzendweise dieselben Tafeln aufgestapelt sehen.«

Während in diesen Fällen noch der einzelne Maler seine Ware produzierte, entstanden auch arbeitsteilige Formen der Kunstindustrie. In Bildmanufakturen wurden Techniken zur Herstellung serieller Kunstwerke praktiziert, die ein tayloristisches Spezialistentum der schnellen Reproduktion förderten.[141] Ferner gab es

139 In der Erinnerungsliteratur wurde einseitig ein Bild des Wohlstandes gezeichnet: »Neben Lenbach gab es noch einige kleinere Götter, und dann kam die Masse der kleinen Maler, die sich's wohl gehen ließen; denn die Münchner Kunst war damals auf dem Weltmarkt sehr begehrt und hoch bewertet. Es herrschte allgemeiner Wohlstand, die meisten Bilder gingen nach Amerika.« Schlittgen 1947, S. 55.
140 Drey 1911, S. 79. Drey sieht das Zusammenspiel des Bedarfs an Bildklischees und der Existenz von erwerbslosen Künstlern als willige Arbeitskräfte als Ursache für diese Produktion von Kunstsurrogaten.
141 Ebd., S. 79: »Weniger bekannt sind die Bildermanufakturen, die in Wien eine kleine Industrie bilden. Man schildert mir diese Betriebe folgendermaßen. Der Unternehmer kauft ein Original, das einen be-

die Formen der Nebentätigkeit zum reinen Broterwerb, die aus dem typischen Profil des Arbeitsbereiches des modernen Malers herausfielen, wie die Bilderreinigung, die Bilderrestaurierung, das Kopieren alter Meister, die künstlerische Beratung und die Gestaltung von Arrangements aller Art.[142]
Nur eine Minderheit von Malern genoß hingegen durch eine feste Anstellung an einer staatlichen Ausbildungsinstitution,[143] beispielsweise der eines Professors an der Kunstakademie, die soziale Sicherheit, die ein festes Jahresgehalt bot, und verfügte zudem über einen Titel, der in der Öffentlichkeit und auf dem Kunstmarkt Ansehen verlieh.[144] Allerdings verbanden sich mit dem Vorzug

> sonders beliebten Vorwurf behandelt, mit allen Rechten an. Nach diesem Bild läßt er nun von verdienstlosen Akademikern oder älteren Malern, denen er alle Requisiten und Materialien liefert, aber nur schlechten Lohn (Stücklohn) gibt, zahllose Kopien verfertigen. Nicht selten wird sogar eine raffinierte Arbeitsteilung in folgender Weise vorgenommen: das Bild wird zunächst von besonderen Zeichnern auf dem Malgrund vorgezeichnet. Nun wandert die Tafel zur Bemalung; ein Künstler geht von Bild zu Bild und malt das Wasser, ein anderer malt tagaus, tagein nur die landschaftlichen Partien, ein dritter Personen, usw. Diese Leute erlangen mit der Zeit eine solche Virtuosität, daß die Bilder schließlich nicht einmal schlecht aussehen. Die fertigen ›Kunstwerke‹ werden zuletzt in einen von Fabrikschreinern gefertigten prunkvollen Rahmen gesteckt und sind zum freihändigen und hauptsächlich auktionsweisen Verkauf bereit.« »Ein ähnliches System, ebenfalls in Wien heimisch, ist das Herstellen von Bildserien. Der Leiter des Unternehmens, als Capo bezeichnet, übernimmt beipielsweise für Händler oder Exporteure die Lieferung von 5 Serien der ›vier Jahreszeiten‹ zu 5 bis 15 fl. pro Bild. Er versammelt seine 6-7 Arbeiter, läßt je 5 Frühlinge, 5 Sommer etc. aufstellen und es wiederholt sich die gleiche raffinierte Arbeitszerlegung wie im vorhergehenden Falle. Solche Bilder, die dem groben Massenbedarf nach einheitlicher, billiger Ware auf das beste entsprechen, finden, wie es heißt, raschen und sicheren Absatz.«

142 Ebd., S. 76.
143 Hervorgehoben bei Uphoff-Hagen 1910, S. 612.
144 Künstler mit einer festen Anstellung wurden von der Berufsstatistik als Maler im Nebenberuf erfaßt. Diese Aufzählung können wir wiederum als Quelle lesen: »Wir finden Künstler als Beamte im Museumsdienst, als Konservatoren, Taxatoren und Experten, als Lehrer im Zeichnen oder in der Kunstgeschichte an öffentlichen oder privaten Anstalten, als Inhaber oder Leiter von Privatkunstschulen und als

einer stabilen Beamtenposition und der Lehrtätigkeit durchaus ambivalente Folgewirkungen für die künstlerische Produktivität.[145] Aus diesem Grund gab der beim bürgerlichen Käuferpublikum sehr geschätzte Maler Gabriel von Max seine 1879 übernommene Professur für Historienmalerei an der königlichen Akademie in München bereits 1883 wieder auf, erklärtermaßen, um sich von Kunstschülern unbehindert seiner individuellen Produktivität widmen und sich ausschließlich am Kunstmarkt orientieren zu können.

Professoren an Kunstakademien.« Drey 1911, S. 76. Drey weist darauf hin, daß die Statistik auch Künstler im Nebenberuf erfaßte, die im Hauptberuf Landwirtschaft betrieben.

[145] Anton von Werner charakterisierte diese Situation in der Dienststellung der Berliner Akademie für die siebziger Jahre des 19. Jahrhunderts so: »Die meisten Professoren litten wieder unter ihren dienstlichen Verpflichtungen, denen sie ihre eigene künstlerische Tätigkeit stark unterordnen mußten, nur die Professoren Julius Schrader und Albert Wolff machten eine Ausnahme und der treffliche A. v. Kloeber, der mit dekorativen Malereien für die Börse, die Villa v. d. Heydt. u. a. beschäftigt war.« Von Werner 1913, S. 111.

II. Quantitative Analyse

1. Das Berufsbild und die Arbeitsteiligkeit

In welchen Größenordnungen bewegte sich die Zahl von Malern im Berufssystem der bürgerlichen Gesellschaft? Zur Klärung dieser Frage können wir auf eine zuverlässige quantitative Quelle zurückgreifen, die mit den Methoden und Befragungsverfahren der statistischen Ämter erhoben wurde.[1] In den Berufszählungen von 1882, 1895, 1907, 1925 und 1933 wurde die Arbeitsteiligkeit der künstlerischen Berufe im begrifflichen Ordnungsmodell der Statistik erfaßt.[2] Bei näherer Betrachtung erweisen sich die hierbei als Zuordnungsinstrument zugrundegelegten Benennungen und Abgrenzungen selbst als eine qualitative Quelle, die nicht nur für die innere Struktur der Künstlerberufe, sondern auch für deren strukturellen Wandel aussagefähig sind.[3] Allerdings bedarf diese

---

1 Vgl. allgemein Rainer Stockmann/Angelika Willms-Herget: Erwerbsstatistik in Deutschland. Die Berufs- und Arbeitsstättenzählungen seit 1875 als Datenbasis der Sozialstrukturanalysen, Frankfurt am Main/New York 1985. Diese Entwicklungen bildeten sich in Modernisierungen der Berufsstatistik ab.
2 Aufgrund der wechselnden Bezugsgrößen und Zuordnungen der erhobenen Zahlen ergeben sich allerdings erhebliche Schwierigkeiten für einen Längsschnitt. Zu den Problemen historischer Statistik allgemein vgl. Wolfram Fischer/Andreas Kunz (Hg.): Grundlagen der historischen Statistik von Deutschland. Quellen, Methoden, Forschungsziele, Opladen 1991, darin insbesondere S. 315-351; Rüdiger Hohls: Quellen zur Erwerbsstatistik Deutschlands im ausgehenden 19. und 20. Jahrhundert, S. 323 ff. Eine Einordnung des Stellenwertes des quantifizierenden Zugriffs bei Jürgen Kocka: Die Bedeutung historischer Statistikdaten für die Geisteswissenschaft, in: Nils Diederich/Egon Hölder/Andreas Kunz u. a.: Historische Statistik in der Bundesrepublik Deutschland, hg. vom Statistischen Bundesamt Wiesbaden, Stuttgart 1990 (= Bd. 15 der Schriftenreihe Forum der Bundesstatistik), S. 22-26; ders.: Quantifizierung in der Geschichtswissenschaft, in: Quantitative Methoden in der historisch-sozialwissenschaftlichen Forschung, Stuttgart 1977, S. 4-10.
3 Dies ist ein exemplarischer Fall der gesellschaftlichen Konstruktion von Auffassungen von der sozialen Wirklichkeit, deren Ordnungen, Strukturierungen, Trennlinien und Bedeutungszuweisungen durch Sprache.

Quelle der modifizierenden Reflexion.[4] Berücksichtigt wurden für unsere Fragestellung vorrangig die selbständigen Künstler.

Die Aussagefähigkeit der Begriffe

Wir lesen die Berufsbezeichnungen in ihren inneren Ordnungen als ein semantisches System von Merkmalszuordnungen und Distinktionen. Die erste Berufszählung im Deutschen Reich von 1882 arbeitete mit einer Systematik, die innerhalb des Oberbegriffs »Künstler (Kunstmaler und Kunstbildhauer) und künstlerische Betriebe für gewerbliche Zwecke (mit Ausnahme von Musik, Theater und Schausteller)« insgesamt 56 Berufsbilder unterschied. Diejenigen künstlerischen Tätigkeiten, die in den 1890er Jahren der »freien Kunst« zugerechnet wurden, sind darin von kunsthandwerklichen oder kunstgewerblichen Berufsbildern begrifflich noch nicht getrennt. Neben den Kunstmalern wurden somit unter dem Oberbegriff »Künstler« gleichermaßen die Mustermacher, die Stickereizeichner oder Bilderrestaurateure gezählt:[5]

Zur Einsicht in die Bedeutung von Sprache für sozialgeschichtliche Analysen allgemein Jelavich 1995.
4 Natürlich bleiben die Berufsangaben unscharf, sowohl in ihrer Abgrenzung voneinander wie in der hohen Divergenz zwischen dem eigenen Selbstverständnis und der objektiven Ausübung von Berufstätigkeiten. 1882 und 1895 wurde die ortsanwesende Bevölkerung gezählt, 1925 und 1933 dagegen die Wohnbevölkerung, das sind alle, die zu diesem Zeitpunkt über eine Wohnung verfügten. Erhebliche Schwierigkeiten ergeben sich aus den wechselnden Bezugsgrößen der angegebenen Zahlen, die teilweise alle Künstler und später nur bildende Künstler umfassen. In der statistischen Auflistung wurde daher die Zahl der Künstler, nicht nur der Maler, berücksichtigt, soweit sie erhoben wurde. Ferner wechselt die geographische Bezugsgröße vor und nach 1918.
5 Die zweispaltige Auflistung folgt in ihrer Ordnung der Quelle. Statistik des Deutschen Reiches, Berufszählung 1882, N. F. Bd. 3, Systematisches Verzeichnis der Berufsarten, S. 15. Der Wortlaut ist übernommen. Bezeichnungen wie »Formen, Medaillen« etc. sind offenkundig auf Verkürzungen der Statistiker zurückzuführen. Sie dürften im Ausgangsmaterial »Hersteller von Formen« u. a. gelautet haben.

»Künstler (Kunstmaler und Kunstbildhauer) und künstlerische Betriebe für gewerbliche Zwecke (mit Ausnahme von Musik, Theater und Schaustellung)

Bilderrestaurateure
Cachettenarbeiter
Edelsteinschneider
Emaillirer

Estampeure
Formenstecher
Glasgraveure
Graveure
Gypsfiguren
Gypsgießer
Hornstecher
Künstler, sofern nicht näher
zu ermitteln
Kunstbildhauer
Landschaftsmaler
Maler (Künstler)
Medaillen
Miniaturmaler
Modellstecher
Münzgraveure
Mustermaler
Musterzeichner
Portraitmaler
Schriftgraveure
Silhouettenschneider
Steinschneider
Stickereizeichner
Wachsbossirer
Walzengraveure
Wappenstecher

Bildhauer
Ciseleure
Elfenbeingraveure
Emaillemaler (sofern nicht
Eisenemaillirer)
Formen
Geschichtsmaler
Gold- und Silberschneider
Guillochirer
Gypsformatoren
Historienmaler
Kalligraphen

Kunstmaler
Landschaftsmodelleure
Manufakturzeichner
Medailleure
Modelleure
Mosaikschneider
Mustermacher
Musterschläger
Ornamentzeichner
Printenformenstecher
Schriftmaler
Stanzenmacher
Stempelschneider
Vorzeichner
Wachsfiguren
Wappenmaler
Zeichner, sofern nicht näher zu
ermitteln«

Demgegenüber grenzte die Berufszählung von 1895 im systematischen Berufsverzeichnis bereits vier Untergruppen voneinander ab. In der nunmehr zugrundegelegten Begrifflichkeit objektivierte sich ein weitergehendes Verständnis der inneren Differenz der künstlerischen Tätigkeitsbereiche und ihrer Bewertungen, so daß die erste Gruppe der Maler und Bildhauer hier eindeutig von den kunsthandwerklichen und kunstgewerblichen Berufen unterschieden wurde. Die zweite Gruppe umfaßte die für verschiedene Wirtschaftszweige arbeitenden Kunsthandwerker, die jedoch ein klares handwerkliches Berufsbild hatten, die »Graveure, Steinschneider, Ciseleure, Modelleure«. In der dritten Gruppe wurden unter dem Oberbegriff »Musterzeichner, Kalligraphen« solche entwerferischen Berufe rubriziert, die meist über eine anwendungsbezogene künstlerische Ausbildung auf einer Kunstgewerbeschule verfügten. Hinzugekommen waren neuartige industriebezogene Berufsbezeichnungen wie »Industriezeichner« oder »Designzeichner«. Weitere, schwieriger systematisierbare künstlerische Berufe wurden in einer eigenen Rubrik »Sonstige« zusammengefaßt. Die Zahl der genannten Berufsbilder summierte sich nun auf insgesamt 105 künstlerische Tätigkeiten:[6]

»Künstler (Kunstmaler und Kunstbildhauer) und künstlerische Betriebe für gewerbliche Zwecke

Maler und Bildhauer (Künstler)

Aquarellmaler
Bilderreiniger (wenn Künstler)
Bildhauer (wenn Künstler)
Bühnenmaler (Künstler)

Freskomaler
Genremaler
Historienmaler
Kirchenmaler
Kunstmaler
Maler (Künstler)
Miniaturenmaler
Perspectivmaler (wenn Künstler)
Sandsteinbildhauer (Künstler)
Steinbildhauer (Künstler)

Theatermaler (wenn Künstler)
Thiermaler

Architekturmaler (wenn Künstler)
Bilderrestaurateure
Blumenmaler
Decorationsmaler (für Bühnen, Panoramen etc.)
Gemälderestaurateure
Geschichtsmaler
Idyllen-, Stilleben-Maler
Kunstbildhauer
Landschaftsmaler
Marinemaler
Panoramamaler
Portraitmaler
Schlachtenmaler
Theaterdecorationsmaler (wenn Künstler)
Thierbildhauer

---

6 Statistik des Deutschen Reiches, Berufszählung 1895, Systematisches Berufs-Verzeichnis, B 157-160 (mit Ausnahme von Musik, Theater und Schaustellung).

Graveure, Steinschneider, Ciseleure, Modelleure

Ciseleure
Edelsteingraveure
Elfenbeingraveure
Formenschneider
Glasgraveure
Graveure
Holzformenstecher
Kameengraveure
Landschaftsmodelleure
Medaillengraveure
Modelleure
Mosaikbildmacher
Mosaikschneider
Nielleure
Printenformenstecher
Schriftgraveure
Steingraveure
Stempel (für Metallstempel)
Tapetenformenstecher
Walzengraveure
Wappenstecher
Druckformen- und Druckwalzengraveure
Edelsteinschneider
Estampeure
Formenstecher
Gold- und Silberschneider
Guillochirer
Hornstecher
Kunstformer
Marqueteriearbeiter
Metallgraveure
Modellstecher
Mosaikkünstler
Münzgraveure
Petschaftstecher
Schablonenstecher
Stanzenmacher
Steinschneider
Stempelschneider
Wachsbossirer
Walzenstecher

Musterzeichner, Kalligraphen

Dessinateure
Industriezeichner
Manufakturzeichner
Monogrammzeichner
Mustermaler
Musterzeichner
Schablonenmaler
Stickereizeichner
Wappenmaler
Dessinzeichner
Kalligraphen
Möbelzeichner
Mustermacher
Musterschläger
Ornamentzeichner
Schriftmaler
Vorzeichner
Wappenzeichner

Sonstige künstlerische Berufe (mit Ausnahme von Musik, Theater und Schaustellung)

Alterthümerreparateure
Antiquitätenreparateure

Gipsfiguren
Gipsgießer
Glasschreiber
Anatomische Nachbildungen
Emaillirer, Emaillemaler, sofern nicht Eisenemaillirer
Gipsformatoren
Glasbilder
Künstler, sofern nicht näher zu ermitteln

Kunstgewerbliche Werkstätten   Silhouettenschneider
Transparentmaler   Wachsfiguren
Zeichner, sofern nicht näher zu
ermitteln«

Wir können den Wandel der Systematik als eine Quelle für die Entwicklung der inneren Ordnung der spezialisierten Berufsbilder lesen. Mit der Erfindung der Reproduktionstechniken im Gefolge des fortschreitenden Industrialisierungsprozesses wurde ein Teil der Berufe dem Wandel ihrer Marktsegmente unterworfen.[7] Die schärfere Trennlinie zwischen den Malern und Bildhauern und den drei anderen Gruppen läßt sich damit erklären, daß den differenten Merkmalen ihrer künstlerischen Tätigkeiten mittlerweile eine stärker hierarchisierte Wertigkeit von Bedeutungen zugeschrieben wurde. Lag der Begriffsbildung von 1882 noch die kulturelle Semantik des Historismus zugrunde, so verstärkte sich seit den frühen neunziger Jahren der Stellenwert des individualisierten »Geistigen«. Der Gegensatz zu den industriellen Arbeitsprozessen und der Zweckrationalität der seriellen Produktion von materieller Kultur gewann als Indikator und kulturelles Ordnungsmodell zunehmend an Gewicht. Mit dem Wandel der Bedeutungsaufladungen traten neben den älteren Fachberufen der Kunsthandwerker zwei übergeordnete Ordnungsbegriffe schärfer hervor, die zwei Arten von künstlerischer Arbeit voneinander differenzierten, die der »freien« Kunst und des Kunstgewerbes. Die Merkmale der damit verbundenen Ausbildungsgänge, das soziale Prestige in der bürgerlichen Gesellschaft, die Einkommensarten und Arbeitsformen differierten erheblich voneinander. Die Künstler beider Bereiche trennte eine befestigte und zeitweise institutionell undurchlässige innere Grenze, die sich im Modernisierungsprozeß immer wieder rela-

---

7 Insbesondere die von den neuen maschinellen Reproduktionstechniken betroffenen älteren »vervielfältigenden Künste« wurden verdrängt. Bereits 1886 resümierte Knille, S. 429: »Es ist nur noch eine Frage der Zeit, wann darüber die vervielfältigenden Künste ihre letzte Seufzer aushauchen werden. Mit dem Kupferstecher, dem Holzschneider etc. sterben alle dahin, welche gewissermaßen vom Zwischenhandel lebten, in dem sie aus Mangel an schöpferischem Talent die höhere Copie, oder, um es gerechter auszudrücken, Übersetzung betrieben. Photographie und Buntdruck werden bald in vollendeter Weise unsere Originale nachtäuschen.«

tivierte. Deren Öffnung wurde von den Vertretern der »angewandten Kunst« seit 1897 programmatisch vorangetrieben.[8]
Die Berufszählung von 1907 übernahm in ihrer systematischen Berufsliste unter dem Kapitel »künstlerische Gewerbe« wiederum die vier Rubriken von 1895, woraus auf eine kulturelle Einheit der beiden Jahrzehnte um 1900 geschlossen werden kann, da die Bedeutungsvalenzen nicht wie zuvor als revisionsbedürftig empfunden wurden. Zwar erhöhte sich die Zahl der genannten Berufe auf 139, da geringe innere Differenzierungen der Berufsbezeichnungen erfolgten, doch insgesamt blieb das Begriffssystem stabil (siehe Anhang, S. 594 f.).
In der Folge der kulturellen Modernisierung trat in den zwanziger Jahren ein gravierender Bruch im semantischen Denken ein. In der Berufszählung von 1925 verschwanden einige mit den Modernisierungsprozessen obsolet gewordene traditionelle handwerkliche Berufsbilder, worin sich die Umorientierung von Tätigkeitsbildern auf die industrielle Arbeitsteilgkeit objektivierte. Diese wurden nicht mehr gesondert als künstlerische Berufe erfaßt, sondern in die jeweiligen Wirtschaftszweige eingegliedert. Daher erschienen lediglich 41 künstlerische Berufe in der Gruppe »Bildende Künstler (Maler, Bildhauer usw.)«; diese wurden unter einem neuen Ordnungsbezug subsumiert, dem Wirtschaftszweig »Bildende Kunst, freie schriftstellerische und wissenschaftliche Betätigung«.[9] Dieser Auffassung lag eine betonte innere Nähe der schöpferischen und der intellektuell-geistigen Arbeit als Bezugsgröße zugrunde.[10] Neben den Malern und ihren verschiedenen Spezialisierungen werden jedoch die »Reklamezeichner« oder »Plakatmaler« als »moderne« künstlerische Tätigkeiten aufgelistet, die für den Bedarf an visueller Kultur in der kommerziellen Warenwelt arbeiteten (siehe Anhang S. 597).
In der Berufszählung von 1933 wurde die Gruppe der bildenden Künstler auf 37 Berufsbenennungen erweitert.[11] »Moderne« Be-

8 Ein Beispiel für das Entstehen einer neuen visuellen Kunst als Ausdruck der kulturellen Modernisierung bei Jean Louis Sponsel: Das moderne Plakat, Dresden 1897.
9 Insgesamt ist für die zwanziger Jahre von einer »Überfüllungskrise« dieser geistigen Berufe zu sprechen. Jarausch 1989, S. 183.
10 Statistik des Deutschen Reiches, Berufszählung 1925, Bd. 402, S. 136: »Bildende Künstler (Maler, Bildhauer usw.) ...«.
11 Statistik des Deutschen Reiches, Berufszählung 1933, Bd. 453, 1/233 und 1/179: unter Bildende Künstler: »Aquarellist, Aquarellmaler,

rufe wie Reklamezeichner und Plakatmaler wurden wieder ausgegliedert, worin sich die konservativ-völkische Abgrenzung des Künstlerhabitus von der kommerziellen Industriekultur niederschlug.

Die Analyse der Begriffssysteme ergibt sowohl eine beachtliche Kontinuität als auch charakteristische Verschiebungen. Während die unter der Sammelbezeichnung »Künstler und Bildhauer« erfaßten Berufe in einer weitgehenden inneren Stabilität tradiert wurden, veränderte sich die Zuordnung der anderen künstlerischen Berufe erheblich. Waren die Künstler noch 1882 in einer gemeinsamen Sammelrubrik subsumiert, so wurden seit 1895 neben den »freien« Künstlern drei weitere Rubriken aufgeführt. Dieser Vorgang kann nur als gravierende Veränderung der kulturellen Semantik gelesen werden: Die »freien« und die »angewandten« Künste wurden seither in den Merkmalen ihrer Differenz wahrgenommen. Ferner galt in den Berufszählungen von 1925 und 1933 die Zuordnung der »bildenden Künstler« zu einer Gruppe der »geistigen« Berufe, zu den Schriftstellern und Wissenschaftlern, als gerechtfertigt.[12] Die in Anwendungsbezügen und mit geringerer Nähe zum »Geistigen« definierten künstlerischen Berufe wurden von diesen gänzlich abgespalten.

Die relative Beständigkeit des Arbeitsmarktes für Künstler

In den Berufszählungen für das Deutsche Reich waren folgende Zahlen für »Künstler und künstlerische Betriebe für gewerbliche

Architekturmaler, Bilderrestaurator, Bildhauer, Bühnenbildner, Bühnenmaler (Künstler), Freskomaler, Gemäldekopierer, Gemälderestaurator, Genremaler, Geschichtsmaler, Graphiker, Historienmaler, Holzbildhauer, Holzschneider (Künstler), Karikaturist (Zeichner), Kirchenmaler (Künstler), Kopierer (Kunstmaler), Künstler, Kunstbildhauer, Kunstmaler, Kupferstecher (Künstler), Maler, Marinemaler, Miniaturmaler, Ölmaler (Künstler), Porträtmaler, Radierer, Restaurator (Künstler), Sezessionsmaler, Steinbildhauer (Künstler), Stillebenmaler, Tierbildhauer, Tiermaler, Wappenmaler, Zeichner (bild. Künstler)«.

12 Vgl. zum breiteren Zusammenhang Konrad H. Jarausch: »Die Not der geistigen Arbeiter.« Akademiker in der Berufskrise 1918-1933, in: Werner Abelshauser (Hg.): Die Weimarer Republik als Wohlfahrtsstaat, Wiesbaden 1986.

Zwecke (mit Ausnahme von Musik, Theater, Schaustellung)« erhoben worden:

Erwerbstätige im Hauptberuf[13]

	insgesamt	davon	weiblich
1882	18 957	5 542	29,2%
1895	22 110	6 578	29,8%
1907	28 092	9 493	33,8%
1925	32 009	11 478	35,9%
1933	32 296	11 479	35,5%

Künstler im Hauptberuf und selbständiger Stellung

	insgesamt		davon	weiblich
1882	8 472	0,045%[14]	480	0,009%[15]
1895	10 336	0,047%[16]	1 063	0,016%
1907	12 073	0,043%	1 618[17]	0,017%
1925	12 484	0,039%[18]	2 355	0,020%
1933	11 908	0,037%[19]	2 050	0,018%

13 In Tausend, ohne Berufslose und Rentenbezieher, Zahlenangaben nach G. Hohorst/Jürgen Kocka/Gerhard A. Ritter: Sozialgeschichtliches Arbeitsbuch II. Materialien zur Statistik des Kaiserreiches 1870-1914, 2. Aufl., München 1978, S. 66; Dietrich Petzina/Werner Abelshauser/Anselm Faust: Sozialgeschichtliches Arbeitsbuch III. Materialien zur Statistik des Deutschen Reiches 1914-1945, München 1978, S. 54.

14 Die Zahl enthält undifferenziert alle Berufe (Maler, Graveure, Musterzeichner, sonstige Künstler).

15 Der prozentuale Anteil bezieht sich auf die weiblichen Erwerbstätigen im Hauptberuf.

16 Differenziert unter den Berufsgruppennummern 157-168: 6 265 Maler (60,61%), davon 839 w. (78,92%); 1920 Graveure/Holzschneider/Modelleure; davon 44 w.; 696 Musterzeichner/Kalligraphen (insgesamt, einschließlich Unselbständige 4434); 702 sonstige Künstler, davon 56 w.

17 In der Betriebszählung wurden 1907 gesondert 5 890 Hauptbetriebe unter der Bezeichnung »Kunstmaler« erfaßt, Drey 1910, S. 309; dies entspricht 48,78 Prozent.

18 1925 erfaßt nun die Bezeichnung »bildender Künstler« unter »Selbständige/Eigentümer«, Quelle: Statistik des Deutschen Reiches, Rubrik: Reichsbevölkerung u. Haupt- und Nebenberuf 1925, Bd. 202.

19 Erfaßt die Rubrik »bildende Künstler« = »Künstler«, Quelle: Statistik des Deutschen Reiches 1933, Bd. 453.

Gemessen an der Zahl der Erwerbstätigen insgesamt (im Hauptberuf) ist somit von einer relativen quantitativen Konstanz des Arbeitsmarktes der Maler zwischen etwa 1880 und den dreißiger Jahren auszugehen,[20] wenn man die veränderten Kriterien der Zuordnungen 1925 und 1933 berücksichtigt. Der geringe Anteil von Künstlerinnen erklärt, weshalb der Künstlerhabitus großenteils männlich definiert blieb und wegen dieser Dominanz die Chancengleichheit des Zugangs nicht hergestellt wurde.

Auf dem Höhepunkt der Weltwirtschaftskrise entstand ein anders differenziertes Bild, da sich in der angespannten Situation des Arbeitsmarktes die Bedeutungen der beruflichen Stellung verschoben. Die Berufsgruppen wurden 1933 erfaßt nach:

Selbständigkeit, abhängige Erwerbsarbeit und Erwerbslosigkeit[21]

	Selbständige	Abhängige	Erwerbslose
Bildende Künstler	11 908	2 842	1 640
davon weiblich	2 057	593	257
Musterzeichner	413	4 731	1 646
davon weiblich	54	1 035	279
Sonstige Zeichner (z. B. Trickfilmzeichner)	334	16 524	6 767
davon weiblich	53	2 327	879
Formenstecher[22] **und Holzschneider**	148	970	390
davon weiblich	1	19	11

Der Vergleich der Künstlersparten ergibt, daß die bildenden

---

20 Bei Fohrbeck/Wiesand 1972, S. 25, Tab. 6, genannte Zahlen legen die Vermutung nahe, daß auch in der Verlängerung bis in die 1970er Jahre eine relative Kontinuität in der Zahl der berufsausübenden Künstler festzustellen ist (nun für die Bundesrepublik):
Maler, künstlerische Graphiker, Bildhauer circa 11 500
Industrial Designer 6 500
Kunsthandwerker 3 000

21 Statistik des Deutschen Reiches, Tabelle 3b, Erwerbspersonen in den einzelnen Berufen.

22 Die Formenstecher und Holzschneider wurden in einer eigenen Rubrik unter den Berufen der Papierverarbeitung und des Vervielfältigungsgewerbes gesondert erfaßt. Sonstige Berufe wurden einrubriziert.

Künstler ihrem Beruf ganz überwiegend im Status der »Selbständigkeit« nachgingen und für diese somit in der Wirtschaftskrise in geringerem Maße Veränderungen eintraten. Dagegen waren die Musterzeichner, sonstigen Zeichner, Formenstecher und Holzschneider größtenteils in gewerblichen Betrieben abhängig beschäftigt. Aufgrund ihrer zweckbezogenen Tätigkeit mußten diese bei einem konjunkturellen oder strukturellen Rückgang der Auftragslage mit Arbeitslosigkeit rechnen. Auf ihre nichtselbständige Berufstätigkeit trafen die emphatischen Zuschreibungen der »Freiheit des Individuums« im Künstlerhabitus bestenfalls in erheblich abgeschwächter Form zu. In den zeichnerischen Berufen, insbesondere bei den Musterzeichnern, war zudem der Anteil von Frauen in abhängigen und ausführenden Stellungen erheblich höher als bei den bildenden Künstlern.

Die »Kunststadt« München

Der Ruf Münchens als führende Kunstmetropole bestätigt sich in der Zahl der dort lebenden Künstler:

23 In selbständiger Stellung. Die Zahlen enthalten Schwankungen in der Zuordnung, so daß aus den absoluten Zahlen keine direkten Rückschlüsse gezogen werden können. Graveure, Steinschneider, Ciseleure, Modelleure sind erstmalige Berufsnennungen in der Zählung von 1895. Es wurden in selbständiger Stellung erfaßt: Graveure, Steinschneider, Ciseleure und Modelleure 63, davon weiblich 2; Musterzeichner und Calligraphen 18, davon weiblich 2; sonstige künstlerische Berufe 58, davon weiblich 3. Maler und Künstler wurden in der Berufszählung von 1907 unter dem Begriff »Künstler« zusammengefaßt. 1925 sind Maler, Bildhauer usw. als Erwerbstätige im Hauptberuf unter der Rubrik »Bildende Künstler« gezählt worden. Die Zahlen wurden für diese Berufsgruppe jedoch nicht mehr gesondert erfaßt, sondern nur als Teil der umfassenderen Gruppe der »geistigen Berufe« des Wirtschaftszweiges 142 (Künstler, Privatgelehrte, Schriftsteller) erhoben. In der Berufszählung von 1933 wurden künstlerische Berufe über die hier ausgewiesenen hinaus wiederum unter die Wirtschaftsgruppen rubriziert und nicht mehr dem Künstlerberuf zugeordnet.
Für München wurde 1882 eine Gesamteinwohnerzahl von 234 129 Personen ermittelt. Da jedoch zum Zeitpunkt der Zählung im Juni zahlreiche Einwohner als verreist galten, wurden Zweifel an dieser Zahl geäußert. Die Volkszählung vom 1. Dezember 1885 ergab anderer-

Erwerbstätige[23]

	1882	1895	1907	1925[24]	1933
Maler und Bildhauer	960	1 180	1 447	(2 792)	1 893
davon weiblich	68	115	202	(506)	–

In der inneren Arbeitsteiligkeit der künstlerischen Berufsfelder dominieren Maler und Bildhauer. Daneben war eine große Zahl weiterer künstlerischer Erwerbstätiger in München tätig, jedoch überwiegend in unselbständiger Stellung. Sie arbeiteten seit der zweiten Hälfte des 19. Jahrhunderts in der umfangreichen Kunst- und Kulturindustrie.

Die Stellung Münchens als »Kunststadt« läßt sich für 1907 auch anhand von Zahlenmaterial mit anderen Kunstzentren vergleichen. Für dieses Jahr ergibt sich eine Summe von Malern und Bildhauern, die lediglich einen geringen Vorsprung vor der Konkurrenzstadt Berlin belegt:

Maler und Bildhauer

München[25]	1 447
Berlin[26]	1 225
	(589 Berlin + 636 Charlottenburg)
Dresden[27]	308
Düsseldorf[28]	256

seits eine Einwohnerzahl von 261 981 Personen, vgl. Mitteilungen des Statistischen Bureaus der Stadt München, VII. Bd., München 1889. Für Berlin wurden 1882 1434 Maler und Bildhauer gezählt, davon 121 weiblich, bei einer Einwohnerzahl von 517 150 Personen.

24 Erfaßt wurden in dieser Zahlenangabe neben den bildenden Künstlern auch Schriftsteller und andere »geistige« Berufe.

25 Ebd.

26 Ebd.; für Berlin wurden 1856 in einem Kunsthandbuch 126 Maler-Ateliers, 31 Bildhauer und 29 Graphiker erfaßt. Schasler: Berlins Kunstschätze 1856, S. 481-487, auch: Centralblatt der deutschen Kunstvereine 2, 1840, S. 98-100; dort auch der kritische Hinweis, daß nicht alle Künstler erfaßt seien; zit. nach Grossmann 1994, S. 16.

27 Quelle: Drey 1910, S. 309.

28 Ebd.

Hamburg[29] 131
Stuttgart[30] 117
Frankfurt am Main[31] 97

Eine weitere Präzisierung der Bedeutung der »Kunststadt« München ergibt sich aus dem Vergleich der Regionen innerhalb Bayerns. In der Berufszählung von 1907 wurde die »Zahl der in künstlerischen Gewerben tätigen Einzelpersonen« für das Königreich Bayern auch nach Regierungsbezirken spezifiziert:[32]

Im Königreich Bayern tätige Künstler

nach Regierungsbezirken

Oberbayern	3 543	67,4%
Niederbayern	75	1,4%
Pfalz	215	4,1%
Oberpfalz	112	2,1%
Unterfranken	172	3,3%
Mittelfranken	656	12,5%
Unterfranken	210	4,0%
Schwaben	272	5,2%

Die Zahl für Oberbayern belegt, in welch hohem Maße sich die Wohn- und Arbeitsstätten der Künstler in der Stadt München und den ländlichen Künstlerkolonien Oberbayerns verdichtet hatten. In dieser Region lebten 1907 29,34 Prozent der für das Deutsche Reich erfaßten Künstler. Innerhalb Bayerns wies lediglich Mittelfranken eine größere Zahl aus. Vor allem Nürnberg war seit dem Mittelalter ein bedeutender Ort für die künstlerischen Gewerbe, insbesondere von Maler- und Bildhauerwerkstätten. In der Mitte des 19. Jahrhunderts wurde diese Tradition durch eine Kunstgewerbeschule erneut gestärkt, die 1940 schließlich eine Aufwertung zu einer »Akademie für angewandte Kunst« erfuhr. Im Unterschied zu München erreichte die örtliche Künstlerschaft jedoch im 19. und 20. Jahrhundert nur lokale Bedeutung.

29 Ebd.
30 Ebd.
31 Ebd.
32 Ebd., S. 308; allgemein Rüdiger Hohls/Hartmut Kaelble: Die regionale Erwerbsstruktur im Deutschen Reich und in der Bundesrepublik 1895-1970, St. Katharinen 1989.

2. Soziale Herkunft, Wanderung, Familienstand

Welche Sozialisation hatten angehende Maler durchlaufen, ehe sie zur Professionalisierung als Künstler in eine Akademie aufgenommen wurden, und welches »kulturelle Kapital« war hierfür erforderlich? Definiert man unter dem Begriff »kulturelles Kapital« die kulturellen Kenntnisse, das erforderliche Bildungswissen und die Leitbilder,[33] die in das Selbstverständnis, die Intentionen und die Kompetenz der Person eingingen, so kann die soziale Herkunft Anhaltspunkte für diejenigen kulturellen Muster geben, die den Berufswunsch stützten und schließlich ein Studium ermöglichten.[34] Die Herkunft gibt somit auch Aufschluß über die soziale Nähe oder Ferne des Künstlerberufes zu den unterschiedlichen gesellschaftlichen Schichten.

Die Herkunft Münchner Kunststudenten 1882-1907

Als eine signifikante Quelle für dieses Fragenbündel können wir die personenbezogenen Informationen auswerten, die die Studenten bei ihrer Aufnahme in die Ausbildungsinstitution Akademie der Bildenden Künste München angaben.[35] Ihr kulturelles Kapital war vor der Immatrikulation bereits als ausreichend erachtet worden, da

33 Vgl. zum »kulturellen Kapital« Pierre Bourdieu: Ökonomisches Kapital, kulturelles Kapital, soziales Kapital, in: Reinhard Kreckel (Hg.): Soziale Ungleichheiten, Göttingen 1983, S. 183-198 (= Soziale Welt Sonderband 2). In den Begriffen Bourdieus handelt es sich um ein inkorporiertes kulturelles Kapital, das in Lernprozessen verinnerlicht wurde, mit teilweise geplanten Erziehungsmaßnahmen und teilweise unbewußter Aneignung. Ferner ist auch der väterliche Beruf als institutionalisiertes kulturelles Kapital nicht ohne Bedeutung, das auf besondere Erwartungen und soziale Kontakte zu beziehen wäre, die die Aufnahme in die Akademie erleichterten.
34 Allgemein Konrad H. Jarausch: Deutsche Studenten 1800-1970, Frankfurt am Main 1984; Peter Lundgreen: Zur Konstituierung des »Bildungsbürgertums«: Berufs- und Bildungsauslese der Akademiker in Preußen, in: Conze/Kocka 1985, S. 79 ff.
35 Erstmals wissenschaftlich bearbeitet, Fundort Akademie der bildenden Künste München, Matrikelbücher, Grundbuch 1841-1884 (Matrikelnummern 1-5101); Grundbuch 1884-1920; das Matrikelbuch 1919-1931 enthält keine Eintragungen des Standes der Eltern/des Vaters

sie die Begutachtung durch einen Professor mit Erfolg durchlaufen hatten und als »begabt« befunden worden waren.

Zur Analyse der sozialen Schichtung wählen wir folgende Jahrgänge: 1882, den Zeitpunkt der ersten Berufszählung, 1890 als eines der letzten Jahre, in dem die Dominanz des historistischen Weltbildes die Erwartungen der Studienanfänger prägte. Ferner 1895, das Jahr des Beginns der »modernen Künstlerbewegung«, die sich zunächst in einer kreativen »Unruhe« äußerte, in dem zugleich auch die zweite Berufszählung durchgeführt wurde, sowie 1907, den Zeitpunkt der dritten Berufszählung im Deutschen Reich.

Die Bandbreite der Angaben, die unter der Rubrik »Stand der Eltern« erfaßt wurden, bewegte sich im ersten untersuchten Jahrgang 1882 in einer Vielfalt von Berufsbezeichnungen zwischen Gutsbesitzer, Direktor des Polyklinikums, Landgerichtsrat, Mitglied des Schweizer Bundesgerichts, Königlich Württembergischer Kämmerer, Königlicher Rittmeister, Ziegeleibesitzer und andererseits Cigarrenmacher, Arbeiter, Bedienter.

Die soziale Herkunft Münchner Kunststudenten[36]

	1882	%	1890	%	1895	%	1907	%
Besitzbürgertum	27	16,3	25	19,7	25	17,6	32	17,2
Bildungsbürgertum	39	23,5	33	26,0	22	15,5	44	23,7
Alter Mittelstand	65	39,1	40	31,5	66	46,5	57	30,6
Neuer Mittelstand	25	15,1	24	18,9	26	18,3	38	20,4
Unterschicht	10	6,0	5	3,9	3	2,1	15	8,1
Gültige Angaben insgesamt	166	100	127	100	142	100	186	100

mehr. Analoge Quellen für die Hochschule der Bildenden Künste Berlin existieren nicht.

36 Verteilung der immatrikulierten Studenten einzelner Jahrgänge nach ihrer sozialen Herkunft an der Akademie der Künste München. Die Zuordnung der Berufsbezeichnungen wurde in Anlehnung an das Modell »Soziale Schichtung und Berufsgruppen«, in: Peter Lundgreen/Margret Kraul/Karl Ditt: Bildungschancen und soziale Mobilität in der städtischen Gesellschaft des 19. Jahrhunderts, Göttingen 1988, S. 321 f., erhoben. Die Berufsangaben sind teilweise unscharf, so daß die Zuordnungen in die Schichtungskategorien eine nicht bestimmbare Varianz aufweisen. Dieses Problem ist symptomatisch für diesen Quellentyp und in der Forschungsliteratur erörtert, zur Schichtung allgemein: Gerhard A. Ritter/Klaus Tenfelde: Arbeiter im Kaiserreich, Bonn 1994, S. 128 ff.; vgl. Jarausch 1984, S. 78, zum relativen Ansteigen des Anteils des Kleinbürgertums in der Studentenschaft insgesamt.

Die Herkunft der Studenten aus der Ober- und Mittelschicht überwog. Die Öffnung zur Unterschicht war zwar gegeben, deren Anteil an der Studentenzahl blieb jedoch, insbesondere 1890 und 1895, gering.

Aus einem eingehenderen Vergleich der Eintrittsjahrgänge 1882 und 1895 ergeben sich zwei stabile Befunde. Zum einen zeigt sich ein – gemessen an Ärzten und Pfarrern – eher geringerer Grad der inneren familiären Tradierung des Künstlerhabitus. Im Jahrgang 1882 gaben von 188 immatrikulierten Studenten 16 – das sind 8,5 Prozent – einen Beruf des Vaters aus dem Bereich »Künstler und künstlerisches Gewerbe« an. Dagegen lag der durchschnittliche Anteil der Studenten der evangelischen Theologie in Preußen, deren Vater Pfarrer war, zwischen 1887 und 1900 bei 23 Prozent.[37] Es ist somit davon auszugehen, daß bei den Künstlern zwar ein hohes Maß von Grundkompetenzen zwischen Vater und Sohn tradiert wurde, dieses jedoch nicht zu einem Berufswunsch führte. Exponierte Künstler der Münchner Akademie des 19. Jahrhunderts vollzogen jedoch einen Aufstieg gegenüber den künstlerischen Berufen ihres Elternhauses. Beispielsweise war der Vater des Akademiedirektors Wilhelm Kaulbach Lithograph gewesen,[38] desgleichen der Vater von Karl Piloty.[39]

Das Eintrittsalter bewegte sich bei der Immatrikulation zwischen 17 und 30 Jahren, mit einem deutlichen Schwerpunkt zwischen 20 und 25 Jahren. 1882 erreichte das Durchschnittsalter der neu immatrikulierten Studenten 23,8 Jahre, 1890 dagegen 22,4 Jah-

---

37 Hartmut Kaelble: Sozialer Aufstieg in Deutschland 1850-1914, in: Vierteljahresschrift für Sozial- und Wirtschaftsgeschichte 60 (1973), S. 41-71, hier S. 63. Die Selbstrekrutierung der Akademiker der Philosophischen Fakultät lag 1887/88 in Preußen bei 14 Prozent (Väter selbst Akademiker). Hiervon entfielen auf die Berufe Geistliche 5 Prozent, höhere Beamte 5 Prozent, Gymnasiallehrer 5 Prozent, freie akademische Berufe/Ärzte/Rechtsanwälte/Schriftsteller u. a. 4 Prozent, vgl. Oliver Janz: Bürger besonderer Art. Evangelische Pfarrer in Preußen 1850-1914, Berlin/New York 1994, S. 503, Tabelle: Soziale Herkunft Studenten preußischer Universitäten 1887-1905 (unter Bezug auf, Hartmut Titze: Datenhandbuch zur deutschen Bildungsgeschichte. Band I: Hochschulen, 1. Teil: Das Hochschulstudium in Preußen und Deutschland 1820-1944, Göttingen 1987).
38 Carrière 1889, S. 60.
39 Ebd., S. 67.

re.[40] Diese Zahlen liegen geringfügig über dem Durchschnittsalter von Universitätsstudenten, was damit zu erklären ist, daß das Abitur keine Voraussetzung zur Aufnahme in die Akademie darstellte und ein Teil der Studenten bereits in kunsthandwerklichen oder anderen Berufen gearbeitet hatte.

An einem Immatrikulationsjahrgang, dem von 1907, können wir das Spektrum von Berufen des Vaters exemplarisch veranschaulichen.[41]

Jahrgang 1907

Matrikel-Nr.		Stand der Eltern/Vater	Geburtsort	Alter Rel.
3261	NM	Städt. Beamter	Ungarn	25 kath.
3262	Bi	Landschaftsmaler Prof.	Berlin	26 ev.
3263	Bz	Gutsbesitzer	Öster.	27 kath
3264	NM	Reichsbeamter	Amsterdam	29 prot.
3265	NM	Ingenieur	Magdeburg	20 ev.
3266	NM	Werkmeister	Mähren	18 kath.
3267	Bi	Professor	Griechenl.	24 gr. kath.
3268	NM	Postexpeditor	Heilbronn	18 prot.
3269	AM	Holzhändler	(unleserl.)	23 röm-kath.
3270	Bz	Fabrikant	Bogen	18 kath.
3271	NM	Staatsbeamter	Rußland	22 kath.
3272	Bz	Fabrikant	Elberfeld	20 kath.
3273	U	Schreiner	Köln	23 kath.
3274	AM	Porzellanmaler	München	19 kath.
3275	Bi	Oberleutnant	Aschaffenb.	35 kath.
3276	AM	Kaufmann	(unleserl.)	19 ev.
3277	U	Polizeiwachtmeister	Basel	20 prot.
3278	AM	Käser	Miltenberg	26 kath.
3279	Bi	Doktor	Rom	27 ev.
3280	NM	Zahlmeister a.D.	München	19 kath.
3281	Bz	Direktor	Hamburg	20 ev.

---

40 Vgl. Konrad H. Jarausch: Deutsche Studenten 1800-1970, Frankfurt am Main 1984, S. 27 und S. 75. Das Durchschnittsalter der immatrikulierten Studenten in Bonn lag 1885 bis 1890 bei 21,43.

41 Die Zuordnungen folgen dem Schichtungsmodell Lundgreen/Kraul/Ditt 1988, S. 321 f. NM = Neuer Mittelstand, Bi = Bildungsbürgertum, Bz = Besitzbürgertum, AM = Alter Mittelstand, U = Unterschicht, ... = kein Eintrag, † = gestorben. Die Schreibweisen wurden aus der Quelle übernommen.

3282	AM	Tapezierermeister	Schrobenh.	19 kath
3283	AM	Kaufmann	Bregenz	29 kath.
3284	Bi	Professor †	München	21 prot.
3285	Bz	Fabrikdirektor	Stralsund	19 prot.
3286	Bz	Privatier	Aschaffenb.	20 kath.
3287	Bz	Fabrikbesitzer	München	21 prot.
3288	Bi	Oberlehrer †	Hohenweiler	24 kath.
3289	AM	Kaufmann	Rumänien	24 orth.
3290	NM	Ingenieur	Griechenl.	23 orth.
3291	Bz	Privatier †	Karlstadt/M.	20 kath.
3292	Bz	Hausbesitzer	Tirol	20 kath.
3293	Bi	Kunstmaler	München	20 kath.
3294	Bz	Privatier	Pittsburgh/ Verein. St. von Amerika	30 ...
3295	Bi	Kunstmaler	Heidenheim	18 prot.
3296	Bi	Rechtsanwalt	München	22 kath.
3297	U	Glaser	...	19 kath.
3298	AM	Steinmetz	Riggione/Ital.	25 kath.
3299	Bi	Bildhauer	Karlsruhe	20 kath.
3300	Bz	Bankier	La Tour de Frene	20 kath.
3301	NM	Oberexpeditor	Mittelfr.	21 prot.
3202	AM	Gärtner	Zürich	27 prot.
3303	Bi	Gymnasial Prof.	München	23 prot.
3304	AM	Kaufmann	Hohensalza	24 kath.
3305	Bz	Fabrikant	Lüdenscheid	22 ev.
3306	NM	Kataster-Kontrolleur	Mühlhausen	22 kath.
3307	NM	Beamter	Ungarn	20 kath.
3308	Bi	Bildhauer	München	33 kath.
3309	NM	Obergendarm	(unleserl.)	26 ev.
3310	AM	Ökonom	Behendorf	20 prot.
3311	Bz	Rentier †	Magdeburg	32 ev.
3312	AM	Kaufmann †	Lodz	23 ev.
3313	AM	Kaufmann	Belgrad	.. jüd.
3314	NM	Werkführer	Böhmen	.. kath.
3315	NM	Lehrer	Sewastopol	.. ..
3316	NM	Hafenmeister	Regensburg	.. kath.
3317	NM	Obergespann	Kroatien	.. kath.
3318	AM	Kaufmann	Rußland	.. orth.
3319	NM	Sparkassenrendant	Siegburg	.. kath.
3320	NM	Lehrer	Zürich	.. prot.
3321	NM	Lehrer	(unleserl.)	.. kath.
3322	AM	Weinhändler †	Griechenland	23 orth.
3323	Bi	Augenarzt	Dresden	29 ev.

3324	AM	Kaufmann	Köln	20 ev.
3325	AM	Kaufmann †	(unleserl.)	23 kath.
3326	Bz	Fabrikant	Rußland	21 kath.
3327	AM	Bossierer	Hessen	18 ev.
3328	Bi	Arzt	Schottland	24 prot.
3329	Bi	Privatlehrer	Rußland	18 mosl.
3330	Bi	Kunsthändler	(unleserl.)	29 prot.
3331	AM	Hofgoldschmied	Steglitz	22 ev.
3332	NM	Oberlehrer	Rußland	21 orth.
3333	Bi	Architekt	Hamburg	20 ev.
3334	NM	Beamter †	Bulgarien	22 orth.
3335	AM	Müller	Bogen	25 kath.
3336	AM	Kaufmann †	...	22 gr. kath.
3337	Bi	Oberst †	...	22 orth.
3338	NM	Verwalter	Ambach	23 prot.
3339	AM	Ökonom	Böhmen	26 kath.
3340	U	Fischer	Prag	21 kath.
3341	Bz	Privatier	...	25 kath.
3342	AM	Kaufmann †	Serbien	19 gr.orth.
3343	NM	Wagenmeister	Günzburg	31 kath.
3344	Bi	Königl. Amtsgerichtsrat	Ebermannstadt	33 kath.
3345	NM	Baubeamter	München	23 kath.
3346	NM	Beamter †	Rußland	28 kath.
3347	Bz	Sägereibesitzer	Schweiz	27 kath.
3348	U	Bergwerksteiger †	Bad Tölz	29 kath.
3349	AM	Schneidermeister †	Böhmen	20 kath.
3350	Bz	Fabrikant	Brünn	19 mosaisch
3351	NM	Hauptlehrer	Baden	20 prot.
3352	NM	Faktor	Frankfurt	22 ev.
3353	Bz	Druckereibesitzer	Ingenheim Bergstr	19 ev.
3354	U	Bauarbeiter	Schwaben	19 kath.
3355	AM	Schreinermeister	...	25 kath.
3356	Bi	Kunstmaler	Karlsruhe	22 ev.
3357	AM	Rentner	Darmstadt	22 ev.
3358	Bz	Oelfabrikant	...	26 kath.
3359	Bi	Reg. Baurat	Ratibor	25 ..
3360	AM	Seifensieder	Herford	18 ev.
3361	Bz	Mosaikfabrikant	Italien	18 kath.
3362	Bi	Bildhauer	München	18 kath.
3363	AM	Königl. Restaurator	München	23 kath.
3364	NM	K. Obersekretär	Neustadt	20 prot.
3365	AM	Kaufmann	Rußland	24 armen. gregor.

135

3366	NM	Versich. Agent †	Milwaukee	26 kath.
3367	U	Generaldirektor-Diener	München	25 kath.
3368	Bz	Brauereibesitzer	Hadersleben	18 ev.
3369	NM	Oberlehrer	Bad Kissingen	23 kath.
3370	Bi	Advokat	Bulgarien	22 gr. orth.
3371	Bz	Privatier	Untereck	22 kath.
3372	NM	Maschinist	Ungarn	23 kath.
3373	Bi	Ober Telegramm Assessor †	Breslau	20 ev.
3374	AM	Getreidegroßhändler	...	28 griech. orient.
3375	Bi	Kunstmaler	New York	23 prot.
3376	AM	Schneidermeister	Münster	18 kath.
3377	NM	K. Forstmeister	München	24 kath.
3378	Bz	Privatier	Frankfurt	23 ev.
3379	AM	Goldschmied	Mindelheim	21 kath.
3380	Bi	Kunstmaler	Weimar	32 ev.
3381	U	Stationsdiener	Rheinhausen	26 kath.
3382	AM	Kaufmann	New York	21 ohne
3383	AM	Kgl. Bay. Hofglasmaler	München	23 kath.
3384	U	Eisengießer	München	23 kath.
3385	Bi	Architekt †	München	23 kath.
3387	NM	Ingenieur †	Griechenland	27 gr. kath.
3387	AM	Steindrucker in d. kgl. Regierung	München	18 kath.
3388	AM	Kaufmann	Österreich	33 kath.
3389	NM	Staatssekretär †	Österreich	20 kath.
3390	U	Schlosser	Augsburg	26 prot.
3391	Bi	Prakt. Arzt	Ellerbeck	24 kath.
3392	AM	Kirchen-Dekorateur	...	19 kath.
3393	Bz	Monteur und Hausbesitzer	Chemnitz	27 ev.
3394	AM	Kaufmann	Nürnberg	18 prot.
3395	Bi	Apotheker †	Nürnberg	18 ev.
3396	U	Rothgerber	Welden	21 prot.
3397	Bz	ehem. Waschanstaltsbes.	...	29 kath.
3398	Bz	Privatier	Altona	27 ev.
3399	Bi	Kgl. Professor	Holzminden	22 ev.
3400	Bz	Fabrikant	München	23 prot.
3401	Bi	Oberbürgermeister	Altona	29 ev.
3402	AM	Schneidermeister †	Starnberg	21 kath.
3403	AM	Dekorationsmaler	Mitten	26 kath.
3404	Bi	Pastor	Braunschweig	21 ev. luth.
3405	Bi	Architekt	...	25 kath.
3406	U	Städt Vorarbeiter	Nürnberg	20 prot.
3407	AM	Kaufmann	Lemberg	31 kath.

3408	U	Fabrikarbeiter	...	19 kath.
3409	AM	Schuhmachermeister	München	21 kath.
3410	Bz	Grundbesitzer †	...	24 ev.
3411	Bi	Kunstmaler	Mexiko	22 kath.
3412	AM	Silberschmied	Zürich	23 ohne
3413	AM	Gastwirt	Leipzig	25 ev. luth.
3414	AM	Kaufmann †	Hamburg	28 ev.
3415	U	Fabriktischler	Mähren	21 kath.
3416	M	Bäcker	Wallried	19 kath.
3417	AM	Gärtner	Schwäbisch-Gmünd	23 ev.
3418	Bz	Fabrikdirektor	Rußland	24 rußkirch.
3419	AM	Kaufmann	Berlin	24 ev.
3420	NM	Obertelegrammsekretär †	Görlitz	24 ev. luth.
3421	AM	Metzgermeister	Schlesien	29 kath.
3422	Bi	Abgeordneter	Budapest	20 röm. kath.
3423	AM	Kaufmann	München	27 israel.
3424	Bz	Brauereidirektor	Krefeld	22 ev.
3425	AM	Kaufmann	Prag	25 kath.
3426	NM	Militärbeamter	Klagenfurt	26 kath.
3427	U	Tischler †	Rabenstein	32 kath.
3428	AM	Händler	Mölln	24 luth.
3429	Bi	Universitätsprof.	Heidelberg	22 prot.
3430	Bi	K.K. Bez. Arzt	(unleserl.)	22 kath.
3431	Bz	Kommerzienrath	Mailand	22 kath.
3432	AM	Kaufmann	Weinheim	23 ev.
3433	Bi	Bildhauer †	München	26 kath.
3434	Bi	Prakt. Arzt †	Mähren	22 kath.
3435	NM	Oberlehrer	(unleserl.)	22 kath.
3436	AM	Bäcker	...	25 kath.
3437	AM	Kaufmann	Hamburg	19 prot.
3438	NM	Lehrer	Basel	20 prot.
3439	AM	Kaufmann	Nürnberg	19 ohne
3440	Bi	Kgl. Professor	San Sebastian	23 kath.
3441	Bi	Kunstmaler †	Düsseldorf	24 ev.
3442	AM	Kaufmann	...	29 mosaisch
3443	Bi	Notar	Ungarn	28 kath.
3444	Bz	Direktor	Budapest	20 kath.
3445	Bi	Kgl. Professor	Münster	18 kath.
3446	Bi	Kgl. Professor	Prag	23 kath.

Aus den Immatrikulationseinträgen läßt sich ferner die Herkunft der Studenten belegen. In der Blütezeit der »Kunststadt« München wurde die Münchner Akademie zwar weit überproportional von Studenten aus München und Bayern, darüber hinaus jedoch aus nahezu allen anderen deutschen Ländern besucht.[42] Ferner zog sie eine beachtliche Zahl von Studenten aus dem Ausland an, so aus Ungarn, Böhmen, Italien, Holland, Rußland oder Amerika. Es kann vermutet werden, daß dieser Befund nicht nur auf die Anziehungskraft des internationalen Rufs als Ausstellungsmetropole, sondern – im Falle von Amerika – auch auf die Auswanderung aus den deutschsprachigen Ländern und somit auf ältere Bindungen an das Herkunftsland zurückzuführen ist. Daß demgegenüber der Anteil aus Frankreich gering blieb, läßt sich mit der kulturellen Orientierung des französischen Sprachraums an der Kunstmetropole Paris erklären.

Einen überzeugenden Beleg für unsere Annahme, daß die überregionale Mobilität zum Berufsbild gehörte, erhalten wir aus einer Wanderungsanalyse, die im Rahmen der Berufszählung von 1907 erstellt wurde. Die darin festgehaltene erhebliche innerdeutsche Zuwanderung nach München bestätigt in quantitativer Hinsicht die Attraktivität Münchens als führende »Kunststadt«.

Die Regionale Mobilität der Künstler 1907

Von den in München gezählten Personen mit dem Hauptberuf im künstlerischen Gewerbe waren geboren:[43]

	insgesamt	Künstlerinnen
in München	316	26
außerhalb Münchens	909	139
in einer Stadt	1 002	135
auf dem Land	223	30

---

42 Zu den Problemen der räumlichen Mobilität allgemein vgl. Hartmut Kaelble: Soziale Mobilität und Chancengleichheit im 19. und 20. Jahrhundert, Göttingen 1983, S. 21 und 23; Reinhard Schüren: Soziale Mobilität. Muster, Veränderungen und Bedingungen im 19. und 20. Jahrhundert, St. Katharinen 1989; Jarausch 1984, S. 73, weist auf ein Ansteigen der ausländischen Studenten im Kaiserreich hin.
43 Statistik des Deutschen Reiches, Berufszählung 1907, Bd. 210, S. 308 f.

	insgesamt	Künstlerinnen
in Ostpreußen	15	6
in Westpreußen	7	2
in Posen	7	1
in Schlesien	37	5
in Pommern	8	3
in beiden Mecklenburg	15	7
in Schleswig-Holstein	9	4
in Lübeck	–	–
in Hamburg	18	6
in Brandenburg	21	5
in Berlin	16	1
in Hannover	32	6
in den beiden Lippe	–	–
in Oldenburg	5	2
in Bremen	6	3
in der Provinz Sachsen	22	2
in Braunschweig und Anhalt	18	4
im Königreich Sachsen	62	8
in den 8 thüringischen Staaten	31	7
in Hessen-Nassau	42	7
in Waldeck	2	–
in Westfalen	16	5
in Rheinland	49	9
in Hessen	26	1
in Südbayern	483	46
in Nordbayern	134	14
in der Pfalz	23	3
in Elsaß-Lothringen	11	–
in Baden	46	5
in Württemberg	59	3
in Hohenzollern	5	–
im Deutschen Reich	1225	165
außerhalb des Deutschen Reiches	365	46

Die Auflistung der Geburtsorte belegt, daß die Künstler überwiegend städtischer Herkunft waren und in starkem Maße an überregionalen Mobilitätsprozessen partizipierten.[44]

44 Jarausch 1984, S. 75 f. und 129 f., bestätigt den Trend zu städtischer Herkunft in der Verschiebung von der Kleinstadt zur Großstadt für das akademische Milieu insgesamt.

Die in den Großstädten des Deutschen Reiches lebenden Künstler stammten zu überproportionalen Anteilen aus den Künstlerzentren München (Südbayern), Berlin, Dresden (Sachsen) und Düsseldorf (Rheinland). Dies kann sowohl auf eine Rekrutierung aufgrund von familiärer Sozialisation als auch auf die Nähe zu den Institutionen der Kunst zurückgeführt werden. Somit läßt sich mit Kaelble von einer »Chancenwanderung«[45] sprechen, bei der die Attraktivität der Kunstzentren und die dort vorhandenen sozialen Räume, vor allem die für die Berufspraxis förderliche Zugänglichkeit des Kunstmarktes, die erleichterte eigene Präsenz im Ausstellungswesen und die Nähe zu den Redaktionen von Kunstzeitschriften als Motive anzunehmen sind. Ferner bildeten die Ausbildungsinstitutionen von Akademien und Hochschulen der bildenden Künste ein kulturelles Potential, das selbst wiederum die künstlerische Öffentlichkeit reproduzierte und im Sinne eines kreativen Raumes anziehend wirkte.

Der Befund, daß Künstler in erheblichen Teilen in überregionale Wanderungsbewegungen eingebunden waren, kann somit durchaus mit rationalen Gründen erklärt werden. Außerdem galt ein zeitweiliger Aufenthalt in Paris auch unter Münchner Malern als essentielle Erfahrung der beruflichen Sozialisation und als Chance zur Teilhabe an den innovativen Prozessen der Kunstentwicklung.[46]

Religion und Lebensform

Fragt man nach der Beziehung zwischen der Religionszugehörigkeit und dem »kulturellen Kapital« der Künstler als mentaler Voraussetzung, so zeigt sich eine im Verhältnis zum Bevölkerungsdurchschnitt leicht überproportionale Zuordnung zum evangelischen Religionsbekenntnis.

---

45 Kaelble 1983, S. 21, zeigt, daß eine räumliche Mobilität z. T. bestimmt war von »Chancenwanderung, die zu einer besseren Nutzung von Arbeitsmarkt und Berufschancen und damit zu einer Erhöhung von Berufs- und Aufstiegsmobilität führte«.
46 Corinth 1908, S. 54, berichtet von einer »Mode« der Parisreise in den achtziger Jahren des 19. Jahrhunderts.

In der 1895 vorgenommenen Zählung wurde das Religionsbekenntnis von insgesamt 10 336 Künstlern erfaßt:

Religionszugehörigkeit

Evangelisch	6 979	67,52%
Katholisch	3 067	29,67%
Andere Christen	93	0,90%
Israeliten	179	1,73%
Andere Religionen	18	0,18%

Eine Erklärung für das Überwiegen der Zugehörigkeit zum Protestantismus könnte in dem gegenüber dem Katholizismus gesteigerten religiösen Grundmuster von Individualität und einer entsprechenden Sprachfähigkeit liegen. Die Befreiung der Subjektivität aus dogmatischen, von der Autorität des Papstes und der Bischöfe gesetzten normativen Bindungen zugunsten einer Ichorientierten Suche nach Glauben würde eine Identitätsstruktur nahelegen, die der des modernen Künstlers entspricht. Ferner war die Bildungsschicht der deutschen Gesellschaft überwiegend protestantisch und vertrat einen Bildungsbegriff,[47] der sich einer »Bildungsreligion« annäherte.[48] Dieser Befund korrespondiert ferner mit der regionalen Herkunft aus Norddeutschland und ist auch im Zusammenhang mit der Lokalisierung der Kunstzentren zu sehen.

Bei den Berufszählungen von 1895, 1907 und 1925 wurden auch Angaben zum Familienstand der Künstler erhoben, aus denen sich Anhaltspunkte zur Lebensform gewinnen lassen:[49]

---

47 Vgl. Jarausch 1984, S. 76. Für das Kaiserreich ist insgesamt eine stärkere Studierwilligkeit von Protestanten im Vergleich zu Katholiken festzustellen. Zum hohen Anteil der Intellektuellen aus evangelischen Pfarrhäusern vgl. Martin Greiffenhagen (Hg.): Das evangelische Pfarrhaus. Eine Kultur- und Sozialgeschichte, Stuttgart 1984, und Janz 1994.
48 Vgl. Hermann Timm: Bildungsreligion im deutschsprachigen Protestantismus. Eine grundbegriffliche Perspektivierung, in: Koselleck 1992, S. 57 ff.
49 Allgemein Joseph Ehmer: Heiratsverhalten, Sozialstruktur, ökonomischer Wandel. England und Mitteleuropa in der Formationsperiode des Kapitalismus, Göttingen 1991.

Familienstand der Künstler

	1895	%	1907	%	1925	%
Künstler						
insgesamt	10 336		12 073		12 484	
ledig	6 979	67,52	4 404	36,47	4 801	38,46
	1895	%	1907	%	1925	%
verheiratet	3 067	29,67	7 110	58,89	6 775	54,27
verw./gesch.					908	7,27
Künstlerinnen						
anteilig	1 063	10,28	1 618	13,40	2 355	18,86
ledig[50]	799	75,16			1 702	72,27
verheiratet	214	20,13			316	13,42
verw./gesch.					297	12,61

Aufgrund der unterschiedlichen Zuordnungen können aus den Zahlen lediglich tendenzielle Schlüsse gezogen werden. Sie belegen eine markante Steigerung des Anteils von verheirateten Künstlern zwischen 1895 und 1907. Das Ansteigen der Heiratsquote bei Künstlerinnen verlief demgegenüber flacher.[51] Darüber hinaus weist die beachtliche Zahl von 2746 Dienstmädchen für das Jahr 1907 auf den Teil der Künstler hin,[52] die ihre Haushaltsführung in selbstverständlicher Weise in den zeitüblichen Formen der Bürgerlichkeit organisierten. Der Standard, über Personal zu verfügen, ermögliche nicht allein die Entlastung von reproduktiver Hausarbeit, sondern er war auch mit Prestige und Statuswerten aufgeladen.

---

50 Die prozentualen Anteile beziehen sich auf die Gesamtzahl der Künstlerinnen. Die rechnerische Unschärfe ist im Ausgangsmaterial vorgegeben.
51 Sofern es sich bei weiblichen Angehörigen nicht um die Ehefrauen handelte, war das Zusammenleben mit unversorgten Schwestern, die den Haushalt führten, nicht selten. Beispielsweise teilte Lenbach in München zeitweise seinen Haushalt mit einer versorgungsbedürftigen Schwester. Angehörige 1907 insgesamt 12 840, davon weiblich 12 821; 1925 insgesamt 11 752, davon 9 064 weiblich.
52 Dienende für 1907 2784, hiervon 2746 weiblich. Für 1925 wurden 1 620, hiervon 1 612 im Haushalt lebend, gezählt.

III. Der moderne Künstler in der bürgerlichen Gesellschaft

Wie läßt sich die Stellung der Künstler in der bürgerlichen Gesellschaft charakterisieren? Welche Merkmale waren ihnen im Sinne einer Profession gemeinsam,[1] an denen sie als Individuen partizipierten? Welche spezifischen Funktionen hatten sie in der Arbeitsteiligkeit der bürgerlichen Gesellschaft inne? Welche Gemeinsamkeiten und Unterschiede zu anderen Berufen lassen sich zeigen? Wie wurden die geschlechtergeschichtlichen Unterschiede und die Abgrenzungen zum »Bürger« gesehen?

1. Definition und Differenz

Zahlreiche Äußerungen von Zeitgenossen belegen die Wahrnehmung einer Sonderstellung, die die Künstler in der bürgerlichen Gesellschaft angeblich einnahmen. Eine Unvereinbarkeit zwischen den mentalen Formen, den kommerziellen Praktiken und den Strukturen der bürgerlichen Gesellschaft einerseits sowie denjenigen Einstellungen andererseits, die der »künstlerischen Darstellung« zugrunde lagen, schien gegeben, so daß sich die Frage nach dem Ort der Künstlerexistenz aufdrängte.[2] Die Fortentwick-

[1] In Anlehnung an Kocka definierte Konrad H. Jarausch Profession mit den Kriterien 1. Vollzeitberuf, 2. höhere Bildung, 3. Zulassung durch Examen, 4. wirtschaftlicher Erfolg, 5. erhebliches Sozialprestige, 6. autonome Praxis, 7. dienstbezogene Ideale, 8. straffe Organisation. Konrad H. Jarausch: Die Krise des deutschen Bildungsbürgertums, in: Kocka 1989, S. 187; siehe auch den älteren Sammelband: Thomas Luckmann/Walter Michael Sprondel (Hg.): Berufssoziologie, Köln 1972, darin Helmut Schelsky: Die Bedeutung des Berufs in der modernen Gesellschaft, S. 29: »Unter ›Professionalisierung‹ aber verstehen wir die Tatsache, daß heute jegliche Form von Leistung in der Gesellschaft in Form eines ›Berufes‹ geschieht oder daß offensichtlich für jede Leistung und Tätigkeit von Lebenswichtigkeit und Lebensernst in unserer Gesellschaft nur noch das Modell des ›Berufes‹ als Sinndeutung zur Verfügung steht.«
[2] Ein anschauliches Bild des beschleunigten gesellschaftlichen und industriellen Wandels in den 1860er Jahren: »Nur zu oft ist es ausgesprochen,

lung der bürgerlichen Gesellschaft und die Dynamik der Industrialisierung standen in einem für den modernen Künstler noch wenig ausbalancierten Spannungsverhältnis zur »Freiheit individueller Entwicklung«. Die ständige Bewegung und Flüchtigkeit der wechselnden Wahrnehmungen sollte jedoch künftig zu einer verstetigten Erfahrung der kulturellen Moderne werden. Die Formulierung einer längerfristig gültigen künstlerischen Form erwies sich als kaum mehr möglich. Statt dessen stieg das Prinzip des Neuen selbst zum kulturellen Leitmuster auf, das der sich verändernden Erfahrung des Individuums folgte. Diese mobile Struktur der Moderne zog spezifische Aufladungen der Stellung des modernen Künstlers nach sich, die selbst relative Beständigkeit annahmen. Sie wurde durch die neuen Bedeutungsvalenzen in der bürgerlichen Gesellschaft bedingt.

Der moderne Künstler als bürgerlicher Beruf

Welche Merkmale kennzeichnen die Berufstätigkeit der Maler? Unter sozialgeschichtlichen Kriterien übten Maler in der Arbeitsteiligkeit der bürgerlichen Gesellschaft einen »freien Beruf« aus. Lovis Corinth sprach davon, daß er den »Lebensberuf« eines Malers ergriffen habe.[3] Der Begriff »Lebensberuf« wurde in das

---

daß die Interessen, welche unsere Welt bewegen, der künstlerischen Darstellung nicht blos fremd und spröde, sondern geradezu widerstrebend entgegenstehen. Wir ringen nach einer neuen Gesittung und nach neuen gesellschaftlichen Zuständen, die wir auf allgemeiner Bildung und Wohlfahrt aufbauen wollen, nach einem neuen politischen Dasein, das mit starker nationaler Macht die Freiheit individueller Entwicklung verbinden soll. Aber noch sind wir kaum über den Anfang des Weges hinaus und alles treibt und drängt sich in unfertiger Gährung: was kaum in dem einen Moment Gestalt gewonnen, fällt im nächsten zu neuem Werden wieder auseinander. Nur daran sind wir erst, uns die Mittel zu den neuen Lebensformen zu verschaffen. Mit rastlosen Rädern durchfliegen wir die Welt des Geistes, um sie, in ihre Elemente aufgelöst, uns nutzbar zu machen, das Gebiet der Natur, um ihre Stoffe in dem unermüdlichen Triebwerk des Handels, der Gewerbe und Industrie für unseren Gebrauch zu verarbeiten.« »Die Münchner Kunst ...« (ohne Namenszeichnung), Grenzboten 1, 1865, S. 11.
3 GNM, ABK, Nachlaß Lovis Corinth, I A, Nr. 2, Lovis Corinth: Meine Lebensbeschreibung, II. Teil »Werden«, S. 1.

Statut der Münchner Akademie der Bildenden Künste von 1911 aufgenommen. Die Zielsetzung der Lehre war dahingehend festgelegt worden, daß sie die Studierenden befähigen solle, den »Künstlerberuf« zu ergreifen.[4] Die Maler arbeiteten als Produzenten von spezifischen kulturellen Gütern, von Bildwerken, die der symbolischen Repräsentation von kulturellen Gehalten dienten. Definiert man den Begriff Beruf mit der Formulierung von Hannes Siegrist als eine »Kombination spezifischer Fähigkeiten und Fertigkeiten, die als Leistungspotential die Grundlage für eine kontinuierliche Erwerbs- und Versorgungschance des Individuums abgeben«,[5] so ist unter Betonung der Erwerbschancen von der Tätigkeit des Malers als einem Beruf zu sprechen. Da diese jedoch vom Verkauf auf dem Kunstmarkt abhängig blieb, erlosch dieses Merkmal allerdings im Falle des Mißerfolges.[6]

Als unerläßliche Voraussetzung für den Erfolg in dieser Erwerbstätigkeit wurde von einem sachkundigen Autor, dem Professor an der Berliner Hochschule der Bildenden Künste Paul Kantzsch, zudem ein Ensemble von persönlichen Befähigungen beschrieben. In dieser Charakterisierung, die sich an angehende Kunststudenten richtete, erschien der »Künstlerberuf« 1930 in den Begriffen eines mentalen Habitus, der durchaus spezifische Eigenschaften von Geschäftsleuten einschloß:[7]

4 BHStA München, MK 40907, Statut der Akademie der bildenden Künste § 8. Zu den wenigen Studien, die zu Berufen im Umfeld des Künstlers geschrieben wurden, zählen Pierre Bourdieu: Die Museumskonservatoren, in: Thomas Luckmann/Walter M. Sprondel (Hg.): Berufssoziologie, Köln 1972, S. 148-154, und Luc Boltanski/Jean-Claude Chamboredon: Der Beruf des Photographen, in: ebd., S. 138-147.
5 Im Falle des Erfolges gilt, daß der Beruf des Malers als ein »stabiles Merkmal« wirkt, mit dem »das Individuum mit gesellschaftlichen Strukturen und Prozessen« verbunden ist. Siegrist 1988, S. 13. Vgl. zur geschlechtsspezifischen Differenzierung von Berufskonzepten und -verläufen Heinz-Gerhard Haupt: Männliche und weibliche Berufskarrieren im deutschen Bürgertum in der zweiten Hälfte des 19. Jahrhunderts. Zum Verhältnis von Klasse und Geschlecht, in: Geschichte und Gesellschaft 18, 1992, S. 143-166.
6 Ebd.
7 BHStA München, MK 40952, Broschüre des Reichsbundes Deutscher Kunsthochschüler (Hg.) unter Mitwirkung von Prof. Dr. phil. Paul Kantzsch, Berlin 1930. Einführungstext Kantzsch, S. 2, enthält Selbstdarstellungen der Kunsthochschulen.

»Außer Begabung setzt der Künstlerberuf ferner bestimmte Charaktereigenschaften voraus, die seine erfolgreiche Ausübung erst ermöglichen. Diese Forderung wird leider noch viel zu wenig beachtet. Willenskraft, Selbstbewußtsein, Anpassungsfähigkeit, Geschick im Anknüpfen und Ausnutzen von Beziehungen, kaufmännischer Sinn sind Eigenschaften, die einem Künstler zum Erfolg verhelfen können. Dagegen schließen Schüchternheit, Unsicherheit, Weltfremdheit und Mangel an Geschäftsgewandtheit jeden Erfolg im Beruf von vornherein aus.«

Die Orientierung am Kunstmarkt, der den spezifischen Bedarf der bürgerlichen Gesellschaft vermittelte, bildete ein Rahmenmerkmal der Profession. Ein Konflikt zwischen dem »künstlerischen Drang« und dem »wirtschaftlichen Zwang«[8] oder, in einer anderen Akzentuierung, der Individualität des künstlerischen Subjektes und der erwerbsorientierten Rationalität des Bürgers, bestimmte unauflösbar die innere Spannung im Künstlerhabitus.

Die seit den fünfziger Jahren des 19. Jahrhunderts nachweisbare und seit den achtziger Jahren in Abgrenzung vom Lehrberuf des Handwerkerkünstlers normativ verwendete Berufsbezeichnung »akademischer Kunstmaler« leitete sich von der Professionalisierung in einer Akademie her. Dieser Begriff war das Ergebnis der Profilierungsstrategie der Maler und ihrer Entwicklung zu einem freien und akademischen Beruf unter Adaption der Leitmuster der bürgerlichen Gesellschaft. Ihre »künstlerische Tätigkeit« beruhte, wie der Kunsthistoriker und Museumsfachmann Wilhelm Waetzold 1907 feststellte, auf »Gefühlsausdruck«. Das Ergebnis dieser »geistigen« Arbeit sollte in den Werken der Maler seine Objektivation finden.[9] Bei der Gestaltung ihrer Werke standen die modernen Künstler in dem Maße in einer Gegenposition zur Zweckrationalität, wie sie sich in der Entfaltung ihrer Phantasie und der distinktiven Kraft ihrer kreativen Individualität keine pragmatische Beschränkung auferlegten.

Gleichzeitig wurden jedoch innere Trennungslinien zwischen den unterschiedlichen künstlerischen Tätigkeiten errichtet, so zwischen den neu definierten Aufgaben der Maler und denen der Kunstgewerbler sowie erst recht gegenüber den älteren Profilen der Kunsthandwerker oder dem neuen der Fotografen, die im wesentlichen als Handwerkergeschäftsleute bewertet wurden.

---

8 Drey 1910, Vorwort.
9 Wilhelm Waetzold: Die Kunst des Porträts, Leipzig 1907, S. 341.

Während der Revolutionsphase 1918/19 fielen mit dem Zusammenbruch der hierarchisierten Ordnung der Gesellschaft des Kaiserreiches auch vorübergehend die Trennlinien zwischen den »bildenden Künstlern«, so daß – vor der Folie der Vorstellung von Gleichheit – lediglich noch die Ausübung des »Berufs als Kunst« als das Zugehörigkeitsmerkmal gelten sollte.[10] Diese integrative Auffassung vom »bildenden Künstler« wurde im Februar 1919 dezidiert als Berufsbestimmung in die Satzungen des Rates der bildenden Künstler Münchens aufgenommen. Hierdurch wird der kulturelle Valorisierungsvorgang beleuchtet, der die innere Ordnung der künstlerischen Berufe durch Zuschreibungen von Bedeutungen definierte und der in seiner Historizität immer wieder in Diskursen verhandelt wurde.

Von einem bürgerlichen Beruf ist zu sprechen, sofern »geistige« Merkmale die künstlerische Arbeit kennzeichnen.[11] Somit sind innerhalb der künstlerischen Tätigkeiten eher handwerkliche Berufsprofile als nichtbürgerlich zu unterscheiden. Am Ausdifferenzierungsprozeß zweier Berufsgruppen innerhalb des Künstlerhabitus kann nachvollzogen werden, mit welcher Ordnungsmacht die Kategorie der Rationalisierung als eine Trennlinie in der bürgerlichen Kultur wirkte und als Gegenpol zur Aufladung mit dem »Geistigen« betrachtet wurde. Im 19. wie im 20. Jahrhundert wurde die Arbeit der Maler und der Kunstgewerbler so unterschiedlich bewertet, daß sich diese Bedeutungszuschreibung in unterschiedlichen Ausbildungsinstitutionen objektivierte. Als Kriterien galten die Nähe oder Distanz zu Mustern des Gebrauchs und der Grad an schöpferischem Erfindungsreichtum. Die Bedeutungen der symbolischen Repräsentation des Ästhetischen ordneten sich dementsprechend in der ersten Hälfte des 19. Jahrhunderts in zwei hierarchisierten Ebenen neu: Der Maler wurde, ganz über-

10 Stadtarchiv München, Kulturamt 403 (Künstlerkommissionen), Satzungen des Rates der bildenden Künstler, Februar 1919, München: »Als bildende Künstler gelten alle in Baukunst, Malerei, Graphik, Bildhauerei oder im Handwerk tätigen Personen, welche ihren Beruf als Kunst ausüben.«

11 Einer der angesehensten bürgerlichen Berufe des Kaiserreiches, der Rechtsanwalt mit der »freien« Advokatur, durchlief eine Geschichte der Professionalisierung, die in der Reichsrechtsanwaltordnung von 1878 und einem national uniformen Beruf ihren Abschluß fand, vgl. Jarausch 1989, S. 186.

wiegend in der sozialen Organisationsform des Selbständigen, im gesellschaftlichen Diskurs zum berufenen Repräsentanten der subjektiven Sicht, des intuitiven und vorrationalen Gefühlsausdrucks sowie des ungebundenen »Geistigen« bestimmt. Ihm wurde aufgetragen, in einer von Vorgaben freien Arbeitsweise Objekte von unwiederholbarer Originalität hervorzubringen.

Die Dienstleistungsfunktion der Maler lag im 19. Jahrhundert in der Darstellung, Vermittlung und Reflexion des ideellen Wertesystems, das für die symbolische Selbstverständigung der bürgerlichen Individuen bedeutsam war, aber auch in deren musischästhetischer Unterhaltung. Zudem schufen die Künstler visuelle Darstellungen von kollektiv erlebten zeitgenössischen Ereignissen, die Generationenerfahrungen konstituierten. Dies war für einen kurzen Zeitraum im Kontext der Revolutionsbewegung von 1848 der Fall oder, mit längerfristiger mentaler Formungskraft, auch im Kriegserlebnis von 1870/71 und seiner Stilisierung zu nationalen Mythen.[12] In einer engen Orientierung am mentalen Bedarf der Kunstkonsumenten bildeten sich jeweils neue Marktsegmente, auf die sich vor allem die »Fächler« konzentrierten.

Mit der »modernen Bewegung« der neunziger Jahre des 19. Jahrhunderts traten diese Illustrations- und Interpretationsfunktionen überwiegend aus den Kernbereichen des Künstlerhabitus zurück. Seither wurde der Künstler als ein Kulturproduzent beschrieben, der seine Ressourcen aus der subjektiven Wahrnehmungskraft und der eigenen Erlebnisfähigkeit als Individuum speiste:[13] »Die wichtigsten Produktionsmittel des Künstlers sind nicht das Betriebskapital, sondern seine psychischen Energien, seine Persönlichkeit.« Hieraus erwuchs die Artikulation von Ambivalenz und von Widersprüchen. Nun verstärkte sich auch die Antibürgerlichkeit als eine legitime Variante im Künstlerhabitus.[14] Der Ausdruck von destruktiven Empfindungen, des explosiven Gefühls und des Zerstörerischen in der menschlichen Psyche trat im Spektrum der künstlerischen Äußerungen expliziter hervor. Einen ersten Höhepunkt erreichte diese Intention in der Demaskierung der gesell-

---

12 Vgl. entsprechendes Material im Ausst. Kat. NGBK Berlin: Kunst der Bürgerlichen Revolution von 1830 bis 1848/49, Berlin Dezember 1972 (Vormärz und 1848/49); ferner Paret 1990, S. 193, beispielhaft v. Werner.
13 Drey 1910, S. 59.
14 Betonung bei Mommsen 1993, S. 273.

schaftlichen Eliten und der Antiästhetik des Dadaismus während und nach dem Ersten Weltkrieg.

Neben den Gemeinsamkeiten der Profession zeigten sich jedoch auch innerhalb der Gruppe der Maler Differenzierungen, die auf soziale Distinktionen verweisen. Ein Unterschied, der die Handlungschancen begrenzte, lag in der abgestuften Notwendigkeit zum Gelderwerb und zur Partizipation am Marktgeschehen. Künstler, die auf eigenes Vermögen oder auf Einkünfte aus Familienbesitz zurückgreifen konnten, waren in der Lage, dem idealen Rollenversprechen nachgehen zu können, die eigene Subjektivität als Individuum frei auszuleben, ohne hierbei die Verkäuflichkeit ihrer Werke beachten zu müssen.[15] Von künstlerischer Bedeutung war die ökonomische Unabhängigkeit beispielsweise für die Münchner »Avantgardisten« um die Neue Künstlervereinigung München, die Gruppe um Wassily Kandinsky, Gabriele Münter, Marianne von Werefkin und Alexej Jawlensky, die für ihre subjektorientierte Arbeit über einen experimentellen Spielraum jenseits des Kunstmarktes verfügten.

Als Kriterium für die Zulassung zum Studium des Malers war nicht die schulische Vorbildung ausschlaggebend, sondern allein die künstlerische Begabung, die von den Professoren der Akademien autonom zugesprochen wurde. Diese realisierten somit den Anspruch auf Selbstbestimmung als Profession. Ferner entstand in den Künstlergenossenschaften eine Form der Selbstorganisation und Interessensvertretung, aus der sich ein teilweise selbstverwaltetes Ausstellungswesen entwickelte. Alle diese Faktoren stützten sich in ihrer Legitimation auf die Akzeptanz einer besonderen kulturellen Natur des neu definierten Künstlerhabitus in der bürgerlichen Öffentlichkeit.

In Abgrenzung hierzu entstand in der Folge der Industrialisierung und der seriellen Produktion von Objekten ein neues Berufsbild,

15 Ein bekanntes Beispiel ist die Finanzierung des eigenwilligen Malers Hans von Marées durch den in München lebenden Privatier Conrad Fiedler. Fiedlers eigene Bedeutung als Kunsttheoretiker resultiert aus der Reflexion der modernen Kunst und zeigt seinen Erfahrungsgewinn auch aus dieser Beziehung, vgl. Einleitung von Hans Eckstein zu Conrad Fiedler: Schriften über Kunst, Köln 1977, S. 10 f. Vgl. allgemein Ekkehard Mai/Peter Paret, unter Mitwirkung von Ingrid Severin (Hg.): Sammler, Stifter und Museen. Kunstförderung in Deutschland im 19. und 20. Jahrhundert, Köln/Weimar/Wien 1933.

das des Kunstgewerblers. Er war überwiegend als unselbständig beschäftigter Spezialist für die Formung, den Schmuck und die ästhetische Ornamentierung von für den Gebrauch bestimmten Objekten zuständig. Dieser Beruf wurde nur in abgeschwächter Weise in die Semantik des modernen Künstlers integriert. Ihm wurde die »schöpferische« Produktion »des Geistigen« in geringerem Maße zugeschrieben. Der Kunstgewerbler ist in seiner sozialen Organisationsform überwiegend nicht den bürgerlichen Berufsprofilen zuzurechnen.

Künstler und Bürger

Wenngleich wir beim überwiegenden Teil der Maler und derjenigen künstlerischen Berufe, die ein »geistiges« Leistungsprofil aufweisen, von einem bürgerlichen Beruf des Künstlers ausgehen, so sind andererseits Zuschreibungen unübersehbar, die ihm eine Sonderstellung gegenüber dem Habitus »des Bürgers« zuweisen.[16] Dennoch glaubte Thomas Mann in München eine Nähe zwischen den Künstlern und dem Stadtbürgertum als besonders ausgeprägt wahrzunehmen:[17]

»Das Wichtigste aber ist, daß wirkliches Künstlertum hier auf alte, echte Weise aus dem Bürgertum erwächst und mit ihm verwoben bleibt, daß das alteingesessene Münchner Bürger- und Handwerkertum künstlerisch durchsetzt ist: der geistig-kulturelle und selbst der gesellschaftliche Abstand zwischen dem Handwerker (artiste) von unpersönlicher, nicht bildungsmäßiger Kultur und dem akademischen Künstler ist sehr geringfügig, und es ist Münchnerisch, daß von zwei Brüdern der eine etwa Bäcker oder Brauer (und Mitglied des ›Kunstvereins‹!), der andere ein berühmter Architekt oder Erzgießer ist.«

16 Auch Bourdieu 1982, S. 287, geht von »offen antagonistische(n) Praxisformen (wie des ›Künstlers‹ und des ›Bürgers‹)« aus, weist jedoch darauf hin, »daß am Ende gänzlich in Vergessenheit gerät, daß sie allesamt Varianten ein und derselben fundamentalen Beziehung zur Sphäre des Notwendigen und zu dem ihr Unterworfenen darstellen und ihr gemeinsamer Nenner im Streben nach exklusiver Aneignung der legitimen Kulturgüter und des durch sie verschafften Gewinns an Distinktion beruht«.
17 Thomas Mann 1983, S. 141. Gemeint waren offensichtlich die Familien Sedlmayer und Seidl.

Eine weitere Quelle verweist ebenfalls auf eine in München tradierte Nähe von Handwerkern und Künstlern. Der Sekretär der Münchner Akademie der Künste Moritz Carrière charakterisierte den in der handwerklichen Tradition stehenden Künstlertyp für die Mitte des 19. Jahrhunderts in der Person eines Professors an seiner Lehranstalt als bürgerlich:[18]

»Schlotthauer war Tischlergesell gewesen, hatte sich aber im Zeichnen hervorgetan, malen gelernt und sich an Cornelius bei dessen ersten Arbeiten in der Glyptothek angeschlossen. Er war und blieb ein bürgerlich schlichter, kirchlich gläubiger Mann, aber er war ein Sinner in vielen Dingen.«

Die sozialgeschichtliche Herkunftsanalyse der Studenten der Münchner Akademie belegt den hohen familiären Bezug zum alten Mittelstand,[19] der diese Zuordnung eines Teils der Künstler bestätigt.

Der moderne Künstler partizipierte jedoch durchaus an den Wertorientierungen und am Erfahrungshaushalt der bürgerlichen Gesellschaft und der Bürger als einer substantiellen Voraussetzung, um deren kulturellem Bedarf entsprechen zu können. Als verbindende Merkmale sind beispielsweise das Leistungsverständnis und Erfolgsstreben in der Konkurrenz der Individuen zu nennen.[20] Die

18 Carrière 1889, S. 62.
19 Siegrist 1988, S. 18. Definiert man »Bürgertum« mit Siegrist als »eine spezifische Vergesellschaftungsform von ›Mittelklassen‹«, die »aufgrund relativer innerer Gleichheit und durch die Abgrenzung nach außen« konstituiert wurden, so ergeben sich Ansatzpunkte zur Abwägung.
20 Der Maler, Architekt und Gestalter Richard Riemerschmid wies 1926 auf diese Spannung im kollektiven Bewußtsein hin, indem er zwar von der aktiven mentalen Haltung der bürgerlichen Selbständigkeit, »zu wirken und zu schaffen«, als einer Gemeinsamkeit sprach, aber unterschiedliche Äußerungsformen hierfür beschrieb: »Immer klingt in unserer Zeit, auch wenn man mit verständigen und einsichtigen Menschen über die Beziehungen zwischen industrieller und wirtschaftlicher Arbeit einerseits und künstlerischer Arbeit andererseits spricht, die Überzeugung durch von einem wesentlichen, einem unverrückbaren Gegensatz. Ich möchte dagegen betonen: Es ist ja gar nicht so, die rechte Art wirtschaftlicher und die rechte Art künstlerischer Arbeit stehen sich ja nah und gleichen sich viel mehr, als im allgemeinen angenommen wird. Nicht Gegensätze, unlösbare Gegensätze, es sind verschiedenartige Äußerungen desselben Strebens, desselben Triebs, zu wirken und zu

auf eine Rationalität des geschäftlichen Erfolgs zielenden Verhaltensmuster wurden nicht selten als Teil des Künstlerhabitus praktiziert.[21] Andererseits begründeten die ästhetische Form ihrer kulturellen Güter und ihre Bedeutung als Schöpfer einer teilweise autonomen fiktionalen Gegenwelt »des Künstlerischen« eine Sonderstellung gegenüber der »Normalität« des Bürgers und der sich verdichtenden Rationalität der bürgerlichen Gesellschaft.[22] Die hiermit einhergehenden Leidenserfahrungen fanden in Metaphern wie dem »Erlöser« oder »Seher« symbolische Formen, die den besonderen gefühlsbezogenen Kern des Künstlerhabitus verbild-

schaffen, hinter denen eben verschieden gerichtete Persönlichkeiten stehen.« Ein Künstler und ein in der Industrie tätiger Wirtschaftsbürger erschienen Riemerschmid lediglich als unterschiedliche Spezialisierungen innerhalb eines auf Initiative gerichteten bürgerlichen Berufshabitus. Dieser Vergleich wurde von Künstlern sehr selten angestellt. Richard Riemerschmid: Der Einfluß der Großindustrie auf die Formung unserer Zeit, Vortrag auf der Tagung des Deutschen Werkbundes am 24. Juni 1926 in Essen, gedrucktes Manuskript. GNM, ABK, Nachlaß Richard Riemerschmid, B 162.

21 Märten 1920, S. 101, bestätigte diese offene Beziehung zwischen Bürger und kreativem Individuum: »Es gibt Künstler und Künstlerinnen, die als Privatmenschen ziemliche Bürger sind, d. h. bürgerliche Instinkte, Ansprüche und Konventionen eingehen und dadurch nicht wesentlich behindert werden. Es gibt solche, die auch unter glücklichsten materiellen Dispositionen zu keiner irgendwie befriedigenden Regelung ihrer Privatbeziehungen gelangen. Und es gab auch solche, die im zähen Kampf mit den Hindernissen, ja selbst der Not ihrer privatwirtschaftlichen Beziehungen und Verhältnisse, die höchstmöglichste künstlerische oder schöpferische Arbeit leisteten. Das waren meist die geistig stärksten Künstler und Gestalter.«

22 Vgl. auch Dieter Hein: Bürgerliches Künstlertum. Zum Verhältnis von Künstler und Bürgern auf dem Weg in die Moderne, in: Hein/Schulz 1996, S. 102-120. König 1974, S. 352: »Letztlich muß man sich also Rechenschaft darüber geben, daß die Motivation zur Kunst als Produktion eines Werkes letztlich nichts zu tun hat mit dem Produktionssystem der sogenannten ›bürgerlichen Gesellschaft‹. Diese hat zwar die Marginalität der Künstlerexistenz zugespitzt, sofern sich der Künstler an seine Aufgabe der Innovation unserer Art zu sehen, zu hören und zu fühlen hielt und sich nicht begnügte mit Wiederholung der Stereotype der Tradition. Die Revolution, die die moderne Kunst inaugurierte, war in der Tat eine echte Kulturrevolution, die eine Unmenge Schutt der Vergangenheit aus dem Wege räumte.«

lichten.[23] Das kreative Potential der Maler wurde im »Unbewußten« des künstlerischen Individuums, in der gefühlsgesteuerten Intuition lokalisiert. Die künstlerische Arbeitsleistung blieb daher an den Begriff der kreativen Individualität und die Fähigkeit zum Ausdruck des »Geistigen«[24] gebunden und stand der zeitgenössischen Tendenz zu einer versachlichten Produktionsform[25] und zum versachlichten Berufsmenschentum gegenüber.[26]
Bürgerliche Berufe wie Arzt, Rechtsanwalt oder Pfarrer bezogen ihren Status als Profession aus einem akademischen Studium, das gymnasiale Vorbildung voraussetzte und mit Prüfungen abgeschlossen wurde. Der Berufshabitus des Künstlers konstituierte dagegen seine Spezifik gegenüber anderen bürgerlichen Berufen ausschließlich aus der ästhetischen Ausdrucksfähigkeit in sinnlichen Medien.[27] Zwar erhielt die Münchner Kunstakademie nach 1900 Hochschulstatus und somit Gleichwertigkeit, doch in den freien Künsten zählte allein eine spezifische Begabung als Zugangskriterium. Gerade hieraus bezog der Künstler das Prestige einer besonderen kreativen Individualität. Der Maler arbeitete mit den bildlichen Mitteln von Zeichnung, Farbe und Form, der Mu-

23 Vgl. beispielsweise die bei Neumann 1986 erfaßten Chiffren und Begriffe, die dem Künstlerbild sprachliche Benennungen gaben.
24 Drey 1910, S. 60. Das idealtypische Medium der Maler, das Tafelbild, wird notwendigerweise als ein »Werk der Hand« und als Ergebnis eines nicht versachlichten künstlerischen Produktionsvorganges hergestellt. Der innere Wert als Kunstwerk ergibt sich aus den »geistigen Energien«, die in seine ästhetische Sprachlichkeit eingegangen sind und die sich dem betrachtenden Publikum vermitteln.
25 Pevsner 1986, S. 219, betont, »daß auch der reichste Gönner der Kunst ein vielbeschäftigter Mann ist, der den Hauptteil des Tages mit Arbeit verbringt und Kunst als Erholung, als Ruhepunkt, als pseudoreligiösen Kult, in jedem Falle aber als etwas außerhalb des Alltags Stehendes betrachtet«.
26 Drey 1910, S. 59: »Die manuelle wie intellektuelle Fähigkeit des Künstlers ist eine höchst persönliche, qualifizierte Arbeitsleistung. Es kann also der Maler mit all seinen Gaben und Kräften niemals durch Sachgüter ersetzt werden und er kann nur in einem Ausnahmefall mit gleichwertigem Erfolg durch ein anderes Wirtschaftssubjekt vertreten werden, nämlich bei der niedersten Art von Typproduktion, die im Manufaktur- und Verlagssystem betrieben wird.«
27 Vgl. auch René König: Vom Beruf des Künstlers, in: ders.: Soziologische Orientierungen, 2. Auflage, Köln 1974.

siker mit der sinnlichen Wirkung der Töne und Klänge. Den Gemeinsamkeiten mit anderen »geistigen« Berufen wie dem Wissenschaftler oder Schriftsteller wurde im Sinne eines »intellektuellen Kräftefeldes« zeitweilig erhebliche Bedeutung eingeräumt.[28] Als deren Gemeinsamkeit können geistige »Produktionsmittel« zur Ausübung der beruflichen Tätigkeit benannt werden. Die künstlerischen Berufsbilder setzten darüber hinaus die Fähigkeit zur »Selbstwahrnehmung«, zur kontrollierten Subjektivität und pointierten Reflexivität voraus. Damit ist ihnen eine »exponierte Stellung gegenüber der Gesellschaft« eigen, aus der die »Freiheit zur spektakulären Kritik« oder auch partiell zur Antibürgerlichkeit erwächst.[29]

Die Künstlerinnen und die Wirkungsmacht geschlechterspezifischer Zuschreibungen

Der prozentuale Anteil der Künstlerinnen an den hauptberuflich tätigen selbständigen Künstlern blieb unterhalb der Quote der weiblichen Beschäftigten an der Gesamtzahl der Erwerbstätigen.

---

28 In der Berufszählung von 1925 erschien dieses Kriterium so aussagekräftig, daß die »geistigen« Berufe bei der Neuordnung der Begriffe in einer Gruppe zusammengefaßt wurden. Dieser Zeitpunkt könnte als Reaktion auf den Industrialisierungsschub gedeutet werden, der die »geistigen« Berufe als Gegenpol in einer stärkeren Nähe zueinander erscheinen ließ. Eine Reflexion zum Interaktionsverhältnis der Produktion des »Geistigen« bei Bourdieu 1974, S. 76: »Versucht man, den spezifischen Gegenstandsbereich und zugleich die Grenzen einer Soziologie der intellektuellen und künstlerischen Produktion kenntlich zu machen, so hat man sich vor Augen zu halten, daß das System der sozialen Bedingungen, innerhalb derer das künstlerische Schaffen sich als ein kommunikativer Akt vollzieht, genauer gesagt, daß die Position des Schaffenden (die zum Teil selbst wiederum von dem vorangegangenen Werk und dessen Resonanz abhängt) in der Struktur des kulturellen Feldes das Verhältnis zum eigenen Werk und damit das Werk selbst nicht unberührt läßt. Das intellektuelle Kräftefeld ist mehr als nur ein simples Aggregat isolierter Kräfte, ein Nebeneinander bloß zusammengereihter Elemente.«

29 Peter Rech: Engagement und Professionalisierung des Künstlers, in: Kölner Zeitschrift für Soziologie 24, 1992, S. 509-522, hier S. 519.

Künstlerinnen[30]

in Prozent	1882	1895	1907	1925	1933
Deutsches Reich	5,60	10,28	13,40	18,86	17,21
München	7,08	9,74	13,96	18,12	–

Bemerkenswert ist der kontinuierliche Anstieg des Anteils der Künstlerinnen, insbesondere nach der rechtlichen Gleichstellung und der Öffnung der staatlichen Akademien für Frauen, von 10,28 Prozent im Jahre 1895 auf 18,86 Prozent 1925. Der Anteil von Frauen an den berufsausübenden Künstlern bewegte sich in München nahe an den Zahlen für das Deutsche Reich.

Es bleibt zu fragen, wodurch die Differenz der Geschlechter geschaffen und legitimiert wurde[31] oder inwieweit die Merkmale des Künstlerhabitus für beide gleichermaßen galten. Wenngleich das Berufsbild für Künstlerinnen im grundsätzlichen der in der männlichen Praxis entstandenen und im sozialen Raum der bürgerlichen Kultur dominanten sozialen Organisation des Künstlerhabitus

30 Berechnet nach den Angaben in den einzelnen Berufszählungen des Deutschen Reiches. Ergebnisse im quantitativen Teil. Vgl. auch Stockmann/Willms-Herget 1985, S. 71: »Je höher ein Beruf in der Berufspyramide rangiert, desto geringer ist er zahlenmäßig besetzt. Je exklusiver eine Berufstätigkeit aber ist, desto geringer ist auch die Aussicht, gerade dort eine hohe Frauenquote vorzufinden (...)«; Grossmann 1994, S. 59, schätzt anhand von Unterlagen zu den Akademieausstellungen für 1832 einen Anteil von 6,2 Prozent Künstlerinnen (= 31) an den Ausstellungen. Diese Zahl würde für eine Repräsentanz von Frauen im Ausstellungswesen sprechen und auf eine lediglich geringfügige Zunahme bis in die 1880er Jahre hinweisen.
31 Zur Geschlechtergeschichte allgemein vgl. Gisela Bock: Historische Frauenforschung. Fragestellungen und Perspektiven, in: Karin Hausen (Hg.): Frauen suchen ihre Geschichte. Historische Studien zum 19. und 20. Jahrhundert, München 2. Aufl. 1987, S. 24-63; Hanna Schissler: Soziale Ungleichheit und historisches Wissen. Der Beitrag der Geschlechtergeschichte, in: dies. (Hg.): Geschlechterverhältnisse im historischen Wandel, Frankfurt am Main/New York 1993, S. 9-36, zum Problem der männlichen Definitionsmacht S. 10 f.; vgl. Kaelble 1983, hier S. 222 ff., Bildungschancen von Frauen in Westeuropa 1900-1975 (Studentinnenanteil); allgemein Angelika Willms-Herget: Frauenarbeit. Zur Integration der Frauen in den Arbeitsmarkt, Frankfurt am Main/New York 1985; Petra Frericks/Margareta Steinrücke (Hg.): Soziale Ungleichheit und Geschlechterverhältnisse, Opladen 1993.

folgte, so schufen doch die Geschlechterbilder unterschiedliche, kulturell legitimierte Grenzen für die Entfaltungschancen der weiblichen Individuen. Frauen, die den Künstlerberuf ausübten, wurden zwar einerseits als Teil der Berufsgruppe gezählt, andererseits aber mit geschlechterspezifischen Trennlinien konfrontiert.
Im 17. und 18. Jahrhundert hatte es zwar Malerinnen gegeben, ihnen wurde jedoch selten ermöglicht, das gesamte Spektrum des Faches zu füllen. Sie waren überwiegend als Spezialistinnen, beispielsweise für Porträt- und Stillebenmalerei, ferner für Elfenbeinschnitzerei, Gemmen- und Glasschnitt, Stickerei und Medaillenkunst für den Luxusbedarf der gesellschaftlichen Eliten tätig gewesen.[32] Diese Künstlerinnen hatten überwiegend eine Ausbildung in der väterlichen Werkstatt durchlaufen und führten das Familiengeschäft fort. Mit dem Untergang der handwerklichen Familienbetriebe und dem Aufstieg der Akademien im 19. Jahrhundert zur legitimen Sozialisationsinstanz für den Künstlerberuf veränderten sich die Zugangschancen zu diesem Beruf.
Die Zuweisung der kulturellen Muster zu den Geschlechterrollen unterlag überwiegend der männlichen Definitionsmacht und korrespondierte nunmehr mit der bürgerlichen Arbeitsteilung der Gesellschaft. Diese Rollen waren als Teil des bürgerlichen Identitätskonzeptes in der sozialen Kommunikation der bürgerlichen Kultur präsent. Die Förderung entsprechender Kompetenzen begann in der Kindheit.[33] Die bürgerliche Mädchenerziehung förderte den Erwerb musisch-ästhetischer Fähigkeiten und eine Allgemeinbildung in den Künsten. Hierzu zählten die Hausmusik und die manuelle Geschicklichkeit »der Frauenhände«, die in Mußestunden kunstfertige Handarbeiten anfertigten. Solche Fähigkeiten qualifizierten die Frauen zur Gestaltung des privaten Lebensraumes, gemäß der inneren Arbeitsteilung der bürgerlichen Familie. Ihnen oblag die ästhetische Ausstattung und der Schmuck der Wohnräume. Im Unterschied zum bürgerlichen Mann und seiner Bindung an die ökonomische Rationalität des

32 Vgl. Berthold Hinz: Künstlerinnen im 18. Jahrhundert. Eine soziologische Skizze, in: Kritische Berichte 4, 1992, S. 97-104, insbesondere S. 99f.
33 Vgl. auch Budde 1994, S. 145 ff. Ein Ratgeber mit geschmacksbildenden und praktischen Hinweisen: Joseph August Lux/Max von Worratsch: Die Stadtwohnung. Wie man sie sich praktisch, schön und preiswert einrichtet und gut erhält, Charlottenburg 1910.

leistungsorientierten Berufshandelns wurde ihnen »Anmut«, ein intensives Gefühlsleben und eine entwickelte Phantasie als kollektives Stereotyp zugeschrieben.[34]

Vor dem Hintergrund der Formungskraft dieser kulturellen Muster etablierten sich unterschiedliche Konzepte der künstlerischen Bildung. In Berlin konstituierte sich 1865 der sogenannte »Lette-Verein«, der eine handwerkliche Ausbildung in den graphischen Künsten, der Lithographie und Xylographie, im Kolorieren von Post- und Landkarten sowie im Musterzeichnen für Textilien anbot. Diesem wurde ein »Institut für höheren weiblichen Zeichenunterricht« zur Ausbildung von Zeichenlehrerinnen angeschlossen.[35] Derartige praktische Qualifikationen entsprachen in der Geschlechterökonomie diesen konventionellen Zuschreibungen an das Frauenbild.

Im letzten Drittel des 19. Jahrhunderts konnten Frauen maltechnische und bildkompositorische Kompetenzen in privaten Malschulen oder auch in Kunstgewerbeschulen erwerben.[36] Darüber hinaus entstanden sogenannte »Damenakademien« als ein Organisationsmodell, um der unbefriedigenden Situation aus eigener Kraft abhelfen zu können. Mit dieser Intention eröffnete der bereits 1867 gegründete »Verein der Künstlerinnen und Kunstfreundinnen« in Berlin eine Zeichen- und Malschule.[37] In München entstand dagegen erst 1882 ein Künstlerinnenverein, der ebenfalls eine Kunstschule für »Damen« betrieb und damit auf einen offenkundig länger vorhandenen Bedarf reagierte.[38] Bei de-

---

34 »Der Sinn für Anmut und die Kombinationsgabe, die starke Phantasie und das entwickelte Gefühlsleben der Frau kommen ihr sehr zustatten.« Drey 1910, S. 74.

35 Renate Berger: Malerinnen auf dem Weg ins 20. Jahrhundert. Kunstgeschichte als Sozialgeschichte, Köln 1982, S. 41 ff. und 87 ff.

36 Eine von diesen betrieb Paul Schultze-Naumburg zwischen 1892 und 1897 in München. In Preußen wurden 1905 27 Privatateliers gezählt, die 165 Schülerinnen unterrichteten, vgl. Krenzlin 1992, S. 76 (ohne Quellennachweis).

37 Vgl. auch die zusammenfassende Skizze zur Berliner Entwicklung: Ulrike Krenzlin: »auf dem ernsten Gebiet der Kunst ernst arbeiten«. Zur Frauenausbildung im künstlerischen Beruf, in: Profession ohne Tradition. 125 Jahre Verein der Berliner Künstlerinnen, Ausst. Kat. Berlinische Galerie, Berlin 1992, S. 74 ff.

38 1881 hatte sich ein »kleiner Kreis der in München lebenden Künstlerinnen« gebildet, der, wie berichtet wurde, »zunächst an geselligen

ren Gründung war das »Figurenstudium« als wichtiger Schritt zur weiteren Professionalisierung festgelegt worden, da dieses die Künstlerin im Sinne der »hohen Kunst« von der Kunstgewerblerin unterschied. Darüber hinaus gingen damit weiterreichende Ziele zur Veränderung der repressiven Muster des Geschlechterverhältnisses und zur aktiven Partizipation von Frauen in der Arbeitsteiligkeit der bürgerlichen Gesellschaft einher. Ein Autor, der 1899 diesen Kontext in der »Allgemeinen Zeitung« kommentierte, betrachtete »die Frauenfrage« im Diskurs über Kunst immerhin soweit als akzeptiert, daß dies die Zulassungschancen der Künstlerinnen zur gleichberechtigten Erwerbstätigkeit bereits verbesserte. In seiner Argumentation bezog er sich explizit auf vorhandene geschlechtsspezifische Muster:[39]

»Wenig weibliche Berufsarten dürften indessen auch früher so wenig Gegner in gebildeten Kreisen gefunden haben, wie die Beschäftigung der Frau auf dem Gebiete der Kunst; scheint doch die Pflege des Schönen so recht eigentlich ihre Domäne zu sein, und von jeher haben einzelne Künstlerinnen sich die Anerkennung ihrer Zeitgenossen zu erringen gewußt.«

Als Indikator für die Gleichwertigkeit des Kunstunterrichts der »Damenakademie« und somit die legitime Partizipation am Künstlerhabitus[40] bewertete dieser Kommentator die Mitarbeit

Abenden gegenseitige Anregung suchend, bald aber den Versuch wagend, unter tüchtigen Lehrern Schulkurse zu eröffnen, in denen ein gründliches Figurenstudium bei verhältnismäßig niedrigen Kosten möglich sein sollte«. Beschreibung der Institution »Damenakademie«, mit dem Kürzel »T.« gezeichnet, in: Allgemeine Zeitung München, Sonntag 2. Juli 1899.

39 Ebd.: »Das Recht der Frau auf Arbeit, auf Bethätigung ihrer Gaben und Fähigkeiten auf materiellem wie auf geistigem Gebiet erscheint heute Manchem als selbstverständlich (...).«

40 Ebd.: »Die Damen-Akademie des Künstlerinnenvereins hat heute das wohlberechtigte Renommée, weit über Deutschland hinaus die beste Anstalt für das Kunststudium der Frau zu sein, und hat in dieser Beziehung manche schon länger bestehende Schulen überflügelt.« Als Lehrer wirkten die Akademieprofessoren L. Herterich, Angelo Jank und die schließlich als Professoren an die Kunstakademie Karlsruhe berufenen Künstler Fehr und Schmitt-Reutte. Deren Kompetenz sicherte der »Damenakademie« den Rang als eine der renommiertesten Institutionen »für das Kunststudium der Frau«.

von anerkannten Künstlern. Dennoch blieben die Geschlechterabgrenzungen zunächst stabil.

Im selben Jahr, 1899, stellte die Vereinsvorsitzende, Johanna Tecklenborg, einen Antrag an den Münchner Stadtrat auf Gewährung eines Zuschusses von jährlich 5000 Mark. Aus ihrer Begründung ergaben sich weitere Argumentationsmuster, die geeignet erschienen, den Betrieb der Malschule zu legitimieren.[41] Deren Aufgabe sei es, »Frauen zur Bethätigung ihrer Gaben und Fähigkeiten auf einem geistigen Gebiete, nemlich der Kunst, anzuregen und auszubilden«. Dieses »geistige Gebiet« der Kunst vermittle sich durchaus mit der beruflichen Erwerbsarbeit. Da es jedoch auch um das »erfolgreiche Schaffen auf materiellem Gebiete« gehe, werde die Frauenfrage in ähnlicher Weise wie bei »Haushalts-Schulen« berührt.

1899 bediente sich der Künstlerinnen-Verein einer in München bestens eingeführten Form der Geldbeschaffung. Unter dem Motto »Fest in Amsterdam zur Zeit Rembrandts« wurde ein Kostümfest veranstaltet, zu dem nur Frauen Zutritt erhielten. Dieses Thema partizipierte am zeitgenössischen Rembrandtkult und implizierte somit keine geschlechtsspezifische Differenz in den kulturellen Inhalten. Der gesteigerte Geldbedarf des Vereins resultierte aus dem Ausbau der »Damenakademie«. Dies war angesichts der wachsenden Zahl von Schülerinnen und einer zeitweiligen »Überfüllung« dringlich geworden. Man hatte sich darauf verständigt, 1894 an der Barerstraße 21, zwischen Karolinenplatz und Pinakothek, einen Neubau zu errichten, obgleich nur wenige Künstlerinnen Beiträge hierzu aus eigenen Mitteln leisten konnten.[42] Die Schülerinnenzahl stieg auch in den darauf folgenden Jahren kontinuierlich an. Waren es 1893 noch 90 Kursteilnehmerinnen gewesen, so betrug ihre Zahl 1898 bereits 149, 1905 sogar

---

41 Stadtarchiv München, Kulturamt 133, Künstlerinnen-Verein München. Der Verein bestand demnach seit 1884. Zur Förderung weiblicher Erwerbstätigkeit gewährte auch die Staatsregierung nach zunächst 2000 Mark seit 1898 jährliche Zuwendungen von 5000 Mark.

42 Ebd. Der Verein hatte durch diesen Hausbau 290 000 Mark Bauschulden. Durch einen Spendenaufruf kamen 60 000 Mark zusammen, so daß der Rest aus staatlichen und städtischen Zuwendungen sowie durch den laufenden Kursbetrieb abgetragen werden mußte. Für 1906 wurden circa 43 000 Mark Ausgaben für Honorare, Modellgeld, Heizung und anderes angegeben.

268 (zuzüglich 28 Hospitantinnen). Diese Zahlen korrespondierten mit der größeren Zahl von erwerbstätigen Künstlerinnen, und sie verwiesen auf ein steigendes Interesse von Frauen an einer Ausbildung. Aus einem Bericht der städtischen Magistratsverwaltung, den der einflußreiche Pädagoge Georg Kerschensteiner verfaßte, erhalten wir präzisen Aufschluß über den Lehrbetrieb dieser »Damenakademie« für das Jahr 1907, der unverkennbar deren Orientierung an der Königlichen Akademie verrät.[43] Demnach befanden sich im Anwesen Barerstraße sechs große und fünf kleine Ateliers, in denen Klassen »für Kopfzeichnen, Aktzeichnen, Kopf- und Aktmalen, Stilleben und Komponieren« bestanden sowie »Vorlesungen in Anatomie, Kunstgeschichte, Geometrie und Perspektive« gehalten wurden. Darüber hinaus arbeitete im Sommer eine Landschaftsklasse in Seebruck am Chiemsee.[44] Der Text berichtet außerdem von der internationalen Attraktivität der »Damenakademie« als Professionalisierungsinstitution.

Die privaten Malschulen waren auf die Person des unterrichtenden Künstlers ausgerichtet und nahmen in der Regel Studierende weiblichen und männlichen Geschlechts gleichermaßen auf. Da bei deren Besuch eine angemessene Honorierung anfiel, konnte man für die neunziger Jahre des 19. Jahrhunderts, so eine zeitgenössische Schätzung, bei einem durchschnittlich sechsjährigen Studium selbst bei bescheidenen Lebensansprüchen von insgesamt mindestens 18 000 Mark Kosten ausgehen.[45] Malschülerinnen aus dem

---

43 Ebd. Bericht des Städtischen Referats III, Kerschensteiner, vom 12. Januar 1907.
44 Eine besondere Attraktivität ging offenbar von dem gleichzeitig an der Kgl. Akademie lehrenden Maler Angelo Jank aus, dessen Klasse »sehr frequentiert« sei, was wiederum auf einen Transfer an Legitimität auf die »Damenakademie« hindeutet. Ebd. In diesem Bericht wurden für das Jahr 1906 427 Schülerinnen »aus aller Herren Länder« angegeben. Der Verein umfaßte nach dem Jahres- und Rechenschaftsbericht für 1920/21 insgesamt 571 Mitglieder: 3 Ehrenmitglieder, 14 fördernde, 268 ordentliche, 260 außerordentliche, 29 Kunstfreundinnen.
45 Voß 1895, S. 228; ebd., S. 233, werden die beachtlichen Kosten detailliert aufgeschlüsselt: Im Privatatelier eines »bedeutenderen« Malers in München oder Berlin betrage das Honorar durchschnittlich 50 bis 80 Mark. Hinzu könnten Kosten für verschiedene Einzelkurse kommen, z. B. Zeichnen in der Perspektive mit 30 Stunden zu je 3 Mark. Ferner die Kosten für Modelle, die Werkzeuge, Zeichen- und Malgerät, Pinsel und Malbedarf, Papier, Leinwand etc. Für angehende Porträt- und

wohlhabenden Besitzbürgertum, die diese Summe bezahlen konnten, wie etwa Gabriele Münter, bot diese Form der Ausbildung zur Künstlerin den Vorzug der freien Wahl der Lehrer und der künstlerischen Richtung. Solche privaten Malschulen betrieben in München beispielsweise Anton Azbè, bei dem Wassily Kandinsky Unterricht nahm, Friedrich Fehr und L. Schmid-Reutte[46] oder von 1892 bis 1897 auch Paul Schultze-Naumburg.[47] Schließlich unterwies Kandinsky selbst von 1902 bis 1904 in der »Phalanx«-Malschule Schüler beiderlei Geschlechts.

Obwohl sich die Universitäten nach 1900 sukzessive, wenn auch regional zu unterschiedlichen Zeitpunkten, für das Frauenstudium öffneten,[48] blieb die Trennlinie zwischen den Geschlechtern in der Münchner Akademie bestehen. Sie wurde unter der männlichen

Figurenmalerinnen entstünden weitere Kosten durch Modelle. Für Einzelsitzungen seien 50 Pfg. pro Stunde üblich. Selbst im Verein Berliner Künstlerinnen koste der einzelne Kursus monatlich durchschnittlich 12 bis 24 Mark. Bei durchschnittlich drei belegten Kursen habe die Malschülerin bereits 60 Mark monatlich aufzubringen.

46 Diese Malschule befand sich in der Theresienstraße 71a. Von ihr wurde behauptet, sie sei besser als die Akademie, doch auch die Folgen ihres kommerziellen Charakters kommentiert: »Solche Privatunternehmen hatten allerdings zwei Seiten. Mit der Befähigung und Vorbildung nimmt man's meistens nicht so genau. Jeder kann ein- und austreten, wann's ihm beliebt. Infolge dieser Freizügigkeit sind die Unterrichtskosten erheblich höher. Aber was will das heißen, wenn man Aussicht hat, schneller vorwärts zu kommen?« K. Kummacher: Worpsweder Maler, Stade 1942, S. 14, zit. n. Sauer 1986, S. 22. Von 1895 bis 1898 studierte an der Malschule beispielsweise Clara Westhoff, spätere Rilke-Westhoff, die danach in die Künstlerkolonie Worpswede ging.

47 Paul Schultze-Naumburg: Das Studium und die Ziele der Malerei, 3. Aufl. Leipzig 1905, S. 92, ging von einer steigenden Zahl von Malerinnen seit Ende der 1880er Jahre aus: »Seit etwa 10 Jahren haben die Frauen angefangen, sich das Gebiet der Malerei zu erobern. Waren noch vor 1870 Malerinnen Seltenheit, so gibt es heute fast soviel, wie Maler. Bei sehr vielen steht allerdings das Malen nicht höher, als das Sticken oder Holzbrennen oder sonst eine Beschäftigung die die Zeit angenehm vertreibt. Zudem ist der Aufenthalt in den Ateliers amüsanter, als in den Hochschulen und bringt einen romantischen Nimbus.«

48 Berger 1982, S. 139: Die Zulassung erfolgte in Baden 1900, in Württemberg 1904, in Sachsen 1906, in den Thüringischen Staaten 1907, in Hessen und in Preußen 1908; vgl. Jarausch 1989, S. 144.

Definitionsmacht des Kollegiums der Professoren weiterhin gerechtfertigt. Eines der Argumente gegen die Zulassung von Frauen zur legitimen Professionalisierung an den staatlichen Kunsthochschulen bezog sich auf die hohe Bedeutung des Aktzeichnens. Es wurde als eine Gefahr für die »Sittlichkeit« betrachtet, wenn beide Geschlechter zusammen vor einem nackten Modell zeichneten. In privaten Malschulen, wie bei Anton Azbè oder bei Kandinskys Unterricht in der Malschule der »Phalanx«, war es dagegen selbstverständlich, daß beide Geschlechter auch beim Aktzeichnen gemeinsam arbeiteten.[49]

1912 versuchte der Künstlerinnenverein mit einer Eingabe an den Landtag nicht nur eine Erhöhung der Staatszuschüsse, sondern die Eingliederung der »Damenakademie« in die Akademie der Bildenden Künste zu erreichen. Die Stellungnahme des Akademiedirektors Ferdinand von Miller hierzu enthielt wiederum eine implizite Rechtfertigung des Künstlerhabitus als eines männlichen Erwerbsberufes, den er für die akademischen Maler verteidigte und wiederum mit Zuweisungen von geschlechtsspezifischen kulturellen Mustern an weibliche Studierende begründete:[50]

»Es war die Rede davon, die Damen-Akademie der Akademie der bildenden Künste anzugliedern. Das ist schon aus räumlichen Verhältnissen ein Ding der Unmöglichkeit, ganz abgesehen davon, daß die Bestrebungen der Künstler, für welche die Kunst Beruf ist, in der Regel andere sind, wie die der Damen. Vor hunderten von Jahren hat ein junges Fräulein Weben, Stricken und Nähen gelernt; jetzt besorgen das die Maschinen, und es ist ganz selbstverständlich, daß die jungen Fräuleins auch jetzt eine Tätigkeit haben wollen, und wenn auch vielleicht 10 bis 20 Prozent von ihnen ein wirklich ernstes Streben haben, so ist es doch den anderen 80 Prozent eigentlich nur darum zu tun, die Zeit herumzubringen, bis ein glücklicher Gatte kommt, der sie von der Kunst weghollt.«

Die in den Berufszählungen erfaßten selbständigen erwerbstätigen Künstlerinnen arbeiteten überwiegend als Malerinnen. In welchem Maße sich deren Berufsausübung auch mit einer Semantik

49 Kandinskys Bemerkungen zum Aktzeichnen bei seinem Lehrer Azbè aus den späten 1890er Jahren; vgl. Nina Kandinsky: Kandinsky und ich, München 1987, S. 40; zum Aktstudium ausführlich Berger 1982, S. 103 ff., insbesondere zur Beschränkung des Aktstudiums für Frauen 140 ff.
50 Künstlerinnen-Verein München Jahres- und Rechenschaftsbericht 1911/12, S. 49 f., zit. nach Kat. Prinzregentenzeit München 1989, S. 323.

der Zuschreibung von stereotypen Eigenschaften in der bürgerlichen Konkurrenzgesellschaft konfrontiert sah, geht aus einer Bemerkung Paul Schultze-Naumburgs von 1905 hervor:[51]

»Eine Anzahl von Damen steht jedoch heute den Männern als voll gültige Konkurrenten gegenüber. Da das Empfinden besonders für das Malerische der Frau näher zu liegen scheint, als dem Manne, der sich seiner Aufgaben oft mit einem mühsamen Aufwand von Kraft und Schwerfälligkeit entledigt (...). Bietet doch gerade die Malerei den Frauen oft einen angemessenen Beruf und angemessene soziale Stellung, so hat das doch auch seine Schattenseiten. Ein weibliches Künstlerproletariat wäre weit schlimmer als ein männliches.«

Frauen, die den Beruf der Malerin wählten,[52] befanden sich in einem besonderen Spannungsverhältnis zu den Konventionen der bürgerlichen Gesellschaft. 1895 waren 75 Prozent von ihnen unverheiratet.[53] Lu Märten erklärte die Schwierigkeiten von Künstlerinnen in einer Ehe mit einem Künstler aus dem »Kollidieren der Freiheiten« zweier Künstlerindividuen und ihrer gesteigerten Inanspruchnahme von freier Selbstbestimmung.[54] Nach Meinung dieser Autorin könne die Attraktivität des Malerberufs für Frauen nicht allein mit der Aufladung der künstlerischen Arbeit mit dem »Geistigen« und der Entfaltung der Subjektivität erklärt werden, sondern es sei auch die »Romantik des Bohèmelebens« in Betracht zu ziehen.[55] Allerdings zähle »die Kunst« gerade für Töchter aus »guten Familien« zu den wenigen standesgemäßen Erwerbsquellen.[56]

51 Schultze-Naumburg 1905, S. 92.
52 H. Hirsch: Bildende Künstlerinnen der Neuzeit, Stuttgart 1905; Lu Märten: Die Künstlerin. Kleine Monographie zur Frauenfrage, München 1920.
53 Vgl. den Teil quantitative Analyse, auch Drey 1910, S. 74; allgemein Johann Handl: Berufschancen und Heiratsmuster von Frauen. Empirische Untersuchung zu Prozessen sozialer Mobilität, Frankfurt am Main/New York 1988.
54 Märten 1920, S. 97: »Daß der Mann seinen unbewußten Egoismus (der ja auch im Künstler lebendig ist) – der Frau diktiert, ist nicht selten, aber nun völlig unberechtigt – daß die Frau verlangt, daß der Mann als Künstler zugunsten ihrer Arbeits- und Wesensexpansion zurücktrete, ebenso.«
55 Ebd.
56 Das Argument wurde explizit von Drey 1910 wiedergegeben.

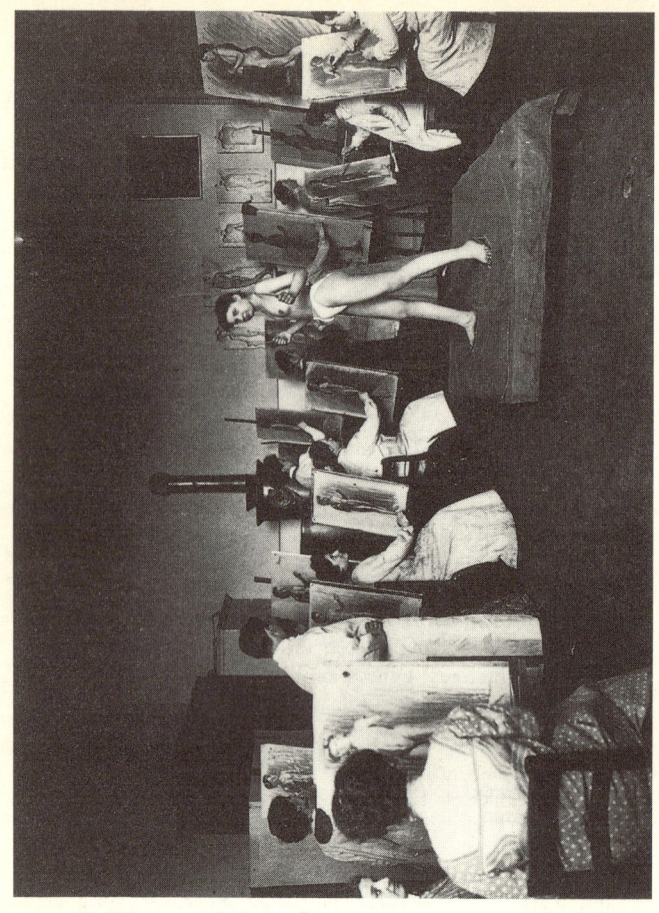

Abb. 6: Aktzeichnen in einer der privaten Malschulen, um 1900. Die Fotografie stammt aus dem Besitz von Gabriele Münter.

Erst mit dem partiellen Zusammenbruch des inneren Wertesystems der Gesellschaft des Kaiserreiches 1918 und dem Versuch der Realisierung der naturrechtlichen Gleichheitsmaxime in einer republikanischen gesellschaftlichen Ordnung wurden auch Frauen zum Studium an der Akademie zugelassen. Der erneute Diskurs über die in Frage gestellten Terraingrenzen legte noch einmal die kulturellen Deutungsmuster zur Legitimation der Zuschreibungen zwischen den Geschlechtern offen. Die Reformdiskussion begann bereits 1917/18, also vor den revolutionären Ereignissen. Ein Beleg hierfür ist ein Gutachten, das die Akademie mit Datum vom 20. Juni 1918 erstellte, in dem sie wiederum die Gründe für die Nichtzulassung von Frauen darlegte.[57] Sie benannte als ein Argument für die Notwendigkeit der Geschlechtergrenze, daß von den Befürwortern der Öffnung »gleiche Erwerbsmöglichkeiten« wie für Männer angestrebt würden. In der Perspektive des akademischen Kollegiums stand dem jedoch weiterhin die bekannte geschlechtsspezifische Zuschreibung von Befähigungen entgegen:

»Die gleiche Kunstbegabung beider Geschlechter vorausgesetzt zeigt doch die Erfahrung, daß mit wenigen Ausnahmen die künstlerische Betätigung der Frauen sich beschränkt auf das Bildnis, die Landschaft, das Stilleben und das Kunstgewerbe. Freie Komposition und monumentale Aufgaben scheinen der Veranlagung der Frau weniger zu entsprechen. Diese Selbstbeschränkung der überwiegenden Mehrheit aller künstlerisch tätigen Frauen hat ihren Grund sicher nicht im Mangel einer entsprechenden Ausbildungsmöglichkeit, sondern in einem richtigen Gefühl für die Grenzen der eigenen Begabung.«

Der bestehende Zustand wurde mit einer – angenommenen – anders gerichteten Begabung legitimiert, die sich auf »kunstgewerbliches Schaffen« konzentriere und daher von den Kunstgewerbeschulen abgedeckt werde. Es gebe zwar seltene Ausnahmen bei Frauen, die über die Kraft verfügten, »nicht nur Gesehenes wiederzugeben, sondern selbstschöpferisch sich zu betätigen«. Bei solchen Ausnahmen, in denen Frauen sich dem modernen Künstlerhabitus entsprechend zu kreativer Individualität und Phantasiearbeit fähig erwiesen, sei daher die Aufnahme in eine Meisterklasse geboten.

Doch erst nach den Revolutionstagen des 8. bis 10. November

---

57 BHStA München, MK 40907.

1918 und dem damit verbundenen Zusammenbruch der politischen Ordnung der Monarchie stand der »Gleichheitsgrundsatz« als unabweisbar auf der Tagesordnung. Bereits am 20. November forderte eine Gruppe von 12 Frauen in einer Eingabe die Einebnung der geschlechtsspezifischen Trennungslinie; die gleiche Forderung erhoben Studierende der »Damenakademie« am 28. Dezember.[58] Unterstützt wurde diese Initiative vom neu gebildeten Arbeitsausschuß des Rates der bildenden Künstler Münchens, der sich am 10. Dezember 1918 für die Zulassung der Frauen zum Studium an der Akademie der Künste unter den gleichen Bedingungen, wie sie für die männlichen Studierenden galten, aussprach.[59] Zu dieser Forderung nahm der Direktor der Akademie am 19. Januar 1919 gegenüber dem Staatsministerium für Unterricht und Kultus erneut Stellung. Er bekannte sich nun zwar zum »Grundsatz der Gleichberechtigung«, der vom »Zeitgeist« getragen sei, dem stünden jedoch – aus seiner Sicht – weiterhin ältere Argumente entgegen.

Als erstes diente ihm, nunmehr angesichts der zurückkehrenden Kriegsteilnehmer, das praktische Argument der »Raumfrage«. Es sei unklar, wie unter diesen Umständen die »Trennungslinie« gezogen werden könne, zumal »die Abortverhältnisse für beide Geschlechter ungeeignet« seien, wovon eine Gefährdung der »Sittlichkeit« ausgehe. Wenngleich dieser Zustand sich durch Baumaßnahmen immerhin ändern lasse, so sei doch nach wie vor unvorhersehbar, was passieren könne, wenn beide Geschlechter nebeneinander studierten.[60] Insbesondere stelle sich dieses Problem bei

58 BHStA München, MK 40907, Schreiben der Akademie an das Staatsministerium vom 19. Januar 1919.
59 BHStA München, MK 40907.
60 BHStA München, MK 40907, Schreiben der Akademie an das Staatsministerium vom 19. Januar 1919: »Wir wissen wohl, daß auch in diesem Punkt die Meinungen recht geteilt sind, indem die einen die Befürchtungen und Bedenken hegten, wo die anderen sogar Verbesserung, sittliche Hebung sehen und erwarten bzw. nachweisen zu können glauben.« Zum Hinweis auf die Einebnung der Geschlechtergrenze an wissenschaftlichen und teilweise künstlerischen Hochschulen antwortete von Miller: »Wir möchten wahrlich nicht in dem Sinne mißverstanden werden, als wollten wir die kunstpflegende Jugend einer sittlichen Minderwertigkeit, einer geringeren sittlichen Widerstandsfähigkeit gegenüber der Hörerschaft wissenschaftlicher Hochschulen zeihen. Das liegt uns durchaus ferne. Aber es wird nicht zu leugnen sein, daß der eine Betrieb eben Eigenschaften an sich trägt, die der

der »gemeinsamen Arbeit vor dem nackten Modell«. Sein gravierendstes Argument stützte von Miller auf die bekannten Zuschreibungen von weiblichen Eigenschaften. So seien die Erfahrungen negativ, die von anderen Akademien mit bereits höherer weiblicher Schülerquote berichtet würden. Diese gipfelten sogar in der Auffassung, es sei von einer »Verflachung« und einem »Seichterwerden des gesamten Lehrbetriebes« zu sprechen. Das Staatsministerium sah sich genötigt, bei den Kultusbehörden der anderen Länder eine eigene Information zum Sachstand einzuholen, wobei sich das Problem nun auf die legitime Professionalisierung, die »berufliche Ausbildung auf dem Gebiete der bildenden Kunst«, konzentrierte.[61]

Die Weiterbearbeitung des Vorganges verzögerte sich nach dem partiellen Sieg der Gegenrevolution in Bayern im Mai 1919. Erst am 6. August 1920 wurde in einer Verfügung des Staatsministers die Trennungslinie zwischen den Geschlechtern eingeebnet und nun endgültig festgelegt, daß Frauen vom Wintersemester 1920/21 an »unter den gleichen Bedingungen wie Männer« zum Studium an der Akademie zuzulassen seien.[62]

Doch selbst eine Reforminstitution der Moderne wie das Bauhaus in Weimar erreichte auch im Verlauf der zwanziger Jahre keine wirkliche Geschlechterparität, da Frauen weiterhin tradierte künstlerische Felder wie textiles Gestalten präferierten und andererseits eine mentale Offenheit in allen gestalterischen Arbeitsbereichen keineswegs gegeben war.[63]

andere nicht kennt und die bei Beurteilung der Sachlage mitgewertet werden müssen – Eigenschaften, die je nachdem auch Gefahren bedeuten können und selbst gegenüber einer zu akademischer Reife gelangten Jugend nicht außer Acht gelassen werden dürfen.«

61 BHStA München, MK 40907, Schreiben des Bayerischen Staatsministeriums für Unterricht und Kultus vom 3. Februar 1919: »Das akademische Kollegium hat sich zwar grundsätzlich dafür ausgesprochen, daß den Frauen vom Staate die gleiche Gelegenheit zur beruflichen Ausbildung auf dem Gebiete der bildenden Kunst geboten werden solle, wie den Männern, hat aber verschiedene Bedenken gegen die Freigabe der Akademie der bildenden Künste zum gemeinsamen Studium beider Geschlechter erhoben.«

62 Ebd., unterzeichnet vom Referenten Dr. Matt.

63 Vgl. Anja Baumhoff: Zwischen Berufung und Beruf: Frauen am Bauhaus, in: Berlinische Galerie (Hg.): Profession ohne Tradition. 125 Jahre Verein der Berliner Künstlerinnen, Berlin 1992, S. 113-120.

Abb. 7: Julius Diez: »Die Malerinnen auf dem Lande sollen so fleißig sein, daß sie oft spät abends noch an einer Morgenstimmung malen«, aus: Die Jugend 48, 1897. – Die karikierende Zeichnung nimmt die in der bürgerlichen Öffentlichkeit vorhandenen Ressentiments auf und rückt Malerinnen in das ambivalente Licht normbrechender Dilettantinnen. Julius Diez wurde 1924 Professor an der Münchner Kunstakademie.

2. Soziale Prozesse der Selbstfindung

Betrachtet man das Organisationsverhalten als einen Indikator für die Konstituierung des Habitus des modernen Künstlers in der bürgerlichen Gesellschaft, so ist wiederum ein gleitender Übergang festzustellen.

Selbstorganisation

Bereits vor der Mitte des 19. Jahrhunderts begannen sich die Künstler in größerem Umfang zu Vereinen und Genossenschaften zusammenzuschließen.[64] Die hierbei formulierten Zielsetzungen

---

[64] Vgl. zur Entwicklungsgeschichte des Vereinswesens allgemein Wolfgang Hardtwig: Strukturmerkmale und Entwicklungstendenzen des

belegen das Selbstverständnis eines modernen Berufshabitus. Wie im Konversationslexikon von Brockhaus knapp festgestellt wurde,[65] waren dies »die gemeinsame Vertretung ihrer Interessen« und die »Regelung des Ausstellungswesens«, das für die Selbstrepräsentation der Künstler wichtigste Medium. Diese Vereine und Genossenschaften waren berufsspezifische Öffentlichkeiten und ein sozialer Ort zur autonomen und reflexiven Selbstverständigung über die kollektiven Angelegenheiten ihrer »Profession«. Über diese Organisationsformen traten die Maler als eine einflußnehmende Berufsgruppe auf, die ihre Unabhängigkeit von Fremdkontrollen durch Nichtkünstler oder den Staat in der bürgerlichen Gesellschaft durchzusetzen vermochte.[66]

Den Vereinsgründungen gingen meist lokale Vorformen von Gesprächskreisen mit variierendem Charakter voraus. Aus dem Bericht von Moritz Carrière können wir einen anschaulichen Eindruck gewinnen, wie beispielsweise bei der Münchner »Abendgesellschaft der Zwanglosen« gesellige und beruflich-inhaltliche Interessen des diskursiven Wissenstransfers ineinandergriffen:[67]

»Als ich im Winter 1852 München besuchte, führte mich Ernst Förster in eine Abendgesellschaft der Zwanglosen ein. Dichter, Gelehrte, Künstler kommen wöchentlich einmal zusammen, es herrscht kein anderes Gesetz, als daß abwechselnd ein Zwangmeister für eine anregende Unterhaltung zu sorgen hat, nach freier Wahl durch wissenschaftlichen Vortrag, Gedichte, Gesang oder bildnerische Kompositionen und deren Erörterung. Wilhelm Kaulbach war anwesend, und ich war überrascht, als er mich wie einen

Vereinswesens in Deutschland 1789-1848, in: Dann 1984, S. 11-50, und Klaus Tenfelde: Die Entfaltung des Vereinswesens während der industriellen Revolution in Deutschland 1850-1878, in: ebd., S. 55-114.

65 Brockhaus, 14. vollst. u. neubearb. Aufl., 10 Bde., Berlin und Wien 1894.
66 Als Merkmal zur Definition von Berufen, siehe auch Siegrist 1988, S. 14.
67 Moritz Carrière: Dreißig Jahre an der Akademie der Künste zu München. Lebenserinnerungen, in: Westermanns Illustrierte deutsche Monats-Hefte für das gesamte geistige Leben der Gegenwart, 63. Jg., 65. Bd., Braunschweig 1889, S. 59. Carrière fährt fort: »Da er dort nicht sowohl Geschichte erzählte, als Philosophie der Geschichte malte, im Einzelbilde den Sinn und die ideale Bedeutung einer Epoche zu offenbaren, so durfte es mich nicht befremden, diese meine Auffassung dadurch bestätigt zu sehen, daß ein philosophisches Werk ihm solche Anregung gegeben.«

guten Bekannten begrüßte. Ein Aufsatz Varnhagens von Ense in der Allgemeinen Zeitung habe ihn auf meine philosophische Weltanschauung der Reformationszeit aufmerksam gemacht, während er mit dem Gedanken beschäftigt war, wie diese Kulturperiode in dem sechsten seiner Wandgemälde im Treppenhause des Neuen Museums in Berlin künstlerisch darzustellen sei. Da habe er nach meinem Buch gegriffen und sei ihm die Komposition in der Phantasie zu lebendiger Anschauung gekommen.«

Vereine und Genossenschaften entstanden mit unterschiedlichen Bezeichnungen in allen wichtigen Kunstzentren. Insofern ist der Zeitpunkt des Gründungsvorgangs auch als ein Indiz für die Attraktivität der jeweiligen regionalen Kunstszenen für innovative Künstler anzusehen. In Berlin wurden bereits 1841 bzw. 1848 der »Verein Berliner Künstler« und 1866 der »Verein der Künstlerinnen und Kunstfreundinnen« gegründet.[68] Künstlergenossenschaften entstanden 1842 in Dresden, 1844 wurde in Düsseldorf zunächst der »Malkasten«, 1856 die »Genossenschaft« konstituiert,[69] schließlich 1857 in Frankfurt am Main eine »Künstlergesellschaft«, 1858 in München die »Künstlergenossenschaft«,[70] 1860 in Leipzig, 1862 in Stuttgart, 1861 in Weimar und Wien jeweils eine »Genossenschaft bildender Künstler«, ferner 1873 die »Künstlergesellschaft« in Zürich. Im Kontext der »schwarz-rot-goldenen« Bemühungen um die Integration Deutschlands als »Kulturnation« vereinigten sich »die Künstler Deutschlands« schließlich auf Initiative des Düsseldorfer »Malkastens«[71] 1856 zur »Allgemeinen Deutschen Kunstgenossenschaft«, mit dem Ziel der »Förderung

---

68 Ausst. Kat. Verein Berliner Künstler. Versuch einer Bestandsaufnahme von 1848 bis zur Gegenwart, mit Beiträgen von Helmut Börsch-Supan u. a., Berlin 1991, und Ausst. Kat. Berlinische Galerie Profession ohne Tradition. 125 Jahre Verein der Berliner Künstlerinnen, Berlin 1992.
69 Fr. von Uechtritz: Blicke in das Düsseldorfer Kunst- und Künstlerleben, Düsseldorf 1839; vgl. auch Armer Maler – Malerfürst. Ausst. Kat. Düsseldorf 1980, S. 79 ff.
70 Münchner Künstler-Genossenschaft. Bericht über das Verwaltungs-Jahr 1893 und Mitglieder-Verzeichnis, München 1894; Geschäftsordnung der Münchner Künstlergenossenschaft. Nach den bis zum Jahre 1903 einschließlich gefaßten Beschlüssen der Generalversammlungen, München 1904; Georg Jacob Wolf: Münchner Kunst. Münchner Künstlergenossenschaft und Secession, München o. J. (1927); Eugen Hönig: Gegenwart und Zukunft der Münchner Künstlergenossenschaft, in: Das Bayerland Bd. 39, München 1928.
71 Drey 1910, S. 83.

und Wahrung der idealen und materiellen Interessen der deutschen Künstlerschaft«.[72] Im gleichen Jahr wurde beispielsweise auch der »Verein Deutscher Ingenieure« gegründet.[73] De facto beschränkte sich die Tätigkeit dieser Deutschen Kunstgenossenschaft jedoch weitgehend auf die Trägerschaft von Ausstellungen. 1910 bestanden immerhin 30 Lokalverbände mit circa 5000 Mitgliedern, dies entsprach einem beachtlichen Anteil an der in der Berufsstatistik erfaßten Künstlerschaft. Die Münchner Künstlergenossenschaft konnte sich als ein überregional gewichtiger Lokalverband der Künstlerbewegung betrachten. Sie wuchs bis 1890 auf etwa 900 Mitglieder in ganz Deutschland an.

Aufgrund der Wirksamkeit der Geschlechtergrenzen organisierte sich am 24. Mai 1908 in Berlin ein eigenständiger »Bund Deutscher und Österreichischer Künstlerinnenvereine« aus Mitgliedern, die bis dahin unkoordiniert nebeneinander gearbeitet hatten. Darunter befand sich auch der »Künstlerinnenverein München«.[74] Ziel

---

72 Carrière 1889, S. 68, berichtete von politischen Konnotationen, wie sie mit dem Zusammenschluß der Kunstgenossenschaft einhergingen. Anlaß war der Beschluß, im Herbst 1858 eine größere Versammlung abzuhalten: »In München ward nun aus Akademikern und Nichtakademikern ein Komitee gebildet, Feodor Dietz ward Vorsitzender, ich Schriftführer. Mancher Winterabend ging damit hin, die Künstler waren opferwillig und wirkungsfreudig; aber bei den leitenden Behörden bedurfte es mancher Anstrengung, bis sie dem Unternehmen willfährig wurden. Der Ministerpräsident sprach Dietz gegenüber von schwarz-rot-goldenen Bestrebungen, und er hatte nicht unrecht, bei Dietz wie bei mir war die Förderung des vaterländischen Gedankens, die Einigung der deutschen Künstler in allen Strömen zu gemeinsamer Genossenschaft ein bewußter Zweckgedanke. Doch gewährte v. d. Pfordten die gewünschten Verkehrserleichterungen.«

73 Der »Deutsche Anwaltsverein« war demgegenüber als Doppelorganisation von lokalen Anwaltskammern und nationalem Zusammenschluß erst 1871 gegründet worden. Jarausch 1989, S. 188 und 189.

74 Krenzlin 1992, S. 75. Die Vereine sind ein Hinweis auf lokale Szenen und kreative Regionen für Künstlerinnen: »Verein der Künstlerinnen und Kunstfreundinnen, Berlin; Braunschweigischer Künstlerinnenverein; Bremer Malerinnenverein, Bremen; Verein schlesischer Künstlerinnen, Breslau; Vereinigung der Künstlerinnen Hessen-Nassau, Kassel; Künstlerinnenverein, München; Malerinnen-Sektion des deutschen Vereins ›Frauenfortschritt‹, Prag; Verband Dresdner Künstlerinnen, Dresden; Neue Vereinigung von Künstlerinnen, Berlin II. Bis 1913 kamen noch weitere vier Vereine hinzu.«

dieses Bundes war es, die Berufsinteressen der Künstlerinnen überregional zu vertreten. Aufgrund von Unstimmigkeiten wurde 1913 eine weitere überregionale Organisation, der »Frauenkunstverband«, gegründet, dessen Vorsitz gleichzeitig Käthe Kollwitz, Dora Hitz und Eugenie Kaufmann innehatten.

Der Zusammenschluß der Künstler und schließlich auch der Künstlerinnen in berufsständischen Verbänden ist als ein Beleg für das gewandelte Selbstverständnis des »modernen« Künstlers und den Übergang zu den Mustern der bürgerlichen Gesellschaft zu interpretieren. Die veränderten Erfahrungen in der neuen beruflichen Rolle auf dem Kunstmarkt führten zur schärferen Artikulation der kollektiven Interessen, zeitverschoben auch in der Geschlechterdifferenz. Um diese Ziele auch rechtlich angemessen durchsetzen zu können, wurden schließlich Formen der gemeinschaftlichen Vorsorge angestrebt. Beispielsweise richtete die Münchner Künstlergenossenschaft als Reaktion auf die ständig auftretenden Konflikte für ihre Mitglieder eine Rechtsschutzstelle ein, um bei Streitfällen die juristische Vertretung der beruflichen Interessen durch die Berufsgemeinschaft anbieten zu können.[75] Als Folge des mit dem Modernisierungsschub einhergehenden beschleunigten gesellschaftlichen und kulturellen Wandels, der die Erfahrung der Verflüchtigung von gelebter Zeit mit sich brachte, entstand bei den Künstlern in den 1880er Jahren der Wunsch nach einer institutionellen Form des kollektiven Gedächtnisses in Form einer historischen Sammlung sowie eines Archivs der Münchner Künstlergenossenschaft.[76]

---

75 Ebenso die Zeitschrift »Werkstatt der Kunst« für die Angehörigen der Münchner Luitpoldgruppe und der Sezession, vgl. Drey 1910, S. 83.
76 Ein Kommentar belegt die Wahrnehmung der Zeitgenossen: »In einer so schnell lebenden und so rasch vergessenden Zeit wie die unsere mag es als erfreuliche Erscheinung gelten, das Andenken an eine in ihrer Art große Vergangenheit pietätvoll gewahrt zu sehen.« G. H. Horst: Die historische Sammlung und das Archiv der Münchner Künstlergenossenschaft, in: Die Kunst für Alle, Jg. 8, München 1892/93, S. 33-36 und 49-51; hier S. 33: »Die Gründung einer historischen Sammlung der Münchner Künstlergenossenschaft entsprang dem Wunsche, die reichen künstlerischen Schätze, welche Zeugnis von dem Streben und Wachsen der Münchner Kunst in unserem Jahrhundert geben, vor der drohenden Vernichtung und Verschleuderung zu retten und in bleibender Sammlung den Späteren zu erhalten.«

Sezessionen

Wenngleich die Künstler in gesteigerter Weise als Individuen auftraten und sich voneinander abgrenzten, bildeten sich zu zwei historischen Zeitpunkten Künstlergruppen, die von rein berufsständischen Selbstorganisationen zu unterscheiden sind. In ihnen dominierte das Bedürfnis, sich aus einer veränderten Wahrnehmung des Zeitgemäßen und daraus resultierender kultureller Impulse und Ziele in einer sozialen Handlungsgemeinschaft zu verbünden. 1873 und 1892 spalteten sich zwei Sezessionsbewegungen von der in der Jahrhundertmitte entstandenen Organisationsform der Genossenschaften ab. Grund hierfür waren tieferliegende Veränderungen der mentalen Einstellungs- und Geschmacksmuster. Diese Verschiebungen sind als Ausdruck von Umformulierungen der identifikationsfähigen symbolischen Formen und als Reaktionen auf veränderte kulturelle Leitmuster im Zeitkontext zu bewerten. Im ersten Fall erfolgte eine Umorientierung hin zu den gründerzeitlichen Symbolsprachen, im zweiten Fall eine Lösung hiervon zugunsten von weitergehenden Autonomievorstellungen des Ästhetischen.

Von einer ersten Sezession wurde gesprochen, als 1873 ein Konflikt unter den Mitgliedern der Münchner Künstlergenossenschaft in einer Weise eskalierte, daß sich eine Künstlergruppe abspaltete und einen Interessens- und Geselligkeitsverein mit dem Namen »Allotria« gründete.[77] Anlaß war die Beteiligung der Münchner Künstler an der Wiener Weltausstellung von 1873 und dabei zutage getretene Auffassungsunterschiede zu einer angemessenen Präsentationsform der Werke. Bis dahin hatte es als selbstverständlich gegolten, die Bilder an den Wänden aufzuhängen und die Statuen

---

77 Hierzu H. E. von Berlepsch: Allotria, in: Die Kunst für Alle, Jg. 9, 1893/94, H. 1, S. 1. »Um Viktor Müller bildete sich eine kleine Gruppe von Künstlern« – dies wäre die erste Münchner Sezession gewesen – »(...) wir wurden eigentlich sezessioniert – denn wir gehörten eben, ob wir wollten oder nicht, nicht dazu, wir standen abseits von der großen Kunstblüte, die mit den Gründerjahren hereingebrochen war. Für die Kunsthändler existierten wir nicht – also existierten wir überhaupt nicht; es waren auch nur ganz wenige, und es war für niemand verlockend, sich uns anzuschließen, Scholderer, Haider, Sattler, Eysen, auch Leibl mag, solange Müller gelebt hat, dazu gehört haben. (...)« Programm »hatten wir keins«, außer »daß ›unverkäufliche Bilder‹ so ungefähr unser Programm« waren.

aufzustellen. Nun aber wollte eine jüngere Gruppe um Lorenz Gedon – so wurde dies kommentiert – »der Ausstellung auch äußerlich ein künstlerisches Gepräge verleihen«. Die »Neuerer« etikettierten die tradierte Präsentationsform abschätzig mit dem Begriff der »Langeweile« und vertraten ihr Verständnis einer historistisch-gründerzeitlichen Inszenierungskunst auch für das Medium Ausstellung offensiv. Der Präsident der Künstlergenossenschaft, Konrad Hoff, bekräftigte dagegen seine Ablehnung des neuen Konzeptes mit dem Ausruf »Das ist Allotria«. In dem nunmehr »Allotria« genannten neuen Zusammenschluß, der für die nächsten Jahrzehnte zur führenden Künstlergesellschaft Münchens avancierte, wirkten schließlich unter anderen Franz Lenbach, Friedrich August Kaulbach, Lorenz Gedon und Rudolf Seitz.

Auch die Sezessionen der neunziger Jahre des 19. Jahrhunderts in den Kunstmetropolen München, Wien und Berlin sind als ein Ausdruck der kulturellen Modernisierung und damit einhergehenden Veränderungen der mentalen Einstellungen sowie, in deren Gefolge, der ästhetischen Auffassungen zu beschreiben.[78] Die Münchner Sezession verlief als erste in den Formen dieses Epochenbruchs. Dieser ergab sich 1892 bei der Ausübung der Kontrollfunktion über die Münchner Kunstausstellungen durch das Establisment der Künstlergenossenschaft. Deren Praxis wurde als allzu erstarrt und kommerzialisiert empfunden, weshalb sich eine zunehmende Opposition unter den bildenden Künstlern artikulierte. Am 29. 2. 1892 schlossen sich 78 Künstler mit dem Ziel zusammen, die Münchner Ausstellungspraxis zu »Eliteausstellungen« hin zu verändern, wodurch das »absolut Künstlerische« gefördert werden sollte.[79] Der lokale Kunstkritiker Georg Fuchs

78 Zur Wiener Sezession 1897 und dem politischen und kulturellen Kontext vgl. Carl E. Schorske: Wien. Geist und Gesellschaft im Fin de Siècle, Frankfurt am Main 1982, und ders.: Österreichs Ästhetische Kultur 1870-1914. Betrachtungen eines Historikers, in: Ausst. Kat. Historisches Museum Wien, Traum und Wirklichkeit. Wien 1870-1930, Wien 1985, S. 18 ff.; zur Berliner Sezession 1898: vgl. Peter Paret: Die Berliner Secession. Moderne Kunst und ihre Feinde im Kaiserlichen Deutschland, Berlin 1981.

79 Memorandum des Vereins bildender Künstler Münchens (= Münchner Secession), München Juni 1892; Memorandum des Vereins bildender Künstler München 4. April 1892, S. 104, zit. nach Rita Hummel: Die

Abb. 8: Die Jury des Künstlervereins Sezession für die x. Internationale Kunstausstellung 1908 im Glaspalast.
Die Künstler begutachten die eingereichten Werke. Als Dritter von rechts ist Franz von Stuck zu erkennen, daneben Angelo Jank sowie herausgehoben Hugo Freiherr von Habermann. Alle drei gehörten zum Lehrkörper der Münchner Kunstakademie. Das Foto dokumentiert den Habitus der Bürgerlichkeit, wie er bei Auftritten in der Öffentlichkeit für angesehene Professoren als selbstverständlicher Code der Selbstdarstellung galt.

kommentierte den Diskurs der Akteure als einen Umbruch von
mentalen Mustern:[80] »(...) was sich da ereignete, war eine Revolution (...). Eine Societät, die sich befreit, eine neue Weltanschauung,
die sich aus eigener Kraft und eigenem Rechte ihre Zukunft erkämpft.« Die Sezessionisten wollten die offenen Massenausstellungen des kommerziellen Kunstmarktes nicht länger mittragen,
sondern mit einer stärkeren Juryarbeit höhere Qualitätsstandards
der gezeigten Werke erreichen, um, im Sinne eines neuformulierten Kunstbegriffes, »den idealen Anforderungen der Kunst gerecht zu werden«.[81] Zu diesem Zweck bildete der neue »Verein
bildender Künstler«, der selbst als Ausstellungsveranstalter auftrat, eine Jury. Wenngleich diesem Zusammenschluß von Künstlern die Abwendung von den Normen des Historismus gemeinsam
war, so blieb die inhaltliche Programmatik intern durchaus differierend. Der Konsens der Gruppe lag in der Propagierung einer
neuen Verbindung von Leben und Kunst, die in den unterschiedlichen Medien von Malerei, Skulptur, Graphik und Objektgestaltung ihren Ausdruck finden sollte.[82]

Anfänge der Münchner Secession, München 1989, S. 22: »Die heute
Versammelten haben sich als Club zur Verfolgung derjenigen Maßregeln constituiert, welche ihrer Überzeugung nach im Interesse der
Münchner Kunst unabhängig von der Münchner Künstlergenossenschaft erforderlich sind.« Unter ihnen: Peter Behrens, Lovis Corinth,
Ludwig Dill, Otto Eckmann, Julius Exter, Hugo von Habermann, Th.
Th. Heine, Adolph Menzel, Max Liebermann, G. Segantini, Franz
Stuck, Hans Thoma, Wilhelm Trübner, Fritz von Uhde. Vgl. auch
Arthur Rümann: Münchner Secession, in: Ausst. Kat. München Städt.
Galerie im Lenbachhaus: Retrospektive Ausstellung der Münchner
Secession, 1. 9.-21. 10. 1951; Die Münchner Secession und ihre Galerie,
Ausst. Kat. Stadtmuseum München 10. 7.-14. 9. 1975, bearb. von
Renate Heise; vgl. insbesondere Maria Martha Makela: The Munich
Secession. Art and Artists in Turn-of-the-Century Munich, Princeton
N. J. 1991.
80 Georg Fuchs: Erste internationale Kunstausstellung des Vereins bildender Künstler Münchens »Sezession«, in: Allgemeine Kunst-Chronik. Illustrierte Zs. für Kunst, Kunstgewerbe, Musik, Theater und
Literatur, 17. Jg. 1893, S. 396, zit. nach Hummel 1989, S. 1.
81 Ebd.
82 Eine Schilderung betont die »neuerungssüchtige« Aufbruchsstimmung, vgl. Lovis Corinth 1954, S. 127: »Im Herbst 1891 traf ich in
München ein. München war zu jener Zeit sehr lebhaft und die Künstler

Die starke Repräsentation der Künstler dieser Vereinigungen in den Veranstaltungskomitees und den Ausstellungsjurys gab ihnen Gewicht und führte zu einer weitgehenden Kontrolle über das Ausstellungswesen. Als Einflußgruppen gewannen sie definitorische Macht bei der Durchsetzung der eigenen Kunstauffassungen und der ästhetischen Wahrnehmungsmuster, aber auch von eigenen Interessen. Damit besaßen sie die Möglichkeit der Abwehr von »fremden« Ansprüchen, aber auch von nicht mehrheitsfähigen, abweichenden künstlerischen Positionen.
Eine große Zahl von regionalen und überregionalen Zusammenschlüssen war pragmatischen wie programmatischen Zielen gleichermaßen verpflichtet. 1902 wurde unter führender Mitwirkung von Wassily Kandinsky und Wilhelm Hüsgen die lokale Künstlervereinigung »Phalanx« gegründet, die in ihrer Ausstellungspraxis die internationale Kommunikation unter den Künstlern förderte.
Auch der von Harry Graf Kessler 1903 gegründete »Deutsche Künstlerbund« machte es sich zur Aufgabe, die »Freiheit« der künstlerischen Arbeit zu stärken.[83] In der Konsequenz seiner liberalen Grundhaltung lag es, »die verschiedenen Richtungen nebeneinander« zu fördern. Die Mitgliederliste belegt, daß sich

waren gleich einem schwärmenden Bienenschwarm sehr unruhig und neuerungssüchtig. (...) Die deutschen Künstler, welche namentlich in München das nachmachten, was Paris ihnen zeigte, imitierten bald die Revolution aus Frankreich. Der Glaspalast war offenbar die akademische Richtung mit ihrer Kneipe der Münchner Genossenschaft; für die Revolutionäre fehlte ihnen vorläufig die Organisation, aber die Kneipe hatten sie schon, die ›Allotria‹. Hier tagte Lenbach mit seinen Adjutanten. Er hatte das unangenehme Gefühl, daß seine Mitglieder hier gegen seinen Glaspalast bösartig vorgehen wollten, und deshalb donnerte er wie ein Jupiter auf alle seine Untergebenen, und wehe dem, welcher gegen seinen Stachel löcken wollte. Dennoch half es ihm nichts und man gründete die ›Münchner Secession‹, die berühmteste aller neugegründeten Vereinigungen.«

83 Harry Graf Kessler: Der deutsche Künstlerbund, Berlin 1904, S. 7; im Dezember 1903 kamen auf Einladung von Harry Graf Kessler 50 Künstler in Weimar zusammen, um in Opposition zur reaktionären Kunstpolitik des Kaisers den »Deutschen Künstlerbund« zu gründen, darunter neben Kessler Leopold Graf Kalckreuth, Max Klinger, Max Liebermann, Max Slevogt, Henry van de Velde, Ludwig von Hofmann, Hans Olde u.a.

dieser Zielsetzung eine bemerkenswerte Zahl bedeutender Künstler anschloß.[84] Dem Gesamtvorstand gehörten unter anderen Richard Riemerschmid (mit der Berufsbezeichnung »Maler und Architekt«), Peter Behrens, Lovis Corinth, Ludwig Dill, Fritz Erler, Frh. von Habermann, Franz Stuck, Hans Thoma und Henry van de Velde an. Unter den ordentlichen Mitgliedern wurden ferner aufgeführt Paul Schultze-Naumburg (als »Architekt«) und Wassily Kandinsky (als »Maler«). Wir können dieses Mitgliederverzeichnis zugleich als Beleg für einen offenen Begriff des Künstlers lesen, der die Trennlinien relativierte und eine fluktuierende Beziehung zwischen Malern, Architekten und Objektgestaltern zeigt, die für den innovativen Teil der Künstlerschaft nach 1895 repräsentativ war. 1909 bildete Kandinsky mit einer Gruppe gleichgesinnter Künstler die »Neue Münchner Künstler Vereinigung«. Im gleichen Jahr konstituierte sich der »Künstlerverband der Juryfreien«. 1913 spaltete sich von der Sezession wiederum eine »Neue Sezession« ab.

Die Gleichheit der Künstler und die demokratische Reform

Gegen Ende des Ersten Weltkriegs vollzog ein Teil der Künstlerschaft im Kontext der allgemeinen Entwicklungen den Bruch mit dem politischen System des Kaiserreiches. Die angestrebte Umgestaltung der Gesellschaft, die teilweise mit der Chiffre Sozialismus bezeichnet wurde, die Neubildung von demokratischen Organisationsstrukturen und schließlich die Realisierung des in den Menschenrechten wurzelnden Gleichheitsgebotes erschienen als inspirierende Ziele, die in der gemeinsamen Beratung vorangebracht werden sollten. Hierzu wurden in allen Kunstmetropolen Künstlerräte gebildet, in Analogie zu den Arbeiter- und Soldatenräten. In München konstituierte sich im November 1918 ein »Rat der bildenden Künstler Münchens« mit dem Anspruch, »die Interessen der bildenden Kunst zu vertreten«, wie es in der Satzung

---

84 Mitgliederverzeichnis des Deutschen Künstlerbundes, Frühjahr 1912, in: »Bibliothek Münter«, Gabriele Münter Archiv, Städtische Galerie Lenbachhaus München.

hieß.[85] Mitglied sollte jeder in Bayern tätige Künstler und jede Künstlerin werden können. Die Aufhebung der bis dahin weitgehend bestehenden Geschlechtergrenze entsprach den allgemeinen Zielen der von der Arbeiterbewegung und von Teilen des Bürgertums getragenen revolutionären politischen Bewegung. Als Zugangskriterium für die Selbstorganisation der Künstler sollte ausschließlich das Merkmal der Berufsausübung Gültigkeit besitzen:[86] »Als bildende Künstler gelten alle in Baukunst, Malerei, Graphik, Bildhauerei oder im Handwerk tätige Personen, welche ihren Beruf als Kunst ausüben.« Das Gleichheitspostulat sprengte die bisherige Hierarchisierung der künstlerischen Medien, die den Künstlern bis dahin in unterschiedlichen Graden Anerkennung verschafft hatten. Eine Mitgliederversammlung des Rates der bildenden Künstler Münchens bestätigte schließlich die neue Organisationsform des »Rates der bildenden Künstler« am 7. Februar 1919 in einer Abstimmung mit 1800 gegen 2 Stimmen als die »berufene Vertretung der Künstlerschaft zur Wahrung der Interessen der Kunst in allen Zweigen der städtischen Verwaltung« und beanspruchte öffentliche Wirksamkeit, indem sie »in allen Angelegenheiten der bildenden Kunst als höchste Beratungsstelle anerkannt« zu werden verlangte. Dem »sachverständigen Werturteil« des Rates sollte »in künstlerischen Dingen ausschlaggebende Bedeutung« zukommen.[87]

Der neugebildete Rat stand somit durchaus in der Kontinuität der Gewinnung von autonomer Kontrolle über die künstlerischen Angelegenheiten und Interessen, einem Ziel, das seit der Mitte des 19. Jahrhunderts in den Genossenschaften verfolgt worden war. Diese Autonomie sollte nunmehr zur letztgültigen Entscheidung gegenüber Nichtkünstlern erweitert werden. Im Winter und im Frühjahr 1919 erörterte der Arbeitsausschuß in wichtigen programmatischen Debatten auch die Neuorganisation der Künst-

85 Stadtarchiv München (StadtA München), Kulturamt 403 (Künstlerkommissionen), Satzungen des Rates der bildenden Künstler Münchens, I. Name, Zweck und Sitz der Vereinigung, § 1 Die Organe der Vereinigung waren (§ 4) Die Mitgliederversammlung, Der kleine Rat, Der Arbeitsausschuß und die Aufnahmekommission.
86 Ebd. § 3. Faktisch hatten die Maler (= sieben) und Bildhauer (= vier) die Mehrheit unter den insgesamt 17 zusätzlich zum Arbeitsausschuß gewählten Mitgliedern der Aufnahmekommission.
87 StadtA München, Kulturamt 403.

lerausbildung. Die Frage, in welcher Weise die angestrebte Zusammenarbeit der »hohen« Künste mit der »angewandten« Kunst, dem bisherigen Kunstgewerbe, und dem Kunsthandwerk realisiert werden könne und die angestrebte Synthese der Künste auch den »Bau der Zukunft« ermögliche, beschäftigte die engagierten Künstler in ausgedehnten Debatten. Während aus der Berliner Diskussion das von Walter Gropius organisierte »Bauhaus« in Weimar als die bekannteste Reforminstitution im April 1919 hervorging, konnten sich in München die Reformer gegen die Beharrungskraft der bestehenden Institutionen und die bald nach der Abschwächung der demokratischen Bewegung wieder mehrheitlich konservativ eingestellten Künstler nicht durchsetzen. Die Arbeit des Rates verlor mit der weitgehenden Niederlage der sozialen Reformbewegung ihre programmatische Stoßkraft.

Teilhabe an der Bürgerlichkeit

Bei anderen lokalen Künstlervereinen hatten die gesellschaftlichen Funktionen neben der berufsständischen Interessenvertretung ein größeres Gewicht. Es konstituierte sich ein sozialer Bezugsraum, in dem sich Angehörige der Berufsgruppe zum Erfahrungsaustausch trafen.[88]

Auch erwarben sich die Künstlervereine als Veranstalter von herausragenden kulturellen Ereignissen einen Ruf, insbesondere von historischen Festzügen,[89] die vom Kult des Künstlers getragen wurden, wie er sich an der Person Albrecht Dürers im 19. Jahrhundert entwickelt hatte. Im Sinne der »Kalokagathia« wurde mit ihm das humanistische Identitätsideal[90] als ein bürgerlicher Tu-

---

88 Beispielsweise Lotte Roth-Wölfle (Hg.): Die Münchner Freie Gesellige Vereinigung ›Die Mappe‹. 1926-1990, München 1990; v. Werner 1913, S. 108. Anton von Werner schilderte – wohl für die siebziger Jahre – die Zusammenkünfte des Vereins Berliner Künstler als gesellige Ereignisse: »Die Fachgenossen trafen sich Dienstag und besonders am Sonnabend zahlreich im Verein Berliner Künstler, der damals sein bescheidenes Heim bis 1887 im Geber'schen Industriegebäude in der Kommandantenstraße inmitten von Läden und Warenmagazinen aller Art hatte. Auch hier wurde gesungen und musiziert (...). Vorsitzender war Prof. C. Steffeck, der vortreffliche Pferdemaler.«
89 Wolfgang Hartmann: Der historische Festzug, München 1976.
90 Dies wurde in Schriften verbreitet wie: Heinrich Conrad Arend: Das Gedächtnis der Ehren eines der volkommensten Künstler seiner und

gendkanon assoziiert: Dürer repräsentierte Fleiß, Erfahrung, Wissenschaftlichkeit und Natürlichkeit gleichermaßen. In dieser Aufladung hatte sich das Dürergedenken als eine Kultform der deutschen Freiheitsbewegung seit 1818 herausgebildet. Am 8. April 1828 nahmen zahlreiche Künstler den dreihundertsten Todestag zum Anlaß, sich in Nürnberg zu einer Dürertagung zu treffen. Dahinter stand zugleich die Absicht, eine nationale deutsche Künstlerassoziation zu bilden, ein Projekt, das jedoch nicht zustande kam. Dennoch blieben Dürerfeiern mit einem weittragenden kulturellen Kontext konnotiert, der 1840 in Nürnberg mit der Einweihung einer Dürer-Statue fortgeschrieben wurde.

Das Münchner Dürerfest im selben Jahr gilt als ein erster Höhepunkt des Künstlerkults mit langanhaltender Ausstrahlung. Wenngleich mit diesem Ereignis die Inszenierung von identitätsverbürgenden Vorstellungen und die Weiterführung eines kulturellen Leitbildes für die Künstler des 19. Jahrhunderts intendiert war, so verband sich aus aktuellem Anlaß ebenso das Ziel hiermit, die Dankbarkeit der Münchner Künstlerschaft gegenüber dem königlichen Auftraggeber Ludwig I. auszudrücken. Ferner bot sich eine Gelegenheit, an der zeitgenössischen Konstruktion der Geschichte des Bürgertums wie der deutschen Nation mitzuwirken, in der der Künstlerschaft ein hervorragender Rang zugewiesen wurde. Ein großer Maskenzug sollte im Verlauf dieses Bürgerfestes das »Bild deutschen Lebens vorführen, wie es zu Dürers Zeit gewesen« sei.[91]

Das München der Residenzstadt knüpfte hiermit an das Vorbild Nürnbergs an, da besondere Entsprechungen zwischen diesen beiden Städten zu bestehen schienen. Man leitete aus der Geschichte der Reichsstadt Nürnberg die Vorstellung von der Harmonie des Zusammenlebens in der Ständegesellschaft her. Dort sei im »verständnisvollen Zusammenwirken der Geschlechter mit den Bürgern, der Wissenschaft mit der Kunst, der Kunst mit den

---

aller nachfolgenden Zeiten, Albrecht Dürers, um eben die Zeit, als er vor 200 Jahren die Welt verlaßen, aus besonderer Verehrung vor dessen Verdienste ans Licht gestallet von (...), Prediger der freien communion bergstat Grund, Goslar 1728; vgl. hierzu Heinz Lüdecke und Susanne Heiland: Dürer und die Nachwelt, Berlin/DDR 1955, S. 116 und 319 f.

91 Vgl. Th. Stettner: Das Münchner Künstlerfest von 1840. Eugen Neureuther und Gottfried Keller, in: Zeitschrift für Bücherfreunde, N. F. 11, 1919/20, S. 171-177, hier S. 171; Gottfried Keller verarbeitete seine Erlebnisse als Beteiligter in seinem Roman »Der grüne Heinrich«.

Gewerben« eine kulturelle und wirtschaftliche Blütezeit hervorgebracht worden. Dieses Bild wurde von 600 Teilnehmern in drei Abteilungen mit Hilfe historischer Kostüme inszeniert: Es gab einen Aufzug der Bürger, den Zug des Kaisers und der »Mummerei«. Den Ausklang bildete eine Huldigung an die monarchische Herrschaft König Ludwigs 1.

Die Münchner Tradition von festlichen Inszenierungen durch Künstler baute auf dem starken Erlebniswert dieser Ereignisse und der hieraus gespeisten Vorstellung im kollektiven Gedächtnis des Publikums auf. Dies galt für die Künstlerfeste[92] als gesellschaftliche Höhepunkte des Münchner Faschings.[93] In diese gingen Kultivierungen der bürgerlichen Gesellschaft ein. Beispielsweise enthält die Einladung für den Künstlerball im Februar 1852, die Moritz von Schwind gestaltete, einem Sinnspruch, der in der Folge des Goethekultes als Slogan für die Lebenspraxis des Bürgertums vielfach zitiert wurde:

> »Tages Arbeit! Abends Gäste!
> Saure Wochen! Frohe Feste!«

Die bürgerliche Ökonomie der Arbeitsamkeit, die Integration in soziale Beziehungsnetze und die Formen des geselligen Lebens, aber auch die notwendige Spontaneität der Phantasieproduktion wurden als ein widersprüchlicher und doch auf jeweils individuelle Weise gelöster Lebensentwurf für Künstler wie Bürger gleichermaßen propagiert.

Am 15. Februar 1898 erreichte der Fasching seinen Höhepunkt mit

---

92 Georg Jacob Wolf (Hg.): Münchner Künstlerfest. Münchner Künstlerchroniken, München 1925.

93 Beispielsweise: Künstlerfest Carneval 1898 in den beiden kgl. Hoftheatern München 15. Februar, München 1898 (cf. Fritz August Kaulbach). Selbst ein bescheidenes Medium wie die Einladungskarten hierzu, die ebenso für Kneipen, »Tanzunterhaltungen«, Maskenfeste oder ländliche Unterhaltungen angefertigt wurden, diente dazu, sowohl das kollektive Selbstbild zu stilisieren als auch die graphische oder zeichnerische Meisterschaft des gestaltenden Künstlers zu demonstrieren. Vgl. Ernst Berger: Einladungskarten für Künstlerfeste einst und jetzt, in: Die Kunst für Alle, Jg. 11, München 1895/96, S. 161-165; beispielsweise gezeichnete Einladungskarte für die Allotria zum Maskenball der Künstler im Odeon am 17. Februar 1840 von Kaspar Braun, zur Costümierten Künstler-Unterhaltung am 16. Februar 1884 im Hotel Vier Jahreszeiten von Robert Beyschlag.

einer Inszenierung der Münchner Künstlerschaft in beiden Königlichen Hoftheatern. Für diese traten federführend die »Künstlerfürsten« Franz Lenbach und Friedrich August Kaulbach in Erscheinung. Ein Schmuckblatt des letzteren zeigt Lenbach im klassizistischen Stil als Wagenlenker eines vierspännigen Kampfwagens.[94] Lenbachs Darstellung mit Brille und Bart war Künstlerlob und Satire zugleich, beschrieb aber ein letztes Mal seine überragende Stellung in der Künstlerschaft. Das Programm des Festes zeigte im ersten Teil eine farbenfrohe, burleske Inszenierung, die sich auf bekannte kulturelle Figuren aus dem populären Bildungskanon bezog, und bot im zweiten Teil ein Tanzprogramm mit Walzer und Française von Johann Strauss:[95]

>Programm
>Hymne, eigens komponiert von K. v. Perfall
>Festspiel von Max Schillings
>Festzug: Bacchanten, Priesterinnen, Philosophen,
>   Orpheus, Sängerinnen, Tänzerinnen, Volk,
>   Krieger, Ägypter, Assyrer
>Der Zug des Goldenen Kalbes (phönizisch)
>   Krieger, Der Führer, Blumenstreuende Knaben,
>   Der Kapellmeister, Harfenspieler, Korybanten,
>   Tänzerinnen, Das goldene Kalb, Krieger, Volk
>Das delphische Orakel
>Tombola
>
>Zweiter Teil:
>Tanz-Ordnung
>1. Walzer – Künstlerleben von Johann Strauss
>2. Française aus der Operette August von Johann Strauss
>Pause
>3. Française Künstler von Johann Strauss
>Musik des Kgl. Infanterie-Leib-Regiments
>Kgl. Musik Direktor M. Hoegg

---

94 Staatsbibliothek München, Friedrich August Kaulbach: Festgabe zum Künstlerfest, Carneval 1898, München 1898.
95 Ebd., Programm des Künstlerfestes 1898.

Abb. 9: Franz Lenbach im Kostüm. Vermutlich vom Fotografen vervielfältigte und zum Kauf angebotene Fotografie. – Das Künstler-Costüm-Fest von 1876 war der Zeit Kaiser Karls v. gewidmet. Die Vorstellung, die von den kulturgeschichtlich bedeutsamen Zeitphasen in

Die Künstlervereinigung »Allotria«[96] wirkte nicht nur mit Künstlerfesten,[97] sondern auch mit Künstlerlobbyismus in die lokale Stadtöffentlichkeit hinein. Sie erschien den Künstlern als eine attraktive Bühne der Berufsgenossen, auf der Statusrivalitäten ausgetragen wurden, aber auch wegen ihrer kulturell anregenden Atmosphäre.[98]

In der Regel dienten Anlässe wie Geburtstage oder Jubiläen von Mitgliedern nicht nur der Ehrung, sondern auch der individuellen Profilierung der Gratulanten. Neben dem Porträtisten Lenbach wirkte in der »Allotria« der Ausstattungskünstler und Architekt Lorenz Gedon als ein gleichermaßen aktives Mitglied. Für ihn wurde am 10. November 1883 eine Dankesfeier ausgerichtet.[99] Anlaß war die Einweihung des neuen Vereinsheimes der Allotria am Maximiliansplatz. Der bereits tödlich erkrankte Gedon hatte hierfür die Innenarchitektur geschaffen. Wir können einer ausführlichen Schilderung den ritualisierten Ablauf derartiger Feste entnehmen.

Für diese Feier war eine gemeinsame Präsentation aller Beteiligten in Form der Selbstdarstellung ihrer Herkunftsstämme, als Preußen, Schwaben und andere, verabredet worden. Die Einleitung bildete

---

96 Allotria. Ein Halbes Jahrhundert Münchner Kulturgeschichte. Erlebt mit der Künstlergesellschaft Allotria. Mit Beiträgen von Ostini, Eggert, Sälzle u. a., München 1959. Eine impressionistische Schilderung des Kneipenbetriebes, die das Künstlerleben als »Sonderbereich« ausgestaltete, bei Lovis Corinth: Legenden aus dem Künstlerleben, Berlin 1908, S. 115 f., und zur Abgrenzung durch Gruppenzugehörigkeit: »Die Allotrianer bildeten sich schon lediglich durch ihre Mitgliedschaft ein, etwas Höheres zu sein als jeder andere Sterbliche.« Ebd., S. 86.
97 Allgemein Andreas Haus: Ernst ist das Leben. Heiter ist die Kunst. Graphik zu Künstlerfesten des 19. Jahrhunderts. Textheft zur Ausstellung in der Kunstbibliothek, Berlin 1971.
98 Mitgliederverzeichnis der Künstlergesellschaft Allotria, München 1905.
99 GNM, ABK, Nachlaß Lorenz Gedon 1, B-8, Bericht über das Fest in der Künstlergesellschaft Allotria in München, geschrieben – vermutlich – vom ältesten Sohn Lorenz Gedons, Rudolf.

---

der bildungsbürgerlichen Öffentlichkeit existierte, wurde von den Künstlern in den individuell entworfenen historischen Kleidungsstücken ausgestaltet.

ein gemeinsames Essen als offenbar übliche Form des Festbeginns. Im daran anschließenden Programm standen kommentierende Beiträge im Vordergrund. Franz Fischer führte durch Wagners Werke, die Kneipzeitung des stellvertretenden Vorstandes W. Hecht behandelte den Bau der Walhalla und bezog ihn auf die neue »Allotria-Behausung«. Als weiterer Programmteil wurde der »Allotriamarsch« von Perfall gespielt. Komödie, Satire und individualisierte künstlerische Phantasieproduktion vermischten sich hier zu einer gemeinschaftsstiftenden kulturellen Atmosphäre, die die Besonderheit des Künstlertums beschwor und die kreative Verarbeitung der eigenen Rolle in der bürgerlichen Kultur verbildlichte.

Neben der Teilhabe am Vereinsleben bot die Präsenz bei wichtigen kulturellen Ereignissen den Künstlern eine weitere Bühne zur Selbstvergewisserung über die eigene soziale Stellung in der bürgerlichen Öffentlichkeit. Mit dieser Bedeutung beschrieb der Maler Franz Defregger die ersten Bayreuther Festspiele von 1876 als ein herausgehobenes Ereignis:[100] »Die ersten Festspiele in Bayreuth habe ich ebenfalls mit meiner Frau besucht und genossen, die hochinteressant waren, nicht bloß der großartigen Aufführungen wegen, sondern der vielen vornehmen Leute wegen, die zu den Festspielen herangepilgert kamen, sozusagen aus der ganzen musikalischen Welt.«

Eine Form des gesellschaftlichen Lebens, in der distinktive Bürgerlichkeit und bildungsbürgerliche Konversations- und Kulturinteressen eine anregende Verbindung eingingen, war der von renommierten Privatleuten und Künstlern veranstaltete »Salon«. Aus einem Text von Moritz von Carrière, der an Einladungen teilnahm, die der Maler Wilhelm Kaulbach an Sonntagabenden in seinem Haus regelmäßig »für befreundete Familien« gab, erhalten wir ein Bild:[101]

»Eine Tasse Thee oder ein Glas Bier, etwas kaltes Fleisch mit Brot und Butter auf einem Büffett war die äußere Zurüstung, aber geistvolles Gespräch, Poesie und Musik boten stets reichlichen Genuß in einem ausgewählten Kreise, dessen beseelender Mittelpunkt die edelschöne Hausfrau war, eine Münchner Bürgerstochter, die dem unberühmten und unbemittelten Jüngling Herz und Hand geschenkt hatte und nach Jahren freudiger

---

100 GNM, ABK, Nachlaß Franz v. Defregger, I B Lebenserinnerungen, S. 33.
101 Carrière 1889, S. 59.

Armut nun im stattlichen Gartenhaus an der Gartenstraße waltete. Der Künstler hat sie gern den guten Genius seines Lebens genannt.«

In ähnlicher Weise veranstaltete der »freie« Künstler und königliche Akademieprofessor Franz Defregger auf dem Höhepunkt seines Erfolges nach 1880 in seinem neu errichteten Haus Salons. Diese Form der Geselligkeit in einem sich abschließenden privaten Raum ermöglichte die Pflege eines ausgewählten sozialen Bezugsnetzes unter Wahrung des eigenen Normen- und Geschmackskontextes:[102]

»In dem neuen Haus bekamen wir viel Besuch. Recht amüsant war es bei den jour fix, wo die bekanntesten Hofopernsänger wie Kindermann und Reichmann etc. Gesänge zum besten gaben, desgleichen die ersten Schauspieler wie Hauser, Kepler, Dreher etc. Mit Hermann Kaulbach hatten wir jour fix eingeführt, die eine Woche bei Kaulbachs, die andere bei uns.«

Defregger legte offenbar weniger Wert auf geistvolle Reflexion als auf eine »fröhliche Stimmung«.

Ähnliche Erzählungen dokumentieren die selbstverständliche Adaption der Formen von Bürgerlichkeit im Lebensentwurf der Künstler. Dies gilt auch für Anton von Werner in der aufstrebenden Reichshauptstadt Berlin. 1871 schmückte der zu diesem Zeitpunkt bereits erfolgreiche Maler bei seinem Einzug in die erste Berliner Wohnung den Salon mit dem für das 19. Jahrhundert im bürgerlichen Bildungswissen als assoziative Chiffre wirkenden Goethezitat.[103] In Vorbereitung auf die Hochzeit und die Ankunft seiner Frau hatte er eine Wohnung gemietet, in der auch sein erstes Atelier in einem dreifenstrigen Balkonzimmer Platz hatte (Lützower Ufer 31). Er führte dort ein arbeitsintensives, von dichten Terminen strukturiertes Leben. Mit der Gestaltung zweier Friese und einer Darstellung des Malers schuf er sich ein Medium für den Ausdruck seines Selbstbildes als ein äußerst aktiver Künstler.[104] Im

---

102 GNM, ABK, Nachlaß Franz v. Defregger, I B Lebenserinnerungen, S. 34.
103 Von Werner 1913, S. 65: »Tages Arbeit, Abends Gäste,/Saure Wochen, frohe Feste.«
104 Ebd., S. 83. Zur Gestaltung der Wandfriese, die historisierend den Bezug auf das 15. und 16. Jahrhundert illustrieren und zugleich die tradierte Rolle des Hofmalers mit dem Normenkanon der erfolgsorientierten Bürgerlichkeit integrieren sollte, vgl. Martina Weinland: Tages Arbeit, frohe Feste. Von Künstlerleben und Lebenskunst am

Bewußtsein seines Erfolges als Künstler und einer für die Repräsentanz im Kunstbetrieb notwendigen Arbeitsökonomie lehnte er 1872 ein Angebot des Weimarer Kunstschuldirektors Graf Stanislaus Kalkreuth zur Übernahme einer Professur mit der Begründung ab, daß »meine Arbeiten mir auch gar keine Zeit gelassen hätten«.[105] Wenig später ließ er sich jedoch als Direktor der Berliner Hochschule der Bildenden Künste verpflichten.

Trotz angestrengter Arbeitstätigkeit vernachlässigte von Werner keineswegs die aktive Integration in die Formen des bürgerlichen Gesellschaftslebens und dessen Beziehungsgeflechte. Er pflegte Kontakte, die Einfluß oder Aufträge versprachen: abendliche Geselligkeit, Künstlerfeste, Trio- und Quartettabende, Krebsessen im Sommer oder eine »gemütliche« abendliche Bowle im Winter. Gelegentlich nahm auch das Kronprinzenpaar daran teil.[106] Von Werner hob hervor, daß die erfolgreichen Künstler und die Vertreter der Wissenschaft seit den siebziger Jahren des 19. Jahrhunderts durchaus Zugang zur Oberschicht Berlins hatten. So konnte sich im Salon des »Porträtmalers« Professor Gustav Richter »die Crème der aristokratischen Welt in glücklicher Mischung mit Vertretern von Wissenschaft und Kunst« versammeln.[107] Die Künstler waren als Teil der Mischgesellschaft der gründerzeitlichen Eliten zu Ansehen gelangt.[108]

Die Boheme und die Sonderstellung in der bürgerlichen Gesellschaft

Andererseits festigte sich mit der Verbreitung des Bohemebegriffs seit den neunziger Jahren in Deutschland und der verstärkten Zuschreibung von typischen Verhaltensklischees die innere Grenze zur »Bürgerlichkeit«.[109] Neben das Schreckgespenst des

Beispiel zweier Friese aus Anton von Werners »Villa VI«, in: Anton von Werner, hg. von Dominik Bartmann 1993, S. 158.
105 Von Werner 1913, S. 83.
106 Ebd.
107 Von Werner 1913, S. 98.
108 Hierzu beispielsweise Hans-Ulrich Wehler: Wie bürgerlich war das Deutsche Kaiserreich?, in: Kocka 1987, S. 258.
109 Die Entstehung der Boheme wird mit dem Paris der dreißiger Jahre des 19. Jahrhunderts verbunden, als ein spezifisches Milieu in der

»brotlosen Künstlers« traten assoziative Bilder, in denen die ambivalente Bewunderung für eine ausgelebte Individualität, für ein unkonventionelles Leben jenseits der Norm, ihr Medium fand. Nun galt der »Bohemeton« als eine spezifische Repräsentanz des Künstlerhabitus, im Sinne eines extravaganten Lebensstils mit »genialen Erlaubtheiten«.[110] War es der Gelderwerb in Gestalt eines »anständigen Monats- oder Quartalsgehaltes«,[111] der als die zentrale Legitimation in der bürgerlichen Gesellschaft Anerkennung schuf, so geriet vor allem der individualitätsbezogene »freie Künstler« mit sporadischen und im voraus schwer kalkulierbaren Einnahmen in eine zugespitzte Außenseiterrolle zum verstetigten Erwerbsverhalten des Bürgers. Dennoch schien der Künstlerhabitus mit seinen kulturellen Codierungen die sozialgeschichtlich so unterschiedlichen sozialen Lagen der Malerfürsten und der am Existenzminimum lebenden Künstler zu integrieren,[112] indem ihnen eine gemeinsame mentale Haltung, ein »großer Berufsstolz« und eine »Denkungsart« fernab von wirtschaftlicher Rationalität, zugeschrieben wurde.[113] Doch zugleich bezeichnete der Begriff Boheme ein soziokulturelles Geflecht von Beziehungen, die sich von der »Normalkultur« der bürgerlichen Gesellschaft durch abweichende Normen und Codes, Verhaltens- und Kleiderstile unterschieden. In diesen fand der Künstlerhabitus seine spezifisch identifizierbare Repräsentation.

Die Vorstellungen, die sich mit dem Bohemien verbanden, kamen dem Lebensstil jener Künstler nahe, die entweder von den Er-

---

      modernen Großstadt. In den 1860er bis 1880er Jahren galt das Café Guerbois als Treffpunkt der Boheme. Dort entwickelten »die Impressionisten« Degas, Renoir, Pissarro, Monet und Sisley ihren programmatischen Diskurs, vgl. Watson 1961, S. 60.

110 Schultze-Naumburg 1905, S. 92; allgemein Eckhard Neumann: Künstlermythen. Eine psychologische Studie über Kreativität, Frankfurt am Main/New York 1986, S. 254 ff.

111 Uphoff-Hagen 1910, S. 612; die Klage über eine einseitige Ausrichtung auf »materielle« Werte durchzieht den Artikel.

112 Vgl. Helmut Kreuzer: Die Bohème. Beiträge zu ihrer Beschreibung, Stuttgart 1968; und ders.: Die Bohème. Analyse und Dokumentation der intellektuellen Subkultur vom 19. Jahrhundert bis zur Gegenwart, Stuttgart 1971; interessanterweise bezeichnet der Rassetheoretiker Günther 1969, S. 45, Hitler als Bohemien.

113 Drey 1910, S. 83.

Abb. 10: Faschingsfest. München um 1900.
Die Fotografie veranschaulicht die Inszenierung einer klassizistischen Fiktion: Der Krieger und das mit dem Lorbeerkranz geschmückte nackte Modell. Im Besitz von Gabriele Münter befand sich eine Serie von Aufnahmen, die offenbar am selben Abend in der Szene der Kunstschüler entstanden war und ein Spiel mit der Erotik des weiblichen Körpers dokumentiert.

trägen des eigenen Besitzes lebten oder sich am Rande der Erwerbsfähigkeit mit gelegentlichen Verkäufen bewegten. Das Klischee des Künstlers als Bohemien stand jedoch im Gegensatz zum realen Lebensstil der erfolgreichen Künstler wie Anton von Werner, Franz von Lenbach oder Franz von Stuck. Diese gestalteten ihren Alltag in einer intensiven Arbeitsökonomie und arbeiteten strategisch auf die Erhaltung oder Steigerung ihres Marktwertes hin. Ebenso pflegte Kandinsky, der finanziell unabhängig war, einen dezidiert bürgerlichen Lebensstil. Hiervon setzte der Begriff der Boheme einen Teil der Künstler ab, die eine zwar geistvolle, aber spontane und exzessive Lebensweise pflegten. Die Ausblendung der ökonomischen Realität aus dem idealen Konstrukt des Künstlerhabitus bestimmte allerdings die kommunizierten Versionen des Selbstbildes,[114] die die Künstler in Selbstdarstellungen und Memoirenliteratur von sich entwarfen.[115]

Wenngleich die Schwabinger Boheme erst in den neunziger Jahren entstand, verwies Drey bereits 1910 auf das Eigenleben dieses Bildes als literarische Fiktion mit den damit verbundenen Zuschreibungen:[116] »Die Literatur hat diesen Typus jedermann geläufig gemacht; sie schildert den Maler mit Vorliebe als ein sonniges Menschenkind mit Humor und göttlicher Leichtlebigkeit, das anspruchslos auch bei schmalem Verdienst sich ein frohes, festliches Leben zu gestalten versteht.«

114 GNM, ABK, Lovis Corinth I A, Nr. 2, Meine Lebensbeschreibung, II. Teil »Werden«, S. 5: »Alle meine neu gewonnenen Freunde tranken und betranken sich (...). Der Hauptgrund dieser Entgleisung war ihre geringe Schulbildung und ihre zu große Armut. Alle waren Stubenmaler gewesen. Der Alkohol hatte bei ihnen offene Tür, und wenn sie kein Geld hatten zu ›Grogg‹ oder Schnaps, nahmen sie mit Brennspiritus vorlieb, welchen sie auf der ›Bude‹ ihrer Freunde stibitzten und so hatten sie die paar Jahre eine traurige Berühmtheit für unsere Akademie erlangt.«
115 Dieser Widerspruch kann in der Folge der Entstehungsgeschichte des bürgerlichen Kunstbegriffs interpretiert werden, vgl. Schindler 1985, S. 197.
116 Drey 1910, S. 81, kommentiert dieses Bild des Bohemiens: »In der Tat ist der bildende Künstler oft auch ein echter Lebenskünstler; andererseits aber ist er durchaus nicht so weltunklug, wie diese Zeichnung glauben machen möchte und die Bescheidenheit seiner Lebenshaltung meist nicht die Folge innerer Genügsamkeit, sondern wirtschaftlicher Mißverhältnisse.«

In der Vorstellung des bürgerlichen Publikums wurde der Künstlerhabitus vielfach mit den Bildern der Boheme gleichgesetzt. Die Begriffe und Handlungsmuster, die hierbei konnotiert wurden, listete Uphoff-Hagen auf. Demnach wurde eine ungebundene Lebensweise mit »freien Neigungen« und »Unmoral« assoziiert.[117] In der Perspektive einer angestrebten familiären Generationenfolge galt der Bohemien daher als Gefährdung. Aus der Wertehierarchie von »Bürgerlichkeit« ergaben sich symbolische Grenzen, die darin ihren Ausdruck fanden, daß es »in jeder Familie als Unglück« betrachtet werde, »wenn ein Sprößling Neigung« zeige, Künstler zu werden.[118] Auch werde »das Töchterlein« von Vater wie Mutter im Bogen »um den Künstler« herumgeführt, selbst wenn dieser die geschätzten Konventionen der »Bürgerlichkeit« beherrsche, was beispielsweise an der symbolischen Form des Klavierspiels gemessen wurde. Vor der Folie der Denkweisen von »Bürgerlichkeit«, insbesondere gegenüber dem ökonomischen Kalkül des Besitzerwerbs, stand die idealistische Zielsetzung der Kunst, im Sinne eines »Schaffens für den Kulturfortschritt« oder für die »großen Menschheitsideale«, in ambivalentem Ansehen. Kunst blieb gegenüber »den Lebensbedürfnissen« bestenfalls ein »Luxusartikel«.[119]

---

117 Uphoff-Hagen 1910, S. 612.
118 Ebd.
119 Ebd.

IV. Reichtum und Armut

Die sozialen Unterschiede unter den Künstlern waren Gegenstand vielfältiger Beobachtungen. Der Wirtschaftswissenschaftler Drey resümierte seine Wahrnehmungen um 1910:[1] »Die Kunstmaler stellen keine homogene Berufsklasse vor. Auch die Kunst macht nicht alle gleich.« Die starke innere Differenzierung resultierte aus den Valorisierungsprozessen des Kunstmarktes in der bürgerlichen Gesellschaft.[2] Nicht die Geburt, »sondern die wirtschaftlichen und künstlerischen Erfolge im Kampfe um die Anerkennung und Existenz bilden hier die Grundlage der sozialen Schichtung«, so daß die enormen Unterschiede zwischen den Einkommen der »gefeierten Modekünstler« und denen der »proletarisierten« Künstler in einer extremen Gegensätzlichkeit der Lebensstile ihren Ausdruck fanden.[3] Lovis Corinth verwies auf eine »Unzahl« von Malern, insbesondere in München und Berlin,[4] »die nicht oder doch nur kümmerlich in der Lage sind, ihr Brot zu verdienen, und die auch nicht genügend begabt sind, um ein An-

---

1 Statistische Erhebungen zur Einkommensstruktur der Maler oder anderer Künstlergruppen sind nicht bekannt und wurden offenkundig auch nicht erhoben. Dies ist mit der Natur des Kunstmarktes und der Individualität der Künstlerexistenz zu erklären. Daher sind wir auf punktuelle Angaben über Preise für Bilder u. a. angewiesen, um die vagen Vorstellungen zumindest in einzelnen Fällen zu präzisieren. Zitat Drey 1910, S. 82.
2 Jürgen Weber: Entmündigung der Künstler. Geschichte und Funktionsweise der bürgerlichen Kunsteinrichtungen, München 1979, S. 64, vermutet, gemessen an der Kaufkraft »mindestens 5-7mal« höhere Durchschnittshonorare als in den 1970er Jahren. Die Honorare für die Werke von Spitzenkünstlern wie F. A. Kaulbach entsprächen dagegen etwa denen von Beuys.
3 Ebd., S. 83: »Die Kluft zwischen dem Hofmaler und dem städtischen Malerhandwerker der frühen Neuzeit war nicht so groß wie die zwischen dem gefeierten Modekünstler und dem proletarischen Maler unserer Tage.«
4 Lovis Corinth: Legenden aus dem Künstlerleben, Berlin 1908, S. 92: »Von diesem Künstlerproletariat gibt es aber in München und Berlin eine schwere Menge.«

recht an die Allgemeinheit auf Unterhalt und Beschäftigung zu haben«.[5]

In der Erinnerungsliteratur finden sich aussagefähige Kommentierungen dieser inneren Hierarchisierung der Künstler in reich und arm. Beispielsweise entwarf der Maler Schlittgen für die Zeit um 1900 ein grobkonturiertes Bild dreier Schichtungen, das der zeitgenössischen Wirklichkeit nahekommen dürfte:[6]

»Neben der glänzenden Lebensführung einiger besonders Begabten und Glücklichen und der breiten Bourgeoisie des künstlerischen Mittelstandes [befanden sich, d. V.] so viele unten, als Proletariat, von denen man nicht wußte, wovon sie lebten, die darbten und den Tag hindämmerten, mit glühenden Augen hinauf sahen auf die Erfolgreichen.«

Die Diskrepanz zwischen dem idealisierten Künstlerhabitus und der dauerhaften Notlage zahlreicher Maler wurde im Begriffspaar »Künstlerfürst« und »brotloser Künstler« bildlich veranschaulicht.[7]

Lediglich für die kleine Zahl der im überregionalen Kunstmarkt erfolgreichen und gut verdienenden Künstler war eine Lebensführung in demonstrativem Luxus möglich.[8] Dennoch orientierten sich die öffentlich kommunizierten Vorstellungen, die die Grundlage für den idealisierten Kult »des Künstlers« bildeten, in nicht zu unterschätzender Weise an den wenigen bewunderten »Künstlerfürsten«.[9] Insbesondere sofern diese ihr Einkommen in der sym-

---

5   Paul Schultze-Naumburg: Maler Erziehung, in: Kunstwart 19. Jg., 1. Januarheft 1906, S. 383; an anderer Stelle ähnlich: »Maler wie Sand am Meer, die nichts zu leben haben«, ebd., S. 384.
6   Schlittgen 1947, S. 91, zit. n. Langer 1992, S. 53.
7   Dieser Gegensatz wurde als Ausstellungstitel aufgenommen: Armer Maler – Malerfürst. Künstler und Gesellschaft Düsseldorf 1819-1918, Stadtmuseum Düsseldorf 10. 9.-26. 10. 1980.
8   Drey 1910, S. 81, bestätigt dieses Modell weniger reicher Künstler und einer größeren Zahl mit auskömmlicher Existenz: »Die Erfahrung zeigt, daß auch in Deutschland einige Künstler in der Tat sehr viel verdienen; doch sind das Ausnahmefälle. Die anderen haben zum Teil ein gutes Auskommen, sehr häufig aber – vielleicht zuviel zum Verhungern, jedoch sicher zu wenig zum Leben. Können und Erfolg gehen nicht immer Hand in Hand.«
9   Die Reduktion der Wahrnehmung auf die »hohe« Kunst und die »großen« Künstler legitimierte sich immer mit dem Klischee: »Die Künstler haben trotz Hunger und Elend geschaffen und gejubelt.« Dieses Argu-

bolischen Form einer herrschaftlichen Villa repräsentierten, fiel ihnen auch innerhalb der Künstlerschaft eine herausgehobene soziale Stellung zu, zumal das prestigeträchtige Reichwerden von Künstlern aus den Erträgen ihrer Malerei im kunstgeschichtlichen Bildungswissen mit den Beispielen Raffaels oder Tizians in einem historischen Bezug verglichen wurde.[10] In München zählten hierzu die Porträtisten Franz Lenbach, Friedrich August Kaulbach,[11] Franz Defregger, Eduard von Grützner, Franz von Seitz oder der führende »Sezessionist« und Klassizist Franz Stuck.[12] Defregger beispielsweise, auf einem Tiroler Bauernhof aufgewachsen, erwarb von seinen Einkünften bald eine »kleine Villa mit schönem Garten in Schwabing«, 1878 sodann eine »kleine Villa« in der Königinstraße 31. 1880 errichtete er einen standesgemäßen Neubau in der Königinstraße 35.[13]

Diese gut verdienenden Maler gaben der Vorstellung vom Künstler Bildlichkeit, da sie nicht allein Erfolg repräsentierten, sondern zugleich den Künstlerhabitus in markanter Weise in einem Ensemble ästhetischer Artefakte individualisierten.[14] Gegenüber die-

ment diente der Ausblendung des Sozialen und der sozialen Lebensbedingungen aus dem Bewußtseinshorizont. Vgl. Märten 1914, S. 9.
10 Burke 1984, S. 75, nennt Tura, Lenale, Perugino, Montegna, Catena, Raffael und Tizian.
11 Vgl. Christine Hoh-Slodczyk: Das Haus des Künstlers im 19. Jahrhundert, München 1985, insbesondere S. 69 ff.
12 Die Stuck Villa. Zu ihrer Wiedereröffnung am 9. März 1968 München, Kat. Ausst. 1968; Helga D. Hofmann: The Villa Stuck. A Masterpiece of the Bavarian Attic Style, in: Apollo 1971, N. S. 117, S. 384-395; Werner Hager: Zur Villa Stuck 1969, in: Franz von Stuck 1972, S. 51-57; Jochen Poetter (Hg.): Villa Stuck – Franz von Stuck 1863-1928, Ausst. Kat. Villa Stuck, München 1984; Christine Hoh-Slodczyk: »Kunststadt« und Künstlervilla, in: Franz von Stuck 1863-1928, Ausst. Kat. Museum Villa Stuck, München 1984; Christine Hoh-Slodczyk: Das Hildebrandhaus, in: Das Hildebrandhaus in München. Seine Erbauer, seine Bewohner, München 1981.
13 Nach Plänen des Architekten Hauberisser und des Baumeisters Zwisler. GNM, ABK, Nachlaß Franz Defregger.
14 Zur höchst differenzierten Einkommenssituation vgl. auch Lenman 1994, S. 118 und 130; Lenman geht für »mittelmäßige Künstler« für die Zeit nach 1900 von 6000 bis 7000 Mark verfügbarem Lebensunterhalt aus, was in etwa dem Preis von zwei gutbewerteten Genre- oder Landschaftsbildern entsprach.

ser demonstrativen Sichtbarkeit mit allen in der bürgerlichen Gesellschaft mythisierungsfähigen Merkmalen des erworbenen Reichtums trat die Normalität einer lediglich auskömmlichen und somit unscheinbaren Existenz zurück, deren Realität bereits Hermann Obrist als eine immerwährende Spannung zwischen der angestrebten Idealität des Künstlerhabitus und der Erwerbsarbeit beschrieb:[15] »Und viele kämpfen und arbeiten lange hart genug, um das zu bleiben, was sie werden wollten: Künstler.« Dieser »durchaus nicht einheitliche Mittelstand« setze sich aus Künstlern mit »großen Fähigkeiten und geringen Erfolgen, Menschen mit großem Wollen und geringem Können«, aber auch aus erfolgreichen Imitatoren zusammen.[16]

Eine zugespitzte Diskrepanz ergab sich für diejenigen Berufsanfänger, die im Kunstmarkt unbekannt waren und nicht auf elterlichen Besitz zurückgreifen konnten, worauf Paul Kutter 1912 hinwies:[17] »Am schlimmsten ist wohl der junge, frisch von der Akademie kommende Maler daran, der von Haus aus kein Vermögen besitzt und also beim Eintritt in die Welt vis-à-vis de rien steht. Das Stipendium, das er etwa bekam, solange er auf der Akademie war, ist fortgefallen.« Hans Thoma nahm die Erfahrung des sozialen Risikos in einer anderen Bedeutung wahr. Er äußerte die Vermutung, die verbreitete Erfahrung von existentieller Not werde in einer Weise verarbeitet, die zum identitätsstützenden Muster eines gesteigerten »Unabhängigkeitsgefühls« beitrage.[18]

Für den abgrenzenden bürgerlichen Blick lud sich das Bild des gescheiterten oder in kärglichen Umständen lebenden Künstlers mit einer ambivalenten Faszination auf, da es als ein Gegenbild zur eigenen bürgerlichen Lebensführung mit dem Streben nach Sicherheit um den Preis von mentalen Verzichtleistungen wirkte.[19] Im

---

15 Hermann Obrist: Ein künstlerischer Kunstunterricht (Herbst 1900), in: ders. 1903, S. 68.
16 Drey 1910, S. 82.
17 Kutter 1912, S. 10.
18 Hans Thoma: Im Herbst des Lebens, München 1909, S. 45, sprach vom »durch die Not erworbenen Unabhängigkeitsgefühl« und »Kampf mit der Lebensnot«, ebd., S. 49.
19 Eine beispielhafte erniedrigende Armutserfahrung und Erläuterung des ländlichen Bildbedarfs: Wilhelm Kaulbach schilderte zu einem Kupferstich »Das wahrhaftige Abbild Jesu Christi«, das über seinem Sofa

kollektiven Gedächtnis des 19. Jahrhunderts hatte sich das Bild des »brotlosen« Künstlers bereits verfestigt. Ikonographisch wurde es von Darstellungen der ärmlichen oder skurrilen Randexistenz beeinflußt, wie beispielsweise in den Inszenierungen der Gemälde Spitzwegs. Zu dieser Schicht des »Künstlerproletariats« wurden »verbummelte« Genies gezählt, die ihr Leben »zwischen Arrangieren, Bier und dazwischen etwas flüchtig hingeworfener Arbeit« verbrachten,[20] aber auch talentlose Künstler. Ferner sind diejenigen zuzuordnen, die ihren Unterhalt um jeden Preis mit ihrem Werkzeug, dem Pinsel und der Farbe, verdienen mußten und sich, dem Druck der sozialen Notlage folgend, als Ausführende bei einer Bildermanufaktur verdingten. Selbst Maler, die in ihrer künstlerischen Produktivität durchaus erfolgreich waren, konnten durch die Mechanismen des Marktes und der Preisbildung in eine Notlage von Hunger und Entbehrung gedrückt werden. Sofern sie gezwungen waren, ihre Arbeiten billig zu verkaufen, und sei dies auch nur einer momentanen Situation geschuldet, konnten diese Werke zum Spekulationsobjekt der Kunsthändler werden, die unter Umständen erhebliche Gewinne erzielten, ohne daß dies dem Maler zugute kam. Uphoff-Hagen schilderte den seiner Auffassung nach keineswegs vereinzelten Fall eines Malers, der der »Ausbeutung durch gewissenlose ›Kunstfreunde‹« ausgeliefert gewesen war.[21] Dieser befand sich in Not, obgleich er anläßlich seines sechzigsten Geburtstags von angeblichen Mäzenen als »großer

hing, seine eigene lebensgeschichtliche Erfahrung, die Moritz Carrière niederschrieb: »Er erzählte uns, daß sein Vater das Bild gestochen, daß er und ein Schwesterlein es auf den Westfälischen Bauernhöfen zum Verkauf herumgetragen und gar froh über die gute Mahlzeit gewesen seien, die ihnen da manchmal zuteil geworden. Die Not verleitete den Vater, einmal seine Kunst auch auf gesetzwidrige Weise zu gebrauchen; er saß eine Zeit lang gefangen und hatte damals seine einzige Freude daran, wenn der Sohn ihn an Sonntagen besuchen durfte und ihm seine Studienblätter aus der Zeichenschule der Düsseldorfer Akademie bringen konnte, die vom raschen Fortschritt Zeugnis gaben.« Carrière 1889, S. 60.

20 Paul Schultze-Naumburg: Der Studiengang des Malers, Leipzig 1896, S. 80.

21 Uphoff-Hagen 1910, S. 613. »Der bildende Künstler muß zusehen, wie sein Werk zum Spekulationsobjekt gemacht wird, wie zum Teil Riesengewinne daraus erzielt werden, nachdem er es, oft der Not gehorchend, für einen billigen Preis hergab.« Ebd., S. 614.

Künstler« gepriesen worden war und seine Bilder von den Kunsthändlern als einträgliche Geschäftsobjekte gehandelt wurden: »Dieser Sechzigjährige darbte während seiner 45jährigen Künstlerschaft in grausamer Weise: er muß heute zusehen, wie seine Werke, die man, seine Ohnmacht ausnutzend, ihm für ein Hungergeld abnahm, zu hohen Preisen im Handel sind. Des Hungers müde, hat er schließlich gegen ein Jahresgehalt seine Produktion verkauft; gegen eine Summe, welche vielleicht den zehnten Teil des Wertes dessen ausmacht, was er in einem Jahre an Kunstwerken schafft.«

Eine außergewöhnliche visuelle Quelle bestätigt dieses Bild einer großen sozialen Ungleichheit. Sie veranschaulicht die gestufte Hierarchisierung in wenige reiche, eine größere Zahl von auskömmlichen Existenzen sowie eine erhebliche Zahl von armen Künstlern, deren Existenz allerdings kaum individuell dokumentiert wurde. 1889 fertigte der Münchner Fotograf Carl Teufel etwa 200 Fotografien von Münchner Malern an, deren Zahl in der Berufszählung von 1882 mit insgesamt 960 ausgewiesen worden war.[22] Unter ihnen befanden sich die in jenen Jahren führenden Repräsentanten der Kunst. Die Fotografien zeigen eine Vielfalt unterschiedlicher Ateliers in der Endphase des Historismus, deren individualisierte Objektausstattungen nur bei einer sehr begrenzten Zahl auf Wohlhabenheit schließen läßt. Überwiegend wird eine eher auskömmliche bürgerliche Existenz sichtbar. Es ist davon auszugehen, daß die 760 nicht dokumentierten Künstlerateliers dem Fotografen als unerheblich erschienen waren, teils wegen der fehlenden Anerkennung der Maler in der Öffentlichkeit, teils weil ihre Ateliers im Vergleich zu den bereits fotografierten lediglich eine Wiederholung dargestellt hätten. Künstler, die zum »Künstlerproletariat« gerechnet wurden, verfügten in den seltensten Fällen über einen eigenen Arbeitsraum. Ihr Atelier bestand bestenfalls in einem Winkel des von ihnen bewohnten Zimmers.

Diese Künstler waren zu einem ständigen Balanceakt zwischen den wirtschaftlichen Erfordernissen ihrer beruflichen Existenz und der Idee der inspirierten künstlerischen Arbeit in Selbständigkeit gezwungen, wie sie der Künstlerhabitus vorsah. Paul Kut-

22 Als Fotoalben erhalten, Fundort: Bayerische Staatsbibliothek München.

ter notierte Preise, die das Existenzminimum in München um 1912 markieren, in denen sich aber auch die Zwangslage der Künstler bei der Gestaltung eines »Not-Geschmacks« (Bourdieu) konkretisierte:[23] »Das billigste Atelier, das zugleich als Schlafraum dient, kann er in München unter 20 Mk monatlich nicht mieten, auch kann er unter 1 Mk bis 1,50 Mk die tägliche Nahrung nicht bestreiten.« Daneben seien Aufwendungen für Heizung und Kleidung zu finanzieren. Auch seien unter einer Entlohnung von einer Mark pro Stunde keine Modelle zu bekommen. Für die Landschaftsmaler kämen noch Kosten für Reisen hinzu.

Präzisere Erkenntnisse über die Armut der Künstler sind aus den verfügbaren Quellen nicht zu gewinnen. Somit verlieren sich die Spuren einer großen Zahl der mit der Berufsbezeichnung Maler statistisch erfaßten Künstler weitgehend. Vereinzelte Fakten lassen allenfalls indirekte Rückschlüsse zu, wie beispielsweise folgende Mitteilung: Von den Mitgliedern der renommierten Münchner Künstlergenossenschaft gaben etwa 10 Prozent an, den Jahresbeitrag in Höhe von 6 Mark nicht zahlen zu können.[24] In welchen Fällen lediglich von Zahlungsunwilligkeit oder tatsächlicher Zahlungsunfähigkeit auszugehen ist, muß offenbleiben. Auch die Akten des Künstler-Unterstützungsvereins, einer Form der kollektiven Not- und Alterssicherung, geben keine Auskunft über konkrete Fälle. In Notsituationen konnten nicht arbeitsfähige Künstler auf eine finanzielle Hilfe rechnen, ferner die nicht erwerbsfähigen hinterbliebenen Angehörigen, wie Witwen und Töchter von solchen Künstlern, die über eine ausreichende Reputation verfügten.[25] 1863 wandte sich der Künstler-Unterstützungs-

---

23 Kutter 1912, S. 100; zum Begriff des »Not-Geschmacks« vgl. Bourdieu 1985, S. 585 f.
24 Zit. bei Bauer 1988, S. 103.
25 StadtA München, Sozialamt 2944. 1857 waren dem in München zu diesem Zeitpunkt bereits bestehenden »Verein zur Unterstützung unverschuldet in Noth gekommener Künstler und ihrer Relikten« die »corporativen Rechte« vom bayerischen König Maximilian II. verliehen worden. StadtA München, Sozialamt Nr. 2450, Künstler Unterstützungsverein, Satzung des Vereins zur Unterstützung von unverschuldet in Noth gekommener Künstler und ihrer Relikten zu München 1862. Für das Jahr 1862 wurden 362 Mitglieder angegeben, überwiegend Künstler. Aus dem Kapital von 48 119 fl. wurden 1862 an Unterstützungen gewährt:

verein an die Stadt München mit der Bitte um eine Zuwendung an die Kasse des Vereins.[26] Der Magistrat bewilligte die einmalige Schenkung in Höhe von 500 fl mit der ausdrücklichen Anerkennung der Bedeutung dieser sozialen Tätigkeit. Die Stadt München habe »ihren Künstlern nicht nur vieles zu danken«, sondern »der Wert der bildenden Kunst« sei die Ursache dafür gewesen, »daß München einen vorzüglichen Ruf gewonnen, welcher die Freunde aus aller Herren Länder hierher zieht«.

Um 1910 verfügte der Münchner Künstler-Unterstützungsverein über das beachtliche Vermögen von 1,5 Millionen Mark, so daß aus dessen Erträgen jährlich 60 000 Mark an Unterstützungen und Pensionen verteilt werden konnten, eine Summe, die jedoch im Verhältnis zu den aufgetretenen Not- und Armutsfällen als völlig ungenügend betrachtet wurde.[27]

Da auch im Rechenschaftsbericht lediglich pauschal die aufgewandten Summen genannt werden, muß es als ein Glücksfall gelten, daß der geschäftsführende Vorstand aus außergewöhnlichem Anlaß drei ausgewählte Fälle zur Veranschaulichung der auftretenden Notlagen beschrieb. Dies geschah zur Begründung des Antrags von 1911 an den Stadtrat auf Erhöhung des Zuschusses. Es wird darin deutlich, in welch hohem Maße sich auch für Künstler Versorgungsleistungen aus den sozialen Pflichten des

Ein Mitglied I. Klasse	100 fl.
Desgleichen	200 fl.
Ein Mitglied II. Klasse	66 fl.
Desgleichen	100 fl.
Ein Mitglied IV. Klasse	50 fl.
Relikten eines Mitgliedes I. Klasse	600 fl.
Relikten eines Mitgliedes III. Klasse	250 fl.
wiederholte Unterstützung	150 fl.
Summe	1 516 fl.

26 StadtA München, Kulturamt 764, Künstler Unterstützungsverein betreffend, 13. Febr. 1863.

27 Drey 1910, S. 84. Aus einer Mitgliederaufstellung von 1912 erfahren wir Präziseres über die Zugehörigkeit zu den Sparten der »hohen« Kunst. Demnach setzten sich die 525 ordentlichen Mitglieder des Unterstützungsvereins aus 22 Architekten, 66 Bildhauern, 12 Graphikern, 425 Malern zusammen. Ferner gebe es 10 Ehrenmitglieder und 64 unterstützende Mitglieder. Verzeichnis der Mitglieder des Künstler-Unterstützungs-Vereins nach dem Stande vom 31. Dezember 1912, ebd., S. 319.

Verwandtschaftsverhältnisses ergaben, die somit der kommunizierten Vorstellung von Ungebundenheit entgegenstanden. Im Begleitbrief zu den drei Fällen wurde daher als ein zusätzliches Argument für die Erhöhung des Zuschusses darauf hingewiesen, daß der Künstler-Unterstützungsverein die städtische Armenfürsorge entlaste:[28]

»Fall I
Die Tochter unseres Mitgliedes, des Herrn Jakob Deininger, Kupferstecher dahier, war an einen städtischen Brandmeister verheiratet, welcher vor Jahren mit der Automobilspritze am Harlachinger Berg tödlich verunglückte. Nach dem Tode des Mannes kehrte die Frau mit den Kindern wieder zu ihrem Vater zurück, der für den größten Teil ihres Unterhaltes zu sorgen hat. Der Vater wandte sich in der dadurch entstandenen finanziellen Bedrängnis an den Künstler-Unterstützungs-Verein, worauf ihm dieser außer seiner jährlichen Pension von M 500.– noch jährlich Unterstützungen bis zu M 450.– gewährte.

Fall II
Der Architekt Fritz Adam, Sohn unseres verstorbenen Mitgliedes, des Professors Benno Adam, war 10 Jahre beim hiesigen Stadtbauamt tätig und verlor diese Stellung, die damals nicht pensionsberechtigt war, infolge schwerer Erkrankung im Jahre 1907. In seiner finanziellen Not richtete er an den Künstler-Unterstützungs-Verein mit dem Hinweis auf die langjährige Mitgliedschaft seines Vaters ein Gesuch um Beihilfe zu seinem ferneren Lebensunterhalt. Der Verein unterstützt ihn seitdem mit einem monatlichen Betrag von
M 30.–.

Fall III
Katharina Kainz, Tochter unseres verstorbenen Mitgliedes, des Kunstmalers Otto Wertlich, ist mit dem Kriegsveteranen und ehemaligen Buchhalter Max Kainz verheiratet. Dieser vermag sich nichts mehr zu verdienen. Lediglich mit Rücksicht darauf, daß es sich hier um eine außerordentliche Notlage einer Tochter unseres seit 1887 verstorbenen Mitgliedes handelt, gewährt ihr der Verein eine monatliche Unterstützung von M 35.–.«

Es war folgerichtig, daß nach dem Entstehen des kollektiven Sozialversicherungssystems der Versuch unternommen wurde, dieses Instrument in einer überregionalen Organisationsform für die Künstler zu nutzen. 1893 gründeten Weimarer Künstler eine

---

28 StadtA München, Sozialamt 2944. Den Grad an Repräsentativität dieser außergewöhnlichen Quelle können wir allerdings nicht überprüfen.

»Renten- und Pensionsanstalt für deutsche bildende Künstler«.[29] 1900 folgte eine Witwen- und Waisenkasse ebenfalls mit Sitz in Weimar.[30] Diesen Projekten war jedoch kein dauerhafter Erfolg beschieden.

Die Anerkennung des Mäzens in der bürgerlichen Gesellschaft gründete sich darauf, mittellosen Künstlern durch direkte Aufträge oder durch den Ankauf von Werken in ihrer materiellen Situation zu helfen und hierdurch die Entstehung von Kunst zu fördern.[31] Doch entgegen dem Ideal der Selbstlosigkeit erscheint das Bedürfnis nach Selbstidealisierung als das geläufigere Motiv. Vor dem Hintergrund des emphatischen Bildes des Mäzens[32] berichtete Lenbach am Beispiel des Münchner Kunstsammlers Graf Schack für die sechziger Jahre des 19. Jahrhunderts von einer sehr gebrochenen Realität. Dieser habe »sich um die Künstler seiner Zeit unvergeßliche Verdienste erworben, indem er eine ganze Anzahl buchstäblich vor dem Verhungern rettete. Er zahlte elende Preise, aber er war der Einzige, der irgend etwas bezahlte«.[33] Graf

---

29 StadtA München, Sozialamt 2944, Renten- und Pensionsanstalt für deutsche bildende Künstler in Weimar unter dem Protektorate Sr. Kgl. Hoheit des Großherzogs von Sachsen Weimar, 1893. Die Stadt München lehnte es ab, Zuwendungen an die Weimarer Pensionsanstalt zu entrichten, mit der Begründung, deren Tätigkeit erstrecke sich auf ganz Deutschland, so daß Beiträge freiwillig nach dem Eintritt abzuführen waren.
30 Ebd.
31 1930 merkte Paul Kantzsch skeptisch an: »Die Zeiten, in denen Mäcene sich junger Künstler annahmen, sie auf ihre Kosten ausbilden ließen und bis zur Erlangung wirtschaftlicher Selbständigkeit für ihren Unterhalt sorgten, dürften endgültig vorüber sein.« in: Reichsbund Deutscher Kunsthochschüler, 1930, S. 2.
32 Allgemein Mai u. a. 1993; Peter Hirschfeld: Mäzene. Die Rolle der Auftraggeber in der Kunst, München 1968; Günther u. Waltraud Braun (Hg.): Mäzenatentum in Berlin. Bürgersinn und kulturelle Kompetenz unter sich verändernden Bedingungen, Berlin/New York 1993.
33 So berichtet von Wyl 1904, S. 47 f.; vgl. auch zum Selbstverständnis dieses Mäzens: Adolf Friedrich Graf von Schack: Meine Gemäldesammlung, Stuttgart 1881; ders.: Ein halbes Jahrhundert. Erinnerungen und Aufzeichnungen, Bd. I-II, Stuttgart/Leipzig 1888; Andrea Pophanken: Graf Adolf Friedrich von Schack und seine Galerie. Anmerkungen zur Münchner Sammlungsgeschichte, in: Mai u. a. 1993, S. 114-134, insbesondere S. 121.

Schack hatte in München zum Aufbau einer eigenen Gemäldegalerie sowohl Werke lebender Künstler angekauft als auch Kopieraufträge zur Reproduktion der Bilder berühmter Meister in Museen erteilt.

Ein Beispiel echten Mäzenatentums finden wir in der verständnisvollen Zuwendung des Kunstphilosophen und reichen Erben Conrad Fiedler, der den befreundeten Maler Hans von Marées längere Zeit finanziell absicherte.[34] Als einziger Mäzen, dessen Hilfe eine breitere Münchner Künstlerschaft erreichte, trat der bayerische Prinzregent Luitpold auf, der nach der Entmündigung König Ludwigs II. 1886 die Regentschaft der Monarchie innehatte. Die Münchner Künstlerschaft verlieh ihm 1887 den Ehrentitel eines »Protektors der Künste«. Luitpold genoß den Ruf, die Münchner Künstler in ihren Ateliers persönlich aufzusuchen und dabei auch Werke anzukaufen. Ihm wurde auch deshalb Selbstlosigkeit zugebilligt, da er sich nicht vorrangig für die bekannten Modekünstler interessierte, sondern mit seiner pekuniären Unterstützung gerade notleidenden Künstlern half.[35]

---

34 Fiedler ließ sich 1880 auf Dauer in München nieder. Zu Fiedler auch die Einleitung zur Neuausgabe (1969) seiner Schriften von Gottfried Boehm in: Conrad Fiedler: Schriften zur Kunst I, ediert von Hermann Konnerth, 2 Bde., München 1913/14. Fiedlers eigene Bedeutung als Kunsttheoretiker resultiert aus der Reflexion der modernen Kunst und zeigt seinen Erfahrungsgewinn auch aus dieser Beziehung, vgl. Einleitung von Hans Eckstein zu Conrad Fiedler: Schriften über Kunst, Köln 1977, S. 10 f. Vgl. auch Elisabeth Decker: Zur künstlerischen Beziehung zwischen Hans von Marées, Conrad Fiedler und Adolf Hildebrand, Basel 1967.

35 Von Möller 1988, S. 508 f.; Prinzregent Luitpolds Kunstsammlung soll demnach weniger eine Kunstkennerschaft ausweisen als seinen karitativen Sinn. Die 550 Nummern der zwischen 1883 und 1912 entstandenen Sammlung war aus 150 Ankäufen auf Ausstellungen im Glaspalast, etwa derselben Zahl aus den Ateliers der Künstler sowie weiterer Bilder aus dem Kunstverein zusammengekommen.

v. Bezugsorte des Künstlerlebens: München-Schwabing als stadtkultureller Raum und die ländliche Szenerie der Künstlerkolonie Dachau

Im Prozeß der Urbanisierung bildete sich im Verlauf des 19. Jahrhunderts der neuartige Stadtraum der modernen Großstadt heraus, in dem sich die sozialen Beziehungen der Menschen in einer inneren Ökonomie von Arbeitsteiligkeiten auf eine neue Weise ordneten. Spezialisierte Orte des Arbeitens, des Wohnens, der Kommunikation, aber auch der Zirkulation von Gütern und der Aneignung von Genüssen ergänzten einander. Die moderne Lebensweise entstand zuerst an diesen Orten der Verdichtung von Menschen, von Verkehr und Warenkonsum, von kulturellen Angeboten und der Vielfalt der Sinneseindrücke. Die gesteigerte Intensität der Alltagserfahrung und eine zunehmende Flüchtigkeit von Reizen und Wahrnehmungen ergänzten einander in der Dynamik des Modernisierungprozesses.[1] Da der ländliche Raum hiervon noch wenig erfaßt war, gewann er aufgrund der traditionalen Kulturformen an Anziehungskraft.[2] Diese Ausdifferenzierung der Räume und Kulturen wurde von den Künstlern im letzten Drittel des 19. Jahrhunderts in ihren Lebenshaushalt aufgenommen und mit besonderen Bedeutungen besetzt. Stadtraum und Land traten in der psychischen Ökonomie der Individuen als Stimulanzen der Kreativität in eine innere Beziehung der Gegensätzlichkeit.

In beispielhafter Weise ist diese Bedeutungsaufladung des Stadtraumes an der Herausbildung der Kunststadt München und des Künstlerviertels Schwabing nachzuvollziehen. Sie kann schließlich mit den kulturellen Merkmalen verglichen werden, die der Künstlerkolonie Dachau Attraktivität verliehen. Von diesen kreativen Regionen ging ein kultureller Reiz mit spezifischem schöpferi-

---

1 Thomas Kleinspehn: Der flüchtige Blick. Sehen und Identität in der Kultur der Neuzeit, Reinbek bei Hamburg 1989, S. 241 ff.
2 Eine Charakterisierung der Unterschiede zwischen der modernen Großstadt und dem ländlichen Raum bei Simmel 1903, passim.

schen Anregungspotential aus. Es ist danach zu fragen, wie sich diese Bezugsräume konstituierten und welche Bedeutung ihre sozialen Netze, Öffentlichkeiten und Institutionen einnahmen.

München als Kunststadt

München entwickelte sich im 19. Jahrhundert zur führenden Metropole der Künste in Deutschland,[3] wenngleich bereits 1865 Berlin und Wien als konkurrierende Städte genannt wurden.[4] Als Quellen für die Bedeutungsgeschichte dieses Stadtraumes können zahlreiche Kommentare der Zeitgenossen herangezogen werden. Lovis Corinth verortete den Höhepunkt der Anerkennung Münchens als »Kunstzentrale des ganzen deutschen Reiches« in der Mitte der achtziger Jahre und beschrieb die Stadtkultur als einen Erfahrungsraum, in dem sich Menschen mit Interesse an der intensiven Beschäftigung mit Kunst begegneten und einen besonderen Lebensstil pflegten, der sich in das Künstlerbild einfügte:[5] »Kunstjünger aus aller Herren Länder waren hier zusammengeströmt; wenn sie auch äußerlich durch ihre Rassen voneinander verschieden waren, so hatte sie doch seelisch ein gemeinschaftliches Band umschlungen, das teils aus demselben Streben nach den höchsten Zielen der Kunst – freilich wie sie jeder für sich verstand – und teils durch das gemütliche ungenierte Leben, das hier möglich ist, gewebt war.« Noch 1895 galt es als »Gemeinplatz«, daß »unter allen deutschen Kunststädten« München noch immer den ersten Rang innehabe.[6] Was jedoch unter Kunststadt zu verstehen

---

3 Vgl. den Sammelband zur Stadtgeschichte der Prinzregentenzeit: Friedrich Prinz/Marita Krauss (Hg.): München – Musenstadt mit Hinterhöfen. Die Prinzregentenzeit 1886-1912, München 1988, und Norbert Götz u. a. (Hg.): Die Prinzregentenzeit. Kat. d. Ausst. im Münchner Stadtmuseum (15. 2. 1988-16. 4. 1989), München 1988; ferner zur politischen Geschichte Karl Möckl: Gesellschaft und Politik während der Ära des Prinzregenten Luitpold in Bayern, München und Wien 1972; ders.: Hof und Hofgesellschaft in Bayern, in: Karl Ferdinand Weber (Hg.): Höfische Kultur und Politik im 19. Jahrhundert, Bonn 1985.
4 Vgl. »Die Münchner Kunst...«, in: Grenzboten 1., 1865, S. 9. Diese seien »jetzt nahe daran, die Münchner Kunst zu überholen«.
5 Corinth 1908, S. 85.
6 Beispielsweise Voß 1895, S. 229.

sei,[7] erschien einem Kenner der Kunstverhältnisse, wie dem Kunstkritiker Fritz Stahl, bereits 1908 präzisierungsbedürftig:[8]

»Ich denke natürlich nicht daran zu leugnen, daß in München eine große Zahl unserer besten künstlerischen Kräfte wirken, eine mindestens ebenso große, vielleicht größere als in irgend einer deutschen Stadt. In diesem Sinne ist es seit einem Jahrhundert Kunststadt gewesen und ist es bis heute geblieben, und hat es nach meiner Empfindung niemals einen Niedergang gehabt. Man würde das aber besser Künstlerstadt nennen. Oder, wenn man ganz präzise den Sachverhalt bezeichnen will, am besten sagen: In München ist eine große Künstlerstadt. Dann ist auch gleich gesagt, daß die Verbindung zwischen dem Künstler-München und dem Bürger-München eine sehr, aber auch sehr lose war. ›In München wird Kunst nur für den Export fabriziert‹, sagte Lenbach in bitteren Stunden. Und von einem Einfluß der Künstler auf die Gestaltung des Lebens war schon gar nicht die Rede.«

Wenngleich die semantische Frage nach der Berechtigung des Begriffs »Kunststadt« umstritten blieb und präziser von einer in sich zirkulierenden Subkultur der Künstlerindividuen auszugehen ist, kann ein stadträumlicher Verdichtungsprozeß besonderer Art nachvollzogen werden,[9] in dem mehrere Formen der Kunstpflege und -tradierung zusammenwirkten, die die Voraussetzungen für das intensivierte kulturelle Leben schufen. Die Entstehung des Künstlerviertels Schwabing verstärkte die Präsenz von Kunst und Künstlern, so daß man für diese Zone des Münchner Stadtraums von einer kreativen Region sprechen kann, insbesondere zwischen 1890 und 1914.[10]

---

7 Zur Geschichte dieser Konnotation vgl. Gabriele Schick: Die Münchner Kunststadt-Diskussion 1781 bis 1945, Wien 1994.
8 Fritz Stahl: Eine Geschmacksausstellung, Berliner Tageblatt, 18. 6. 1908.
9 Ein kenntnisreicher Aufsatz zur Entwicklung im 19. und frühen 20. Jahrhundert mit einer Fülle von Fakten, Robin Lenman: Maler in München. Eine Gemeinde im Wandel, in: ders. 1994, S. 108-145.
10 Die Frage nach der Entstehung kreativer Epochen wurde wiederholt gestellt, beispielsweise bei A. L. Kroeber: Configurations of Culture Growth, Berkeley/Los Angeles 1944. Das Problem der Entstehung von kreativen Regionen wurde bislang kaum thematisiert. Vgl. Enrico Castelnuovo/Carlo Ginzburg: Zentrum und Peripherie, in: Luciano Bellosi u. a.: Italienische Kunst. Eine neue Sicht auf ihre Geschichte, Berlin 1987, S. 23.

Zur Grundlegung des Rufes einer »Kunststadt«[11] hatte die ambitionierte Stadtbau- und Kunstpolitik König Ludwigs I.[12] mit den monumentalen Architekturprojekten der Ludwigstraße und des Königsplatzes wesentlich beigetragen.[13] Während seiner Regentschaft konnte »die romantische Schule« in München zur Blüte gelangen, weshalb die Zeit von 1820 bis 1840 auch zu einer »Frühlingszeit für die deutsche Kunst« stilisiert wurde,[14] in der sich nationale Bilder deutscher Kultur und Geschichte aus der Vorstellung einer Renaissance der griechischen Kunst lösten.[15]

Seit den fünfziger Jahren des 19. Jahrhunderts wurde die Anziehungskraft der Stadt für Künstler und ein überregionales Kunstpublikum durch die großen Kunstausstellungen gesteigert. In den achtziger Jahren war der Begriff der »Kunststadt« durch eine beachtliche Zahl von Institutionen zur Sammlung, Präsentation und Vermittlung von Kunst legitimiert: die Kunstakademie, die Kunstmuseen Alte und Neue Pinakothek, die Sammlung des Grafen Schack, vor allem aber der international bedeutsame Kunst-

---

11 Julius Max Schottky: Münchens öffentliche Kunstschätze im Gefilde der Malerei, München 1833.
12 Walter Schmitz: Der ästhetische Staat. Die Kulturpolitik Ludwigs I. und ihre literarischen Wertungen, in: ders. (Hg.): Die Münchner Moderne, Stuttgart 1988; und ders. (Hg.): Die Münchner Moderne. Die literarische Szene in der »Kunststadt« um die Jahrhundertwende, Stuttgart 1990.
13 Der Mythos des kunstsinnigen Königs tradierte sich über zahlreiche Veröffentlichungen langfristig weiter, vgl. beispielsweise Hans Reidelbach: König Ludwig I. von Bayern und seine Kunstschöpfungen. Zu allerhöchst dessen Hundertjähriger Geburtstagsfeier, München 1888 (Nachdruck Hannover 1985).
14 Stettner 1919/20, S. 171; ein Überblick zur Beschäftigung von Künstlern und zur Förderung von Wissenschaft in: Ausst. Kat. Bayerische Staatsbibliothek in Zusammenarbeit mit dem Bayerischen Hauptstaatsarchiv: Ludwig I. von Bayern. Der königliche Mäzen, München 18. 9.-29. 11. 1986.
15 Bereits 1865 wurde diese Phase in der Zeitschrift »Grenzboten« rückblickend kommentiert: »Wenigstens ein Vierteljahrhundert lang hat München für die vornehmste Heimstätte der modernen deutschen Kunst gegolten, auch gegenwärtig noch will es sich diesen Ruhm nicht nehmen lassen.« Vgl. »Die Münchner Kunst der Gegenwart. Die bayerischen Könige Ludwig der Erste und Maximilian der Zweite«, (ohne Namenszeichnung) in: Grenzboten 1, 1865, S. 9-22, hier S. 9.

markt, daneben zahlreiche Verkaufsgalerien und die Redaktionen führender deutscher Kunstzeitschriften. Ohnedies ließ die im Verhältnis zur Bevölkerung jeder anderen deutschen Stadt größere Zahl von Künstlern die schmückende Metapher eines »modernen Athen«, die vom Griechenkult hergeleitet war, als angemessen erscheinen.[16] Im Oktober 1891 urteilte der Münchner Kunstschriftsteller und Verleger Georg Hirth über den vollzogenen Aufstieg zu einer internationalen Kunstmetropole:[17] »Den alten Hauptbrennpunkten des europäischen Kunstlebens, Paris und London, ist als dritter München ebenbürtig an die Seite getreten; was auf politischem und militärischem Gebiete Berlin, das ist nun, infolge einer ebenso gesunden und natürlichen Kraftentfaltung, auf künstlerischem Gebiete unser München geworden.«[18]

Aus der Perspektive der Künstler ergab sich eine Attraktivität des Stadtraums aus der »Fühlung mit der großen Kunstbewegung«, im Unterschied zum Leben in einer Provinzstadt, die von künstlerischen Entwicklungen bestenfalls »einige Jahre später« erreicht

---

16 Als Topos tradiert z. B. bei Edoardo Spangher: München. Das moderne Athen, geschildert von einem Italiener, in: Münchner Propyläen, München 1869, S. 1183 ff.
17 Georg Hirth: Die Zukunft des Münchner »Salons«, in: ders: Wege zur Kunst, München 1902, S. 366.
18 Zwei Jahrzehnte später, im Jahre 1911, legitimierte Franz von Stuck den Begriff Kunststadt, zu einem Zeitpunkt, als der Höhepunkt bereits überschritten war, mit Argumenten, die einen eingespielten kommerziellen Kunstbetrieb unterstrichen: »Daß München gegenwärtig noch die erste Kunststadt Deutschlands ist, glaube ich bestimmt. München ist mindestens ein ebenso großer Kunstmarkt wie Berlin. Wenn ich richtig beobachtet habe, ist er sogar weit größer. Von Münchnern selbst wird allerdings wenig gekauft. Denn München ist eine Stadt mit wenig reichen Leuten. Aber Belgier, Engländer und Amerikaner wissen sehr wohl, daß sie hier fast alles bekommen, was sie an Kunstschätzen zu beziehen wünschen, sie kommen alle hierher zu unseren Kunstausstellungen, und die regsamen Kunsthändler, die wir haben, sorgen ständig für eine Propaganda, ohne die ja ein Kunstmarkt nicht gut zu denken ist. Was aber München zu einem Kunstmarkt ganz besonders befähigt, ist die Tatsache, daß hier Tausende von Künstlern leben, also im Verhältnis zur Zahl der Bevölkerung weit mehr als in Berlin, wo die Maler ein winziges Häuflein gegenüber drei Millionen Menschen bilden.« Zit. nach Bauer 1986, S. 103.

wurde.[19] Aus diesem Grund kamen zahlreiche junge Künstler nach Abschluß ihres Studiums hierher, um an der Kunstszene teilzuhaben, beispielsweise Max Liebermann, Lovis Corinth, Peter Behrens und Paul Schultze-Naumburg.[20] Der Ruf einer das Leben zum »Idealen« hin formenden Stadtkultur stärkte auch die Anziehungskraft der Akademie, worauf der Kunstschriftsteller Voß hinwies:[21] »Der junge Künstler dagegen wird seine Brust am freiesten fühlen in einer Stadt, in der die Kunst eine der großen Triebfedern des ganzen idealen Lebens ist.« Wassily Kandinsky, Giorgio de Chirico, Alfred Kubin und Paul Klee begannen an dieser Ausbildungsinstitution ihr Studium.

Von einer Prägekraft der Künstler für den Stadtraum,[22] im Sinne einer wechselseitigen Beeinflussung der schöpferischen Menschen und des städtischen Lebens,[23] ist allerdings kaum zu sprechen. Bereits in den ersten Jahrzehnten des 20. Jahrhunderts erschien die Realität der Künstlerszenen gegenüber dem »geistigen« Ideal des Künstlermythos als zwiespältig und kommentierungsbedürftig, so daß Thomas Mann in den »Betrachtungen eines Unpolitischen« anmerkte:[24] »Ihre tiefreichende künstlerische Kultur ist weniger geistig als sinnlich; München ist die Stadt der angewandten und zwar der festlich angewandten Kunst, und der typische Münchner Künstler immer ein geborener Festordner und Karnevalist.« Kandinsky, 1930 aufgefordert, sich über sein Leben im Künstlerviertel Schwabing zwischen 1896 und 1914 zu äußern – einem Zeitraum von 18 Jahren –, hob retrospektiv die einmalige

---

19 Schultze-Naumburg 1905, S. 14.
20 Thoma 1909, S. 45, sah diese Attraktivität bereits bei seiner eigenen Wohnortnahme in München im November 1870: »So, wie in München, fühlt sich der Künstler doch in keiner anderen deutschen Stadt«, und »gerade München hat einen geheimnisvollen Zauber«.
21 Voß 1895, S. 229.
22 Der Begriff der »künstlerischen Stadt« wurde früh von der Tourismuswerbung als kulturelles Kapital aufgenommen, Ernst Wilhelm Bredt: München, die künstlerische Stadt, in: Verein zur Förderung des Fremdenverkehrs in München und im bayerischen Hochland (Hg.): Ein Führer und Ratgeber zur dauernden Ansiedelung, München 1911.
23 In diesem Verständnis von Stadtraum wurde immer wieder argumentiert, vgl. Franz 1936, S. VII.
24 Thomas Mann: Betrachtungen eines Unpolitischen, Frankfurt am Main 1983, S. 140.

kulturelle Aura des Stadtviertels Schwabing[25] hervor, das ihm als Ort des »Geistigen« schlechthin erschien. Seine Sicht war zweifellos überpointiert, zumal die von ihm beschriebene Aura des Künstlerlebens in den zwanziger Jahren längst an Ausstrahlungskraft verloren hatte:[26] »Heute – nach so vielen Jahren – hat sich die geistige Atmosphäre in dem so schönen und trotz allem doch lieben München grundsätzlich verändert. Das damals so laute und unruhige Schwabing ist still geworden – kein einziger Laut verbreitet sich von dort. Schade um das schöne München und noch mehr schade um das etwas komische, ziemlich exzentrische und selbstbewußte Schwabing, in dessen Straßen ein Mensch – sei es ein Mann oder eine Frau (a Weibsbuild) – ohne Palette oder ohne Leinwand, oder mindestens ohne eine Mappe sofort auffiel. Wie ein ›Fremder‹ in einem ›Nest‹. Alles malte ... oder dichtete, oder musizierte, oder fing zu tanzen an. In jedem Haus fand man unter dem Dach mindestens zwei Ateliers, wo manchmal nicht gerade so viel gemalt wurde, aber stets viel diskutiert, disputiert, philosophiert und tüchtig getrunken (was mehr vom Beutel- als vom Moralzustand abhängig war).

›Was ist Schwabing?‹ fragte einmal ein Berliner in München. ›Es ist der nördliche Stadtteil‹, sagte ein Münchner. ›Keine Spur‹, sagte ein anderer, ›es ist ein geistiger Zustand.‹ Was richtig war. Schwabing war eine geistige Insel in der großen Welt, in Deutschland, meistens in München selbst.«

Dem Verlust der Führungsrolle als Kunststadt Deutschlands, der spätestens nach dem Ersten Weltkrieg anzusetzen ist, war ein längerer Prozeß des Verfalls dieses Ansehens vorausgegangen. Um 1900 legte das dynamische Wachstum der Reichshauptstadt Berlin, die mit der Urbanisierung einen großen Gestaltungsbedarf an visueller Kultur entwickelte, die Frage nahe, inwieweit sich die Gewichte verschoben hatten. Ein Anzeichen hierfür war die Abwanderung von führenden Künstlern der Moderne nach Berlin. 1902 zog Lovis Corinth, der sich als »geborener Preuße« in Mün-

---

25 Ein verdienstvoller Überblick bei Gerdi Huber: Das klassische Schwabing. München als Zentrum der intellektuellen Zeit- und Gesellschaftskritik an der Wende des 19. zum 20. Jahrhundert, München 1973.
26 Wassily Kandinsky: Brief an Paul Westheim, Der Blaue Reiter (Rückblick), in: Das Kunstblatt XIV, 1930, wiederabgedruckt in Kandinsky: Essays über Kunst und Künstler, hg. und kommentiert von Max Bill, Bern, 3. Aufl. 1973, S. 133 f.

chen nie völlig heimisch gefühlt hatte, in die aufsteigende Metropole. Auch Max Liebermann wanderte ab. Um der Vermutung des schleichenden Bedeutungsverlustes nachzugehen, sah sich der Kunstkritiker Eduard Engels 1902 veranlaßt, eine Umfrage unter Künstlern und Experten durchzuführen.[27] Seine Fragestellung richtete sich jedoch auf die Gesamtstadt München. Das Künstlerviertel Schwabing wurde in den Texten, die die wichtigsten Argumente versammelten, nicht genannt. Wir können diese Äußerungen als eine Quelle für die Vorstellungen von der »Kunststadt« heranziehen.

Der alternde »Künstlerfürst« Franz von Lenbach erklärte die urbane Kultur der Stadt für die Künstlerpersönlichkeit als nebensächlich. Er idealisierte vielmehr die Autonomie der »großen« Künstlerindividuen, indem er, seinem an der Renaissance und den Malerfürsten des Barock orientierten Weltbild entsprechend, deren Unabhängigkeit als schöpferische Repräsentanten des »Geistes« beschwor:[28] »Immer und überall waren es die großen Persönlichkeiten, denen die Kunst ihre Fortschritte zu verdanken hatte (...).«

Anders lauteten die Argumente der am Bereich der angewandten Kunst interessierten Autoren. Einige Stellungnahmen bezogen sich explizit darauf, daß 1896/97 von einer kleinen Gruppe Münchner Künstler, an der neben Hermann Obrist auch Richard Riemerschmid und Paul Schultze-Naumburg beteiligt waren, jene ästhetische Reformbewegung ihren Ausgang genommen hatte, die »die Anwendung der Kunst für das Leben« beabsichtigte.[29] Im Selbstbild der befragten Künstler wurde dieser künstlerischen Innovation ein beachtlicher Stellenwert für die zeitgenössische Bedeutung Münchens zugesprochen. In der kreativen Atmosphäre dieses Stadtraumes sei es möglich gewesen, den Kunstbegriff zu öffnen und neue Formen der »modernen Kunst« zu entwickeln.[30]

27 Eduard Engels: »Münchens Niedergang als Kunststadt«. Eine Rundfrage, München 1902; Georg Hirth: Der angebliche Niedergang Münchens als Kunstmetropole, in: ders.: Wege zur Kunst, (München) 1902, S. 413-426.
28 Franz von Lenbach, in: Engels 1902, S. 9.
29 Stahl 1908.
30 Vgl. ferner Joseph August Lux: Das neue Kunstgewerbe in Deutschland, Leipzig 1908, S. 122: »Das historische Verdienst Münchens, zuerst einen entscheidenden Schritt um die Sache der modernen Kunst getan

Mit diesem Argument beschrieb der Verleger Georg Hirth die Qualität des »künstlerische(n) Genius loci«.[31] Auch Paul Schultze-Naumburg hob die »Führung Münchens« auf den Gebieten hervor, denen sich »neuerdings vorzugsweise die künstlerischen Kräfte zuwenden: der dekorativen Kunst, der Architektur«. Er nannte zwei Faktoren als ursächlich für die »Hegemonie Münchens« innerhalb Deutschlands:[32] erstens die hier tätigen »Künstler-Persönlichkeiten« selbst und zweitens den Kunstmarkt. Zugleich verwies er auf die überregionale Mobilität der Künstler, so daß ein Austausch der Künstler beständig vor sich gehe. Die Stadt sei folglich mehr als ein »Gefäß« anzusehen, in dem die Kunst blühe. Weniger deutlich stehe deren Atmosphäre in einer inneren Verbindung mit der Kunstproduktion.[33]

Wie kam es aber bereits im Jahre 1902 zu dieser doch eher vorsichtigen und skeptischen Beurteilung der Bedeutung der »hohen« Kunst durch namhafte Künstler im Unterschied zu der retrospektiven Huldigung Kandinskys an Schwabing? Eine Erklärung bietet die deutlichere Unterscheidung zwischen der Geschichte eines spezifischen Stadtraums[34] und andererseits der kulturellen Codierung mit den Bildern der künstlerischen Boheme.[35]

---

zu haben, muß ausdrücklich hervorgehoben werden. Eine Gründung wie die Vereinigten Werkstätten in München wäre damals und ist selbst heute noch in keiner anderen Stadt möglich, Wien ausgenommen.«

31 Georg Hirth: Stellungnahme, in: Engels 1902, S. 83. Eine vertiefte Reflexion des Zusammenhanges von Stadt und Kunstentstehung fand in den Stellungnahmen keinen Niederschlag.
32 Schultze-Naumburg 1905, S. 73.
33 Ebd., S. 72. Auch Schultze-Naumburg unterschied ähnlich wie Lenbach: »Die Stadt München an sich hat viel weniger mit der Münchner Kunst zu tun, als die mit den Verhältnissen Nichtvertrauten es denken mögen.«
34 Eine Diskussion um den Stellenwert Münchens als Kunststadt begleitete die weitere Entwicklung. Beispielsweise Adolf Brougier: Gedanken über die fernere Entwicklung Münchens als Kunst- und Industriestadt, München 1905.
35 Eine populäre Publikation, die bemüht war, diesen Begriff zu reklamieren, ist W. Zils: Geistiges und künstlerisches München in Selbstbiographien, München 1913.

Schwabing als »Künstlerviertel«

Der Verdichtungsprozeß zum »Künstlerviertel« Schwabing nahm etwa drei Jahrzehnte in Anspruch. So lange dauerte es, bis die materiellen Voraussetzungen zu einer Stadtlandschaft entstanden waren, in der sich jenes besondere Künstlermilieu bildete, von dem Kandinsky berichtete. Definiert man ein Künstlerviertel als ein soziales und kulturelles Bezugsfeld, in dem die Künstler mit ihren Alltagspraktiken und visuellen Codes den urbanen Stadtraum dominieren, so wären hiermit abgrenzende Merkmale zu anderen Stadtquartieren benannt. Kandinskys Charakterisierung Schwabings als »Insel des Geistes« stützte sich auf die Präsenz der alltäglichen Zeichen im Straßenbild in Gestalt der Werkzeuge der Maler, von Palette, Staffelei oder Mappe.

Die Entstehung dieses spezifischen urbanen Milieus läßt sich aus der Geschichte des Münchner Stadtraumes herleiten.[36] Mit dem Wachstum von der Residenzstadt zur modernen Großstadt[37] und der hierdurch bedingten Mobilität vollzogen sich zugleich soziale Segregationsprozesse,[38] in deren Verlauf die Stadtquartiere nördlich der Altstadt für die Künstler an Attraktivität gewannen. Bereits die unter Ludwig I. errichteten Institutionen wie die Pinakothek und die an der Ludwigstraße gelegene Universität hatten dieses Gebiet mit einer kulturellen Aura aufgewertet. Die Königliche Akademie der Künste, die schließlich zwischen 1876 und 1884 im historistischen Neorenaissancestil von Eugen Neureuther errichtet wurde, bildete einen weiteren markanten städtebaulichen Akzent.

Während noch in den 1860er Jahren die Straßen südlich und nörd-

---

36 Heinz Selig: Münchner Stadterweiterung von 1860-1910. Stadtgestalt und Baukunst, München 1978.
37 Zusammenfassend Jürgen Reulecke: Geschichte der Urbanisierung in Deutschland, Frankfurt am Main 1985; Adelheid von Saldern: Häuserleben. Zur Geschichte städtischen Arbeiterwohnens vom Kaiserreich bis heute, Bonn 1995, S. 40 ff.
38 In den neugebauten Stadtvierteln war die Fluktuation am höchsten. Stephan Bleek: Das Stadtviertel als Sozialraum. Innerstädtische Mobilität in München 1890 bis 1933, in: Wolfgang Hardtwig/Klaus Tenfelde (Hg.): Soziale Räume in der Urbanisierung. Studien zur Geschichte Münchens im Vergleich 1850 bis 1993, München 1989, S. 233.

lich des Bahnhofs für Künstler als attraktiv gegolten hatten,[39] verschob sich die urbane Dynamik auf die Maxvorstadt und in der Folge der Neubautätigkeit der achtziger Jahre zu den Freiflächen nach Norden hin.[40] Im Gefolge dieser Entwicklung errichtete Lenbach 1886 seine Villa auf einem bislang unbebauten Gartengrundstück an der Luisenstraße neben den repräsentativen Propyläen des Königsplatzes. Friedrich August Kaulbach wählte für sein Palais das Schönefelder Viertel zwischen der Universität und dem Englischen Garten. Bis zur Jahrhundertwende entstand ein deutlich konturiertes Stadtbild, das die nördlichen Teile von der Maxvorstadt bis zum Dorf Schwabing und vom Englischen Garten westwärts als ein architektonisch profiliertes Oberschichtenviertel auswies.[41]

Die größte Wohndichte wiesen die Theresien- und Schellingstraße mit jeweils um 100 Künstlern auf.[42] Die in den neunziger Jahren in die Kunststadt München zugereisten Künstler bezogen zunehmend Wohnungen und Ateliers in den Straßen, in denen zwischen 1890 und 1910 neue Villen und Mietshäuser errichtet wurden, in der Gisela-, Türken-, Georgen- und Ainmillerstraße. Dieser Nachfrage nach gutbürgerlichen Wohnhäusern folgte die Architektur. Luxuriöse Wohnhäuser mit kunsthandwerklicher Ausstattung und großen Atelierfenstern im Obergeschoß wurden für den gehobenen Geschmack des »modern« eingestellten Bürgertums

39 Hierzu zählten die Landwehr-, Schiller-, Brienner- und Theresienstraße. Das Zentrum der Münchner Kunsthandels- und Antiquariatsgeschäfte lokalisierte sich zwischen Brienner Straße, Barer Straße und dem »Stachus«, v. Möller 1988, S. 249. Das Propyläenviertel wurde als »Isarathen« idealisiert. Neben Lenbach hielten sich in diesem Quartier Heyse, zeitweise Wagner, Liszt und der Kapellmeister Levy auf. Vgl. Herman Helferich: Zur Ausstellung der Lenbach'schen Bildwerke, in: Die Nation. Wochenschrift für Politik, Volkswirtschaft und Literatur, vom 1. Oktober 1887, S. 205 f.
40 Doch auch nach 1878 waren allein in der Schwanthalerstraße immer noch über 100 Künstler, meist Maler, ansässig. Hoh-Slodczyk 1985, S. 37.
41 Ebd., S. 218. Dies gilt insbesondere in Abgrenzung zu Unterschichtenvierteln wie dem Westend. Der Zeitgenosse Ferdinand Kronegy: Illustrierte Geschichte der Stadt München, 2. Auflage, München 1900, S. 202, kommentierte diesen Entwicklungsstand: »Dieser heute so prächtig entwickelte nördliche Stadtteil mit seinen vornehmen Palästen, Villen und Ateliers«.
42 Hoh-Slodczyk 1985, S. 37.

errichtet. Beispielgebend geschah dies in der Friedrich-, Franz-Josef- und Elisabethstraße.[43]
Im Neubauviertel Schwabing verdichteten sich die mit den Geschmacksvorlieben des Bürgertums mitlaufenden Bedeutungen und Distinktionen. Sie erhielten zunächst in den historistischen Architekturformen und seit den neunziger Jahren in den verschiedenen Reformstilen zwischen Jugendstil, sachlicher oder neoklassizistischer Ästhetik eine künstlerische Sprachlichkeit. Im gesellschafts- und kulturgeschichtlichen Sinne ist überdies seit den neunziger Jahren von der »Schwabinger Boheme«[44] zu sprechen. Daneben existierte eine Vielzahl bescheidenerer Häuser, in denen Künstler mit geringem Einkommen wohnen konnten. Die soziale Binnengliederung der Stadt,[45] in der Unterschiedlichkeit von Arbeiterquartieren und bürgerlichen Oberschichtenvierteln,[46] bildete sich visuell in einer ausdifferenzierten Baukultur sowie in den Raumstrukturen des Wohnens ab. Der Unterschied von Armut und Reichtum wurde in die Stadtlandschaft mit den Medien der Architektur und der angewandten Kunst eingeschrieben.

43 Kandinsky erlebte eine Spannung zwischen dem urbanen Wachstum und der im Akademismus stagnierenden Kunstszene. Er schrieb in einem Brief an den ehemaligen Mitstudenten Dimitrij Kardovskij am 8. April 1904: »Schwabing wächst. Sie würden es nicht wiedererkennen! Übrigens sind auf der Nordseite der Franz-Josef-Straße einige herrliche Häuser von Dücher erbaut worden. Die Franz-Josef-Straße, die Friedrichstraße und die Habsburgerstraße sind vollkommen zugebaut, kein leerer Platz mehr. München wächst nach allen Seiten, nur seine Kunst geht zurück. Und ein Künstler nach dem anderen verläßt die Stadt. Wer aber bleibt und die Secession nicht verlassen will, der ist zwar noch unter den Lebenden, aber einsam, erschöpft und müht sich ab, den Münchener aufzuwecken und verfällt der Verzweiflung.« Ausst. Kat. Frankfurt Kandinsky 1989, S. 52. Eine Karte mit den Wohnorten von Künstlern ergibt ein überraschend dichtes Bild, vgl. Huber 1973. Lovis Corinth lebte auf der anderen Seite der Leopoldstraße im Haus Giselastraße 7 und hatte dort im Dachgeschoß sein Atelier.
44 Einen für ein breiteres Lesepublikum geschriebenen Überblick vermittelt Hermann Wilhelm: Die Münchner Boheme. Von der Jahrhundertwende bis zum Ersten Weltkrieg, München 1993.
45 Allgemein, Hardtwig/Tenfelde: Einleitung, in: dies. 1989, S. 12.
46 In Berlin beispielsweise bestand seit den 1870er Jahren eine Villenkolonie in Wannsee, in der Künstler wie Oscar Begas und Carl Becker lebten.

Die Attraktivität des Künstlerviertels Schwabing lebte von dieser bildlichen Sichtbarkeit des Unterschiedes und der ständigen Bestätigung des Mythos vom Künstlerleben. »Schwabing« wurde zu einer kulturell verdichteten Chiffre der urbanen Kultur.[47] In der Folge der Neu- und Ausbauphase dieses Stadtquartiers verschob sich der Begriff »Schwabing«. Er verlagerte sich weg vom ehemaligen Dorf nördlich vor München[48] und bezeichnete nun gleichfalls das näher zur Stadt gelegene Neubauviertel nördlich und westlich vom Siegestor. Seit den neunziger Jahren bildete sich in diesem Areal eine Infrastruktur aus Kneipen, Cafés und Varietés, die Stützpunkte des künstlerischen Lebens darstellten.[49] Durch eine Außenprojektion der bürgerlichen Gesellschaft wurde der Lebensstil der Künstler in Schwabing mit den Bildern und weitergreifenden Mythen des »freien« Künstlerlebens idealisiert, auf die sich auch Kandinsky bezog.

Die materielle Kultur des »Künstlerviertels« Schwabing war die stadträumliche Voraussetzung für »die Insel des Geistes« der Künstler, die zwischen 1895 und 1914 eine Zone enormer geistiger Produktivität darstellte. Die Grenzen von Privatleben und künstlerischer Arbeit, von öffentlichem Leben im Straßenraum und der diskursiven Kommunikation relativierten sich. Von zahlreichen Autoren und Malern ist überliefert, daß sie die Kneipen nicht allein zur intuitiven Inspiration, sondern auch zur literarischen oder zeichnerischen Arbeit selbst nutzten. In dieser Atmosphäre gediehen freie Kunst und literarische Phantasie, aber auch die Produktion von mythischen Sinnentwürfen, worin Stefan George und Karl Wolfskehl Meisterschaft bewiesen.

---

47 Wilhelm Flusser resümiert in übergreifender theoretischer Perspektive: »Das städtische (›zivilisierte‹) Leben ist der Versuch einer Synthese von Privatleben (Wirtschaft), öffentlichem Leben (Politik) und sakralem Leben (Sinnsuche).« In: Prigge: 1992, S. 196.
48 Jürgen Böddrich: Der Strukturwandel von München-Schwabing seit 1850. Eine sozialgeographische Untersuchung, Diss. München 1959.
49 Eine Beschreibung bei Erich Mühsam: Tagebücher 1910-1924, München 1994, beispielsweise S. 84 ff.

Die Bedeutung der ländlichen Künstlerkolonien

Die Erfahrung der Modernität des neuen urbanen Stadtraums wurde mit Gefühlen der Ambivalenz verarbeitet. In Teilen des Bürgertums entstand ein gegenläufiger Kult der nostalgischen Idealisierung des Landes und des ländlichen Lebens.[50] Die Suche nach Wahrnehmungsformen, die nicht der zunehmenden Reizüberflutung und den Fragmentierungen des modernen Lebens in der industriellen Zivilisation unterworfen waren, richtete sich auf spezifische Orte, an denen eine besondere Intensität der sinnlich-visuellen Naturerfahrung und die »urwüchsige« Authentizität von Menschen erlebt werden konnte. Diese Orte erhielten im zivilisationsgeschichtlichen Kontext die Bedeutung von Ruhepunkten für das Individuum und einer zur kulturellen Moderne alternativen Form der menschlichen Existenz.

Die kulturkritische Großstadtfeindlichkeit fand auch zahlreiche Anhänger in den vermögenden Schichten, die mit ihrem ersten Wohnsitz an der Modernisierung des urbanen Lebens partizipierten und in einer gespaltenen Lebenshaltung mit einem ländlichen Zweitwohnsitz, einem Landhaus oder einer zeitweiligen Sommerfrische einen ergänzenden Erholungsraum suchten. So entdeckte das Besitzbürgertum von München aus den Starnberger See und erschloß seit den 1870er Jahren das Terrain mit dem Kauf alter Fischerhäuser oder dem Neubau von Villen, wie dies auch für Karl von Piloty oder schließlich Franz von Lenbach zutraf. Man kann dieses kulturelle Muster unschwer als Teil einer umfassenderen Verarbeitung der Rationalisierung und Versachlichung von sozialen Beziehungen im Modernisierungsprozeß entschlüsseln. Es hatte sich eine kulturelle Wahrnehmungshaltung konsolidiert, die die vorindustriellen Lebensformen und die Natur in einer genießenden Aneignung ästhetisierte und deren Tradierung propagierte.

Im Kontext dieser inneren Ambivalenz gegenüber der Modernisierung hatten sich an landschaftlich weitgehend »unberührten«

---

50 Der Münchner Ideologe der Agrarromantik, Georg Hansen, sprach davon, daß das »Band zerrissen (sei), welches den Menschen mit der allnährenden Mutter Erde verknüpft«. Vgl. hierzu Jürgen Reulecke: Geschichte der Urbanisierung in Deutschland, Frankfurt am Main 1985, S. 141 f.; breiter vor allem Klaus Bergmann: Agrarromantik und Großstadtfeindschaft, Meisenheim 1970.

Orten Künstlerkolonien gebildet, zunächst am Chiemsee, insbesondere in Frauenchiemsee, später dann auch in der Moorlandschaft der Umgebung Dachaus. Für die Künstler avancierten diese ländlichen Orte in den Sommermonaten zu sozialen Bezugsräumen der intensiven Arbeit wie der genußvollen Erholung. Diese Naturlandschaften mit ihren geschlossenen Wahrnehmungsräumen wurden als eine inspirierende Gegenwelt zur Flüchtigkeit der Modernität erlebt. Nachdem die seit etwa 1860 in Frankreich modisch gewordene Pleinair-Malerei in den achtziger Jahren auch unter deutschen Künstlern immer mehr Anhänger gefunden hatte, wirkte die Hinwendung zu »impressionistischen Motiven« als Öffnung gegenüber der konventionellen Professionalität der akademischen Malerei. Im Zuge dieses Trends gewann Dachau als das »bayerische Barbizon« an Attraktivität.[51] Künstler begannen sich in regelmäßigem Turnus einzumieten und schließlich teilweise in eigenen Häusern anzusiedeln. Für Malschulen erwies sich Dachau als ein idealer Ort, der es erlaubte, sich ganz auf die Bedürfnisse der Malschüler einzustellen, fernab von den Zwängen der staatlichen Kunstschulen.

Ein reger ländlicher Kunstbetrieb entstand, auch in der Form von sogenannten »Künstlerinnen-Kolonien«.[52] Der mit Dachau bald eng verbundene Maler Ludwig Dill berichtete, daß der Besuch von Malerinnen so häufig gewesen sei, »daß letztere mannigfache Anfeindungen zu ertragen hatten«.[53] Diesen Kommentar kann man sicherlich einerseits als eine Abwehr gegenüber dem zunehmenden modischen »Rummel« (Dill) eines überlaufenen Ortes lesen, andererseits aber gewiß auch als Resultat ambivalenter geschlechtsspezifischer Ressentiments von seiten zahlreicher männlicher Kollegen gegen die »malenden Damen« verstehen.[54]

51 Corinth 1908, S. 86: »Dachau und Heimhausen, Ortschaften in der Nähe Münchens, lieferten seit Jahren den Malern Anregungen für ihre impressionistischen Motive. Enthusiasten pflegten diese Stätten das bayerische Barbizon und Fontainebleau zu nennen.«
52 Voß 1895, S. 232: »Während der Sommermonate leben die angehenden Malerinnen meist auf dem Lande. Zu diesem Zwecke haben sich im Laufe der letzten Jahre ganz besondere Künstlerinnen-Kolonien gebildet, wo die Damen gegenseitig künstlerische Anregung und gesellschaftlichen Anhalt finden.«
53 GNM, ABK, Nachlaß Ludwig Dill, 1 A Memoiren, S. 78.
54 Ebd.

Abb. 11: Malerinnen beim Naturstudium. Um 1905. – Die Pleinair-Malerei ermöglichte die Erprobung der eigenen schöpferischen Befähigungen in einer lebendigen Situation wie bei der Tiermalerei mit den sich verändernden Wahrnehmungen, hier von Rindern. Die beiden Künstlerinnen rechts tragen zum Schutz einen Arbeitsmantel über ihrer Kleidung.

Ludwig Dill schilderte in seinen »Memoiren« sehr präzise, aufgrund welcher Faktoren sich seine Beziehung zur Künstlerkolonie Dachau entwickelt hatte. Er benannte hierbei explizit sowohl die soziale Erfahrung von intensiven menschlichen Begegnungen außerhalb der formalisierten Zwänge der bürgerlichen Gesellschaft als auch die visuellen Wahrnehmungsmöglichkeiten eines »neuen« Blickes. Dill hatte 1892 das erste Mal Dachau besucht und die Zusammenarbeit mit Adolf Hölzel[55] und Alfred von Schröther so intensiv erlebt, daß er für längere Zeit dort blieb: »Wir tauschten brüderlich unsere Erfahrungen aus, machten beglückende Entdeckungen im Moos und der Kunstphilosoph Hölzel brachte meine unklaren Empfindungen in ein wohlgebautes System.« Hölzel arbeitete an theoretischen Aussagen über Form und Farbe. Zu ihnen gesellte sich Arthur Langhammer.[56] Mitglieder dieser Gruppe empfanden sich nun als »Entdecker« und Pioniere eines bislang unbekannten »Blickes«, wie er in bislang nicht wahrgenommenen Territorien der Natur möglich war:[57]

»Doch die Entdeckung des Reizvollsten, des weißen Moores, war uns vorbehalten. Jeder Tag brachte uns Wunderbares, Neues, und unsere Begeisterung war unbeschreiblich. Ebenso ausgiebig war aber auch der Haß unserer lieben Collegen! Wenn wir vor sechs Uhr morgens ausrückten, konnten sie uns nicht belächeln, weil sie noch schliefen. Dagegen hatten wir ihre Ungunst zu spüren, wenn wir um zehn Uhr zurückkehrten! Wir trugen hohe Wasserstiefel, teils wegen der vielen Gewässer, teils wegen des vom Tau genäßten Grases. Diese Stiefel und die dunklen Augengläser, mit denen wir das grelle Sonnenlicht dämpften, wurden uns ungemein übel genommen. Dazu kam noch das ungeheuere für die andern Aufreizende – die Feuer-Eimer! Jetzt lächelt selbst der gute Leser!! Wir malten nämlich draußen meist mit Temperafarben, auf Leinwand oder Katan. Dazu muß der Malgrund immer naß gehalten werden, und dazu müssen die Malbuben das Wasser in den Eimern oft von weitem herschleppen. Das fortwährende Naßhalten des Bildes und des Grundes ist äußerst lästig, dafür bietet aber auch die Tempera große Vorzüge vor dem Öl! Das Wasser diente uns aber auch zum Nässen der Baumstämme, wozu wir eine Spritze mit uns führten. Es ist erstaunlich, wie unser Freund, der Regen, viele Gegenstände ins

---

55 Hölzel betrieb dort eine sehr gut besuchte Malschule, in der er impressionistische Malweisen vermittelte.
56 W. Venzmer: Neu-Dachau. 1895-1905. Ludwig Dill, Adolf Hölzel, Arthur Langhammer in der Künstlerkolonie Dachau, Ausst. Kat. Dachau 1984.
57 GNM, ABK, Nachlaß Ludwig Dill, 1 A Memoiren.

Schöne erhebt! Selbst in den nüchternen Großstädten schafft der Regen auf dem Asphaltpflaster durch Spiegelung und Reflexe wahre Wunder! Nur muß man es eben sehen! Ja, das Sehen – ist das A und O in der Kunst.«

Die in den Künstlerkolonien entstehenden Milieus von Künstlergruppen und Gemeinschaften mit hoher Fluktuation bildeten sich auf der Basis des spezifischen Wertehorizontes des Künstlerhabitus über die Alltagspraktiken und Arbeitsweisen der malerischen Arbeit. Diese Merkmale als eine über kulturelle Normen stabilisierte und doch zugleich offene Gruppe schuf Abgrenzungen nach zwei Seiten hin: sowohl zur Seite des Bürgertums, dem man in Teilen selbst angehörte, als auch zur ländlichen Bevölkerung, in deren Mitte man zwar lebte, die man mit den nostalgischen Projektionen des »Urwüchsigen« häufig idealisierte, der man doch in unverkennbarer kultureller Distinktion begegnete. Aus der Perspektive des »fremden« Blickes wurde diese letztere Gruppe als Studienobjekt für Porträts zum Thema der künstlerischen Arbeit erhoben und ihre traditionale Kultur, mit Haus, Kleidern, Stube und Einrichtung, malerisch ästhetisiert.[58]

Überall, wo sich Künstlerkolonien bildeten, resultierte deren Attraktivität sowohl aus den Schönheiten der Landschaft wie aus dem Gegensatz zur Modernität und der versachlichten Dynamik der Großstädte. Dies gilt nicht nur für Dachau, sondern in ähnlicher Weise in Norddeutschland für das in der Nähe von Bremen gelegene Worpswede, das als Rückzugsort gegenüber der urbanen Zivilisation von Künstlern aus westdeutschen Großstädten wie Düsseldorf entdeckt wurde. Seit 1889 reisten diese, zunächst wochenweise, zu Sommeraufenthalten an. Das Dorf lag im Teufelsmoor, so daß seine Bewohner zu erheblichen Teilen von der agrarischen Bewirtschaftung und der Kultivierung der »ursprünglichen« Moorlandschaft lebten. Kanäle durchzogen das Moor, und mit Segeln ausgestattete Kähne ermöglichten den Transport von mühsam gestochenem Torf. Die Maler beobachteten diese Arbeit mit einer Ambivalenz zwischen sympathisierender Nähe und einer Distanz, die ihre eigene Berufung gebot.

58 Vgl. ausführlicher Wolfgang Ruppert: Der Blick der bürgerlichen Künstler auf die ländliche Lebenswelt im letzten Drittel des 19. Jahrhunderts, in: Wolfgang Jacobeit u. a.: Idylle oder Aufbruch? Das Dorf im bürgerlichen 19. Jahrhundert. Ein europäischer Vergleich, Berlin 1990, S. 139-154.

In den neunziger Jahren bildete sich eine ständige Kolonie, die die visuelle Intensität des Ortes zu einer malerischen Wahrnehmungskultur verarbeitete: Licht, Farbe, Wechsel von Wasser, Flora und Fauna, all dies bot inspirierende Eindrücke und reiches Material für Naturstudien. Im August 1895 zeigten die damals jungen Maler von Worpswede Hans am Ende, Fritz Overbeck, Fritz Mackensen und Heinrich Vogeler ihre neuartigen Werke auf der Internationalen Jahresausstellung im Münchner Glaspalast. Ihr »Kabinett« fand größte Aufmerksamkeit. Die »Worpsweder« wurden mit dieser Ästhetik der Naturstimmung in kürzester Zeit berühmt.

Zweiter Teil
Die Konstruktion des Künstlerhabitus

1. Begriffe und ihre Bedeutungsaufladungen

1930 veröffentlichte der Reichsbund Deutscher Kunsthochschüler eine Broschüre, die über das Studienangebot an den deutschen Kunsthochschulen informieren sollte.[1] Im Einführungstext wies Paul Kantzsch auf den Unterschied zwischen dem verbreiteten, jedoch idealisierten Bild vom Künstlerberuf und der häufig entbehrungsreichen Realität der Kunststudenten hin, um angehende Bewerber um einen Studienplatz vor Illusionen zu bewahren. Er beschrieb darin den Künstlerhabitus als ein Ensemble von kollektiven Vorstellungen:

»Der Künstlerberuf hat für den Fernstehenden etwas Verlockendes. Sieht man an ihm nur Lichtseiten: Freie, ungezwungene Studienzeiten auf der Kunstschule, eine leichte und angenehme Berufstätigkeit, Riesensummen, die für Werke anerkannter Künstler geboten werden, geachtete gesellschaftliche Stellung, Ruhm der Unsterblichkeit, der nach alledem winkt, so ist kaum ein schönerer Beruf denkbar.
Doch abgesehen von seltenen Ausnahmen gestaltet er sich in Wahrheit anders: Mühevolles Aneignen des handwerklichen Könnens, Ringen mit der eigenen Begabung, Kampf gegen starke Konkurrenz, Intrigen von Seiten der Kollegen, Verkennung und Verständnislosigkeit beim Publikum, Schwierigkeiten und Entbehrungen aller Art, allmähliches Herabsinken ins Künstlerelend, Berufswechsel oder Übernahme von minderwertiger Arbeit, nur um das Leben zu fristen: solche Wirklichkeit bietet nichts Verlockendes.«

Die Stabilität der Vorstellung vom Künstler als dem schöpferischen Individuum schlechthin und deren Tradierung trotz aller Unterschiede der epochentypischen Erscheinungsformen, der individuell variierten Auffassungen und der sozialen Realität eines Großteils der Künstler setzte eine innere Identität dieser Konstruktion in der Spannung zur Bürgerlichkeit voraus.
Wie läßt sich die lange Wirkungsmacht dieses geistigen Vorstellungsgebildes erklären? Wir haben dieses Konstrukt aus stereotyp zugeordneten kulturellen Mustern und Begriffen als Künstlerhabitus bezeichnet. Dessen Konsolidierung ging mit den neuartigen Erscheinungen der Moderne einher. Die Erfahrung des in stän-

---

1 BHStA München, MK 40952, Kantzsch: Einführungstext in: Reichsbund Deutscher Kunsthochschüler (Hg.) 1930, S. 2.

diger Bewegung gehaltenen wirtschaftlichen wie kulturellen Wandels, der ständigen Mobilität und einer »athemlosen Bewegung«,[2] der Aneignung und des Verbrauchs von Ressourcen erforderte neue Verarbeitungsformen der hieraus gewonnenen »flüchtigen« Wahrnehmungen durch die Individuen.[3] Das Prinzip des »Neuen« setzte sich als Leitmuster der Moderne durch.[4] In Reaktion auf diese neuartige Struktur der Lebenswelt konsolidierte sich der Habitus des modernen Künstlers.

Zwischen den 1840er und den 1860er Jahren hatte das Habituskonzept des modernen Künstlers so weit an Prägekraft gewonnen, daß es in der kulturellen Öffentlichkeit der bürgerlichen Gesellschaft wie im Selbstbild der kreativen Individuen normbildend wirkte, nachdem eine längere Entstehungsphase seit dem ausgehenden 18. Jahrhundert vorausgegangen war.[5] Ein auf Anerkennung bedachter junger Künstler mußte daher versuchen, sich die kulturelle Grammatik dieses im sozialen Gedächtnis der bürger-

2 (ohne Namensnennung) »Die Münchner Kunst ...«, in: Grenzboten 1, 1865, S. 11.
3 »Wie uns keine überlieferte Form mehr heilig ist, und jedes überkommene feste Gefüge, sei es Menschen- oder Naturwerk, von der Forschung oder dem praktischen Betrieb zerlegt wird, so wenig ist uns daran gelegen, die Interessen, welche die Gegenwart in athemloser Bewegung erhalten, in Formen und Gestalten beruhigt vor uns zu sehen. In dieser ewigen Schwebe, diesem verzehrenden Wechsel, in welchem das Product von heute schon morgen nur Stoff zu neuer Verwerthung, flüchtig das erste beste Gewand sich umwirft, die Erscheinung des sich überstürzenden Lebens in allen Farben schillert, und eben deshalb farblos ist, fließt die bildende Kunst der Gegenwart unter den Händen weg: sie läßt sich kaum fassen, am schwersten in das feste Kleid der monumentalen Leistung, und indem sie vorüberrauscht, aus ihrem Strom nur blindlings und zufällig das Eine und Andere zu einem gleich ihr flüchtigen und verschwimmenden Bilde herauszugreifen. Doch die Kunst gibt sich darum nicht auf, so wenig jemals in dem Räderwerk des Lebens eine wesentliche Eigenschaft des menschlichen Geistes zu Grunde gehen kann. So weit ab auch von ihr die Hauptzüge der Zeit laufen, so ist diese doch auch auf allseitige Ausbildung des menschlichen Wesens gerichtet und kann daher der Kunst nicht entrathen.« Ebd.
4 Vgl. Groys 1992.
5 König 1974 a, S. 341 f., benannte für die französische Entwicklung die Korrespondenz von Gustave Flaubert als einen Beleg für das neue Selbstbewußtsein des Künstlers, der seine eigene Stellung in der Gesellschaft reflektierte.

lichen Öffentlichkeit definierten Habitus anzueignen und für den »Eigensinn« seines Lebens zu inszenieren, um als Künstler Akzeptanz finden zu können. Der angehende Künstler entwickelte aus den kollektiv tradierten Mustern des Künstlerhabitus eine individuelle Version. Lovis Corinth, der selbst eine Malschule betrieb, notierte einen Kommentar zu den Voraussetzungen, die zur Aneignung der professionellen Kompetenzen des Künstlerhabitus erforderlich seien:[6]

»Ein süddeutscher Akademieprofessor behauptete nicht ganz unrichtig, daß drei Dinge notwendig wären, um einen tüchtigen Maler zu machen, nämlich: Talent, Fleiß und Geld. Von diesen dreien dürfte auch eines fehlen, aber nie käme man nur mit einer einzelnen von diesen Eigenschaften zu einem guten Resultat.«

Die finanzielle Basis, die ein Malschüler mitbrachte, erschien auch Corinth als ein ebenso wichtiger Faktor des Erfolgs wie Begabung und Studienfleiß.

Doch aus welchen kulturellen Instrumentarien, symbolischen Codes und Begriffen bestand diese Grammatik des Künstlerhabitus? Ist die Weiterentwicklung dieser Darstellungsmittel und des damit operierenden künstlerischen Subjektverständnisses als eine Entwicklungsgeschichte der Individualisierung zu interpretieren?

Die Sozialisation in den Mustern des Künstlerhabitus beruhte auf einem kommunikativen Prozeß des Austausches. Dieser fand in dem berufsspezifischen sozialen Raum statt, der sich bis in die 1850er Jahre gefestigt hatte.[7] Der Maler und Kunstkritiker Friedrich Pecht urteilte in seiner 1887 erschienenen »Geschichte der

---

6 Lovis Corinth: Das Erlernen der Malerei. Ein Handbuch, Berlin 1908, S. 12.

7 Busch 1992, S. 286, kommentierte die Unausweichlichkeit des Umgangs mit den gesellschaftlichen Bedingungen als ein tendenzielles Bestreben nach Autonomie: »Der Künstler sucht entweder selbst seinen sozialen Ort in der Gesellschaft, oder er wird ihm mit Notwendigkeit zugewiesen. Ob er sich nun arrangiert oder sträubt, in jedem Falle sucht er, wenn er von seinem Künstlersein überzeugt ist, einen Bereich für seine Kunst auszugrenzen, in dem sie sich ihrem autonomen Anspruch nach erfüllen soll. Über weite Strecken läßt sich das Avantgardeproblem des 19. Jahrhunderts auf die Frage reduzieren, ob die Kunst Aufgaben, Funktionen in der bürgerlichen Gesellschaft übernimmt oder dies von ihrem Selbstverständnis her verweigert.«

Münchner Kunst« über den Stellenwert dieses Austausches in der kulturellen Konfiguration: »(...) denn ein großer Künstler ist niemals eine isolierte Erscheinung, seine Größe ist im Gegenteil nur aus der Arbeit vieler Vorgänger und der Einwirkung vieler Gleichzeitiger heraus vollkommen zu erklären, nicht aus seinen persönlichen Eigenschaften und Schicksalen allein.«[8]
Gegenläufig zu dieser Einsicht verstärkte sich in den achtziger Jahren die Interpretation des Künstlers als ein herausgehobenes und idealisiertes Individuum zum Kult,[9] wie dies im gründerzeitlichen »Künstlerfürsten«, im Wagnerkult oder schließlich in der Akzeptanz des »Rembrandtdeutschen« manifest wurde. Im Kontextbezug der Steigerung von gesellschaftlichen Bedeutungszuschreibungen in den Jahrzehnten seit der Jahrhundertmitte beschäftigte sich Jacob Burckhardt schließlich im Jahre 1883 in seiner an ein breiteres Publikum der Baseler Bürgerschaft gerichteten Universitätsvorlesung mit dem Thema »Die Griechen und ihre Künstler«.[10] Er fragte nach den Ursachen dafür, daß die Griechen ihre Künstler geringer bewertet hatten, als dies in seiner Gegenwart der Fall war:[11]

»Wenn man sich griechische Tempel der Blütezeit mit ihren vom Giebel herableuchtenden Gruppen, ihren Hallen voller Anatheme, ihren Kultusbildern höchsten Ranges vorstellt, so zweifelt man zunächst nicht daran, daß die Schöpfer solcher Herrlichkeiten unter den Einwohnern eine Ehrfurcht genossen hätten fast wie übermenschliche Wesen, daß es möchte als Glück gegolten haben, ihnen zu nahen und als ein unvergleichlicher geistiger Genuß, irgend von ihrer Gefühlswelt Kunde zu gewinnen.«

Burckhardt erklärte den Unterschied in der Bewertung des Künstlers aus einem veränderten Stellenwert der Arbeit in der Gesellschaft. Ein Leben ohne Arbeit in Muße, das »Ideal des griechischen Lebens«, hatte nur für die Oberschicht gegolten. Aufgrund der Notwendigkeit zur Erwerbstätigkeit wurden die Künstler derselben Geringschätzung unterworfen wie alle anderen Handwerker.[12]

8 Pecht 1887, S. V.
9 Siegfried Gohr: Der Kult des Künstlers und der Kunst im 19. Jahrhundert. Zum Bildtyp der Hommage, Köln und Wien 1975.
10 Jacob Burckhardt: Die Griechen und ihre Künstler, in: ders.: Vorträge 1844-1887, hg. von Emil Dürr, Basel 1918, S. 202-214, wieder abgedruckt in: ders. 1984, S. 221-236.
11 Ebd., S. 202.
12 Ebd., S. 203.

Burckhardt verwies mit dieser vergleichenden Betrachtung auf die Wirkung von kulturellen Vorstellungen und die hieraus resultierenden Bedeutungszuschreibungen. Die historische Differenz verwunderte ihn sichtlich, ohne daß er, im Umkehrschluß, nach einer Erklärung für die in der Kultur des 19. Jahrhunderts bereits zur Selbstverständlichkeit gefestigten Bedeutungshierarchie gesucht hätte.

Da die Herausbildung der Muster, Vorstellungen und Leitbilder, die den modernen Künstler definieren, in längerfristige, über die Erfahrung des einzelnen Individuums hinausreichende Zusammenhänge eingebunden sind, ist es geboten, diesen zivilisationsgeschichtlichen Prozeß in seinen zentralen Begriffen und Bedeutungsaufladungen nachzuzeichnen. In ihnen sind die mentalen Grenzlinien markiert, die den Künstler einerseits von der »Normalität« der bürgerlichen Gesellschaft unterschieden und andererseits jene innere Hierarchie der Künstler strukturierten, die schließlich in der Legitimation von hierarchisierten Institutionen der Künstlerausbildung ihren Ausdruck fand.

1. Zum Begriff des modernen Künstlers

Ein Ausgangspunkt zur Klärung des Begriffs des modernen Künstlers sind markante Auffassungen, die in der soziologisch-philosophischen Diskussion des letzten Jahrzehnts formuliert wurden. Die internationale Debatte um die Erscheinungsformen der Moderne seit Ende der 1970er Jahre trug zur Präzisierung bei.

Definitionen in der Gegenwart

Drei einflußreiche Positionen können unterschieden werden.
1. Repräsentativ für eine von zeitgenössischen Künstlern und aus der Beobachtung von ästhetischen Erscheinungsformen der zeitgenössischen Modernität hergeleitete Sicht ist die zugespitzte Formulierung des New Yorker Soziologen Richard Sennett.[13] Sie weist dem Künstler eine kritische und zweideutige Stellung

---

13 Richard Sennett: Civitas. Die Großstadt und die Kultur des Unterschiedes, Frankfurt am Main 1991, S. 222.

in der Gesellschaft zu, weshalb Impulse wie »Anstoß, Verschiebung und Widerstand« überwiegen:[14] »Der künstlerische Erfinder unterhält zur bestehenden Gesellschaft ein Verhältnis der Gegnerschaft. Wenn wir eine moderne künstlerische Erfindung als ›provokativ‹ oder ›anregend‹ bezeichnen, dann verweisen wir auf eine Infragestellung oder gar Negation dessen, was schon existiert.« In dieser Interpretation wird die Idee der Individualität im Akt der radikalisierten Subjektivität betont.[15]

2. Im Unterschied zu dieser Definition zielte die Perspektive des Frankfurter Philosophen und Soziologen Jürgen Habermas stärker auf eine historische Ableitung, um das schöpferische Subjekt im Kontext der Moderne verstehen zu können. Dieser nahm als Ausgangspunkt den Kunstbegriff der Spätaufklärung auf, wie er von Immanuel Kant formuliert worden war. Kants Position repräsentierte ein kulturgeschichtliches Entwicklungsstadium, in dem die ersten Erscheinungsmerkmale des modernen Künstlers bereits ausgebildet waren, wie dies am Beispiel Caspar David Friedrichs belegt wurde.[16] Kant hatte in seinem Werk »Kritik der Urteilskraft« (§ 49) den Begriff des Genies als »die musterhafte Originalität der Naturgabe eines Subjektes im freien Gebrauch seiner Erkenntnisvermögen« und somit als den Kern des schöpferischen Subjektes definiert. Hieraus leitete Habermas einen Begriff des Künstlers ab,[17] der die Formen der künstlerischen Modernität erklärt. Von einer vorhandenen Begabung ausgehend, könne dieser jenen Erfahrungen authentischen Ausdruck verleihen, die für eine entfaltete Individualität im »konzentrierten Umgang mit einer dezidierten, von den Zwängen des Erkennens und Handelns losgesprochenen Subjektivität« möglich sind:

14 Ebd.
15 Vgl. auch König 1974 a, S. 341 ff.
16 Vgl. Monika Wagner: Das Problem der Moderne, in: dies. (Hg.): Funkkolleg Kunst, Bd. 1, S. 27. Die Autorin betont den Zusammenhang von Merkmalen der Moderne in der Kunst: »Wie Kleist nicht in Friedrichs Bild fand, was er suchte, sondern erst zwischen sich und dem Bild, so auch in der monochromen Malerei: Darin erneuert sich gerade die Moderne, daß sie den Betrachter nicht aus seiner eigenen aktiven Beteiligung und Verantwortung entläßt.«
17 Jürgen Habermas: Die Moderne – ein unvollendetes Projekt (1980), in: ders.: Kleine politische Schriften, Frankfurt am Main 1981, S. 456.

»Dieser Eigensinn des Ästhetischen, also des Objektivwerdens der dezentrierten, sich selbst erfahrenden Subjektivität, das Ausscheren aus den Zeit- und Raumstrukturen des Alltags, der Bruch mit den Konventionen der Wahrnehmung und der Zwecktätigkeit, die Dialektik von Enthüllung und Schock, konnte erst mit der Geste des Modernismus als Bewußtsein der Moderne hervortreten, nachdem zwei weitere Bedingungen erfüllt waren. Das ist einmal die Institutionalisierung einer vom Markt abhängigen Kunstproduktion und eines durch Kritik vermittelten zweckfreien Kunstgenusses; zum anderen ein ästhetisches Selbstverständnis der Künstler, auch der Kritiker, die sich weniger als Anwalt des Publikums verstehen, sondern als Interpreten, die zum Prozeß der Kunstproduktion selbst gehört.«

Habermas plädierte für eine Definition des Künstlers, die in einem »ästhetischen Selbstverständnis« ruht, im Postulat der Zweckfreiheit und der ästhetischen Autonomie, wenngleich er andererseits konzedierte, daß die Einlösung dieses Anspruchs bestenfalls in »der Geste des Modernismus« gegeben sei.

3. Auch in älteren konservativen Versionen der soziologisch-philosophischen Theorie zur kulturellen Modernität war die Entstehung der künstlerischen Subjektivität als Teilaspekt von umfassenderen zivilisatorischen Entwicklungen bestimmt worden. Arnold Gehlen entwickelte seine Interpretation der Beziehung von Mensch und Technik im »technischen Zeitalter« als eine spannungsreiche Polarität, die sich zwischen der industriell geformten Zivilisation der Massenkultur und neuen Typen des Individuums konstituiert habe. Damit sei ein Prozeß der Herausbildung einer neuartigen »Persönlichkeit«, der Beziehung von innen und außen sowie eine neue Subjektivität, mit strukturierenden Veränderungen der Erlebnisweisen, verbunden gewesen. Noch nie habe es so vielschichtig ausdifferenzierte Formen der ausdrucksstarken Subjektivität gegeben wie insbesondere in den modernen Künsten seiner Gegenwart um die Mitte des 20. Jahrhunderts.[18]

Die Argumentationen der philosophisch begründenden Soziologie stimmten in ihrer starken Betonung des Subjektes mit denen

---

18 Arnold Gehlen: Die Seele im technischen Zeitalter. Sozialpsychologische Probleme in der industriellen Gesellschaft, Reinbek bei Hamburg 1957 (zuerst Tübingen 1949); hier S. 114: »Das beweist nicht nur ein Blick auf die modernen Künste in ihrer Gesamtheit und auf die schlechthin grenzenlose Bereitschaft des Publikums, alle Erscheinungen subjektiver Gestaltungslust anzuerkennen.«

der Kunstgeschichte überein. Beispielsweise lokalisierten Warnke und andere das Charakteristikum des modernen Künstlers in jener Subjektivität der ästhetischen Produktion, die sich von den handwerklichen Standards und stärker an kollektiven Mustern orientierten tradierten Arbeitsweisen unterscheidet.[19]

Neben dieser subjektzentrierten Definition wurde jedoch ein weiterer Faktor in seiner Bedeutsamkeit bestimmt. Für die moderne Kunst erschien der kommunikative Zusammenhang als konstituierend. Das ästhetisch erfahrende Individuum ist sowohl in Gestalt des Produzenten, des Künstlers, als auch in Gestalt des Rezipienten an den Chiffrierungs- und Dechiffrierungsprozessen am Artefakt präsent. In den Begriffen Monika Wagners wird ein offener Charakter des Austausches zwischen Maler und Betrachter hervorgehoben:[20] »Der Betrachter als autonomes Subjekt steht einem ebenso autonomen Kunstwerk gegenüber, dessen Wirkungsqualitäten sich im Austausch zu erweisen haben.« Mit der »Erfindung« der abstrakten Malerei und deren »reinen« Formen und Farben wurden innere Stimmungen als Gegenstand einer Grammatik der »inneren Klänge« erprobt.

Allerdings lagen dieser Beziehung kulturelle Voraussetzungen und soziale Orte zugrunde. Nipperdey[21] verortete die Rezipienten, die zu einer solchen Empfindung der sinnlichen Form fähig waren, bei den »ästhetisch aufgeschlossenen Eliten«, die die Werke des Künstlers als »Ausdruck und Symptom von Seelenlagen« und des »Wirklichkeitsverständnisses einer Gesellschaft« aufzunehmen in der Lage sind. In diesem historisch präzisierenden Verständnis wird die gesellschaftliche Bedingtheit der Wahrnehmung von ästhetischen Objekten als ein Teil der Lebenszusammenhänge der bürgerlichen Gesellschaft und insbesondere der »Bürgerlichkeit« erkannt.

In Übereinstimmung mit diesen Autoren definieren wir den modernen Künstler als ein Individuum, das seine gesteigerte sub-

---

19 Warnke 1985; ähnlich Monika Wagner: Das Problem der Moderne, in: dies. (Hg.): Funkkolleg Kunst 1, S. 26: »Die neue Kunst ist im Gegensatz zur vorausgegangenen Kunst nicht normativ, sondern ihr Wahrheitsgehalt, der sich nicht an der Nähe zur äußeren Naturähnlichkeit mißt, muß sich immer wieder neu bewahrheiten.«
20 Ebd., S. 26 f.
21 Thomas Nipperdey: Deutsche Geschichte 1866-1916, Bd. 1, München 1990, S. 692.

jektive Empfindung sowie seine Wahrnehmungsfähigkeit in einer individualisierten und authentisch-originellen ästhetischen Sprachlichkeit auszudrücken versteht. Der moderne Künstler gewinnt seine Arbeitsfähigkeit zur Herstellung von Artefakten sowohl aus einer intuitiven Phantasieproduktion als auch aus der distanznehmenden Abgrenzung zu der Sphäre der gesellschaftlichen Reproduktion des Lebens und den rationalen Arbeitsweisen der bürgerlichen Gesellschaft.[22]

In der Entwicklungsgeschichte der kulturellen Moderne, die das Individuum aus seinen traditionalen Bindungen emanzipierte, vereinzelte, entfremdete und somit Leidenserfahrungen mit sich brachte, nahm die Stellung des modernen Künstlers paradigmatische Züge für den modernen Menschen an.[23] Für die Erfahrungen der Instabilität im ständigen Wandel suchte das schöpferische Individuum in seinem Inneren nach symbolischen Formen.

Seine eigene Existenz wurde in der idealen Vorstellung als ein Paradigma für Modernität aufgeladen. Gegenüber dem Konzept der »Bürgerlichkeit«, das den Rationalisierungsprozeß im beruflichen Alltag der bürgerlichen Gesellschaft festschrieb, nahm der moderne Künstler somit eine besondere Stellung ein, die ihm uneingeschränkte Freiheit zur schöpferischen Entfaltung für seine intuitive Arbeitsweise gewähren sollte. Dieser Anspruch wurde aus dem in der Aufklärung entworfenen umfassenderen Verständnis des sich frei entfaltenden bürgerlichen Subjektes[24] hergeleitet.

---

22 Wenn man den Begriff der Rationalität mit Pierre Bourdieu als eine spezifische Verfahrensform der Kultur versteht, so tritt die kulturelle Differenz des subjektiv-individuellen Werkes des Künstlers zum logischen Kalkül noch schärfer hervor: »Rationalisieren heißt auf eine Art und Weise zu kalkulieren, die das bestmögliche Resultat mit den geringsten Kosten zu erreichen erlaubt.« Interview mit Bourdieu, in: Maria Ihrer: Der Habitus als illegitimer Normalfall gesellschaftlicher Reproduktion, Diss. Sozial- und Wirtschaftswissenschaften, Wien 1983, S. 252.

23 Nach einer Formulierung Nipperdeys reißt die Moderne »den Menschen in den Strudel der Veränderungen, sie verunsichert, sie desorientiert, sie destabilisiert. Sie verzehrt die Moral und den verbindlichen Sinn, sie gibt keine lebenswichtigen Antworten.« Nipperdey 1987, S. 106.

24 Kant unterschied hiervon den Knecht, der in Abhängigkeit und Unfreiheit existierte. Vgl. Immanuel Kant. Beantwortung der Frage: Was

Glaspalast (K.-N. 404).
„Aussi möcht' i!"

Abb. 12: Karikatur zur Kunstausstellung 1896 in der Zeitschrift *Die Jugend* 37, 1896. – »Aussi möcht' i!«
Diese Karikatur verbildlicht die in den Künstlerhabitus aufgenommene Haltung des entgrenzenden Subjektes, des Ausbruchs aus dem normativen Rahmen von Konventionen in der bürgerlichen Gesellschaft und der Zertrümmerung der erstarrten Formen durch die Anstrengung des kreativen Individuums.

Er setzte freie Zeitdispositionen voraus, um Seele, Geist und Körper zu bilden.[25]
Gegenläufig zur Tendenz der Spezialisierung in der rationalen Arbeitsteilung verstärkte sich im Verlauf des 19. Jahrhunderts die Sonderrolle und gesellschaftliche Isolation des modernen Künstlers. Ihm war es übertragen, seine exponierte Subjektivität, seine individuellen Empfindungen, Eindrücke und Stimmungen in ästhetische Sprachformen und eine visuelle Bildlichkeit zu übersetzen, die keine Eindeutigkeit der rationalen Folgerung zuließ. Dem »hervorragend begabten Malerauge« wurde von den Zeitgenossen die Befähigung zur Entdeckung von innovativen Wahrnehmungen zuerkannt.[26] Im 20. Jahrhundert radikalisierte sich

   ist Aufklärung? in: Was ist Aufklärung? Thesen und Definitionen hg. von Ehrhard Bahr, Stuttgart 1974, S. 9 ff.
25 Braun/Gugerli 1993, S. 224.
26 Im Rückblick auf die zweite Hälfte des 19. Jahrhunderts erkannte Alfred Lichtwark der Wahrnehmungsfähigkeit und Schöpfungskraft

dieser Habitus des modernen Künstlers zum Erfinder des noch nicht Dagewesenen, des Ausbruchs zum avantgardistisch Neuen. Seine ästhetische Sprachlichkeit verschob sich überwiegend zu den Mitteln des Experiments. Der kulturellen Modernisierung entsprach die permanente Innovation und Individualisierung der Form. Der moderne Künstler nahm die in der zeitgenössischen Kultur verborgenen Ambivalenzen auf und versuchte das Uneindeutige und Nichtaussprechliche zu artikulieren. Er meldete Widerspruch gegenüber den Normen, Werten, Ritualen sowie der konventionellen »Normalität« der bürgerlichen Gesellschaft an, stellte diese in Frage und brach Tabus.[27] Charakteristisch für dieses radikalisierte Muster ist ein changierendes Verhältnis in seinem Auftreten zwischen exhibitionistischer Selbstdarstellung und egomanischer Eigenpropaganda.

> der Maler die herausragende Bedeutung bei allen innovativen künstlerischen Erfindungen und »Umwälzungen« zu: »Die Maler stehen im Mittelpunkt der ganzen Bewegung. Von ihnen ist bisher jede große Anregung und Umwälzung ausgegangen, im Guten wie im Bösen. Was der Einfluß eines hervorragend begabten Malerauges vermag, haben wir an der führenden Stellung Hans Makarts erfahren, dessen Macht heute noch zu spüren ist. Und in jüngster Zeit hat an dem Ort seiner Tätigkeit, in Wien, die Gruppe der jüngeren Künstler, die sich zur Secession zusammengeschlossen haben, dieselbe phänomenale Wirksamkeit ausgeübt. Wie mit einem Schlage hat sie die koloristische Gewöhnung fast des ganzen Publikums umgestimmt. Von den Malern werden die Architekten, wird das Kunstgewerbe befruchtet. Wie die Dinge heute liegen, haben die älteren Architekten und Kunstgewerbler in Deutschland nur selten einmal Anschluß an die Ergebnisse der künstlerischen Umgestaltung der Farbenempfindung seit Makarts Tod gewonnen. Mit ihnen liegt die von einigen Malern geleitete Jugend im Kampf.« Alfred Lichtwarck: Die Erziehung des Farbensinnes, 3. Auflage, Berlin 1905, S. 58 f.

27 König 1974 a, S. 348, sieht die »Künstlerästhetik«, das »Manifest« als Ausdruck eines »vertieften Selbstbewußtseins«: »Damit wird eine Linie fortgeführt, die bis auf die Romantik zurückreicht; dem ›Philister‹ der Romantik entspricht der ›Bürger‹ von heute. So wird verständlich, daß die surrealistische Kulturrevolution keineswegs nur die Kunst, sondern primär die bürgerliche Gesellschaft bezielt. Allerdings geschieht auch das in einer seltsam exhibitionistischen Weise, die immer wieder die Frage nahelegt, ob die Reflexion des modernen Künstlers über die bürgerliche Gesellschaft der ›Revolution‹ oder nicht doch nur der Selbstdarstellung dient.«

Die begriffsgeschichtliche Transformation des Künstlerbegriffs in der ersten Hälfte des 19. Jahrhunderts

Die Umschreibung des Künstlerhabitus, entsprechend einem für die bürgerliche Gesellschaft adäquaten Verständnis, vollzog sich zwischen 1790 und 1850. Wir können den Veränderungen der begrifflichen Semantik als einem Indikator für den Verlauf dieser historischen Entwicklung folgen, wenngleich von Ungleichzeitigkeiten auszugehen ist, die das parallele Weiterbestehen älterer Formen einschließt. Als Quelle für den Wandel der Konzepte des Berufsbildes benutzen wir Artikel der lexikalischen Literatur. Um 1800 beinhaltete der Begriff die Merkmale des Übergangs der Gesellschaft mit einer für diese »Sattelzeit« (Koselleck) charakteristischen Differenzierung von Arbeitsteiligkeiten. So werden im Stichwort »Künstler« der »Deutschen Encyclopädie oder Allgemeines Wörterbuch aller Kunst und Wissenschaften« von 1804[28] noch zwei nebeneinander bestehende Sparten der Künste unterschieden. Es sind dies einmal die Künstler der »mechanischen Künste«, zu deren Arbeit »viel Geschick, Übung und Geschmack« gehöre, und zweitens die Künstler der »schönen Künste, deren erster Zweck »das Vergnügen« sei.[29] Interessant an dieser Definition ist die Reihenfolge. Die der Spätaufklärung verpflichtete »Deutsche Encyclopädie« nannte an erster Stelle den erfindenden »Künstler« der mechanischen Künste, der als Handwerker durch seine individuelle Praxiserfahrung, aber auch sein ästhetisches Gestaltungsvermögen mit Neuentwürfen zur Weiterentwicklung der Objektkultur schöpferisch beitrug. Die erst im 19. Jahrhundert vollzogene Spaltung in den Fachmann für die technische Konstruktion, den Ingenieur, einerseits und den Fachmann für die Gestaltung der Form, den Kunstgewerbler und späteren Designer, andererseits ist hier noch nicht eingetreten. Dieser Künstler der »mechanischen Künste« integriert in seinem Berufskonzept beide Kompetenzen. Parallel hierzu wird das Profil des »Künstlers« der »schönen Künste« referiert, der dadurch definiert wurde, daß er von den praktischen Zweckbezügen frei sei und lediglich dem ästhetischen »Vergnügen« folge.

Aus einem mehr als 30 Jahre später, 1838, bei Brockhaus erschie-

---

28 23. Band, Frankfurt am Main 1804, S. 508.
29 Ebd.

nenen Abriß zum Verständnis der Beziehung von Kunst und Künstler läßt sich eine weiter fortgeschrittene Version der Umformung des Künstlerhabitus ablesen. Der Hauptakzent bündelte sich nun bereits in der Fähigkeit, dem »Geistigen« Ausdruck zu verleihen, worin eine »in sich selbst Befriedigung findende Tätigkeit« gesehen wurde. Diese neue Aufladung wird eingehender beschrieben:

»Kunst nennt man im allgemeinen Sinne jede Art von Thätigkeit des Menschen, bei welcher ein nicht blos mechanisches Verfahren angewendet wird, sondern der Geist der Menschen durch sein Denken bestimmend einwirkt. Ja zuweilen setzt man sogar Alles, was von Menschen dargestellt wird, als Künstliches dem Natürlichen gegenüber.«

In dieser Argumentation zielt die Arbeit des Künstlers darauf, die gedanklichen Inhalte, das »Geistige«, und die ästhetische Gestalt in adäquater Weise zu vereinigen:[30]

»Da die Erscheinung des Geistigen die Schönheit ist, so kann man die Kunst auch als Darstellung der Schönheit bezeichnen. Der Künstler ist es, welcher in dieser Weise auf die Verwirklichung des Gedankens ausgeht, und das Kunstwerk ist das Gebilde, welches er zu diesem Zweck hinstellt. Je nach dem Mittel, dessen sich der Künstler bedient, um in ihm das Geistige auszudrücken, sind die Künste verschieden.«

Aus dieser verstärkten Gewichtung des »Geistigen« ergaben sich explizite Anforderungen an das »schöpferische Vermögen«, an das »Genie« des Künstlers:[31]

»Der Künstler muß ein schöpferisches Vermögen, Genialität, besitzen, um erstens einen Gedanken zu fassen, welcher sich als wahres Eigentum des Geistes bezeugt und darum auch bei anderen Anerkennung findet, und um zweitens diesen Gedanken gestalten zu können. Diese Genialität muß ihm angeboren und durch seine Erziehung ausgebildet sein. Ebenso nötig ist ihm die Fertigkeit in der Beherrschung des Mittels, dessen er sich bedient, und dieses ist es, welches er erlernen kann. Das blose Talent erhebt sich nicht zu der schöpferischen Kraft, es bleibt bei der Fertigkeit stehen und kann höchstens die Gedanken Anderer, indem es die wahren Kunstwerke nachahmt, auf eine gefällige Weise darstellen. Seine Wirkung bringt das Kunstwerk dadurch hervor, daß es bei Allen, die es auffassen, das Gefühl seiner geistigen Bedeutsamkeit erregt, aber nur der wahre Kunstkenner weiß sich über diese geistige Bedeutsamkeit Rechenschaft zu geben, indem

---

30 Bilder-Conversations-Lexikon für das deutsche Volk. Ein Handbuch zur Verbreitung gemeinnütziger Kenntnisse und zur Unterhaltung, 2. Bd., Leipzig 1838, Stichwort Kunst.
31 Ebd.

er den Gedanken als solchen erkennt, der im Kunstwerke zur Erscheinung gebracht ist.«

In deutlicher Weise wird der Begriff der Originalität bei der Formulierung einer Idee als Kriterium für die Leistung des Künstlers eingeführt und mit einem Rezeptionsverhältnis verbunden. Das Kunstwerk ist demnach in seiner Wirkungskraft dadurch definiert, daß es »bei Allen, die es auffassen, das Gefühl seiner geistigen Bedeutsamkeit« erregt, insbesondere sofern der »Kunstkenner« den Sinneneindruck gedanklich zu erfassen vermag.
In der 10. Auflage der »Allgemeine(n) deutsche(n) Real-Encyclopädie für die gebildeten Stände, Conversations-Lexikon« von 1853 wurde bereits von einer Sonderstellung der Künste und der Künstler ausgegangen.[32] Jener breitere Begriff der Kunst, der sich auf alle erfinderischen Praktiken der Alltagsgestaltung bezog und um 1800 noch vorrangig neben dem zweckfrei-ästhetischen angeführt worden war, wurde als eine Restform lediglich benannt: »Nicht blos das deutsche Wort Kunst, das von Können abgeleitet ist, sondern auch (...) das lat. ars bezeichnen im Allg. jede durch Übung erworbene Fähigkeit und Geschicklichkeit. In diesem Sinne spricht man von Kochkunst, Hebammenkunst, Redekunst u.s.w.« Das Hauptgewicht der Definition hatte sich nunmehr auf jene vom Alltagsleben abgespaltene Form der Kunst verlagert, die den Kunstbegriff des Bürgertums[33] künftig dominieren sollte:[34] »Im engeren, d. h. im rein ästhetischen Sinne dagegen versteht man unter Kunst nur die sogenannten schönen oder freien Künste. Baukunst, Bildhauerei, Malerei, Musik, Poesie, zu denen man dann wohl auch mit mehr oder we-niger Recht die Landschaftsgärtnerei, die Gymnastik (Tanzkunst, Reitkunst, Fechtkunst) und die Schauspielkunst zu rechnen pflegt.«
Die Differenz zwischen den beiden Formen der künstlerischen Arbeit, den artifiziellen Alltagskünsten und den ausdifferenzierten

---

32 Allgemeine deutsche Real-Encyclopädie für die gebildeten Stände. Conversations-Lexikon, 10. verb. u. vermehrte Auflage, 9. Bd., Leipzig 1853, Stichwort »Kunst«.
33 Kritisch Florian Simhart: Bürgerliche Gesellschaft und Revolution. Eine ideologiekritische Untersuchung des politischen und sozialen Bewußtseins in der Mitte des 19. Jahrhunderts. Dargestellt am Beispiel einer Gruppe des Münchner Bildungsbürgertums, München 1978.
34 Realencyklopädie 1853, Stichwort »Kunst«.

Bereichen der »freien Künste«, wurde in der Folge den hierarchisierten Bereichen der bürgerlichen Gesellschaft zugeordnet: In beiden Begriffen trat diese Unterscheidung zwischen dem »Nützlichen« und dem »Schönen« hervor. Das »Nützliche« wurde dem Fortschritt, der Rationalisierung und Normierung, der Mechanisierung und Industrialisierung unterworfen, während sich das Verständnis des »Schönen« in jenem Sonderbereich verdichtete, der künftig als autonom chiffriert wurde. Mit dieser Polarität gingen auch Trennlinien zwischen Wissenschaft und Kunst einher. Die Wissenschaft stand als ein Motor des Fortschritts, der Produktivkraft des Nützlichen sowie der begrifflichen und logisch-methodischen Erkenntnis fortan der ungebundenen Zweckfreiheit der Empfindungen und der sinnlichen Ganzheitlichkeit der Kunst gegenüber, jedenfalls in der idealen Konstruktion der Vorstellung:[35] »Die Kunst gibt uns daher nicht blos wie die Wissenschaft Begriffe, sondern sie gibt uns Anschauungen, Empfindungen, Handlungen und Charaktere, sie gibt uns nicht blos das unsinnliche, gestaltlose, abgezogene Leben, sondern die Frische und Fülle des sinnlichen Lebens selbst.«

Mit dieser Verschiebung des Verständnisses von Kunst waren auch die Aufgaben des modernen Künstlers neu definiert:[36] Er sollte nunmehr die sinnliche Anschauung produzieren, denn diese »ist eine Sprache so gut wie die Sprache des Worts und der Begriffe; aber eben weil sie aus dem sinnlichen Gemüth und Gefühl stammt, denkt in ihr der Mensch als ganzer; d.h. als sinnlich-geistiger Mensch mit seinem ganzen Wesen, mit seinem Herz und mit seinen Sinnen, mit der sinnlichen Anschauung, Empfindung und Liebe«. Der moderne Künstler sollte in der Folge die Kunst als eine Sprache für jene »Geistestätigkeit« hervorbringen, die sich auf die Wahrnehmung durch das »Gemüth« und die auf »Gefühl gestützte Phantasie« richtete. Seiner künstlerischen Arbeit mußte »eine Idee oder, wenn man will, ein Gedanke« zugrunde liegen. Solcherart »Geistestätigkeit« schien als eine innere Instanz Kraft zu spenden, die im »freien Bilden«, im Prozeß der ungebundenen Arbeit des Künstlers eine adäquate ästhetische Form suchte.[37]

35 Ebd.
36 Ebd.
37 »(...) die Seele der künstlerischen Idee schafft sich frei und unbehindert nach freiem Belieben und Bedürfnis den ihr angemessenen Körper«. Ebd., S. 265.

Die Realenzyklopädie wandte sich mit dieser Definition des Kunstbegriffs ausdrücklich an »die gebildeten Stände«.[38] Beide, der »moderne« Künstler wie der »wahre Kunstkenner«, waren als Akteure gleichermaßen vor dem Hintergrund eines hinreichenden »kulturellen Kapitals« von Bildung gedacht, das die Kenntnis der Stoffe sowie die ästhetischen Mittel zur adäquaten Rezeption des Kunstwerkes und Aufnahme einer »geistigen Bedeutsamkeit« einschloß.[39] Dieser Bezugskontext in der Kultur der »gebildeten Stände«,[40] wie er somit begrifflich formulierbar geworden war, in dem die Kunst produziert und in ihrer geistigen Bedeutsamkeit auch dechiffriert werden sollte, beruhte auf einer erworbenen Befähigung,[41] die sich fortan weitgehend auf die ästhetische Erziehung in der Familie und den »höheren« Schulen stützte.[42] Die Pflege dieses Verständnisses von Bildung wurde als ein Teil der sozialen Kommunikation der »Gebildeten« und des gesellschaftlichen Lebens der Ober- und Mittelschichten in der bürgerlichen Gesellschaft zum Gegenstand der wissenschaftlichen Bearbeitung und kulturellen Tradierung, eine Aufgabe, die den Universitäten

---

38 Bildung ist hier als die »Summe gemeinschaftlicher, zunächst körperlicher, dann geistiger Tätigkeiten und ihrer Produktionen« zu verstehen, vgl. Koselleck 1992, S. 14.
39 Zur historischen Semantik vgl. Franz Rauheit: Die Herkunft der Worte und Begriffe »Kultur«, »Civilisation« und »Bildung«, in: Germ.-Rom. Monatsschrift N. F., Bd. III, 1953.
40 Nipperdey 1990, S. 693: »Das Verhältnis zur klassischen Kunst ist, zwischen 1860 und 1890 etwa, stark literarisiert worden, und zwar durch die populären, im Grund noch vorwissenschaftlichen kunstgeschichtlichen Überblicke (F. Kugler, W. Lübke, C. Schnaase), die bis zur Jahrhundertwende laufend neu aufgelegt werden (Lübke zwischen 1860 und 1899 in zwölf Auflagen) und darum bis in die Hunderttausende verbreitet sind (...).«
41 Ebd. Bildung ist in diesem Sinne kein »Zustand, sondern ein aktives Verhalten« und steckt »gesellschaftliche Tätigkeitsfelder« ab.
42 Vgl. Münchner Stadtbibliothek, Sammlung Monacensia, Nachlaß Hubert Wilm, MS 200. Wilm wies der Kunst für die soziale Lebenswelt der »Gebildeten« eine gesteigerte Bedeutung zu, insbesondere für die 1880er Jahre: »Die bevorzugte Rolle, die zu Kaulbachs besten Zeiten die Kunst im Leben aller Gebildeten gespielt hat, erscheint uns heute nahezu märchenhaft.« Ob dieser Kommentar einen tatsächlichen Rückgang belegen kann oder ob er die »Verfalls«-These der Konservativen der 1920er Jahre beinhaltet, muß dahingestellt bleiben.

zugewiesen war. Die Aneignung dieser Bildung entschied über die Möglichkeit der Partizipation am sozialen Austausch der kulturellen Güter. Rudolf Braun bezeichnete dieses kulturelle Konstrukt von »Bildung und Wissen« prägnant als »soziokulturelles Amalgam der Verbürgerlichung«,[43] das die Teilhabe an der Produktion wie am Diskurs über Kunst sozial verortete.[44]

Zwischen künstlerischer Freiheit und Existenzsicherung

Die Erfahrung von grundsätzlich veränderten wirtschaftlichen Strukturen bildete für die Künstler ein wesentliches Motiv bei der Gründung der Allgemeinen Deutschen Kunstgenossenschaft im Jahre 1856. Als sie aus Anlaß einer ersten nationalen Ausstellung 1858 in München zusammentrafen, bezog sich der Vorsitzende Feodor Dietz auf den inneren Widerspruch in ihrem Selbstbild zwischen dem im Habitus immanenten Individualismus und den kollektiven Interessen. Dietz beschrieb in seiner Rede einen vollzogenen Epochenbruch im Beruf des Künstlers, indem er die neue Form der bürgerlichen »Assoziation« als nunmehr zeitgemäß kommentierte und die »mittelalterliche« Form des Zusammenschlusses in Zünften für obsolet erklärte. Es sei eine grundsätzliche Reflexion über die Spezifika des eigenen Standes, die Gemeinsamkeiten und Abgrenzungen gegenüber anderen angebracht, da

---

43 »Bildung und Wissen sind soziokulturelles Amalgam der Verbürgerlichung; ohne ihre Aneignung kann Kunst nicht verstanden, empfunden und erlebt werden, seien es nun Inhalte der bildenden Kunst, der Architektur, der neuen Programm-Musik (...).« Braun/Gugerli 1993, S. 229.
44 Die Bedeutung von kontextuellen Bezügen scheint dem Herausgeber der 1853 in Berlin publizierten »Künstler-Briefe« durchaus bewußt gewesen zu sein, als er einen überindividuellen Habitus des Künstlers zugrunde legte und zugleich nach den individuellen Erlebnisgeschichten der Autoren fragte: »Über die eigentliche Persönlichkeit, den Charakter, die Anschauungsweise der Künstler, über deren Stellung im wirklichen Leben, über die Art endlich, wie sie immerhin an der Bildung und an den geistigen Bewegungen ihrer Zeit Anteil nahmen, fehlte in den meisten Fällen jeder Aufschluß.« Ernst Guhl: Künstlerbriefe, Berlin 1853, Vorwort, S. III.

man die Meinung höre, die individuelle Ungebundenheit der »Künstlernatur« passe nicht zur Genossenschaft:[45] »Es mag sein, daß der ungebundene flottierende Geist der Künstler den Zwang nicht liebt und alle festen Formen, selbst in äußeren Dingen, flieht (...).« Trotz dieses mentalen Musters gebe es den Zwang zum Zusammenschluß, sofern der Künstler »die beiden Stützpunkte seiner Lebensaufgaben, seine Ideale und seine Existenz nicht gefährden will!« Dietz resümierte als essentiellen Bezugspunkt hierfür das neue Selbstbild der spezifischen Repräsentanz des »Geistes«: Die Künstler seien »betraut mit einer wichtigen Mission des menschlichen Geistes, ein Stand, der durch die Zahl seiner Vertreter, durch die Teilnahme, die man ihm zollt, ein entschiedener Träger der Kultur unseres Jahrhunderts ist«.

Die Differenz zwischen den Idealen, die durch Vorstellungen aus dem Künstlerhabitus beschrieben wurden, und den Notwendigkeiten der Existenzsicherung, die sich an der Erwerbsarbeit für den gesellschaftlichen Bedarf an visueller Kultur orientieren mußten, wurde zu einem strukturellen Problem.[46] Die neuen sozialen Bedingungen für die künstlerische Arbeit, der Kunstmarkt und die kleinunternehmerische Selbständigkeit der Maler als »Geschäftsleute« sowie ihre Rolle als »Träger« der Kultur hatten den modernen Künstler zu einem Mitglied der bürgerlichen Gesellschaft umgeformt.[47]

Als Ausdruck eines veränderten Zeitbewußtseins ist seit den 1860er Jahren eine häufigere Verbindung des Adjektivs *modern*

---

45 H. Deiters: Geschichte der allgemeinen deutschen Kunstgenossenschaft, Düsseldorf 1906, S. 10.

46 Als ein Beispiel für die verbreitete habituelle Grenzziehung vgl. Wakkernagel 1936, S. 34: »Der wirkliche Künstlermensch ist freilich zu allen Zeiten – vermöge seiner besonderen Anlage und Betätigung – vom Nichtkünstler wesensverschieden; aber diese Verschiedenheit wird gerade dann, wo der Künstler sie seinerseits mit vollem Bewußtsein, stolz und oft auch schmerzlich, empfindet, nicht mehr äußerlich zur Schau gestellt. Jedenfalls nicht oder nur ausnahmsweise durch betont pittoreske Aufmachung und Gebärde.« Dies geschah eher durch berufliche Requisiten, Arbeitsraum oder »psychologisch interessierte Darstellung der ausgesprochen künstlerischen Seelenhaltung in Physiognomie und Ausdruck«, ebd., S. 34.

47 Hinweis auf den Konflikt zwischen dem »Bewußtsein seiner übergeschichtlichen Sendung« und der »gesellschaftlichen Praxis« bzw. »seiner eigenen historischen Erfahrung« bei Busch 1992, S. 286.

mit der Habitusbezeichnung »Künstler« im Sprachgebrauch zu belegen.[48] 1862 bekannte sich beispielsweise Franz Lenbach in einem Brief an seine Schwester zu der Absicht, daß er »nichts Geringeres vorhabe, als die ganze moderne Kunst über den Haufen zu werfen, wenigstens eine Revolution in der ganzen Malerwelt hervorzurufen«.[49] Als Ausdruck derselben Zeiterfahrung nannte der Theoretiker des Kunstgewerbes Jakob Falke 1866 seine Abhandlung eine »Geschichte des modernen Geschmacks«.[50]
Das neue Zeitbewußtsein spiegelte sich wenig später im entsprechenden Stichwort von Meyers Konversationslexikon in zwei nebeneinanderstehenden Begriffsinhalten von »modern« wider, die das Verständnis der sechziger und siebziger Jahre des 19. Jahrhunderts repräsentierten. Der erste zeigt einen unscharfen, lediglich auf den langen Zeitraum des Gegensatzes zum »Antiken« bezogenen Sinn.[51] Im zweiten wurde jedoch jene neue Verwendung des Begriffs »modern« wiedergegeben, die im gewöhnlichen Sprachgebrauch im Sinne von »zeitgenössisch« alles kennzeichnete, »was der eben herrschenden Mode gemäß ist«. Der veränderten Zeiterfahrung und der beschleunigten Bewegung der Kultur und Gesellschaft entsprechend konnte der Begriff »modernisieren« nunmehr bedeuten, ein Objekt einem Entwicklungszustand anzupassen, etwas »modern machen oder umgestalten«.
In dieser Entwicklungslogik wurde seit den 1890er Jahren die Fähigkeit des künstlerischen Subjektes in den Künstlerhabitus eingeschrieben, die »Gegenwärtigkeit des Lebensgefühls« im Gegen-

48 Beispielsweise beschäftigte sich ein namentlich nicht benannter Autor 1865 in einem Zeitschriftenaufsatz mit der »Bildung des modernen Künstlers« und der »modernen Kunst«. »Die Münchner Kunst...«, in: Grenzboten 1, 1865, S. 81.
49 Mehl, Lenbach, S. 16.
50 Friedrich Pecht: Bei Franz von Lenbach, Allgemeine Zeitung Augsburg vom 15. 1. 1885, S. 210, verwendete den Begriff »Moderne« im Sinne von zeitgenössisch als Kennzeichnung von R. Wagner. Von Werner 1913, S. 130, bezeichnete den von ihm hochgeschätzten Maler Adolph Menzel im Sinne von zeitgenössisch als »moderner Mensch«.
51 Meyers Konversationslexikon, 3. gänzlich umgearbeitete Auflage, 11. Bd., Leipzig 1877, Stichwort modern (frz.): In einer älteren Version »im höheren Sinn, vornehmlich auf dem Gebiete der Kunst und Wissenschaft, gebraucht man das Wort von dem, was, im Gegensatz zum Antiken, den eigentümlichen Charakter der Kunstschöpfungen der neuen, d. h. besonders der christlichen Zeit ausmacht.«

stand seiner Arbeit, dem ästhetischen Objekt, zu repräsentieren.[52] Diese zweite Version des Begriffs begleitet die kulturelle Moderne und bildet den Begriffskern im 20. Jahrhundert. Sie ist Ausdruck der Erfahrung des beschleunigten Wandels der modernen Lebenswelt,[53] der veränderten kulturellen Praktiken, der materiellen Kultur und der Geschmacksmuster.[54] Da dieses Begriffsverständnis aus der französischen Herkunft abgeleitet wurde, verband sich hiermit andererseits vor der Folie des deutschnationalen Eigenbewußtseins eine kulturkritische Distanz, die der französischen Kultur eine unbeständige Natur zuschrieb und einen Unterschied zum Selbstbild der »deutschen Kultur« konstruierte, der die Vorstellung von Beständigkeit als positiver Wert zugeordnet wurde.

Im Kontext des kulturellen Aufbruchs der 1890er Jahre[55] und der »modernen Bewegung« entstand eine weitere Begriffsversion, die von den Sezessionen oder der Münchner Künstlergruppe um Hermann Obrist repräsentiert wurde.[56] In deren Verständnis erschien

---

[52] Beispielhaft schließlich wollte Bartning 1929, S. 8, dem 60jährigen Schultze-Naumburg die Qualität von Modernität zuerkennen: »Wenn man aber unter Modernität Gegenwärtigkeit des Lebensgefühls versteht, so wird man ihn unter den Modernen finden, d. h. unter denen, die mitzählen, wenn man einmal unter die Leistung unserer Zeit den Schlußstrich setzt.«

[53] Als ein Beispiel für die Wahrnehmung von veränderten Epochenkontexten im Zeitgefühl vgl. Münchner Stadtbibliothek, Sammlung Monacensia, Nachlaß Hubert Wilm, MS 200: »Es ist eine für unser heutiges modernes Empfinden weit zurückliegende Periode der Kunst, die jetzt mit der Ausräumung des Kaulbachschen Hauses zu Grabe getragen wird.«

[54] In diesem Sinne vgl. die Begriffsversion von Julius Meier-Graefe: Ein modernes Milieu, in: Dekorative Kunst, Jg. 1901. Interessanterweise findet sich in der 1920 erschienenen 7. Auflage von Meyers Handlexikon schließlich nur noch eine unscharfe Definition für »modern« als »der Mode gemäß, in Kunst und Wissenschaft im Gegensatz zu antik und mittelalterlich oder der neuesten Richtung entsprechend«. Meyers Handlexikon, 7. gänzl. veränderte u. neubearb. Auflage, Leipzig und Wien 1920, Stichwort »modern (frz.)«.

[55] Mit München verband sich der Begriff der »modernen Bewegung« in besonderem Maße, vgl. Walter Rietzler: München und die moderne Bewegung, in: Die Kunst für Alle, Bd. XIV, 1910/11, S. 104 f.

[56] Siegfried Wichmann/Monika Roth: Hermann Obrist. Wegbereiter der Moderne, München 1968.

der »moderne« Künstlerhabitus mit Merkmalen der heroischen Individualität und des Außenseitertums ausgestattet und war gegenüber der Bürgerlichkeit radikalisiert. Nunmehr wurden Assoziationen wie »Unversöhnlichkeit« oder »bedingungslose Souveränität« hervorgehoben, die beispielsweise Carl Neumann in seinem Buch »Der Kampf um die moderne Kunst« betonte:[57] »Dagegen ist die Unversöhnlichkeit und bedingungslose Souveränität des Künstlers in unserem Jahrhundert wie zu einem Dogma erklärt, sein Selbstgefühl zum äußersten Maß gesteigert worden.« Neumann erklärte die elitäre Sonderrolle der künstlerischen Individualität in der bürgerlichen Gesellschaft aus dem demonstrativen Gestus, der zwischen Selbstbehauptung und Selbstausdruck vermittelte:[58]

»Jenes schroffe Selbstgefühl ist psychologisch erklärbar aus der Interesselosigkeit des Publikums, aus dem Gefühl, mißverstanden zu werden; es ist ein großes Gemisch aus Verbitterung und Trotz, und gerade bei den größten unserer neueren Künstler ist diese Verachtung des Publikums, gepaart mit dem stolzesten Glauben an sich selbst, ein regelmäßig wiederkehrender Zug.«

Jene extreme Steigerung des »Selbstgefühls« und der egomanischen Mentalität, des »stolzesten Glauben(s) an sich selbst«, hatte seit den siebziger Jahren des 19. Jahrhunderts im großbürgerlich-adligen Habitus der »Künstlerfürsten« eine Gestalt gefunden, allerdings zunächst lediglich in der ästhetischen Repräsentation der errungenen gesellschaftlichen Stellung. Im Widerspruch zum repräsentativen Pathos der »Künstlerfürsten« orientierten sich die »neueren Künstler« seit den 1890er Jahren an jener inneren Instanz im Invididuum, dem »künstlerischen Gewissen«, das zum Motor der Autonomievorstellung des »modernen Künstlers« wurde:[59]

»Wir sehen also zweierlei Kunst. Einmal die der Kunsthändler, die um Geschäft zu machen, Marktware anbieten, die dem Publikum schmeichelt, sauber und gelackt gemalte Sachen, beliebte Motive. Daneben eine schroffe, fast polemische Kunst, die jene anderen Bilder verächtlich ›Verkaufsbilder‹ nennt und sogleich davon unterscheidet, was nur das künstlerische Gewissen diktiert.«

57 Carl Neumann: Der Kampf um die moderne Kunst, Berlin, 2. Aufl. 1897, S. 36.
58 Ebd., S. 37.
59 Ebd.

In dieser ausdrücklichen Opposition zu den konventionellen Wahrnehmungsgewohnheiten und ästhetischen Geschmacksvorstellungen, den gängigen Bilderwartungen und Genrewünschen der Mehrzahl der Käufer, radikalisierte sich die Interpretation des Künstlerhabitus in der Avantgarde der ersten Jahrzehnte des 20. Jahrhunderts weiter. Der kreative Akt des künstlerischen Subjektes bei der Entstehung eines ästhetischen Werkes erhielt eine gesteigerte Bedeutung.

Mit der »modernen Bewegung« der 1890er Jahre verdichtete sich der Anspruch auf Selbständigkeit der schöpferischen Individuen gegenüber den Tradierungen zum Kern des Künstlerhabitus:[60]

»Sie erklären, daß irgend eine Überlieferung überhaupt nicht mehr zu gebrauchen sei, daß die neue Zeit, in der wir leben, ihren völlig selbständigen Ausdruck haben müsse, der aus der Tiefe des modernen Gedankens, aus der frischen sonnenhellen Betrachtung der Natur heraus stets neu zu gewinnen sei.«

Der Kunstkritiker Paul Schumann bezeichnete in einer Besprechung der Ausstellung der Dresdner Werkstätten von 1903 die »Selbständigkeit« der symbolischen Form als grundlegend für den Künstlerhabitus und die moderne Kunst.[61]

Die Kunstentwicklung hatte das Paradigma des »Neuen« im Kontext des umfassenderen »Kulturlebens« als Wesensmerkmal der

60 Julius Lessing: Das Moderne in der Kunst, in: Volkswirtschaftliche Zeitfragen. Vorträge und Abhandlungen, hg. von der Volkswirtschaftlichen Gesellschaft in Berlin, Jg. XIX, Berlin 1898, S. 4. Lessing beschrieb ferner den »tastenden« Übergang, der sich in der Freilichtmalerei vorbereitet und in der Ablehnung der »älteren akademischen Schule« sich manifestiert hatte. In München habe die »moderne Richtung« in der »Herrichtung eines eigenen Ausstellungspalastes der Sezessionisten, in Berlin durch Absonderung innerhalb der einzelnen Kunsthandlungen und der einzelnen Ausstellungssäle« ihren sichtbaren Ausdruck gefunden. »Jetzt hat die moderne Richtung weitere Kreise ergriffen und will die gesamte Ausstattung des Hauses mit alle dem, was wir kunstgewerblich nennen, in neue Formen bringen. Dies greift natürlich weit empfindlicher in das tägliche Leben ein, berührt Jeden und Jede, welche für Gebrauch oder Schmuck Anschaffungen beabsichtigen.«
61 Paul Schumann: Ausstellung der Dresdner Werkstätten, in: Dresdner Anzeiger vom 24. XI. 1903: »Daß die selbständige Schöpfung höher steht als die Nachahmung, wurde schon gesagt; auf Selbständigkeit aber beruht die moderne Kunst.«

Moderne aufgenommen.[62] Im Sinne der »modernen Bewegung« und der praktizierten Durchlässigkeit zwischen den künstlerischen Medien Malerei, Objektgestaltung, Mode und Architektur, die zahlreiche Künstler mitvollzogen, definierte Julius Lessing den Gegenstand der künstlerischen Arbeit als völlig offen hin zur Gestaltung der materiellen Kultur:[63]

»Kunstwerk in diesem Sinne ist aber keineswegs nur das Gemälde oder das Standbild, sondern Kunstwerk soll jegliches Geräth sein, jeder Topf, auch der einfachste und gerade erst recht der einfachste, jeder Leuchter, jedes soll aus seinem Begriff, soll heißen aus seinem Gebrauchszweck heraus neu erdacht werden, aus diesem heraus seine Form erhalten. Ebenso wie der Begriff soll mitsprechen das Material, aus dem es gebildet wird; auch wohl die Technik, in der es hergestellt wird (...).«

In einer an der geistigen Vorstellung orientierten, gemäßigten Version definierte der zu diesem Zeitpunkt als Maler tätige Paul Schultze-Naumburg die kulturelle Bedeutung des Künstlers darin, daß dieser den im kollektiven Unterbewußten schwer faßbaren Vorstellungen einen sichtbaren Ausdruck verleihe:[64] »Vielmehr ist es die Aufgabe, den Idealen, die noch gestaltlos, als bloße Sehnsucht in den Herzen und Köpfen der neustrebenden Gegenwart zittern, die Gestalt zu geben, in der sogleich jeder Zeitgenosse das erkennt, was er hegte, aber nicht gestalten, nicht anschauen konnte.«
Als die Kunsttheoretikerin Lu Märten im Jahre 1914 ihre Schrift »Die wirtschaftliche Lage der Künstler« veröffentlichte, war der

---

62 In der Zeiterfahrung des Kunsttheoretikers Julius Lessing erschienen die ständigen Veränderungen der Kunstproduktion als symbolische Formen des »Wesens« von Zeit: »Die Kunst hat es mit allen Zweigen des Kulturlebens gemein, daß sie sich ständig weiterentwickelt. Wenn wir einsehen, daß Kunstwerke nicht zufällige Wertstücke sind, die wie Goldklumpen entweder heute oder auch erst in hundert Jahren zu Tage kommen, daß Kunstwerke vielmehr mit allen Fasern im Wesen ihrer Zeit wurzeln, daß sie der nothwendige Ausdruck bestimmter Geistesrichtungen sind, so werden wir es als selbstverständlich ansehen müssen, daß sich die Kunst dauernd verändert, und daß man stets geneigt ist, die Werke der letztvorangegangenen Zeitläufte als diejenigen anzusehen, die veralten, an deren Stelle man etwas Neues setzen muß.« Ebd., S. 3.
63 Ebd., S. 5.
64 Paul Schultze-Naumburg: Häusliche Kunstpflege, 4. Auflage, Leipzig 1902 (zuerst 1899), S. 1.

Begriff des modernen Künstlers in Bestimmungen ausformuliert, die sich im Verlauf des 20. Jahrhunderts nicht mehr wesentlich ändern sollten. Lu Märten schloß in diesen »alle Schöpfer und Denker [des, d.V.] geistigen und ästhetischen Lebens« ein.[65] Ihrem politischen Selbstverständnis entsprechend trat sie gegen die elitäre Klassenkultur und die Geschlechterungleichheit gleichermaßen auf und setzte sich für die Demokratisierung von »Kunst und Daseinsgenuß« ein. Der Grundkonflikt zwischen der freien Individualität und der Gestaltung der modernen Welt, die auch die Erwerbstätigkeit in den künstlerischen Berufen mit der fortschreitenden Modernisierung umformte, erschien ihr im Künstlerhabitus ungelöst.[66] In der Begriffsbildung von Lu Märten umfaßte der Künstlerhabitus daher beide zeitgenössischen Entwicklungsformen, das vom Ideal der zweckfreien Kunst geleitete künstlerische Individuum und den in enger Verbindung zu den industriell-mechanischen Arbeitsvorgängen sowie den gesellschaftlichen Zwecken des Gebrauchs arbeitenden angewandten Künstler. Das »freie« Künstlerindividuum existiere – nach Märten – am Rande der Gesellschaft. Seine »soziale Isolierung« und die »Vernachlässigung von Künstler und Kunst« entsprächen der »verloren gegangenen Kollektivität von Volk und Künstler«.[67] Hieraus resultiere die Sonderstellung und der Konflikt, der den Künstler zwinge, »die seiner Arbeit innewohnenden freien Gesetze zu vergewaltigen«.[68] Die faktischen sozialen Grenzen, die den »freien« Berufshabitus umstellten, wurzelten in der Entwicklung der industriellen Arbeitsteiligkeit selbst.

Wie wollte Lu Märten den Konflikt lösen, dessen Auswirkungen die Künstler »in eine soziale Isoliertheit verbanne«? Auch sie ordnete dem modernen Künstler jene geistige Potenz zu, die seine besondere Freiheit gegenüber der pragmatischen Rationalität der industriellen Arbeitsteiligkeit und deren Zweckorientierungen legitimierte:[69]

65 Märten 1914, S. 1: »(…) um des Genusses aller willen.«
66 Ebd., S. 2: »Der Konflikt zwischen individueller Arbeit und industriell-zweckmäßiger; der Konflikt zwischen Idee und Mechanismus (…) bringt sinnfällig und augenscheinlich die spezifischen Vertreter der individuell gegründeten Arbeit, die Künstler, in immer schwerere persönliche Konflikte, in immer problematischere Daseinsbedingungen.«
67 Ebd., S. 4.
68 Ebd., S. 2.

»Die den Künstlern selbstverständliche Atmosphäre ist Freiheit – nicht weil sie Künstler sind, wollen sie diese, sondern weil Künstlersein freies Menschentum voraussetzt.«

Nur der Künstler der »individuellen Arbeit« könne die Funktion eines Sehers, eines »Wahrsager(s) der idealen Organisationen der Menschheit (...)« für die Gesellschaft wahrnehmen.[70] Lu Märten hielt die eigentümliche kulturelle Spannung, in der der Arbeitsprozeß des modernen Künstlers zu den Normen der bürgerlichen Gesellschaft und den Rationalisierungen in der Zivilisation der kulturellen Moderne stand, für unaufhebbar. Sie kennzeichnete diese Spannung mit dem Bild des Ausbruchs aus den normativen Standards:[71] »Der Künstler war als Arbeitswesen immer der ›Wilde‹ in der Kultur.«

Gegenläufig zur Entwicklung einer relativen Autonomie verstärkten sich seit den achtziger Jahren des 19. Jahrhunderts auch solche Tendenzen im Künstlerhabitus, die ausgehend vom älteren politischen Engagement von Künstlern, wie es sich im Kontext der bürgerlichen Freiheitsbewegung und der Revolution von 1848/49 entwickelt hatte,[72] eine Bezugnahme auf die sozialen Erfahrungen der Armen in ihre Kunst integrierten mit der Intention, an der Verbesserung der Lebensverhältnisse mitzuarbeiten.[73] Käthe Kollwitz ist eine Repräsentantin dieses Selbstverständnisses.

Ferner festigte sich eine skeptische Interpretation der Subjektivierung und eine Abwehr der ästhetischen Fragmentierungen der Moderne. Sie wurde von einer nicht geringen Zahl von Künstlern geteilt und vielfach am politischen Kontext der Hegemonie eines nationalen Identitätsbildes orientiert. Ein führender Exponent dieser Richtung war der Berliner Maler Anton von Werner, der sich 1897 grundsätzlich in einem knappen Beitrag für den »Kunst-

---

69 Märten 1920, S. 96.
70 Märten 1914, S. 19: Dies gelte, solange er sich ganzheitlich in seiner Zeit bewege: »Wo er synthetisch, mit vollem persönlichen Ernst auf dem ganzen sinnlichen und geistigen Erkenntnisgehalt seiner Zeit fußt, prophezeit er zukünftige Realitäten.«
71 Ebd., S. 21.
72 Vgl. Grossmann 1994, S. 205 ff.
73 König 1974 a, S. 350, sah grundsätzlich vor dem Hintergrund des »Zeitgeistes« der 1970er Jahre in dieser Einschränkung des Autonomieanspruchs eine »Einengung der künstlerischen Gestaltungskraft«.

freund«, einer Saarbücker Zeitschrift, äußerte:[74] »Der Begriff ›modern‹ in der Kunst erscheint mir als ein durchaus abstrakter schwer faßbar, denn ich vermag nicht zu bestimmen, was heute noch ›modern‹ ist, was vorgestern ›modern‹ war, und ob das, was heute ›modern‹ ist, auch übermorgen so heißen wird.« Es waren nicht allein die ästhetischen Ausdrucksmittel für die Erfahrung der Flüchtigkeit der Moden und der »Nervosität« des modernen Lebens, die Anton von Werner ablehnte, sondern auch die zu seiner eigenen in Konkurrenz stehende Malerei der »modernen neuen Kunst«, die nach 1870 unter der »Patenschaft« der französischen Impressionisten wie Monet, Manet, Degas und anderen Pariser Künstlern entstanden war und bei der es sich – dies meinte von Werner diskreditierend – nicht »um eine aus dem innersten deutschen Gefühl und Volkstum entstandene Kunst« handele.[75] Diese von deutschen Künstlern aufgenommene ästhetische Auffassung sei durch den kulturellen Kontext ihrer Entstehung disqualifiziert, da sie eine »verspätete Nachäffung« von »Französlingen« sei.[76] Anton von Werners Kriterium einer »beständigen« nationalen Kunst der Deutschen implizierte demgegenüber solche mentalen Muster eines Eigenbildes der »deutschen Identität«, die jene impressionistische »moderne deutsche Kunst« in ihrer Tradierung nicht repräsentierte.

Andererseits erkannte Anton von Werner eine Polarität der Paradigmen, der »objektiven« mathematischen, naturwissenschaftlichen Wahrnehmung und der Subjektivität von individuell erlebten »Empfindungen, Gefühl, Stimmung, Geschmack«, als Merkmal der Kultur seiner Zeit.[77] Er verfügte jedoch selbst über keine

---

74 Anton von Werner, in: Der Kunstfreund an der Saar. Organ zur Hebung und Förderung des Sinnes für Kunst, Musik, Literatur und Kunstgewerbe, Saarbrücken, 1. Jg., Nr. 4 vom 15. Dezember 1897, S. 110.
75 Ebd.
76 Zur markanten Auseinandersetzung um die Ankaufspolitik in bezug auf französische Impressionisten seit 1896 für das Berliner Museum vgl. Peter Paret: Die Tschudi-Affäre, in: Ausst. Kat. Nationalgalerie, Staatliche Museen zu Berlin: Manet bis Van Gogh. Hugo von Tschudi und der Kampf um die Moderne, hg. von Joh. Georg Prinz von Hohenzollern und Peter-Klaus Schuster, Berlin 1996, S. 396 ff.
77 Von Werner 1913, S. 57. Ebd.: »Meines Erachtens beleidigt man die Kunst, wenn man sie als modern bezeichnet und damit ihr ewiges und bleibendes in Frage stellt, oder sofern etwa das Wort ›modern‹ von

Begriffe, die subjektive Dimension der Kunst einzuordnen. Da dieser Künstler in seiner Person eine im Kaiserreich und der offiziellen Kunstpolitik zeitweise äußerst einflußreiche Auffassung repräsentierte, können wir seinen Bemerkungen eine generelle Aussagekraft für die Vorstellungen der Gegner der Moderne zuerkennen.

Als sich der Konflikt zwischen den Vertretern der ästhetischen Avantgarde und den Propagandisten einer Vitalisierung von völkischen Codes im Verlauf der 1920er Jahre zuspitzte, gewann der Begriff des Künstlers eine zentrale Bedeutung. Der von Schultze-Naumburg beratene NS-Kultusminister von Thüringen Frick ließ 1930 die Werke der Avantgardisten im Kunstmuseum Weimar abhängen. Oskar Schlemmer, der 1930 ebenfalls von dieser Maßnahme betroffen war, ordnete scharfsinnig den Stellenwert der durchgesetzten Kriterien für die schöpferische Arbeit des Künstlerindividuums und deren Bezug zur Instanz des Unterbewußten ein:[78]

»Das Furchtbare, die Kulturreaktion liegt darin, daß es sich hier nicht um die Verfolgung von Werken politischer Tendenz handelt, sondern um rein künstlerische, ästhetische Werke, die lediglich weil sie neuartig, andersartig, eigenwillig sind, gleichgesetzt werden mit ›Bolschewismus‹. Gerade beim Bildersturm im Weimarer Museum wurden Künstler getroffen, an deren echtestem Deutsch der Gesinnung und Empfindung kein Zweifel

›Mode‹ hergeleitet wird und das bezeichnen soll, was gegenwärtig gerade Sitte ist. Einer Mode zu folgen, d. h. einer wechselnden Strömung des Geschmackes oder der Geschmacklosigkeit, ist nicht die Aufgabe der Kunst. Sollten wir heutzutage wirklich in einer Epoche überspannter Nervosität und Gigerltums leben, so dürfte die Kunst zu schade sein, derselben als Ausdrucksmittel zu dienen oder Zeugnis von derselben den kommenden Geschlechtern zu überliefern.« In seinem 1913 erschienenen Erinnerungsbuch »Erlebnisse« äußerte sich von Werner zu der Frage, was unter Kunst zu verstehen sei, wiederum mit deutlichen Definitionsproblemen. Bildende Kunst sei in Hinblick auf ihre Bedeutung und ihren Zweck schwer zu charakterisieren: »(...) da Empfindung, Gefühl, Stimmung, Geschmack durchaus unsichere, je nach der subjektiven Auffassung wechselnde Begriffe gegenüber der von keiner Auffassung abhängigen mathematischen Sicherheit des Verhältnis vom Kreis zu seinem Durchmesser sind, so neige ich der Ansicht zu, daß die bildende Kunst das Ergebnis allerfeinster mathematischer Einflüsse auf unser Erkenntnis- und Empfindungsvermögen ist (...).«

78 Notiz in seinem Tagebuch vom 27. 11. 1930, vgl. Brenner 1963, S. 34.

bestehen kann. Die furchtbare Gefahr, wenn sie sich ausbreiten sollte, liegt darin, daß das unbewußte künstlerische Schaffen, die altangestammte Freiheit der Kunst, irritiert und um die Naivität der Anschauung und Ausdrucksweise gebracht wird. Es ist kein Ersatz für die Werke der gegenwärtig Schaffenden, wenn an ihre Stelle Meister der vorigen Jahrhunderte gesetzt werden, da diese selbst – ein Caspar David Friedrich, ein Schinkel – in ihrer Zeit unverstanden, Neuerer und Künder des Zukünftigen waren.«

In der Kontinuität der deutschnationalen Auffassungen des ausgehenden 19. Jahrhunderts behielt die Kritik an der Moderne und der Grammatik des modernen Künstlerhabitus ihre Gültigkeit. Sie wird unter anderem von Hermann Beenken repräsentiert, der in den 1930er Jahren sein Buch »Das 19. Jahrhundert in der deutschen Kunst« verfaßte.[79] Auch er bemühte sich um einen Begriff des modernen Künstlers, wobei er die moderne Bewegung als eine Fehlentwicklung ablehnte, da der »Kampf um die Freiheit von Künstler und Kunst, der in dem hinter uns liegenden Zeitalter gekämpft worden ist«, mit »dem Zusammenbruche« geendet habe, als »alle nur denkbare Freiheit, alle Schranken und Zügel« gefallen waren. Bei diesem Prozeß der radikalen Befreiung der Künstler aus den Bindungen der Tradition sei »das Menschenbild in so hohem Grade seelisch entleert«[80] worden. Allerdings sei dies Teil einer »Krise, die in jenen Jahrzehnten die Seelenvorstellung des Menschen überhaupt betroffen hat«. Beenken erkannte somit den Zusammenhang zwischen der künstlerischen Arbeit des Malers und den in der Kultur gültigen Vorstellungen von der Innenseite des Individuums. Deren vermeintliche »Entleerung« in der kulturellen Moderne sollte durch den Rückbezug auf »heile« Bilder und stereotype Begriffe vom Menschen, wie sie unter den Protagonisten der »deutschen Kultur« kommuniziert wurden, zurückgedrängt werden.

Der Begriff des modernen Künstlers erweist sich somit als keineswegs autonom vom kulturell vermittelten Menschenbild.[81] Er bleibt in seiner Historizität eingebunden in die kulturellen Verarbeitungen des Modernisierungsprozesses und die Folgen der »Versachlichung« der Lebenswelt, wenn auch in einer programmati-

79 Hermann Beenken: Das 19. Jahrhundert in der deutschen Kunst, München 1944, S. 81.
80 Ebd., S. 421.
81 Vgl. auch Franz Roh: Streit um die moderne Kunst, München 1962.

schen Spannung und Abgrenzung hierzu.[82] In diesem Sinne müssen die Umformulierungen des Künstlerhabitus als Nachvollzug von zivilisationsgeschichtlichen Umformungen von Modernitätsstandards erklärt werden,[83] an denen das jeweilige Zeitbewußtsein des »Zeitgenössischen« seinen Ausdruck gewinnt und sich transformiert.

2. Die Individualität als Repräsentation der Moderne

In die Konstruktion des modernen Künstlers ging der Begriff der kreativen Individualität als ein Leitwert ein, so daß programmatisch von der *künstlerischen Individualität* gesprochen wurde.[84] Für den Maler bildete diese das Gravitationszentrum seines Arbeitsprozesses:[85]

»Die Gebilde seiner Phantasie schweben nicht mehr beängstigend haltlos umher, er versteht es, sie in seinen Raum zu bannen, ja sie dadurch für andere geradezu glaubwürdig zu machen. Eine Individualität, die eigent-

---

82 Gehlen 1957, S. 109.
83 In der rechtskonservativen Sicht Arnold Gehlens ließ sich diese Entwicklung als eine Spaltung zweier Verfahren beschreiben: »Das Eindringen des experimentellen Geistes in die Künste und Wissenschaften jeder Art führt notwendig auf der Seite der Gegenstände zu deren Denaturierung (...). Ebenso unvermeidlich wie notwendig wird der Gegenstandsbereich durch dieses Verfahren durchrationalisiert, er wird unsinnlicher, abstrakter, unanschaulicher, und schließlich, in einer von außen her schwer beschreibbaren Weise, autonom: durchaus präzise Resultate können in Worten nicht mehr wiedergegeben werden, oder sie sind nur während des methodischen Vollzugs evident.« Ebd., S. 37.
84 Belege für diesen Wortgebrauch in: Rosenberg 1887, S. 7 f.: »Schwind und Spitzweg sind Typen für eine Vereinigung beider Elemente in einer künstlerischen Individualität.« Waetzold 1907, S. 339, analysierte das Selbstbildnis als Medium zur »Darstellung der künstlerischen Individualität mit malerischen Ausdrucksmitteln«, in dem »seelische Grundhaltungen dieses Persönlichkeitstypus« veranschaulicht würden. Repräsentativ die Zuschreibung der Herausgeberin Adele Schreiber an die Künstlerin, Kunsttheoretikerin und Autorin Märten 1920, S. 9, die davon sprach, daß man »eigene Erfahrung und Kämpfe einer künstlerischen Individualität« im Text Lu Märtens fühle.
85 Thoma 1909, S. 209.

liche Triebkraft, der geheimnisvolle Boden alles künstlerischen Schaffens, wird nur erstarken, wenn der Lehrgang der Akademie sie frühe schon auf Wege führt, durch welche sie zum Ausdruck gelangen kann. Schule dürfte alsdann nicht mehr ein Aneinanderkleben der Individuen bedeuten, sondern eine Befreiung, eine Selbständigmachung derselben.«

Weshalb wurde dieser »geheimnisvolle Boden alles künstlerischen Schaffens«, die Individualität, Gegenstand eines Kultes in der bürgerlichen Gesellschaft? Auszugehen ist von einer These: Der Künstler avancierte in dem Maße zum »Priester« der Subjektivität und der ungebändigten Phantasie des Individuums, in dem diese, in der Folge von Rationalisierung und Versachlichung der modernen Lebenswelt, auf spezifische mediale Formen in den Künsten verwiesen wurden.[86]

Offenkundig ist dieser Begriffsinhalt als Teil des Künstlerhabitus im Jahr 1865. In einem Artikel hieß es, die »Bildung des Künstlers« solle darauf abzielen, »den Inhalt seiner eigenen Phantasie« frei gestalten zu können.[87] Der Autor erklärte diese zu der produktiven Instanz, aus der sich der Künstlerhabitus speise:[88] »Alle Begeisterung muß der Künstler nur aus sich, alle Bilder und Gestalten nur aus seiner eigenen, ganz auf sich angewiesenen Phantasie schöpfen, und was er endlich zu Stande gebracht, darauf liegt das bleierne Auge des Beschauers mit ertödtendem Blick.« Vom Publikum könne der moderne Künstler keine Hilfe erwarten, allenfalls »teilnahmslose« Betrachtung aus der Distanz. Erst in dem Maße, in dem das Publikum mit der Rezeption seine subjektive Ausdrucks- und Wahrnehmungskraft anerkannte, in seinen Werken, in seiner Weltsicht, seiner Bildersprache und seinen ästhetischen Mitteln das »Bestreben des Menschen zur Selbstfindung und Selbstverwirk-

---

86 Charakteristisch für diese an der besonderen Erscheinung orientierten Vorstellung des Künstlers ist die Reihung von Begriffen der hervorgehobenen Individualität, vgl. Nipperdey 1990, S. 697: Der »Künstler ist Rebell – stilisiert je nachdem als Held, Führer, Prophet oder Märtyrer, als Dandy, Bohèmien, Wahnsinniger oder als Kultfigur – wie sehr er auch, vor 1914, immer dem bürgerlichen Leben verbunden bleibt.«
87 (ohne Namenszeichnung) »Die Münchner Kunst ...«, in: Grenzboten 1, 1865, S. 15.
88 Ebd., S. 14. Adolf Rosenberg sprach 1887 in Hinblick auf Hans Makart und Franz Lenbach von einer großen »Individualisierungskraft« dieser Künstler, Rosenberg 1887, S. 22.

lichung«⁸⁹ und zur Individualisierung wiederfand, konnte der Künstler Akzeptanz gewinnen.

Lu Märten suchte eine Erklärung für die kreative Produktivität der Künstler in der psychischen Verarbeitung von geistiger Spannung, wie sie in der Individualität angelegt war:⁹⁰

»Die Künstlermenschen sind in ihrem Wesen nicht ewig gesträubte, nicht gemeinhin egoistische Naturen, sondern vor allem fast immer sehr empfindliche, leidende Wesen, die ihre eigene Stille brauchen, die unter steter Hochspannung des Nervensystems arbeiten und in der Qual der Arbeit keine Umgebung, gleichsam kein Gestern und Heute wieder erkennen. In Versunkenheit der Arbeit, im Einbeziehen der Dinge hängen sie Last auf Last an sich; erwachen erst an der psychischen Grenze der Arbeitsfähigkeit zum alltäglich Wirklichen; erschrecken, empfinden sich gemartert und sind gereizt oder furchtsam. Ihr Leben selbst ist Spannung. Spannung ist goethisch definiert, der indifferente Zustand eines energischen Wesens, in völliger Bereitschaft, sich zu manifestieren, zu differenzieren, zu paralysieren.«

Mit dem neuen Künstlerhabitus wurde das Kunstwerk vollends zum Medium für die künstlerische Individualität umcodiert,⁹¹ zum »Ausdruck eines besonderen Wesens« des Künstlers, der »mit eigenen Augen Form, Raum und Farbe empfindet und mit engerem oder weiterem Mitgefühl für die Dinge dieser Welt begabt ist«.⁹² Hieraus erklärt sich, daß die programmatische »Pflege der

---

89 Silbermann 1974, S. 335.
90 Märten 1920.
91 Die Individualität stützte sich auf das Seelenleben, die psychische Natur der Person. Zum Zusammenhang von Kunst und Seele die Bemerkung von Jacob Burckhardt: »Sie [die Künste, d. V.] beruhen auf geheimnisvollen Schwingungen, in welche die Seele versetzt wird.« GW XII, S. 45, zit. n. Hardtwig 1974, S. 157.
92 Alfred Lichtwarck: Aus der Praxis, Berlin 1902, S. 19: »Wenn die gegen dreißig Künstler, die an dieser Sammlung von Bildern mitgearbeitet, ihre Stoffe – und oft dieselben Stoffe – einem und demselben beschränkten Gebiet entnehmen und jeder in Verhältnissen und Raum, in Farbe und Stimmung der unendlichen Fülle der Möglichkeiten etwas ganz anderes und ihm allein gehöriges entnimmt, so muß dem einheimischen Betrachter, dem die dargestellten Dinge vertraut sind, allein durch den Augenschein klar werden, daß es sich beim Kunstwerk nicht um eine mechanische Wiedergabe von größerer oder geringerer Treue handelt, sondern um den Ausdruck eines besonderen Wesens, das mit

Individualität« des Künstlers,[93] wenn auch mit unterschiedlichen kulturellen Mitteln, zu einem wesentlichen Ziel seiner Phantasieproduktion wurde, wie der Kunstschriftsteller Voß formulierte. Diese leitete ihn bei der Arbeit an einer ästhetischen Sprachlichkeit für seine individuelle Wahrnehmung, bei der Gestaltung eines Themas, insbesondere bei der Entdeckung von bis dahin noch nicht Wahrgenommenem, bei der Stilisierung einer persönlichen, nur ihm eigenen ästhetischen Form oder bei der Kultivierung seines Auftretens als Individuum.

Das wichtigste Medium dieser Stilisierungsarbeit der künstlerischen Individualität blieb das Werk, in dem die Erfindungskraft und die individuelle Sicht einen ästhetisch überzeugenden Ausdruck finden mußten.[94] »Die Seele der Kunst ist der eigene, persönliche Charakter, nicht die Routine des Kunstmarktes«, resümierte Voß 1895 die gängige Auffassung[95] des kunstreflektierenden Publikums und folgerte hieraus für den Künstlerhabitus, daß Kunstwerke nur entstünden, »wenn der Künstler ausschließlich auf sich hört und mit allen Kräften strebt, der inneren Macht, die ihn zu gestalten zwingt, zu gehorchen«.[96]

---

eigenen Augen Form, Raum und Farbe empfindet und mit engerem oder weiterem Mitgefühl für die Dinge dieser Welt begabt ist.«

93 Georg Voß: Die Frauen in der Kunst, Berlin 1895, S. 230.
94 Peter Cornelius definierte in seiner Denkschrift von 1821 die »eigene Erfindung« für »die Erziehung zum Künstler« als wichtigstes Lernziel: »(...) nur das Entwerfen eigener Erfindungen und ihre Ausführung führt den Künstler zu wahrhaftiger Zeichnung und läßt ihn im Kolorit ein festes eigentümliches Prinzip finden, was alle wahren Meister gehabt haben, denen das Naturstudium eine Schwinge, nicht eine Krücke der lahmen Phantasie gewesen ist.« Vgl. F. Büttner: Peter Cornelius – Fresken und Freskenprojekte, Bd. 1, Wiesbaden 1980, S. 64 ff., zit. n. Mai 1985, S. 112.
95 Ebd., S. 228.
96 Ebd., S. 235.

Zwiespältige Erfahrungen
mit dem Kult der Individualität

Wenngleich die zentrale Bedeutung des Begriffs der Individualität in der Konstruktion des Künstlerhabitus von zahlreichen Kommentatoren betont wurde, gilt dies keineswegs in gleichem Maße für die Reflexion der Kosten, die die Praktiken der Individualität für das soziale Leben mit sich brachten. Lovis Corinth beschrieb seine eigene Entwicklung im München der 1890er Jahre, der Zeit seiner Arbeit an einer radikalisierten ästhetischen Sprachlichkeit der Moderne, als eine Erfahrung des gesteigerten Existenzkampfes:[97]

»Je größer die Individualität eines Künstlers ist, desto größerem Mißverständnis ist er von Seiten des Publikums ausgesetzt. Der Kampf ums Dasein zwingt den Künstler, sein Bestes zu bringen, und so ist der Wettlauf auf das Äußerste angespannt. Um ihn herum mögen seine Kollegen, selbst seine Freunde hinsinken, wenn er nur als Stärkster obsiegt. Solange bei diesem Kampfe nur die Stärke des Siegers ausschlaggebend wird, wird niemand zu bedauern sein, denn es ist das Schicksal des Schwächeren, dem Starken zu unterliegen. Aber die Konkurrenz braucht leider oft gewundene Wege: Neid und Mißgunst werden mit allen Mittelchen angewendet, um den Gegner rücksichtslos zu Fall zu bringen. Es ist bekannt, daß unter den Künstlern aller Systeme die größten Machenschaften im Schwange sind und die größten Intrigen gesponnen werden. Dieses Strebertum wird von der Welt streng verurteilt, wenn der Ränkesüchtige sich verspekuliert hat. Dagegen wird er bewundert, wenn er im Kampfe Sieger bleibt und seine Gegner überwunden hat.«

Diese komplementäre Seite, die sich bei der Durchsetzung der jeweils eigenen Individualität im Konkurrenzkampf unter den Künstlern ergab, wurde im Diskurs der bürgerlichen Gesellschaft kaum thematisiert. Eine Erklärung für diese begrenzte Wahrnehmung könnte das Argument bieten, daß hierdurch die unbewußte Idealisierung der Individualität im Kunstwerk beeinträchtigt worden wäre, die im Kontext der bürgerlichen Kultur das Publikum primär interessierte und faszinierte, zumal die aus der Individualität hervorgehende Schöpferkraft als ein Geheimnis des auf sich allein gestellten Künstlers galt:[98] »Künstler werden doch nur die, in

---

97 Lovis Corinth: Meine frühen Jahre, Hamburg 1954, S. 107.
98 Thoma 1909, S. 19. In seiner individuellen Motivation wurzelt Durchsetzungswille. »Das Verkennen der Mitwelt, das ja leider hier und da

denen der geheimnisvolle Trieb zur eigenen Betätigung groß genug ist – denen er gleichsam angeboren ist. Nur diese besiegen alle Hindernisse.«

Historische Konstruktionen der Entstehung des modernen Individuums

Geht man der Frage nach, weshalb der Wert der Individualität in einen so hohen Bedeutungsrang gehoben wurde, sind umfassendere kulturgeschichtliche Zusammenhänge zu berücksichtigen. Wir müssen nicht zuletzt nach der historischen Genese des Individuums selbst fragen.

Die Stilisierung der Individualität erweist sich als Teil eines Gewebes von Ideen und Werten, das sich mit der Moderne herausbildete. In der pointierten Formulierung des französischen Sozialwissenschaftlers Louis Dumont wird der Individualismus zum »Hauptwert der modernen Gesellschaften« erklärt.[99]

Bereits im 19. Jahrhundert war die Renaissance als eine glanzvolle Blütezeit und als Epochenbruch zur Neuzeit wahrgenommen worden, da sie als der historische Ort der Entstehung der Individualität und der »modernen« Kultur erschien,[100] an der sich Vorstellungen von der eigenen Kultur orientierten. Jacob Burckhardt hatte dieses Renaissancebild des aufstrebenden Bürgertums in seinem 1867 erschienenen Buch »Die Kultur der Renaissance in Italien« eindrucksvoll modelliert.[101] Er arbeitete Aspekte eines Menschenbildes heraus, die den kulturellen Begriffen, Bedürfnissen und Sehnsüchten seines bürgerlichen Publikums Ausdruck verliehen. In seiner Interpretation hatte die Renaissance ihr Fundament im Reichtum und der Freiheit der mittelitalienischen

---

auch vorkommt, dürfte auch nur dem Ehrgeiz einen Stoß geben, aber das eigentliche Wesen darf es nicht irritieren.«

99 Louis Dumont: Individualismus. Zur Ideologie der Moderne, Frankfurt am Main/New York 1991, S. 27; zur Bedeutung des Wertes des Individualismus für das Menschenbild, vgl. ebd., S. 12 ff.

100 Burke 1984, S. 7, hat bereits darauf hingewiesen, daß sich seither die »Auffassung von Moderne« verändert hat.

101 Jacob Burckhardt: Die Kultur der Renaissance in Italien, Stuttgart 1867, eine kommentierte Ausgabe hg. von Horst Günther, Frankfurt am Main 1989.

Städte des 15. Jahrhunderts. Sie erschien insofern als »modern«, weil an ihr kulturelle Ideale dargestellt werden konnten, die einer ganzheitlichen Vorstellung vom Menschen entsprachen:[102] »Ein sehr geschärfter kulturgeschichtlicher Blick dürfte wohl imstande sein, im 15. Jahrhundert die Zunahme völlig ausgebildeter Menschen schrittweise zu verfolgen.« Burckhardt veranschaulichte seinen Begriff des »geistigen Individuums«, den er in Menschen jener Zeit identifizierte:[103] »(...) es erwacht eine objektive Betrachtung und Behandlung des Staates und der räumlichen Dinge dieser Welt überhaupt; daneben aber erhebt sich mit voller Macht das Subjektive; der Mensch wird geistiges Individuum und erkennt sich als solches.« Die entfaltete Individualität erschien in der Leistung der Künstler und der Humanisten vorbildhaft personifiziert, so daß sich auch der bürgerliche »Privatmensch« mit diesem Ideal des gebildeten Menschen identifizieren konnte:[104] »Wenn nun dieser Antrieb zur höchsten Ausbildung der Persönlichkeit zusammentraf mit einer wirklich mächtigen und dabei vielseitigen Natur, welche sich zugleich aller Elemente der damaligen Bildung bemeisterte, dann entstand der ›allseitige Mensch‹, l'uomo universale, welcher ausschließlich Italien angehörte.«

Das Studium der Renaissance bot vor allem in der Figur des Künstlers jene Anschauung des »allseitigen Geistigen«, die mit der zunehmenden Arbeitsteilung und Spezialisierung in der eigenen Gegenwart schwand:[105]

»Menschen von enzyklopädischem Wissen gab es durch das ganze Mittelalter in verschiedenen Ländern, weil dieses Wissen nahe beisammen war; ebenso kommen noch bis ins 12. Jahrhundert allseitige Künstler vor, weil die Probleme der Architektur relativ einfach und gleichartig waren und in Skulptur und Malerei die darzustellende Sache über die Form vorherrschte. In dem Italien der Renaissance dagegen treffen wir einzelne Künstler, welche in allen Gebieten zugleich lauter Neues und in seiner Art Vollendetes schaffen und dabei noch als Menschen den größten Eindruck machen, andere sind allseitig außerhalb der ausübenden Kunst, ebenfalls in einem ungeheuer weiten Kreise des Geistigen.«

---

102 Ebd., S. 142.
103 Ebd., S. 137.
104 Ebd., S. 143; vgl. auch Burke 1984, S. 13.
105 Burckhardt ebd., S. 143.

Diese emphatische Sicht Burckhardts ist einzuschränken, da das Renaissancebild des 19. Jahrhunderts in heroisierten Bildern entworfen und die Kultur der Eliten idealisiert wurde. Die Renaissance wurde mit der Vorstellung identifiziert, in dieser Epoche sei das autonome Kunst- und Künstlerbewußtsein entstanden,[106] eine geistige Konstruktion, die vor allem den eigenen Projektionswünschen folgte.

Neuere Interpretationen verorten den Beginn der Moderne nicht mehr in der Renaissance. Sie weisen darauf hin, daß zwischen den mittelalterlichen Jahrhunderten und dem 16. Jahrhundert kein markanter Mentalitätssprung stattgefunden habe.[107] Wie der Mediävist Jacques Le Goff darlegte, hat demnach der Beginn der Moderne im 12. oder 13. Jahrhundert seinen historischen Ort. Er benannte zwei Kriterien für diesen tieferen Umbruch:[108] Erstens habe das Individuum das Recht auf Eigentum in der ständischen Gesellschaft erhalten. Zweitens habe eine neue religiöse Vorstellung, die »Entdeckung« des Fegefeuers, und ein religiöses Ritual, die Beichte, die Entstehung des Individuums begünstigt. Mit der Einrichtung der Ohrenbeichte um 1215 habe die Erzählung des »Sünders« einen bedeutsamen Stellenwert erlangt, da sie um die Selbstverantwortung und das Schicksal des Individuums kreise, das sich von dem anderer Menschen unterschied.

Wenngleich die Entstehung des Individuums von anderen Autoren differenzierend als ein langfristiger Vorgang charakterisiert wurde, der »in Sprüngen, auf Umwegen und mit retardierenden Etappen« erfolgte[109] und sich über mehrere Jahrhunderte hinzog, so hatte das neue Verständnis des Menschen mit seiner individuellen Sinnsuche entscheidende Auswirkungen auf das Profil des Künstlers. Auch in der Kunst veränderte die »Individualisierung« die Bewertung der Kunstwerke; sie galten fortan als Repräsentanz eines persönlichen Stils des Künstlers. Der Kunsthistoriker Hans Belting argumentierte, daß mit dieser Herausbildung des individuellen Stils von einzelnen Meistern im 15. Jahrhundert sowie mit der Kenntlich-

---

106 Warnke 1985, S. 9.
107 Burckhardt hatte als Indiz das Fehlen von Bildnissen von Individuen aufgenommen. Dies erwies sich jedoch als ein zu enges Kriterium.
108 Vgl. »Die Zeit« vom 12. 4. 1991.
109 Aaron J. Gurjewitsch: Das Individuum im Europäischen Mittelalter, München 1994, S. 307; Gurjewitsch verdeutlicht die Komplexität des historischen Vorgangs und der Probleme zeitlicher Lokalisierung.

machung des Menschen in seiner Individualität das Zeitalter der Kunst begonnen habe.[110] Vereinzelt relativierte auch der Maler bereits die enge Abhängigkeit von seinen Auftraggebern, sofern es ihm gelang, die Vorstellung des Individuums für sich selbst zu reklamieren. Der Berufsstand entwickelte, zunächst in seinen führenden Repräsentanten, eine neue soziale Praxis. Erste Formen des Berufshabitus des »freien« Künstlers entstanden, der mit seinem persönlichen Stil und seiner individualisierten Auffassung eines Themas die Eindruckskraft des Werkes steigerte, während er in Arbeitsweise, Werkstattbezogenheit, Arbeitsverfassung und Auftragsverhältnis noch Handwerker blieb.[111]

Diese mehrschichtige sozial- und kulturgeschichtliche Epochenzäsur wurde von der philosophischen Begründung des neuzeitlichen Individuums begleitet. Schließlich formulierten Descartes und andere das Bewußtsein des eigenen Selbst als ein Merkmal der Person. Obwohl die Geschichte der Herausbildung der Moderne keineswegs linear verlief,[112] so beschleunigte sich schließlich die Ausprägung dieser Merkmale in der Aufklärung und im bürgerlichen Wandel des letzten Drittels des 18. Jahrhunderts.

---

110 Pointierte Formulierung von Hans Belting: Bild und Kult, München 1990.
111 Franz von Reber: Geschichte der Malerei, München 1894, S. 145, nach Drey 1910, S. 49; die Künstler boten ohne unmittelbaren Auftrag gefertigte Werke in ihrem Ladenfenster zur Gasse hin an. Dürer arbeitete großteils ohne festen Auftrag als Warenproduzent. Zum Münchner Handwerk vgl. Volker Liedke: Die Herkunft der Münchner Maler und Bildhauer des 16., 17. und 18. Jahrhunderts, in: Ars Bavarica 10, 1979; ders.: Die Lehrjungen der Münchner Maler und Bildhauer des 16. Jahrhunderts, in: Ars Bavarica 15/16, 1980, S. 64-74; ders.: Die Meisterleisten, in: ebd., S. 49-63.
112 Dieser langen Geschichte ging insbesondere nach Richard Münch: Die Struktur der Moderne, Frankfurt am Main 1984; kritisch, K. H. Bohrer (Hg.): Mythos und Moderne, Frankfurt am Main 1983.

Die Etablierung des Individualkünstlers als Leitbild

Im Verlauf des 19. Jahrhunderts verloren die geschlossenen religiösen Weltbilder an Einfluß bei der Interpretation des Lebenssinns. Neue, im 18. Jahrhundert entstandene Leitbilder und Sinnfiguren gewannen mit der Etablierung der bürgerlichen Kultur an Bedeutung, die den innengeleiteten Individuen Identitätsbildung ermöglichten.[113] Eine an Innovation interessierte Kultur gewann für die Gesellschaft der Bürger sinnstiftende Kraft, die von reflektierenden und subjektiv empfindenden Individuen getragen wurde.

In diesem Kontext wurde dem Künstler eine Bedeutung zugewiesen, die ihn zum Produzenten des »Geistigen« stilisierte und »der Kunst« jene neue Aufgabe der Vergewisserung und existentiellen Reflexion übertrug, die sich um die Befähigung zur schöpferischen Individualität lagerte. Im Künstlerhabitus wurde nunmehr eine Instanz geschaffen, die die Wahrnehmungen der Subjektivität repräsentierte, die teilweise vom bürgerlichen Alltag abgespalten war und sich selbst – als Intuition – der Reflexion entzog.[114]

Mit der »modernen Bewegung« der 1890er Jahre vollzog sich ein weiterer Individualisierungsschub.[115] In deren Folge bestimmte

---

[113] »Der Mensch« definierte sich, mit den Begriffen Nipperdeys, seit um 1800 nicht mehr traditionsgeleitet: »(...) der Mensch will ›innengeleitet‹ leben, aus eigener Überlegung und Entscheidung, aus Reflexion, und das heißt: im Kontext seiner überregionalen Kultur, in Begriffen, nicht in Anschauung.« Nipperdey 1987, S. 99, stützte sich auf die einflußreiche Studie von David Riesman: The Lonely Crowd, 1950 (deutsch: Die einsame Masse. Eine Untersuchung der Wandlungen des amerikanischen Charakters, Berlin 1956). Allerdings sind die zugrundegelegten kulturellen Muster um 1800 auf die bürgerliche Kultur beschränkt, eine Eingrenzung, die Nipperdey nicht reflektiert. Riesman benannte zwei Faktoren, die den innengeleiteten Charakter kennzeichneten: Erstens die ökonomische Bewältigung des Stoffes, die effektive Arbeit (S. 122), und zweitens der Privatbesitz, der dem Individuum Sicherheit verleihe (S. 125).

[114] Thoma 1909, S. 19: Die Anfänge der Kunst wurzeln in der Intuition des künstlerischen Individuums, sie »werden immer instinktiver Natur sein«, »unbewußt«.

[115] Nipperdey 1987, S. 106: »Die rationalistische Moderne hat das Individuum aus allen Bindungen emanzipiert, damit aber auch vereinzelt und entfremdet.«

Georg Simmel um 1903 das Wesen der kulturellen Moderne in ihrer Polarität. Der »objektiven Kultur« und ihrer Wirkungsmacht, der normativen Kraft der bürgerlichen Gesellschaft, ihrer Geldzirkulation, der »raumüberwindenden« Technik, den von der Architektur vorgegebenen Raumstrukturen, den Institutionen des »Gemeinschaftslebens« und des Staates stand das Individuum als wahrnehmendes Subjekt mit den psychischen Erfahrungen und Frakturen seines Inneren gegenüber:[116] »Die tiefsten Probleme des modernen Lebens quellen aus dem Anspruch des Individuums, die Selbständigkeit und Eigenart seines Daseins gegen die Übermächte der Gesellschaft, des geschichtlich Ererbten, der äußerlichen Kultur und Technik des Lebens zu bewahren.« Georg Simmels Analyse von 1903 erfaßte die zentralen Herausforderungen der Modernität, eines Lebens in Bewegung und in ständiger Innovation, mit denen sich das Individuum in der bürgerlichen Gesellschaft konfrontiert sah. Der Widerstand des Subjektes gegen die »objektive Kultur« und die Gefahr, »in einem gesellschaftlich-technischen Mechanismus nivelliert und verbraucht zu werden«, resultierte aus der Wahrnehmung und Erfahrung seines Inneren, seiner »Seele«, als einer in Bewegung befindlichen Instanz der Subjektivität, aus der die Produktion des Selbst, von Identität und Individualität, erfolgte.[117]

Mit dem Modernisierungsschub der vom Tausch- und Geldverkehr geprägten bürgerlichen Gesellschaft radikalisierte sich auch der Individualisierungsgestus im Künstlerhabitus.[118] Die Indivi-

116 Simmel 1993, S. 187 und 204.
117 Als eine unerläßliche Voraussetzung der künstlerischen Arbeit trat immer deutlicher die individuelle Befähigung der Künstler hervor, »innerlich an der Bildung und an den geistigen Bewegungen« der Zeit »Anteil zu nehmen« und hierfür einen gestalteten Ausdruck zu finden, wie dies bereits Guhl 1853, S. III, formulierte.
118 Lessing 1898, S. 3: »Die Kunst hat es mit allen Zweigen des Kulturlebens gemein, daß sie sich ständig weiter entwickelt. Wenn wir einsehen, daß Kunstwerke nicht zufällige Werthstücke sind, die wie Goldklumpen entweder heute oder auch erst in hundert Jahren zu Tage kommen, daß Kunstwerke vielmehr mit allen Fasern im Wesen ihrer Zeit wurzeln, daß sie der notwendige Ausdruck bestimmter Geistesrichtungen sind, so werden wir es als selbstverständlich ansehen müssen, daß sich die Kunst dauernd verändert, und daß man stets geneigt ist, die Werke der letztvorangegangenen Zeitläufte als diejenigen anzusehen, die veralten, an deren Stelle man etwas Neues

dualität wurde in expliziten Medien chiffriert. In der ästhetischen Reformbewegung verband sich der Kult des individuellen Entwurfs in einer neuen Weise mit Alltagsobjekten, der Architektur oder auch der Bekleidung. Zahlreiche Künstler, von Henry van de Velde, Peter Behrens, Paul Schultze-Naumburg bis hin zu Wassily Kandinsky, entwarfen Reformkleider, die als Einzelstücke mit Distinktionswert und als eine symbolische Form der ästhetischen Individualität getragen wurden.[119] Die Sonderrolle des modernen Künstlers[120] verstärkte sich in dem Maße, in dem seine Außenseiterstellung in der bürgerlichen Gesellschaft als eine Plattform für die kritische Introspektion[121] des Individuums genutzt wurde und die Avantgarden der Moderne sich auf der Suche nach dem »Ausdruck für das Neue« vom Geschmack des breiteren Publikums lösten. In der Konsequenz dieser radikalisierten Individualisierung zeichnete sich der Künstler durch die Darstellung der individualisierten Wahrnehmung, durch seine in der psychischen Innenwelt entstehende Phantasieproduktion als Schöpfer von »autonomen« Bildwelten aus. Der Künstler wurde »als der Träger der seelischen Empfindung« schlechthin identifiziert.[122] Lovis Corinth betrachtete eine bereits entwickelte »persönliche Individualität« und »Selbständigkeit« als unerläßliche Voraussetzungen für ein Studium der Malerei und die Berufstätigkeit des Malers:[123]

setzen muß.« Der Gestus demonstrativer Individualität galt als »modisch«: »Da seit einiger Zeit das Wort individuell beliebt geworden ist, wird es oft sehr tiefsinnig verwendet.« Schultze-Naumburg, Kunstwart, 1. Maiheft, 1904.
119 Vgl. hierzu Brigitte Stamm: Das Reformkleid in Deutschland, Diss. phil. TU Berlin 1976.
120 Georg Hirth hatte 1886 die Spezifik der Künstler darin gesehen, daß sie sich »durch individuelle Begabung und Fertigkeit« auszeichneten. Georg Hirth: Das Deutsche Zimmer der Gothik und der Renaissance, München/Leipzig 1886, S. 20; ähnlich Drey 1910, S. 63: Dieser beobachtete, daß die Freude des Künstlers »am Schaffen und Werden« eine »Neigung zu individualisierender Problemmalerei« produzierte.
121 Warnke 1985, S. 6.
122 Schultze-Naumburg 1895/96, S. 359.
123 Corinth 1908, S. 12. Ebd., S. 131 und ähnlich S. 197: »(...) die Erziehung zur Selbständigkeit«. Daher sollte es Aufgabe der Professionalisierungsinstitutionen sein, zugleich »die Selbständigkeit in den Schülern (...) zu erwecken«.

»Jeder Mensch, der sich der Malerei befleißigt, wird schon in seinem Studium anders geartet sein, wie sein Nachbar. Ihre verschiedene Auffassung ist in der persönlichen Individualität bedingt. Je talentvoller nun ein Künstler ist, desto fremdartiger wird seine Auffassung (Individualität) dem Publikum erscheinen. Die Masse wird ihn nicht verstehen, und die Folge ist, daß seine Werke auf absehbare Zeit verkannt und keine Abnehmer finden werden.«

Um 1910 war dieser radikalisierte Anspruch auf »selbstschöpferische« Individualität des künstlerisch arbeitenden Subjektes im Künstlerhabitus gefestigt, so daß Drey resümieren konnte:[124]

»Den Individualkünstler zeichnet vor jedem Typus eine innere künstlerische Überzeugung, ein eigenes künstlerisches Wollen aus. Ihm ist die Malkunst nur ein Mittel – ein feines, wundertiefes Mittel – zum Ausdruck seiner Persönlichkeit; die persönliche Note mag sich im Vorwurf, in dessen geistiger Auslegung oder künstlerischen Gestaltung oder in der Wahl und Behandlung der Mitteilungsform der Bildidee offenbaren.«

Dieser »echte, der individuelle Künstler« zeichne sich dadurch aus, daß er »mit Form und Farbe das Wesen und die innerste Schönheit seines Stoffes wiedergibt, wie er ihn erlebte und beseelte. Geistige Energie, Schönheitsempfinden, Einbildungskraft und Verstandesschärfe kennzeichnen ihn und sein Werk.« Drey hob die aus der Individualität geborene erfinderische Originalität des »echten« Künstlers explizit von denjenigen Künstlern ab, die für den kommerziellen Kunstmarkt produzierten und überwiegend verbreitete Sujets bedienten.[125]

---

124 Drey 1910, S. 58.
125 Wie nachteilig sich die Nachfrage des an Konventionen orientierten Publikums auf die Einlösung des Individualitätsgestus auswirken konnte, erläuterte der Genremaler Grützner, der in seiner Malerei reproduzierten Bildgenres folgte: »Meine Mönchsbilder, Wein und Bier prüfende Patres werden immer und immer wieder von Kunsthändlern und Liebhabern verlangt, und ich kann nicht umhin, dieses Thema, soviel mir möglich, zu variieren. Meine Erfolge haben eine Menge Kollegen veranlaßt, ebenfalls Pfaffen zu malen, ja es hat sich die reinste Pfaffenmalerkolonie hier ausgebildet.« Werkstatt der Kunst II, 12, zit. n. Drey 1910, S. 58.

»Freie« Individualität oder Zweckbezogenheit?

Die Betonung der idealen »freien« Entfaltung des künstlerischen Individuums hatte sich in der »sogenannten reinen Kunst, wie Malerei und Plastik« gegenüber den Praktiken der marktorientierten Malerei verstärkt.[126] Das Postulat der »freien« Individualität und seiner Arbeitsform wurde durchaus als Gegenpol zur versachlichten Produktions- und Arbeitsweise der ökonomischen Moderne wahrgenommen:[127] »Dem Wesen kapitalistischer Organisation völlig fremd ist die höchst persönliche, individuell-isolierte Werkschöpfung des einsamen Arbeiters.« Der Gegensatz dieser beiden Arbeitsformen bildete sich in unterschiedlichen Akzentuierungen in der »modernen Bewegung« exemplarisch ab. Eine Fraktion von Künstlern, die bis dahin überwiegend als Maler gearbeitet hatten, zielte darauf, die von Simmel beschriebene zeitgenössische »objektive Kultur« der Alltagswelt, insbesondere auch die Objekte der industriellen Massenkultur, nunmehr selbst zu gestalten und gründete nach den Erfolgen der »angewandten« Kunst seit 1897 gemeinsam mit Industriellen und Publizisten im Jahre 1907 in München den »Werkbund«. In diesem Zusammenschluß standen sich kontroverse Auffassungen mit unterschiedlicher Betonung des Individualisierungsgrades im Künstlerhabitus gegenüber. Der Diskurs des Werkbundes propagierte zwar generell eine funktionale Ästhetik unter Berücksichtigung der Maschinenfertigung. Doch im sogenannten Werkbundstreit brach 1914 ein länger schwelender, struktureller Konflikt um die Bedeutung der künstlerischen Individualität auf, nachdem Hermann Muthesius einen bewußten Bezug zu den Gestaltungsbedingungen der seriellen Industrieprodukte vorgeschlagen und den Begriff der »Typisierung« eingeführt hatte.[128] Demgegenüber be-

---

126 Märten 1914, S. 22, wies darauf hin, daß die Absonderung von den Gilden bereits im 17. Jahrhundert begann, vgl. auch H. Floerke: Der niederländische Kunsthandel im 17. und 18. Jahrhundert, Basel 1901.
127 Werner Sombart: Gewerbewesen, Leipzig 1904, Bd. 1, S. 55, zit. n. Drey 1910, S. 60.
128 Hermann Muthesius: Die Werkbundarbeit der Zukunft. Vortrag auf der Werkbund-Tagung Köln 1914; Henry van de Velde: Gegenleitsätze, abgedruckt in: Wend Fischer: Zwischen Kunst und Industrie, der deutsche Werkbund, Stuttgart 1987 (zuerst Neue Sammlung München, Ausst. Kat. 1975), S. 85-96.

tonte Henry van de Velde in einer Debatte mit Muthesius, der Künstler sei »seiner innersten Essenz nach glühender Individualist, freier spontaner Schöpfer« und könne sich deshalb »niemals einer Disziplin unterordnen, die ihm einen Typ, einen Kanon aufzwingt«. Van de Velde, zu diesem Zeitpunkt Direktor der Kunstgewerbeschule in Weimar, nahm das Konzept der spontanen, innersten Schöpfernatur für sich in Anspruch und wandte sich gegen den Vorschlag einer verstärkten Bezugnahme auf die Bedingungen der Serialität, der Rationalisierung und Typisierung, die der Maschinenarbeit innewohnten, wie sie von Muthesius als dem Stand der Industrialisierung gemäß vertreten wurde. In van de Veldes Verständnis verkörperte der Künstlerhabitus die emotionale Ungebundenheit des Individuums als Gegenpol zur »objektiven Kultur« der fortschreitenden Mechanisierung und ökonomischen Rationalität des Industrialisierungsprozesses.[129]

Selbst bei Peter Behrens, der ursprünglich als Maler gearbeitet hatte, jedoch seinen Ruhm auch den Arbeiten als Architekt und seiner Tätigkeit als Industriedesigner für die AEG verdankte, blieb die Interpretation des Künstlerhabitus weiterhin an die in sich selbst ruhende Individualität gebunden. 1922 definierte er dessen Merkmale für die Werkbundzeitschrift »Form«:[130] »Der schaffende Künstler, jener, der in dem Sinne produktiv ist, daß er Neues hervorbringt, fragt nicht nach dem Stil seiner Zeit. Er fördert, was ihm gefällt und läßt anderes unvollendet. Ob es gut aussieht, was er machte, nur darauf kommt es ihm an, trotz Richtung oder Zeitgeist (...).«

Die Idealisierung
von Genie und Subjektivität

Die Idealisierung der besonderen Befähigung des Künstlers[131] stützte sich auf den Begriff des »Genies«.[132] Die Bewunderung

129 Henry van de Velde: Gegenleitsätze, in: ebd., S. 97.
130 Peter Behrens: Stil?, in: Form 1/1922, zit n. Fischer 1987, S. 181.
131 Für Frauen mußte diese Befähigung, daß »die Frauen zu Kunstthaten-Genialität usw.« in der Lage sind, gegen die geschlechtsspezifische Denunziation behauptet werden, vgl. Schreiber, in: Märten 1920, S. 9.
132 Neumann 1986, S. 11-51, behandelt die Entwicklung vom »Priester-Seher zum Genie«; beispielsweise Voß 1895, S. 227, benannte lapidar

für das »Schöpferische«[133] als ein auf »Produktivität gegründetes Selbstbewußtsein« hatte sich im 18. Jahrhundert verdichtet und begleitete seitdem die Geschichte des Künstlers.[134] Dessen Würde resultierte aus dem mit der Konsolidierung der bürgerlichen Kultur im späten 18. Jahrhundert umgeformten Begriff der Phantasie, die der geniebegabte Künstler in besonderer Weise zu entwickeln in der Lage war. Mit zunehmender »Verbürgerlichung« relativierte das Prestige der schöpferischen Individualität selbst die sozialen Hierarchien der Gesellschaft und versetzte den »genialen Künstler« in eine mit der der Oberschicht nahezu gleichwertige Position.[135]

> drei Voraussetzungen, die ein Mädchen mitbringen müsse, wenn sie Künstlerin werden wolle: »Genie, Geduld und Geld«, und weiter: »Aber Künstlerin in der hohen Bedeutung des Wortes, den der Name ›Künstler‹ stets haben sollte, wird sie ohne den Feuerfunken des Genies niemals werden!« Zur Frühgeschichte vgl. Edgar Zilsel: Die Entstehung des Geniebegriffes. Ein Beitrag zur Ideengeschichte der Antike und des Frühkapitalismus, Tübingen 1926; und aus germanistischer Sicht, weitgehend an literarischen Quellen, Jochen Schmidt: Die Geschichte des Genie-Gedankens 1750-1945, 2 Bde., Darmstadt 1985. Schmidt unternahm es, den »modernen Genie-Gedanken« im ganzen zu skizzieren. Er bezeichnet (S. XIV) den Genie-Gedanken als »Symptomatik kultureller Entwicklungen, als Kennmarke künstlerischen Selbstverständnisses, als strukturbildendes Moment bedeutender dichterischer und philosophischer Werke, aber auch politischer Ideologien«.

133 Schmidt 1985, S. XIV.
134 Vgl. BHStA München, MK 40952, dort: Verband der Kunsthochschulen Deutschlands. Diese beklagen am 21. Juli 1927, daß für Akademien kein Reifezeugnis erforderlich sei, woraus eine geringe Anerkennung resultiere: »Die Arbeit des jungen Künstlers, die auf schöpferischem Gebiete liegt, also nicht angelernt werden kann, verlangt wohl eine große Hingabe an sein Werk. Mit welcher Aufopferung und Hintansetzung der junge Kunst-Studierende kämpfen muß, ist wohl jeder Akademie klar.«
135 Bereits 1847 berichtete Wilhelm von Kaulbach seiner Frau von einem Erlebnis in der spätabsolutistischen Hofgesellschaft, in der er sich in der Rolle des Normenbrechers befand: »Jeden Freitag ist große Gesellschaft, wo man mit Glacéhandschuhen, Orden und dem Hut in der Hand Parade machen muß, wo ich dann öfters gegen die Gesellschaftsordnung arge Verstöße mache (...), aber dem genialen Künstler wird alles verziehen, sagt dieser süße Pöbel.« Josef Dürck-Kaulbach:

Charles Baudelaire beschrieb diese besondere Natur des schöpferischen Individuums in seinem einflußreichen Essay »Der Maler des modernen Lebens«, dessen Rezeption auch in Deutschland schließlich das Bild des modernen Künstlers theoretisch fundierte. Baudelaire verbildlichte den Begriff. Genie sei »doch nichts anderes als die freiwillig wiedergefundene Kindheit, die nun, um sich Ausdruck zu verschaffen, begabt ist mit mannbaren Organen und mit dem analytischen Geist, der es erlaubt, die Gesamtheit des unwillkürlich aufgespeicherten Materials zu ordnen«.[136] Der Begriff Genie gehörte zur konventionellen rhetorischen Ausstattung des Künstlerhabitus, der dem schöpferischen Künstler eine kaum erklärbare und doch spezifische Individualität seines Werkes zuordnete.[137] In vielfältigen Umschreibungen und variierenden Bildern wurden quasi-sakrale Konnotationen mit dem Geniebegriff verbunden, die den Schöpfermythos veranschaulichten, so beispielsweise in einer Formulierung wie der »schöpferische Gottesfunken, den wir Talent nennen«.[138]

Im Verlauf des 19. Jahrhunderts nahm der Begriff der Individualisierung in der Konstruktion des bürgerlichen Weltbildes den Stellenwert einer anthropologischen Dimension an, die in die Geschichte projiziert werden konnte. Friedrich Pecht, einer der führenden Kunstkritiker des letzten Jahrhundertdrittels, ist als Repräsentant dieser bürgerlichen Projektion zu betrachten, wenngleich er die Autonomie des Ästhetischen durch kulturelle Kontextbindungen relativierte.[139] Für ihn schien »die gesamte Kultur-

---

Erinnerungen an Wilhelm von Kaulbach und sein Haus, München 1918, S. 219.
136 Charles Baudelaire: Der Maler des modernen Lebens, in: ders.: Werke in deutscher Ausgabe, Bd. 4 (hg. u. übers. von M. Bruns), München 1906, S. 278; vgl. zu diesen Aspekten der Modernität Frisby 1989, S. 24.
137 Beispielsweise sprach Anton von Werner in Hinblick auf den Tod Richard Wagners 1883 von dessen »gewaltigem Genie«, indem er feststellte, es sei das »Hinscheiden eines großen Mannes zu bedauern, eines gewaltigen Genies, der der Welt auf künstlerischem Gebiete alles gegeben hatte, was er geben konnte«. Von Werner 1913, S. 366.
138 Wolfgang von Oettingen: Die Schicksale der Künstler. Festrede zur Feier des Allerhöchsten Geburtstages seiner Maj. d. Kaisers u. Königs, 27. Januar 1905, Berlin 1905, S. 4.
139 Friedrich Pecht: Geschichte der deutschen Kunst, S. 3.

geschichte nichts anderes (zu sein) als ein allmählicher Fortschritt zu immer größerer Ausbildung des Individuellen«. Die Entwicklung des Individuums wurde von Pecht teleologisch in einen hohen geschichtsphilosophischen Rang gesetzt:[140] »Ist Kunst im allgemeinen die Fähigkeit, den Dingen eine schöne Form zu geben, so ist gerade der Begriff der Schönheit etwa beständiger Wandlung unterworfen, wie uns die Geschichte aller Zeiten zeigt, weil sie mit der nationalen und individuellen Empfindung aufs genaueste zusammenhängt.« Pecht ging von einem »Gesetz der Individualisierung« aus, das der Natur wie auch dem Künstler, als dem Formgeber des Schönen, zugrunde läge.

Der Wunsch nach Individualisierung war im Begriff des Kunstwerkes substantiell aufgehoben, erschien dieses doch als kommunikativer »Ausdruck der Menschenseele«, als »Mitteilung vom Ich zum Ich«.[141] Die Repräsentanz der Individualität wurde zum Qualitätsmerkmal des gelungenen Bildwerkes, die gleichermaßen von der Interpretation des dargestellten Inhalts, von der ästhetischen Sprachlichkeit und der Vorstellungskraft des Künstlers erwartet wurde. Selbst für Lenbachs Porträtkunst hob eine Kritikerin ihre Wahrnehmung der dargestellten Individualität als Kriterium hervor:[142] »Der warme Lichtton ließ die Individualität und den Charakter einer jeden der dargestellten Persönlichkeiten in besonderer Schärfe hervortreten.«

Im Reflexionshorizont der Zeitgenossen war die Apologie der Individualität in einer engen Verbindung mit dem Künstlerhabitus verankert. Anläßlich der ersten Preisverleihung des Wettbewerbs der neuorganisierten »königlichen akademischen Hochschule für die bildenden Künste« in Berlin äußerte sich 1883 deren Direktor

140 Ebd.
141 Als eine repräsentative Formulierung für bildungsbürgerliche Einstellungen kann die im Umfeld der von Ferdinand Avenarius herausgegebenen bürgerlichen Zeitschrift »Kunstwart« und des Dürerbundes vertretene Zuschreibung bewertet werden, das Kunstwerk sei »Ausdruck der Menschenseele (...) Mitteilung vom Ich zum Ich« und seine Originalität sei in der Authentizität einer Repräsentanz für das »innere Erleben« zu bewundern. Gerhard Kratzsch: Kunstwart und Dürerbund. Ein Beitrag zur Geschichte der Gebildeten im Zeitalter des Imperialismus, Göttingen 1969, S. 203.
142 Luise von Kobell: Franz von Lenbach über moderne Kunst, in: Deutsche Revue, Jg. 1894, Bd. 4, S. 89.

Anton von Werner zu den kulturellen Zielvorstellungen und den Grundlagen der Akademieausbildung. In seiner an die Kunstschüler gerichteten Rede definierte er seine Auffassung in Begriffen, die das Fremd- sowie das Selbstverständnis der Qualität künstlerischer Arbeit und der damit verbundenen Identitätsideale des Künstlers in der bürgerlichen Gesellschaft benannten:[143]

»Was verlangt man vom Künstler? Was von der Bildung, welche er erhalten soll?
Eine Individualität, kein Schema, keine Schablone! Wenn nun die Entwicklung dieser Individualität mit Recht gefordert wird, weil ja erst die Subjektivität des Künstlers das dargestellte Objekt als Kunstwerk in Erscheinung treten läßt, und deshalb ein schablonenhaftes Abrichten verschiedenartiger Naturen nur eine gestörte natürliche Entwicklung bedeuten kann und unnatürliche Produkte erzeugen muß, so frage ich: Kann eine künstlerische Lehranstalt, Kunstakademie oder Kunstschule, gleichwohl welchen Systems, überhaupt das Ziel erreichen, diese Forderung zu erfüllen?
Es steht meines Erachtens unumstößlich fest, daß die Entwicklung der künstlerischen Individualität Sache der eigenen Schulung, des eigenen Willens und der eigenen selbständigen Tätigkeit ist, sie ist abhängig von Lebenslagen und Einflüssen, von Anlagen und Neigungen, sie ist mit einem Worte: eine Sache, die nicht zu lehren ist. Künstlerische Individualitäten werden – wie übrigens andere auch – in der Schule des Lebens, der Erfahrungen, der Kämpfe gebildet, nicht auf Kunstschulen, gleichviel ob im Klassenunterricht oder im Atelierunterricht!«

Anton von Werner formulierte die unter Künstlern verbreitete Auffassung, daß der akademische Unterricht nur die soliden Grundlagen für »den Aufbau einer künstlerischen Individualität« bieten könne:[144]

»Das eigene Ich tritt dann in seine wohlbegründeten Rechte, die unbeschränkte Freiheit des künstlerischen Schaffens gewährt Ihrem erworbenen Können, Ihrem Talent, Ihrem Genie den weitesten Spielraum; Staatsexamina, wie auf anderen Hochschulen, haben Sie nicht abzulegen, aber Sie stehen während Ihrer ganzen künftigen Laufbahn unausgesetzt dem Examen der öffentlichen Meinung und der öffentlichen Kritik gegenüber, gegen welches die glänzendste Abgangs- und Reifezeugnisse der Akademie wertlos sind.«

143 Von Werner 1913, S. 380.
144 Ebd., S. 381.

Bei Anton von Werner treten die sozialen Praktiken der öffentlichen Reflexion in der bürgerlichen Gesellschaft in den Rang einer Sozialisationsinstanz. In diesem Text wurde mit der Professionalisierung des künstlerischen »Ichs« der schöpferische Nukleus benannt, aus dem sich die »unbeschränkte Freiheit des künstlerischen Schaffens« begründete. Mit der Ableitung des »Ichs« vom Begriff der Seele wiederum wurde das motorische Zentrum im Innenleben des Individuums lokalisiert, das im 20. Jahrhundert schließlich selbst zum zentralen Thema der künstlerischen Arbeit der Moderne erhoben wurde. Das »Genie« des künstlerischen Individuums war ein Ideal im Wertekanon der Bürgerlichkeit. Der Künstlerhabitus repräsentierte somit das Leitbild der kreativen Individualität in der bürgerlichen Gesellschaft schlechthin.

Diesen Zusammenhang von Seele, künstlerischer Arbeit und Kunstwerk thematisierte der Kunsthistoriker und Direktor der Hamburger Kunsthalle, Alfred Lichtwarck, als eine sich über das 19. Jahrhundert hin erstreckende Entwicklungsgeschichte des Künstlerhabitus in der bürgerlichen Gesellschaft. In dieser Publikation interpretierte er das Kunstwerk in einer Dialektik, die sich zwischen einer »Offenbarung« einerseits und einem »Börsenpapier« in der Hand von »geschickten Spekulanten« andererseits bewegte.[145] Den Beginn dieser Entwicklung verortete Lichtwarck in der Französischen Revolution, mit dem »Bruch« zwischen der alten Trägerschicht der Kunst, dem Adel, und der neuen Trägerschicht, dem aufsteigenden Bürgertum. In dieser neuen Konfiguration wurde dem Künstler eine veränderte Bestimmung seiner kulturellen Aufgabe zugewiesen. Der »erste Genius«, der diese neue Identität des Künstlers formuliert habe, sei der Hamburger Philipp Otto Runge gewesen, der auf die Frage, was er mit den Bildern sagen wolle, in Hinblick auf seinen Zyklus Jahreszeiten antwortete: »Wenn ich es sagen könnte, brauchte ich es nicht zu machen.« Lichtwarck bestimmte das Bild als ein Medium des Künstler-Ichs und als eine nonverbale Repräsentanz des Unbewußten. In einem Kommentar präzisierte er die nicht-rationale Dimension des Seelenlebens des Individuums:[146]

---

145 Alfred Lichtwarck: Die Seele und das Kunstwerk – Boecklinstudien, Berlin 1899, S. 3.
146 Ebd., S. 5.

»Dieses Wort trifft das Wesen aller großen Kunst. Der blossen Intelligenz steht vom weiten Reiche der Kunst nur eine enge Vorhalle offen. Die Sprache der Dichtkunst, die Musik, die bildende Kunst sind Ausdrucksmittel nicht des Verstandes, sondern einer starken, besonders gearteten menschlichen Seele.«

Der Referenzpunkt des Verständnisses von Kunst war die Individualität des Künstlers, eine »besonders geartete menschliche Seele«, durch die »eine neue und eigene Erfindung Gestalt« gewinnen konnte. Kunst sei nicht Ausdruck der Intelligenz, sondern der Empfindung, und nur wer über diese »eigene starke Empfindung« verfüge, eigne sich zum Künstler.[147]

Lichtwarck thematisierte in diesem Text auch die Radikalisierung der Subjektivität im Künstlerbild, die sich seit dem Umbruch der 1890er Jahre vollends durchsetzte. Im Prozeß der Arbeit des »schaffenden Künstlers« könne es nicht allein um eine Mitteilung oder um Vorstellungsbilder für bereits bekannte kulturelle Inhalte gehen, sondern um das »Echo eines Eindrucks, den die Welt auf ein Menschengemüt von starker Empfindung gemacht hat, ganz auf sich gestellt«.[148] Der mitschwingende Topos der Einsamkeit des Individuums, die aus seiner Sonderstellung resultierte, wurde konstituierend für die Aufgabe des Künstlers und sein Erlebnis des »göttlichen Augenblicks«:[149]

»Es sind Künstler. Der große Maler vor seiner Staffelei, der Dichter im Ringen mit Rhythmus und Wort, der Musiker, dessen Seele sich in der Linie einer aufquellenden Melodie bewegt, der Architekt, in dessen Phantasie sich aus dem Chaos der Möglichkeiten das neue Monument kristallisiert, sie sind mit sich allein. Einsam und ganz ohne Gedanken daran, ob andere später auch folgen werden, ob andere auch nachempfinden können, was sie selbst vorher empfunden haben, geniessen sie die höchste Wonne, die der Seele beschieden ist, die Wehen des Schaffens.«

Der Begriff der »künstlerischen Individualität«[150] hatte sich in der bürgerlichen Gesellschaft mit der ambivalenten Erfahrung von Isolation verbunden, da es »beim Kunstwerk nicht um eine mechanische Wiedergabe von größerer oder geringerer Treue« gehe,

147 »Wer die eigene starke Empfindung nicht hat, kann nicht Künstler werden, und wer sie besitzt, dem wird selbst einmal eine Unzulänglichkeit des technischen Ausdrucksvermögens übersehen.« Ebd., S. 7.
148 Ebd., S. 9.
149 Ebd., S. 8.
150 Lichtwarck 1902, S. 19.

»sondern um den Ausdruck eines besonderen Wesens, das mit eigenen Augen, Form und Farbe empfindet und mit engerem oder weiterem Mitgefühl für die Dinge dieser Welt begabt ist«. In dieser Betonung des Produktionsvorgangs des künstlerischen Individuums sind die Ideale des eigen-sinnigen Ausdrucks, des Empfindungs- und Wahrnehmungsvermögens des Subjektes in der selbstverantworteten Handlungspraxis repräsentiert. Diese Bedeutungsaufladung bestimmte den inneren Zusammenhang zwischen dem Künstlerhabitus und seinem Publikum in der bürgerlichen Gesellschaft. In Lichtwarcks Begriffen sind wesentliche Aspekte des Künstlerhabitus beschrieben, wenngleich es ihm an Bewußtsein für die kulturellen Voraussetzungen der Formungen der »Seele« mangelte.[151]

Aufgrund dieses Verständnisses von künstlerischer Individualität wurde der Künstler als ein Gegenpol zum Wissenschaftler betrachtet. Die einflußreiche Zeitschrift »Kunst für Alle« publizierte Künstlerzitate mit solchermaßen polaren Denkmustern. Diese Texte sind als Quelle für verbreitete Stereotypen und die Grenzsetzungen des Künstlerhabitus zu lesen. Ein Satz von Max Klinger aus dem Jahre 1902 verdeutlicht dies:[152]

»Lebendige Kunst und Wissenschaft sind Antagonisten, die eine basiert auf dem Bekannten, die andere zum besten Teil auf dem Unbekannten. Der Wissenschaft gehört das Fertige, Abgeschlossene. Der Kunst gehört das Material, das vor dem Künstler liegt mit der Frage: ›Was kannst du Neues mit mir schaffen?‹ Neues nicht im Sinn der Mode, sondern im Sinn der Unerschöpflichkeit und Wandelbarkeit unserer Mittel und Empfindungen.«

In dieser Formulierung wurde das Selbstbild der Entdeckerrolle entworfen.

Unter dem Einfluß des Psychologen und Philosophen Theodor

---

151 Eine interesssante Erläuterung zur Abgrenzung der Begriffe bei dem Herausgeber von Lichtwarcks Briefen: »Gerne möchte ich das schleppende Fremdwort (Persönlichkeit) durch unser deutsches ›Seele‹ ersetzen; allein die Begriffe decken sich nicht. ›Persönlichkeit‹ bedeutet mehr: Äußeres so gut wie Inneres, alles was der Mensch fühlt, denkt, begehrt und darstellt, und was sich in ihm zur Einheit rundet.« Gustav Pauli: Einleitung zu Alfred Lichtwarck: Briefe an die Kommission für die Verwaltung der Kunsthalle, 2 Bde., Hamburg 1923, S. 5.
152 Gedanken über bildende Kunst, Kunst für Alle 1902/03, München 1902, S. 22; Peter Cornelius wurde hier der Satz zugeschrieben: »Hüte sich jeder Künstler vor dem Zersetzenden der Wissenschaft.«

Lipps und seiner »Einfühlungslehre« hatte sich in den 1890er Jahren in München zudem eine kunsttheoretische Strömung entwickelt, die den Modernisierungsschub mittels eines ästhetischen Subjektivismus verarbeitete. Wilhelm Worringers Dissertation »Abstraktion und Einfühlung« gab 1906 diesem kunstphilosophischen Konzept eine Sprachlichkeit, die auf die Künstlergruppe des »Blauen Reiters« wirkte.[153] Diese Theorie bestätigte die experimentelle Radikalisierung der subjektiven Inspiration, wie sie von der künstlerischen Avantgarde mit den Mitteln der ästhetischen Abstraktion betrieben wurde. Das wahrnehmende Individuum erhob sich im Selbstbezug zum Gegenstand der künstlerischen Arbeit.

Die kreative Intuition des Genies wurzelt zwar im Unbewußten, doch hinter der künstlerischen Produktivität »liegt ein faustisches Ringen, ein Anspannen aller Energien mit einem einzigen und bewußten Zweck«.[154] Als »Genie« gilt dasjenige Individuum, das aufgrund einer besonderen Begabung und einer individualisierten Wahrnehmungskompetenz in der Lage war, sich vom normativen Habitus der Bürgerlichkeit und den zweckrationalen Strategien der Lebenspraxis abzuheben.[155] In den Texten der Kunstkritik entwickelte sich um diesen Begriff, der die Erhöhung zum »besonderen« Individuum begleitete, ein Kult. Beispielsweise stellte eine Autorin, die das »Genie« Lenbachs würdigte, 1894 den symbolischen Kontext dar, in dem das Künstlerindividuum und das betrachtende Publikum in ein Verhältnis der wahrnehmenden Aneignung traten:[156] »Nur die geniale Hand eines Lenbach kann in dieser Weise Persönlichkeiten auf die Leinwand bannen.« Der Begriff des Kunstwerkes gewann seine Wirklichkeit in einem kom-

---

153 Wilhelm Worringer: Abstraktion und Einfühlung. Ein Beitrag zur Stilpsychologie, München 1908, 3. Auflage um einen Anhang erweitert, München 1911.
154 Paul Westheim: Vom unbewußt schaffenden Künstler, in: Deutsche Kunst und Dekoration, 24, 1909, S. 118 f.: »Kunstschaffen ist ein schaffen wollen. Gleich der Zeugung der Natur.« (...) »Die starke Energie ertrotzt sich den Schöpfertag.«
155 Wilhelm Lange-Eichbaum: Genie – Irrsinn und Ruhm, München 1928; ders.: Genie als Problem, 1931 (ohne Ort). Vgl. auch Jochen Schmidt: Die Geschichte des Genie-Gedankens in der deutschen Literatur, Philosophie und Politik 1750-1945, 2 Bde., Darmstadt 1985.
156 Von Kobell 1894, S. 89.

munikativen Kontext, in dem »die Empfindung«, aus der es entstanden war, auch vom Betrachter nachvollzogen werden konnte:[157] »Das Kunstwerk ist Selbstzweck für den, der es schafft, für die anderen existiert es erst, wenn es in ihrer Seele lebt.« Das Werk des Künstlers konnte dann verstanden werden, wenn die in der »Seele« des Genies gebildeten Empfindungen und Gefühle mit denen seines Publikums korrespondierten.[158] Jacob Burckhardt beschrieb für die 1870er Jahre diese kommunikative Vermittlungsfunktion des Kunstwerkes, indem er zwischen dem »Seelenvermögen« des Künstlers und dem des »Beschauenden« eine »rätselhafte« Beziehung sah.[159]

Die Konstruktion des Individuums im Modernisierungsprozeß und die Phantasieproduktion

In der soziologisch-philosophischen Theoriebildung wurde nach Erklärungen für die Bedeutung der Individualität im Künstlerhabitus gesucht. Eine Deutung für die Umformulierungen des Konzeptes des Individuums im Modernisierungsprozeß bietet der Ansatz Arnold Gehlens. Dieser hatte für das 20. Jahrhundert eine Neustrukturierung der Beziehungen des Innen und Außen im psychischen Apparat des modernen Individuums diagnostiziert, die mit dem »verwickelte(n) Zerfall der Ideale und Wertgefühle« einhergehe. Gehlen erklärte die Auflösung stabiler mentaler Muster der Individualität aus einer Korrespondenz des »Inneren« der einzelnen Individuen zu »den ungeheuren Um-

---

157 Ebd., S. 33.
158 »Soll es in einem anderen Menschen wieder lebendig werden, muß dessen Seele der des Schöpfers verwandt gestimmt sein. Je näher die nachschaffende Seele der des Schaffenden steht, desto näher kommt ihr Genuß am Kunstwerk dem des Urhebers. Wer wird so tief von dem Werk des Musikers erschüttert und mitgerissen, wie der verwandte Schöpfergeist?« Ebd., S. 10.
159 »Die Verbindung des Kunstwerkes mit dem Seelenvermögen des Künstlers wie des Beschauenden wird von jedem auf seine Weise beurteilt werden; der Prozeß ist ein reicher, großer und auf alle Zeiten rätselhafter.« Jacob Burckhardt: Über die Kunstgeschichte als Gegenstand eines akademischen Lehrstuhls (1874), in: ders.: Die Kunst der Betrachtung, Köln 1984, S. 185.

wälzungen der neueren Zeit«. Dieser historische Prozeß habe eine Produktivität freigesetzt, die aus »der staunenswerten Differenzierung des Psychischen« resultiere.[160] Gehlen bestimmte für diese neue Struktur des Individuums zwei zivilisatorische Tendenzen in der Kultur der Moderne als ursächlich: Erstens eine Verminderung des Kontaktes mit der Realität, zweitens sei die moderne Seele gleichzeitig mit der Wissenschaft von ihr entstanden und habe ihren Ausdruck in der Kunst gefunden, von der sie wiederum »abgespiegelt« werde.

Führt man diese Argumentation weiter, so läßt sich der gesteigerte Individualitätsgestus im Künstlerhabitus in das Modell der bürgerlichen Gesellschaft einordnen. In der Verstärkung von bereits länger existierenden Vorstellungen wurde der Künstler zum Träger des Konzeptes der entfalteten Subjektivität des bürgerlichen Individuums. In seinem Habitus wurden mythische Bilder von der in seinem »Inneren« entwickelten Phantasieproduktion konzentriert.[161] Von ihm wurden »phantasievolle« und normsprengende Äußerungen erwartet, die in der ästhetischen Formulierung von Gefühlen und Stimmungen, von unbewußten Wünschen und der individualisierten Gestaltung der im Bildungskanon kulturell tradierten Vorstellungsbilder ihren Bezugspunkt fanden. Im 19. Jahr-

---

160 Gehlen 1957, S. 61.
161 Im Verständnis Wilhelm Waetzolds erklärte sich der »Trieb zur künstlerischen Produktion« aus einer gesteigerten Sensibilität der »Seele«, die zum intensiven Empfindungsausdruck des »künstlerischen Individualismus« drängte. Waetzold 1907, S. 339: »Das Eigentümliche der psychischen Disposition, die den Nährboden hergibt für das Entstehen des Triebes zur künstlerischen Produktion, ist eine erhöhte Ansprechbarkeit der Seele für den unendlichen Reichtum aller – von innen wie von außen – an sie herantretenden Reize. Das Empfindungsleben des künstlerisch eingestellten Menschen wird gekennzeichnet durch die Fülle, die Intensität, Schärfe und Lebhaftigkeit der Wahrnehmungsbilder einerseits, durch die Treue, Klarheit und Anschaulichkeit der Erinnerungsbilder andererseits. Dieses gesamte Material wird nun aber der Seele in einer charakteristischen Färbung übergeben, es ist nicht nur gefühlsbetont, sondern gefühlsdurchtränkt, gleichsam mit Lust-Unlust-Werten gesättigt. Es ist also, als ob die schöpferisch begabte Psyche des ›Leistungsmenschen‹ einen erhöhten Grad an Lebendigkeit mitbekommen hat, eine über das Durchschnittsmaß des ›Zeugungsmenschen‹ weit hinausgehende Energie des Erlebens.«

hundert galt der professionalisierte Erwerb von handwerklich erlernten Techniken und Gattungstraditionen als Voraussetzung für die kreative künstlerische Tätigkeit, wogegen das Gewicht der tradierten Mittel im 20. Jahrhundert abnahm.[162] Im Unterschied hierzu blieb es dem von den Normen der Bürgerlichkeit geformten Individuum aufgrund der Zwänge seiner Berufskarriere und ihrer andersartigen Professionalisierungsmuster, aber auch wegen des verstetigten Arbeits- und Familienalltags verwehrt, vorhandene kreative Anlagen ausbilden zu können. Allenfalls reichte es zu »laienhafter« Entfaltung der ästhetischen Ausdruckssprachen für eine erfüllende Freizeitgestaltung in den Formen der »Hobbymalerei« oder der Hausmusik, beispielsweise in der privaten Öffentlichkeit des Salons. Daher gewann der Künstler für die Gestaltung der Inhalte und der Formen der fiktionalen Bilderwelten ein weitgehendes professionelles Monopol.[163] Er avancierte zum Schöpferindividuum der überindividuell aneignungsfähigen Phantasielandschaften, der bildlichen Flucht-, Traum- und Erfahrungswelten der bürgerlichen Gesellschaft.

Je weniger sich die Utopievorstellung der befreiten Humanität, des bürgerlichen Aufbruchs des ausgehenden 18. Jahrhunderts in der Realität der Industrie- und Konkurrenzgesellschaft der zweiten Hälfte des 19. Jahrhunderts einlöste, um so mehr wurden die ins »allgemein Menschliche« transferierten Ideale der »höheren« Sphäre der Kunst zugewiesen: Diesem kulturellen und ästhetischen Sonderbereich des »Wahren, Schönen und Guten« sollte der Künstler Ausdruck und Sprache verleihen. Seine Verwalterschaft der Ideale und sein entdeckendes Sehertum waren ein in höchstem Maße mit der Inszenierung von Mythen liiertes Amt.
Wilhelm Lübke, seit 1861 zunächst in Zürich, seit 1866 in Karlsruhe

162 Thoma 1909, S. 19, sah die Lehrzeit des Künsters als einen »Ausgleich zwischen dem Instinktiven mit dem voll Bewußten; dies macht die Wege der Kunst so schwer, zugleich aber auch so lebensvoll«.
163 Ebd., S. 20: »Ein Suchen und Ringen nach dem vollen Ausdruck seelischer Vorgänge, sinnlicher Vorstellungen, ein Objektivierenwollen der Welt, wie sie sich in unserem Sein und Sinnen darstellt, ein Suchen nach den materiellen Mitteln, die diesem Ausdruck sich fügen müssen ...« und S. 32: »Im Auge liegt das Erkennen, in der Seele die Vorstellung, in den Händen liegt der Wille, die Macht. – In besonders dazu organisierten Individuen kommt die Harmonie zwischen diesen Besonderheiten zur künstlerischen Wesenheit.«

Professor für Kunstgeschichte, wertete die »freie Phantasieproduktion« als den markanten Unterschied in der neuen Aufgabenstellung des Künstlers in der bürgerlichen Gesellschaft:[164] »(...) allein selbst der Maler, der heutzutage am leichtesten dazu gelangt, sich dem freien Fluge seiner Phantasie zu überlassen, war in früheren Epochen weit mehr als heute gewohnt, die Aufträge seiner Gönner zu erwarten und in Kirchen und Palästen das darzustellen, was diese verlangten.« Nunmehr solle er »selbständig« seine künstlerische Individualität ausleben, ungebunden, »in freiem Fluge«.

Im 20. Jahrhundert radikalisierten sich der Selbstbezug und die in sich selbst gelagerte Subjektivität der Künstler. Kandinsky erhob die Stimmungen, Schwingungen und das innere Empfinden der Seele selbst zum Thema der künstlerischen Produktivität, bei weitgehender Zurückdrängung des Abbildwertes. Die fortgeschriebene Entfaltung der Subjektivität bestimmte die Idee des Künstlerhabitus in der Traditionslinie der modernen Kunst des 20. Jahrhunderts: Entgrenzung, Tabubruch, destruktive Subjektivität schienen den Entwurf einer autonomen und ausgelebten Individualität einzulösen.

Gegenüber dieser Grenzverschiebung der Kunstauffassungen ist allerdings auf die »gemäßigten« Haltungen einer Mehrheit von Künstlern und insbesondere die Dominanz des Akademismus in den Ausbildungsinstitutionen zu verweisen. Beispielsweise mahnte der bereits in fortgeschrittenem Lebensalter wirkende Hans Thoma um 1910, gegenläufig zur Radikalisierung der künstlerischen Avantgarde, eine erneute Rückbindung der freien, nur sich selbst realisierenden Subjektivität an ein »allgemeines, der Natur des Menschengeistes nach gültiges Gesetz« an:[165]

»Subjektivität als etwas Selbstverständliches wird sich gar nicht mehr so wichtig nehmen – so ängstlich sein, daß sie Schaden erleiden könne. Der Künstler wird einsehen, daß es manchmal sogar gut sein wird, seine Individualität zu überwinden, die ihr gesetzten Schranken zu erweitern, sie mit in die Höhe zu erheben, auf der ein allgemeines, der Natur des Menschengeistes nach gültiges Gesetz sie schaffensstark und schaffenssicher macht.«

164 Wilhelm Lübke: Die Kunst und der Kaufmann, in: ders.: Kunstwerke und Künstler. 3. Sammlung vermischter Aufsätze, Breslau 1886, S. 125.
165 Thoma 1909, S. 209.

Auf der Suche nach einem »gültigen Gesetz« hielt die Moderne
eine Pluralität von Antworten bereit.[166]

3. Sakrale Mythen der Kunst und der Künstlermythos

Mit der wachsenden Hegemonie der vom Bürgertum getragenen
Kultur der Moderne, der Rationalisierung des Berufshandelns
und der empirisch-positivistischen Erforschung der Welt durch
die Wissenschaft wurde die Religion seit dem ausgehenden
18. Jahrhundert als Erklärungsinstanz der metaphysischen Welterfahrung erheblich zurückgedrängt und zu einer Privatsache
erklärt. Doch die Sehnsucht nach geschlossenen Weltbildern
und der Bedarf an Mythen verschwand keineswegs,[167] wie sich
im 19. und 20. Jahrhundert an unterschiedlichen Phänomenen
zeigen läßt.

Die Säkularisierung und die Bedeutung
quasisakraler Mythen

Mit der Ausformung der bürgerlichen Kultur wurden die sozialen
Funktionen der Kunst umgeschrieben. Die Trägerschichten identifizierten sich mit den Bedeutungen der Kunstwerke und teilten
bei deren Rezeption »gemeinsame subjektive Werte«.[168] Den ästhetischen Mitteln kam nunmehr die Bedeutung zu, die Individuen
in ihrer Erfahrungswahrnehmung zu sensibilisieren. Vor allem
aber wurde ihnen die »Kraft zugewiesen, den Menschen zu in-

---

166 An anderer Stelle äußert er sich über den jungen Künstler, ebd., S. 211:
»Seine Phantasien, seine Träume, sie mögen noch so kühn sein, sie
werden nicht ins Maß- und Ziellose verfliegen, er hat ein Mittel, sie zu
fassen, sie für die Anschauung, für das Auge zu gestalten, sein idealer
Raum mit präziser Gesetzmäßigkeit nimmt sie auf und macht sie
wahr.«
167 Spangher 1869, S. 1185: 1869 wurde München bescheinigt, daß hier
der »Cultus der Kunst« in besonderer Weise gedeihe und »die
Künstler«, die »dem Lande zur Ehre gereichen«, in einer angemessenen Weise, beispielsweise mit Denkmälern, »ausgezeichnet« werden. Allgemein Busch 1993, S. 181 f.
168 Silbermann 1974, S. 337.

dividualisieren«.¹⁶⁹ In dieser »Kraft« lag eine magische Qualität, die sich – um mit Bourdieu zu sprechen – am »Mysterium des Einzelwerks« bildete.¹⁷⁰
In dem Maße, in dem der Prozeß der Säkularisierung ein Defizit an symbolischer Weltdeutung schuf, füllten die Mythen der Nation und der Kunst diese Lücke, indem sie kulturelle Identifikationsmuster und emotionale Sinnbezüge boten. In ersten künstlerischen Gegenentwürfen zu den Partikularisierungen der kulturellen Moderne hatten die in einem Gruppenbezug lebenden Nazarener in den zwanziger Jahren des 19. Jahrhunderts und in ähnlichem Geist die Romantiker die Einheit von Religion und Kunst wiederzuerlangen gesucht.¹⁷¹ Schließlich prägte Hegel den Begriff der »Kunstreligion« als eine geschichtsphilosophische Antwort auf die neuen Erfahrungen der Moderne.¹⁷² Die Codierung des Künstlers als »Schöpfer« nahm in diesem Kontext sakralmythische Bedeutungen an.¹⁷³

169 Ebd.
170 Bourdieu 1972, S. 132.
171 Der Kunsthistoriker A. Hagen beschrieb deren Ziele aus der Perspektive der fünfziger Jahre des 19. Jahrhunderts: A. Hagen: Die deutsche Kunst in unserem Jahrhundert. Eine Reihe von Vorlesungen mit erläuternden Beischriften, Berlin 1857, 1. Teil, S. 128, zit. n. Fredel/Verspohl 1974, S. 277: »Das eifrige Streben und Trachten der deutschen Maler ging vornehmlich dahin, eine Malerkunst ins Leben zu rufen, die es aufgeben sollte, nur zur müßigen Augenweide zu dienen oder einer hohlen Prachtliebe zu huldigen, dagegen sollte sie den Beruf erkennen, zur Verherrlichung des höheren Lebens mitzuwirken, damit das Leben durch die Kunst an echtem, inneren Gehalt gewinne, so daß in erster Weihe der Wahrheit ein größeres Feld eröffnet werde, und die Tiefe und Größe des deutschen Geistes sich mehr und mehr kund gebe. Die Kunst sollte festhalten an der Religion, an der offenbarten, die über jeden Wechsel erhaben sei, an dem positiven Christentum, das aller Stürme unerachtet sich in der katholischen Kirche erhalten habe. Sie wollten die Kunst von der bisherigen ausschließlichen Vornehmheit entkleidet wissen und dem Volke wiedergegeben sehen, jedem Denkenden und Fühlenden. Die Malerei sollte zur Feier der Religion alle Kraft aufbieten und eine Zeit zurückführen, in der man keine Kirchen und kein Leben denken konnte ohne erbauliche Bilder, und überall Kruzifixe und Madonnen verlangte.«
172 Hinweis bei Koselleck 1992, S. 40.
173 Beispielsweise Burckhardt 1918, S. 202 und 204.

Nietzsche erkannte diesen inneren Zusammenhang der Verschiebungen in der bürgerlichen Kultur.[174] In seiner Schrift »Menschliches, allzu Menschliches« beschrieb er in verschiedenen Fragmenten die Aspekte des zeitgenössischen Künstlerhabitus.[175] Er ordnete »dem Künstler« als einem Priester der Kunstreligion einen spezifischen »Wahrheitssinn« zu: »Die Kunst erhebt ihr Haupt, wo die Religionen nachlassen. Sie übernimmt eine Menge durch die Religion erzeugter Gefühle und Stimmungen, legt sie an ihr Herz und wird jetzt selber tiefer, seelenvoller, so daß sie Erhebung und Begeisterung mitzuteilen vermag, was sie vordem noch nicht konnte.« Nietzsche erfaßte ferner die besondere Aufladung des Künstlerbegriffs mit mythischen Bildern aus dem Geniekult:[176]

»Gefahr und Gewinn im Cultus des Genius. – Der Glauben an große, überlegene, fruchtbare Geister ist nicht notwendig, aber sehr häufig noch mit jenem ganz oder halbreligiösen Aberglauben verbunden, daß jene Geister übermenschlichen Ursprungs seien und gewisse wunderbare Vermögen besäßen, vermittelst derer sie ihre Erkenntnisse auf ganz anderm Wege teilhaftig wurden als die übrigen Menschen.«

Seit dem 18. Jahrhundert hatte sich mit Albrecht Dürer der »Cultus des Genius« verbunden. Dieser eignete sich in besonderer Weise als Kultfigur des Bildungserlebnisses in der bürgerlichen Kultur.[177] Bereits bei der Nürnberger Dürer-Feier von 1828 war in Analogie zu religiösen Vorstellungen die Assoziation zu Christus hergestellt worden.[178] Der Künstler wurde weitergreifend in vielfältigen Varianten mit den bildlichen Konnotationen des stellvertretend Lei-

---

174 Die bei Nietzsche offenkundige Affinität zwischen Protestantismus und der Sakralisierung des Künstlerhabitus bedürfte der weiteren Erforschung in Hinblick auf die weltanschauliche Funktion der Überwölbung parzellierender Arbeitsteilung im Gefolge des Modernisierungsprozesses durch eine Übersteigerung der Individualitätsvorstellung.
175 Friedrich Nietzsche: Menschliches, allzu Menschliches. Ein Buch für freie Geister, 1. Bd. 1876-1878, (zuerst Chemnitz 1878), 4. Hauptstück: Aus der Seele der Künstler und Schriftsteller, zit. n. Friedrich Nietzsche: Gesammelte Werke, 8. Bd., München 1923, S. 150.
176 Ebd., S. 161.
177 Vgl. auch Fredel/Verspohl 1974, S. 283.
178 Matthias Mende: Die Transparente der Nürnberger Dürer-Feiern von 1828, in: Anzeiger des Germanischen Nationalmuseums 1969, S. 177-209.

denden, aber auch des Erlösers verknüpft.[179] Ein Beispiel für die Chiffrierung des Künstlers als Heilsbringer ist der Kult um den »Rembrandtdeutschen« nach 1890. »Dürer als Führer« lautete 1904 schließlich der Titel einer Hommage im »Kunstwart«.[180]
Je mehr die vordringende Rationalität den Lebensalltag strukturierte, desto stärker wurde den mythischen Bildern, Chiffren und magischen Stoffen[181] ein transrationaler Bedeutungssinn zugewiesen, an dem sich das emotionale Orientierungsbedürfnis der Individuen festmachte. Die Kunst wurde zu einer »Welt der Mystik« (Hans Thoma),[182] die nicht »verflachen und vermaterialisieren« sollte. Das Nebeneinander der kulturellen Fragmente von Traditionsbezügen, von Chiffren der Moderne und der neuen Erscheinungsweisen der symbolischen Kultur bestimmte den Bedarf der Bürger an symbolischen Formen.
Nach dem Erfolg der deutschen Einigungsbewegung seit den sechziger Jahren und der 1871 vollzogenen Reichsgründung »von oben« gewannen Verhaltensmuster an Gewicht, die die Suche nach Autorität[183] in der politischen Kultur mit mythischen Bildern verbanden.[184] Zugleich verstärkte sich zwischen etwa 1870 und 1890

179 Der Maler Erich Förster verfaßte für die Nürnberger Feier aus Anlaß der Aufstellung des Dürer-Standbildes von Christian Rauch 1840 die Zeilen: »Großer Meister! Bist erstanden, / Erdenbanden / Fesseln keinen: / Dein Tag soll uns ewig einen!« Bei der Berliner Dürerfeier desselben Jahres trug der Festredner Tölkens der Festversammlung, vor, Dürer sei »ein Titan, der kommenden Göttern die Bahn bricht; ein Begründer von Vollkommenheiten, die drei Jahrhunderte ganz zu erreichen nicht vermochten«, vgl. Lüdecke 1955, S. 209f.
180 Dürer als Führer, in: Kunstwart, 1. Maiheft 1904.
181 Ernst E. Boesch: Das Magische und das Schöne. Zur Symbolik von Objekten und Handlungen, Stuttgart/Bad Cannstatt 1983; Neumann 1986, insbesondere S. 52-129, erfaßte zahlreiche Vorstellungen vom »Prophetenvorbild« bis zu Erlöser- und Christusidentifikationen.
182 Thoma 1909, S. 49.
183 In kritischer Perspektive wurde nach den Gründen für die selektive Wahrnehmung und die Steigerung plakativer Freund-Feind-Bilder gefragt und dies in den Zusammenhang von Freud'schen Begriffen einer »Ich-Schwäche« gestellt. So Martin Doerry: Übergangs-Menschen. Die Mentalität der Wilhelminer und die Krise des Kaiserreiches, 2 Bde., Weinheim und München 1986, S. 44f.
184 Vgl. auch Wulf Wülfing/Karin Bruns/Rolf Porr: Historische Mythologie der Deutschen 1798-1918, München 1991.

die Tendenz der Sakralisierung der Kunst und des Kunsterlebnisses.[185] »Der Maler« und »der Musiker« avancierten in besonderer Weise zu Trägern des wachsenden Künstlerkultes, auf die die sakralen und magischen Fähigkeiten des »Sehers« fortan projiziert wurden.[186] Der Künstler verkörperte damit die in der bürgerlichen und zivilisatorischen Rationalität nicht aufgehobenen psychischen Befindlichkeiten und Erfahrungen,[187] auf die auch seine Produktionsformen bezogen waren. Diese »Kunstreligion« verdichtete sich in der zweiten Jahrhunderthälfte in exemplarischer Weise in der charismatischen Person Richard Wagners.[188]

Bei den ersten Bühnenweihfestspielen von 1876 in Bayreuth trat der um Wagners »Künstlertum« entstandene Kult in emphatischen Formen zutage.[189] Zu diesem als »Gesamtkunstwerk« inszenierten Ereignis[190] versammelte sich eine Öffentlichkeit von mythenbe-

---

185 Prigge 1991, S. 15, hob zu Recht die Verkehrung des Bezugsgefüges der Kunst in der Moderne hervor: »Von einem Ornament wurde die Kunst zum Wesentlichen verwandelt, und von einem Ausdruck der Werte zu einer Quelle der Werte.«

186 Märten 1914, S. 123: »Die Deuter der Zukunft sind Künstler der Tat, wie die Künstler die Bringer des Genusses der tiefsten Menschenfreude sind. Von hier aus sollten sich die Wege bestimmen, sollte die Gesellschaft den Konsum ihrer künstlerischen Kultur bestimmen, d. h. freigeben.«

187 Die mythischen Werte dieses Kultus nahm Adolph Menzel in einer bildlichen Sakralisierung in seinem Titelblatt zu Raczynskis »Geschichte der neueren deutschen Kultur« auf. Hinweis bei Werner Busch: Die fehlende Gegenwart, in: Koselleck (Hg.): Bildungsbürgertum, Teil II, Stuttgart 1991, S. 299; vgl. auch Peter Paret: Kunst als Geschichte. Kultur und Politik von Menzel bis Fontane, München 1990, S. 25 ff.

188 Die Förderung durch Ludwig II. beruhte in hohem Maße auf der Idealisierung des Künstlerkultes. Der Bau eines Opernhauses für den »Meister« scheiterte in München am Widerstand von bürgerlichen Eliten der Landeshauptstadt. Detta und Michael Petzet: Die Richard-Wagner-Bühne König Ludwigs II., München 1970.

189 Als Folge dieses Kultes entstanden zahlreiche Porträts des Meisters, vgl. Martin Geck: Die Bildnisse Richard Wagners, München 1970.

190 Wagner hatte den Begriff in seinen Züricher Schriften 1850/51 zur Bezeichnung seines Konzeptes der Vereinigung der Künste entworfen.

geisterten Anhängern Wagners, aber auch andere Künstler. So trafen sich dort Hans Makart aus Wien, Franz Lenbach, Franz Defregger, Friedrich August Kaulbach und der Architekt Franz Seitz aus München sowie Adolph Menzel, Paul Meyerheim, Paul Lindau und Anton von Werner aus Berlin. Anton von Werner schilderte die emotionale Aufladung dieser »Wallfahrt« später aus einiger Distanz. Dieses Kunstereignis hatte sich zur sakralen Kultveranstaltung gesteigert, in der der »Glaube« an den »Meister« für einen Teil des Publikums zum Grunderlebnis wurde:[191]

»Das Publikum, das nach Bayreuth gewallfahrtet kam, war so entgegenkommend, begeistert und opferfreudig, wie es sich kein Autor besser wünschen kann, aber des Meisters Hofstaat und seine Anhänger schienen nach mehr als Anerkennung und Bewunderung für den Meister und sein Werk zu heischen: Anbetung, Vergötterung, und das ist nicht jedermanns Sache. Wenn man etwa behauptete, man habe Verständnis für Wagners Musik, so liefe man Gefahr, Unannehmlichkeiten zu erleben, denn des Meisters Werk sollte man nicht verstehen, man sollte daran glauben, und als bei den monotonen Rezitativen oder geringeren nicht enden wollenden Gesprächen des Wanderers gar H. von Angeli halblaut rief: ›Der Menzel schläft schon!‹ sah ich mich, da unsere Künstlerecke doch eine verschwindende Minorität bildete und sich ein nicht mißzuverstehendes entrüstetes Zischen vernehmen ließ, vorsichtig in dem dunklen Raume nach dem nächsten Ausgang um. Eine Art kriegerische Stimmung lag in der Luft, und eines Morgens bekräftigte ein junger Wagnerschwärmer seinen Glauben an den Meister bei Angermann am Biertisch auf offener Straße durch einen wohlgeführten Schlag mit einem Maßkrug auf die Nase seines weniger glaubensstarken Gegners.«

In der Person Wagners hatten sich Formen des Künstlermythos gebündelt, die in vielfältigen Chiffren und Bildern vom Publikum kommuniziert wurden. Friedrich Pecht hob in einer Kritik zu einer Skizze, die Lenbach von Richard Wagner angefertigt hatte, solche Zuschreibungsmuster hervor. Die bildliche Darstellung schien ihm jene Spannung in den Gesichtszügen wiederzugeben, »in der sich wiederum die Unbefriedigung einer genialen Künstlernatur mit der Wirklichkeit aufs deutlichste« ausspricht.[192] Wie Richard Wagner als Musiker die geniale Künstlernatur personifizierte, so erstreckte sich dieser Kult der gesteigerten künstleri-

---

191 Von Werner 1913, S. 169.
192 Pecht 1885, S. 210.

schen Individualität und der auf ihn projizierten »Größe« auf eine elitäre Gemeinschaft der geniebegabten Künstler.[193]
Diese Konnotationen stützten in erheblichem Maße die Tendenz zur Sakralisierung der Kunst. Bereits in der Tradition älterer Zuschreibungen zum Künstlerhabitus hatten sich Begriffe gebildet, die dem Künstler »göttliche« Fähigkeiten zuerkannten. Der Topos der Grenzüberschreitung wurde im 20. Jahrhundert jedoch in der Geste des Tabubruchs durch die Künstler radikalisiert und fand in der Entgrenzung gegenüber dem bürgerlichen Lebensstil, wie er mit der Entstehung der künstlerischen Boheme assoziiert wurde, eine idealisierungsfähige Entsprechung. Andererseits wurde diese Sonderstellung auch in einer Version der wiederhergestellten Einheit von Künstler und Volk verarbeitet. Julius Langbehns langjähriger Adlatus, der Maler Momme Nissen, formulierte eine völkische Variante dieses mythischen Kultes:[194] »Ist doch der Künstler ein innerlich bevorzugter Träger des Volksgeistes: er sammelt die Ideen, er verkörpert die Ideale, er versteht sie in bleibende Formen zu gießen.«

Die Sakralisierung des Kunstwerks und die Projektion heroischer Bilder in die Geschichte

Das Wechselspiel zwischen den inszenierten Selbstdarstellungen des Künstlers und seiner sakralen Aufladungen durch die bürgerliche Gesellschaft fand seinen Bezugspunkt in der Sakralisierung

---

193 Nach dem Tode Wagners blieb seine Gattin Cosima Sachwalterin des Wagnerkultes. In einem Brief an den Maler Hans Thoma vom 3. Januar 1903 aus Wahnfried lud sie diesen zu den Generalproben mit einer Formulierung ein, die hieran appellierte: »Wir würden Dich als den guten Genius unserer Künstler-Gemeinsamkeit begrüssen« und beschwor »das Künstlerische« als erfüllende Lebenshaltung, in Abgrenzung zu einem sie sonst nicht befriedigenden Leben: »Das Künstlerische ist immer lebendig wahrhaftig zugeen.« GNM, ABK, Nachlaß Hans Thoma, Brief Cosima Wagners an Hans Thoma vom 3. Januar 1903.
194 Momme Nissen: Zur Neuordnung unseres Kunstlebens, in: Die Zukunft der Vorbildung unserer Künstler. Aussprüche von Künstlern und Kunstfreunden, zusammengestellt von Waldemar von Seidlitz, Leipzig 1917, S. 11.

des Kunstwerks selbst. Begonnen hatte dies bereits in der Frühgeschichte der Moderne. Mit dem Beruf des Architekten waren zuerst Vorstellungen einer besonderen Natur verbunden worden, die sein Werk vom Handwerk lösten. In der genialen Persönlichkeit des Leonardo da Vinci schienen Kompetenzen der Kunst mit denen der Wissenschaft in idealer Weise vereint.[195] Das Ideal des »göttlichen« Schöpfertums gewann in seinen Fähigkeiten als innovativer Zeichner, Maler und Bildhauer, aber ebenso Ingenieur und Erfinder materieller Objekte mit Gebrauchswerten seine Personifizierung.[196] Diese Aufladung wurde von neuen Kulturtechniken der Renaissance gestützt, die sich in der Bildproduktion durchsetzten. Die Künstler wandten die optischen Gesetze der Zentralperspektive an, sie konstruierten den Blick,[197] sie wurden als Bilderfinder freie Schöpfer der Inszenierung ihres Gegenstandes. An die Stelle des sakralen Kultbildes trat nun ein neuer Begriff des Bildes als Kultobjekt:[198] Der Begriff des Kunstwerkes gewann seine emphatische Bedeutung als Artefakt der individuellen Schöpferhand des genialen Künstlers.[199]

Ehe die kunstgeschichtliche Forschung die Bestätigung des mit dem Kunstwerk einhergehenden Mythos an sich zog, begann die Verklärung der Künstlerrolle in der Blütezeit der Romantik in literarischen Medien. »Franz Sternbalds Wanderungen«, 1797 von Wilhelm Tieck publiziert, erwies sich als ein Schlüsselroman, der die Kultivierung und Höherbewertung des künstlerischen Schaffens propagierte. Dieser Künstlerroman ist als ein Versuch zur Bewältigung der Widersprüche der historischen Konfiguration des realen Auseinanderbrechens der traditionalen Existenz zu

195 Erwin Panofsky: Artist, Scientist, Genius: Notes on the ›Renaissance-Dämmerung‹, in: W. K. Ferguson et al.: The Renaissance. A Symposium, New York 1953, S. 123-182.
196 Einen Versuch, das Geheimnis dieser Person zu entschlüsseln, unternimmt K. R. Eissler: Leonardo Da Vinci. Psychoanalytische Notizen zu einem Rätsel, Basel/Frankfurt am Main 1992.
197 Zusammenfassend Thomas Kleinspehn: Der flüchtige Blick. Sehen und Identität in der Kultur der Neuzeit, Reinbek bei Hamburg 1989, S. 58 ff.
198 Vgl. die ausgezeichnete Darstellung der Funktionen des Bildes im sakralen Kult vor dem Beginn der Renaissance von Belting 1990.
199 Siegfried Gohr: Der Kult des Künstlers und der Kunst im 19. Jahrhundert. Zum Bildtyp der Hommage, Köln/Wien 1975.

sehen, von Entwicklungen, die im Gefolge von bürgerlichem Wandel, Spätaufklärung und zunehmender kapitalistischer Marktökonomie erfahrbar geworden waren. Der Verlust von geschlossenen Identitätsbildern in der Realität der bürgerlichen Gesellschaft verlieh dem Künstler die quasisakrale Bedeutung des »Versöhners«. Von dieser Vorstellung ging eine anhaltende suggestive Faszination aus.

In der späteren Gründerzeit steigerte sich der Künstlerkult zur Projektion des prometheischen Übermenschen. Die Künstlerfeste gerieten zu Inszenierungen dieser sakralen Mythen des herausgehobenen Individuums, um im Medium historischer Kostüme an der einstigen Größe der heroisierten Künstler teilzuhaben. In dieser Feier des bewunderten Künstlers mischten sich Selbstkultivierung und die ästhetische Inszenierung mit den Mitteln des Bildungswissens. In welchem Maße selbst noch am Jahrhundertende in der Propaganda der »modernen Bewegung« die medienübergreifende Vision des Gesamtkunstwerkes mit einem heroischen Konstrukt der Renaissance und sakralen Begriffen abgestützt wurde, ist an einer Textsequenz von Carl Neumann nachvollziehen:[200]

»Die Meister der Renaissance, die dank der kunstgeschichtlichen Forschungen deutlicher als je vor aller Augen stehen, verrücken uns das Konzept. Nicht nur, daß sie eine technische Bildung in ihrer Kunst besaßen, um die wir sie heute noch beneiden müssen: viele waren Maler und Bildhauer, Poeten, Architekten und Gelehrte in einer Person, gleich als wäre das Künstlerdasein das eine Wesentliche und die Technik einer einzelnen Kunst nur etwas Zufälliges und beliebig Erlernbares. Kam dann der heilige Geist des Schaffens über diese Künstler, so durchdrang sich diese unendliche Summe von Können: Der Architekt lehrte den Maler, der Maler den Bildhauer: so schmolzen in dem ungeheuren Fieber und der Glut einzelner Stunden alle Fähigkeiten in eins, und Meisterwerke entstanden.«

Hier fand der Künstlermythos seinen Ausdruck in der sakralen Formel des »heiligen Geist(s) des Schaffens«, der bei Neumann allerdings gegen die zeitgenössische Realität gewendet war. Gerade zur Überwindung der als Erwerbsberuf strukturierten »Fächler«-Malerei und der Trennlinie zwischen den verschiedenen Künstlerberufen erinnerte er an die einstige Einheit der Künste und

---

200 Carl Neumann: Der Kampf um die Neue Kunst, Berlin, 2. Aufl. 1897, S. 131.

propagierte eine erneute Durchlässigkeit der künstlerischen Medien in der zeitgenössischen Gegenwart. Die Vision des Gesamtkünstlers der »modernen Bewegung« steigerte den sakralen Kult der Kunst, da sie deren Entstehung in der kreativen Individualität des künstlerischen Subjektes verankerte. Im 20. Jahrhundert tradierte sich diese Konstruktion des Künstlermythos.[201]

4. Die Schwierigkeiten mit der Autonomie der Kunst

Im Vorwort zu Lu Märtens Buch »Die Künstlerin« definierte die Herausgeberin Adele Schreiber eine Spezifik der kreativen Tätigkeit in ihrer besonderen psychischen Intensität:[202] »Künstlerische Arbeit hat eigene Gesetze und Maßstäbe, läßt sich nicht in Stunden und Normen pressen, verlangt die Opferung des ganzen Menschen, duldet keinen Nebenberuf, keine Kräftezersplitterung.« Der Anspruch der Künstler, »eigenen Gesetzen« zu folgen, erfordere den vollen Einsatz der ganzen Person. Dieses setzte einen sozialen Raum voraus, der solches zuließ.

In einer für das Breitenbewußtsein aussagefähigen Quelle aus dem Jahre 1906 findet sich eine Formulierung, mit der der soziale Raum der »hohen Kunst« als ein Territorium der uneingeschränkten Handlungsfreiheit des künstlerischen Individuums gekennzeichnet wurde. Die von der psychischen Energie des Individuums abgeleitete Autonomievorstellung wurde darin mit kulturellen Aufladungen überhöht:[203] »Absoluter Herrscher ist der Künstler im Reiche der hohen Kunst.« Wie ist die hohe symbolische Bedeutung dieser Vorstellung zu erklären? Der Autonomieanspruch der Kunst ist in der Kultur der Moderne von der Idee der Freiheit des Individuums nicht zu trennen. Aus der Bedeutungsgeschichte dieses Leitbildes ergeben sich Anhaltspunkte für die präzisere Bestimmung seiner Historizität.

Bereits für das 15. und 16. Jahrhundert wurde vom Beginn einer tendenziellen Autonomisierung der Künste ausgegangen. Als Ausdruck einer »Krypto-Säkularisierung« gewann das Motiv

201 Vgl. Neumann 1986, S. 100-129.
202 Vgl. Vorwort Schreiber, in: Märten 1920.
203 Otto Lademann: Künstlerischer Beirat in Betrieben des Kunstgewerbes III, in: Werkkunst, 2. Jg. 1906, S. 97.

der Landschaft in der traditionalen Heiligendarstellung an Bedeutung.[204] In Italien stieg der Anteil von Bildern mit weltlichen Themen von etwa 5 Prozent im Jahre 1420 auf 20 Prozent um das Jahr 1530. Damit erweiterte sich der Spielraum für die Phantasie. Die Künstler traten in einen langen Prozeß der Gewinnung von Unabhängigkeit gegenüber den Gebrauchsfunktionen und den Vorgaben der Bildprogramme durch den Auftraggeber ein. Hieraus resultierte schließlich die Neubewertung der Kunstwerke und der Künstler mit einer eigenen Legitimation. Gleichzeitig behielt allerdings das Beziehungsmuster des Handwerks seine Gültigkeit, wie es im Auftraggeber-Künstler-Verhältnis definiert war.[205] Die für die Moderne charakteristische Freiheit des Künstlers in der Themenwahl und der ästhetischen Form bestand zunächst vor allem in einer beratenden Funktion.[206] Die allmähliche Autonomisierung der Kunstproduktion setzte sich in der bürgerlich geprägten Kultur der Niederlande des 17. Jahrhunderts mit der Bedeutungssteigerung des kommerziellen Bildermarktes fort.[207]

Der kulturelle Umformungsprozeß des ausgehenden 18. Jahrhunderts verfestigte schließlich die Trennung der Subjektivität des Menschen von der Objekthaftigkeit der Welt. In der Formulierung Thomas Nipperdeys klingt jedoch eine ideale Vorstellung von der Handlungsfreiheit des Menschen an:[208] »Die Subjektivität steht gegen die Überwältigung durch Außersubjektives wie Götter- und Kosmos- und Tatengeschichten. Der Mensch ist Herr seiner Selbst, ist – wie das Glücks- und Wahrheitswort der Moderne heißt –

---

204 Vgl. die zusammenfassenden Bemerkungen zu dem komplexen kulturgeschichtlichen Umbruch bei Burke 1974, S. 34.
205 Zusammenfassender Problemabriß bei Werner Busch: Die Autonomie der Kunst, in: ders. (Hg.): Funkkolleg Kunst. Eine Geschichte der Kunst im Wandel ihrer Funktionen, Bd. 1, München 1987, S. 230-256, hier S. 242; vgl. auch Haskell 1996.
206 Vgl. auch Donat de Chapeaurouge: Die Anfänge der freien Gegenstandswahl durch den Künstler, in: Festschrift für Herbert von Einem, Bonn 1965, S. 55-62, hier S. 55; vgl. auch Haskell 1996.
207 In der kunstgeschichtlichen Forschung fand diese Entwicklung größte Beachtung, zuletzt beispielsweise Michael North: Kunst und Kommerz im goldenen Zeitalter. Zur Sozialgeschichte der niederländischen Malerei des 17. Jahrhunderts, Köln/Weimar/Wien 1992.
208 Nipperdey 1987, S. 99.

autonom. Der Mythos, der das autonome Subjekt nicht kennt, ist darum nicht nur unvernünftig, sondern unmoralisch.« Der Begriff des »Modernismus« des 20. Jahrhunderts beruhte schließlich auf der Annahme einer Freisetzung der ästhetischen Produktion zu einer eigenen Autonomie, die sich allein aus sich selbst heraus erneuere.[209]

Das Leitbild der Autonomie des Subjektes fand als bürgerliche Projektion in der Autonomie der künstlerischen Arbeit seine Repräsentation, obwohl die historische Normalität der Erwerbsarbeit der Künstler im 19. und 20. Jahrhundert real von einem Nebeneinander sehr unterschiedlicher Gestaltungsaufgaben mit graduell abgestuften Handlungsspielräumen und Bedeutungszuweisungen gekennzeichnet war. Die Bandbreite bewegte sich zwischen der weiter bestehenden Einbindung der künstlerischen Arbeit in ein eindeutiges Auftragsverhältnis bis hin zu einer Produktion des Werkes in Eigenverantwortung, die allein von der Intuition des Künstlers getragen wurde. In dieser zweiten Version bot der Künstler erst nach dem Abschluß der Werkentstehung sein

---

209 Einflußreich das Konstrukt von Hans Robert Jauß: Studien zum Epochenwandel der ästhetischen Moderne, Frankfurt am Main 1989, S. 7: »Der freigesetzten Rezeption vergangener Kunst entsprach die freigesetzte Produktion gegenwärtiger Kunst. Sie trat in den allgemeinen Prozeß der gesellschaftlichen Modernisierung – dem die Erwartung überholenden Erfahrungswandel der verzeitlichten Lebenswelt in der fortschreitenden industriellen Revolution – nicht nur ein, sondern war der sich beschleunigenden Zeitbewegung bald wieder voraus. Der ästhetische Prozeß des Modernismus verläuft unter dem Prinzip einer fortschreitenden Verkürzung der Geltungsfristen von Kunstepochen, Stil- und Schulrichtungen. Es ist dies ein Prozeß, in dem sich die Kunst in der Zeitbewegung ständig von sich selbst abschneidet, in dem der Anspruch des Neuen in der ständigen Überbietung rasch wieder verfällt, in der die Ästhetik der nouveauté das transitorisch Schöne entdeckt, gegen das ewig Schöne stellt und doch mit jeder proklamierten modernité unentrinnbar sich selbst wieder zur antiquité werden muß (...) Der auf sich selbst gestellte ästhetische Modernismus hat zur Folge, daß sich der Zeitabstand im immer schneller rollenden Umschlag von Neu in Alt zusehends auf Generationen, Dekaden, wenige Jahre verkürzt, in denen führende Avantgarden erst nacheinander, dann auch gleich nebeneinander auftreten.« Die Zeit der Romantik galt Jauß als letzte Epocheneinheit.

Artefakt auf dem Kunstmarkt an.[210] In dieser Produktionsform fand die dem Künstlerhabitus eingeschriebene Autonomievorstellung eine soziale Praxis. Hier entstand die »ästhetizistische Auffassung« des Eigensinns der Kunst.

Die Autonomie der Werkentstehung und der Künstlerhabitus

Um 1900 verband sich mit dem modernen Künstlerhabitus die Konnotation der »Selbstbefreiung« des Künstlers,[211] die zu einem retrospektiv in die Geschichte projizierten Selbstbild des Bürgertums gehörte, das den Anspruch auf bürgerliche Unabhängigkeit auch in ökonomischer Hinsicht fundierte.[212] Es war primär die Produktion »des Geistigen«, die diese »Selbstbefreiung« legitimierte, ein Anspruch auf eine Sonderstellung für den »schöpferischen Künstler« in der bürgerlichen Gesellschaft, den die »moderne Bewegung« der 1890er Jahre in pointierter Weise einforderte. Diese Vorstellung von Autonomie brachte Harry Graf Kessler zum Ausdruck, als er das Gewissen als Instanz der innengeleiteten Handlungsreflexion bezeichnete:[213] »Der Künstler soll frei nach seinem Gewissen gestalten.«

Aus den Schilderungen der realen Produktionsbedingungen für die künstlerische Arbeit ergibt sich allerdings ein komplexeres Bild. Die Klage über die lediglich partielle Einlösbarkeit der Autonomieverheißung begleitete die Geschichte der Künstler auch im 20. Jahrhundert. Ein anschauliches Beispiel für eine vermittelnde Handhabung der Widersprüche, wie sie zwischen dem

---

210 Bis in die Mitte des 19. Jahrhunderts und teilweise darüber hinaus unterlagen auch die Hofkünstler noch dem Muster der Produktion von Auftragswerken. Wenn man die Arbeitsformen der Hitler-nahen NS-Künstler einbezieht, so ergeben sich analoge Aspekte des autoritären Eingriffs.

211 Beispielsweise begrifflich bei dem wichtigen Protagonisten der »modernen Bewegung«, vgl. Obrist: Ein künstlerischer Kunstunterricht, 1903, S. 63 f.

212 »Im 16. Jahrhundert begann die Selbstbefreiung des Künstlers aus den Bindungen des mittelalterlichen Handwerks.« Waetzold 1921, S. 8.

213 Harry Graf Kessler: Der deutsche Künstlerbund, Berlin 1904, Vorwort, S. III.

autonomen Individualitätsanspruch und der Notwendigkeit, die eigenen Arbeits- und Lebensbedingungen zu reproduzieren, entstanden waren, geht aus einem autobiographischen Text aus dem Nachlaß Hans Thomas hervor.[214] Darin beschreibt eine erheblich jüngere Autorin ihre projektive Liebesbeziehung zu Hans Thoma, der in Karlsruhe die Stellung des Direktors der Großherzoglichen Galerie bekleidet und in dieser Funktion gute Bedingungen für seine eigene künstlerische Tätigkeit gefunden hatte. In einem Dialog[215] wird die Spannung artikuliert, die zwischen der Autonomievorstellung, der die bewundernde Geliebte folgte, und dem zweckorientierten Kalkül des älteren, erfahrenen Künstlers, auftreten mußte:
»›Ach Hans, Du denkst zuviel an Deine Stellung – der Kunst leben ist doch alles für den Künstler! Was geht ihn die Außenwelt, die Meinung der Leute an?‹
›Das verstehst Du nicht!‹ erwiderte er gereizt – ›Was würde es mir nützen z.B. wenn ich nun meinen Christus Cyclus malen wollte und es fehlten die Wände dazu, die der Großherzog mir bauen wird? Du scheinst keine Ahnung zu haben von den Schwierigkeiten, mit denen der Künstler zu kämpfen hat, um sich und seine Ideen durchzusetzen!‹ (...) ›Ein Künstler muß immer kämpfen, wenn er sich behaupten will, Stillstand bedeutet Rückgang – und Untergang‹ erwiderte der Meister.«
Der idealen Innenwelt der autonomen Phantasieproduktion der Kunst stand hier der von zahlreichen Künstlern bezeugte Zwang gegenüber, sich in der Härte des existentiellen Konkurrenzkampfes unter den Künstlern zu behaupten.
Dennoch wurde der Anspruch auf Autonomie für den Prozeß der Werkentstehung im 19. und 20. Jahrhundert zu einem wesentlichen Merkmal des Künstlerhabitus erklärt. Hierauf bezog sich der Begriff der künstlerischen Freiheit primär. Er sicherte als normatives Konstrukt die Freiheit des Künstlers vor direkten Eingriffen

---

214 GNM, ABK, Nachlaß Hans Thoma, III A, Typoskript Francees Grun: Meine Seelenbrautschaft mit Hans Thoma, undatiert, mit der Aufnotierung »Übertragen von Heinrich Nelson, Eugen Dietrich Verlag 1909«.
215 Die Verehrerin verfaßte den Text so, daß er den Eindruck eines realen Dialogs vermittelt. In welchem Grade sie ihn fiktional gestaltete, ist nicht zu erschließen.

des Auftraggebers oder des Staates.[216] Diese »Außenwelt« stand der schöpferischen Innenwelt des künstlerischen Individuums gegenüber.

Daß dieser »freie« Handlungsraum für die künstlerische Arbeit lediglich dann einzulösen war, wenn hinreichende wirtschaftliche Voraussetzungen gegeben waren, wurde in einer auf Gesellschaftsreform drängenden Zeit, vom November 1918 bis zum Frühjahr 1919, zum Thema des politischen Diskurses der auf lokaler Ebene von der Künstlerschaft gebildeten Arbeitsräte. Eine Quelle für dieses Problemverständnis ist ein überregional verbreitetes Leipziger Flugblatt, das in die Aktenablage des Bayerischen Kultusministeriums eingegangen ist. Der Künstler Kurt Kluge thematisierte darin im Dezember 1918 die Autonomie der künstlerischen Freiheit für die örtliche Reformdebatte in Leipzig. In seiner Auseinandersetzung mit dem idealen Postulat des Künstlerhabitus führte er den gesellschaftlichen Bedarf und den Markt als die Bezugsgrößen der Erwerbsarbeit ein:[217]

»Freiheit des künstlerischen Schaffens. Die Idee ist nie mehr gewesen als eine schöne Redensart. Alles, was für sie bisher getan worden ist, blieb halbe Arbeit oder Versuch, faßte nie den Kern staatlicher Unterstützung des Künstlers, Stiftungen, Eingriffe in den Kunsthandel und der Presse usw. Die wirkliche Freiheit des künstlerischen Schaffens war nur eine Voraussetzung: die Unabhängigkeit des Künstlers. Der Künstler ist unabhängig, sobald er unter sich den Boden des Berufs im Sinne der Erfüllung von Bedarfsarbeit hat, die jederzeit gebraucht und bezahlt wird.«

Kluge bezog sich auf den Erfahrungshintergrund von Künstlern, die dem ständigen Risiko ausgesetzt waren, und verwies auf die Bedeutung der verstetigten Chance zur Erwerbsarbeit. Diese war, selbst unter den günstigen Umständen eines florierenden Kunstmarktes, strukturell nur für einen Teil der Künstler gegeben. In der Kriegszeit zwischen 1914 und 1918 sowie in der Zeit des von Krisen geprägten Wirtschaftslebens bis zur Inflation von 1923

216 Dies war beispielsweise in der Auseinandersetzung um die Ankaufspolitik der staatlichen Museen in Preußen der Fall und führte zur Ablösung des liberalen Hugo von Tschudi. Hiergegen wandte sich Kessler 1904, S. 7.
217 BHSTA München, MK 40903 (Gedrucktes Flugblatt): Kurt Kluge: Die Neugestaltung der Künstlererziehung gelegentlich der Eingabe der Leipziger Künstlerschaft an das Kultusministerium, 17. Dezember 1918.

schrumpfte das Aufnahmevolumen des Kunstmarktes. Diese Konjunkturbewegung mag einer der Gründe sein, weshalb ein Teil der Künstler sich in der Revolutionsbewegung, insbesondere in den berufsbezogenen Künstlerräten, engagierte und trotz aller abgrenzungsbedürftigen Individualität an verbesserten Möglichkeiten einer kollektiven Willensartikulation in der Gesellschaft mitarbeiten wollte. Nach dem Zusammenbruch der Revolutionsbewegung setzte jedoch eine Desillusionierung über die Chancen ein, den Widerspruch zwischen der Autonomieerwartung und der existentiellen Sicherheit in einer neuen Form zu versöhnen.

Kunsttheoretische Begründungen

In der Kunsttheorie wurde dem Künstler erst seit dem ausgehenden 18. Jahrhundert und der damit einhergehenden »geschichtlichen Wende«[218] ein Autonomieanspruch zugeordnet. Schillers »Briefe zur ästhetischen Erziehung des Menschengeschlechts« gelten als erste wichtige theoretische Äußerung zu dieser Vorstellung.[219] Thomas Neumann hat dieses Konstrukt der Autonomie der Kunst zusammengefaßt, indem er »die sozialen Komponenten« konkretisierte, aus denen sich die Formen »der autonomen künstlerisch-dichterischen Produktion« entfalteten, die »das europäische Kunstgeschehen seitdem« bestimmten.[220] Der Autor vernachlässigte die historischen Kontexte und

---

218 Hans-Georg Gadamer: Zu Kants Begründung der Ästhetik und dem Sinn der Kunst, in: FS Richard Hamann zum 60. Geburtstag, Burg bei Magdeburg 1939, S. 31.
219 Beispielhaft für die Herleitung des Autonomieanspruchs des Künstlers in einer kunstwissenschaftlichen Konstruktion: Pevsner 1986, S. 233: »Ungefähr seit 1800 hatte sich nun die Kunst emanzipiert, zuerst durch Schillers Schriften und dann durch die romantische Bewegung. Von diesem Zeitpunkt an betrachtete sich der Künstler als Träger einer Botschaft, höher als die von Staat und Gesellschaft. Unabhängigkeit war daher sein geheiligtes Privileg. Dienst an der Gesellschaft hatte bedeutet, sich selbst herabzuwürdigen.«
220 »Die Verabsolutierung der Kunst in funktionsindifferenten, nach Ansicht der Künstler und ihrer Interpreten von keinerlei außerkünstlerischen Erwartungen bestimmbaren Kunstwerken ist eine histori-

Bedingtheiten und sprach daher in seiner Abhandlung übergreifend von dem Abstraktum »der Kunst«. Der geschichtsteleologischen Utopievorstellung der bürgerlichen Aufklärung entsprechend, sollte der Künstler, »quasi wie ein Seher, der Gesellschaft ihren End- und Idealzustand vor Augen« führen, »in dem die reale Gesellschaft in (eine) ideale unentfremdete Menschheit übergehe«.[221]

Bereits Winckelmann hatte ein Verständnis von der Geschichte der Kunst im Sinne eines für sich gültigen Abstraktums entworfen.[222] Neben Schiller war es jedoch vor allem Kant, der ein Verständnis der Kunst theoretisch begründete,[223] das in der Gesellschaftstheorie der Moderne seither fortgeschrieben wurde.[224] Selbst der nach rationalen Ursachen forschende Historiker Jacob Burckhardt ging von einem schwer erklärbaren Verhältnis zwischen vorhandenen geschichtlichen Bedingtheiten und der eigensinnigen Entstehung des Schönen im Kunstwerk aus.[225]

Im letzten Drittel des 19. Jahrhunderts postulierte der Privatier, Sammler und Kunstschriftsteller Conrad Fiedler, die Kunstphilosophie Kants rezipierend, die Autonomie der Kunst als eine eigenständige und legitime Form von Erkenntnis.[226] Er wandte sich mit diesem Konzept dezidiert gegen die zeitgenössische Dekora-

    sche Erscheinung und bietet keine generelle Aussage über Kunst.« Neumann 1968, S. 1.
221 Busch 1992, S. 286.
222 Gerhard Bahlsen: Grenze der Kunstwissenschaft, in: FS f. Richard Hamann 1939, S. 13.
223 Busch 1992, S. 286, kommentiert den Theorieentwurf Schillers skeptisch: »Die Theorie macht ihm (dem Künstler, d. V.) weis, er und seine Kunst seien autonom.«
224 Kritisch Kimpel 1989, S. 109: »Selbst die gängige Kunstgeschichtsschreibung macht uns glauben, daß Kunst immer darin bestanden hätte, was die bürgerliche Ästhetik aus ihr gemacht hat: nämlich eine genial-geistreich-individuelle Tätigkeit, deren Hauptmerkmal in ihrer ›Freiheit‹ bestünde. Dieses Ideologem hat verhindert, daß die hier anvisierten Zusammenhänge überhaupt ins Blickfeld gerieten.«
225 Vgl. Hardtwig 1974, S. 156f.
226 Vgl. Gottfried Boehm: Einleitung zu Conrad Fiedler: Schriften zur Kunst I, München 1913/14, Neuausgabe 1969, S. XIX; Fiedler formulierte sein Konzept 1881 in einem Aufsatz »Moderner Naturalismus und künstlerische Wahrheit«, in dem er dem Naturalismus eine be-

tionskunst des Historismus. Seine Schriften wurden von Kunsthistorikern wie Heinrich Wölfflin und von Künstlern wie Paul Klee als Beitrag zu einer Theorie der Eigenständigkeit der Kunst aufgenommen. Im autonomen Kunstbegriff wurde nunmehr postuliert, daß der Künstler »frei« arbeiten solle und allein dem »Schönen« und dem Selbstausdruck verpflichtet sei. Kants Formulierung wurde als Beleg für die Sonderstellung des Ästhetischen herangezogen, im Sinne eines Spiels der Vorstellungskräfte, das im Gemütszustand des Künstlers wirke, wie dies Jürgen Habermas schließlich zusammenfaßte:[227] »Den Gemütszustand, der durch das ästhetisch in Bewegung gesetzte Spiel der Vorstellungskräfte hervorgerufen wird, charakterisiert Kant zudem als interesseloses Wohlgefallen. Die Qualität eines Werkes bestimmt sich also unabhängig von seinen praktischen Lebensbezügen.« Habermas konstruierte eine teleologische Linie der historisch fortschreitenden Autonomisierung des Ästhetischen. In der Renaissance habe sich der Gegenstandsbereich der Kunst dahin entwickelt, daß er ausschließlich unter die Kategorie des Schönen gefallen sei.[228] Im 18. Jahrhundert hätten die Kunst, die Literatur, die bildende Kunst und die Musik, die Stellung eines eigenen Handlungsbereiches gewonnen, der sich vom sakralen und höfischen Leben getrennt und institutionalisiert habe. Seit der Mitte des 19. Jahrhunderts habe sich schließlich eine ästhetische Auffassung der Kunst gefestigt, »die den Künstler anhält, seine Werke schon im Bewußtsein des l'art pour l'art zu produzieren«.[229]

Die Konstruktion einer linearen Entwicklung des »Eigensinns des Ästhetischen« legitimierte den Autonomieanspruch des Künstlers und gab ihm Sinn als Repräsentant der Moderne.[230] Die Unabhängigkeit von »Zweckbezügen« und von der Rationalität des Alltagslebens wurde nunmehr als wesentliches Merkmal der

freiende Wirkung aus der Autorität der idealisierten Ästhetik zuschreibt.
227 Habermas stützte sich auf die begriffliche Fassung von Kant, zit. in Habermas 1981, S. 456.
228 Ebd., S. 455.
229 Ebd.
230 Beispielsweise referiert Bourdieu 1982, S. 288, diese Wertigkeit: »Daß ›Kunst‹ sich der Intention der Reinigung, Verfeinerung und Sublimation der ›oberflächlichen‹ Triebe und Primärbedürfnisse als die Wirkungssphäre schlechthin darbietet, ist mehr als offenkundig.«

»freien Kunst« definiert. In den Gesellschaftswissenschaften dominierte im Gefolge der Max-Weber-Rezeption die Auffassung, daß das Konstrukt der drei auseinandergetretenen Sphären – von Herrschaft, Gesellschaft und Kultur – die Moderne beherrsche und darin der Kunst ein eigener, autonomer Bereich zugewiesen worden sei. Demgegenüber relativierten Autoren, die sich mit der Beziehung von Kunst und Gesellschaft beschäftigten, immer wieder die Gültigkeit dieser Autonomiethese für die Produktionsbedingungen der Künstler.[231]

Die kunstgeschichtliche Forschung hat sich unter dem Erkenntnisinteresse der Entstehung der modernen Kunst als einem Medium der Selbsterfahrung der Menschen empirisch mit den Tendenzen der Autonomisierung der Kunst beschäftigt und deren Entstehung beispielhaft an Werken Caspar David Friedrichs beschrieben.[232] Bereits Lichtwarck hatte am Beispiel Carl Philipp Runges auf die neue Erfahrung von schöpferischer Individualität jenseits praktischer Bezüge verwiesen. Die gesteigerte Freisetzung der unbewußten Subjektivität des bürgerlichen Individuums in der Kunst der Romantik stützte die These einer fortschreitenden Autonomisierung.[233] Andererseits blieb die kunsthistorische Forschung gegenüber linearen Aussagen zum Zusammenhang von künstlerischer Produktion und Gesellschaft überwiegend distanziert.[234]

231 So kommentierte der Philosoph Theodor W. Adorno die Industrialisierung der Produktion von Kulturwaren seit den zwanziger, verstärkt in den fünfziger Jahren: »Die Autonomie der Kunstwerke, die freilich kaum je ganz herrschte und stets von Wirkungszusammenhängen durchsetzt war, wird von der Kulturindustrie tendenziell beseitigt, mit oder ohne den bewußten Willen der Verfügenden.« Theodor W. Adorno: Resumé über Kulturindustrie, 1963, S. 61. Adorno bezog sich primär auf Musikwaren.
232 Wagner 1991, S. 27.
233 Vgl. die These bei Karl Heinz Bohrer: Der romantische Brief. Die Entstehung ästhetischer Subjektivität, München 1987. Bohrer sieht das »autonome Ich« der Moderne im auf seine eigene Befindlichkeit konzentrierten Subjekt entstehen.
234 Beispielsweise blieb es für Werner Busch umstritten, inwieweit die Kunst »Aufgaben, Funktionen in der bürgerlichen Gesellschaft« übernommen habe oder als ein Sonderbereich betrachtet werden müsse, als er das Werk eines Künstlers wie Adolph Menzel in den 1840er Jahren hierauf überprüfte. Vgl. Werner Busch: Die fehlende

Im künstlerischen Selbstbild setzten sich die Selbstwertigkeit und der radikalisierte Eigensinn der künstlerischen Mittel zwischen etwa 1890 und 1910 jedoch schließlich durch.[235] Der Anspruch der Avantgarde und der Kult der Innovation festigten die Autonomievorstellung im Künstlerhabitus. Gefordert wurde eine radikale Loslösung der Kunst und des Künstlers von den Konventionen des Kunstmarktes und von den Einstellungen des bürgerlichen Publikums.[236] Dieses Programm führte zu der im Künstlerhabitus bereits beschriebenen Konzentration auf das »rein Künstlerische« und zur Pflege des »Schönen« aus dem Innenleben des künstlerischen Individuums.[237] Diesem elitären Verständnis zufolge ging es im Arbeitsprozeß des Künstlers nicht mehr um die Darstellung eines Gegenstandes, sondern um die innovative Kreation des »Neuen«:[238]

»Ist nicht alle Kunst von Künstlern gemacht worden, die gemalt, gemeißelt, komponiert haben, wie es sie gerade trieb, ohne sich darum zu kümmern, ob es dem Bürger paßte, ob er das verlangte oder nicht? Einzelne Starke weisen neue Wege, andere Künstler folgen, das Publikum müht sich ab, nach zu kommen, zu begreifen, unterdessen ist wieder etwas Neues da. Das Publikum eilt nach, umsonst leidend.«

Nicht allein das subjektive Gefühl des Künstlers gewann als Gegenstand der künstlerischen Arbeit an Bedeutung, sondern für die Dechiffrierung wurde auch dem Betrachter eine eigenständige Wahrnehmung eingeräumt. Er wurde als Subjekt des Wahrnehmungsvorganges erkannt, mit dem Kunst erst konstituiert wird. In

Gegenwart, in: Reinhart Koselleck (Hg.): Bildungsbürgertum, II. Teil, Stuttgart 1992, S. 286.
235 Ich folge hier Klaus Herding, in: Wagner 1991, Bd. 1, S. 179.
236 Gehlen 1957, S. 27, kommentierte die Folgen für den gesellschaftlichen Kommunikationszusammenhang. Die modernen Künste und Wissenschaften erreichen nur noch einen »jeweils sehr kleinen Kreis der eigentlich führenden und produktiven Köpfe«. Dies bedeute, daß die Kunst »esoterisch« und »zu einer Art Geheimbesitz kleinster und oft einflußreicher Minderheiten« werde.
237 Kessler 1904, S. 21, plädierte für die Autonomie des »Künstlerischen«: »Bei jedem Werk gilt nur die Kunst, ›nur die Form‹. Nichts Ausserkünstlerisches wie das Sujet oder des Künstlers gute Gesinnung und amtliche Stellung.
238 Hermann Obrist: Neue Möglichkeiten in der Bildenden Kunst. Essays, Leipzig 1903, S. 1.

der Folge dieser Autonomisierung der produzierenden und rezipierenden Subjekte erlangte die Phantasie eine autonome Rolle, die eines »schöpferischen Gegengewicht(s) zur Realität«.[239]

Mit der Wende zur Abstraktion um 1900 galt nicht nur die Verknüpfung der Kunst mit moralischen Werten und inhaltlichen Botschaften als fragwürdig, sondern sie wurde mit der Tendenz zur »Selbstbefreiung« der Farbe und der Form (A. Hölzel, W. Kandinsky) radikalisiert. Autonomie bedeutete nunmehr die Zuschreibung einer eigensinnigen Gültigkeit. Allein die künstlerische Form sowie die ästhetische Chiffre sollten wahrgenommen und in ihren emotionalen Empfindungsgehalten aufgenommen werden.

In der kunstgeschichtlichen Forschung wurde Wassily Kandinsky zum Repräsentanten dieser ästhetischen Entwicklung erhoben, wobei seine Beschreibung als einsames und heroisches Individuum selbst unter dem Vorbehalt der Stilisierung des Künstlerhabitus im Sinne einer Idealisierung der Autonomie des Individuums durch die forschenden Kunsthistoriker gelesen werden kann.[240] Diese Bedeutungssetzung isolierte das künstlerische Subjekt und vernachlässigte die Frage nach den gesellschaftlichen Bedingungen seiner Historizität.

---

239 Ebd., S. 184.
240 Bereits Otto Stelzer: Die Vorgeschichte der abstrakten Kunst. Denkmodelle und Vor-Bilder, München 1964, S. 7, wies auf historische Gleichzeitigkeiten hin, die eine geschichtliche Semantik kultureller Evolution nahelegen: »Die Behauptung, daß Kandinsky im Jahre 1910 das erste abstrakte Bild gemalt habe, ist überholt. Demgegenüber bleibt es sinnvoll, die Geschichte der abstrakten Malerei mit diesem Zeitpunkt beginnen zu lassen. Gerade weil man inzwischen weiß, wie viele ähnliche Versuche im gleichen Jahre in Deutschland, in Frankreich, in Rußland, auch in Amerika unternommen wurden, erkennen wir, daß es sich bei dem noch immer kühnen Unternehmen gewissermaßen um den Vormarsch aus einer Stellung heraus handelte, von deren Haltbarkeit man inzwischen überzeugt war. Seit 1910 vollzieht sich die Verfertigung abstrakter Kunst mit dem Bewußtsein eines geschichtlichen Auftrages.«

Die Autonomie und die Kontextbezüge
der kulturellen Moderne

Dem Pathos der Autonomie der modernen Kunst und der Sakralisierung der schöpferischen Individualität wurde ein seit dem 19. Jahrhundert vom Bürgertum in den Institutionen der Hochkultur lokalisiertes Territorium eingeräumt. Kunst und Künstler konnten als ein über dem Alltagsleben stehender Bereich die Aura eines Mythos beanspruchen, der mit besonderen »Weihen« assoziiert wurde. In den Städten materialisierte sich dieser Begriff der Hochkultur schließlich im Neubau von repräsentativen Einrichtungen: Kunsthallen, Museen, Ausstellungstempel entstanden als eigenständige Institutionen, vom sonstigen Alltagsleben abgegrenzt und als Weihetempel der Kunst mit einer unsichtbaren kulturellen Hemmschwelle ausgestattet. Diese schloß »Nichtgebildete« aus.
Mit der Pflege des Autonomieanspruchs der künstlerischen Produktivität für »die hohe Kunst« galten diejenigen Formen der künstlerischen Arbeit, die in gesellschaftliche Verwertungszusammenhänge eingebunden waren, als minder bedeutsam: Objekte, die einem Zweck des bürgerlichen Lebens dienten, die in kommerzieller Absicht und in serieller Fertigung für den Markt produziert wurden. Diese wurden von anderen künstlerischen Erwerbsberufen, von den Architekten, Kunstgewerblern, »angewandten Künstlern« und später den Designern entworfen, für die der Autonomiebegriff keine oder bestenfalls eine sehr eingeschränkte Gültigkeit erlangte. Die Synthesebegriffe des Kunstgewerbes und der »angewandten Kunst« hatten ihren Ursprung in den Erfordernissen der Verbindung von künstlerischer Gestaltung und Gewerbe, wie sie sich vor dem Hintergrund der fortschreitenden Industrialisierung und der Serielität in der Objektproduktion darstellten.
Durch diesen Kontext wurde das Programm der Autonomie der Kunst seit der zweiten Hälfte des 19. Jahrhunderts verstärkt in einer Art Gegenlicht zur Allgegenwart der Zweckrationalität im bürgerlichen Leben erhellt. Für das 20. Jahrhundert wurde in der Pointierung der Autonomie ein weiteres Merkmal definiert, das die Innovationsleistung des Künstlers auf die Haltung eines distinktiven und opponierenden Subjektes hin zuspitzte, das – mit Adorno formuliert – sich in der Infragestellung des Vertrauten

äußerte. Was unter diesem Kriterium Anerkennung fand, konnte sich nur aus dem historischen Kontext der Praktiken ergeben.[241] Für die kunsthistorische Rekonstruktion zählten im wesentlichen nur diejenigen Künstler und Werke, die in die Genealogie der modernen Kunst integriert werden konnten. Demgegenüber muß betont werden, daß die Perspektive der Autonomisierung nur Teilbereiche des Ästhetischen erfaßt, so daß erhebliche Felder der künstlerischen Produktion aufgrund der Einengungen dieser Valorisierung ausgeblendet wurden. Zweifel am Paradigma der Autonomie wurden beispielsweise auf der Ulmer Kunsthistorikertagung von 1970 formuliert. Martin Damus benannte am Beispiel Kandinskys Faktoren, die die Autonomie des Kunstwerkes begrenzten.[242] Hierzu zählen die Person des Künstlers, die Zeit und die Bedingungen, in denen der Künstler lebt, sowie die zeitgenössischen sozialen und ökonomischen Verhältnisse. Ferner thematisierte er die historischen Prägungen der wahrnehmenden Subjekte: »Jedes Kunstwerk ist aber auch durch den Betrachter bedingt, denn dieser betrachtet aufgrund seiner konkreten Bedingtheiten«.

Von einer Gruppe des kurz zuvor gegründeten »Ulmer Vereins« wurde 1972 der Versuch unternommen, die Kategorie der Autonomie der Kunst in ihrer Funktion für die bürgerliche Gesellschaft zu klären. Wenngleich die unter diesem Programm zusammengefaßten Studien selbst lediglich begrenzte Ergebnisse erbrachten, so machten sie doch deutlich, daß zur Klärung der Bedeutung der Kunst kulturgeschichtliche Ansätze erforderlich sind.[243] Die seit den siebziger Jahren schließlich weitgehend akzeptierte Forderung des historischen Kontextbezuges öffnete den Begriff des Kunstwerkes für das Problem der Historizität. Martin Warnke stellte

---

241 Vgl. Monika Wagner: Vorwort zu Funkkolleg, in: dies. 1991, Bd. 1, S. 9.
242 Martin Damus: Ideologiekritische Anmerkungen zur abstrakten Kunst und ihre Interpretationen – Beispiel Kandinsky, in: Martin Warnke (Hg.): Das Kunstwerk zwischen Wissenschaft und Weltanschauung, Gütersloh 1970, S. 48-75.
243 Hierzu Berthold Hinz: Zur Dialektik des bürgerlichen Autonomie-Begriffs, in: Michael Müller/Horst Bredekamp/Berthold Hinz/Hans Joachim Verspohl/Friedel Apitzsch: Autonomie der Kunst. Zur Genese und Kritik einer bürgerlichen Kategorie, Frankfurt am Main 1972.

beispielsweise dem Autonomiekonzept der Kunst einen Analyseansatz gegenüber, der die Verschiebungen von Funktionen innerhalb der Bildmedien verfolgte.[244] Warnke ging davon aus, daß in der modernen Gesellschaft, im Vergleich zu früheren Phasen, ein Vielfaches an Bildern hervorgebracht werde, die den einzelnen Menschen erreichten. In der Phase der religiösen Kunst, in der für die Gläubigen Bilder mit dem Ziel der Bekräftigung des Glaubens produziert wurden, seien diese handwerklich geprägt und das Kunstwerk Unikat gewesen. Die Funktionen der populären Veranschaulichung habe die Kunst – in der Folge der Säkularisierung – im Alltag des 19. und 20. Jahrhunderts an andere, serielle Bildmedien mit affirmativen Botschaften abgegeben: an Bilderbogen, Reklameserien, Bildpostkarten, Plakate, Werbung, Kino, schließlich an das Fernsehen. In Abgrenzung zu diesen Formen des kommerzialisierten Massengeschmacks habe das Bild, das nunmehr als »Kunstwerk« betrachtet wurde, spezifischere kulturelle Gehalte angenommen.

Die Funktionsbestimmung des Bildes, die vom gesellschaftlichen Bedarf ausging, bietet eine Erklärung für die innere Spaltung im Künstlerhabitus. Die in den gesellschaftlichen Konventionen definierten Aufgaben des Ästhetischen korrespondierten mit der Bedeutungshierarchie: Die Maler, die die »freie Kunst« repräsentierten, gewannen im Verlauf des 19. Jahrhunderts an Ansehen und praktizierten schließlich jene Autonomie bei der Produktion ihrer Werke als eine teilweise eingelöste Realität. Sie definierten einen Autonomiebezirk um ihren schöpferischen Arbeitsprozeß als Individuen, als einen freien sozialen Raum, der in Distanz zu den nützlichen Zwecken der Gewerbe, der sich darin durchsetzenden industriellen Technik und der gesellschaftlichen Rationalisierung stand. Die Malerei gewann somit eine neue Bedeutungsaufladung als das ästhetische Medium der kreativen Individualität.

244 Martin Warnke: Das Bild als Bestätigung, in: Busch 1987, S. 483-506.

11. Symbolische Formen als Praktiken der Repräsentation des Künstlerhabitus

Folgt man Norbert Elias in der Annahme, daß Vorgänge der Distinktion eine Hauptantriebskraft des Zivilisationsprozesses darstellen,[1] so erscheint es folgerichtig, daß die Entwicklungsgeschichte der Künstler vielfältige symbolische Formen zur Kennzeichnung ihrer Berufsidentität und zur Unterscheidung von anderen Zeitgenossen aufweist. So wurde der Habitus des modernen Künstlers in distinktiven Zeichen, Ritualen und standardisierten Codes inszeniert: Der Schriftzug von eigener Hand, die Formen der Kleidersprache und der Haartracht, die Gestaltung des Arbeitsortes, aber auch die Fixierung von Vorstellungen und von Selbstbildern in autobiographischen Texten dienten als Medien zur Stilisierung einer spezifischen Individualität.

1. Literalität als Repräsentation des Künstlerhabitus

Innerhalb dieser symbolischen Formen nahm die Literalität als Beschreibung und Erzählung des Künstlerlebens einen hohen Stellenwert ein. Einen frühen Höhepunkt der Künstlerbiographik mit großem Einfluß auf das Bild des kreativen Individuums in der Renaissance stellten Vasaris »Viten« dar,[2] in denen er die Lebensgeschichten bedeutender Künstler schilderte. Seit der Mitte des 19. Jahrhunderts bis hin zu den zwanziger Jahren wurde der Künstlerhabitus in zahlreichen literarischen Veröffentlichungen thematisiert. Zumeist trugen diese den Begriff »Künstler« im Titel, wodurch der intendierte Bezug zu den kollektiv kommunizierten Vorstellungsbildern hergestellt wurde.[3] Diese Texte zielten auf

---

1 Beispielsweise Elias 1976, S. XI; ähnlich Chartier 1989, S. 54.
2 Georgio Vasari: Vite, (dt.) Leben der ausgezeichneten Maler, Bildhauer und Baumeister, Stuttgart/Tübingen 1832-1849.
3 Im alten Realkatalog (Sachkatalog) der Staatsbibliothek Preußischer Kulturbesitz zu Berlin wurden zahlreiche Stichworte erfaßt, u. a. Künstlerverzeichnis, Künstlermonogramm, Künstlerehen, Künstler dramatische Berlins, Künstler-Adressbuch, Künstler-Adressbuch (hg. von G. Teichelmann, später von Adolf Bothe), Deutscher Künstler-Kalender

Zuschreibung von Eigenschaften, die für die Ausgestaltung des Künstlerlebens als stimmig betrachtet wurden. Dabei bildeten sich mehrere Texttypen mit unterschiedlichen Bedeutungen heraus, die die begrifflichen Konnotationen vermittelten und sich zwischen Realitätsbeschreibung und literarischer Fiktion bewegten. Bevorzugt wurden Schriften von berühmten Künstlern publiziert.[4]
In der Form des Aufsatzes wurden Informationen für eine breitere Öffentlichkeit kommentiert, die das Bild vom »eigentlichen Künstlerstand« konkretisieren sollten.[5] Eine spezifische Valenz verband sich mit der Gattung des Briefes. Sie hatte sich in der bürgerlichen Kultur des 18. Jahrhunderts als ein Medium der Subjektivierung und als eine verbreitete Ausdrucksform der individuellen Gefühlswahrnehmung etabliert. In der Romantik wurde diese literarische Form zum Kunstwerk gesteigert.[6] Mit Subjektivität codiert, eignete sich dieses literarische Genre insbesondere in der zweiten Hälfte des 19. Jahrhunderts als ein Instrument zur Kultivierung des Bildes vom Künstler. Als »Künstlerbriefe« etikettiert, wurde der Mythos vom Künstler hierbei individualisierend für die eigene Lebensgeschichte adaptiert. Der Erscheinungszeitpunkt einer Sammlung von »Künstler-Briefen« ist vor diesem Hintergrund als weiterer Indikator der Festigung des Künstlerhabitus zu lesen. 1853 von Ernst Guhl ediert, galten diese als ein Pionierwerk zur Erschließung eines bis dahin noch wenig bekann-

---

(Berlin und Stuttgart 1884), Münchner Künstler-Bilderbuch (München 1912), Über Künstler und Kunstwerke (Berlin 1865), Deutsches Künstler-Album (redigiert von Wolfgang Müller von Königswinter, Düsseldorf 1867), Drucksachen, welche auf die Münchner Künstlergenossenschaft Bezug haben (München 1891).

4 Thoma 1909, S. 208, sah einen hohen Informationswert für Künstler, im Sinne eines berufsspezifischen Eigenbewußtseins und Arbeitswissens: »In den kunsttheoretischen Werken von Alberti, Leonardo da Vinci, Dürer finden sich vorzügliche Mitteilungen, die, weil von Künstlern ausgehend, auch für Künstler am besten geeignet sind.«

5 Beispielsweise Richard Muther: Deutsches Kunstleben im 15. und 16. Jahrhundert, in: Die Grenzboten, 44. Jg., 3. Quartal, Leipzig 1885, S. 15-29. Muther, S. 15, spricht von einem Interesse an lebensgeschichtlichen Quellenstudium, das Aufschluß über »Bildungsgang, ihren Verkehr untereinander, ihr Verhältnis zu Auftraggebern und Gönnern, ihre Vermögensverhältnisse, ihre gesellschaftliche Stellung« gibt und somit Merkmale der Zugehörigkeit und Unterscheidung sichtbar werden läßt.

6 Bohrer 1987.

ten Gegenstandes.[7] Eine spätere Textsammlung von »Künstler-Briefen« zollte lediglich in der Kunstöffentlichkeit bereits anerkannten Künstlern Bewunderung.[8]

Zur wichtigsten literarischen Form der Selbstdeutung und der Teilhabe am Künstlerhabitus entwickelte sich jedoch die Autobiographie, da die Künstler ihre Lebensgeschichte in diesem Medium mit dem Gestus der Authentizität erzählen, wichtige Entwicklungsstationen schildern und den Prozeß der künstlerischen Identitätsfindung darstellen konnten.[9] Diese Autobiographien eigneten sich zur Konstruktion des Eigenbildes und der erwünschten Legenden, die häufig Topoi der gezielten Selbststilisierung und der Heroisierung beinhalteten.[10] Mit der Entscheidungshoheit über die veröffentlichte Textfassung verbanden sich häufig Einflußnahmen von Angehörigen, wie im Falle von Anselm Feuerbach, dessen Mutter in das entworfene Bild selbst redigierend eingriff.

Am Beispiel des Malers Wilhelm Trübner (1851-1917) läßt sich beispielhaft verdeutlichen, wie in diesen Texten der Mythos vom Künstler mit dem bürgerlichen Wunschbild einer spezifischen, zur erfolgreichen Entwicklung gekommenen schöpferischen Individualität synthetisiert wurde. Trübners »Biographische Notizen und Erinnerungen« erschienen im Jahre 1907 auf dem Zenit seiner Anerkennung. Der Text begann mit einer Selbststilisierung, indem Trübner seine eigene Autobiographie zu der des Renaissancekünstlers Cellini und dessen Epoche in Beziehung setzte. Dieser Rückbezug auf anerkanntes bildungsbürgerliches Wissen diente ihm in einer rhetorischen Geste dazu, zugleich den Unterschied zwischen den beiden Zeitaltern zu unterstreichen. In der »Künstlerlaufbahn« komme es im letzten Drittel des 19. Jahrhunderts zwar nicht mehr vor, daß man sich in »mit dem Dolch auszufechtenden Kämpfen« behaupten müsse. Doch der Konkurrenzdruck unter den Künstlern sei in der Gegenwart sehr groß, so

---

7 Ernst Guhl: Künstler-Briefe, Berlin 1853.
8 Else Cassirer (Hg.): Künstlerbriefe aus dem 19. Jahrhundert, 3. Auflage, Berlin 1923.
9 Ein frühes Beispiel Wilhelm von Kügelgen: Jugenderinnerungen eines alten Mannes, Zürich 1970.
10 Beispielsweise Hans Thoma: Im Herbst des Lebens, München 1909, S. 43: »Ich will nur aus und von meinem Künstlerberuf einige Mitteilungen machen, und was ich in Bezug auf diesen erlebt habe.« Wilhelm Trübner: Personalien und Prinzipien, Berlin 1907.

daß nur die »Mittel und Wege«, sich durchzusetzen, andere geworden seien.
Trübner berichtete zunächst davon, wie er zu dem Entschluß gekommen war, Künstler zu werden, und wie das Studium an der Münchner Akademie aussah. Als ihm dann lange Zeit der Erfolg in der Kunstöffentlichkeit verwehrt blieb, habe er dies deshalb als schmerzlich empfunden, weil er seinen Eltern bis zu deren Tod »nicht mehr die Freude bereiten« konnte, »im Beruf erfolgreich vor ihnen zu erscheinen«. Das ersehnte Ziel, der individuelle Erfolg im Kunstbetrieb, sei für ihn nicht erreichbar gewesen, weil »das Kunstverständnis jener Zeit auf allzu niedriger Stufe stand«. Als zentrales Kriterium für die gesellschaftliche Anerkennung als erfolgreicher Künstler benannte Trübner die Akzeptanz auf dem Kunstmarkt: »Erst wenn die hohen Preise bezahlt werden und die Bilder Spekulationsobjekte geworden sind, erst dann gilt ein Künstler für berühmt.« Die mit dem Erfolg einhergehende soziale Anerkennung erschien nicht durch die Werke selbst gegeben, sondern durch die Steigerung ihres Tauschwertes. Mit der Bewertung im Markt und einer verstetigten Erwerbstätigkeit war ein Grundmuster der bürgerlichen Gesellschaft benannt.
Ein Beispiel für die Vermittlung von Vorstellungen zur Entwicklungsgeschichte der Künstlerindividualität, in dem ein hohes Maß an Selbstreflexion deutlich wird, liegt in Lovis Corinths autobiographischem Text »Meine frühen Jahre« vor.[11] Im Vorwort erläuterte Corinths Gattin dessen Entstehungsprozeß. Corinth habe das Manuskript über Jahre hinweg geschrieben, angeregt durch die Kindheit seines Sohnes Thomas, die im Bewußtsein des Vaters eigene Kindheitserlebnisse reaktivierte. Entsprechend begann die Erzählung mit frühen Erinnerungsbildern des Fünfjährigen in der agrarisch-bürgerlichen Lebenswelt der späten fünfziger Jahre des 19. Jahrhunderts und endete mit dem erfolgreichen modernen Künstler, als Corinth 1902 von München nach Berlin umsiedelte

11 Lovis Corinth: Meine frühen Jahre, Hamburg 1954. Er schloß das Buch 1917 ab und stattete es nicht, wie sonst üblich, mit dem eigenen Bild aus, sondern stellte eines seiner Gemälde vorweg, das seinen Vater Franz Heinrich Corinth zeigte und vor der eigentlichen Berufskarriere, 1883, entstanden war. Episodenhaft ders.: Legenden aus dem Künstlerleben, Berlin 1909. Eine weitere Perspektive, nämlich die einer Künstlerin, Charlotte Behrend-Corinth: Mein Leben mit Lovis Corinth, München 1958.

und dort neben der eigenen künstlerischen Produktion mit Erfolg eine private Malschule betrieb.

Das Hauptgewicht dieses Textes liegt auf der Studienzeit, die in der Königsberger Akademie begann und in der berühmteren in München fortgesetzt wurde. Die hieran anschließenden Lebensjahre in Paris, ferner seit 1891 das Jahrzehnt in München-Schwabing förderten die Reifung zum modernen Künstler, der zu einer innovativen ästhetischen Ausdruckskraft befähigt war. Corinth offenbarte sich durchaus als ehrgeizig und zielbewußt. Mit großer Kraft zur Selbstwahrnehmung schilderte er die sozialen Mechanismen, die auch innerhalb der Künstlerschaft zu einer isolierten Sonderstellung des Individuums führen konnten. Er hatte sich zunächst an der Sezessionsbewegung beteiligt, sich jedoch bald zusammen mit einer kleinen Gruppe von Freunden mit der anderen Konfliktpartei, der Künstlergenossenschaft Lenbachs, arrangiert. Schließlich fand er sich zwischen allen Stühlen, als ausgegrenzter Einzelgänger wieder. Das Selbstbild des auf sich gestellten Individuums entsprach zugleich dem ambivalenten Bild des modernen Künstlers als eines Außenseiters.

Neben lebensgeschichtlichen Erzählungen mit epischem Charakter nahmen Künstler-Programmschriften einen bedeutsamen Stellenwert ein, da sie zum Diskurs um die Inhalte des Künstlerhabitus beitrugen.[12] Als der angesehene Kunstkritiker Paul Westheim 1928 unter dem Titel »Künstlerbekenntnisse« eine Sammlung programmatischer Auskünfte von erfolgreichen Künstlern veröffentlichte, hatte die moderne Kunst bereits eine im Kunstbetrieb der zwanziger Jahre einflußreiche Rolle eingenommen, so daß für Äußerungen ihrer führenden Repräsentanten, wie beispielsweise von Kandinsky, ein breiteres Interesse gegeben war.

Eine weitere literarische Form der Thematisierung des Künstlerhabitus hatte sich im Künstlerroman entwickelt. Dessen fiktionale Form bot die Möglichkeit, vorhandene soziale und kulturelle Verhältnisse zu schildern.[13] Neben der romantischen Version von Ludwig Tiecks »Franz Sternbalds Wanderungen« erschien

---

12 Wackernagel 1936, S. 36, nannte beispielhaft Hildebrands Problem der Form, Klingers Malerei und Zeichnung, Trübners Verwirrung der Kunstbegriffe 1897.

13 Als ein frühes Beispiel Gottfried Keller: Der grüne Heinrich, in dem ein Künstlermaskenzug von 1840 beschrieben wurde.

1873 in diesem Genre etwa ein Künstlerroman von F.W. Hackländer, der das Leben von Künstlern in München ausmalte. Diese Literaturgattung trug in erheblichem Maße zur Profilierung des Bohemekultes bei. Ein im 20. Jahrhundert vielbeachtetes Beispiel ist Franziska von Reventlows Roman über das Schwabinger Bohemeleben nach 1890, der unter dem Titel »Herrn Dames Aufzeichnungen oder Begebenheiten aus einem merkwürdigen Stadtteil« erschien.[14]

2. Die Zeichen der Maler als Codes eines Berufs

Die Spezifik von identifizierbaren Zeichen, von Ritualen und Erscheinungsweisen des Aussehens sowie der abweichende Umgang mit den gesellschaftlichen Normen diente dazu, die auf Individualität basierende Sonderstellung der Künstler zu repräsentieren.

Die Markierung des Werkes mit dem Namenszeichen hatte sich als eine der frühesten Formen verstetigt, um der Individualität des Künstlers Ausdruck zu geben. Dieses »fecit« der Signatur unterschied das individuelle Gestaltungsvermögen des Künstlers von dem anderer Handwerker, denen die demonstrative Individualisierung ihres Arbeitsgegenstandes nicht zugestanden wurde.[15] Aus Bildquellen wissen wir, daß den Architekten bereits im 13. Jahrhundert ihre Hauptarbeitsinstrumente zur »Detaillierung«, ein langer Stab und ein etwa 1,50 m hoher Bodenzirkel, als Attribute zugeordnet wurden.[16] Der Übergang von der 1:1-Planung in das Maßstäblichkeitsdenken objektivierte sich schließlich in einer Miniaturisierung der Werkzeuge Lineal und Handzirkel.

Den symbolischen Äußerungen von Berufsstolz kam in der stark ritualisierten Kultur traditionaler Gesellschaften eine bedeutsame Funktion der Veranschaulichung zu. Im Unterschied zur modernen versachlichten Arbeitsbeziehung, die den Arbeitenden zweckrational auf den Lohntausch reduzierte, hatte sich im Handwerk,

14 Franziska von Reventlow: Herrn Dames Aufzeichnungen oder Begebenheiten aus einem merkwürdigen Stadtteil, München 1913.
15 Jacob Burckhardt beschäftigte sich in einem Vortrag mit der für ihn irritierenden Tatsache, daß den Künstlern in der Antike keine herausgehobene Stellung gegenüber anderen Handwerkern zukam.
16 Kimpel 1989, S. 130.

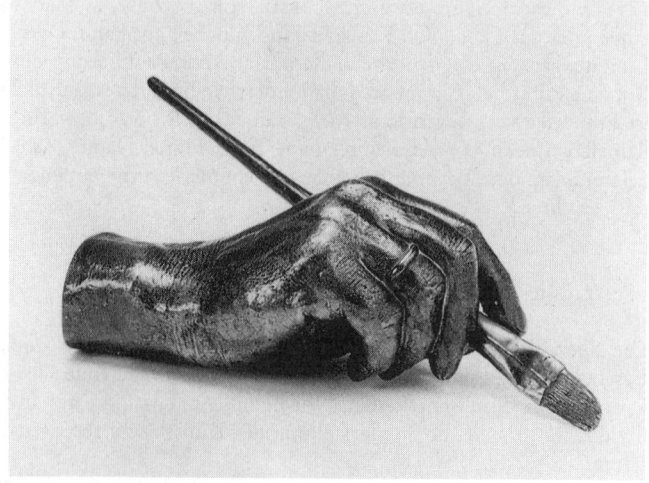

Abb. 13: Der Abdruck der Hand Franz von Defreggers, um 1900. – Die Abbildungstreue der Hand, mit der der Künstler den Pinsel bei der Arbeit führte, verstärkte die Bedeutung diese Gusses als ein sinnliches Symbol für die Gestaltungskraft und Individualität der schöpferischen Persönlichkeit.

in seinen Ehrbegriffen und im Verständnis des Arbeitsgegenstandes insgesamt eine emotionale Beziehung zum Arbeitsprozeß erhalten. Beispielsweise wurden im ausgehenden 19. Jahrhundert zahlreiche fotografische Aufnahmen der Abteilungen von Fabrikhandwerkern in Industriebetrieben so inszeniert, daß sowohl die für die handwerkliche Kompetenz kennzeichnenden Werkzeuge als auch die von ihnen gefertigten Produkte ins Bild kamen. Die Schmiede präsentierten in dieser Absicht ihre Hämmer und die damit geformten Kupplungen für Eisenbahnwaggons. Die Sattler führten die Nadeln mit sich und zeigten in demonstrativer Weise die Qualität ihrer Produkte, beispielsweise die Sitze für die 1.-Klasse-Waggons, indem sie zur Veranschaulichung der Bequemlichkeit selbst darauf Platz nahmen.[17]

So kann man es durchaus in der Kontinuität der handwerklichen

17 Vgl. Wolfgang Ruppert: Lebensgeschichten. Zur deutschen Sozialgeschichte 1850-1950, Opladen 1980, S. 77.

Tradition interpretieren, wenn sich auch die Maler mit den wichtigsten Werkzeugen und ihren Bildern präsentierten. Sowohl zur Darstellung auf Porträts wie auf Selbstporträts dienten Pinsel und Palette als kollektiv übliche Zeichen, die die berufliche Identität repräsentierten. Sie wurden häufig in Verbindung mit einem körpersprachlichen Ausdruck als gestischem Mittel der schöpferischen Zuwendung zum Werk eingesetzt und wirkten in ihrer sprachlichen Aussage eindeutig: Derjenige, der diese Werkzeuge hält, beansprucht die Kompetenz, ein Bildwerk fertigen zu können. Die Prestigesteigerung der künstlerischen Arbeit durch ihre Aufladung mit dem »Geistigen« verlieh den Berufszeichen der Maler eine Aura des geheimnisvoll Schöpferischen.

Eine expressive Version des Künstlerkultes hatte sich in einer spezifischen symbolischen Form materialisiert: Die malende Hand wurde als ein Körperteil von besonderer Bedeutung für die malerische Arbeit in Bronze gegossen, meist einen Pinsel haltend. Beispielsweise wurde in dieser Gestik die Hand Franz von Defreggers um 1900 nachgebildet.[18] Dieses Motiv konterkarierte die vergängliche Körperlichkeit und schuf eine bleibende Spur für den Kult um den Künstler.[19]

Ein Teil der Maler bediente sich auch körpersprachlicher Mittel, um die berufliche Identität zu chiffrieren. Diese korrespondierten mit einem Repertoire von Bildern und Assoziationsmustern, die in der Öffentlichkeit vorhanden waren. Beispielsweise benannte Moritz Carrière solche Chiffren, die zwischen Handwerk und Sakralität changierten. Er nahm diese an dem Münchner Akademieprofessor Schraudolph, einem Historienmaler, wahr:[20] »Er war ein Bauernsohn aus dem Allgäu, und sein Aussehen war halb das eines altdeutschen Malers, halb eines Geistlichen.«

Darüber hinaus zählten spezifische Formen der Kleidersprache zu den üblichen materiellen und gestischen Mitteln zur Repräsentation des Künstlerhabitus. Der sogenannte Malerkittel hatte sowohl Gebrauchs- als auch Repräsentationswert. Er entsprach durchaus

18 Norbert Götz u. a. (Hg): Die Prinzregentenzeit (= Ausst. Kat. Münchner Stadtmuseum, München 1988), S. 319.
19 Ein weiteres Beispiel für diese symbolische Form der Veranschaulichung ist der Abguß der Hände von Lovis Corinth. GNM, ABK, Nachlaß Lovis Corinth Nr. 743, I B, Nr. 1 Bronzeabguß (ohne Datierung).
20 Carrière 1889, S. 63.

einer berufsüblichen Schutzkleidung, die beim Malen vor Verschmutzungen durch Farbe schützte.[21] In der ersten Hälfte des 20. Jahrhunderts kam ein Arbeitsmantel hinzu. Von einer stereotypen Handhabung solcher Zeichen ist jedoch nicht auszugehen. Zahlreiche visuelle Darstellungen aus der zweiten Hälfte des 19. Jahrhunderts belegen vielmehr den Mitvollzug der epochenüblichen Moden durch die Maler und auch den Verzicht auf eine »künstlerhafte« Erscheinung.[22] Die Bildnisse und Selbstbildnisse der siebziger Jahre des 19. Jahrhunderts zeigen häufig Individuen ohne Berufszeichen. Beispielsweise gilt dies für die Künstler des Leibl-Kreises in München,[23] Johann Sperl, Fritz Paulsen, Wilhelm

21 Vor der industriellen Fertigung des Arbeitsmittels Farbe hatte es zum Berufsbild gehört, diese nicht nur zu mischen, sondern sie auch selbst herzustellen. Daneben blieb es für einen Teil der Maler üblich, alte, teilweise abgelegte Kleidung beim Malen zu tragen. Aus den siebziger Jahren berichtet Carrière 1889, S. 63, vom Münchner Akademieprofessor Schlotthauer, dieser habe »im Atelier den alten [Rock, d. V.] zum Arbeiten« angelegt.

22 Wackernagel 1936, S. 34, geht anhand der Künstlerbildnisse und bildlichen Erscheinungsweisen der Künstler von einem Gegensatz zwischen der ersten und zweiten Jahrhunderthälfte aus: »Die frühere Zeit, bis gegen 1860, in der die Kunst als solche in ihrer ganzen Haltung mit den allgemein bürgerlichen Kunstanschauungen noch völlig konform war, diese Zeit erwartet vom Künstler selbst ein ausgesprochen ›Künstlerhaftes‹: d. h. irgendwie malerisch romantisches Gehabe, in seiner Tracht, Erscheinung und Lebensform; im Sinne der Kunstbegriffe der Spätromantik und des Biedermeiergeschmacks. In der späteren Zeit aber verändert sich das Verhältnis dieser beiden Erscheinungsgebiete, Kunstsprache und Künstlertum, vielfach gerade ins Gegenteil: je unbürgerlicher, antibürgerlicher die Kunstsprache seiner Bilder sich entwickelt, desto mehr trachtet der Künstler danach, in seinem eigenen Äußeren als korrekter Gesellschaftsmensch aufzutreten und als solcher auch in seinen Bildnissen sich darzustellen (Schlapphut und wallende ›Künstlermähne‹ erhalten sich daneben nur mehr als – schon vielfach belächelte – Aufmachung in der Garderobe gewisser Durchschnittsmaler des ausgehenden 19. Jahrhunderts.«.

23 Eberhard Ruhmer: Künstlerbildnisse des Leibl-Kreises, in: Die Kunst und das schöne Heim 57, 1959, S. 121-125, nennt: Theodor Alt: Wilhelm Leibl im Kreis seiner Freunde, Beginn der siebziger Jahre; Wilhelm Leibl: Bildnis des Malers Johann Sperl, 1872; Wilhelm Leibl: Bildnis des Malers Fritz Paulsen, 1870; Wilhelm Leibl: Der Maler Sattler mit seiner Dogge, 1870; Wilhelm Leibl: Bildnis des Malers

Trübner, Charles Schuh und Otto Fröhlicher. Diese Maler präsentierten sich in den gängigen bürgerlichen Kleidercodes und symbolisierten somit primär eine sozialgeschichtliche Verortung zwischen Bürgertum und kleinbürgerlichen Schichten. Lenbach berichtete, daß er während seiner Wiener Aufenthalte »fast jeden Abend im Frack sein (mußte), um die vornehme Welt hier« kennenzulernen.[24] Aussagen wie diese sind als Hinweis zu lesen, daß die Künstler bei gesellschaftlichen Anlässen die Kleidernormen der Gesellschaftseliten erfüllten.[25]

Auch verschiedene andere Zeichen wurden zu Chiffren für den Künstlerhabitus. Durch Richard Wagner gewann das Tragen des Samtbaretts und einer Samtjacke den Codewert des Künstlers in einer die Sparten überwölbenden populären Bedeutung. Aus der Zeit um 1890 wird von einer Mode berichtet, nach der sich »der heutige Maler« mit einer »manierierten« Samtjacke kleidete.[26] Als weitere Distinktionszeichen dienten eine besondere »Krawatte« oder die lange »Künstlermähne«.[27]

Wilhelm Trübner, 1871/72; Wilhelm Leibl: Bildnis des Malers Charles Schuh, etwa 1875; Wilhelm Trübner: Bildnis des Malers Charles Schuh, 1876; Hans Thoma: Bildnis des Malers Otto Fröhlicher, 1875; Charles Schuh: Bildnis des Malers Karl Hagemeister, 1876.

24 Wichmann 1973, S. 202, ähnlich ebd., S. 85; während der »Belle Epoque« mit ihren spezifischen Codes gehörten Frack, Lackschuhe, Chapeau-Claque, weiße oder schwarze Halsbinde sowie weiße Glacéhandschuhe zu den Requisiten einer »standesgemäßen« Erscheinung bei festlichen Anlässen. Braun 1993, S. 255.

25 So berichtete Ludwig Dill, führender Repräsentant der Münchner Sezession, von der Eröffnung einer Ausstellung seiner Künstlergesellschaft in Wien, bei der er in angemessener Weise die angereisten Münchner Künstler zunächst dem österreichischen Kaiser vorgestellt habe, und sie sodann nach der Besichtigung »im Frack, mit Zylinder und Orden« nach Schönbrunn, der kaiserlichen Residenz, gefahren seien. GNM, ABK, Nachlaß Ludwig Dill, I A, Memoiren, S. 59.

26 Julius Langbehn: Rembrandt als Erzieher. Von einem Deutschen, Leipzig 1890, S. 21.

27 Zu anderen Bedeutungen Hinweis bei Braun 1993. Lange Haare waren im 19. Jahrhundert als ein Zeichen des Freiheitswillens aufgeladen. So gehörten sie bereits neben Freischarenmantel und schwarzroter Mütze um 1819 zur sogenannten Nationaltracht. In der Revolutionsbewegung um 1848/49 galten sie ebenfalls als Muster der kollektiven Verständigung über Zuordnungen.

Abb. 14: Ein »Tierstück« wird auf einem Karren transportiert, um 1910. – Der Maler ist den »Fächlern« zuzurechnen, die ein enges professionalisiertes Berufsprofil mit dominantem Erwerbscharakter kennzeichnete. Er trägt einen Malerkittel als Berufszeichen.

Um 1900 schilderte Adolf Loos in karikierender Absicht die Adaption der Codes auch durch solche Berufsgruppen, die bis dahin eindeutig Handwerker gewesen waren. Diesen wollte Loos ein verändertes Selbstbild nicht zugestehen, zumindest aus der Sicht der bereits vollzogenen Abkehr vom Historismus. So war dem bisherigen Tapezierer aufgrund des veränderten Raumbegriffs der Gründerzeit eine neue Rolle als Raumgestalter zugewachsen. Diese wurde vom zeitgenössischen Publikum durchaus als »künstlerisch« bewundert, sofern er symbolische Formen zu inszenieren verstand, die für die Auftraggeber konsumierbare Stile in Gestalt von prestigeträchtigen Objektivationen der historistischen Kultur bereitstellten:[28]

28 Adolf Loos: Interieurs (1898), in: ders.: Sämtl. Schriften, Wien/München 1962, Bd. 1, S. 43 ff.

»Nun sollte er aber (gemeint ist der ehrliche Handwerker) für seine Kundschaft, je nach ihrem geistigen Glaubensbekenntnis, griechische, romanische, gotische, maurische, italienische, deutsche, barocke und klassizistische Schränke und Sessel bauen. Und noch mehr. Ein Zimmer sollte in diesem Stile, das nächste im andern eingerichtet werden. (...) Der Tapezierer, der brave Mann, der in früheren Zeiten fleißig die Heftnadel geführt und Matratzen gestopft hat, ließ sich nun die Haare wachsen, zog ein Samtjaquett an, band sich eine flatternde Krawatte um, und wurde zum Künstler. Auf seinem Firmenschilde löschte er das Wort ›Polsterer‹ aus und schrieb dafür ›dekorateur‹. Das klang. Und nun begann die Herrschaft des Tapezierers, eine Schreckensherrschaft, die uns jetzt noch in allen Gliedern liegt. Samt und Seide, Seide und Samt und Makartbouquets und Staub und Mangel an Luft und Licht, und Portieren und Teppiche und Arrangements. (...) Gott sei dank, daß es nun vorbei ist.«

Als weitere symbolische Form, die der Individualität des Künstlers Ausdruck verleihen konnte, wurden Künstlerhäuser entworfen. Diese Bedeutung klang beispielsweise in einem zeitgenössischen Kommentar zur Villa des Künstlerfürsten Franz von Stuck an:[29]
»München ist gewiß nicht arm an schönen Künstlerhäusern und in allen diesen spiegelt sich wohl die Persönlichkeit des betreffenden Meisters. Keines aber ist von der Umfassungsmauer bis zu den Dachfiguren so aus dem innigsten Wesen des Besitzers heraus entstanden, wie die Villa Stucks.«

Gegen eine elitäre Distanz des Künstlers wandte sich Julius Langbehn, da sie die von ihm romantisierte Symbiose der Künstler mit dem »Volk« störte. Er verlangte vielmehr die distinktionslose »Verschmelzung« von unterschiedlichen Gruppen in seiner nationalen Vision der bürgerlichen Gesellschaft:[30]

»Je weniger der Künstler sich äußerlich von seinen Mitbürgern unterscheidet, desto besser ist es für ihn, desto echter wird er sein; ihn als eine Art von interessantem Vagabunden, Bohème anzusehen, ist französische, nicht deutsche Auffassung. Nicht aufzufallen, ist das erste Gesetz des guten Tons; es gilt auch in Bezug auf das persönliche Verhältnis des Künstlers zur bürgerlichen Gesellschaft: je mehr er mit ihr verschmilzt, desto besser ist es für ihn und für sie.«

---

29 Fritz von Ostini: Kunst für Alle, Jg. 19, 1909.
30 Langbehn 1890, S. 21. Er gewann diese Vorstellung aus dem Bild der mittelalterlichen zünftischen Künstler.

3. Von der Werkstatt zum Kultort.
Das Atelier als Repräsentation mentaler Muster

Im Verlauf des 19. Jahrhunderts bildeten sich im Atelier verschiedene kulturelle Besetzungen des Raumes ab. Die Raumgestaltung übernahm eine Repräsentanz für die mentalen Formen des Erfahrungsgewinns sowie für das Verhältnis des künstlerischen Subjektes zu seiner Objektumgebung. Verschiedene Muster von Subjekt-Objekt-Beziehungen sind zu unterscheiden.
Ursprünglich war das Atelier in der Tradition des Handwerks eine reine Werkstatt gewesen. Das Bild des Malers Kersting, der seinen Freund Caspar David Friedrich 1811 bei der Arbeit im Dresdner Atelier zeigt,[31] kann als aussagefähig für diese Raumauffassung betrachtet werden. Der Maler arbeitete in einem leeren, kontemplativen Raum, in dem sich keinerlei überflüssige Objekte befanden. Lediglich Staffelei und Leinwand, einige Malutensilien und eine Reißschiene an der Wand waren im Raum plaziert, so als hätten andere Objekte auf Friedrich eine irritierende Wirkung ausgeübt. Verstärkt wird dieser Eindruck der bewußten Konzentration von einer Abdeckung des unteren Teils des Fensters, die den Lichteinfall auf die obere Fensterhälfte beschränkte. In diesem Wechselbezug von intensivierter Wahrnehmung seines Arbeitsgegenstandes, des Bildes, und der Reduktion der Objektumgebung auf die reinen Arbeitsmittel war die Funktion des Atelierraums als Ort der geistigen Konzentration in einer ästhetischen und symbolischen Sprachlichkeit repräsentiert, die »das Selbst« des Künstlers anregte und zur Intensität der schöpferischen Arbeit beitrug. Der Raum wurde als Ort der Besinnung auf die innengeleitete Wahrnehmung inszeniert. Auch andere gemalte oder gezeichnete Künstlerateliers zeigten in den ersten Jahrzehnten des 19. Jahrhunderts überwiegend diesen Typus eines kargen Werkstattraumes.[32] Lichtwark beschrieb die ältere Form des Ateliers schließ-

---

31 Werner Schnell: Georg Friedrich Kersting (1785-1847): Das zeichnerische und malerische Werk mit Œuvrekatalog, Berlin 1994, A 29, A 48 und A 72. Zum Künstleratelier allgemein vgl. Heinz Waldmann: Die Künstlerateliers und ihre Inhaber im Zeitwandel von 1750-1900. Studie zur Geschichte des Künstlers und der Arbeitsweise des Künstlers, Diss. phil. Münster 1954, und Brigitte Langer: Das Münchner Künstleratelier des Historismus, Dachau 1992.
32 In einer Beschreibung der produktiven Auftragslage unter König Lud-

Abb. 15: Georg Friedrich Kersting: Caspar David Friedrich im Atelier 1, 1811. – Der Dresdner Maler porträtierte Friedrich noch in zwei weiteren Bildversionen, deren Entstehungszeit mit 1812 und 1814-19 datiert wird. Die drei Bilder variieren nur geringfügig voneinander und bestätigen somit die Beständigkeit der Raumauffassung. Wir sehen zudem Friedrichs Malwerkzeuge: Paletten und Pinsel, den Kasten mit den Farben und Flüssigkeiten zu deren Aufbereitung. Als weiteres Hilfsmittel zum Farbauftrag nutzte Friedrich einen langen Stab, auf den er seine Hand stützen konnte, um ihr Ruhe zu geben.

lich aus der Perspektive des bereits veränderten Zeitgeschmacks:[33] »Bis 1870 waren die Ateliers bei uns meistens große scheunenartige einfache Räume mit Staffeleien an den Fenstern, Studien an den Wänden und sehr viel Staub. Dies war nach 1870 ganz anders.« Die Zäsur verweist auf die Bedeutung der kulturellen Kontextbezüge.

Mit der Gründerzeit verschob sich die symbolische Form des Ateliers von der Werkstatt zum Kultraum, in dem der Künstlermythos lokalisiert wurde.[34] Das Atelier wurde zu einem stilisierten Ort der Verdichtung von kulturellen Zeichen und materiellen Bedeutungsträgern. Die neue Anschaulichkeit des ästhetischen Formenreichtums und der Objekte mit historischem Wert stand in Kontrast zu jenem beschleunigten Wandel der bürgerlichen Gesellschaft. Bei vermögenden Künstlern und Bürgern entwickelte sich das Sammeln von historischen Objekten und von Kunstwerken zu einer epochentypischen Mode, die einer veränderten Beziehung zur Objektwelt entsprach.[35]

wig 1. wird das Atelier als Metapher für die kontemplative – »stille« – künstlerische Arbeit eingeführt: »Riesige Baugerüste stiegen dort zum Himmel empor, der Meißel des Bildhauers erklang, im stillen Atelier genügte den Zeichnern und Malern Stift, Kohle und Pinsel kaum, die überquellende Fülle der Erfindungen aufs Papier zu bringen; die Gußhäuser rauchten wie einst in den goldenen Tagen von Florenz – es war eine Lust zu leben.« Vgl. Stettner 1919/20, S. 171.

33 Alfred Lichtwarck: Makartbouquet und Blumenstrauß, Berlin 1894, S. 7.
34 Ateliers behielten in ihrem Charakter als Kultorte des Künstlerhabitus auch langfristig ihre Attraktivität als Bildsujets. Beispielsweise malte der Münchner Akademieprofessor Hugo von Habermann das Atelier Pilotys, ein Bild, das 1922 von den Bayerischen Staatsgemäldesammlungen angekauft wurde.
35 Diese kulturelle Haltung in der zweiten Hälfte des 19. Jahrhunderts kommentierte Adolph Donath: Psychologie des Kunstsammelns, 3. verm. Auflage, Berlin 1920, S. 15: »Niemals ist der Trieb zum Kunstsammeln stärker gewesen als in unseren Tagen. Mit der rapiden Entwicklung der Technik, dem fast riesenhaften Emporschießen der geschäftlichen Großunternehmungen, die über Länder und Meere reichen, mit der immer weiter um sich greifenden Spekulation der amerikanischen Millionäre und Multimillionäre wachsen die Begierden, die Wünsche, die Ansprüche. Das Geld hat scheinbar seinen Wert verloren. Aber die Zinsen und Zinseszinsen, die nicht die Technik, nicht

Die Stilisierung des Ateliers nach den epochentypischen Wahrnehmungsmustern beruhte auf einem Spiel mit Bildungswissen.³⁶ Diese Kompetenzen gingen in das Leitbild des kultfähigen Künstlers ein, wie es von den »Künstlerfürsten« der siebziger und achtziger Jahre des 19. Jahrhunderts, Hans Makart, Franz Lenbach und Friedrich August Kaulbach, repräsentiert wurde.³⁷ Ihr Zeitgenosse, der Kunstkritiker Friedrich Pecht, bewertete diese Inszenierungsform jedoch schlicht als ein Mittel, um dem Besucher zu »imponieren«.³⁸

Hans Makart avancierte für einige Jahre zum Idol der gründer-

    der Welthandel absorbiert, können nicht brach liegen, müssen – nach menschlichen Begriffen – einer Welt zugute kommen, die abseits vom Brausen der Maschinen liegt: der Welt des Geistes, der Wissenschaften, der Künste. Um diese nun werben die Zinsen und Zinseszinsen, die nicht der Welthandel zu verschlingen vermag. Neue Forschungsinstitute werden gegründet, neue Forschungsgebiete erschlossen, neue Kunstsammlungen angelegt. Besonders um die Kunst entspinnen sich Kämpfe von siedender Hitze. Die äußeren Werte des Geldes ringen um die inneren der Kunst. Man sammelt. Sammelt mit einem Riesenaufwand an Mitteln, der im Moment verblüfft, schafft ›Preise‹, die oft enorm und phantastisch sind, und erobert so, da die Geldkräfte nicht versiegen, Kunstwerte, die sonst unbezahlbar scheinen.«

36 Der Münchner Verleger Georg Hirth war als Publizist für diese neue Konzeption bürgerlichen Wohnens einflußreich. Er stattete den Saal in seiner Villa 1883 unter Verwendung antiker Stücke aus, teils eingebaut, teils frei im Raum aufgestellt. Der Hängeleuchter aus Bronze mit Gasbetrieb wurde nach einem alten Vorbild in der Barfüßerkirche zu Augsburg gefertigt. Ein erster Teil der berühmt gewordenen Sammlung wurde 1898, ein zweiter Teil 1916 versteigert, vgl. Donath 1920, S. 116.
37 Vgl. auch Jens Malte Fischer: Imitieren und Sammeln. Bürgerliche Möblierung und künstlerische Selbstinszenierung, in: Hans Ulrich Gumbrecht/K. Ludwig Pfeiffer: Stil. Geschichten und Funktionen eines kulturwissenschaftlichen Diskurselements, Frankfurt am Main 1986, S. 371-393.
38 Friedrich Pecht: Aus meiner Zeit, Bd. 1, München 1894, S. 234, verortete das erste Beispiel einer werbewirksamen Selbstinszenierung im Medium der Atelierausstattung bei Wilhelm von Kaulbach, in dessen Räumen in der alten Akademie seit 1849 als »das erste Muster jener später so ausgebildeten Kunst, durch prächtige Ausstattung der Räume dem Besucher zu imponieren, eine Kunst, von der merkwürdigerweise in Paris noch niemand etwas wußte, obwohl es doch als Geburtsort der Reklame galt«.

zeitlichen Gesellschaft Wiens. Die ästhetische Stimmungskraft und märchenhafte Dichte der in seinem Atelier arrangierten Objekte beeindruckte die Zeitgenossen, gerade weil das Ensemble im Schwebezustand einer »feinberechneten malerischen Unordnung« belassen war.[39] Der prachtvolle Raum wurde als stimulierende Phantasielandschaft aus ästhetischen Objekten mit historistischem Spurenwert und den eigenen Bildwerken des Künstlers wahrgenommen und zu einer repräsentativen symbolischen Form der individuellen Schöpferkraft verklärt. Das Atelier war somit gleichermaßen ein Ort der Selbstinszenierung des Künstlers als auch eine Stimmungskulisse zur Assoziationsbildung des Betrachters. Vor dieser ästhetischen und kulturellen Leistung des Künstlers defilierte das kunstinteressierte Publikum aus »gekrönten Häuptern«, Adel und Bürgertum. Mit der Attraktivität des Ateliers verband sich ein Prestigewinn des Künstlers und ein Wertzuwachs der Makartschen Werke auf dem Kunstmarkt. Nach einem Verstoß gegen die Normen der bürgerlichen Gesellschaft schützte das hohe Ansehen des »Makartismus« ihn jedoch keineswegs davor, demontiert zu werden. Sein Schicksal ist ein Beleg dafür, daß der Künstlermythos und die Idolproduktion als ein Produkt des semantischen Wechselspiels zwischen Kultfigur und Publikum betrachtet werden müssen.

Mit dem gründerzeitlichen Paradigmenwechsel gewann das Atelier die Bedeutung eines Kultraumes,[40] weil sich in ihm die schöpferischen Kräfte des Individuums mit Hilfe der Werkzeuge des Malers in der Originalität des Kunstwerkes entfalteten.[41] Das

---

39 Pecht 1894, S. 234: »(...) ließ das Atelier vollends mit seiner feinberechneten malerischen Unordnung auf einen ungeheuerlichen Überfluß schließen, da fast sämtliche Werke des Meisters, oder doch ihre Kartons herumstanden.«
40 Friedrich Pecht sprach von »Lenbachs Werkstätte«, vgl. Pecht 1885, S. 139.
41 Die Beschreibung von Helferich 1887, S. 206, gibt ein Bild der Arbeitsatmosphäre Lenbachs aus den siebziger Jahren: »Im hintersten der Räume in der Louisenstraße arbeitete er; hier stand unterhalb des Fensters die große Malkommode, auf der im von oben darauf dämmernden Lichte die weißen Pinsel, gute Pinsel, ausgewaschene Pinsel, in Reih' und Glied blinkten. Da lagen blecherne Farbenkapseln, eingedrückt, ausgepreßt, auf etwas staubigen japanischen Brettern Pastellstifte in gebrochenen Halbtönen und blaue, die für den Umriß waren; in

Atelier wurde zu einer Weihestätte der mit der Kunst und den Objekten assoziierten kulturellen Werte umdefiniert.[42] Diese Verschiebung der Bedeutungen des Arbeitsraumes ist mit einer veränderten Semantik des Künstlerhabitus zu erklären. Im Atelier fand die Vorstellung von der Autonomie der »hohen« Kunst einen Ort im Sinne eines Freiraumes, der zwar weiterhin als Arbeitsort betrachtet wurde, an dem sich nun aber die Geheimnisse der Intuition des Individuums und des künstlerischen Genies in die symbolische Form von Kunstwerken verwandelten. Der Mythos des Künstlerhabitus erhielt am Produktionsort des »Geistigen« seine Veranschaulichung. Diese Bestimmung verdeutlicht, weshalb wir in vielen bildlichen Darstellungen der Ateliers auch die Werke der Künstler vorfinden. Aus dieser Aufladung als kreativer Ort des »Geistigen« erklärt sich die Attraktivität des Ateliers als Leitbild der bürgerlichen Raumgestaltung, das sich im sogenannten »Atelierstil« der siebziger und achtziger Jahre des 19. Jahrhunderts verbreitete.[43]

Im Vollzug des gründerzeitlich-historistischen Geschmacks wurden Raritäten mit kulturellen Bedeutungskonnotationen im Raum plaziert, denen ein historischer Stil eingeschrieben war: Ein altdeutscher Schrank, eine Laute, ein Scherenstuhl, die auf die Renaissance verwiesen, ein alter Teppich und anderes mehr. Friedrich Pecht bezeichnete bereits 1877 diese neue Inszenierungsmode als

einer Ecke waren zusammengelegt, wie ausgegrabenes Eisen aussehende Schabmesser von ungeheurer Größe, in monströsen, abenteuerlichen, ja blutgierig erscheinenden Formen, hinten aber, der Fensterwand zu, baute sich in trüben Flaschen eine Galerie Lenbach'scher Mixturen und Geheimnisse auf, die Neugierde weckend, wie ein dunkles Mysterium. Bei den Pinseln mußte man verweilen, sie hatten etwas Rührendes; sie waren zerzaust, sie waren zerfetzt, sie hatten bei der wüthenden Handhabung ihres Herrn wahrhaftig Haare gelassen.«

42 Vgl. hierzu Franzsepp Würtenberger: Das Maleratelier als Kultraum im 19. Jahrhundert, in: Miscellanea Bibliotheca Hertziana, München 1961, S. 502-513.

43 Fritz Stahl: Eine Geschmacksausstellung, in: Berliner Tageblatt 18. VI. 1908; Stahl beschrieb die Spaltung in Lebenswelt und Kunst im letzten Drittel des 19. Jahrhunderts: »Höchstens könnte man die unglückliche Übertragung des Atelierstils auf das Haus, die zu der ›stilvollen‹ Einrichtung führte, aber wahrhaftig nicht rühmend, erwähnen.«

»eine Genialität ganz moderner Gattung«.⁴⁴ Diese Spuren, die die Aura des Geschichtlichen trugen, förderten die Vorstellungskraft, die von einem »magisch gebrochenen mysteriösen Helldunkel«, einem neuartigen Licht, das durch schwere Vorhänge, die bis auf einen Spalt zugezogen waren, gesteigert wurde. Wir können diese Rauminszenierungen als eine Weltaneignung »des Geistigen« über die Dinge verstehen. Sie repräsentierte das Weltbild des Historismus als eine mentale Haltung. Die Liebe zu alten Objekten basierte auf assoziativen Vorstellungen des historisch »Wertvollen«, gewonnen aus Bildern, die die Kulturgeschichte lieferte. Mit der Dinganeignung des Sammlers vollzog sich eine Stilisierung seiner eigenen Identität.⁴⁵ Der Kommentar eines Besuchers von Lenbachs Atelier hob diese ästhetische Eindruckskraft hervor:⁴⁶ »Mit Ausnahme des allerdings ganz exceptionellen Makart'schen Ateliers in Wien kenne ich kein einziges, welches sich an Reichthum der üppigen Dekoration, an verschwenderischer Fülle der herrlichsten Kunstschätze, an blendender Schönheit der Stoffe mit dem Lenbach'schen messen könnte.«

Daß die vielbeachteten Ateliers der wenigen Künstlerfürsten nicht mit den Arbeitsräumen der allermeisten Künstler gleichzusetzen sind, ist anhand zahlreicher erhaltener Fotografien zu belegen. Die Arbeitsorte differenzieren sich deutlich nach Vermögen, Einkommen und individueller Geschmackseinstellung aus. In der Serie des Münchner Fotografen Carl Teufel sind Atelierräume dokumentiert, die überwiegend im historistischen Stil eingerichtet und mit Holzverkleidungen an den Wänden ausgestattet waren. Der Repräsentationswert der Möblierung blieb jedoch meist auf einige historische Objekte, oft einen Schrank, einen Stuhl, dekorative Textilien und weitere Schauobjekte beschränkt. In die Ob-

---

44 »Es ist eine Genialität ganz moderner Gattung, die sich in der Kostbarkeit persischer Teppiche, herrlicher Gobelins, reicher Renaissance-Schränke an den Wänden, in Büsten, Abgüssen, Waffen, Harnischen, alten Hosen und Klappenstiefeln von sechs Jahrhunderten ein Großes tut und sich in magisch gebrochenen mysteriösem Helldunkel einhüllt, das nichts zu unterscheiden gestattet.« Friedrich Pecht: Deutsche Künstler, 2, 1877, S. 319, zit. n. Langer 1992, S. 21 f.
45 Zu Alexander Günther, einem dieser gründerzeitlichen Sammler, vgl. Fritz Schumacher: Stufen des Lebens. Erinnerungen eines Baumeisters, Stuttgart/Berlin 1935, S. 140 f.
46 Felix Gahl: Bei Franz von Lenbach, in: Der Sammler, Nr. 58, 1882, S. 4.

jektarrangements der bürgerlichen und kleinbürgerlichen »Fächler« waren die Staffelei und die Bilder des Künstlers integriert. Eine große Zahl von Malern mußte sich jedoch damit begnügen, ein karges Mietatelier im Dachgeschoß oder im Hinterhaus halten zu können. Gegenüber Caspar David Friedrichs »moderner« Kontemplation des »Geistigen« ist diesen Fotografien sehr deutlich ein an anderen mentalitätsgeschichtlichen Mustern orientierter Raumbezug zu entnehmen. Teufel zeigte die Maler nicht selten in einer selbststilisierenden Pose innerhalb dieses Mobiliars und in demonstrativer Körperhaltung dem Arbeitsgegenstand zugewandt.[47]

In den neunziger Jahren veränderte sich die Wahrnehmung erneut. Für die Protagonisten der »modernen Bewegung« wurde die wachsende Distanz zum Historismus erfahrbar. Hermann Obrist beschrieb 1896 diese psychische Dimension der Raumwahrnehmung prägnant in Begriffen des Subjekt-Objekt-Bezuges:[48] »Der Raum löst also Empfindungen in uns aus, Raumempfindungen und andere, und zwar in diesem Falle deprimierende, bedrückende, beengende, in des Wortes psychischer Bedeutung.« Die gründerzeitliche Raumausstattung hatte ihren »geistigen« Assoziationsbezug verloren und sich zu einer nur noch »bedrückenden« Last verdinglicht.

Neben den Objekten mit historisch-kulturellem Assoziationswert wurden auch Objekte mit einem persönlichen Erinnerungswert in das Atelier aufgenommen. Diese konnten als Spuren der eigenen Lebensgeschichte Träger der im Gedächtnis gespeicherten inneren

---

47 Zum Fotoband Teufels kommentierte ein Kritiker in einer Ankündigung in »Kunst für Alle« IV, 1889, S. 288, auch zit. bei Langer, S. 10, mit bissiger Distanz: »Was unseres Erachtens diese Blätter aber auch erst hochinteressant macht, das ist, daß wir hier nicht nur das Nest, sondern auch den Vogel selber sehen, der es aus oft in der halben Welt zusammengerafften Raritäten zusammen gebaut. (...) Gerade aus der Sammlung unvergleichlich individuell ausgeprägter Künstlerbildnisse möchten wir daher die Sammlung der allgemeinen Aufmerksamkeit empfehlen, da die gelegentliche Selbstgefälligkeit wie die liebenswürdige Bescheidenheit der Betreffenden sich hier fast durchgängig als viel pikanter und schöpferischer erwies als die meisten Porträtmaler.« Die Inszenierung dürfte von Künstlern und Fotografen arrangiert sein.
48 Hermann Obrist: Wozu über Kunst schreiben, 1903, S. 19.

Bilder sein, denen eine hohe identitätsverbürgende emotionale Bedeutung zukam. In dieser Valenz hatte Lovis Corinth den letzten »Erntekranz« aus seiner ostpreußischen Heimat nach München und später nach Berlin mit sich genommen. Ferner stand eine »große, dunkle, hölzerne« Kaffeemühle in seinem Berliner Atelier, die seine Gattin in ihrer Bedeutung einordnete:[49] »Das war die Kaffeemühle seiner Mutter gewesen. Auch dieses Symbol von heimatlichem Leben hatte er stets bei allem Wechsel der Städte mit sich genommen.« Darüber hinaus kultivierte Corinth den »altehrwürdigen Schreibtisch«, der seinem Vater gehört hatte. An diesem verfaßte er schließlich seine eigenen Erinnerungen.

Als einen weiteren Hinweis auf den Bezug zur Phantasie, der sich mit dem Künstleratelier verband, läßt sich eine Textpassage von Paul Schultze-Naumburg heranziehen, der in den neunziger Jahren als Maler in München lebte und 1898/1900 eine Schrift über die Malerei verfaßt hatte, in der er sich mit den zeitgenössischen Vorstellungen kritisch auseinandersetzte. Darin unterschied er einerseits zwischen der Produktion des Flairs von Assoziationsbildern, das sich mit dem Künstlerhabitus und dem Atelier verbunden hatte, und andererseits der Realität der faktischen Künstlerexistenz. Jener »Nimbus«, »der das Bohèmeleben des Malers im allgemeinen umgibt«, werde vor allem durch »unsachliche Schilderungen« in den Künstlerromanen genährt. Deren fiktionale Bildlichkeit wirke sich auf Jugendliche aus, wenn sie als Berufswunsch die Tätigkeit des Malers in Betracht ziehen:[50]

»Was schweben ihm da für phantastische Träume vor, von üppig ausgestalteten Ateliers mit den schwellenden Kissen auf weichen Ottomanen, den herrlichen Gemälden dahinter mit reizenden jungen Mädchen, die die Modelle dazu gewesen, gerade so süß, wie die gemalt gesehenen; von dem genial-leichtsinnigen Leben, den Künstlerfesten! nein das sind Phantasien; das Atelier ist eine Werkstätte, nichts anderes. Nicht alle Leute haben das Geld Makarts und die Lust daran, sich ihre Werkstätten als Märchenräume zu verbauen. In den Rückgebäuden liegen die Ateliers. Große kahle Räume, weißgetüncht, in die nur kaltes Nordlicht fällt. (...) Das Mobiliar ist bescheiden. Ein Polstersitz oder ein flacher Divan, ein antiker Schrank, ein paar Hocker aus schlichtem Holz, ein großer Tisch mit dem Malgeräten. Die Hauptsache ist das Werk.«

49 Vorwort Charlotte Behrend-Corinths von 1953, zu Corinth 1954, S. 7.
50 Schultze-Naumburg 1905, S. 95 f.

Abb. 16: Gabriele Münters Atelier in der Wohnung Schackstraße 4, 1903/04. – Insgesamt ein eher übliches Erscheinungsbild. Das Klavier diente Kandinskys Studentin an der privaten Malschule »Phalanx« als provisorische Staffelei zur Aufstellung von Studien. An der Wand rechts darüber hängt Kandinskys Holzschnitt »Die Nacht« von 1903. Die Palette verweist als Zeichen der Berufszuordnung auf die fortgeschrittenen Aktivitäten in der künstlerischen Arbeit, deren Ergebnisse in der großen Aktstudie links, den Landschaften und Köpfen repräsentiert wird.

Schultze-Naumburgs Plädoyer für die Konzentration auf das Werk und auf das Leitbild des Ateliers als Werkstatt entsprach sowohl den Intentionen seiner reformorientierten Kollegen als auch der zeitgenössischen Tendenz zur Abwendung von der gründerzeitlichen Objektkultur. Sein Text verdeutlicht jedoch die prägende Bedeutung, die diese auf die Vorstellungen vom Künstler ausgeübt hatte.

Es kann belegt werden, daß erotische Phantasien nicht nur der Projektion des bürgerlichen Publikums entstammten, sondern auch als Topos in der Vorstellungswelt vom Künstlerhabitus kommuniziert wurden. So entsprach eine 1895 gemalte »Atelierszene« von Richard Nitsch, die einen Maler mit einem begehrenswerten Mädchen zeigt, dem Klischee des »Bohemelebens« als gesteigerte erotische Freizügigkeit. Daß diese erotische Phantasie keineswegs allein Fiktion war, sondern sehr wohl Inszenierungen im Leben der Künstler entsprechen konnte, geht aus erhaltenen Fotografien von Gabriele Münter hervor. Hier wurde bei einem Atelierfest mit der Nacktheit des Modells erotisch gespielt und diese Szenen fotographisch dokumentiert.[51]

Mit der »modernen Bewegung« der 1890er Jahre verstärkte sich das Muster des innengeleiteten Menschen, das den Paradigmenwechsel innerhalb des Künstlerhabitus prägt. In den um 1900 errichteten bürgerlichen Mietshäusern Schwabings waren großzügige Atelierräume im Dachgeschoß als Arbeitsorte mit quadratischen Fenstern zur Nordseite eingeplant. Freier Raum und Licht, die Schlüsselbegriffe der architektonischen Moderne, wurden gerade für die Gestaltung des Ateliers normbildend. Insbesondere in der Moderne der 1920er Jahre gingen aus dem Experiment mit avantgardistischen Formen zahlreiche Versionen der Ordnung von Raumbezügen hervor, die als kreativ und befreiend wahrgenommen wurden.

---

51 Fundort Städt. Galerie im Lenbachhaus München, Gabriele Münter Archiv, Fotos Ordner Münter 1877-1916.

III. Der Künstlerhabitus als Chiffre: »Der Rembrandtdeutsche« und die krisenhafte Erfahrung des Modernisierungsprozesses

An einem äußerst einflußreichen Text[1] läßt sich nachvollziehen, wie der Künstlerhabitus im zivilisationsgeschichtlichen Kontext der kulturellen Modernisierung der letzten Jahrzehnte des 19. Jahrhunderts mit universeller Gültigkeit wahrgenommen und in der Semantik der Nationbildung mit politischen Konnotationen aufgeladen wurde. Er nahm dabei einerseits eine visionäre Bedeutung an und repräsentierte andererseits in seiner vorpolitischen Perspektive modernitätskritische Strömungen.[2] Die Begriffe der Individualität, der Selbstäußerung in Autonomie sowie die quasisakrale Aufladung der Vorstellung vom Künstler mit Ganzheitlichkeit wurden als Sinnbezüge für die Verarbeitung der gleichzeitigen Erfahrungen der Fragmentierungen des Subjekts funktionalisiert.

Julius Langbehns Buch »Rembrandt als Erzieher« erschien 1890 ohne Autorenname.[3] Die sofort einsetzende intensive Rezeption ist als ein Indikator dafür zu werten, daß es mit dem Lebensgefühl einer breiteren bildungsbürgerlichen Leserschaft korrespondierte. Um die starke Nachfrage des Marktes abzudecken, wurden bereits im Erscheinungsjahr 30 Auflagen mit 60 000 Exemplaren ge-

---

1 Hermann Muthesius: Kultur und Kunst, Jena 1904, S. 19 sah eine Art Vorläuferfunktion des »Rembrandtdeutschen« selbst für die »moderne Bewegung«: »Um die Mitte der neunziger Jahre wandte sich die deutsche Geistesrichtung der Kunst zu. Noch wenige Jahre früher hätte dies niemand für möglich gehalten, obgleich der Rembrandtdeutsche es schon eine geraume Zeit vorher prophezeit und Konrad Lange in seinem Buche über die künstlerische Erziehung der deutschen Jugend ein Programm dafür entwickelt hatte.«
2 Vgl. auch Fritz Stern: Kulturpessimismus als politische Gefahr (zuerst Bern/Stuttgart 1963), München 1986, S. 127-220.
3 Julius Langbehn (Name erschien nicht): Rembrandt als Erzieher. Von einem Deutschen, Leipzig 1890 (Verlag von C. L. Hirschfeld). Es wurde die 11. Auflage als Quelle benutzt.

druckt. Das Buch erwies sich schließlich als »Longseller«. Bis 1903 erschien die 46. Auflage, 1922 die 50. bis 60. und 1936 eine 85. Auflage. Bis zum Zusammenbruch der völkischen[4] und deutschnationalen Tradierung mit dem Ende des Zweiten Weltkriegs wurden insgesamt 150 000 Exemplare verkauft.[5] Da Julius Langbehn zuvor als Autor nicht hervorgetreten war, stützt die Kontinuität des Erfolges das Argument, daß dieses Werk als ein Deutungsangebot für die Verarbeitungskrise der kulturellen Modernisierung gelesen wurde. Zudem mag der Untertitel »Von einem Deutschen« zu einer Aura um den Verfasser beigetragen haben, der den Anspruch der Repräsentation einer kollektiven nationalen Identität beinhaltete.[6] Langbehn hatte seit Anfang der 1880er Jahre an diesem Buch geschrieben und es im Anschluß an eine Hollandreise 1888 fertiggestellt. Wie kam es zu dieser Verknüpfung des Künstlerhabitus mit der Nationbildung und den Problemen der Modernisierung?

München, das »Standquartier« Langbehns

Die intellektuelle und »geistige« Sozialisation des Autors Julius Langbehn reicht in die 1870er Jahre zurück. München war für seine Lebensgeschichte von prägender Bedeutung. Der Maler Momme Nissen, seit 1891 sein Schüler, Mitarbeiter und Weggefährte, konstatierte später, Langbehn habe in München seine »Geisteskraft« gefunden.[7] Langbehn lebte dort von Ostern 1872 bis Mai

---

4 Ein Überblick zu den völkischen Strömungen im Kaiserreich, Uwe Puschner/Walter Schmitz/Justus H. Ulbricht (Hg.): Handbuch zur »Völkischen Bewegung« 1871-1918, München 1996.
5 Stern 1986, S. 192.
6 Ein hierauf aufbauender Kommentar bei Max Bewer: Rembrandt und Bismarck, Dresden 1891, S. 38, zit. nach Stern 1986, S. 193, bescheinigte Langbehn selbst Eigenschaften, die mit dem Künstlerhabitus korrespondierten, wenn von »genialer Leidenschaft« die Rede ist, mit der er ein »natürliches Empfinden im deutschen Volke wieder wachzurufen« sich bemüht habe.
7 Momme Nissen: Der Rembrandtdeutsche Julius Langbehn, Freiburg i. Br. 1926, S. 31: »Unter den historischen Heimstätten, die mitgewirkt haben, die Persönlichkeit des Rembrandtdeutschen auszureifen, stehe die Stadt München mit der Fülle ihrer Anregungen an erster Stelle.«

1873, sodann von 1875 bis Herbst 1881 und schließlich seit 1902 bis zu seinem Tod im Jahre 1907. Nissen bezeichnete daher München als »Standquartier«, womit ein soziokultureller Bezugsraum gemeint gewesen sein mag.[8] Langbehns dezidierter Wunsch, in Puch bei München begraben zu werden, stützt diese regionale Zuordnung.[9] Die emotionale Affinität zu München als Stadtraum resultierte aus zahlreichen Bekanntschaften mit Künstlern und Wissenschaftlern, die seinen Bildungsweg und seinen Wertehorizont prägten.[10] Gewiß schwang neben der Faszination am künstlerischen Leben der Stadt auch die Teilhabe am Mythos der »Kunststadt« mit.

Der Text

Welche Rückschlüsse können wir aus dem Aufbau des Buches auf jene Zeitstimmung um 1890 ziehen? Der Text gliedert sich in fünf Hauptteile: Deutsche Kunst, Deutsche Wissenschaft, Deutsche Politik, Deutsche Bildung, Deutsche Menschheit. Eine Verklammerung schien mit der stereotypen Zuschreibung der Grundeigenschaft »deutsch« gegeben, die die Bindekraft des Nationalen stiftete. Dagegen wirken die Untertitel innerhalb dieser Kapitel zufällig, wie eine bloße Reihung von Gedankensplittern.

Diese Textstruktur repräsentierte ein assoziatives Denken, in dem positive und negative Gefühlschiffren zu Freund- und Feindbildern geordnet wurden. Neben den zweckrationalen Handlungspraktiken der bürgerlichen Gesellschaft, die plakativ als »Materialismus« bezeichnet wurden, dienten insbesondere die Erschei-

---

Nissen war Porträtmaler und verdiente zeitweise den Lebensunterhalt auch für Langbehn.

8 Momme Nissen (Hg.): Rembrandt als Erzieher, Neuausgabe, 56.-60. Aufl., Leipzig 1922, S. 6.
9 Langbehn verstarb während einer Reise in Rosenheim an Magenkrebs, ebd., S. 9.
10 Ein Indikator für Langbehns Wirkung als Person auf Zeitgenossen in dieser Lebensphase ist die erstaunliche Tatsache, daß er sowohl von den Malern Wilhelm Leibl, Karl Haider als auch Hans Thoma porträtiert wurde. Von letzteren stammt das bekannteste Bildnis »Der Philosoph mit dem Ei«. Vgl. den Abriß von Helmut Ibach in NDB, 13. Bd., 1982, S. 544-546; dieser folgt weitgehend der Einleitung Nissens von 1922.

nungsformen der zeitgenössischen Wissenschaft als Gegenpol, von dem sich der Autor abgrenzte. Die Tendenz der fortschreitenden Versachlichung des gesellschaftlichen Handelns und die Praktiken der industriellen Modernisierung wurden in der Form des kulturkritischen Ressentiments in Frage gestellt.

Der Text enthält visionäre und mythenhafte Vorstellungen.[11] Langbehns aphoristische Bemerkungen mischten sich zu einem Gewebe, das in unhaltbaren Behauptungen gipfelte,[12] die bei der Rezeption durch die Zeitgenossen auch reichlich Widerspruch erfuhren. Die Struktur des Textes sollte nach der Intention des Autors eine »Summe des augenblicklichen deutschen Geisteslebens«[13] ergeben, die in ihren Stichworten die kulturelle Modernisierung und den gleichzeitigen Prozeß der staatlich-politischen Nationbildung kommentierte.

11 Simmel (1890) 1990, S. 149, bezog sich auf dieses mythische Substrat, wenn er ein Weiterwirken älterer kultureller Vorstellungen trotz der »Entkleidung der Welt vom Reize des poetischen Scheins« feststellte: »Die mythischen Vorstellungen, die sich etwa an den Sternhimmel, an das Erwachen des Frühlings, an das Wesen der Menschenseele knüpfen, und die wir in verstandesmäßigem Wissen überwunden haben, wirken doch noch im Unterbewußten, im Gefühlsleben fort, in jenem dunklen Urgrund, in dem der Einzelne mit der Volksseele zusammenhängt, die viel zu lange in jenen Vorstellungen befangen war, um sie schon ganz abwerfen zu können. Alle Bilder und Gleichnisse, die unsere Naturauffassung noch durchziehen und oft unmittelbar ihrer sprachlichen Bezeichnung dienen, entstammen der vom Fetischismus bis zum Hegelianismus hin kenntlichen Entwicklungsperiode, in der der Mensch die Natur nach seinem Bilde schuf und aus der noch tausendfach die Quellen unseres Naturempfindens und unserer künstlerischen Auffassung der Welt fließen.«
12 In Momme Nissens Urteil lebte die Faszination des Werkes von einer »spielende(n) Auseinandersetzung der verschiedenartigsten Gedanken, Vergleiche, Bilder, durch die anscheinend regellose Behandlung eines überreichen Stoffes«. Nissen 1922, S. 22.
13 Georg Simmel: Rembrandt als Erzieher (1890), wiederabgedruckt in: ders.: Vom Wesen der Moderne, Hamburg 1990, S. 146.

Kunst und Wissenschaft

Aus dem breit angelegten Themenspektrum sind vor allem diejenigen Aspekte für unsere Fragestellung interessant, die die Vorstellungen vom Künstlerhabitus betrafen und dessen Bedeutung für die zivilisatorischen Erfahrungen konturierten.
Nach Momme Nissen war Langbehns Wahrnehmung für die Kunst, die seinem Ideal entsprach, früh entwickelt gewesen. Er habe aufgrund eines eigenen Urteilsvermögens die »Gediegenheit Leibls« schon zu einem Zeitpunkt erkannt, als der zeitgenössische Modegeschmack von der »Hohlheit des damals bewunderten Makart« beherrscht worden sei.[14] Ferner habe er die »hohe Bedeutung Thoma's« früh und nachdrücklich gewürdigt. In seinen Äußerungen zur Kunst unterschied Langbehn zwischen zwei Richtungen. Erstens grenzte er sich sowohl vom gründerzeitlichen Makartismus als auch von – angeblichen – Verfallstendenzen ab, wie sie insbesondere mit der französischen Moderne verbunden gewesen seien.[15] Zweitens befürwortete er eine nationale Kunst, die in seinem Sinne die behauptete seelische Erlebnistiefe »der Deutschen« repräsentiere.
Paul Wilhelm Keppler kommentierte später die Polarität, die – nach Langbehn – zwischen einem völkischen Konzept einerseits, das in den 1880er Jahren als Ausgangspunkt für seine »Erziehungsvision« diente, und der vom Prinzip des »Neuen« und »Akademischen« beherrschten »modernen Kunst« andererseits entstanden sei.[16]
Eine eingehende Analyse von Langbehns Begriff des Künstlers ist aufschlußreich. Er leitete seine verstreuten Bemerkungen zum idealen Künstler aus dem konventionellen Ensemble von Begriffen her, die den freien Künstler beschrieben, und artikulierte die in der zeitgenössischen kunstinteressierten Öffentlichkeit gängige Vorstellung, der Künstler müsse die »freie Entwicklung der Persönlichkeit« ausleben[17] und »ausschließlich der eigenen hohen inneren

---

14 Nissen 1922, S. 17.
15 Ebd.
16 »Der modernen Kunst wurde nachgewiesen, daß sie hochtrabend, akademisch, formalistisch, dem Volkstum fremd geworden sei, vielfach dem Lolaismus, der Frivolität, der Trivialität verfalle und sich lächerlich mache in ihrem Wahn, durch ein neues Kunstprinzip die ganze künstlerische Vergangenheit übertrumpft zu haben.« Nissen 1926, S. 1 f.
17 Langbehn 1890, S. 54.

Bestimmung« folgen,[18] da aus ihr die produktive »Intuition« erwachse.[19] Allerdings müsse man »zum Künstler (...) geboren sein«,[20] um die »künstlerische Weltauffassung«[21] zur Grundlage seiner Existenz machen zu können. Die von Merkmalen dieser Art getragene künstlerische Arbeit sei schöpferisch und die Basis für »echte Bildung«.[22] Hieraus entstehe Genialität. Daher komme »der künstlerischen Einzelseele« ein »hoher Wert« zu, aus der das »künstlerische Seelenheil« erwachse.[23] Der »künstlerische Beruf« sei schließlich ein »sittlicher Beruf«, den nur ausüben könne, »wer geistig auf eigenen Füßen« stehe.[24]

Langbehns Verständnis der Authentizität des sprachfähigen Individuums richtete sich auch gegen die fortschreitende Reproduzierbarkeit der visuellen Anschauung durch die massenmediale Verbreitung des Bildes. Er forderte den Begriff des Originals als konstituierend für das Kunstwerk ein.[25] Angesichts der noch in den sechziger Jahren des 19. Jahrhunderts selbstverständlichen Kopiertätigkeit, wie sie Lenbach und andere Künstler für die teilweise aus Kopien bestehende Galerie des Grafen Schack ausgeübt hatten, spiegelt sich in solchen Äußerungen der Umbruch des Bewertungskanons für Kunst. Originalität speiste sich nunmehr aus der Einmaligkeit des Individuums. Da Rembrandt in seiner Person das Ideal der Originalität in hohem Maße repräsentierte, schien er für Langbehn als Inbegriff einer entwickelten Individualität zum Leitbild prädestiniert. In ihm berühre »die Persönlichkeit ihre äußerste Grenze«.[26] Der von Langbehn umschriebene Künstlerhabitus stand – in seiner Sicht – in einer polaren Gegensätzlichkeit zum Objektivitätsideal der Wissenschaft. Während der Kunst »Subjektivität« und Schöpfertum zugrunde lägen, habe die Wissenschaft ihre kreativen Anteile verloren.[27]

Solche Kommentare müssen vor der Folie der vorausgehenden

18 Ebd., S. 11.
19 Ebd., S. 75.
20 Ebd., S. 45.
21 Ebd., S. 63.
22 Ebd., S. 8.
23 Ebd., S. 14.
24 Ebd.
25 »Eine Kopie ist niemals Kunstwerk.« Ebd., S. 11.
26 Ebd., S. 12.
27 »Je wissenschaftlicher sie wird, desto unschöpferischer.« Ebd., S. 1.

Jahrzehnte gesehen werden. Die Wissenschaft hatte im 19. Jahrhundert eine starke Ausdifferenzierung und innere Spezialisierung durchlaufen. Ihr Entwicklungsparadigma korrespondierte mit der Entfaltung der industriellen Arbeitsteiligkeit:[28] »Die Wissenschaft zerstiebt allseits im Spezialistentum.« Als Agenten dieser Spezialisierung benannte Langbehn den Professor,[29] der folglich auch die von ihm negativ bewertete sektorale Dominanz der Rationalität in der Kultur der bürgerlichen Gesellschaft mit einer gleichzeitigen Tendenz zur kulturellen Demokratisierung repräsentiere. Langbehn stellte dem Wissenschaftler den Künstler als den programmatischen Anti-Spezialisten gegenüber, als einen Akteur, der für die projizierte Utopie eines harmonischen Weltbezugs und einer Repräsentation der entfalteten Gefühle stehe. Im Unterschied zur analytischen Tätigkeit des Professors müsse die Arbeit der Künstler darauf gerichtet sein, zu »verewigen«.[30] Mit seiner Befähigung zum Blick »für das Ganze« solle er als ein Vorbild für die Wissenschaft gelten.[31]

Individualität

Der Begriff der Individualität wurde von Langbehn mit zwei unterschiedlichen Bedeutungsschichten assoziiert. Erstens korrespondierte er mit der mythischen Konnotation einer »Urkraft allen Deutschtums«; diese galt ihm als eine entwicklungsfähige Ressource der nationalen Mentalität, da sie in Abgrenzung zu anderen nationalen Kulturen die spezifische Identität der Deutschen stiften könne. Zweitens sei die Individualität »als Wurzel

---

28 Ebd.
29 Das abwertende Ressentiment klingt an in Sätzen wie: »wissenschaftliche Größen rangieren erst in zweiter Linie«, ebd., S. 8.
30 Ebd., S. 20.
31 So las auch Simmel (1890) 1990, S. 146, diese Argumentation Langbehns: »Deutschland steht nach ihm im Bann der gleichmachenden Demokratie und der spezialisierten Wissenschaft; es harrt der Erlösung durch und zum Individualismus, durch die Kunst und zu ihr; die künstlerischen Interessen, die künstlerische Weltanschauung haben an die Stelle der wissenschaftlichen zu treten, die ihre Rolle ausgespielt hat; die nivellierende Verstandesbildung soll und wird der individualisierten Gefühlsbildung weichen.«

aller Kunst« anzusehen. In dieser Codierung galt der Künstler als der heroische Repräsentant von Individualität. Seine Schöpfung, die Kunst, repräsentierte die Idealvorstellung des »Menschen« in der bürgerlichen Gesellschaft, die aus den Begriffen Seele, Genie, Persönlichkeit und Individualität konstituiert wurde. Die hierbei zugrundeliegende Grammatik stützte sich auf die subjektbezogenen Seiten der Kultur, die dem Individuum unverwechselbare Identität und kreatives Sprachvermögen zuschrieben. Andererseits zeigen diese Begriffe die Grenzen der Originalität von Langbehns Denken, da er sich innerhalb der konventionellen Vorstellungen bewegte und diese Passagen seinen Lesern als eingängig erschienen sein dürften.

Seine eigene spartanische Lebensführung, die der eines »Eremit(en) in der modernen Welt« (Nissen) entsprach,[32] schien selbst dem Ideal der Individualität zu folgen. Sie war partiell von sozialer Isolierung und von Ablehnung aller Massenerscheinungen des modernen Alltags sowie der Rationalitätsstrukturen der bürgerlichen Gesellschaft gekennzeichnet.

Individualität zu entwickeln hieß für Langbehn als Selbst zu existieren:[33] »Individualität haben heißt Seele haben; die Individualität eines Menschen ist seine Seele. Hier aber ist der springende Punkt, von dem alle künstlerischen Bestrebungen ausgehen müssen.« Nicht Verzicht, sondern die vom Künstler repräsentierte aktive »Selbstbetätigung« des Individuums verlieh Langbehns Vision somit einen Teil ihrer Attraktivität.[34] Die sich wiederholende starke Akzentuierung der begrifflichen Verbindung von »Individualität« mit »Seele« bestätigte Leitwerte der Bürgerlichkeit, zumal sie nun für das durch – vermeintlich – spezifische mentale Eigenschaften definierte Kollektiv, die Nation »der Deutschen«, Gültigkeit gewinnen sollten.[35] »Die Deutschen« schienen nach

32 Nissen 1922, S. 8.
33 Langbehn 1890, S. 11.
34 »›Die Hauptsache ist, daß man Seele habe, die das Wahre liebt und die es aufnimmt, wo sie es findet‹ sagt Goethe von der Aufgabe des Künstlers. In der Tat handelt es sich in der Kunst gerade so sehr wie in der Religion um das Seelenheil, nur in einem anderen Sinne; Selbstverleugnung ist die Losung des Christen, Selbstbetätigung ist die Losung des Künstlers.« Ebd.
35 Simmel (1890) 1990, S. 148, analysierte einen Zusammenhang von Seele und »Gemüth« sowie der Aneignung von mythenhaften »Vererbun-

dem Langbehnschen Interpretament bereits um 1890 die behaupteten Merkmale der nationalen Identität aufzuweisen:[36] »Wenn die Deutschen das vorzugsweise individuelle Volk sind, so kann auf künstlerischem Gebiet ihnen nur der individuellste ihrer Künstler als geistiger Wegführer dienen; (...) unter allen deutschen Künstlern aber ist der individuellste Rembrandt.« Der Begriff des Volkes war hier nicht auf das Deutsche Reich oder die deutsche Sprache bezogen, sondern in diffuser Weise offen, ohne daß Langbehn eine präzisere Bestimmung für notwendig erachtet hätte. Dieses visionär imaginierte und aus einer gemeinsamen Kultur abgeleitete kollektive Subjekt »Volk« schien in Eigenschaften beschreibbar, die eine Verknüpfung des personalen Individuums mit dem mythenumwobenen Begriff »des Künstlerischen« ermöglichten. Diese Begriffsverbindung mag für die Leser des Buches Plausibilität besessen haben.

Langbehns Persönlichkeitsideal zielte auf »Wahrheit« und »Tiefe«[37] im Kontext zu den erfahrbaren Entwicklungen der modernen Welt und der sozialen Beziehungen. Seine Forderung blieb appellativ: Der »Riß, der durch die moderne Kultur geht, muß sich wieder schließen«.[38] Einem verbreiteten Begriff der »hohen« Kunst entsprechend, idealisierte Langbehn den Sonderbereich der Kunst als den medialen Raum für die ganzheitlichen Erfahrungen von Seele, von Persönlichkeit und Genie. Er nutzte die populären Vorstellungen, die sich mit Rembrandt verbanden, als Chiffren für seine Wunschprojektion.[39] Langbehn propagierte »Rembrandt« als mythische Ressource für die »Urkraft allen Deutschtums«. Gerade weil die deutsche Gesellschaft der 1880er Jahre dieser Vision nicht entsprach, sollte der imaginierte Künstler eine Erziehungsaufgabe übernehmen und die schöpferischen Kräfte der Seele in der nationalen Kultur »der Deutschen«

gen«, wie sie in der zeitgenössischen Kulturproduktion in Gestalt der Musikdramen Wagners, in Romanen wie Felix Dahns »Kampf um Rom« oder auch in der Bilderwelt des Symbolismus Hochkonjunktur hatten.
36 Langbehn 1890, S. 8.
37 Ebd., S. 11.
38 Ebd., S. 9.
39 Simmel (1890) 1990, S. 147, kommentierte: »Wo der Individualismus das Panier ist, da muß natürlich die größte Individualität allein am Steuer sitzen.«

stärken. Der kulturelle Transformationsprozeß wurde als Selbst-»Erziehung« der Deutschen vorgestellt. Dem Künstler kam hierbei die Rolle des »geistigen Wegführers« zum angestrebten »volkstümlichen deutschen Geist« zu.[40] Das dabei assoziierte Ensemble von Bildern stützte sich auf den Mythos eines entfalteten Individualismus.[41] Seine produktive Innerlichkeit mache den Künstler zum Propheten. Sie repräsentiere »echte Religiosität«.

Die Kritik an der kulturellen Moderne und die völkisch-nationale Utopie

Der mit Langbehn korrespondierende Bischof Paul Wilhelm Keppler beschrieb die mentale Konfiguration der 1880er Jahre aus der Perspektive der 1920er Jahre als sehr spannungsreich:[42] »Die geistige Atmosphäre in Deutschland anfangs der achtziger Jahre des vorigen Jahrhunderts war eigentümlich gespannt. Das Nationalbewußtsein war krankhaft erregt und mehr durch äußeres Machtgefühl geschwellt als innerlich vertieft und wirklich fruchtbringend. Das deutsche Seelenleben war auf allen Gebieten durch einen lächerlichen Bildungshochmut bedroht und eingeengt.« Diese mentale Spannung läßt sich aus der Überlagerung der Prozesse der Nationbildung und der beschleunigten Modernisierung erklären. In dieser historischen Konfiguration erhielt Langbehns Vision ihren Stellenwert. Dessen Ziel sei es gewesen, so faßte Momme Nissen 1922 zusammen, den – von ihm behaupteten – Verfall der deutschen Kunst aufzuhalten und ihm ein »Gegenideal« als visionären Zukunftsentwurf gegenüberzustellen.[43] Nissen nannte die Schrift eine Beschäftigung mit der »Zivilisationsmechanik«. Damit erfaßte er den Reibungspunkt zwischen den strukturellen Modernisierungsprozessen und der Idee der Subjektbehauptung. Demnach erklärt sich die zeitgenössische Bedeutung daraus, daß Langbehn den Erfahrungsformen der Persön-

---

40 Langbehn 1890, S. 8.
41 »Was der deutsche Künstler – in der Zukunft – für Deutschland sein soll: der höchste und reinste und feinste Ausdruck des volkstümlichen deutschen Geistes. Seine Anschauung erhebt sich zur vollen Höhe des Individualismus.« Ebd., S. 24.
42 Paul Wilhelm Keppler: Zum Geleit, in: Nissen 1926, S. 1.
43 Nissen 1922, S. 23.

lichkeit in »der menschlich ausgereiften idealen Künstlergestalt« einen nachvollziehbaren Ausdruck gab. Mit der Chiffre Rembrandt wurde somit ein idealisierendes Selbstbild[44] für die kollektive Identität »des Deutschen« entworfen. Zugleich wurden Wertzuschreibungen an ein stereotypes Identitätsbild benannt, das den Nationalcharakter personifizieren sollte.

Diese Semantik war nach 1890 mehrschichtig in die kulturellen Entwicklungen der bürgerlichen Gesellschaft eingelagert.[45] In ihr wurden identitätssichernde Werte in der kollektiv kommunizierten Kultur angeboten. Kunst sollte in einem idealen Sinn das Erziehungsmedium des Volkes sein und Orientierung bieten. Mit diesem Stellenwert avancierte Langbehns Buch zu einer verbreiteten Lektüre, die schnell zum Konversationsstoff wurde. Die Vision einer auf die »Deutschen« bezogenen »künstlerischen Bildung«[46] stand in den neunziger Jahren mit einer breiteren Utopievorstellung in Beziehung, aus der sich so unterschiedliche Formen wie die Revolutionserwartung der Arbeiterbewegung, die Bilder des Jugendstils und der ästhetischen Reformbewegung der »angewandten Kunst« speisten.

Die Schlagworte Langbehns gingen in das Allgemeinwissen des Bildungsbürgertums ein,[47] wenngleich sie auch zu kontroversen Kommentierungen herausforderten.[48] So kritisierte beispielsweise Franz Lenbach die Grundaussagen des Buches als im Ansatz falsch.[49] Nach Lenbachs Meinung könne Kunst – im Widerspruch zu Langbehns Grundintention – gerade »kein Erziehungsmittel der Massen« sein, da sie keine Wirkung ausüben könne, zumal die

---

44 Ebd., S. 24.
45 Als Kritik der Moderne interpretiert bei Nipperdey 1990, S. 827.
46 Vgl. Alfred Lichtwarck: Die Grundlagen der künstlerischen Bildung. Der Deutsche der Zukunft, Berlin 1905.
47 Nissen 1922, Einleitung zur Neuausgabe, 56.-60. Auflage, S. 27: Von der Rezeption des Buches wurden »alle gebildeten Stände Deutschlands erfaßt«.
48 Ebd. Momme Nissen beschrieb 1922 den sich hieraus entwickelnden Diskurs retrospektiv: »Es rief eine umfangreiche, zum Teil gleichfalls anonyme Literatur hervor, eine Reihe von vielverkauften Spottschriften und Karikaturen, daneben ernst zu nehmende Entgegnungen sowie begeisterte Zustimmungen.«.
49 Wilhelm Wyl: Franz von Lenbach. Gespräche und Erinnerungen, Stuttgart/Leipzig 1904, S. 102.

historische Person Rembrandts ohnehin »nur von wenigen« verstanden werde.[50] Lenbach wandte sich aufgrund seiner Kenntnis der Realität der Arbeit von Künstlern gegen die in Teilen der bürgerlichen Gesellschaft existierende projektive Idealvorstellung, die den Künstler als einen omnipotenten kulturellen Akteur idealisierte.

Auch Georg Simmel beschäftigte sich bereits im Jahr des Erscheinens in einem kritischen Essay mit diesem Buch.[51] Er kritisierte den Kunstbegriff Langbehns und kommentierte dessen zivilisationsskeptische Sicht des Modernisierungsprozesses sowie die Vorstellung vom Individuum.[52] Für Simmel verlor Langbehns Klage darüber, »daß die Arbeitsteilung und Spezialisierung unserer Zeit dem Leben seine Harmonie und Abrundung nähme«, gerade deswegen ihre Berechtigung, weil »der Einzelne nicht mehr ein abgerundetes Ganzes« sei, sondern das Zusammenspiel der spezialisierten Individuen im »Kulturprozeß« vielmehr eine neue Gesamtheit ergebe. Langbehn ging es dagegen in seiner mythischen Vision des Rembrandtdeutschen um eine zukünftige »Versöhnung« von Widersprüchen der Moderne und um »Heilung« des »Deutschtums«, indem er die Struktur der Moderne ignorierte.

Zusammenfassend läßt sich resümieren, daß Langbehn die konventionellen Vorstellungen vom Künstlerhabitus für seine Argumentation gegen die kulturelle Moderne nutzte und in einem nationalpädagogischen Projekt dem modernen Individuum eine

50 Ebd.
51 Simmel (1890) 1990, S. 146.
52 »Für die Erkenntnis wie für die Sittlichkeit erscheint der Einzelne als solcher immer gleichgültiger, immer mehr als bloßes Glied am Gesellschaftskörper, als Durchgangspunkt sozialer Entwicklung. Daß die so veränderte Anschauung der Wirklichkeit auch die Spiegelung dieser in der Kunst verändern muß, liegt auf der Hand. Denn vor allem verschiebt sie die in der Wirklichkeit selbst liegenden poetischen Elemente; der Einzelne, im Hasten und Jagen nach Geld und Genuß, in der Enge des Spezialistentums, in der Befangenheit seines Egoismus erscheint ebenso prosaisch wie unerfreulich; und ebenso möchte man Telefone und Bergbahnen, Fabrikschornsteine und endlos einförmige Straßenzüge der Großstadt für die poesiefeindlichsten Dinge der Welt halten. Aber nur so lange währte dieses Gefühl, als man in der individualistischen Auffassung befangen bleibt.« Simmel (1890) 1990, S. 152.

vormoderne Identität zurückgeben wollte. Der Sonderbereich der Kunst diente hierbei als eine Ressource zur Formulierung der kreativen Individualität als ein stereotypes Persönlichkeitsideal »der Deutschen«. Die darin repräsentierte Idee der Ganzheitlichkeit stand im Gegensatz zum gesellschaftlichen Prozeß der Spezialisierung in Wissenschaft, Technik und der industriellen Arbeitsteiligkeit, der die Dynamik des Modernisierungsprozesses strukturierte.

IV. Der Künstler als Geschäftsmann: Franz Lenbach und der Historismus

Wenngleich der Habitus des modernen Künstlers als ein Ensemble von Vorstellungen, Begriffen, Arbeitsverfahren und Verhaltenspraktiken überindividuell tradiert wurde, so mußte doch das Individuum sich hierauf beziehen. Wie vollzog sich lebensgeschichtlich die Aneignung dieser kulturellen Grammatik und wie wurde sie mit der Entfaltung der kreativen Individualität variiert? Welche Prägekraft hatte hierbei die Historizität der Konfiguration? Franz Lenbach galt als ein herausragender Künstler in der zeitgenössischen Gesellschaft.[1] Wie gelangte er zu dieser einflußreichen Position, und worin bestand seine Repräsentation in der Kultur? Mit welchen Strategien, symbolischen Formen und ästhetischen Mitteln gelang es ihm, sich innerhalb der Künstlerschaft Anerkennung zu verschaffen?

1901 formulierte der Kunstkritiker Eduard Engels eine Würdigung der langen und beispiellosen gesellschaftlichen Präsenz des Münchner Künstlerfürsten:[2]

»Lenbach hat die Münchner Kunst nach außen ganz wunderbar repräsentiert. Das Gewicht seines Namens, der Glanz seines Hauses, die Energie seines Auftretens, die illustren Beziehungen, welche er zur Gesellschaft unterhielt, das Alles gab ihm einen erhabenen Nimbus und ließ ihn als den geborenen Fürsten des zu königlichen Hantierungen so wenig aufgelegten Malervölkchens erscheinen.«

Den Anlaß zu dieser Eloge bot der Rücktritt des gealterten Künstlers von allen Ämtern, in denen er die Münchner Künstlerschaft repräsentiert hatte, als Vorstand des Münchner Künstlerhauses, als Präsident der Künstlergenossenschaft sowie vom einflußreichen

---

[1] Vgl. die »Gesellschaftsbiographie«, die die Bedeutung des Schöpfers der Operette für die Gesellschaft thematisierte, deren Stimmungen der Künstler mit seinen Werken Ausdruck verlieh, Siegfried Kracauer: Jacques Offenbach und das Paris seiner Zeit, Frankfurt am Main 1980 (zuerst Amsterdam 1937). Demgegenüber beschränkt sich unsere lebensgeschichtliche Fallstudie zu Lenbach auf eine enge, an der Entwicklungsgeschichte des Künstlers orientierte Perspektive.
[2] Eduard Engels: Lenbach's Sturz, in: Die Gegenwart 30, 1901, Nr. 2, S. 24.

Sitz im Vorstand der Internationalen Kunstausstellung. Damit ging nicht nur eine glänzende Karriere als Porträtmaler zu Ende, sondern es wurde auch deutlich, daß der Historismus im Diskurs der breiteren Kunstöffentlichkeit als prägender Epochenstil weitgehend seine Akzeptanz verloren hatte, nachdem er als ästhetischer Code seit der Münchner Sezession von 1892 zunehmend in Frage gestellt worden war.

Dem Interesse der Zeitgenossen an Franz Lenbach kann man unter zwei Aspekten nachgehen. Einerseits wurde seine künstlerische Leistung darin gesehen, daß er prestigefähige Porträts schuf, die der inneren Identität, der »Seele«, ein visuelles Abbild zu geben schienen und die zugleich dem Bedarf der Eliten des Zweiten Deutschen Kaiserreiches an offizieller wie privater Selbstdarstellung einen adäquaten ästhetischen Ausdruck verliehen. Andererseits galt er über mehrere Jahrzehnte hinweg als der Prototyp eines erfolgreichen Künstlers,[3] der aufgrund seiner individuellen Fähigkeiten zum »Künstlerfürsten« aufgestiegen war. Seine Bedeutung als Maler wurde in einer Kontinuität bis in die 1930er Jahre gewürdigt, wenngleich bereits in den 1920er Jahren eine Akzentverschiebung eintrat, wie dem Namensartikel für das Künstlerlexikon von Thieme/Becker zu entnehmen ist. Darin wurde statt der gesellschaftlichen Stellung seine Prägung des Bismarckbildes in den Vordergrund gerückt.[4]

Es ist somit zu fragen, welche kulturellen Werte seine Porträtkunst in der Konfiguration des Historismus repräsentierte, wenn man diese als ein epochentypisches Bedeutungsgewebe aus kulturellen Mustern und Chiffren betrachtet.

---

3 Zu seiner Wertigkeit beispielsweise: »Dennoch wird Niemand verkennen, daß Lenbach vor allem ein Charakter ist, der in der Wiedergabe bedeutender Männer von den wenigsten Modernen erreicht, von keinem aber überboten wird.« Friedrich Pecht: Bei Franz von Lenbach, in: Allgemeine Zeitung Augsburg vom 15. 1. 1885, S. 210.

4 »Geistig bedeutende, markante Züge wußte Lenbach in spannenden ausdrucksvollen Momenten festzuhalten. Das eigene Interessiertsein an der darzustellenden Persönlichkeit ist stets zu fühlen, es bedingt stark den künstlerischen Wert. An der Spitze steht die Gestaltung von Bismarcks Erscheinung (etwa 80 Bilder), die Lenbach endgültig festgelegt hat.« Ernst Hanfstaengl: Lenbach, in: Thieme/Becker: Künstlerlexikon, 23. Bd., Leipzig 1929, S. 43.

Quellen

Lenbachs Nimbus entstand als ein Produkt des Diskurses der zeitgenössischen Kunstpublizistik. Die zahlreichen Texte, die sich mit ihm beschäftigten, sind daher als Quellen für die Vorstellungen über ihn und deren semantische Kontexte zu lesen. Lenbach äußerte sich in seinen zahlreichen Briefen selten zu seinem Selbstbild als Künstler.[5] Dies ist ein Indiz dafür, daß er sich den Künstlerhabitus intuitiv aneignete.

Diese These wird von der einzigen geschlossenen Quelle mit autorisiertem Status gestützt. Das von Wilhelm Wyl aus Gesprächsaufzeichnungen zusammengetragene Material erschien 1904 in Buchform mit der gewollten Anmutung eines autobiographischen Textes.[6] Da die Publikation länger geplant war und das Manuskript aus teilweise bereits früher veröffentlichten Zeitschriftenartikeln bestand, hatte Lenbach die neue Textfassung durchgesehen. In einem Brief, der in das Vorwort aufgenommen wurde, bezog er Stellung zu den ihm zugeschriebenen Äußerungen. Daraus geht hervor, daß ihm manche Formulierungen in der Wiedergabe Wyls präzisierungsbedürftig erschienen, ohne daß er dies im einzelnen konkretisiert hätte. Es ist davon auszugehen, daß die Texte einen nicht abgeschlossenen Prozeß der Selbstverständigung repräsentierten, weshalb er die Eindeutigkeit der Positionen relativierte.[7] Der Originalitätsgrad seiner Äußerungen ist ohnehin bescheiden, da er im wesentlichen Auffassungen wiedergab, die im Verständnis der Kunstöffentlichkeit gängig waren.

---

5 Diese wurden von der kunsthistorischen Forschung, erstmals von Sonja Mehl: Franz von Lenbach (1836-1904). Leben und Werk, Diss. phil. München 1972, und Siegfried Wichmann: Franz von Lenbach, Köln 1973, herangezogen.
6 Wilhelm Wyl (Wilhelm Ritter von Wymetal): Franz von Lenbach. Gespräche und Erinnerungen, Stuttgart/Leipzig 1904.
7 Gestützt wird diese Einschätzung durch zwei Aussagen. Einmal von Lenbach über sich selbst, der mit Bezug auf ein Gespräch mit Friedrich Pecht davon sprach, daß er im Gebiet der Theorie »nicht zu Hause« sei, zit. bei Mehl 1972, S. 168; ferner berichtete Conrad Fiedler an Adolf von Hildebrand von einer Begegnung mit Lenbach: »was seine Kunstansichten anlangt, so mußte ich innerlich lachen, ungefähr zu hören, was die gewisse römische Clique und auch Marées nun seit 10 bis 15 Jahren immer wiederkäuen, ohne weiter zu kommen ...«, ebd.

Aussagekraft besitzen auch die Bedeutungsverschiebungen, die seinem Wirken zugeordnet wurden. Eine Werkmonographie von Adolf Rosenberg, die noch auf dem Höhepunkt der gesellschaftlichen Anerkennung Lenbachs erschien, pflegte den Künstlermythos.[8] Aufschlußreich für das Weiterwirken des Lenbachnimbus nach dessen Tod im Jahre 1904 sind die Zeiträume der wissenschaftlichen Beschäftigung mit ihm und der Publikationen über ihn. Nach der Würdigung im Künstlerlexikon von Thieme/Becker fand eine erneute Auseinandersetzung im Zusammenhang mit dem hundertsten Geburtstag 1936 in einer größeren Zahl von Zeitungs- und Zeitschriftenveröffentlichungen ihren Niederschlag, die jedoch überwiegend vom nationalsozialistischen Konzept der Rekonstruktion einer geschichtlichen Kontinuität getragen waren. Diese sollte eine über die »Verfallszeit« – ein Begriff, mit dem die radikalisierte künstlerische Moderne seit etwa 1910 denunziert wurde – hinwegreichende Tradierung bilden. In diesem Sinne interpretierte Georg Fuchs in seiner literarischen Schilderung der Kunstverhältnisse um 1900 Franz Lenbach als den Prototyp eines Vorläufers der nationalen Kunstauffassungen.[9] In den 1950er Jahren beschäftigten sich lediglich lokalgeschichtlich orientierte Publikationen mit dem Künstler. Seit Ende der sechziger Jahre veröffentlichte Schmoll gen. Eisenwerth verschiedene Arbeiten zu Lenbachs Handhabung der Fotografie als eines modernen Arbeitsmittels für die Malerei. Erst mit der Dissertation von Sonja Mehl von 1972 begann eine systematischere Erforschung Lenbachs in der Kunstgeschichte.[10] 1973 erschien eine für die breitere Öffentlichkeit bestimmte Darstellung von Sigfried Wichmann.[11] Beide Publikationen stützten sich auf Lenbachs Notiz- und Skizzenbücher als Quelle, um die werkmonographische Aufarbeitung voranzutreiben.[12] Ein weiterer Schub von Veröffentli-

8 Adolf Rosenberg: Franz von Lenbach, Bielefeld 1898 (bis 1911 vier Nachauflagen).
9 Georg Fuchs: Sturm und Drang in München um die Jahrhundertwende, München 1936.
10 Sonja Mehl 1972.
11 Wichmann 1973.
12 1980 wurde schließlich von der Städtischen Galerie im Lenbachhaus ein Bestandskatalog mit einem einführenden Teil publiziert, der einer Fassung von Mehls Dissertation entsprach, sowie eine kunsthistorische Aufarbeitung von Lenbachs Villa durch Christine Hoh-Slodcyk ent-

chungen entstand 1986 aus Anlaß des 150jährigen Geburtstags des Malers.[13]

Generation und Individuum

Es stellt sich die Frage, mit welchem »geistigen und mentalen Handwerkszeug« Lenbach seine Identität als »Kunstmaler«[14] konstituierte.[15] Welche kulturellen Ausdrucksformen und epochentypischen Muster waren für ihn verfügbar?

Die Generation Lenbachs gestaltete die historistische Kultur und Kunst der Gründerzeit.[16] Sie durchlief in den späten fünfziger und den sechziger Jahren des 19. Jahrhunderts die Klassen der Akademien. In München besaß der Maler Karl Piloty als Lehrer eine hohe Anziehungskraft, da er seit 1857 eine Reform des Studiums und der künstlerischen Auffassungen an der Königlichen Akade-

hielt. Sonja Mehl: Franz von Lenbach in der Städtischen Galerie München, München 1980.
13 Ausst. Kat. Städtische Galerie im Lenbachhaus München: Franz von Lenbach 1836-1904, München 1987. Ferner Winfried Ranke: Franz von Lenbach. Der Münchner Malerfürst, Köln 1986. Dieses Buch war für ein breiteres Publikum geschrieben und verzichtete auf wissenschaftliche Nachweise. Vgl. auch Sonja von Baranow: Franz von Lenbach. Leben und Werk, Köln 1986.
14 Berufsbezeichnung laut Meldebogen im Stadtarchiv München.
15 Ein Ansatz, der in der Frühgeschichte der Annales insbesondere bei Marc Bloch eine Rolle spielt, vgl. Raulff 1995, S. 387.
16 Wichtige Repräsentanten der Kunstproduktion der siebziger bis neunziger Jahre ordnen sich nach ihren Geburtsdaten in den 1830er und 1840er Jahren:

Arnold Böcklin	1827-1901
Franz von Defregger	1835-1921
Franz von Lenbach	1836-1904
Hans Thoma	1839-1924
Hans Makart	1840-1884
Gabriel von Max	1840-1915
Ferdinand von Miller	1842-1929
Wilhelm Leibl	1844-1900
Albert von Keller	1844-1920
Max Liebermann	1847-1935
Friedrich August von Kaulbach	1850-1920
Julius Langbehn	1851-1907.

mie der Bildenden Künste befördert hatte. Piloty brachte die Gattung der Historienmalerei,[17] der im Historismus unter den Fächern der Malerei der höchste Rang zuerkannt wurde, zu einer Blüte, die München als geistig innovative Kunstmetropole auswies. Zwei Schüler Pilotys, Franz Lenbach und Hans Makart, reüssierten in der Folge zu führenden Malern der Epoche. Makart erhielt 1869 in Wien ein staatlich finanziertes Atelier.[18] Lenbach war seit den siebziger Jahren als Porträtist überregional präsent und etablierte sich schließlich in München.

Franz Lenbach, 1836 als Sohn eines Stadtbaumeisters in der etwa 50 Kilometer von München entfernten Kleinstadt Schrobenhausen geboren, wuchs in einem ländlich-traditional geprägten Milieu auf. In seiner vielgeschwistrigen Familie lag es nahe, in der Kontinuität des väterlichen Gewerbes das Berufsziel eines Bauhandwerkers anzustreben. Lenbach besuchte mit dieser Intention zunächst die Gewerbeschulen in Augsburg und Landshut, erwarb sich dann, teils als Autodidakt, teils bei einem Münchner Bildhauer, Grundkompetenzen im Zeichnen und in der Malerei, die die Voraussetzung dafür bildeten, daß er 1854 im Alter von 17 Jahren an der Münchner Akademie für die Antikenklasse des Professors Georg Johann Hiltensberger immatrikuliert wurde. 1857 nahm ihn schließlich der Historienmaler Piloty in die engere Gruppe seiner Schüler auf, in der Lenbach längerfristig ein soziales Bezugsfeld fand.

Die in den späten fünfziger Jahren entstandenen Gemälde Lenbachs, beispielsweise mit den ländlichen Sujets des heimatlichen Dorfes Aresing, überraschen durch ihren lebendigen Realismus. Für eines dieser frühen Bilder, die er auf dem Kunstmarkt anbot, wurden ihm vom Kunstverein München 450 Gulden bezahlt.[19] Als Höhepunkt dieser Entwicklungsphase gegen Ende der Studienzeit entstand um 1860 ein bemerkenswertes Bild mit dem Titel »Der rote Schirm«, das arbeitende Landleute und einen im Handwagen

17 Allgemein Ekkehard Mai (Hg.): Historienmalerei in Europa. Paradigmen in Form, Funktion und Ideologie, Mainz 1990.
18 Vgl. Hoh-Slodcyk 1985, S. 81; diese Berufung hatte ihren Kontext in der gesellschafts- und kulturgeschichtlichen Entwicklung Wiens, der Blütezeit der bürgerlichen Kultur mit dem Ringstraßenprojekt als Repräsentation eines urbanen Gestaltungswillens, siehe Schorske 1982, S. 23 ff.
19 Wyl 1904, S. 34.

gebetteten Säugling in einem erntereifen Feld zeigt, der von einem roten Schirm vor der Sonne geschützt wird.[20] Dieses Gemälde läßt erkennen, daß Lenbach zu diesem Zeitpunkt offenkundig über Ausdrucksformen verfügte, die einen realistischen Impressionismus ermöglicht hätten, analog zu jenem zentralen Innovationsprozeß der ästhetischen Moderne, wie er sich in der französischen Malerei entwickelte. Auffallend ist auch ein Porträt des Münchner Arztes Oscar Schanzenbach. Dieses Bild ist von einer Wahrnehmung geprägt, die die Abbildungsgenauigkeit der Erscheinung dieses Bürgers zum Gegenstand der Darstellung erhob. Das Porträt wirkte mit seinem Realismus provozierend auf das Münchner Kunstpublikum. Friedrich Pecht berichtete retrospektiv von dem »Schrecken«, den das Bild auslöste:[21]

»(...) durch die unerhörte Brutalität, mit der er ihn ganz so malte, wie er wirklich aussah. Man fand das förmlich unanständig, jedenfalls in höchstem Grade indiskret (...). Da braucht man ja gar keine ›Auffassung‹ mehr, wenn man die Leute so darstellt, wie sie sind, schrien die Kunstvereinsmitglieder (...).«

Bei Lenbach ist jedoch im darauf folgenden Jahrzehnt ein Bruch mit seiner ersten Arbeitsphase festzustellen. Er erhielt im Jahre 1860 auf Vermittlung Pilotys als 24jähriger Maler einen Ruf an die neu gegründete Kunstschule in Weimar und wirkte dort eineinhalb Jahre als Professor, in enger Freundschaft mit Böcklin und Begas. Dann verließ er Weimar mit dem Wunsch, sich auf die eigene künstlerische Arbeit zu konzentrieren. Längere Aufenthalte in Italien, insbesondere in Rom, schlossen sich an, so daß Lenbach neben Feuerbach, Böcklin und Marées zeitweise zu den »Deutschrömern« gezählt werden konnte.[22]

In dieser zweiten Entwicklungsphase seit 1863/64 kopierte er herausragende Werke der »alten Meister« in den Museen von Rom, Florenz oder auch in München. So reiste Lenbach Ende 1863 mit dem Auftrag Schacks nach Rom, über die Arbeit anderer

---

20 Lenbach Kat. 1987, S. 62.
21 Pecht, in: Kunst für Alle, Jg. 1886, zit. nach Lenbach Kat. 1987, S. 230; vgl. hierzu auch Busch 1993, S. 418, dort Abwägung der »bürgerlichen Dimensionen des Porträts«.
22 Einen Überblick bietet der Ausst. Kat. Haus der Kunst München: Christoph Heilmann (Hg.): »In uns selbst liegt Italien.« Die Kunst der Deutsch-Römer, München 1987.

Abb. 17: Franz von Lenbach: Oscar Schanzenbach, um 1860. – Wegen seines pointierten Realismus stieß dieses Porträt bei Mitgliedern des Kunstvereins auf Ablehnung. Es suchte ein detailgetreues Bild des Aussehens und der Bekleidung des Münchner Arztes wiederzugeben. Der Unterschied dieser Orientierung Lenbachs an einem Wahrheitsbegriff in der Wahrnehmung der Erscheinung und seinem späteren historischen Stil, mit dem er Erfolg hatte, zeigt die Bedeutung der veränderten kulturellen Konfiguration.

Maler zu berichten, die für diesen gleichfalls Kopien anfertigten. Lenbach fand sich zu solchen gutachterlichen Dienstleistungen bereit. Der sehr viel stärker auf einen künstlerischen Individualismus ausgerichtete Maler Anselm Feuerbach kommentierte diesen Vorgang in einem Brief vom Neujahrstag 1864 an seine Mutter:[23] »Herr von Schack hat mir Herrn Lenbach, der soweit ein bescheidener Mann und ein intimer Freund Böcklins ist, und bei Schack alles gilt, ›quasi‹ zur Besichtigung geschickt. Ich bin nicht kleinlich und mache doch, was mir gefällt.« Gestützt auf eigenes Vermögen, hatte Schack seit 1857 in München mit dem Aufbau seiner Galerie begonnen, die seit den sechziger Jahren zu den Attraktionen des kunstinteressierten Publikums in München zählte. Für diese gab er bei zeitgenössischen Malern Werke in Auftrag und ließ Kopien »alter Meister« anfertigen.

Seit 1864 hatte Lenbach seinen Hauptwohnsitz mit einem Atelier in München eingerichtet. 1867/68 teilte er jedoch einer seiner Schwestern, die auf seine Unterstützung angewiesen war, in einem Brief aus Spanien höchst zweckrationale Überlegungen mit, im aufstrebenden Berlin eine Marktchance zu suchen:[24] »In Berlin, so hoffe ich, fängt meine Carriere an, 5000-10000 fl. (Gulden) wird mir (sofern ich gesund bleibe) wohl nicht schwer werden, den reichen Ochsen daselbst abzunehmen. Dann könnt ich Euch ein wenig aufhelfen.« Diese Äußerung deutet darauf hin, daß Lenbach die vermögenden Zeitgenossen als Zielgruppe seiner künstlerischen Arbeit früh im Auge hatte. Tatsächlich vollzog sich sein Aufstieg zum hochangesehenen »Malerfürsten« im Verlauf der siebziger und achtziger Jahre aufgrund seiner Marktfähigkeit bei der Oberschicht. Schon 1866 porträtierte er den abgedankten bayerischen König Ludwig I., eine Arbeit, für die er nachweislich erstmals die Fotografie als technisches Hilfsmittel einsetzte.[25]

Lenbachs individuelle Karriere blieb in den zeittypischen Geschmackswandel und den Bildbedarf der gründerzeitlichen Gesellschaftsschichten eingebettet. Bereits 1870 hatte Friedrich Pecht, im

---

23 In: J. Allgeyer: Anselm Feuerbach, Berlin 1903, Bd. II, S. 17, zit. nach Baranow 1986, S. 25.
24 Lenbach Kat. 1987, S. 30.
25 Baranow 1986, S. 114; Hanfstaengl 1929, S. 44, nennt das Bildnis seines Ateliergenossen als erstes Werk, in dem sich »die im Studium der alten Meister« gewonnene Festigung des persönlichen Maßstabs objektiviert habe.

Aufbruch zur Gründerzeit, die entstehende Mentalität in ihrer Polarität zwischen »dem Schönen« und der beschleunigten Modernisierung charakterisiert:[26]

»(...) skeptisch wie wir sind, suchen wir fast alle das Göttliche im Schönen jeder Art (...). Da flüchtet sich denn jedermann von Zeit zu Zeit mit einer wahren Wonne in die ideale Welt der Kunst, sucht da den stillen Frieden, das süße Glück, das ihm die prosaisch lärmende zänkische Gegenwart mit ihren Eisenbahnen und Telegraphen, ihren Zeitungen und Tribünen fast überall versagt.«

Für diese »ideale Welt der Kunst« suchte Lenbach spezifische ästhetische Ausdrucksformen und setzte sie mit dem Aufbau seiner Karriere durch. Hierbei lassen sich seit etwa 1870 mehrere Strategien der Karriereplanung unterscheiden, die sich aus den sozialen Praktiken des Berufsstandes eines selbständigen Malers, aber auch der zielgerichteten Partizipation am geselligen Leben ergaben.

Der »Kultus der alten Meister«

Lenbachs Aufstieg vollzog sich in einem Kontext der Veränderung kultureller Orientierungen und ästhetischer Wahrnehmungsformen, die im Diskurs der kunstinteressierten Öffentlichkeit thematisiert wurden. Die Werke »der alten großen Meister« sollten, in den Begriffen Friedrich Pechts, als »leuchtende Vorbilder für uns alle« dienen. Die bedeutenden Künstler der Vergangenheit wurden idealisiert und ihre Ästhetik als Muster für die eigene Gegenwart rezipiert.[27] In der Konsequenz dieser kulturellen Strömung erwies sich die Aneignung von Maltechniken der im 19. Jahrhundert gerühmten Maler als Schlüsselkompetenz für die spätere Porträtmalerei Lenbachs. Dieser hatte bereits während des Studiums 1858/59 begonnen, sich mit der italienischen Renaissance und der niederländischen Kunst des 17. und 18. Jahr-

---

26 Friedrich Pecht, Beilage Allgemeine Zeitung 48, 18. 2. 1870, S. 729.
27 Pecht repräsentiert diese Wahrnehmung des 19. Jahrhunderts: »Es ist daher bei ihm viel leichter zu sagen, wen er nicht nachahmt, als wem er gleicht, da er oft an Giorgione, Tizian, Tintoretto, aber auch nicht weniger an Rembrandt, Velazquez und bisweilen selbst an van Dyck erinnert.« Friedrich Pecht: Bei Lenbach, in: Allgemeine Zeitung vom 15. 1. 1885, Beilage, S. 211.

hunderts, insbesondere aber Rubens, Velazquez und Tizian, zu beschäftigen.[28]

In der ersten Phase richtete sich sein Interesse auf die Aufarbeitung des kunstgeschichtlichen Wissensstandes, da ihm die Voraussetzungen eines familiären oder gymnasialen Bildungshintergrundes fehlten und die autodidaktische Ergänzung seines Orientierungswissens als »kulturelles Kapital« lebenslanges Anliegen blieb. Seit dem Beginn der Kopiertätigkeit für den Grafen Schack 1862 entschlüsselte er »im tiefen Studium« vor allem die ästhetischen Mittel[29] und die »koloristischen Geheimnisse« der anerkannten Künstler und machte sie in maltechnischer Hinsicht für seine eigene Arbeitsweise verfügbar,[30] worauf der Kunstkritiker Adolf Rosenberg 1887 hinwies:

»Sein Aufenthalt in Italien dauerte drei Jahre, und während derselben entstand eine Reihe von meisterhaften Kopien von Tizian, Giorgione, Tintoretto, Rubens, van Dyck, Murillo u. a., welche eine hohe Zierde der Schackschen Galerie in München bilden und in jedem Pinselstrich Zeugnis ablegen von der Gewissenhaftigkeit und Tiefe, mit denen Lenbach in die koloristischen Geheimnisse der alten Meister eingedrungen ist.«

Aufgrund des sichtbaren Erfolges schickte ihn Schack 1867 nach Madrid mit dem Auftrag, dort Werke von Velazquez zu reproduzieren.

Die historistische Identifikation mit dem zu kopierenden Original erforderte keine reine Reproduktion, wie dies bei frühen Imitationen von Rembrandts Malweise geschehen war.[31] Eine befriedigende Bildwirkung konnte nur entstehen, wenn nicht allein technisches Können reproduziert wurde, sondern der Kopist sich in die Sichtweise seiner Vorbilder, in »ihren Geist und ihre Empfindungsweise«,[32] hineinfand, soweit dies gelingen konnte, und eine zweite Version des Werkes herstellte. Die Reproduktion von Kunstwerken galt in den sechziger Jahren des 19. Jahrhunderts noch keineswegs als problematisch oder zweitrangig.[33] Diese Ein-

---

28 Mehl 1980, S. 13 f.
29 Pecht 1885, S. 211.
30 Adolf Rosenberg: Die Münchner Malschule in ihrer Entwicklung seit 1871, Leipzig 1887, S. 20.
31 In Gestalt von Mädchenköpfen, vgl. Pecht 1888, S. 337.
32 Pecht 1885, S. 21.
33 Zahlreiche Maler gingen solchen Reproduktionsarbeiten nach, auch Wilhelm Leibl kopierte für Schack, vgl. Christiane Stukenbrok: Wil-

stellung erklärt sich aus dem Stand der technischen Reproduzierbarkeit.[34] Die Fotografie konnte zwar bereits Abbildtreue in Hell-Dunkel-Schattierungen garantieren, doch die auf der Wahrnehmung »koloristischer« Darstellungsmittel beruhende Bildwirkung war damit nicht erreichbar. Auch die Reproduktion durch den Maler verfügte somit noch über die Aura der sinnlichen Anschauung.

Lenbachs Porträtkunst beruhte auf der Verwendung einer spezifischen Maltechnik zur Produktion der Anmutung des »Altmeisterlichen« durch die Hand des Künstlers, von der sich Konnotationen einer stilisierenden Würde für den Porträtierten ableiteten. Mit dieser Malerei adaptierte Lenbach ein mit ästhetischen Reizen besetztes Geschmacksmuster, das als Code die dominante mentale Grundhaltung seiner Zeitgenossen repräsentierte. Diese Beziehung beruhte vor allem auf einer symbolischen Übertragungsleistung, die im visuellen Code des Historismus mitschwang: Mit der Aneignung des Stils »der alten Meister« wurden zugleich die großen kulturellen Leistungen der herausragenden Künstlerindividuen der Vergangenheit assoziiert. Deren geistige Aura und der kulturelle Bedeutungskontext jener vergangenen Höhepunkte der Kulturgeschichte schienen mit diesen Werken in die Gegenwart des 19. Jahrhunderts transferiert. Wyl kennzeichnete die mentale Haltung Lenbachs mit der Formulierung, jener sei »tief vom Kultus der alten Meister durchdrungen«.[35] Mit dem Begriff Kultus verbanden sich quasireligiöse Vorstellungen von der »Größe« des idealisierten Individuums und zeitgenössische Sehnsüchte, diese erneut zu erreichen. Wyl beschrieb den Aneignungsbezug des »Künstlerischen« und die Bedeutungszuweisungen an die »alten

    helm Leibl und die Niederländische Malerei des 17. Jahrhunderts, in: Ausst. Kat. München Neue Pinakothek, Wilhelm Leibl, München 1994, S. 114.
34 Vgl. zum grundsätzlichen Problem Walter Benjamin: Das Kunstwerk im Zeitalter seiner technischen Reproduzierbarkeit, Frankfurt am Main 1963. Beispielsweise fand Wilhelm Leibls »Bildnis Frau Gedon« von 1869 als ein Versuch der Annäherung an die Wirklichkeit in Paris größere Aufmerksamkeit als in München, vgl. Leibl Kat. 1994, S. 240 f. Dies belegt die unterschiedlichen kulturellen Verarbeitungen des visuellen Realitätsgewinns in der kulturellen Modernisierung in den nationalen Kulturen.
35 Wyl 1904, S. 155.

Meister« später in der Bildlichkeit einer Generationenkontinuität.[36] Es sei der »Sohn zurückgeschlagen auf die großen Vorväter«[37] und auf diese Weise ein »geheimnisvolle(s) Gewebe« entstanden. Insbesondere die Bewunderung für Peter Paul Rubens stand in einer inneren Beziehung zu den eigenen gesellschaftlichen Zielen, war doch der Wechselbezug zwischen der Oberschicht Antwerpens und den kulturellen Lebensformen, in denen die Kunstproduktion aufblühen konnte, unübersehbar. Antwerpen hatte als Handelsmetropole verzweigte Wirtschaftsbeziehungen. Dies hatte dem Bürgertum und einem Teil der Adelsgesellschaft einen beachtlichen Lebensstandard ermöglicht[38] und der Kunst von Rubens oder Anton van Dycks eine soziale Basis gegeben. Bei der Luxusproduktion der künstlerischen Werkstätten war dem Porträt in seiner lebensstilisierenden Bedeutung ein hoher Stellenwert zugewiesen worden. Vor diesem Hintergrund muß auch der Kult um Rubens gewertet werden. Als 1877 in Antwerpen ein Rubensfest veranstaltet wurde, das der Feier dieses Mythos diente, unternahm Lenbach mit befreundeten Künstlern wie Hans Makart eine Reise, um an diesem Ereignis teilzunehmen.[39] Die hiervon inspirierte Kunstauffassung zielte nicht nur auf ein autonomes Bild. Vielmehr sollte sich das Gemälde in den Kontext der historistisch gestalteten Räume und ihrer Ausstattungsobjekte einfügen.[40]

36 »(...) und doch waren gerade die geistigen, im höchsten Sinne künstlerisch begabten alten Meister am eifrigsten auf Vervollkommnung der Technik bedacht«; in: Franz von Lenbach's künstlerisches Credo, in: Kunst für alle, 1902/03, S. 21.
37 Wyl 1904, S. 100.
38 Zusammenfassend Ausst. Kat. Kunsthistorisches Museum Wien, Köln 1993, Ekkehard Mai/Hans Vlieghe (Hg.): Von Brueghel bis Rubens. Das goldene Jahrhundert der flämischen Malerei, Köln 1993, darin zum sozialgeschichtlichen Hintergrund Roland Baetens: Antwerpens Goldenes Jahrhundert. Konstanten und Wandel des wirtschaftlichen Lebens, S. 32 ff.
39 Als Bericht hiervon: Wahrheit und Dichtung, Gedankenspähne eines Holzschneiders, Die Reise ins Niederland Juli 1877, Münchner Stadtmuseum, Inv. Nr. B 89 11, vgl. auch Lenbachkat. 1987.
40 Friedrich Pecht verweist auf das Renaissancevorbild und dessen Kontextbegriff: »So war ihm in den herrlichen italienischen Palästen aufgefallen, daß jedes klassische Bild nicht nur die Nachbarschaft aller anderen, sondern nicht minder die der kostbarsten Dinge aller Art, der

Der freie Maler und sein Markt

Lenbach verstand es sehr bald, seine künstlerische Kompetenz in eine marktgängige Form von Malerei umzusetzen. Als selbständiger Maler ohne Vermögen hatte er von Beginn an unter dem Zwang zum Gelderwerb gestanden, der es ihm nur unter großen Risiken erlaubt hätte, sich aus den Mustern einer Akzeptanz findenden Bildproduktion zu lösen. Ein solcher Schritt hätte ihm die Möglichkeit genommen, für seine unverheirateten Schwestern zu sorgen. Während der Zeit als Kopist für den Grafen Schack hatte er sich noch den Anweisungen und dem Zahlungsdiktat seines Auftraggebers unterwerfen müssen. Somit muß ihm seine Vorstellung von 1867, er könne mit seiner Porträtkunst in Berlin jene »reichen Ochsen« in ausreichender Zahl als Auftraggeber gewinnen und im Kunstmarkt bestehen, als Befreiung aus diesen finanziellen Zwängen erschienen sein. Zudem bekunden briefliche Äußerungen an seine Schwester einen ausgeprägten Ehrgeiz hinsichtlich seiner künstlerischen Profilierung:[41] »Ich muß nämlich auch bekennen, daß ich nichts Geringeres vorhabe, als die ganze moderne Kunst über den Haufen zu werfen, wenigstens eine Revolution in der ganzen Malerwelt hervorzurufen. Dies ginge nun in Paris am besten. Aus vielen Gründen bin ich aber entschlossen, in Berlin den Versuch zu machen (...).«
Die Orientierung am Markt bestimmte schließlich Lenbachs Entscheidungen über seine Aufenthaltsorte. Seine große Mobilität weist Merkmale der Chancenwanderung auf. Zwar blieb München sein ständiger Bezugsort, doch reiste Lenbach zur Abarbeitung der Porträtwünsche zwischen den Wohnorten der Auftraggeber und Kunstmetropolen wie Berlin oder Wien hin und her. Selbst die Wahl Münchens nach 1864 als perspektivischen Geschäfts- und Wohnsitz erschien für lange Zeit keineswegs gesichert. Zwar hatte Lenbach seit 1870 ein neues Atelier in der Luisenstraße gemietet. Doch bereits 1871 hielt er sich für längere Zeiträume in Wien auf und arbeitete teilweise in einer Ateliergemeinschaft mit Makart. In dieser Phase hielt er unter anderem auch engen Kontakt zu Gott-

---

Gobelins, Juwelen, Antiken, Bronzen, des Samts und der Seide vertragen konnte, ohne dadurch in seiner Wirkung beeinträchtigt zu werden.« Pecht 1888, S. 338.
41 Mehl 1980, S. 64.

fried Semper. Seit 1879 besuchte er regelmäßig Otto von Bismarck in Friedrichsruh. Die ersten Monate des Jahres 1880 verbrachte er wiederum in Berlin. 1881 nutzte er Gelegenheiten zu Informationsreisen nach Italien und England. 1883 bis 1887 verlebte er jeweils die Winterszeit in Rom. Er nahm überall rege am gesellschaftlichen Leben teil und besuchte die wichtigen Ausstellungen, wie den Pariser Salon, oder Kunstereignisse, wie seit 1876 die Bayreuther Festspiele. 1876/77 unternahm er zudem zusammen mit den Freunden Hans Makart, Carl Leopold Müller, Rudolf Huber, Adolph Gnauth und dem Fürsten Khevenhüller eine mehrmonatige Studienreise nach Ägypten.

Nachdem Lenbach in seinem Mobilitätsdrang immer wieder zwischen Berlin, Wien, Rom, Paris oder auch London geschwankt hatte, entschied er sich erst 1886/87 dafür, in München einen festen Wohnsitz einzurichten. Anlaß waren seine Heirat, ein standesgemäßer Villenbau, zudem die enge Verbindung zur Münchner Kunstszene und zur Künstlergesellschaft »Allotria« sowie die Bedeutung Münchens als »Kunststadt« mit dem etablierten Ausstellungsbetrieb und dem blühenden Kunstmarkt.[42] 1887 befand er sich zunächst in Rom zur Auflösung seiner dortigen Wohnung, anschließend führte ihn die Hochzeitsreise nach Paris und London. Die zweite Hälfte des Jahres verbrachte er erneut mit Auftragsreisen nach Friedrichsruh, Dresden, Berlin usw.[43] Noch 1889 artikulierte er in einem Brief an Josephine von Wertheimstein die Bereitschaft, auch weiterhin aus wirtschaftlichen Motiven dem Markt zu folgen:[44] »Sie werden nicht verstehen, daß ich immer nach dem fadenscheinigen Berlin stürze – allein mit einem letzten Aufenthalt dorten von nur 6 Wochen bin ich reich und unabhängig geworden.«

Paul Meyerheim, in dessen Atelier Lenbach bei solchen Aufenthalten in Berlin arbeitete, berichtete von einer beeindruckenden Geschwindigkeit und zweckrationalen Alltagsökonomie, in der die Porträts entstanden.[45] Der hohe Geldbedarf, aber auch seine innere Unruhe zwangen Lenbach zu Selbstdisziplin und intensiver

---

42 Vgl. ebd., S. 29.
43 Baranow 1986, S. 20.
44 Zit. nach Wichmann 1973, S. 213.
45 Paul Meyerheim: Lenbach-Erinnerungen, in: Allgemeine Zeitung Augsburg, 6. August 1910, S. 606.

Arbeit bei einem ausgefüllten Arbeitstag von neun bis zehn Stunden.[46] In seinen späten Lebensjahren, als er bereits kränkelte und an den Folgen eines Schlaganfalls litt, kam das Motiv der Vorsorge hinzu. 1901 beschrieb er in einem Brief an eine Freundin sein Kalkül der Verstetigung des Produktionsflusses:[47] »Ich arbeite hier recht fleißig, um es in einem Jahr dahin zu bringen, daß ich ungeniert krank werden kann oder sonst arbeitsunfähig – kurzum, daß ich von den Renten in der gewohnten Weise weiterleben kann.«

In dieser mentalen Haltung praktizierte Lenbach bürgerliche Normen des Leistungsprinzips und der verinnerlichten Arbeitsethik.[48] Er betrieb seine Malerei mit dem Verständnis eines freien Berufs, der den Gegebenheiten des Kunstmarktes entsprechend zu gestalten war, wodurch er häufig in Arbeitsstreß geriet. Sein auf Repräsentation bedachter Lebensstil ermöglichte zwar soziale Kontakte, aus denen sich Aufträge ergaben, begrenzte jedoch gleichzeitig seinen Handlungsspielraum und zwang ihn dazu, seine Chancen zu ertragsorientierter Produktivität zu nutzen. In einem Brief an Hermann Levi bekannte er, daß ihm das damit verbundene gesellschaftliche Ansehen durchaus gefiel:[49] »(...) Muß so viele Menschen sehen, soll (...) von 1000 Personen intime Portraits machen! In 10 Tagen oder in 12 Jahren (...).« Seine zweite Frau, Lolo von Lenbach, kommentierte diese Arbeitshaltung in ihren Erinnerungen:[50] »(...) die Arbeit war und blieb Lenbachs eigentliche, stete Heimat (...)«.

Der Einsatz des modernsten Bildmediums, der Fotografie, diente Lenbach bei der Entstehung eines Porträts zur Beschleunigung des Arbeitsablaufs. Die Vorzüge der neuen technischen Apparatur

---

46 »Ich finde nur den wahren Seelenfrieden, soweit es geht nämlich, wenn ich mich an die Arbeit zehn Stunden täglich abzappele.« Errinnerungen, im Nachlaß Lolo von Lenbachs, in Familienbesitz, zit. bei Baranow 1986, S. 48.
47 Brief vom 20. Juli 1901 an Franziska von Wertheimstein, Lenbach-Nachlaß, Familienbesitz.
48 In einem Brief an Josephine von Wertheimstein vom 2. März 1881, zit. in: Wichmann 1973, S. 65: »Auch kam ich in eine solche Arbeitswut, daß ich viel zuviel übernahm und seit Neujahr nicht eine Stunde spazieren konnte.«
49 Mehl 1980, S. 73.
50 Ebd., S. 71.

lagen in der Rationalisierung des Zeitaufwandes, der zur Herstellung eines zeichnerisch gewonnenen Abbildes des Gesichtes erforderlich war. Mittels fotografischer Aufnahmen konnten die Umrißlinien schnell durchgezeichnet und kopiert werden.[51]

Mit Hilfe der Rationalisierungsverfahren in der Bildproduktion gelang es Lenbach im Verlauf seines Arbeitslebens, die enorm hohe Zahl von etwa 4000 Gemälden zu fertigen. Der Preis eines Werkes lag in den 1880er Jahren zwischen 6000 und 12000 Mark.[52] Doch auch höhere Preise wurden bezahlt. Beispielsweise kauften die Bayerischen Staatsgemäldesammlungen 1886 das Bildnis Papst Leos XIII. für 15 000 Mark an. Während eines Prozesses im Jahr 1895 um einen Betrug mit meist unfertigen Bildern Lenbachs, die ihm von einem Bediensteten aus seinem Depot entwendet und von diesem verkauft worden waren, wurde seine exponierte Stellung im Markt von den Münchner Künstlern Defregger und Löfftz hervorgehoben, die als Gutachter die Preise für große Bilder auf durchschnittlich 10000 bis 12000 Mark bezifferten.[53]

Porträtist der Oberschicht und »Seelenmaler«

Dieser hohe Marktwert verweist auf die besondere Bedeutung von Lenbachs Kunst für die zeitgenössischen Bedürfnisse nach ästhetischer Symbolisierung. Innerhalb weniger Jahre war es ihm gelungen, zum Porträtmaler der Oberschicht aus Adel und vermö-

---

51 Mit diesem Interesse engagierte er sich in einem Zusammenschluß der damit beruflich befaßten Maler, die sich in den neunziger Jahren zur Propagierung und Reflexion der Möglichkeiten der Fotografie für die Malerei zusammenfanden. Ihre »Deutsche Gesellschaft zur Beförderung rationeller Malverfahren« trat für die Effektivitätssteigerung in der Bildproduktion ein und folgte somit dem Leitmuster der bürgerlichen Rationalisierung. Lenbach war deren erster Vorsitzender, als vom 20. Juli bis 15. Oktober 1893 die »Ausstellung für Maltechnik« im Ostflügel des Glaspalastes in München veranstaltet wurde. Innerhalb der Ausstellung arrangierte Lenbach ein Musteratelier, in dem er idealtypisch seinen Begriff der historistischen Ästhetik inszenierte. Lenbachkat. 1987, S. 124.
52 Wichmann 1973, S. 224.
53 Zit. bei Johanna Eltz: Der große Bilderdiebstahl oder das ›originale‹ Fälschen, in: Lenbachkat. 1987, S. 146.

gendem Bürgertum zu avancieren. Mit zunehmender Bekanntheit im letzten Jahrhundertdrittel schuf er ein visuelles Bild der gesellschaftlichen Führungseliten im deutschen Sprachraum.

Der Kritiker Friedrich Pecht sah die besonderen Fähigkeiten Lenbachs in einer »Schärfe der Beobachtung« und »jener angeborenen instinktartigen Menschenkenntnis, die man so wenig erlernen als erraten kann«.[54] Mit dieser gelänge es ihm, hinter den vordergründigen Ausdrucksformen des gesellschaftlichen Status auch die Individualität des Porträtierten zu erfassen. Seine Bilder ließen erkennen, »daß er die Sprache der Augen und Mienen« verstünde:[55] »Sie zeigen uns ihr Inneres, nicht ihre Uniformen und Orden oder das, wozu ihre Pariser Modistin sie herausputzte.« Nicht die Oberfläche der Kleidersprache oder des modischen Schmucks, sondern »die Behandlung menschlicher Gemüter« stehe im Zentrum seiner Arbeit. Pecht nannte Lenbach daher einen »Seelenmaler«.[56] Ähnlich äußerte sich der zeitgenössische Kunstkritiker Bredt, der den Prozeß der »geistvollen« Kommunikation hervorhob, die es Lenbach ermögliche, »die Seele« des Porträtierten zu erfassen und mit sicherer Hand darzustellen.[57] Seine spezifische Dienstleistung für das Publikum und sein Marktwert mit dem daraus resultierenden ökonomischen und gesellschaftlichen Aufstieg beruhte auf der Fähigkeit, sich während der Sitzungen in Gesprächen einen Eindruck von der Person seines Kunden zu verschaffen und für die »intimen Porträts« eine repräsentative ästhetische Sprachlichkeit zu finden. Insbesondere dieser Kompe-

54 Pecht 1888, S. 337.
55 Pecht 1885, S. 210.
56 Pecht 1888, S. 338 und 340: Die Reifung seiner Meisterschaft in der Nutzung des altmeisterlichen Stils für einen neuartigen Bildnistypus bewies das Porträt von Lenbachs Atelierpartner Ludwig von Hagen: »Bei seiner Art, fast alle die, welche ihm sitzen, von den verschiedensten Seiten zu versuchen und so ihr ganzes Wesen zu studieren, ist er denn auch dank seiner scharfen Menschenkenntnis allmählich ein Charaktermaler geworden, der als solcher von den wenigsten Modernen erreicht, von keinem überboten wird.«
57 »Wie schnell und scharf hat er die charakteristischen Züge, die charakteristische Haltung des zu Porträtierenden in sich aufgenommen und auf der Leinwand fixiert! Wie weiß er durch geistvolles Fragen und Äußern die Seele derselben zu ergreifen.« Ernst Wilhelm Bredt: Die Wohnstätte eines Maler-Fürsten als Vorbild für Jedermanns Heim, in: Zeitschrift für Innendekoration, IX. Jg. 1898, Juli-Heft, S. 98.

tenz zur Individualisierung wurde vom Publikum Genialität zuerkannt, und sie begründete Lenbachs herausragende Rolle als Künstler.[58]

Der Maler wurde zum Regisseur der Erscheinung des Porträtierten. Das Bild wurde zu einer symbolischen Form, die die gesellschaftliche Stellung und den Statusanspruch der Person mit ihrer Individualität verband. Aus dieser Zielsetzung erklärt sich die weitgehende Konzentration Lenbachs auf die Gesichtszüge der Porträtierten. Lediglich bei Repräsentanten des Staates blieb die Akzentuierung von Uniform und Hoheitszeichen in einem gleichwertigen Rang zur Raumumgebung. Bismarck äußerte während eines Besuchs der Münchner Kunstausstellung von 1892 seine Zufriedenheit, als er mit dem Künstler eines dieser Porträts von sich begutachtete:[59] »Es freut mich, durch den Pinsel Lenbach's hier mich so verewigt zu sehen, wie ich der Nachwelt gern erhalten bleiben möchte.«

Mit der zunehmenden Dominanz der bürgerlichen Kultur gewann die Kategorie der Individualität und die Erfassung der »Seelenregung« an Konjunktur und wurde zu Lenbachs Markenzeichen. Diese Dimension der Person gehörte dem Innenleben des Individuums zu und wirkte gegenüber der sozialen Zugehörigkeit innerhalb der ständischen Ordnung sowohl nivellierend als auch ergänzend. Die soziale Bedeutung der Wahrnehmungskraft Lenbachs wurde von einem Kommentator erkannt und als eine aus seiner Arbeitsweise erwachsende Macht des Künstlers hervorgehoben:[60]

»(...) ob Souverän, Kanzler oder Feldherr, da er [Lenbach, d. V.] sie malt, ist er im Bild der Beherrscher, der wirkliche Souverän ihrer Seelenregungen. Sie, die großen Repräsentanten sind in ihm und im ›hofmalerischen Sinne‹ ohne jede Repräsentation, zumeist wenigstens; sie repräsentieren durch Lenbachs Genie nur ihren Geist und in ihm auch den ihrer Zeit.«

---

58 Auch Richard Muther hebt als Leistung hervor, daß er »den Geist anderer versteht«: »Das Porträt verlangt nicht künstlerische Mode allein, vor allem auch psychisches Erfassen des Gegenstandes«, in: Die Propyläen, 10. Mai 1904, S. 479.
59 Zit. nach Heinrich von Poschinger: Geleitspruch, in: Die Propyläen vom 10. Mai 1904.
60 Beiblatt der Frankfurter Nachrichten, März 1899 (3. Folge), zit. nach Wichmann 1973, S. 204.

Die Nähe zur Macht erweiterte zweifellos den künstlerischen Handlungsspielraum, den man ihm generell zugestand. Im August 1871 erreichte Lenbach die Aufforderung des Großherzogs von Baden, ein Porträt von ihm zu malen.[61] Im Juni 1874 berichtete er in einem Brief: »Morgen muß ich auf 8 Tage nach Berlin zum Kaiser wegen einem zweiten Bildnis, was ich früher liegengelassen und welches mehr Beifall als das erste zu haben scheint.« Man muß diese Bemerkung wohl auch dahingehend lesen, daß sich für Personen, die sich porträtieren ließen, aus der psychologischen Pointierung nicht selten eine Spannung zwischen dem Selbstbild des Porträtierten und der Darstellung der Person durch Lenbach ergab. Dieser erhob jedoch keinerlei Anspruch auf eine isolierte subjektive Sichtweise als Künstler, er versuchte vielmehr, den Wünschen seiner Auftraggeber zu entsprechen. Diese Akzeptanz als Modekünstler im Hochadel verlieh Lenbach ein Renommee, das die Nachfrage auch bei den Hofchargen und dem niederen Adel nach sich zog, ihm zudem bei den auf gesellschaftlichen Aufstieg und gesellschaftliche Nobilitierung bedachten Neureichen sowie den bürgerlichen Honoratioren Prestige einbrachte. So entstanden zahlreiche Porträts von Staatsmännern, führenden Wissenschaftlern und Künstlern sowie Damen der gehobenen Gesellschaft.[62]

Da die meisten seiner Porträts auf fotografischen Vorstudien aufbauten, ist der Unterschied der Erscheinungen in den beiden Medien nachzuvollziehen. Lenbach fotografierte selbst, bediente sich jedoch ebenso der Dienstleistung von Fotografen. Ein Teil seiner fotografischen Selbstporträts entstand mit dem Selbstauslöser. In der Logik der konsequenten Nutzung der Fotografie konzentrierte sich der eigentliche »künstlerische« Akt auf die Inszenierung der Person und die ästhetische Pointierung des individualisierten Blickes. Die gemalte Version verlieh dem Fotografierten eine »erhebende« Würde, die die Erscheinung der Person glättete und ästhetisierte. Ein aristokratischer Habitus einte diese Gesellschaftselite in ihrem körpersprachlichen Gestus, der

---

61 Wichmann 1973, S. 47.
62 Zu den Porträtierten zählten Theodor Mommsen, Richard Wagner, Franz Liszt, Karl Piloty, Paul Heyse, Döllinger, Liphart, Helmholtz, Gladstone, von Moltke, schließlich von Bismarck.

Abb. 18: Franz von Lenbach: Mary Lindpaintner als »Salome«, 1894. – Der Vergleich von Ausgangsfoto und Gemälde veranschaulicht die ästhetische Stilisierung, die Gesicht, Oberkörper und Arme hervorhob und dem Blick Klarheit verlieh.

Abb. 19: Die Fotografie, die von Lenbach häufig zur Durchzeichnung der figürlichen Umrisse diente, zeigt Requisiten zur Inszenierung des Salomémotivs, wie eine auf dem Tisch liegende Maske, die Lenbach nur in dunklen Umrissen einbezog.

darauf angelegt war, mit der Assoziation von Macht, Einfluß, Vermögen und Prestige identifiziert zu werden.

Aufträge, die Lenbach von Dritten erhielt, beruhten ausdrücklich auf dieser Erwartung. Der Bildbedarf der öffentlichen Institutionen wie der städtischen Rathäuser, der Behörden des Staates, aber auch der Museen folgte diesem repräsentativen Muster. So bestellte die Nationalgalerie Berlin 1878 je ein Porträt von Bismarck und Moltke bei Lenbach. Aus Wien wurde ein Porträt Kaiser Franz Josephs in Auftrag gegeben, bei dem sich Lenbach mit den aus der Tradition der Herrscherporträts resultierenden Erwartungen arrangierte. Die größte Marktwirkung erreichte er jedoch mit seinen insgesamt etwa 85 Bismarckporträts, die überwiegend von öffentlichen Körperschaften in Auftrag gegeben wurden.[63] Auch aus dem Reichskanzleramt in Berlin erhielt er Aufträge, zu deren Ausführung man ihm dort zeitweise zwei große Räume einrichtete. Schließlich zierten Lenbachs Werke zahlreiche repräsentative Orte der »guten Gesellschaft« des Deutschen Reiches.[64]

---

63 Baranow 1986, S. 138. 1888 korrespondierte Lenbach wegen eines entsprechenden Wunsches mit dem Bürgermeister von Köln und nannte diesem 16 000 Mark als Preis für das gewünschte Bild.
64 Neben den ausgeführten und an die Auftraggeber ausgehändigten Bildern entstand mit der laufenden Produktion eine eigenständige Galerie berühmter Zeitgenossen in Form von Nebenwerken, da Lenbach meist ausgeführte Vorstudien anfertigte, die er nach der Auftragserfüllung behielt. Für die hieraus anwachsende Sammlung gab es schließlich ebenfalls eine Kaufbereitschaft. 1882 interessierten sich hierfür beispielsweise sowohl der bayerische König Ludwig II. als auch Kunsthändler. Entsprechende Verhandlungen scheiterten jedoch. Grund waren die finanziellen Vorstellungen Lenbachs, der eine lebenslängliche Rente für zwei unbemittelte Verwandte, vermutlich seine beiden Schwestern, verlangte. Ebd., S. 41. Lenbach schrieb am 2. März dieses Jahres an Franziska von Wertheimstein im Hinblick auf das Angebot zweier Berliner Kunsthändler: »Ich hätte dafür so viel Geld bekommen, daß ich mir in Wien oder Rom ein Haus hätte kaufen können.«

Parvenü und Künstlerfürst

Mit dem Industrialisierungsprozeß verstärkte sich die soziale Mobilität. In deren Folge verdichtete sich das Leitbild des sozialen Aufstiegs innerhalb der vertikalen Hierarchie der Gesellschaft in der für die Gründerzeit charakteristischen Figur des Parvenüs. Bereits die Zeitgenossen interpretierten Lenbachs Karriere als eine Variante dieses zeittypischen Musters. 1887 publizierte Adolf Rosenberg eine Konstruktion des gesellschaftlichen Aufstiegs, der auf einer entwickelten Künstlerindividualität beruhte:[65]

»Aus engster Umgebung hat er sich verhältnismäßig rasch bis in die höchsten Kreise der Gesellschaft emporgearbeitet, und im allmählichen Vorwärtskommen hat seine Kunst, welche anfangs in Nachahmung berühmter Meister hin- und her schwankte, eine malerische Darstellungsform gefunden, die ganz der Ausdruck seines Wesens ist. Dem Maurersohn, der 1836 zu Schrobenhausen in Oberbayern geboren wurde, haben bedeutende und größere Männer und Frauen gesessen als David, Gérard, Winterthaler und Stieler zusammengenommen. In ihm fand eine große Zeit den rechten Maler, der genialen Persönlichkeiten mit congenialer Kraft entgegenkam.«

Die Bewunderung »genialer Persönlichkeiten« beruhte auf dem bürgerlichen Leitmuster der Individualität.

Die Anerkennung, die Lenbach in der Öffentlichkeit fand, drückte sich bald in verschiedenen repräsentativen Ehrungen aus, die der bayerische Staat zu vergeben hatte:[66] Im Februar 1879 erhielt er das Ritterkreuz 1. Cl. des Verdienstordens und wurde Ehrenmitglied der Akademie der Bildenden Künste. Den Sachverständigen bei den Staatlichen Gemäldesammlungen wurde er extra statum beigeordnet. 1882 wurde er »für seine Person als Ritter des Verdienstordens der Bayerischen Krone« in den persönlichen Adel erhoben.[67] 1886 folgte die Ernennung zum Mitglied des Kapitels des Königlichen Maximilians-Ordens für Wissenschaft und Kunst. Am bedeutendsten war jedoch seine Nobilitierung. Das hierdurch erworbene Prestige und die damit verbundene Verschiebung der gesellschaftlichen Trennlinien wurden über Anekdoten ironisch

---

65 Adolf Rosenberg: Die Münchner Malerschule in ihrer Entwicklung seit 1871, Leipzig 1887, S. 19.
66 Laut Einträgen auf dem Meldebogen der Stadt München, Stadtarchiv München.
67 Ebd.

kommentiert, so in den Erinnerungen des Malerkollegen Hans von Faber Du Faur:[68] »Als man ihn zum erblichen Adel beglückwünschte, frug er eine Prinzessin, ob er jetzt eigentlich ganz ebenbürtig sei und auch eine Prinzessin heiraten könnte, worauf ihm der Bescheid wurde: ›Gewiß, wenn Sie jung und hübsch wären.‹«

Vor dem Hintergrund der Nobilitierung erweiterte Lenbach während seiner Romaufenthalte zwischen 1883 und 1887, vermittelt über die befreundete Familie Minghetti, das Netz seiner sozialen Beziehungen in den Adel[69] und mietete sich im Palazzo Borghese eine repräsentative Wohnung mit Atelier. Die kulturelle Aura dieses alten römischen Adelspalastes wertete wiederum den Bewohner auf. Die sozialen Bilder, die der aufsteigende Künstler in dieser kulturellen Umgebung in seinem Innenleben entwickelte, beschrieb er als Stilisierung seines Selbst. Der Bildhauer Joseph von Kopf berichtete von einer Äußerung Lenbachs ihm gegenüber:[70] »In einem mysterios ausgemalten, halb dunklen, herrlichen Gemache, mit gemalter Decke stand des Künstlers Bett, schwere rote Damaste hingen über demselben. ›Hier träume ich, Fürst Borghese zu sein‹, sagte er zu mir.«

Den Mustern dieser römischen Umgebung und der erlangten gesellschaftlichen Geltung sollten auch die Münchner Wohn- und Arbeitsräume entsprechen. Lenbach setzte somit seinen eigenen sozialen Aufstieg in eine symbolische Repräsentationskultur um, die schließlich der Metapher vom »Künstlerfürsten« eine ästhetische Anschauung und eigenwertige Bildlichkeit verlieh. Interessanterweise wird mit diesem Begriff die tradierte Vorstellung des erfolgreichen Hofmalers aufgenommen, so in der Formulierung, daß »gekrönte Häupter oder weltgeschichtliche Personen vor ihm sitzen«, wie sie in den neunziger Jahren, noch auf dem Höhepunkt seines gesellschaftlichen Ansehens, ausgesprochen wurde.[71]

Die Metapher des »Künstlerfürsten« schloß die sozialen und öko-

---

68 Hans von Faber Du Faur: Erinnerungen an Maler – Lenbach, in: Kunst und Künstler, Jg. 1926, Nr. 24, S. 352.
69 Baranow 1986, S. 18.
70 Joseph von Kopf: Lebenserinnerungen eines Bildhauers, Stuttgart 1898, S. 519, zit. nach Baranow 1986, S. 49.
71 Plädoyer des Verteidigers, in Johanna Eltz: Der große Bilderdiebstahl oder das ›originale‹ Fälschen, in Lenbachkat. 1987, S. 146.

nomischen Voraussetzungen für diese gesellschaftliche Spitzenstellung ein. Sein Erfolg leitete sich nicht allein von der Akzeptanz auf dem freien Kunstmarkt her. Vielmehr adelte den in den ersten Jahren der Bekanntschaft noch bürgerlichen Künstler die Nähe zur Macht. Pecht kommentierte seine Beziehung zum Reichskanzler und Fürsten Bismarck vor der Folie berühmter Hofkünstler:[72] »Er ist somit für den großen deutschen Staatsmann ganz das geworden, was van Dyck dem Karl I., Holbein Heinrich VIII., Cranach dem Luther, Le Bruns Ludwig XIV. war, hat den eigenen Namen unvergänglich an jenen großen geknüpft.« In gesellschaftlicher Hinsicht wurde ihm jedoch auch wegen seines Einflusses auf die Kunstszene eine »fürstliche« Stellung unter den Künstlern zuerkannt, zumal er von allen Münchner Malern die höchsten Erträge erzielte. Das Publikum betrachtete »seinen Reichtum und sein Glück« überwiegend aus der Distanz und verfolgte – so die Bildlichkeit einer Zuschreibung –, wie er gleichermaßen in »Gold und Bewunderung bade«.[73]

Lenbach vermochte den gesellschaftlichen Aufstieg durch zwei Ehen mit adligen Damen von »standesgemäßem Rang« zu sichern. Im Alter von 51 Jahren heiratete er 1887 die 25 Jahre jüngere Lena Gräfin von Moltke, die als Schönheit galt und als Nichte des Generalfeldmarschalls Moltke mit der gesellschaftlichen Reputation ihrer einflußreichen Familie ausgestattet war. 1896 wurde diese Ehe geschieden. Bereits im selben Jahr ehelichte Lenbach seine Schülerin Lolo Freiin von Hornstein. Der ersten Ehe entstammten die Töchter Marion und Erika, der zweiten die Tochter Gabriele.

Doch auch vom Künstlerhabitus selbst wurde eine führende Stellung in der Gesellschaft abgeleitet. Der »Adel des Genies« sollte nunmehr dem »Adel der Geburt« als gleichwertig zur Seite gestellt werden.[74] Hierzu gehörte eine symbolische Repräsentation dieses Anspruchs im Kult der großen Persönlichkeiten, wie er in der zweiten Jahrhunderthälfte in den kulturmächtigen Bildungsschichten kommuniziert wurde. Die Biographien »großer« Maler, von Raffael, Michelangelo oder Velazquez, dienten als Folien bei der Stilisierung der Wertigkeiten als herausragende Individuen.

---

72 Pecht 1888, S. 338.
73 Plädoyer des Verteidigers, in: Eltz 1987, S. 147.
74 Langer 1992, S. 51; vgl. auch Bezug zu Maximilian Harden: Köpfe, Berlin 1910, S. 128.

In Situationen, in denen Lenbach in eine ihm unbekannte Rolle geriet, zeigten sich immer wieder die für einen Aufsteiger typischen Schwierigkeiten, dem gesellschaftlich angemessenen Umgangston und den kulturellen Normen entsprechen zu können. Alfred Lichtwarck berichtete am 17. April 1893 in einem Brief von seinem Besuch in Lenbachs Atelier. Während er ein neues Bismarckbildnis bewunderte, sei Lenbach auf ein Ereignis zu sprechen gekommen, das den tiefliegenden Konflikt veranschaulichte, der bei seinem letzten Besuch in Varzin zutage getreten sei:[75]

»Mit einer gewissen Bitterkeit sprach er über das letzte Geburtstagsfest bei Bismarck. Während der Tafel sei Herbert gekommen und hätte ihn gebeten, das Hoch auszubringen. Er wäre sehr erschrocken gewesen und hätte sich mit Mühe gefaßt. Dann hätte er aber seinen Gefühlen freien Lauf gelassen. Und was er mir von seiner Rede mitteilte, war freilich von der Ungeniertheit des Bayern, der von der Genialität eines grossen Künstlers Gebrauch machen darf. Es hätte etwas Tragisches in ihm, sagte er, dass er, ein...kerl, das Wort ergreifen müsse an Stelle des gegenwärtigen Reichskanzlers, des Präsidenten des Herrenhauses und des Reichstages, um das Hoch des deutschen Helden auszubringen u. s. w. Ich kann mir die Situation lebhaft vorstellen, – Lenbach, der sämtlichen Anwesenden auf die Hühneraugen tritt, ganz unbefangen, als müsste es so und nicht anders sein.«

Wenngleich Lenbachs gesellschaftlicher Aufstieg die gesteigerten Mobilitätschancen der bürgerlichen Gesellschaft voraussetzte, so war er doch von einer Ambivalenz der Zeitgenossen bei der Zuerkennung von Bedeutungen begleitet. Dem Parvenü wurde eine lediglich oberflächliche Anpassung und allenfalls posenhafte Beherrschung von karriereversprechenden Formen der Selbstdarstellung unterstellt. Es sind Kommentare zur Rolle Lenbachs überliefert, die diese latente Ambivalenz deutlich werden lassen. In einer Äußerung von Cosima Wagner aus den späten achtziger Jahren mag auch die Konkurrenz des Künstlerfürsten zu ihrem eigenen Gatten mitgeschwungen haben:[76]

»(...) Lenbach sah ich auch wieder in München, und denke Dir, gar nicht mehr elegant, ja kaum sauber, obgleich er vor kurzem wieder eine

75 Aus Alfred Lichtwarcks Briefen an die Hamburger Kunsthalle 17. April 1893, Lenbachhaus München, Lenbach Archiv, Ordner 1: Lenbachs Leben.
76 E. Du Moulin und R. Graf: Cosima Wagner. Die Herrin von Bayreuth, Berlin 1935, S. 335, zit. n. Mehl 1980, S. 12.

Soirée mit allen Prinzlichkeiten und einer Offenbach'schen Operette in dem neuen Hause, welches (er) mit Leidenschaft ausschmückt, gegeben hat. Er ist wirklich das drolligste Beispiel eines außerordentlichen Geschmackes ohne Bildung (...).«

In ihrem Verdikt »außerordentlicher Geschmack ohne Bildung« vermittelte sich die Spannung, in der Lenbach seine Lebensgeschichte gestaltete. Für Cosima Wagner und das elitäre Selbstverständnis dieser Gesellschaftsschicht galt es als Makel, nicht selbstverständlich über das »kulturelle Kapital« der gymnasialen Bildung und den soziokulturellen Hintergrund einer »guten« Familie zu verfügen.

Der Sammler und sein Museum

Um 1870 vollzog sich mit der Festigung der spezifischen Mentalität der Gründerzeit zugleich ein Wandel in der Beziehung der Menschen zur Objektkultur, wodurch sich das Sammeln von historischen Objekten zu einer zeittypischen Mode mit Prestigewert entwickelte.[77] Auch Lenbach adaptierte dieses kulturelle Muster und sammelte sein Leben lang Kunstwerke jeder Art. Wyl beschrieb dessen Interesse an Kunstobjekten als umfassend:[78] »In jeder Art Technik zu Hause, sammelt er mit gleichem Eifer alte Malereien, plastische Werke, Geräte und Gobelins.« In Lenbachs sozialer wie lokaler Umgebung gab es zahlreiche Sammler, so daß sich hiermit ein bedeutsamer kommunikativer Wert des kulturellen Austausches verband. Die Villa des einflußreichen Verlegers

---

77 Zusammenfassend Ursula A. J. Becher: Geschichte des modernen Lebensstils, München 1990, S. 132-138; vgl. zur Entstehung repräsentativer Kunstsammlungen nach 1870/71: Gaehtgens 1992, S. 12 ff.
78 Wyl 1904, S. 155. Helferich 1887, S. 205, thematisiert die fiktionale Konstruktion von Vorstellungsbildern, die mit den Objekten verbunden wurden: »Ich glaube, es sollte den Charakter eines altbayerischen Bauernheims nach neueren Phantasien festhalten; hinter Lenbachs Flügeltüren jedoch war das Altdeutsche gebannt und der Nationalgefühle noch nicht kennende Kunstgeist der Renaissance ruhte mit hehrer Ausschließlichkeit auf Möbeln, Kunstwerken, Büchern und Plastiken in unterschiedlichen Prachträumen unter hoher Decke. Draußen schon, auf dem Flur, spürte man einen Hauch des Geistes von Italien (...).«

Abb. 20: Franz von Lenbach: Otto von Bismarck, 1890. – Der Bedarf an Porträts des Reichskanzlers verlangte von Lenbach eine variantenreiche Inszenierung. Die Uniform des Staatsmannes, die Galauniform der Halberstädter Kürassiere, deutet auf einen offiziellen Verwendungszweck und Auftraggeber hin. Das Gemälde entstand in Friedrichsruh kurz nach der Entlassung Bismarcks durch Kaiser Wilhelm II. Insgesamt entstanden etwa 85 Porträts dieser herausragenden geschichtlichen Persönlichkeit.

Georg Hirth beispielsweise, in der Nähe der Münchner Propyläen gelegen, wurde von Alfred Lichtwark als »von oben bis unten voll von Kunstwerken und Altertümern« beschrieben, in der sich »kein einziges modernes Möbel im ganzen Haus« befand.[79] Dies galt in ähnlicher Weise für den Vermieter von Lenbachs Atelier, den Maler Anton Heß, für Hans Makart oder in den achtziger Jahren für Friedrich August Kaulbach.[80] Den historischen Objekten wurde offensichtlich ein hoher symbolischer Wert zugeschrieben.
Wie ist diese mentale Einstellungsveränderung in der Beziehung zu den Dingen zu erklären, und weshalb setzten sich diese Wandlungsprozesse in der Gründerzeit nach 1870 durch? In der Phase der Abgrenzung nach 1890 machte sich die Kritik an dieser historistischen Sammelleidenschaft schließlich an einer Beliebigkeit der Dinge und der »Verstopfung« der Räume fest.

79 Brief vom 9.10.1889, in: Briefe an seine Familie, Hamburg 1972, S. 684 f., zit. nach Lenbachkat. 1987, S. 118.
80 Die Sammlung Kaulbach wurde nach dessen Tod 1920 zusammengehalten und hatte 1929 noch folgenden Umfang, den wir der Ankündigung der Versteigerung entnehmen können, vgl. Münchner Stadtbibliothek, Slg. Monacensia, Nachlaß Hubert Wilm, MS 243: »Die Sammlung Kaulbach umfaßt verschiedene Gebiete der alten Kunst: Antike Plastik, mittelalterliche Plastik, alte Gemälde und altes Kunstgewerbe. Sehr reichhaltig ist die Reihe der antiken Skulpturen, unter denen ein wundervoller griechischer Venustorso, ein bärtiger Götterkopf aus dem 4. Jahrhundert und einige römische Bildnisbüsten hervorragen. Die altdeutsche Bildnerei ist mit einigen guten Stücken vertreten, mit einer schmerzhaften Muttergottes aus der Zeit um 1500, mit einer schönen schwäbischen Heiligen vom Anfang des 16. Jahrhunderts und einem reich mit Figuren geschmückten Kapitell, einer niederrheinischen Arbeit um 1500. Die Gemäldesammlung enthält primitive deutsche und italienische Goldgrundbilder, zwei bedeutende Fresken des Quattrocento, dann das Bildnis des Kardinals Cherini von Tizian, sowie Gemälde von Rubens und van Dyck. Schönes altes Kunstgewerbe, Silber, Bronzen und Zinngeräte, schließt sich hieran. Auf einem prunkvollen Globus aus dieser Zeit um 1600, ein Stück, das in vergoldeter Bronze ausgeführt ist, sei besonders hingewiesen. Unter den Einrichtungsgegenständen überwiegen französische, italienische und deutsche Möbel der Renaissance, unter den Wandteppichen ist eine Brüsseler Wirkerei um 1500 mit der Darstellung des Triumphes Cäsars hervorzuheben. Zu diesen Dingen gesellt sich erlesener alter Hausrat, Beleuchtungskörper, Fayencen und eine Auswahl schöner Orientteppiche des frühen 19. Jahrhunderts.«

Das Sammeln von historischen Objekten konnte mit mehreren Bedeutungsebenen und Handlungsstrategien verknüpft werden. Erstens verband sich damit die Absicht, eine Kapitalanlage mit spekulativer Tendenz zu besitzen, die sich durchaus auch im Interesse des bürgerlichen Sicherheits- und Gewinnstrebens als eine sinnvolle Investition darstellte. Zweitens ging von den Objekten der Reiz des Originals aus. Mit der Aura der authentischen historischen Spur verbanden sich jedoch auch kulturelle Vorstellungen. Derartige Objekte demonstrierten ein distinktives Wahrnehmungsvermögen, das sich gebildeten Besuchern vermittelte, die über das »kulturelle Kapital« verfügten, um die Herkunft lokalisieren und die ästhetische Qualität einordnen zu können. In diesem Vorgang der Dechiffrierung des historischen Ortes erfolgte der Nachweis von Bildungswissen und von individuellem Urteilsvermögen.

Lenbach beschäftigte sich an freien Abenden mit den Objekten seiner Sammlung und erarbeitete sich anhand seiner Bibliothek die erforderlichen Kenntnisse. Bereits in den siebziger Jahren hatte er begonnen, dem gründerzeitlichen Geschmack in seinem Atelier Rechnung zu tragen. 1874 ließ er sich dieses von Lorenz Gedon dekorativ einrichten. In dem im Hause Heß gelegenen Atelier entstand eine den Zeitgeist spiegelnde Aura, die von Besuchern als behaglich und »zauberisch« beschrieben wurde.[81] Friedrich Pecht bewertete »Lenbachs Werkstätte« sogar als die »zur Zeit«

---

81 »Sein Atelier aber (...) war selbst für Kunstfremdeste und sofort angethan, es an Reiz mit dem behaglichsten der Salons des Pariser Stils aufzunehmen, in seiner Verführungsatmosphäre ohne Vergleichung, zauberisch! Opium und hin und wieder einige Blätter Schopenhauer, Orgelmusik und Richard Wagner, toskanische Primitive, fromme zusammenlegbare Alte, Virtuosensarbeiten vom Gipfel des XVI. Jahrhunderts, auf alten Schränken Büsten scharfer Florentiner, Thüren mit Sammt behängt, zerschlissene Teppiche von einer verwesenden Farbe, in purpurner Lüsternheit schimmernde Wandschirme, Sessel der Renaissance, Krystallspiegel in geschnitzten Goldrahmen, rother Sammet, dunkelgraugrüne Gobelintöne, maßvoll dazu ein fallendes reines Seitenlicht – es war eine Zauberwohnung eines Lebenskünstlers und Kunstgourmands, und wie kann man nur Sohn eines Maurers sein und so raffinirt das Ausgesuchteste sich zueignen, das die Jahrhunderte an Parfüm hinterließen; wie nur der Sohn eines Maurers sein und alle Pracht doch nur dienen lassen: denn während Hans Makart in seinem Atelier nichts als ein Stück Sammt mehr war, war Lenbach ein Herr-

Abb. 21: Franz von Lenbachs Atelier, in einer Aufnahme nach 1903, als eine gestaltete Ansammlung von kulturellen Spuren und Kunstwerken aus unterschiedlichen Zeitschichten, in die Werke des Künstlers integriert waren, beispielsweise das Familienporträt links.

interessanteste, »nicht nur in München, sondern in ganz Deutschland«.[82]

Auch in seinem Atelier in Rom hatte Lenbach Kunstobjekte im Raum arrangiert und seine eigenen Werke darunter plaziert. Die meisten der Ankäufe tätigte er über Alexander Günther, mit dem er ein Jahr im Palazzo Borghese gewohnt hatte und dessen fachgerechten Rat er schätzte. Fast alles, was er schließlich »an alten Kostbarkeiten besaß«, die Tizians, aber auch die alten Brunnen, bezog er von diesem Vermittler.[83] Mit diesen Antikenkäufen entstand ein Bedeutungsgewebe von Objekten, das verschiedene historische Kulturen umfaßte und die ästhetische Erscheinung als Erinnerung an Bildungskontexte behandelte. In diesem Gewebe wurden Vergangenheit und Gegenwart zu einer ästhetischen Assoziationslandschaft vielfältiger Reize verbunden.

Friedrich Pecht schilderte diesen Prozeß der kulturellen und ästhetischen Kontextualisierung, wie er sich beim Eintreten für die Besucher als visueller Reiz eines lesbaren Gesamtbildes mit der Aura sich ergänzender Eindrücke darstellte: Im ersten Raum hingen Lenbach-Porträts, im zweiten Kopien und Originale alter Meister. Der dritte Salon, in dem Lenbach arbeitete, war im Sinne der historistischen Sammlerkultur gestaltet. Die Wände finden wir »mit köstlichen alten Gobelins tapeziert« und das

»Gemach mit prächtigen alten Möbeln und Kunstsachen aller Art dicht gefüllt, da der Meister ganz mit Recht sagt, daß man Porträts gleich in solcher Umgebung malen müsse, wie sie dereinst erscheinen sollen. Und so glauben wir denn auch hier etwa ein Zimmer des Vaticans zu sehen mit all seinem, sich so gar nicht vordrängendem, sondern vornehm zurückhaltenden, geheimnisvollem Zauber (...).«[84]

Der von Pecht gewählte Begriff »geheimnisvoller Zauber« benannte den Stimmungswert, der von dieser Raumerfahrung ausging und der in polarem Gegensatz zu den Tendenzen der versachlichten Rationalisierung stand. Die Spuren der Vergangenheit dienten der transzendierenden Kontextbildung für die Arbeit des

    scher, dem die Dekoration erblich zu eigen schien.« Helferich 1887, S. 206.
82 Pecht 1885, S. 210.
83 Fritz Schumacher: Stufen des Lebens, Stuttgart und Berlin 1935, zit. bei Baranow 1986, S. 46.
84 Pecht 1885, S. 211.

Malers in der Gegenwart. Sie ließen in der ästhetischen Wahrnehmung Raum und Zeit zu einem ästhetisch geordneten Bild als einem kultischen Gesamtkunstwerk verschmelzen, in dem der Künstler und der Betrachter gleichermaßen Platz nahmen. Der Kunstkritiker Ernst Wilhelm Bredt suchte anhand der Lenbachschen Villa in den 1890er Jahren nach Begriffen für die kulturelle Bedeutung dieses Arrangements, die in der Distanzierung gegenüber dem Alltag der kulturellen Moderne bestand:[85] »Es bemächtigte sich unser sofort ein feierliches gehobenes Gefühl. Es ist kein Alltagsraum. Kein Alltagsmensch hält sich in ihm auf.« Aus den Kommentaren und Wahrnehmungen verschiedener Zeitgenossen wird deutlich, wie sehr die historischen Objekte zur Steigerung der Aura und zur Selbststilisierung als Künstler beitrugen. Es war somit die kulturelle Codierung, von der sich ein kommunikativer Kontext auf die Stimmung der Besucher übertrug, die die Wahrnehmung visueller Reize intensivierte, so daß die Werke des Malers auf eine veränderte Weise erschienen.

In der bildungsbürgerlichen Öffentlichkeit setzte sich das Arrangement, wie es im Wiener Atelier Hans Makarts bewundert wurde, als kulturelles Leitbild durch. Dieses ästhetische Modell wurde als »Makartismus« bis in die neunziger Jahre des 19. Jahrhunderts tradiert und variiert. Vermittelt über Fotografien bildete es längerfristig ein visuelles Segment der Vorstellung von der Gründerzeit.

Für Lenbach blieb es jedoch nicht bei der Aneignung und Inszenierung von Objekten, sondern er dachte darüber hinaus an ein eigenes Museum. Wyl assoziierte hierfür die Bilder einer Standessymbolik:[86] »Wie ein frommer Schloßherr seine Kapelle, so muß ein Mann wie Lenbach, der so tief vom Kultus der alten Meister durchdrungen ist, sein Museum haben, und er hat es nicht daran fehlen lassen, im Laufe der Jahre Kunstwerke jeder Art zu erwerben, die seine tägliche Augenweide bilden.« Ein früher Entwurf von 1886/87 dokumentiert, daß Lenbach die Idee des Hausbaus zuerst mit dieser prestigeversprechenden Zielsetzung verfolgt hatte.[87] Die Umrisse der erhaltenen Architekturskizze tragen pla-

---

85 Ernst W. Bredt: Die Wohnstätte eines Maler-Fürsten als Vorbild für jedermanns Heim, in: Innen-Dekoration IX, Jg. 1898, S. 99.
86 Wyl 1904, S. 155.
87 Lenbachkat. 1987, S. 372.

Abb. 22: Franz von Lenbach: Die erste Skizze zum »Museum«, um 1886/87.

katähnlich die Aufschrift »Museum«. Diese Vorstellung verweist auf jenen umfassenderen historistischen Kontext, in dem Lenbach seine Identität entwickelte und an den die von ihm praktizierten kulturellen Muster gebunden waren.

Die Bedeutungen, die für die Zeitgenossen mit dem Museum einhergingen, sind anhand der kulturwissenschaftlichen Theoriebildung präziser zu bestimmen. Eva Sturm thematisierte den Begriff Museum im Zusammenhang von sozialen Handlungspraxen der Musealisierung.[88] Ursprünglich als ein geschichtsphilosophi-

---

88 Als dieser theoretische Deutungsversuch der Musealisierung entwickelt wurde, bezog er sich auf die aktuellen Erfahrungen solcher Formen von Musealisierung in den achtziger Jahren unseres Jahrhunderts. Die Erklärungskraft dieses Modells können wir jedoch auch für die kulturgeschichtlichen Prozesse der zweiten Hälfte des 19. Jahrhunderts heranziehen. Eva Sturm: Museifizierung und Realitätsverlust, in: Wolfgang Zacharias (Hg.): Zeitphänomen Musealisierung, Essen 1990. Der Begriff Musealisierung wurde demnach zuerst 1963 von Joachim Ritter in seiner Schrift »Musealisierung als Kompensation« verwandt.

scher Fachbegriff eingeführt, kann an ihm ein prozeßhafter Charakter von Austauschvorgängen verdeutlicht werden. In solchen Verwendungen verbirgt sich im Umgang mit Objekten ein Realitätsverlust.[89] Dieser Argumentation zufolge kompensieren Objekte, die dem Musealisierungsprozeß unterworfen wurden, ein aktuelles Defizit. Sie seien als »Realitäts-Garanten« ein Medium zur kulturellen Realitätsaneignung. Der Verdeutlichung der historischen Kontexte, die mit den Objekten verbunden waren, komme somit ein identitätsstiftender Wert zu.
Dabei finden drei Formen von Bedeutungsverschiebungen statt:
1. Die Kontextveränderung und Ent-Kontextualisierung der Objekte erfolgt als Teil des historischen Prozesses.
2. Die Einführung eines Objektes in einen neuen Kontext ist ein Vorgang der Entzeitlichung und Enträumlichung des ursprünglichen Kontextes.
3. Der Aufbau eines neuen Verhältnisses des aneignenden Subjektes zum Objekt konstituiert eine veränderte Beziehung.
Somit läßt sich argumentieren, daß mit der zunehmenden Produktion von Objekten der seriellen Massenkultur, von Alltagsgegenständen und Schmuckobjekten der Kunstindustrie seit den 1850er Jahren die historischen Objekte den Charakter des einmaligen Unikats gewannen oder, selbst bei serieller handwerklicher Fertigung, zumindest der nicht beliebig reproduzierbaren Spur. Dies galt vor allem angesichts des vielstimmig beklagten niedrigen ästhetischen Niveaus der seriellen Produktion von kunstindustriellen Gütern im 19. Jahrhundert. Vor diesem zeitgenössischen Hintergrund nahmen die handwerklich hergestellten Objekte eine faszinierende Ausstrahlung an, insbesondere sofern sie einer Blütephase der Kultur zugeschrieben werden konnten. Sie waren als Kunstobjekte einmalig und, bei künstlerischer Qualität, auch als Erfahrungs- und Studienobjekte geeignet. Diese Bedeutungsverschiebung im Objektverhältnis der Menschen und der Aufbau eines neuen Aneignungskontextes im sozialen Raum der 1870er Jahre sind als Ursachen für die exzessive gründerzeitliche Sammelleidenschaft anzunehmen. Das Verhältnis der gründerzeitlichen Menschen zu diesen Spuren der Geschichte und ihr ästhetisches Arrangement beinhaltete eine Ich-stabilisierende und distanzschaffende Wirkung gegenüber den Konkurrenzerfahrungen der

---

89 Ritter 1963, S. 99.

bürgerlichen Gesellschaft und den Ich-Gefährdungen der kulturellen Moderne.

Die Villa als symbolische Repräsentation

Aus verschiedenen Äußerungen lassen sich die soziokulturellen Bilder erschließen, die Lenbach mit dem Bau einer eigenen Villa verband. Die Vorstellung von diesem Haus entwarf er als eine soziale Idee seines Selbst:[90] »Meine Villa soll in München ein Mittelpunkt der Künste und deren gesellschaftlicher Belange werden.« Sein Haus sollte ein Ort der Kommunikation sein, mit dem er beanspruchen konnte, die Künste in der Gesellschaft zu repräsentieren. Angesichts seines außerordentlichen Renommées in den 1880er Jahren und seiner starken Stellung in den Künstlerorganisationen zielte dies auf die weitere Festigung seines Einflusses in der bürgerlichen Gesellschaft.[91]

Der Kauf des Grundstücks von seinem bisherigen Vermieter Heß im November 1886 zum Preis von 220 000 Gulden[92] bot eine finanziell keineswegs günstige, jedoch symbolisch interessante Gelegenheit. Dessen exponierter Lage neben dem Münchner Königsplatz, der von Glyptothek, Ausstellungsgebäude und den klassizistischen Propyläen begrenzt war, kam ein hoher repräsentativer Wert zu, der Lenbachs strategischen Intentionen und den Traumbildern seiner Selbstidealisierung zweifellos entsprach.[93] Er

---

90 Brief aus dem Jahre 1889 an seine Schwester, zit. bei Wichmann 1973, S. 220. Eine erste Aufarbeitung, Christine Hoh-Slodcyk: Die Villa Lenbach, in: Mehl 1980, S. 42-50, in nahezu unveränderter Form in: Hoh-Slodcyk 1985, S. 58 ff.

91 In einem Brief an Franziska von Wertheimstein vom November 1885 vertraute er ihr die Wunschprojektion seines grandiosen Selbst an, die er in Vorstellungsbildern aus der Geschichte zu gestalten suchte: »Ich gedenke mir einen Palast zu bauen, der das Dagewesene in den Schatten stellen wird: die machtvollen Zentren der europäischen Kunst sollen dort mit der Gegenwart verbunden sein.« Zit. n. Wichmann 1973, S. 77.

92 Laut Eintrag auf seinem Meldebogen, Melderegister, Stadtarchiv München. Am 8. 10. 1888 wird die Villa in der Luisenstraße 16/1 als sein Eigentum eingetragen. Davor hatte er eine Wohnung in der Karlstraße 31/2 am 27. 4. 1874 gemeldet, ab 24. 4. 1878 in der Briennerstraße 46/2 bei Banietti und ein Atelier in der Luisenstraße 17/1.

93 In einem Brief vom 1. Januar 1887 schrieb er an Franziska von Wert-

konkretisierte zunächst den Begriff des Museums, wie Malvida von Meysenbug einer Bekannten in einer Briefstelle berichtete:[94]

»Er zeichnete der Minghetti und mir den Plan seines Museums, das er in München bauen wird. Es wird wundervoll werden, ganz nahe bei den Propyläen und der Glyptothek. Es kommt ein großer Garten dahinter mit einer Fontaine und einem Wohnhaus für ihn. Es wird gewiß wunderschön und kann sich neben Bayreuth stellen.«

Die Inszenierung seines Selbstbildes war somit von Anfang an mit Vergleichsbildern und kulturellen Zeichen umgeben, deren repräsentativer Wert abgewogen wurden. Sowohl die Merkmale »großer Garten (...) mit einer Fontaine« – tradierte Chiffren für Muße – als auch die assoziierte Gleichwertigkeit mit dem Künstlerhaus Wagners in Bayreuth, dem Haus »Wahnfried«, gaben dem Anwesen semantische Bezugspunkte. Die Wahl von Gestaltungsmerkmalen für das Museum erfolgte in einem ästhetischen Referenzsystem, in das symbolische Formen von Reichtum und bürgerlicher Individualität Eingang fanden, in das aber auch, mit der Aufnahme von Motiven und Spuren aus der italienischen Renaissance, ein kultureller Bedeutungskontext einbezogen wurde, der die Zeitgenossen auf diesen Bezug zum zeitgenössischen Geschichtsbild verwies. Der Bau einer repräsentativen Villa legitimierte den sozialen Status in der Gegenwart und entsprach einem Menschenbild, das im Bildungs- und Wirtschaftsbürgertum von der Renaissance idealisierend abgeleitet worden war. Wyl hielt hierzu Äußerungen Lenbachs fest, die die Vorstellungen verdeutlichen, auf die sich die Individuen aus der handlungsfähigen Elite der Gesellschaft bezogen:[95]

»Das Bauen ist aber eine besondere Leidenschaft. Man denke nur, was in der Renaissance gebaut worden ist. Die Alten legten eben ihre Bauten höchst großartig an, dabei waren sie, wenn sie es einmal so weit gebracht hatten, gewöhnlich schon alte Leute, greise Kardinäle und dergleichen. Und doch bauten sie mitunter immense Dinge, die noch unvollendet sind, wie z. B. die Villa Este. Gerät man ins Bauen hinein, so findet man nicht leicht ein Ende.«

heimstein: »Habe neben meinem Atelier einen Garten gekauft, auf dem ich die schönsten Luftschlösser erbauen kann.« Nach Wichmann 1973, S. 222.
94 Malvida von Meysenbug: Am Anfang war die Liebe (Briefe an ihre Pflegetochter), München 1927, S. 197, zit. n. Wichmann 1973, S. 223.
95 Wyl 1904, S. 158.

Abb. 23: Das Wohngebäude der Lenbach-Villa, Aufnahme um 1900.

Im Bildungsbürgertum wurden entsprechende Leitbilder in vielfacher Weise am Vorbild der italienischen und deutschen Renaissance aktualisiert.[96] Lenbach hatte die Kunst der italienischen Renaissance erstmals 1858 auf einer Reise mit Piloty nach Rom kennengelernt.[97] Bereits bei Lenbachs Anmietung des Palazzo Borghese hatte eine Freundin die mitlaufenden Konnotationen zur Renaissancekultur beschrieben:[98]

»Jetzt läßt er sich für mehrere Jahre in Rom nieder und schafft sich im Palazzo Borghese ein Heim, in dem der Geist der Renaissance waltet. Man

---

96 Jakob Falke widmet in seiner »Geschichte des modernen Geschmacks«, Leipzig 1866, S. 42 ff. zwei Abschnitte der italienischen und deutschen Renaissance, deren Bedeutung für den »modernen Geschmack« der 1860er Jahre offenkundig erschien. Jacob Burckhardt hatte in seinem Werk »Kulturgeschichte der Renaissance« kulturelle Bilder vermittelt und zugleich die historischen Grundlagen dieser Blütezeit der Kultur, Kunst und Wissenschaft dargelegt.
97 Hierauf weist Pecht 1888, S. 337, hin.
98 Berta Schleicher: Eine Lenbach-Freundschaft, in: Die Propyläen, Jg. 31, 1933/34, zit. nach Baranow 1986, S. 48.

sieht sich in die Zeiten zurückversetzt, da Fürsten der Kunst ihre Meisterwerke schufen und einer Kunst liebenden Mitwelt ihre prächtigen Feste gaben. In den wundervollen Gemächern sind die Stoffe der Türen und Wände auf die satten Töne von Rot, Silber und Gold abgestimmt. Nichts Überladenes. Eine antike Plastik, eine Amphora, wenige, aber künstlerisch wertvolle Möbel scheint der Zufall da und dort hingestellt zu haben. Dazwischen Bilder alter Meister und eigene Arbeiten. Von der Terrasse aus ein schöner Blick auf den Tiberfluß.«

Die Faszination, die für Lenbachs Zeitgenossen von der Renaissance ausging, beruhte auf der visionären Hoffnung einer erneuten Blütezeit, weswegen Friedrich Pecht in seinen Kunstkritiken immer wieder einzelne Künstler als Vorboten einer bevorstehenden »neuen klassischen Zeit« interpretiert hatte.[99] Insofern entsprach es sowohl der Logik der biographischen Entwicklung Lenbachs als auch der zeitgenössischen Bedeutung der Neorenaissance, deren ästhetische Sprachlichkeit in einer möglichst authentischen Weise den Entwürfen für die Villa zugrundezulegen. Lenbach begann mit seinem Freund, dem Münchner Architekten Gabriel von Seidl, an diesem Konzept zu arbeiten. 1887 besichtigten sie attraktive Vorbilder in der Umgebung von Rom. Das Ergebnis war die stilistische Orientierung an der römischen »Villa Lante«. Der Entwurf des »Museums« sah schließlich eine dreigeschossige ländlich-herrschaftliche Villa vor, mit einer geschwungenen Freitreppe und einem hohen Portal, deren Fassade von dorisierenden und ionisierenden Doppelpilastern in den beiden unteren Geschossen modelliert wurde. Zunächst entstand jedoch der Ateliertrakt in den Formelementen eines Renaissancepalazzos. Ausgestattet wurde er von dem Dekorationskünstler Franz Ruedorffer. Intendiert war eine »malerische« Gesamtwirkung, die dem Harmonieideal der Verschmelzung verschiedener Einzelteile entsprechen sollte.[100] Es ging darum, eine ästhetische Synthese von originalen Kunstwerken und der Reproduktion von Gipsabdrücken hervorragender Kunstwerke, von Kopien der »alten Meister« und der eigenen Werke zu arrangieren und diese Elemente als ästhetisch gleichrangige Stimmungsträger zu einem Gesamtbild zu verdichten. Original und Imitation wurden nach ihrer visuellen Wirkung behandelt, nicht in ihrem unterschiedlichen Wert von Authentizität.

---

99 Bringmann 1982, S. 167.
100 Lenbachkat. 1987, S. 126.

Ein ideal gestalteter ästhetischer Raum sollte entstehen, der Arbeits- und Lebensort vereinte.[101] Zunächst wurde das Ateliergebäude, das im ersten Stock die Arbeitsräume enthielt, im Parterre als Wohnung genutzt. Das »schöne Haus«, die kopierte Villa Lante, diente dagegen vorerst nur als Gästehaus, was der ursprünglich projektierten Widmung als »Museum« nahekam. Eine Wohnbewilligung hierfür erhielt Lenbach erst im Jahre 1891, so daß er dieses Gebäude tatsächlich erst mit seiner zweiten Frau bezog.[102] Der Ausbau der Villa vom Museum zum Wohnhaus wurde schließlich im Verlauf der 1890er Jahre weitergeführt. Den angebauten Gobelinsaal stattete Lenbach noch 1902 mit neu angekauften Objekten vom Münchner Antiquitätenhaus Lehmann Bernheimer aus, unter anderem mit einem Armlehnstuhl, einem Tisch, Gobelins, Teppichen, Dekorationsstoffen, Vasen und mit weiteren Sitzmöbeln.[103] Eine zu diesem Zeitpunkt hochmoderne Anlage zur Erzeugung des elektrischen Lichts, die im Keller betrieben wurde und mit deren Hilfe Lenbach je nach Auftragslage unabhängig vom natürlichen Licht auch in den Abendstunden arbeiten konnte, steigerte den Reiz.[104] Ein namentlich nicht genannter Besucher, der zu Lenbachs Atelier »pilgerte«, hob die kultische Funktion hervor, die der Künstler als »Heros« gegenüber dem »schlicht Sterblichen« innehatte:[105] »Wie immer wählte ich auch diesmal die Stunde

---

101 In einem Brief an Franziska von Wertheimstein vom 20. 10. 1889 sprach Lenbach von zwei sich ergänzenden Bestimmungen der beiden Baukörper. Es sollte ein »schönes Haus« und eine »Malfabrik« sein. In diesem Begriff der »Malfabrik« schrieb er sich sein Selbstverständnis als kommerziell für den Kunstmarkt arbeitender Geschäftsmann zu. Zit. n. Wichmann 1973, S. 224.
102 Baranow 1986, S. 50.
103 Ebd., S. 123 .
104 Um 1894 schilderte eine Besucherin die Wahrnehmung der noch völlig ungewohnten Art des neuen Lichtes: »Bei unserem Eintritte war ein Arbeiter gerade mit Herrichtung des elektrischen Lichts beschäftigt, und dieses spielte nun zänkisch in der Tageshelle, auf den an den Wänden hängenden und auf den Staffeleien stehenden Bildern ganz eigentümliche Effekte hervorbringend.« Luise von Kobell: Franz von Lenbach über moderne Kunst, in: Deutsche Revue 19, 1894, Bd. 4, S. 88. Lenbach hatte 1893 in dem von ihm gestalteten Musteratelier in der Ausstellung für Maltechnik im Glaspalast München ebenfalls elektrisches Licht einrichten lassen.
105 Neue Freie Presse, Wien, 7. 5. 1904, zit. in Baranow 1986, S. 50.

Abb. 24: Das Ateliergebäude Lenbachs in semantischem Bezug zu den Propyläen als Kultivierung seiner künstlerischen Aura, Aufnahme um 1905.

zwischen zwei und drei, die Zeit, wo in München der deutsche Pan schläft, zu deutsch: die Heroen der Kunst Siesta halten, und es auch schlicht Sterblichen vergönnt ist, einen Blick in des Künstlers Arbeitsstätte zu werfen.«

Der Bau eines Hauses erscheint als ein symbolischer Vorgang der bewußten Setzung von Zeichen. Der Anspruch des Künstlers, der Gestaltung des eigenen Lebensraumes den Charakter eines ästhetischen Gesamtkunstwerkes zu geben, ist als Anspruch auf Schöpferindividualität, als Symbolisierung der Ich-Größe sowie als Standortbestimmung seines grandiosen Selbst in der Gesellschaft zu werten. Alfred Lichtwark, einflußreicher Kunsthistoriker und Direktor der Hamburger Kunsthalle, schilderte kurz nach der Fertigstellung des Lenbachschen Hauses 1889 seine Wahrnehmung des vollendeten Gesamtkunstwerkes:[106]

»(...) später machten wir Lenbach einen Besuch, der leider nicht zu Hause war. Das war erst schön! Im Augenblick sieht man schon von außen, daß ein Mann von eminentem Geschmack dort wohnt. Durch ein prachtvolles Gitter sieht man einen Garten von regelmäßiger Anlage, ähnlich wie mein kleiner Garten in der Kunsthalle. Aber in der Mitte erhebt sich ein alter italienischer Brunnen aus einem tiefen Bassin. Links ein langer Bau, das Atelier. (...) So etwas von diskreter Pracht habe ich noch nicht gesehen. Alte Tapeten, alte Holzdecken, Teppiche, zwei ganz wunderschöne Tizians, die eigenen Bilder des Künstlers, das alles in so köstlicher Harmonie, daß ich nur den ruhigen großen Totaleindruck behalten habe. Wenigstens habe ich nie von einer Einrichtung so sehr den Totaleindruck des Vollendeten gehabt.«

Der »Totaleindruck des Vollendeten« erwuchs aus der Verdichtung von ästhetischen Wirkungen. Dem bildungsbürgerlichen Publikum war zudem die Dechiffrierung der Zeichenwerte aufgetragen, ein Spiel mit historischen Orten. Somit öffnete sich für den kulturgeschichtlich gebildeten Betrachter anhand der einzelnen Objekte eine reiche Landschaft historischer Räume.

Als der Kunstkritiker Ernst Wilhelm Bredt 1898 für die Leserschaft der Zeitschrift »Innendekoration« die Villa in ihrer Innengestaltung beschrieb, war die Akzeptanz des Historismus bereits im Verblassen.[107] Die »moderne Bewegung« entwickelte eine sachlichere Äs-

106 Lenbachkat. 1987, S. 124.
107 Bredt 1898, S. 97. Daß dies für den Diskurs um die ästhetische Adäquatheit des Zeitgenössischen bereits ein Problem darstellte, ergibt sich daraus, daß sich Bredt in Begründungszwängen sah, als er Ob-

thetik ohne appliziertes Ornament. Dennoch empfahl Bredt einem breiteren bürgerlichen Publikum und damit auch »für bescheidenere Wohnungen« Lenbachs »fürstlich ausgestattetes Haus« als vorbildlich mit dem Argument, daß hier ein Geschmacksmodell realisiert sei, bei dem die Einzelobjekte »in ihrer Zusammenstellung ein schönes Ganzes bilden«, obgleich »echte« und »imitierte« darin zusammenwirkten.[108] Ein 1902 geschriebener Bericht von Anna Spier über das Lenbach-Atelier belegt, daß die ästhetische Wahrnehmung des Raumes im Kontext des Künstlerkults mit einer sakralen Aufladung des »Seelischen« konnotiert werden konnte.[109] Die ursprünglich mit dem Bau der Villa assoziierte Intention, einen Mittelpunkt des gesellschaftlichen Lebens zu schaffen, wurde im wesentlichen eingelöst. Beispielsweise hieß es im Wiener Salonblatt vom 20. Dezember 1890:[110]

      jekte für das »bürgerliche Haus« ablehnte, die lediglich als Statussymbol aufgestellt wurden und nicht Ausdruck des »persönlichen Schönheitsgefühls« seien.

108 Im populären Diskurs hielt sich die Villa Lenbach als Repräsentanz der Wohnkultur des Historismus. So Hanfstaengl 1929, in: Thieme/Becker, S. 44: »(...)Villa Lenbach, in der er ein klassisches Monument der Wohnkultur der damaligen Zeit schafft (1892 Besuch Bismarcks).«

109 »Zum eigentlichen Mal-Atelier des Meisters. Da ist sein bildschönes Künstler-Zuhause: in einer Ecke steht ein behagliches Sopha, davor ein Tisch mit Büchern und Bildern. Das ist der Beichtwinkel, in welchem die seelischen Aufnahmen stattfinden. Von ihm aus übersieht man den ganzen Raum. Ein weiches Seitenlicht, das zu geschickt angebrachten Fenstern hereinfällt, umspielt die antiken Büsten, Statuen und Reliefs, die malerischen Gobelins, das mittelalterliche Krucifix, die Gemälde der modernen und modernsten Männer und Frauen. Heidnische und christliche Kultur und die gemalten Weltkinder der Gegenwart dazwischen, der verbindende Stimmungsakkord. ›Schön, schön, schön‹ klingt wie Musik durch diese Räume. Er steigert sich zu einer festlichen, weihevollen Poesie, wenn Lenbach in einer Arbeitspause sich an das Harmonium setzt. (...) Gegenüber von dem Beichtwinkel befindet sich eine kleine unscheinbare Thüre. Sie führt auf die von den Münchener Bismarcktagen her historische Veranda. Welch ein Anblick! Nach der Seite hin die Glyptothek, im Vordergrund die Propyläen.« Anna Spier: Franz von Lenbach, in: Kunst unserer Zeit, Jg. 12, 1901, S. 99, zit nach Baranow 1986, S. 57.

110 Zit. bei Wichmann 1973, S. 201.

»In seiner fürstlichen Behausung in München verkehrt alles, was zur großen Welt gehört, und jeder, der durch Geburt oder Talent der Aristokratie angehört, findet Aufnahme, es sei denn, der Meister ist gerade bei Bismarckens, mit denen ihn eine warme Freundschaft verbindet – oder am englischen Hofe oder sonst wo an einem Herd, um den sich die großen Menschen versammeln, bei denen der große Franz von Lenbach Gastrecht hat.«

Diese heroisierende Sichtweise, die Lenbach zum »großen« Individuum stilisierte und eine bildliche Projektion des Künstlermythos am Fokus seines Lebens- und Arbeitsortes modellierte, blieb einflußreich. Auch Wyl nahm eine hohe Attraktivität der Lenbachschen Villa für ein »gebildetes« Publikum an, das auf die Führungselite, die durch »Stellung, Namen und geistige Bedeutung« definiert war, begrenzt schien. Wyl erklärte die zahlreichen Besucher mit der besonderen Ausstrahlung des »Künstlertums«, repräsentiert durch die besondere Persönlichkeit des »Seelenmalers«:[111]

»Lenbachs (...) von künstlerischem Reiz belebtes Heim ist denn auch zu allen Zeiten des Jahres, zur Ehre des gebildeten deutschen Publikums sei es gesagt, ein Bienenstock für alles, was in Deutschland auf Stellung, Namen und geistige Bedeutung Anspruch macht. Nicht die Tatsache allein, daß in jenen edel geschmückten Räumen ein Menschenkenner und Seelenmaler ersten Ranges waltet, nicht das Verlangen allein, ein glorreiches Künstlerheim zu sehen, wie heute keine andere Stadt seinesgleichen hat, ist es, welches diese Scharen von klugen Männern und feinen Damen herbeizieht und sie immer wieder bringt, wenn der Meister seine Züge schon längst auf der Leinwand oder in einem seiner zauberhaft einfachen und reizvollen Pastelle verewigt hat. Lenbachs Persönlichkeit ist der Magnet, der diese Erscheinung erklärt, die Anziehung, welche seine durch und durch wahrhafte, edle und geistige, alles Kleinliche und Niedrige aus seiner ganzen Seele verabscheuende Natur (...) ausübt.«

Dieser idealisierende Text entwirft ein Bedeutungsgewebe, das die Beziehung zwischen der Persönlichkeit des Künstlers und seinem Publikum beschreibt, in der der Objektaura und Rauminszenierung ein Wert für die soziale Erfahrbarkeit des Künstlerhabitus zukommt.

111 Wyl 1904, S. 159.

Kreativer Kommunikator und Künstlerkult

Lenbach hatte Zugang zu den für ihn wichtigen gesellschaftlichen Kreisen in der Kunststadt München sowie in den Metropolen Wien, Rom oder Berlin. Er steigerte seine Bekanntheit in der Kunstöffentlichkeit, indem er jedes fertiggestellte Werk in zahlreichen fotografischen Reproduktionen verbreitete.[112] Ein Beleg für die hohe Anerkennung, die er sich in der Künstlerschaft erworben hatte, ist die Präsidentschaft der wichtigen Münchner Künstlergesellschaft »Allotria« von 1879 bis zu seinem Tod im Jahre 1904.[113] Aufgrund seines Einflusses gelang es schließlich, für das bereits länger diskutierte Projekt eines Künstlerhauses in München ausreichend Unterstützung zu mobilisieren.[114]

Über persönliche Begegnungen entwickelte Lenbach in strategischer Absicht kommunikative Netze, die er durch briefliche Mitteilungen pflegte. Hierbei ging er offenbar durchaus zielgerichtet vor. So soll er Ende der sechziger Jahre den Kontakt mit Wagner gesucht und 1887 bei einer »abgepaßten« Begegnung mit Bismarck diesen für sich persönlich eingenommen haben. Mit Hilfe dieser sozialen Kontaktfähigkeit konnte er das Bild, das von ihm als Künstler in der Öffentlichkeit entstand, erheblich beeinflussen, und es gelang ihm, seine Version des Künstlermythos semantisch zu kontrollieren.

---

112 Wichmann 1973, S. 70.
113 Lenbachs Einfluß auf die Allotria festigte sich mit seinen gesellschaftlichen Kontakten. »Der meist verehrte Mann und Heros der ›Allotria‹ ist kein kleinerer als Fürst Bismarck – nicht schwer zu erklären: Er ist selber ein Künstler, wie er einmal ausführte, denn Diplomatie ist eine Kunst, keine Wissenschaft. Und ihm steht ja die führende Persönlichkeit der ›Allotria‹, Franz Lenbach, nahe (...).« Fritz von Ostini: Die Münchner Allotria, in: Allotria. Ein halbes Jahrhundert Münchner Kulturgeschichte, München 1959, S. 22, zit. nach Wichmann 1973, S. 86.
114 Walter Zimmermann/Hermann Roth: Das Münchner Künstlerhaus und der Künstlerhausverein 1900-1938, o. O. (1938), S. 3: »Aber erst unter Franz von Lenbach, dem Malerfürsten, der mit seiner persönlichen Tatkraft die Verbindung zu führenden Persönlichkeiten und Kreisen hatte, war es möglich, den längst gehegten Plan in die Tat umzusetzen.«

Lenbachs Adaption des Künstlermythos stützte sich auf das Weltbild des Historismus. Er schien in vollkommener Weise die »Sprache der Schönheit«[115] früherer Künstleridole erlernt zu haben. Wenn er seinen Zeitgenossen die intensive Beschäftigung mit diesen empfahl, indem er beispielsweise von einem »Versinken in die göttlichen großen Meister« sprach,[116] so lobte er implizit auch seine eigene kreative Leistung. Die Schöpferkraft erwache aus der »kernigen Urnatur jener großen Meister«,[117] lautete eine seiner Formulierungen, die er auf sich selbst bezog.

Die in diesem Zusammenhang aufgenommenen Begriffe lassen sich als Anleihen aus der verbreiteten Grammatik des Künstlerhabitus beschreiben. So seien die Künstler Zeugen für die »ewige Kindschaft des Genies«,[118] Michelangelo beispielsweise ein »gewaltiger Schöpfer« und ein Inbegriff des Genies gewesen. Rubens sei nicht nur als Malerfürst ein Leitbild, sondern aufgrund seines künstlerischen Werkes ein »Halbgott« gewesen.[119] Das Studium der »alten Meister« habe nicht nur eine künstlerische Wirkung auf Lenbach ausgeübt, sondern auch seiner »Ruhe und Erholung« gedient.[120]

Die Bedeutung der Kunstaneignung habe allerdings nicht nur in der Bildung einer Tradition für die eigene Gegenwart bestanden. Vielmehr setzte Lenbach die Kunst in eine Polarität zur Rationalität, als eine Erlösung vom Denken:[121] »Was mich anbelangt, so möchte ich viel eher glauben, daß die Kunst dort beginnt, wo das Denken aufhört. Der letzte Zweck der Kunst ist es überhaupt, das Denken auszusetzen, die Denkmaschine stehen zu lassen, uns das Grübeln zu vertreiben und uns in einen wonnigen Zustand zu versetzen, der mit nagenden Gedanken nichts zu tun hat.« In gängiger zeitgenössischer Begrifflichkeit wurde die Vorstellung

---

115 Wyl 1904, S. 103.
116 Ebd., S. 104.
117 Ebd., S. 101.
118 Ebd., S. 104.
119 Ebd., S. 129.
120 Ebd., S. 127. Dies sei »seit vierzig Jahren der höchste Genuß seines reichen und originellen Seelenlebens [gewesen, d. V.]. Bei ihnen findet er auch das, was er Ruhe und Erholung nennt.«
121 Ebd., S. 103. In anderer Formulierung: »(...) Der Genuß der Kunst ist die Erlösung vom Denken, vom Spekulieren, von der Philosophie.«

von der Seele als Ort der Kunsterfahrung und Gegenpol zur gedanklichen Arbeit verstanden.[122]

Lenbach verstand es, die in der Öffentlichkeit kommunizierten kulturellen Vorstellungen vom Künstlerhabitus zur Pflege seines Marktwertes virtuos zu nutzen. Beispielsweise erinnerte er an den Mythos der »Unsterblichkeit« von Kunst und Künstler, wenngleich mit selbstironischem Unterton, als er 1887 knapp mitteilte:[123] »Morgen wird in Berlin eine Ausstellung von 30 meiner unsterblichen Werke eröffnet.« Den Begriffen der sakralen Transzendenz des Künstlermythos folgend, schrieb die Kunstkritikerin Anna Spier in einer Würdigung, die nach seinem Tode 1904 entstanden sein dürfte, diesem die Aura des »Heilands« zu:[124]

»Die Unsterblichkeit Franz von Lenbach's, als einer der größten Porträtmaler aller Zeiten ist besiegelt. Jedes seiner Werke beweist sie, jedes wirkt als lebendiger Apostel, in jedem feiert er seine Auferstehung.« Wer »seinen schöpferischen Schönheitssinn, seinen königlichen Geschmack erfassen und geniessen will, der muß sein Haus sehen, seine Heimstätte, seine Werkstätte. (...) Kein Denkmal könnte Franz von Lenbach errichtet werden, was so von ihm spräche und ihn so feierte, wie sein herrliches Haus (...).«

In einem keineswegs nebensächlichen Aspekt blieb Lenbachs Kunstbegriff widersprüchlich. Er vollzog die zeittypische Differenzierung des Künstlerbegriffs in bezug auf die »hohe Kunst« und das Kunsthandwerk nicht mit. Einerseits nannte er die »handwerkliche oder dekorative Kunst« als Bezug und unterschied davon zwar eine gesteigerte »geistige Begabung«, die »zum Schaffen eines freien Kunstwerkes« erforderlich sei.[125] Andererseits betonte er, daß es auf den Grad der »Vollendung« eines Werkes ankomme und es dann grundsätzlich unwichtig sei, ob es sich bei dem Medium der Kunst um ein Objekt oder um ein Bild handele.[126] Den in den neunziger Jahren modischen Begriff der Werkstatt nahm Lenbach auf, indem er ein Verständnis von prozessualer Gestaltung betonte:[127]

---

122 »Durch sie alle wird das Denken aus dem Sattel gehoben und die Seele von dem Banne der Alltäglichkeit erlöst.«
123 Wichmann 1973, S. 88.
124 Lenbach Archiv, Ordner 1, Mappe persönliche Erinnerungen.
125 Wyl 1904, S. 120.
126 Ebd.
127 Zit. in Baranow 1986, S. 49.

»Die Werkstätte muß die Grundlage werden, ob nun der junge Mann nur zum Kunsthandwerker oder sich zu höherer Kunst entwickelt. Ich kann es so schwer trennen; es ist mir immer schwer, von einem Dekorationslehrer zu sprechen und von hoher Kunst. Es ist alles das Höchste, wenn es vollendet schön ist, ob es nun ein schönes Möbel oder ein Raffael ist.«

Das Ende einer Ära

Die Erfahrung des Epochenbruchs im letzten Jahrzehnt des 19. Jahrhunderts mit der Abwendung vom historistischen Weltbild und der damit implizierten »retrospektiven« kulturellen Werthaltung stellten Lenbachs Arbeit zunehmend in Frage. Dem Anspruch der Sezessionisten auf eine von Geschichte »freien« Entwicklung der Künstlerindividuen stand er kritisch gegenüber, vor allem ihrer »Meinung, es sei eine neue Ära der wahren freien volksbeglückenden Kunst angebrochen«.[128] Die Stoßkraft dieser kulturellen Tendenz schränkte seine hohe Wertigkeit in der Öffentlichkeit dennoch zunehmend ein, da seine Malerei in ein Musealisierungsgefälle geriet. Sein Engagement für die Kunst der »alten Meister« als bildnerische Konzeption der zeitgenössischen Malerei wurde als Epigonentum abgetan.[129] Zwar war er 1892 bei der Gründung der Sezession von den führenden Künstlern dieses Diskurses noch aufgefordert worden, sich als »größter Könner unter den Münchner Malern« an der neuen Richtung zu beteiligen. Franz Stuck war zu ihm gesandt worden, um ihm diesen Wunsch vorzutragen, doch Lenbach ging auf dieses Ansinnen nicht ein, mit der Begründung, daß er der Künstlergenossenschaft nicht »untreu werden wolle«.[130] Als er schließlich 1896 das Amt des ersten Vorsitzenden der Münchner Künstlergenossenschaft übernahm, die die Mehrheit der konservativ eingestellten Münchner Künstler repräsentierte, war sein eigener Standort festgelegt, und er geriet in eine »trostlose Kampfstimmung« (Georg Hirth).

Lenbach hatte 1893 »die Jungen« mit der Vorhaltung getadelt, diese achteten die Tradition der Gattung sowie der malerischen

---

128 Wyl 1904, S. 109.
129 Vgl. Lenbachkat. 1987, S. 126.
130 Diese Darstellung bei Georg Hirth: Lenbachisierung, in: ders.: Wege zur Liebe, München 1917, S. 291.

Techniken nicht mehr und wollten die »Kunst von vorne anfangen«.[131] Ursache der Konfrontation zwischen der am Historismus festhaltenden Mehrheit der Maler und dem Kult der Sezessionisten um das Neue war eine Spaltung im Künstlerhabitus. Hatte die Kunst der »alten Meister« im Historismus die höchste Autorität für die Praxis der Gegenwart eingenommen, so veränderten sich nun die Bedeutungsmuster, ein Vorgang, den Lenbach in Abwehr, aber zutreffend als Bruch charakterisierte:[132]

»Der erste beste Anfänger hält es für das einzig Richtige, direkt an die Natur zu gehen, und sich von den ›längst überwundenen Standpunkten‹ seiner Vorgänger tunlich frei zu machen. Wer keck genug ist, ohne Wahl und Geschmack sein Selbstgeschautes, wenn auch in abschreckender Weise, auf Leinwand zu bringen, der bildet sich ein, er habe die Kunst erfunden.«

Der Nachwuchs pflege zu sehr die Geste: »Mit mir fängt die Entwicklung von vorne an.«
Entsprechend ablehnende Stellungnahmen Lenbachs zur Kunstentwicklung wurden wiederholt in Abdrucken verbreitet,[133] so daß seine Position von der Kunstöffentlichkeit in einer Frontstellung zur sezessionistischen Moderne gesehen wurde. Die neue Version des Künstlerkultes betonte die Individualität in radikalisierter Weise und erklärte die Wahrnehmung des Malers zur zentralen Quelle der ästhetischen Arbeit.
Mit diesem epochalen Geschmackswandel wurde schließlich Lenbachs Stellung als »Diktator der Münchner Kunst« (Eduard Engels) in Frage gestellt. Engels schilderte in einer Skizze den Vorgang des Einflußverlustes als eine »Palastrevolution«.[134] Nach seiner Analyse trafen mehrere Faktoren zusammen. Er zeichnete Lenbach als bisweilen selbstherrlich, als einen »fröhlichen Egoisten«.[135] Solange er sich auf dem Höhepunkt seiner Macht befand, war dies von anderen Künstlern hingenommen worden. Doch

131 Wyl 1904, S. 116.
132 Franz von Lenbach's künstlerisches Credo. Ein Selbstbekenntnis des Meisters, in: Kunst für Alle, Jg. 1902/03, S. 21.
133 So beispielsweise als »Lenbach's künstlerisches Credo« in der aus Anlaß seines Todes publizierten Ausgabe der »Propyläen« vom 10. Mai 1904.
134 Eduard Engels: Lenbach's Sturz, in: Die Gegenwart, 30. Jg., 1901, Nr. 2, S. 23.
135 Ebd., S. 24.

zwei Ereignisse ließen die Gegnerschaft gegen ihn anwachsen. Lenbach hatte die deutsche Kunstabteilung für die Pariser Weltausstellung arrangiert und hierbei seine eigenen Werke in den Vordergrund gestellt, die anderer Künstler dagegen eher beiläufig behandelt. In den deutschen Zeitungen und Kunstzeitschriften war dieses Vorgehen auf einhellige Ablehnung gestoßen. Dies hatte Rückwirkungen auf seine Anerkennung unter den Künstlerkollegen, und entsprechend begann sich Unmut zu regen. Eine günstige Gelegenheit bot sich für seine Gegner während der Generalversammlung im Verein Münchner Künstlerhaus. Lenbach hatte zwar die Realisierung des Projekts mit langjährigem persönlichen Einsatz befördert,[136] dieses aber zugleich mit seinem Interesse und Geschmack dominiert. In der ursprünglichen Idee sollte das Künstlerhaus als eine »Heimstatt« dem »geselligen Zusammenleben der Künstler« dienen. Doch unter dem Einfluß Lenbachs veränderte sich das Projekt. Zudem mußte eine hohe Hypothekenlast aufgenommen werden,[137] so daß sich immer weniger Künstler hiermit identifizierten, insbesondere wenn sie selbst – und das war die Mehrzahl – »nicht eben mit Glücksgütern gesegnet« waren:[138]

»Aus dem ›Heim‹ für die Künstler wurde im Laufe der Jahre ein Haus des Prunkes, eine Sehenswürdigkeit, es entstand ein Festsaal von unerhörtem Reichtum, in den kleinen Gesellschaftszimmern richtete Lenbach eine Reklame-Galerie seiner unverkauften Bilder ein, den größten Teil der Wirtschaftslocalitäten verpachtete man an einen Meraner Restaurateur zur Bewirtung der durchreisenden Fremden, die Forderung der einzelnen Vereine, ihre gesonderten Räume zu erhalten, ließ man völlig außer Acht und dabei brauchte man immer wieder neues Geld, 100 000 Mk, welche die Genossenschaft noch zahlte, 10 000 Mk welche die Stadt München bewilligte usw.«

136 1882 bezifferte er in einem Brief an Herrn von Miller ein finanzielles Minimum von 400 000 Mark, das erforderlich sei, um »ein Haus« zu bauen, »wenn man sich auf das nötigste beschränke«. Städtische Galerie im Lenbachhaus, Lenbach Archiv, Brief vom Ostersamstag, Abschrift in: Mappe Persönliche Erinnerungen an Lenbach, Ordner 1: Lenbachs Leben.
137 Die Künstlergenossenschaft stiftete aus ihrem »Privatvermögen« 80 000 Mark, bei einem Bankhaus wurde eine Hypothek von 300 000 Mark aufgenommen. Der Bauplatz war von Ludwig II. und der Münchner Stadtverwaltung geschenkt worden. Ebd.
138 Engels 1901, S. 24.

Die Architektur des Lenbach-Freundes Gabriel von Seidl hatte sich an einem repräsentativen Historismus orientiert, dessen schlechte Nutzungsqualitäten ebenfalls bald kritisiert wurden. Daher nahmen die Künstler das neue Domizil nur in geringem Maße an. Wie es nun hieß, fühlten sie sich »durch die prunkvolle Decoration bedrückt« und bevorzugten ihre Stammkneipen. Aufgrund dieser Entwicklung spitzte sich die hohe Unzufriedenheit mit »Lenbach's Regiment« zu einem Konflikt zu.

Auf der Generalversammlung von 1901 entlud sich der Unmut gegen ihn bei der Abstimmung über vergleichsweise nebensächliche Anträge. Lenbach und die übrigen Vorstandsmitglieder versteiften sich auf die Auflage der Stifter, daß das Künstlerhaus »allen Künstlern gleichmäßig gehören solle«. Die Mitglieder der Künstlergenossenschaft verwiesen jedoch darauf, daß sie große Summen gezahlt und Hypotheken auf ihren Namen gezeichnet hatten. Daher müßten sie maßgebenden Einfluß auf die Vereinsleitung fordern. Schließlich spitzte sich der Konflikt zwischen Vorstand und Mitgliedschaft so zu, daß ein Rücktritt unausweichlich wurde. Da Lenbach zugleich Präsident der Künstlergenossenschaft war, die ihm nunmehr die Gefolgschaft verweigerte, mußte er auch von dieser Machtstellung zurücktreten. In dieser Funktion hatte er dem Vorstand der Internationalen Kunstausstellung angehört, so daß er auch das letzte Amt verlor. Somit war zu Recht von »Lenbach's Sturz« zu sprechen.[139] Der Kommentar von Engels offenbart andererseits, wie stark 1901 im Milieu der Münchner Künstlerschaft bereits Wertbegriffe an Geltung gewonnen hatten, die zwischen Nietzsche-Rezeption und deutschnationaler Ideologie changierten: »Er ist ein großer Künstler und ein prachtvoller Herrenmensch. Wenn er sich zum Tyrannen aufschwingen konnte, so beweist das weniger gegen ihn, als gegen die Anderen.« Ein neu gegründeter Verein sollte Lenbach eine neue Plattform bieten.[140]

139 Ebd. Er war gezwungen, »von seinem Thron herunterzusteigen und in jeder Hinsicht abzudanken«.
140 Das Mitgliederverzeichnis des »Neuen Münchner Künstlerhaus-Vereins« von 1902 wies »Dr. Franz von Lenbach« als Vorsitzenden des Ausschusses aus, während als Protektor Prinz Rupprecht von Bayern benannt wurde. Es führte als ordentliche Mitglieder 165 Maler und Bildhauer auf, unter anderen Franz von Stuck, Friedrich August von Kaulbach, Ferdinand von Miller, Gabriel von Seidl, Rudolf Seitz, aber auch einen Repräsentanten der ästhetischen Reformbewegung, Theo-

Einige Jahre hatte in der Kunstöffentlichkeit ein Nebeneinander beider Kunstrichtungen Bestand gehabt. Noch 1898 und 1899 wurde auf der Münchner Jahresausstellung im Glaspalast ein Saal mit neuen Kopien alter Meister gezeigt.[141] Doch um die Jahrhundertwende ging die Anerkennung der Reproduktion von Gemälden als Kunstwerke zu Ende. Der Begriff von Authentizität engte sich auf das vom Individuum neu geschaffene »Geistige« ein, auf die aus der Individualität geborene Idee.

Ein »moderner« Künstler?

Bei der Abwägung, ob Lenbach als ein Repräsentant des Übergangs oder als ein moderner Künstler betrachtet werden kann, sind vier Aspekte zu unterscheiden.
1. Lenbach arbeitete selbständig und auf eigene Rechnung für den Kunstmarkt. Er beschickte regelmäßig die wichtigsten Kunstausstellungen, besuchte die künstlerischen Ereignisse, um von den Entwicklungen ein eigenes Bild gewinnen zu können. Zudem betrieb er ein geschicktes Marketing mit der Ausstellung seiner Werke, in denen er sich als Modemaler der »gekrönten Häupter« stilisierte. Dieses strategische Handeln, das die Bewahrung und Erweiterung der eigenen Marktführerschaft erfolgreich intendierte, geschah im Sinne eines freien Berufes mit unternehmerischer Autonomie.
2. Für den Prozeß der Werkentstehung beanspruchte Lenbach künstlerische Autonomie. Zwar verstand er es, die Selbstbilder und Wünsche seiner Auftraggeber sensibel aufzunehmen, doch der eigentliche künstlerische Akt, die Akzentuierung der ästhetischen

> dor Fischer. Daneben zählte dieser Verein 356 außerordentliche Mitglieder aus der Geld- und Bildungsaristokratie sowie aus dem Adel. Fundort: Bayerische Staatsbibliothek München. Das Exemplar stammt aus der Bibliothek des Prinzregenten Luitpold, K. B. 364.
> 141 Georg Hirth: Wege zur Kunst, München 1902, S. 289. Georg Hirth, der sich selbst von einem führenden Theoretiker des Historismus zum Mitgründer der Sezession und Herausgeber der Zeitschrift »Jugend« entwickelt hatte, stellte die Frage nach den psychologischen Gründen des Beharrens Lenbachs bei der »ausschließlichen Anerkennung der Alten und der Prinzipien der Dekoration«. Hirth hatte jedoch keine Antwort auf diese Frage.

Sprachlichkeit, unterlag durchaus der Autonomie seiner eigenen künstlerischen Wahrnehmung.

Aus zwei Quellen haben wir Belege dafür, in welchem Maße dieser Konflikt zwischen dem Auftraggeber und dem Künstler noch als strukturelle Dominanz des Fürsten gegenüber dem Hofkünstler im kollektiven Gedächtnis präsent war und erst in eine neue Balance kommen mußte. Maximilian Harden hob das Selbstverständnis eines modernen Künstlers bei Lenbach in Abgrenzung zu Anton von Werner in einem 1910 erschienenen Essay hervor:[142]

»Gegen einen seiner ältesten Freunde, der die Entwürfe dem Kaiser ›zur Korrektur‹ vorlegt, konnte er Stunden lang in Zorn und Hohn toben. ›Ehe ich mir von einem Dilettanten ins Handwerk dreinreden ließe, würde ich Parapluiemacher!‹ Die Künstler sollten nie vergessen, nicht eine Minute, daß ihnen der erste Rang unter den Menschen gebühre.«

Anton von Werner, dem Lenbachs Kritik galt, berichtete von dem beschriebenen Besuch Lenbachs aus seiner Sicht: Er hatte kurz zuvor die für ihn verpflichtenden Kommentare der Mitglieder der Landeskunstkommission gegenüber einem Auftragswerk hinnehmen müssen.[143] Als Lenbach das Bild betrachtete und den Arbeitsstand als »fertig« nachvollziehen konnte, wie ursprünglich auch Anton von Werner, kam es zu einem »drastisch-derben« (von Werner) Wortwechsel. Anton von Werner verwies darauf, daß die Kommission »nach allem Vorhergegangenen schwerlich die Bilder in diesem Stadium« abnehmen würde. Lenbach plädierte hier entschieden für die autonome Entscheidung des Künstlers in der Beurteilung seines Werkes und für Nichtunterwerfung unter das fremde Urteil. In diesem Konflikt wurde das Kriterium der Selbständigkeit im Arbeitsprozeß verhandelt. In den unterschiedlichen Positionen Anton von Werners und Franz Lenbachs hoben sich zwei Einstellungen voneinander ab, die einerseits dem Hofkünstler und andererseits dem »modernen« bürgerlichen Künstler zuzurechnen sind.

3. Von den zeitgenössischen Kunstkritikern wurde Lenbachs psychologisches Einfühlungsvermögen als Qualität der Porträtkunst hervorgehoben. Er habe es verstanden, das »Seelische« der Por-

---

142 Maximilian Harden: Franz von Lenbach, in: ders.: Köpfe, Berlin 1910, Bd. 1, S. 428.
143 Von Werner 1913, S. 259.

trätierten zu erfassen und visuell darzustellen.[144] Dieser Begrifflichkeit lag ein neuartiges Verständnis des Individuums und seines Innenlebens zugrunde, das im Kontext der kulturellen Moderne an Bedeutung gewann.

4. Der Erfolg Lenbachs als Porträtmaler hat zudem Gründe, die in die Mediengeschichte der Moderne hineinreichen. Mit der Verbreitung der Fotografie ordnete sich die Valenz der symbolischen Güter neu: Das teuere gemalte Porträt garantierte Exklusivität. Darüber hinaus aber konnten der Blick des Künstlers und der Syntheseprozeß mit malerischen Mitteln etwas veranschaulichen, was die Abbildungsqualität der Fotografie nicht vermochte. Die porträtierte Person sollte mit koloristischen Mitteln in einer statusfähigen Haltung inszeniert und in ihrer spezifischen Individualität gezeigt werden. Die Eliten der Gesellschaft verfügten gegenüber der fortschreitenden Demokratisierung des Bildes im gemalten Porträt über eine symbolische Form der Distinktion. Die Münchner Künstlerfürsten Franz Lenbach und F. A. Kaulbach fanden in dieser neuen Konfiguration des sich wandelnden Bildbedarfs ihren spezifischen Markt. Das Porträt sollte als würdestiftendes Schmuckobjekt in einer repräsentativen Weise die privaten Wohnräume und Salons zieren. Erst recht galt die Stilisierungsfunktion von Würde bei öffentlichen Auftraggebern, die Porträts von Repräsentanten der staatlichen Macht für Amtsräume bestellten. Lenbach beherrschte die ästhetische Grammatik für den symbolischen Bedarf der gesellschaftlichen Eliten.

Mit dem Modernisierungsschub der 1890er Jahre veränderte sich die kulturelle Konfiguration und mit ihr die mentalen Muster der Wahrnehmungen sowie die damit verbundenen ästhetischen Einstellungen. Die Ablehnung des Paradigmas des Historismus durch eine – größer werdende – Minderheit unter den Künstlern und dem Publikum wurde von einer Suche nach neuen Ausdrucksmitteln gespeist. Diesem neuen kulturellen Bedarf der innovativen bürgerlichen Trägerschichten von Kunst wurde die retrospektive Haltung des Historismus nicht mehr gerecht, wodurch Lenbachs ästhetischer Code seinen kulturellen Kontext verlor.

144 Helferich 1887, S. 207, merkte bereits kritisch an, daß die Bilder »nicht modern genug« seien, um »der Nachwelt im höchsten Sinne interessant« zu bleiben, und: »Moderne Menschen sinds nicht geworden.«

Unter sozialgeschichtlichen Gesichtspunkten war Lenbach ein moderner Künstler. Er arbeitete selbständig und bediente sich der Institutionen des sozialen Raums der Künstler zu seiner Eigenprofilierung. In kulturgeschichtlicher Hinsicht nimmt er die Bedeutung der Individualität in der kulturellen Moderne als Thema seiner Malerei durchaus auf. Seine Porträts veranschaulichten nicht nur den Status, sondern auch das »Innere« der Person. Hierfür nutzte er jedoch die der retrospektiven Orientierung des Historismus adäquaten ästhetischen Mittel. Daher muß Lenbach als eine Figur des Übergangs bewertet werden. Er verarbeitete den kulturellen Bruch in seiner Konfiguration, die fortschreitende Modernisierung einerseits und die Prägung der Denkweisen durch den Historismus andererseits, in einer von den Spannungen seiner Zeit entlastenden Rezeption der »großen« historischen Vorbilder. Von der Kunstgeschichte wurde er schließlich als ein in den Zeitgeist seiner Epoche verwobener Künstler vernachlässigt, weil er zur Entwicklungsgeschichte der künstlerischen Moderne in seiner ästhetischen Sprachlichkeit nichts beigetragen habe.

v. Wassily Kandinsky als Repräsentant der künstlerischen Moderne

Wie eignete sich Wassily Kandinsky um 1900 die Kompetenzen eines Malers an, und worin bestand seine spezifische Leistung bei der Umformulierung des Habitus des modernen Künstlers? Wie ist seine Lebensgeschichte sozialgeschichtlich zu verorten? Welche Bedeutung hatte die Erwerbsarbeit für ihn? In welchem Verhältnis stand er zur Bürgerlichkeit?

Die kunsthistorische Perspektive

Kandinskys Bedeutung für die Entwicklung der Kunst im 20. Jahrhundert wurde von der kunstgeschichtlichen Forschung in unterschiedlichen Lesarten hervorgehoben.[1] Zumeist wurde der Bruch mit den jahrhundertealten Traditionen der abendländischen Malerei in emphatischer Weise seiner Erneuerungskraft als Künstlerindividuum zugeschrieben. Nicht mehr der »unmittelbare Bezug zur sichtbaren Wirklichkeit«, sondern die »Vergegenwärtigung seelisch-geistiger Erfahrungen« sei zum Gegenstand seiner künstlerischen Arbeit geworden,[2] so daß sich »die Geburt der gegenstandslosen Kunst« (Armin Zweite) mit seinem Namen verbinde.[3] In dieser Perspektive eines Paradigmenwechsels gilt Kandinsky als der Prototyp des modernen Künstlers, der den Über-

---

1 Beispielsweise »(...) einer der bedeutendsten Künstler der Moderne«, Klaus Lankheit, Kommentar in: Der Blaue Reiter, hg. von Wassily Kandinsky und Franz Marc. Dokumentarische Neuausgabe von Klaus Lankheit, München/Zürich 1984, S. 333; ferner Hünecke 1991, S. 528: »›Der Blaue Reiter‹ ist zu einem beinahe magischen Begriff geworden. Viele verbinden damit ganz konkrete, aber doch verschwommene, ungenaue oder falsche Vorstellungen.«
2 Lorenz Dittmann/Walter Falk: Auflösung aller Vertrautheit. Kandinsky und Klee, in: Nitschke u. a. 1990, Bd. 2, S. 170.
3 Resümierend hierzu Armin Zweite, Vorwort, in: ders. (Hg.): Kandinsky und München. Begegnungen und Wandlungen 1896-1914, München 1982, S. 3, oder: Der Blaue Reiter im Lenbachhaus München, hg. und mit einer Einführung von Armin Zweite, München 1991, S. 33: »Mit

gang zur abstrakten Kunst in einem »schöpferischen Sprung« vollzogen habe, worunter vor allem die Lösung der Kunst vom »Diktat des Gegenstandes« verstanden wurde.[4] Eine umfangreiche Literatur beschäftigte sich mit den Werken der Phase zwischen 1909 und 1914, insbesondere mit der von Wassily Kandinsky und Franz Marc gebildeten Redaktion des »Blauen Reiter«. Kandinsky galt das Interesse der kunsthistorischen Forschung, weil er sich in eine Entwicklungsgeschichte der Moderne einfügte und zudem mit seinen theoretischen Äußerungen für präzise wissenschaftliche Arbeit zugänglich war.

In den Begriffen der Kunsthistoriker war zumeist die Semantik des Künstlerhabitus impliziert. Beispielsweise bilanzierte Peg Weiss Kandinskys Arbeit in den Münchner Jahren zwischen 1896 und 1914[5] dahingehend, daß er »eine unendlich tiefgreifende Wandlung in der Vision und der Bildsprache der modernen Malerei« bewirkt habe:

»Sein historischer Durchbruch zur Abstraktion kann in der Tat als ein apotropäischer Akt in der Moderne angesehen werden, ein Akt der Beschwörung, der in seinem Wesen dem 20. Jahrhundert entspricht und darauf abzielt, eine Zivilisation zu heilen, die durch den Alptraum unerhörter sozialer, technologischer, politischer und kultureller Umwälzungen in Selbstzufriedenheit erstarrt war.«

In solchen Bedeutungszuschreibungen erschien Kandinsky als ein heroischer Akteur, dem die »Befreiung« zur Modernität in zweifacher Hinsicht zu verdanken sei. Mit seiner Arbeit als Künstlerindividuum habe er sowohl einen Kontrapunkt zur alptraumhaften »Selbstzufriedenheit« der bürgerlichen Welt geschaffen als auch einen »Akt der Beschwörung« vollbracht. Diese Begrifflichkeit verwies auf magische Dimensionen und unterstellte Kandinsky, er habe darauf abgezielt, die Folgen der sozialen und technischen Modernisierung zu »heilen«. Peg Weiss hatte zuvor in ihrer Untersuchung »Kandinsky in Munich« die These ver-

Kandinskys Namen verbindet sich die Geburt der gegenstandslosen Kunst.«
4 Peg Weiss: Kandinsky und München. Begegnungen und Wandlungen, in: Zweite 1982, S. 29: »Kandinskys Begegnung mit München und seine Umgestaltung der Elemente, die er hier vorfand und die seinem dramatischen Durchbruch zur Abstraktion die Stoßkraft verliehen, sind Gegenstand dieser Ausstellung.«
5 Ebd.

treten, der Künstler habe um 1900 seine wichtigsten Prägungen im Münchner Milieu des Jugendstils erfahren.[6] Sie hatte die Beziehung Kandinskys zur angewandten Kunst dokumentiert und auf frühere Tendenzen zur Abstraktion bei Hermann Obrist und August Endell verwiesen. Andere Kunsthistoriker bewerteten hingegen die Beschäftigung Kandinskys mit Rudolf Steiner und Autoren der okkulten Literatur als bedeutsam für dessen künstlerische Entwicklung und vermuteten, daß von dieser Lektüre sein Verständnis »des Geistigen« beeinflußt sei.[7] Allerdings blieb die zentrale Annahme unbelegt, Kandinsky habe, über die Lektüre Rudolf Steiners hinaus, die von ihnen zitierten Autoren des Okkultismus auch tatsächlich gelesen.[8] Sixten Ringboms These basierte lediglich auf dem erhaltenen Bestand der Bibliothek von Kandinskys damaliger Lebensgefährtin Gabriele Münter. Zu welchen Zeitpunkten diese Titel in Münters Besitz gelangt waren, ist jedoch nicht geklärt, so daß offenbleiben muß, ob die Anschaffung vor oder nach deren Trennung von Kandinsky erfolgte. Der Kunsthistoriker Johannes Langner sah wiederum eine Prägung durch den Symbolismus gegeben. Kandinsky sei stärker, als er dies selbst in seinen textlichen Äußerungen zugegeben habe, von Stuck und dessen Anreger Arnold Böcklin beeinflußt gewesen.[9] Die in dieser Weise formulierten monologischen Thesen zur Erklärung von Kandinskys »historischem Durchbruch« (Peg Weiss) bei der Entwicklung des Konzeptes der abstrakten Kunst wurden aufgrund ihrer mangelnden Komplexität von anderen Autoren wiederum in Frage gestellt oder zurückgewiesen.

---

6 Dies.: Kandinsky in Munich. The Formative Jugendstil Years, Princeton N. J. 1979. Gegen diese Arbeit wurde der Vorwurf der Überakzentuierung erhoben.
7 Vgl. zusammenfassend Sixten Ringbom: Kandinsky und das Okkulte, in: Zweite 1982, S. 85-101, und Rose-Carol Washton-Long: Kandinsky. The Development of an Abstract Style, Oxford 1980.
8 Ringbom versuchte inhaltliche Übereinstimmungen mit dem Werk Annie Besant/C. W. Leadheater: Gedankenformen, Berlin 1908, nachzuweisen.
9 Johannes Langner: »Das Sprechen von Geheimen durch Geheimes.« Kandinsky und der Symbolismus, in: Ausst. Kat. Berlin 1994: Der frühe Kandinsky 1900-1910, hg. von Magdalena M. Möller, München 1994, S. 71-83.

In diesen Lesarten wurde Kandinsky vorrangig der Status des Entdeckers und Schöpfers des »autonomen Bildes« zugewiesen.[10] Doch bereits 1970 hatte sich Martin Damus mit den Implikationen der Forschung der fünfziger und sechziger Jahre beschäftigt. Mit deren Apologie der »autonomen Kunst«, die mit dem Werk Kandinskys in besonderer Weise assoziiert wurde, war eine Enthistorisierung der Kunstgeschichtsschreibung einhergegangen. Im Mittelpunkt der wissenschaftlichen Rekonstruktion stand die Werkentstehung, die als »Emanzipation der Darstellungsmittel vom Darstellenmüssen« gedeutet wurde.[11] Damus kritisierte die Isolierung Kandinskys in der heroischen Rolle eines einsamen Vorkämpfers als zu eindimensional für den Begriff der modernen Kunst. Er warf statt dessen die Frage nach den historischen Bedingungen des künstlerischen Arbeitsprozesses auf.

In den Arbeiten zu Kandinsky war die Tatsache weitgehend unerörtert geblieben, weshalb verschiedene Künstler und Kunsttheoretiker in der Zeit um und nach 1900 gleichzeitig und unabhängig voneinander eine ästhetische Sprachlichkeit für die Verbindung des »Seelischen« und des »inneren Rhythmus« des Individuums gesucht und als Ausgangspunkt der Abstraktion gestaltet hatten. Schon 1905 berichtete Arthur Roeßler in seiner Darstellung der künstlerischen Entwicklungen in der Künstlerkolonie Dachau davon, daß Adolf Hölzel mit abstrakten Ornamenten als »Niederschrift von Gefühlsregungen« gearbeitet und diese als einen »gesetzmäßig getreuen Ausdruck des jeweiligen inneren Rhythmus der Seele oder des Intellekts« betrachtet hatte.[12] Auch von Ferdinand Avenarius war 1908 die Vorstellung verbreitet worden, daß Licht, Farbe oder Linie »seelische Werte« vermitteln könnten. Mit Belegen dieser Art machte Damus darauf aufmerksam, daß jene künstlerische Innovation der Abstraktion keineswegs einem ein-

---

10 Beispielsweise Jelena Hahl-Koch: Kandinsky, Stuttgart 1993, S. 226, die von »Kandinskys Pionierleistung als abstrakter Künstler« sprach.
11 In einer von Martin Warnke geleiteten Sektion der Kunsthistorikertagung in Ulm 1970, Martin Damus: Ideologiekritische Anmerkungen zur abstrakten Kunst und ihre Interpretationen. Beispiel Kandinsky, in: Das Kunstwerk zwischen Wissenschaft und Weltanschauung, hg. von Martin Warnke, Gütersloh 1970, S. 48-75, hier S. 53.
12 Arthur Roeßler: Neu Dachau, Bielefeld/Leipzig 1905, S. 115 ff., zit. bei Damus 1970, S. 54.

zelnen Individuum vorbehalten geblieben war, sondern in einer überindividuellen Breite erfolgte.[13]
In die Deutungen der Kunsthistoriker ging jedoch zumeist implizit eine isolierte Konstruktion des Individuums ein, dessen sozialgeschichtliche Bedingtheit vernachlässigt wurde. In unserer kulturgeschichtlichen Perspektive bleibt zu fragen, unter welchen historischen Bedingungen die Neudefinition des künstlerischen Individuums erfolgte. Repräsentierte Kandinskys Suche nach einer neuen ästhetischen Form einen kulturellen Modernisierungsschub der Radikalisierung des langfristigen zivilisationsgeschichtlichen Prozesses der Individualisierung?

München um 1900 und das Anregungspotential der kulturellen Konfiguration

Um den kreativen Kontext zu verstehen, in dem Kandinsky seit 1896 seine künstlerische Individualität entwickeln konnte, müssen wir uns sowohl mit dem kulturellen Wandel in dieser Zeitphase als auch mit der Kunststadt München beschäftigen, die den sozialen Raum während seiner Professionalisierung bildete.[14]
Kandinskys Sozialisation als Maler begann zu einem Zeitpunkt, als »Münchens Hegemonie im deutschen Kunstleben«[15] noch unbestritten, der Höhepunkt von Lenbachs Anerkennung aber bereits überschritten war. Der kulturelle Modernisierungsschub hatte sich um 1890 verstärkt.[16] Im Gefolge der Münchner Sezession von 1892 war die Forderung nach einer »zeitgemäßeren« Verbindung von

---

13 Zudem erschien ihm mit diesen Entwicklungen eine Verschiebung der Wahrnehmungsmuster im Subjekt-Objekt-Bezug einherzugehen: »Das Objekt des Sehens ist nicht das Wesentliche, sondern das Gefühl und die Erregung, das seelische Erlebnis, das es hervorruft.« Damus 1970, S. 55.
14 Siehe auch die Skizze in Peter Jelavich: München als Kulturzentrum. Politik und die Künste, in: Zweite 1982, S. 17-26.
15 Georg Hirth, in: Engels 1902, S. 75.
16 Ein Zeichen für die Veränderung des »Zeitgeistes«: Am 18. Dezember 1890 meldete Michael Georg Conrad bei der Polizei in München die »Gesellschaft für modernes Leben« als eine unpolitische, literarisch-künstlerische Vereinigung an, vgl. Peter Charles Jelavich: Theater in Munich 1890-1914. A Study in the Social Origins of Modernist Culture, Diss. Phil. Princeton University 1982, S. 79.

Kunst und Leben erhoben worden. Die ästhetische Reformbewegung formierte sich schließlich in München in den Jahren 1895/96 in den Künstlergruppen der »modernen Bewegung«, die eine ästhetische Verarbeitungsform des breiteren mentalen Umbruchs repräsentierte. In dessen Verlauf entwickelte sich eine Bildlichkeit von utopischen Vorstellungen der schönen Harmonie des menschlichen Individuums, so beispielhaft bei dem Maler und Entwerfer Richard Riemerschmid.[17] Das Naturerlebnis bei Ludwig von Hoffmann sowie der neue Jugendmythos[18] wurden in ästhetisierbaren fiktionalen Räumen für das imaginierte ganzheitliche »Gemüt« visualisiert.[19] Die Gründung einer neuen Zeitschrift mit dem Titel »Die Jugend« 1896 durch den Münchner Verleger Georg Hirth mit spektakulärem Verkaufserfolg in ganz Deutschland gab der neuen Ästhetik des floralen Linienstils und der flächigen Abstraktion, die dem Titelbild ein innovatives Profil verlieh, einen Namen und bekräftigte deren Bedeutung als Code des veränderten »Zeitgeistes«. Etwa gleichzeitig entstand 1897/98 in München-Schwabing ein erstes Jugendstil-Mietshaus (Friedrichstraße 9-11), in dem sich der neue Schönheitsbegriff in der bürgerlichen Wohnarchitektur materialisierte.[20]

Diese kulturellen und ästhetischen Innovationen hatten ihren Kontext in einem umfassenderen Paradigmenwechsel in den symbolischen Formen der bürgerlichen Kultur. Mit ihnen setzten sich neue Wahrnehmungsformen durch, die nicht nur den Blick des kunstkonsumierenden Publikums veränderten und den Themen-

17 Vgl. Winfried Nerdinger (Hg.): Richard Riemerschmid. Vom Jugendstil zum Werkbund – Werke und Dokumente, München 1982 (zugleich Ausst. Kat. Architektursig. der TU München, des Münchner Stadtmuseums und des Germanischen Nationalmuseums Nürnberg), S. 95.
18 Vgl. Winfried Mogge: Wandervogel, Freideutsche Jugend und Bünde. Zum Jugendbild der bürgerlichen Jugendbewegung, und Frank Trommler: Mission ohne Ziel. Über den Kult der Jugend im modernen Deutschland, in: Thomas Koebner/Rolf-Peter Janz/Frank Trommler: »Mit uns zieht die neue Zeit«. Der Mythos Jugend, Frankfurt am Main 1985. Trommler verweist auf die starke Rezeption von Langbehns »Rembrandt als Erzieher« in der Jugendbewegung, ebd., S. 23.
19 Siehe Rolf-Peter Janz: Die Faszination der Jugend durch Rituale und sakrale Symbole. Mit Anmerkungen zu Fidus, Hesse, Hofmannsthal und George, in: Koebner u. a. 1985, S. 310 ff.
20 Vgl. Dieter Klein: Martin Dülfer. Wegbereiter der deutschen Jugendstil-Architektur, München 1981, S. 55.

kanon erweiterten. In besonderer Weise äußerte sich der kulturelle Bruch in der Abgrenzung der Generationen. Als Ausdruck eines neuen Selbstbildes und der verstärkten Ablehnung der etablierten Muster der Bürgerlichkeit begannen sich Schüler und Jugendliche in Gruppen zusammenzufinden, um sich aus den Mauern der Städte zu »befreien«, auf dem Land zu wandern und jugendeigene Kulturformen zu entwickeln.[21] Darin äußerte sich die Inanspruchnahme des modernen Paradigmas der Autonomie selbstaktiver Individuen, dem Grundkonstrukt der bürgerlichen Gesellschaft.[22] Es entstanden teilautonomisierte subkulturelle Sonderräume, die allerdings in sich von einer Ambivalenz zwischen dem Anspruch auf Entfaltung der Individuen und der Einbindung in die kollektiven Muster der Gruppenbezüge geprägt blieben.

Diese schubartige kulturelle Modernisierung ist mit einer Dynamik von wirtschaftlichen, gesellschaftlichen und wissenschaftlichen Innovationen zu erklären. Seit den achtziger Jahren des 19. Jahrhunderts hatte sich eine zweite Industrialisierungsphase verstärkt. Die Entstehung der chemischen und elektrotechnischen Industrie zog eine weitere wirtschaftliche Expansion und die Elektrifizierung der Lebenswelt nach sich. Die Maschinenkultur der industriellen Moderne, wie sie aus der Mechanisierung von Bewegungsabläufen resultierte, produzierte eine zunehmende Beschleunigung zivilisatorischer Interaktionen, so daß sich aus der Wahrnehmung von »Flüchtigkeit« das ästhetisierungsfähige Erlebnis der Abstraktion ergab. Ferner erwiesen sich die revolutionierenden naturwissenschaftlichen Erkenntnisse der Atomphysik als von großem Einfluß auf das Weltbild, nachdem bewiesen war, daß sich hinter der materiell-sichtbaren eine unsichtbare Welt von Mikrokosmen befand.

Ein kleiner Teil der Münchner Künstlerschaft reagierte in seis-

---

21 Bezeichnenderweise bildeten sich in der konkurrierenden Hauptstadt Berlin die ersten Wandergruppen von Gymnasiasten im bürgerlichen Bezirk Steglitz 1896.
22 Bis zu dem Fest auf dem Hohen Meißner von 1913, einem Ereignis mit langfristiger Prägewirkung, differenzierte sich ein Spektrum von Mustern in ästhetischen Zeichen und Kleidercodes, die sich an die mittelalterlichen Vaganten anlehnten, sowie von symbolischen Formen der Liedkultur mit gemeinschaftsbildendem Wert. Dies entsprach dem Anspruch der Jugendbewegten auf Individualisierung ihrer Ausdrucksmedien, die die so wahrgenommene Uniformierung »der Seelen« sprengten.

mographischer Wahrnehmung auf diese Verschiebungen in der Zeiterfahrung mit dem Willen zu experimenteller Innovation. Kandinsky traf in diesem kreativen Milieu auf wichtige Gestalter des Jugendstils wie Hermann Obrist, August Endell, Richard Riemerschmid, Bernhard Pankok, Bruno Paul, Peter Behrens sowie Otto Eckmann, bald auch Paul Schultze-Naumburg und andere mehr. Die Schubkraft der ästhetischen Reformbewegung öffnete mit dem idealisierten Leitbegriff »des Neuen« zugleich das Verständnis vom Künstlerhabitus aus den Erstarrungen der engen Erwerbsberufe, die weiterhin den Großteil des Kunstmarktes belieferten. In der Sicht dieser an einer neuen Formensprache arbeitenden Künstlerszene sollte die künstlerische Arbeit nicht länger an das Spezialistentum eines Genres gebunden bleiben. Der Begriff des Künstlers wurde vielmehr als über die einzelnen künstlerischen Ausdrucksmedien hinwegreichend betrachtet. Er gewann in radikalisierter Weise im schöpferischen Subjekt seinen Bezugspunkt, während der Nachvollzug der akademischen Tradition abgewertet wurde. Diese Auffassung propagierten Künstler, die selbst meist von der Malerei als ihrem erlernten Medium ausgegangen waren.[23]

Die Künstler der »modernen Bewegung« begannen der Vision einer Durchdringung des Lebens mit künstlerischen Formen Ausdruck zu geben. Sie zielten darauf, nicht in einem abgehobenen »Reich der Kunst« zu wirken, sondern die sinnlich erfahrbare Qualität des Lebens durch ästhetische Stilisierung zu steigern. Sie gestalteten die Objekte des Alltagslebens, wie Kleider, Wohnungseinrichtungen und die Bildlichkeit der dekorativen Malerei, in einer neuartigen Grammatik. Die Idee des Gesamtkunstwerkes erschien als eine Möglichkeit der Versöhnung der Welt aus der Wirkungsmacht der ästhetischen Utopie.

Als das verbindende Anliegen der »modernen Bewegung« galt die Abkehr vom retrospektiven Traditionsbezug des Historismus. In der Verbindung von Kunst und Leben konnte der Künstlerhabitus

23 Hirth weist der Malerei einen spezifischen Freiraum zu: »Die Malerei ist in München wohl die einzige Kunstübung, die sich heutzutage – dank ihrer Nichtinanspruchnahme durch den Staat und die städtischen Behörden – einigermaßen unabhängig vom Mauergeiste in großen und hohen Räumen entfalten kann.« Georg Hirth, in: »Münchens Niedergang als Kunststadt.« Eine Rundfrage von Eduard Engels, München 1902, S. 85.

nunmehr in einer erheblichen Variationsbreite entfaltet werden. Die Lösung aus den Traditionen der akademischen Malerei ermunterte zum radikalen Bruch in der Bildauffassung. Gegenüber dem historistischen Vorbild und dem naturalistischen Abbild trat das Experiment mit Linie, Farbe und Form selbst in das Zentrum des Interesses. Flächige, zweidimensionale, vielfach dekorative Darstellungen erlangten modische Wertigkeit und waren zugleich mit einem reformerischen Anspruch »geistig« aufgeladen. Dieser Neuansatz wurde von den künstlerischen Individuen mit dem elitären Gestus der Individualisierung propagiert, unabhängig von der Akzeptanz des breiteren Publikums und dessen Geschmack. Der Künstlerhabitus vollzog damit einen bedeutsamen Schritt in der Radikalisierung des Anspruchs auf Autonomie des Schöpferischen.

Die Aufnahme des »Jugendstils« als eines modischen Zeitausdrucks in Teilen des Bürgertums und der Intelligenz belegt eine Kongruenz zwischen den mentalen Einstellungen der Künstler und denen der zeitgenössischen Bildungseliten. Allerdings bewegten sich zwei unterschiedliche ästhetische Tendenzen von Modernität gleichzeitig in einer unentschiedenen Ambivalenz beim Versuch, die »nervöse« Zeiterfahrung auszudrücken. Einerseits wurde der Jugendmythos in der schwingenden, überdehnten Linie als eine Vision der Heilung des modernen Menschen und der Harmonisierung der bürgerlichen Welt symbolisiert. Andererseits repräsentierte die neuartige funktionale »Sachlichkeit« die Gegenwart der industriellen Technik, als eine adäquate ästhetische Stilisierung der zweckrationalen, dynamischen Welt und der seriellen Massenkultur. Georg Hirth kommentierte diesen janusgesichtigen Zeitbruch hellsichtig in Begriffen, die die in sich mehrschichtige Fraktur von kontrastierenden kulturellen Schichten verdeutlichen, als er die Bedeutung der Jugendstilzeichen mit den Prinzipien »der Befreiung«, der alleinigen »Herrschaft der Zweckmäßigkeit« und des »künstlerischen Empfindens« identifizierte.[24]

Im Bereich der »angewandten Kunst« vollzogen sich grundle-

---

24 »Der sogenannte Jugendstil unterscheidet sich aber von allem Früheren dadurch, daß er eigentlich gar kein ›Stil‹ im starren Sinne des Wortes ist, sondern vielmehr das Prinzip der Befreiung und die alleinige Herrschaft der Zweckmäßigkeit und des künstlerischen Empfindens bedeutet.« Ebd., S. 82.

Abb. 25: Richard Riemerschmid: Titelblatt der Zeitschrift »Jugend«, 1897. – Der neue flächige Stil dieser Graphik erschien den Zeitgenossen als ein Code, der mit Modernität und kulturellem Aufbruch assoziiert wurde.

gende Innovationen der künstlerischen Sprachlichkeit. Der neue Kunstbegriff ermöglichte eine radikale Abstraktion, wie sie beispielsweise bereits 1895 in Entwürfen für Stickereien von Obrist oder 1897 von Endell für Tapisserien zum Ausdruck kam.[25] Linie und Farbe verselbständigten sich als Ausdrucksmittel einer abstrahierten Expressivität. Die aus dem Organischen abgeleitete überdehnte Wellenlinie wurde zu einem Symbol der dynamischen und ästhetisch chiffrierten Energie, die die Bewegungen und Rhythmen des modernen Lebens und der menschlichen Empfindung zu repräsentieren schien. Zudem hatte der Bildhauer Hermann Obrist die in England von William Morris praktizierte und in Büchern propagierte Wiederannäherung des Künstlers an die erprobten Qualifikationen des vorindustriellen Handwerkers sowie an die Werkstatt aufgenommen und in seine künstlerische Praxis integriert.

Ein weiterer Einfluß speiste sich aus geistesgeschichtlichen Impulsen. Seit 1894 lehrte Theodor Lipps an der Münchner Universität Philosophie und Psychologie.[26] Das von ihm entwickelte Konzept der menschlichen Wahrnehmung und sein Begriff der »Einfühlung«, mit dem er die Produktion und den Genuß »des Schönen« erschließen wollte, bot den Künstlern der »modernen Bewegung« eine inspirierende wissenschaftlich-philosophische Begründung für eine Gewichtung des subjektiven Gefühls. August Endell beschrieb bereits 1896 in einer Auseinandersetzung mit der Praxis der Münchner Kunstausstellungen theoretisch die Vision einer Kunst, die sich von der abbildenden Qualität der Form befreit hatte.[27] Er wandte sich jedoch nicht nur gegen naturalistische Begriffe von Realität, sondern verwies auf eine neue Erfahrungsform in der Gefühlskultur, die zumindest ihm bereits zugänglich war:

»Wer es aber gelernt hat, sich seinen visuellen Eindrücken völlig ohne Assoziationen, ohne irgend welche Nebengedanken hinzugeben, wer nur einmal die Gefühlswirkung der Formen und Farben verspürt hat, der wird

---

25 Belege abgedruckt in: Kandinsky und München 1982, S. 34, 203, 206.
26 Vgl. Theodor Lipps: Ästhetik, Psychologie des Schönen in der Kunst, 2 Bde., 1903/06.
27 August Endell: Um die Schönheit. Eine Paraphrase über die Münchner Kunstausstellungen 1896, München 1896, S. 27, zit. nach Weiss 1979, S. 149 f.

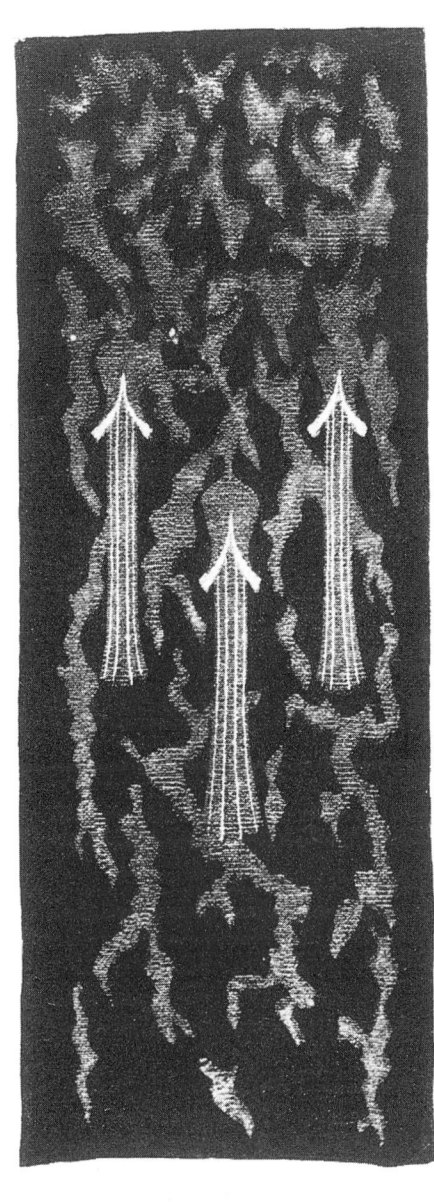

Abb. 26: August Endell: Tapisserie mit Pfeilmustern, um 1897.
Ausgeführt von Ninni Gulbransson, ausgestellt im Glaspalast München 1897. – Die drei Pfeile vor flächigem Hintergrund markieren die Suche nach einer abstrakteren ästhetischen Sprachlichkeit, wie sie von den Protagonisten der »modernen Bewegung« insbesondere im Medium der angewandten Kunst erprobt wurde.

darin eine nie versiegende Quelle ausserordentlichen und ungeahnten Genusses finden. Es ist in der That eine neue Welt, die sich da aufthut. Und es sollte ein Ereignis in jedes Menschen Leben sein, wo zum ersten Mal das Verständnis für diese Dinge erwacht. Es ist wie ein Rausch, wie ein Wahnsinn, der uns da überkommt. Die Freude droht uns zu vernichten, die Überfülle an Schönheit uns zu ersticken.«

Die Suche nach einer »reinen« visuellen Kultur deutete das Ästhetische als ein Erfahrungsmedium des Individuums, befreit von allen Gebrauchsformen und den Konventionen der Bürgerlichkeit. Vor dem Hintergrund des beschleunigten kulturellen Wandels und des Gefühls, in einer Zeitenwende zu leben, erschien die Erneuerung des Begriffs des Schönen geboten. Das Paradigma »des Neuen« gewann als Leitmuster dieses Wandels eine dominierende kulturelle Prägekraft und verdichtete sich in dieser Epochenschwelle der Kunst bis 1910 in symbolischen Brüchen,[28] wie sie von den Avantgardemalern, der »Brücke« in Dresden, den expressiven Künstlern des Rheinlandes und der Gruppe des »Blauen Reiter« in München, vollzogen wurden.

Der spannungsreiche Zustand, in dem sich die Gesellschaft befand, wurde somit in zwei Phasen und unterschiedlichen symbolischen Formen verarbeitet. Dies geschah zum einen um 1900 im Jugendstil wie auch in der Aufnahme des Impressionismus als Formen der ästhetischen Harmonisierung der Wahrnehmung von der Welt im Medium des Bildes. Zum anderen aber wurde eine bereits seit den achtziger Jahren feststellbare kulturgeschichtliche Tendenz des Auseinanderbrechens des geschlossenen Bildes von der Welt nach 1905 im Expressionismus weitergeführt,[29] schließlich beispielhaft in den Stadtlandschaften Ludwig Meidners gesteigert.

Wilhelm Worringers 1907 erschienene Dissertation »Abstraktion und Einfühlung«[30] führte die theoretischen Ansätze fort, für die Theodor Lipps sein kunstinteressiertes Publikum an der Münch-

---

28 Bezogen auf die lyrische Produktion: H. R. Jauß: Studien zum Epochenwandel der ästhetischen Moderne, Frankfurt am Main 1989, S. 216: »Die Epochenschwelle zu einer neuen Welle des Modernismus, die Apollinaire um 1912 – in prägnanter Abhebung von der säkularen ›Querelle des Anciens et des Modernes‹ – mit nunmehr für die Künste beanspruchtem Bewegungsbegriff der Avantgarde markierte (...).«
29 Vgl. Christoph Asendorf: Ströme und Strahlen. Das langsame Veschwinden der Materie um 1900, Gießen 1989, S. 16 ff. u. 33 ff.
30 Wilhelm Worringer: Abstraktion und Einfühlung, München 1907.

Abb. 27: Rudolf Wilke: »Das Neueste!«, aus: *Die Jugend* 46, 1898. – Zwei Erscheinungstypen stehen sich in Kleidersprache und Haartracht gegenüber: Der Kritiker im konventionellen bürgerlichen Schwarz und der Künstler mit individuellem Anzug, gebundener Schleife, weit abstehenden Haaren und formlosem Hut. Ein in der Bildunterschrift abgedruckter Diskurs demonstriert die ambivalente Annäherung an die Bedeutungen im Zeitkontext: »Kritiker: Ah, höchst interessant, lieber Meister! Aber was stellt es denn eigentlich vor? – Maler (feierlich): Das ist mein Heiligthum! Wissen Sie, ich zeige es nicht jedermann; nur Menschen von höchster geistiger Bildung, Menschen, von denen ich weiss, dass sie die großen Philosophen gelesen und verstanden haben – dass sie vor allem die Okkultisten und Mystiker genau kennen, dann die altindische Litteratur, die Lehren von Brahma, Budda und Confucius. Es ist nicht mehr und nicht weniger: es ist die metaphysische Linie meiner Persönlichkeit! – Kritiker (consternirt): Ah, Ah, sehr ähnlich, sehr ähnlich!«
Das Kunstwerk beruhte auf kulturellen Impulsen, auch von außereuropäischen Denkweisen, jenseits der bürgerlichen Rationalität. Der Künstler präsentierte es als Ausdruck seines Selbst, als »metaphysische Linie seiner Persönlichkeit«. Die Abstraktion wird als Medium der inneren Erfahrungen des Individuums vorgestellt. Der Kritiker repräsentiert mit seiner Distanz zu diesem Klischeebild des Bohemien die überwiegende Mehrheit des bürgerlichen Publikums.

ner Universität bereits sensibilisiert hatte. Worringer suchte in seiner Schrift nach einer Begründung für den Denkansatz der intuitiven Erkundung »des Inneren«.

Da sich gleichzeitig auch an anderen Orten Europas ähnliche Tendenzen zur Abstraktion entwickelten, ist hieraus abzuleiten, daß es sich um eine zivilisationsgeschichtliche Tendenz der kulturellen Modernisierung handelte. Deren Semantik konnte von innovativen Künstlerindividuen in unterschiedlichen ästhetischen Grammatiken verarbeitet werden. Der bereits erwähnte Dachauer Maler Adolf Hölzel hatte diesen Weg in seiner malerischen Praxis bereits vor 1906 beschritten, als er auf einen Lehrstuhl nach Stuttgart berufen wurde. Ferner vollzogen in der Kunstmetropole Paris der Tscheche Kupka, der Franzose Robert Delaunay sowie der Spanier Pablo Picasso und andere eine Wendung zur Abstraktion. Aber auch im Kontext der Wiener Moderne experimentierten die Komponisten Gustav Mahler und der noch unbekannte Arnold Schönberg mit Formen von Atonalität.

Kandinsky in München

Eine lebensgeschichtliche Skizze erhellt die Voraussetzungen, die der Zeitphase der Umformung des Künstlerhabitus durch Kandinsky vorausgingen. Als Kandinsky 1896 mit dem Vorsatz des Kunststudiums nach München zog,[31] waren in diesem kreativen Milieu der Stadtkultur wesentliche Veränderungen zur neuen Kunstauffassung bereits eingeleitet. Nicht zuletzt die innovatorische Stimmung in der Münchner Künstlerschaft muß auf den Dreißigjährigen beeindruckend gewirkt haben, zumal er selbst wichtige kulturelle Prägungen mitbrachte. Eine gutbürgerliche Herkunft hatte ihm individuelles Selbstvertrauen vermittelt. Kandinsky wurde 1866 in Moskau geboren.[32] 1871 übersiedelte die

---

31 Kandinsky. Die gesammelten Schriften, Bd. 1, hg. von Hans K. Roethel und Jelena Hahl-Koch, Bern 1980, S. 18 (= russische Textfassung): »In München, wohin ich mit 30 Jahren gekommen bin, um Malerei zu studieren, nachdem ich unter die ganze Arbeit der früheren Jahre einen Schlußstrich gezogen hatte, begegnete ich in den allerersten Tagen genau so einem Falben.«

32 Geburtsdaten von Künstlern, die seit den neunziger Jahren des 19. Jahrhunderts einflußreich wurden und mit denen Kandinsky (1866-1944) in

Familie nach Odessa, wo sein Vater den Direktorenposten einer Teehandelsfirma übernahm. Kurz darauf wurde die Ehe der Eltern geschieden. Der Knabe lebte bei seinem Vater, der die musischen und künstlerischen Begabungen seines Sohnes erkannte und förderte. Zu seiner Mutter, die einer bürgerlichen Moskauer Familie entstammte, blieb ein enger Kontakt bestehen.[33] Kandinsky wurde von seiner Tante mütterlicherseits mit erzogen. Auf ihren Einfluß führte er später seine Liebe zur Musik, zum Märchen, zur russischen Literatur und »zum tiefinnerlichen Wesen des russischen Volkes« zurück.[34]
In den Jahren von 1885 bis 1893 absolvierte Kandinsky ein Jura- und Volkswirtschaftsstudium in Moskau, in dem er lernte, rational-begründend zu argumentieren. Er verbrachte den Sommer 1889 mit einer ethnologischen Forschungsarbeit über einen nordrussischen Volksstamm im Gebiet der Syrjänen im Gouvernement Wologda. Bei diesen Erkundungen stieß Kandinsky auf einen räumlich-dekorativen Bildbegriff, der den Betrachter selbst im Bild sah.[35] Ferner beschäftigte er sich in einer Feldstudie mit

Verbindung kam:
Lovis Corinth   1858-1925
Franz von Stuck   1863-1928
Alexej Jawlensky   1864-1941
Ernst Nolde   1867-1956
Peter Behrens   1868-1940
Richard Riemerschmid   1868-1957
Paul Schultze-Naumburg   1869-1948
Bernhard Pankok   1872-1943
Bruno Paul   1874-1968
Lyonel Feininger   1874-1956
Karl Hofer   1878-1955
Paul Klee   1879-1940
Franz Marc   1880-1916.

33 Hahl-Koch 1993, S. 23.
34 Rückblicke, in: Kandinsky 1980, S. 148.
35 »Der Tisch, die Bänke, der im russischen Bauernhause wichtige Ofen, die Schränke und jeder Gegenstand waren mit bunten großzügigen Ornamenten bemalt. Auf den Wänden Volksbilder; ein Held in symbolischer Darstellung, eine Schlacht, ein gemaltes Volkslied. Die rote Ecke (und ›rot‹ ist altrussisch gleich ›schön‹) dicht und ganz mit gemalten und gedruckten Heiligenbildern bedeckt, davor eine kleine rotbrennende Hängelampe, die wie ein wissender, diskret-leise spre-

den traditionalen Auffassungen und Strafen in der bäuerlichen Gerichtsbarkeit im Bezirk Moskau. Im letzten Studienjahr verfaßte er eine Dissertation zum Thema »Über die Gesetzmäßigkeit der Arbeitslöhne«. 1895 leitete er für kurze Zeit die Lichtdruckabteilung einer Moskauer Kunstdruckerei.[36] Eine Dozentur an der Universität Dorpat (Tallin/Estland), die ihm 1896 angeboten wurde, lehnte er ab. Kandinsky beschrieb den Abbruch seiner wissenschaftlichen Entwicklung und der Berufstätigkeit später als einen bewußt vollzogenen Wechsel. Er habe nach sechs Jahren bemerkt, »daß mein früherer Glaube an den heilenden Wert der sozialen Wissenschaft und schließlich an die absolute Richtigkeit der positiven Methode stark geschmolzen war«.[37] Nunmehr suchte er den »heilenden Wert« in der Kunst. Die Einflüsse der in München wirkenden Künstlerindividuen und ihr Drängen nach neuen ästhetischen Ausdrucks- und Gestaltungsformen für die zeitgenössische Welt der Moderne erreichten den Dreißigjährigen somit in einer Lebensphase, in der er aufnahmebereit war.

Kandinsky hatte bereits ein Vorstellungsbild[38] von sich als Maler entwickelt – ein Wunsch, der sich schon seit längerem herausgebildet hatte.[39] Dementsprechend mietete er sich im gerade konsolidierten Künstlerviertel Schwabing ein.[40] Zu einem wichtigen

chender, bescheidener für und in sich lebender und stolzer Stern glühte und blühte. Als ich endlich ins Zimmer trat, fühlte ich mich von allen Seiten umgeben von der Malerei, in die ich also hineingegangen war.« Rückblicke, in: Kandinsky 1980, S. 37.

36 Hierzu merkte er explizit an: »Meine Umgebung waren Arbeiter.« Man könnte aus dieser Notiz vermuten, daß dies eine für ihn neue alltagskulturelle Erfahrung darstellte. In: Vorwort zum Katalog der Kandinsky-Kollektiv-Ausstellung 1902-1912, in: Kandinsky 1980, S. 22.
37 Ebd., S. 12.
38 Ebd., S. 22: »Bis zu meinem dreissigsten Jahr habe ich mich gesehnt, Maler zu werden, da ich die Malerei mehr als alles andere liebte, und es war mir nicht leicht, diese Sehnsucht zu bekämpfen. Es schien mir damals, daß die Kunst für einen Russen heute ein unerlaubter Luxus ist.«
39 Biographische Notizen, in: Kandinsky 1980, S. 63: »Mit 30 Jahren verläßt er die Wissenschaft und geht nach München, um Maler zu werden.«
40 Nach der Ankunft im Dezember 1896 bezog er mit seiner Frau zunächst in der Georgenstraße 62 möblierte Zimmer und übernahm am 23. Juni 1897 eine Wohnung in der Giselastraße 28. Am 14. Juli 1901

Bezugspunkt entwickelte sich für ihn der Salon einer russischen Generalstochter, der Baronin von Werefkin, und ihres Lebensgefährten Alexej Jawlensky, die – beide Maler – wenig entfernt in der Giselastraße 11 wohnten und eine offene und diskursinteressierte Künstlerszene um sich versammelten.
Kandinskys Ausbildung zum Maler erforderte zunächst die Aneignung von gestalterischen Grundkenntnissen in einem privaten Institut.[41] Er besuchte seit 1896 für zwei Jahre die Malschule von Anton Azbè in der Georgenstraße 16. Bei diesem impressionistischen Naturalisten nahmen überwiegend Russen und Jugoslawen Unterricht, unter anderen auch Jawlensky und Igor Grabar. Als Kandinsky 1898 bei der Aufnahmeprüfung an der Münchner Akademie abgelehnt wurde, arbeitete er auf sich gestellt weiter. 1900 wurde er schließlich doch in die Klasse von Franz Stuck aufgenommen, der 1895 im Alter von 32 Jahren zum Professor an der Münchner Akademie der Bildenden Künste ernannt worden war. Dieser war 1892 Gründungsmitglied, schließlich Vorsitzender der Münchner Sezession gewesen und hatte 1898 zusammen mit Franz von Lenbach das Künstlerfest gestaltet. Der Unterricht bei dem wenig älteren Lehrer scheint Kandinsky jedoch künstlerisch nicht wesentlich inspiriert zu haben, obgleich Stuck eine große Ausstrahlung in die Münchner Künstlerschaft besaß und sich bereits auf dem Höhepunkt seiner Karriere als Maler befand.

fand ein erneuter Umzug in die Friedrichstraße 1 statt, dem Domizil bis 1904. Diese Wohnung wurde nun mit dem aus Moskau überführten Hausrat ausgestattet. Nina Kandinsky: Kandinsky und ich, München 1987, S. 39, berichtete, daß bei der Anreise noch eine Haltung der Vorläufigkeit zu München bestanden habe, die bald einem positiven Bezug zur stadträumlichen Aura gewichen sei: »Es stand vor der Ankunft in der bayerischen Metropole nicht fest, ob und wie lange sie bleiben würden, aber Kandinsky war von dem heiter-aufgeschlossenen Charme der Stadt so begeistert, daß er sich ohne zu zögern dafür entschied, in München einige Jahre zu leben.« Nina Kandinsky sprach von einer »Welt von südlicher Daseinsfreude und geistiger Urbanität, die den Künstler Kandinsky faszinieren mußte«.

41 Nina Kandinsky 1987, S. 55, berichtet von einer Deutung Kandinskys für die Attraktivität Münchens: »Auffallend viele russische Künstler hielten sich um 1900 in München auf. Als ich Kandinsky einmal fragte, wie er sich diese erstaunliche Tatsache erkläre, meinte er: ›In Rußland waren die Studienbedingungen nicht so gut wie damals in Deutschland. Alles wollte zu Azbè, dessen Schule ein Dorado für russische Künstler war.‹«

Abb. 28: Das Atelier der privaten Malschule von Anton Azbè, um 1890.

Paul Klee, ein anderer späterer Avantgardekünstler, wurde gleichfalls im Jahre 1900 Schüler Stucks. Weitere Studenten waren Albert Weisgerber, Eugen Spiro, Ernst Stern, Hans Purrmann sowie der Russe Alexander von Salzmann. Purrmann beschrieb retrospektiv den Eindruck, den Kandinsky mit seinem bürgerlichen Habitus und seinem Bildungswissen bei ihm hinterlassen hatte. Kandinsky verspürte demnach eine innere Abwehr gegenüber dem »Schulstudium« der Akademie in sich, denn er »hielt nur aufsässige Reden, die ich nicht verstand und die mich auch nicht überzeugten, als er mir seine freien Arbeiten zeigte, überbunt gemalte russische Volksszenen. Aber sein Wissen und seine Bildung fesselten mich; er war allem Althergebrachten gegenüber ablehnend, und der Kampf zwischen Talent und Intellekt, der sich in ihm abspielte, war erschütternd und großartig«.[42] Der im Vergleich zum Durchschnitt erheblich ältere Student und zudem promovierte Wissenschaftler brachte ein intellektuell-methodisches Wissen mit, so daß ihm die Grenzen des Studiums bei Stuck nicht verborgen blieben. Andererseits hatte er sich das Ziel gesetzt, eine professionelle Ausbildung bei einem äußerst angesehenen Künstler in einer der bedeutendsten Kunstakademien Europas zu absolvieren und sich hierdurch Legitimität als Künstler zu erwerben.[43]

Stucks Malerei orientierte sich in diesen Jahren an einem heroischen Klassizismus. Das in mehreren Versionen gemalte Bild »Sünde« wurde, vor dem Hintergrund der zeitgenössischen Tabus um die Sexualität in der bürgerlichen Öffentlichkeit der neunziger Jahre des 19. Jahrhunderts,[44] vom Publikum als Spiel mit einer Tabuverletzung empfunden. Dieses Werk erfaßte eine sinnliche Dimension des weiblichen Körpers und der menschlichen Natur, die im Alltag der Bürgerlichkeit vielfach verdrängt war und visuell nicht zutage treten durfte, wie die hochgeschlossene zeitgenössi-

---

42 Hans Purrmann: Erinnerungen an meine Studienzeit, in: Barbara und Erhard Göppel: Leben und Meinungen des Malers Hans Purrmann, Wiesbaden 1961, S. 28, zit. bei Schmitt 1994, S. 22.

43 Kandinsky behauptete später, er sei zu Stuck gegangen, weil dieser als »der erste Zeichner Deutschlands« gegolten habe. Stuck lehnte jedoch Kandinskys »Extravaganzen« im Umgang mit der Farbe ab, vgl. Rückblicke, in: Kandinsky 1980, S. 44.

44 Vgl. Peter Gay: Erziehung der Sinne. Sexualität im bürgerlichen Zeitalter, München 1986. Zum Problem des nackten Körpers und seiner erotischen Besetzung, S. 343.

sche Kleidermode dies symbolisierte. Für die Ausstattung seiner Künstlervilla zu einem Gesamtkunstwerk diente ihm dieses so spektakuläre Gemälde als Mittelstück eines säkularen Altars im Atelier. Gemäß dem Ideal der Vereinigung der Künste im schöpferischen Subjekt und einer nicht auf ein spezifisches Medium begrenzten Kreativität konzipierte er alle für die Raumausstattung nötigen Objekte selbst. Hierzu zählte der Entwurf von Stühlen ebenso wie die dekorative Bemalung der Wände. Dem klassizistischen Verständnis entsprechend, wählte Stuck die mit Speer und Helm bewehrte Athene als Streiterin für die Kunst.

Nach einem Jahr gab Kandinsky das Studium bei Stuck auf, da sich ihm konkrete Möglichkeiten der Integration in den Kunstbetrieb boten. Er übernahm jedoch von Stuck die klassizistische Form als Zeichen des avantgardistischen Anspruches, wie graphische Arbeiten aus der Zeit seiner Tätigkeit für den Verein »Phalanx« veranschaulichen. Das von ihm entworfene Plakat für dessen erste Ausstellung von 1901 zeigt zwei mit Schild und Lanzen bewehrte Krieger als Symbol der dynamischen Kraft der Kunstentwicklung und als Vorhut der modernen Kunst.[45] Ziel des im Mai 1901 von Gustav Freytag, dem Sohn des Schriftstellers, dem Bildhauer Wilhelm Hüsgen und Waldemar Hecker, Kandinsky und anderen gegründeten Ausstellungsvereins »Phalanx« war es, neben der Präsentation eigener Werke einen Austausch mit »bekannten Künstlern« und der internationalen Avantgarde herzustellen und deren Werke nach München zu holen.[46] Explizit verband sich somit eine sezessionistische Haltung gegenüber der Künstlergenossenschaft und der unterdessen selbst etablierten Sezession von 1892 mit dem Anspruch, eigene, bislang dort zurückgewiesene Werke ohne Ansehen des Künstlernamens und somit »vorurteilsfreier« kollektiv zu begutachten. An den Versammlungen der

---

45 Schuster hat auf diese Tradition des militanten Kunstschützers in einer Münchner Lokalentwicklung seit Peter Cornelius hingewiesen, die über Cornelius, Stuck bis zum Helden in Thomas Manns Novelle »Gladius Dei« reicht, vgl. Peter Klaus Schuster: München, das Verhängnis einer Kunststadt, in: ders. (Hg.): Die »Kunststadt« München 1937. Nationalsozialismus und »Entartete Kunst«, München 1987, S. 20.

46 Äußerung Kandinskys in einem Brief, abgedruckt bei Weiss 1982, S. 48, und laut späterer Niederschrift von Gustav Freytag, vgl. Hahl-Koch 1993, S. 79.

Abb. 29: Die Klasse Kandinskys in der »Phalanx«-Schule, 1902.
Das Foto stammt aus dem Besitz von Gabriele Münter, die in der Mitte hinter dem Tisch sitzt.

Abb. 30: Das Ateliergebäude in der Hohenzollernstraße 6 in München-Schwabing, in dem sich die Malschule der »Phalanx« von 1902 bis 1904 befand.

»Phalanx« nahmen unter anderen Hermann Schlittgen und gelegentlich auch Hermann Obrist teil. Die Namensliste der an den »Phalanx«-Ausstellungen beteiligten Künstler ist eindrucksvoll. In der ersten Ausstellung zeigten die Gründungsmitglieder und deren Freunde ihre Werke. Nach dem Rücktritt des 1. Vorsitzenden, des Porträtmalers Rudolf Niczky, übernahm der mittlerweile einflußreiche Kandinsky diese Funktion. Von Januar bis März 1902 präsentierten die Künstler der »modernen Bewegung« dem Münchner Publikum in einer zweiten »Phalanx«-Ausstellung ihr

Verständnis der angewandten Kunst. Kandinsky hatte in diesen Jahren selbst zahlreiche Entwürfe für Schmuckobjekte des Alltags und für Kleider angefertigt, da er sich mit der Öffnung des Begriffs des Künstlers identifizierte. An dieser Ausstellung beteiligten sich Künstler der Darmstädter Mathildenhöhe wie Peter Behrens, Rudolf Bosselt, Hans Christiansen, Patriz Hübner, ferner Erich Kleinhempel aus Dresden und Natalija Davydov aus Moskau, von den Vereinigten Werkstätten München Richard Riemerschmid, Bernhard Pankok und Paul Schultze-Naumburg, außerdem Hüsgen, Hecker, Kandinsky und Alexander von Salzmann. Die dritte »Phalanx«-Ausstellung von Mai bis Juni 1902 zeigte den bereits aus München nach Berlin abgewanderten Lovis Corinth und Wilhelm Trübner, die vierte Ausstellung den Finnen Akseli Gallen-Kallela und Albert Weisgerber. Die elfte Ausstellung der »Phalanx« durchbrach schließlich die Grenzlinien der Geschlechter und Medien, wie sie weiterhin an der Akademie aufrechterhalten wurden, indem eine Gleichberechtigung der künstlerischen Individualität praktiziert wurde. An dieser Ausstellung beteiligten sich der Münchner Künstlerinnen Verein, die Vereinigung graphischer Künstler und die Schule für zeichnende Künste.

Kandinsky betrieb die Ausstellungsprojekte und den Lehrbetrieb der »Phalanx« geschäftsführend bis 1904. Auf diese Weise konnte er zugleich sein eigenes soziales Beziehungsnetz erweitern. »Bekannte Künstler« waren zu gewinnen, Transport und Versicherung zu gewährleisten.[47] Obgleich die Organisation einen erheblichen Teil seiner Arbeitskraft absorbiert haben dürfte, verstand Kandinsky es, seine eigene Ausstellungstätigkeit als Künstler zielbewußt auszuweiten. Bereits während der Studienzeit bei Stuck hatte er im Jahre 1900 an einer Ausstellung der Moskauer Künstlervereinigung teilgenommen. Moskau und Odessa blieben vertraute Bezugsorte, an denen er kontinuierlich seine Werke vorstellen konnte. 1902 beteiligte er sich erstmals mit drei Arbeiten an der fünften Berliner Sezessions-Ausstellung, die er bis 1911 alljährlich beschickte. Somit war es Kandinsky innerhalb kurzer Zeit gelungen, sich neben dem Bezugs- und Ausstellungsort München die russischen Kunstzentren, Berlin, bald auch Paris als Bühnen zu erschließen. Gleichzeitig organisierte er im Winter 1901/02 ge-

---

47 Bei Verkäufen behielt der Verein 10 Prozent Provision. Vgl. Einladungsbrief von Kandinsky, in: Weiss 1982, S. 48.

meinsam mit Hüsgen und Hecker die Malschule der »Phalanx«. Im Rückgebäude des Anwesens Hohenzollernstraße 6 fanden sie verkehrsgünstig gelegene Räume. 1902 arbeitete Kandinsky mit seiner Malklasse im Rahmen eines Sommeraufenthaltes zu Pleinair-Studien in Kochel. Dort mag es wohl zu der Annäherung an seine Malschülerin Gabriele Münter gekommen sein, die bis 1915 seine Lebensgefährtin blieb. 1903 arbeitete die Studiengruppe in Kallmünz in der Oberpfalz.

In welchem Maße er sich in diesen Jahren am Kunstbegriff der »modernen Bewegung« orientierte, ist aus seiner praktischen künstlerischen Arbeit zu ersehen, die den Entwurf von Objekten im Sinne der angewandten Kunst mit einschloß. Kandinsky partizipierte, jenseits des Akademismus, am Konzept der Durchdringung der alltäglichen Objektwelt mit Kunst. In seinem Skizzenbuch finden sich Möbelentwürfe,[48] Entwürfe für die Bemalung von Gefäßen, für Perlstickereien und Anhänger sowie Entwürfe für Kleider. In Gabriele Münter hatte er eine Partnerin, die Entwürfe beispielsweise wie die für Stickereien ausführte, als Handtäschchen oder als Wandschmuck, so etwa das Motiv »Wolgaschiffe«. Eine Fotografie zeigt Münter um 1905 als Trägerin eines von Kandinsky entworfenen Kleides.

Kandinsky folgte den verbreiteten Mustern des Künstlerhabitus, indem er sich auf die Ausformung einer distinktiven und demonstrativen Individualität konzentrierte, die die öffentliche Selbstdarstellung im sozialen Raum erforderte, wie aus einer beiläufigen Äußerung zu schließen ist. Als Erster Vorsitzender der »Phalanx« schrieb er 1902 an den zur Ausstellung eingeladenen finnischen Maler Gallen-Kallela:[49] »Bis jetzt war hier in München nur sehr wenig Möglichkeit für einen Künstler, sein Schaffen und seine Individualität dem Publikum voll, d. h. in ausgedehntem Maße vor Augen zu führen.« In einem Brief an Jawlensky benannte Kandinsky die »Beobachtung des Lebens« als den inspirierenden Bezugspunkt seiner künstlerischen Arbeit:[50]

---

48 Dokumentiert bei Weiss 1979 und Zweite 1982, S. 235 f., 239 f., 242, 244-246.
49 Abgedruckt bei Weiss 1982, S. 48.
50 Tagebucheintrag 1903, zit. n. Rosel Gollek: Brennpunkte der Moderne. Der Blaue Reiter in München, München/Zürich 1989, S. 13.

»Jedes echte Kunstwerk muß seinen Ursprung in der Beobachtung des Lebens haben. Es ist das verwandelte Leben, die Erinnerung eines Eindrucks, der den Elan gibt. Dann kommen die Wahrheiten der Kunst selbst, die alle relativ sind. (...) Die Wahrheit der Kunst erstreckt sich also auf den empfangenen Eindruck und die erfundene Form.«

Mit solchen innovativen Auffassungen, die die Subjektivität der Wahrnehmung in der Beziehung von Kunst und Leben betonten, bewegte er sich im Diskurs der »modernen Bewegung«. Einem Ruf an die neu gegründete Düsseldorfer Kunstgewerbeschule, den der unterdessen dort als Direktor fungierende Peter Behrens 1903 an ihn ergehen ließ, folgte er nicht. 1904 trat er der »Münchner Vereinigung für angewandte Kunst« bei.

Seine private Situation erforderte grundlegende Veränderungen. Am 30. September 1904 trennte sich Kandinsky von seiner Frau Anna und löste die Wohnung in der Friedrichstraße 1 auf. Nunmehr ohne festen Wohnsitz in München, unternahm er zusammen mit Gabriele Münter zwischen 1904 und 1908 ausgedehnte Studienreisen.[51] 1905 hielt sich das Paar in Tunis auf, es folgte eine Fahrradtour durch Deutschland. Ein fast einjähriger Aufenthalt in Paris belegt Kandinskys vorrangiges Interesse an der innovativen internationalen Kunstentwicklung. Zwischen 1904 und 1912 beteiligte er sich regelmäßig an Ausstellungen im »salon d'automne« in Paris. Von Herbst 1907 bis Frühjahr 1908 lebte Kandinsky mit Münter in Berlin. Hier ging er seinem Interesse an der zeitgenössischen Musikentwicklung nach. Ferner besuchte er eine Vortragsreihe Rudolf Steiners, die am 10. Oktober 1907 im »Berliner Architektenhaus« begann. Dem folgte die Lektüre der von Steiner herausgegebenen Hefte der Zeitschrift »Lucifer-Gnosis« sowie des Buches »Theosophie«.[52] Bei seiner Rückkehr nach München im September 1908 mietete Kandinsky zunächst eine Wohnung in der Schellingstraße, um bald in die Ainmillerstraße 36 umzuziehen. Das Interieur dieser Wohnung ist fotografisch dokumentiert

51 Zu Münter die Monographie von Sabine Windecker: Gabriele Münter. Eine Künstlerin aus dem Kreis des »Blauen Reiter«, Berlin 1991, und Ausst. Kat. Lenbachhaus München: Gabriele Münter 1877-1862, München 1992.
52 Eben diese Randbemerkungen Kandinskys im Buch Steiners wurden von Sixten Ringbom als Beleg für seine These herangezogen, Kandinskys Kunst sei entscheidend von diesem Autor und der okkulten Literatur inspiriert. Schmitt 1994, S. 35.

und malerisch eindrucksvoll dargestellt. Bei einem Ausflug in das Alpenvorland im Herbst 1908 entdeckten Kandinsky und Münter die Moorlandschaft um Murnau als eine für sie emotional äußerst anregende Umgebung. Sie mieteten sich im Gasthof Griesbräu ein. Die Blicke aus den Zimmerfenstern in die Landschaft erwiesen sich als ein inspirierendes und in dieser Phase mehrfach gemaltes Motiv. Gabriele Münter bezeichnete diese Zeit schließlich als den »großen Sprung« in der künstlerischen Entwicklung beider:[53] »Ich habe da nach einer kurzen Zeit der Qual einen großen Sprung gemacht – von Naturabmalen – mehr oder weniger impressionistisch – zum Fühlen des Inhalts, zum Abstrahieren – zum Geben des Extraktes. (...) Es war eine schöne, interessante, freudige Arbeitszeit mit vielen Gesprächen mit den begeisterten ›Giselisten‹.«[54] Auch Kandinsky habe eine »wundervolle Entwicklung« vollzogen. Münters finanzielle Unabhängigkeit als Tochter aus dem Bonner Besitzbürgertum ermöglichte es dem Paar, die Anregungsqualität des Ortes für sich zu verstetigen. Sie erwarb die gerade zum Kauf stehende Streidl-Villa, da sie auf Familienvermögen zurückgreifen konnte. Dieses Haus diente bis 1914 und der mit dem Kriegsausbruch erzwungenen Rückkehr Kandinskys nach Rußland als gemeinsamer Landsitz. Das am Ortsrand etwas erhöht gelegene Grundstück bot einen idealen Blick in die Landschaft und auf die Berge, der sich, je nach Luftfeuchtigkeit, Tages- und Jahreszeit veränderte und in zahlreichen Werken verarbeitet wurde. Die Ausgestaltung der Innenräume, die Bemalung einer Treppe und des Mobiliars, insbesondere von Schränken, boten Kandinsky Gelegenheit zur Weiterführung des Konzeptes der angewandten Kunst, bei der er auch an die russische Volkskunst und deren dekorativen Bildbegriff anknüpfte.

Hinzu trat in Murnau die Entdeckung der religiösen Volkskunst Oberbayerns, der Hinterglasmalerei, als eines ausdrucksstarken Mediums, in der sich ein naiver Umgang mit Gegenstand, Form und Farbe in einer Tradition der kommerziellen Bilderfertigung

---

53 Tagebucheintrag (1908), abgedruckt in: Der Blaue Reiter. Dokumente einer geistigen Bewegung, hg. von Andreas Hünecke, Leipzig 1989, S. 5.
54 Als »Giselisten« wurden von ihr die weiterhin in der Giselastraße wohnenden Maler Werefkin und Jawlensky bezeichnet.

für den religiösen Gebrauch erhalten hatte, die selbst noch in einer bereits auf den Tourismus zugeschnittenen Erscheinung eindrucksvoll wirkte. Unter den Künstlern der »modernen Bewegung« war das Interesse für die »ursprüngliche« Kunst und für in religiöser Kultur wurzelnde Gestaltungsformen außerhalb der akademischen Tradition der »hohen Kunst« der Kunstakademien stark entwickelt. Dieses richtete sich größtenteils auf Bildformen und Objekte der Kulturen von außereuropäischen Völkern. Kandinsky und Münter sammelten zudem Kinderzeichnungen als Ausdruck eines frühen Symbolisierungsvermögens. Dies entsprach ihrer Suche nach Alternativen zu den konventionellen Wahrnehmungsweisen des Kunstbetriebes und den Maltechniken der professionalisierten Maler.

Die »moderne Bewegung« und die ästhetische Aussagekraft für das »seelische Erleben«

Kandinsky deutete die für ihn erfahrbaren Spannungen in der bürgerlichen Gesellschaft im Denkmodell eines Gegensatzes des »Materiellen« und des »Geistigen«. Er sah in seiner Gegenwart eine Dominanz des »Materiellen« und propagierte demgegenüber die Stärkung des »Geistigen« als Ressource für eine existentielle Gegenwelt, die neu zur Geltung zu bringen sei. Im Text zur 2. Ausstellung der Neuen Künstler Vereinigung München von 1910/11 nannte er explizit die Leiden und die Zerrissenheit des modernen Individuums als Motiv für diese Intention.[55] Die Spannung im Individuum sei die geheimnisvolle Quelle des »zwingenden Schaffensdrangs«. Kandinsky verwandte schon bald die my-

---

55 Katalog zur 2. Ausstellung der Neuen Künstler Vereinigung München 1910/11, Katalogtexte von Kandinsky, Murnau, August 1910: »In unbestimmter Stunde, aus einer heute uns verschlossenen Quelle, aber unvermeidlich kommt zur Welt das Werk. Leidende, suchende, gequälte Seelen mit tiefem Riß, durch Zusammenstoß des Geistigen mit dem Materiellen verursacht. Das Gebundene. Das Lebende der lebenden und der ›toten‹ Natur. Der Trost in den Erscheinungen der Welt – äußerer, innerer Akzent der Freude. Das Rufen. Das Sprechen vom Geheimnis durch Geheimnis. Ist das nicht der Inhalt? Ist das nicht der bewußte oder unbewußte Zweck des zwingenden Schaffensdrangs?«.

thische Figur des Reiters als eines Boten für die Grundhaltung der Vermittlung zwischen den beiden Welten. Auch nach seiner Entwicklung hin zur Abstraktion blieb die Bildchiffre des Reiters, assoziierbar als heiliger Georg, ein selbst in abstrahierter Form immer zuordenbares Motiv. Diese in der russischen Kultur als Heilsbringer und Retter vor der drohenden Gefahr des Bösen gedeutete ikonographische Figur repräsentierte das Festhalten Kandinskys an seiner kulturellen Sozialisation in den religiösen Bildern der russischen Kultur. Deren Bildlichkeit formte sein inneres Erleben auch in München. Bei seinen zahlreichen Besuchen in Odessa und Moskau erneuerte er diesen Bezug zu seiner kulturellen Heimat.

Seine autobiographische Schrift »Rückblicke« enthält eine Schilderung, in der er darlegte, wie sich die visuelle mit der akustischen Wahrnehmung des Klanges verbunden hatte. Erstmals sei dies während einer Aufführung des »Tannhäuser« für ihn erfahrbar gewesen, die er 1896 in Moskau besuchte.[56] Zudem habe sich in einer Moskauer Ausstellung bei der Betrachtung von Monets Gemälde »Heuhaufen in der Sonne« ein inneres Erlebnis über die Wahrnehmung einer gegenstandslosen Ästhetik eingestellt.[57] Claude Monet hatte in diesen Studien gezeigt, daß es nicht nur *ein* Bild eines Gegenstandes gibt, sondern differierende Wahrnehmungen hiervon, die je nach Tageslicht oder Luftfeuchtigkeit in der Natur variieren.[58] Kandinsky schilderte diese frühen inneren Eindrücke bei seinen Begegnungen mit künstlerischen Werken in Moskau als prägende Impulse, die in ihm weiterwirkten, als er

---

56 Kandinsky 1980, S. 32. Er berichtete von bleibenden Farbwahrnehmungen bereits seit einer Italienreise, auf die er als Dreijähriger von seinen Eltern mitgenommen worden war.

57 Bezogen auf die »französische impressionistische Ausstellung in Moskau«, ebd.: »Und plötzlich zum ersten Mal sah ich ein Bild. Daß es ein Heuhaufen war, belehrte mich der Katalog. Erkennen konnte ich ihn nicht. Dieses Nichterkennen war mir peinlich. Ich fand auch, daß der Maler kein Recht hat, so undeutlich zu malen. Ich empfand dumpf, daß der Gegenstand in diesem Bild fehlt. Und merkte mit Erstaunen und Verwirrung, daß das Bild nicht nur packt, sondern sich unverwischbar in das Gedächtnis einprägt und immer ganz unerwartet bis zur letzten Einzelheit vor den Augen schwebt.«

58 Zur Einordnung in den kulturgeschichtlichen Kontext vgl. Asendorf 1989, S. 5 ff.

seine Vorstellung von Kunst konkretisierte und sein Verhältnis zum Sichtbaren in der Natur sowie zum Unsichtbaren präzisierte.

Diese weltanschaulich fundierte Präferenz der Darstellung des »Geistigen« und der inneren Seelenvibrationen entsprach einem Verständnis der künstlerischen Arbeit, das sich mit dem Begriff des innengeleiteten Subjektes beschreiben läßt. Kandinskys Ringen um eine ästhetische Bildlichkeit konzentrierte sich auf die »reine« Wahrnehmung der Welt der inneren Gefühle und Schwingungen. Nicht die Repräsentation des Künstlers in der Gesellschaft oder die gestalterische Arbeit für deren Bedarf an Selbstdarstellung prägten sein Künstlertum – wie bei Lenbach –, sondern die schöpferische Autonomie seiner künstlerischen Arbeit bei der Selbstartikulation als Individuum. Kandinsky radikalisierte hiermit die bürgerliche Idee des autonomen Individuums.

Kandinskys Zielsetzung repräsentierte eine längerfristige Tendenz der kulturellen Moderne. In der Folge der Sezessionen der neunziger Jahre hatte sich unter den Malern eine breitere Einstellungsverschiebung vollzogen, die nicht nur die Bedeutung des Mediums Tafelbild im Verhältnis zur Objektgestaltung veränderte, sondern auch die kulturelle Funktion des Malers neu bestimmte: Das Bild wurde vollends zu einem Medium der Wahrnehmungsweisen und der existentiellen Ich-Erfahrung des bürgerlichen Individuums erklärt. Es wurde als Medium der Selbstbegegnung des modernen Menschen mit seinen inneren Erfahrungslandschaften und zu deren Reflexion bestimmt. Bei Kandinsky spiegelte sich diese Umformulierung des Konzeptes des Künstlers in seiner Arbeit an einer ästhetischen Grammatik, die zum Ausdruck der »inneren Notwendigkeit« und des »Klanges der Seele« geeignet sein könnte.[59]

Derartige kulturelle Funktionen waren zuvor an religiöse Formen, aber auch an den assoziativen Nachvollzug der kollektiv tradierten Bildvorstellungen gebunden gewesen. Die um Abstraktion bemühten Maler bearbeiteten zunehmend weniger literarisch tradierte Stoffe. Das »Malerische« sollte »autonomisiert« und das »Eigene« des Subjektes zum Thema werden. Mit dieser Verschiebung des Gegenstandes der künstlerischen Arbeit und der Radikalisierung des Künstlerhabitus, in seiner Sonderstellung als ein

---

59 Wassily Kandinsky: Über das Geistige in der Kunst, Bern 1952 (zuerst 1912), S. 111.

isoliertes Individuum, begann der moderne Künstler das Gefühlsleben des Individuums in der bürgerlichen Gesellschaft selbst zu thematisieren. Das Künstlerindividuum beanspruchte jede Freiheit und Ungebundenheit, um eine adäquate Form für seine innere Individualität zum Ausdruck zu bringen.

Bei aller Individualisierung im Prozeß der künstlerischen Arbeit blieb dennoch der Diskurs über Kunst und der Zusammenschluß der Künstler ein sinnvolles Ziel, um gemeinsame Ausstellungen von Künstlergruppen arrangieren zu können. Kandinsky setzte seine bereits in der »Phalanx« bewiesenen organisatorischen Fähigkeiten erneut ein. Im Januar 1909 erfolgte die Gründung der »Neuen Künstler Vereinigung München«. Deren Ziel war es, den Durchbruch der »modernen Bewegung« voranzutreiben.[60] Ihre Protagonisten legten eine erstaunliche innere Selbstsicherheit an den Tag, die sich gewiß auch aus der Stabilität altbewährter Freundschaften speiste. Neben Kandinsky und Münter zählten Alexej Jawlensky, Marianne von Werefkin, Alfred Kubin, Alexander Kanoldt, Adolf Erbslöh, Paul Baum, Erma Bossi, Karl Hofer, der Maler und Tänzer Alexander Sacharoff sowie die Kunsthistoriker Heinrich Schnabel und Oskar Wittenstein zur Neuen Künstler Vereinigung München. Die Kommunikation in dieser Gruppe ist für die künstlerische Entwicklung Kandinskys der folgenden Zeit sicherlich als äußerst bedeutsam einzuschätzen.

Die Neue Künstler Vereinigung München hatte ihr Selbstverständnis im Gründungszirkular niedergelegt und darin den Paradigmenwechsel des Konzeptes des Künstlers herausgearbeitet, dem die Darstellung der inneren Erlebniswelt und die »Förderung künstlerischer Kultur« als eine eigentlich »moderne« Programmatik zukommen sollte:[61]

»Wir gehen aus von dem Gedanken, daß der Künstler außer den Eindrükken, die er von der äußeren Welt, der Natur erhält, fortwährend in einer inneren Welt Erlebnisse sammelt und das Suchen nach künstlerischen Formen, welche die gegenseitige Durchdringung dieser sinnlichen Erlebnisse zum Ausdruck bringen sollen – nach Formen, die von allen Neben-

---

60 Nina Kandinsky 1987, S. 49, berichtete davon, daß die »Idee« von Jawlensky stammte, der »bei gleichgesinnten Kollegen sofort Anklang und Unterstützung fand«.
61 Fundort Münter Archiv, Kandinsky: Vorwort zu Katalog der 1. Ausstellung der Neuen Künstler Vereinigung München 1909/10, Brief und Telegramm Adresse Ainmillerstr. 36 I.

sächlichkeiten befreit sein müssen, um nur das Notwendige zum Ausdruck zu bringen – kurz –, das Streben nach künstlerischer Synthese, dies scheint uns eine Lösung, die gegenwärtig wieder immer mehr Künstler geistig vereint. Durch die Gründung unserer Vereinigung hoffen wir diesen geistigen Beziehungen unter Künstlern eine materielle Form zu geben, die Gelegenheit schaffen wird, mit vereinten Kräften zur Öffentlichkeit zu sprechen.«

Die erste Ausstellung von Arbeiten der Mitglieder fand vom 1. bis 15. Dezember 1909 in der »Modernen Galerie« Heinrich Thannhauser in der Münchner Theatinerstraße statt. 1910 wanderte die Ausstellung von Brünn nach Elberfeld-Barmen, Hamburg, Düsseldorf, Wiesbaden, Schwerin und Frankfurt. Die zweite Ausstellung der Neuen Künstler Vereinigung München lud Künstler ein, die als internationale Vertreter der »modernen Bewegung« gelten konnten, und gab somit den ausstellenden Mitgliedern Erbslöh, Jawlensky, Kandinsky, Kanoldt, Kubin, Münter und Werefkin die Aura eines weiterreichenden Kontextes. Hierzu zählten Georges Braque, Pablo Picasso, Georges Rouault, David und Wladimir Burljuk. Diese zweite Ausstellung wanderte über Karlsruhe, Mannheim, Hagen und Berlin nach Dresden.

In diesem Kontext konkretisierte sich Kandinskys radikalisierte Konzeption des Künstlerhabitus: Der Künstler sollte sich von der Darstellung der Wahrnehmungen der äußeren Welt lösen und die inneren Empfindungen, Stimmungen, Gefühle und Klänge in einer ästhetischen Formensprache repräsentieren. Hierin lag eine Radikalisierung des Begriffs des Individuums, die sich nicht – wie bei Lenbachs Porträtkunst – im Abbild der Gesichtszüge und deren psychologischer Pointierung ausdrückte, sondern die Erfahrung des »Seelischen« in eine abstraktere, aber hierfür adäquate Grammatik von Form und Farbe transferierte.

Theoriearbeit: »Das Geistige in der Kunst«

Kandinsky folgte nicht der im 19. Jahrhundert entstandenen Polarität von Kunst und Wissenschaft. Sein Selbstverständnis zielte vielmehr darauf, die reflexiven Erkenntnismöglichkeiten der Wissenschaft und die intuitive Einfühlungsarbeit der Kunst zu verbinden. Zum zentralen Thema seiner theoretischen Ausformulierung des Künstlerhabitus wurde die Darstellung des »Geistigen«.

Seit etwa 1900 schrieb er Notizen nieder, die er in den Jahren bis 1910 zu einem geschlossenen Buchmanuskript ausarbeitete.[62] Das Ergebnis dieser Theoriearbeit nannte er in programmatischer Absicht »Das Geistige in der Kunst«. Zunächst fand sich kein Verlag für dieses Werk, bis Reinhard Piper das Buch schließlich im Dezember 1911 publizierte, datiert auf 1912. Kandinsky erklärte sich darin als ein Entdecker »auf dem Gebiet des Gefühls«, wie es im Vorwort der ersten Auflage hieß. Das letzte von acht Kapiteln ist dem Thema »Kunstwerk und Künstler« gewidmet. Dieses ist als Quelle für Kandinskys Vorstellungen zum Künstlerhabitus in den Jahren seiner bedeutendsten künstlerischen Innovation zu lesen. Kandinsky definierte die künstlerische Arbeit anhand zweier Begriffe, der Seele und des Kunstwerkes, als einen Subjekt-Objekt-Bezug. Der Künstler schaffe das Kunstwerk als »geistig atmendes Subjekt«.[63] Dies könne er nur, sofern er »seelisch lebt«. Dementsprechend »muß« die Kunst »der Entwicklung und Verfeinerung der menschlichen Seele dienen«.[64] Sie sei wiederum eine »Sprache, die in nur ihr eigener Form von Dingen zur Seele redet«. Diese Suche nach der »ihr eigenen Form« erwachse allein aus dem psychischen Zentrum des Individuums, das Kandinsky mit dem tradierten Begriff der »Seele« benannte. Um für die Stimmungen, Gefühle, Eindrücke etc. eine adäquate Sprachlichkeit finden zu können, bedürfe es konsequenterweise der »vollen unbeschränkten Freiheit des Künstlers in der Wahl seiner Mittel«.[65] Dies könne nur dann der Fall sein, wenn die »menschliche Seele nicht durch materialistische Anschauungen betäubt ist«.

Kandinskys Verständnis vom Künstlerhabitus war darauf gerichtet, jenem »Geistigen« Raum zu geben, das von der Rationalität der bürgerlichen Gesellschaft, den »materialistischen Anschauungen« sowie der Dominanz des Gelderwerbs im Alltagshandeln

---

[62] Kandinsky 1980, S. 42. Er verweist zum Entstehungsprozeß auf die Bedeutung des Unbewußten: »Dieses Buch hat sich mehr von selbst geschrieben, als ich es geschrieben hätte. Ich schrieb einzelne Erlebnisse nieder, die, wie ich später bemerkte, in einem organischen Zusammenhang miteinander standen. Ich fühlte immer mehr und deutlicher, daß es in der Kunst nicht auf das ›Formende‹ ankommt, sondern auf einen inneren Wunsch (= Inhalt), der das Formelle gebieterisch bestimmt.«

[63] Kandinsky 1952, S. 132.

[64] Ebd., S. 134.

[65] Ebd., S. 132.

ständig verschüttet werde. Um dieses Ziel vorantreiben zu können, müsse sich der Künstler »erziehen und in die eigene Seele vertiefen«. Bei den Möglichkeiten, die es hierfür gäbe, sei er keineswegs unabhängig von der Geschichte. In einem anderen Kapitel dieses Werkes erklärt Kandinsky die künstlerische Arbeit und die psychischen Prozesse, aus der sie gespeist wird, explizit zu einem Teil der Konfiguration der jeweiligen Zeit:[66] »Jedes Kunstwerk ist Kind seiner Zeit, oft ist es Mutter unserer Gefühle. So bringt jede Kulturperiode eine eigene Kunst zustande, die nicht mehr wiederholt werden kann.« Kandinsky grenzte sich in eindeutiger Weise vom Historismus ab:[67] »Eine Bestrebung, vergangene Kunstprinzipien zu beleben, kann höchstens Kunstwerke zur Folge haben, die einem totgeborenen Kinde gleichen.« Die mentalitätsgeschichtliche Verhaftung des Individuums im historischen Prozeß war Kandinsky somit bewußt. In diesem Sinne beschrieb er in den im Juni 1913 in München verfaßten autobiographischen »Rückblicken« ein wissenschaftliches Ereignis des ausgehenden 19. Jahrhunderts als ursächlich für den Bruch in seinem eigenen Weltbild, der sich als »Zerfall« der Orientierungsstruktur in seiner Seele fortgesetzt habe:[68]

»Ein wissenschaftliches Ereignis räumte eines der wichtigsten Hindernisse aus diesem Wege. Das war die weitere Teilung des Atoms. Das Zerfallen des Atoms war in meiner Seele dem Zerfall der ganzen Welt gleich. Plötzlich fielen die dicksten Mauern. Alles wurde unsicher, wackelig und weich. Ich hätte mich nicht gewundert, wenn ein Stein vor mir in der Luft geschmolzen und unsichtbar geworden wäre.«

Aufgrund der Erfahrung des die bürgerliche Gesellschaft prägenden mentalen Materialismus propagierte Kandinsky den Aufbruch zu einer geistigen Bewegung:[69] »Nach der Periode der materialistischen Versuchung, welcher die Seele scheinbar unterlag und welche sie doch als eine böse Versuchung abschüttelte, kommt die Seele, durch Kampf und Zeichen verfeinert, empor.« Die eigene Gegenwart schien ihm von einer Stimmung charakterisiert, die er mit dem Bild der »erwachenden Seele« umschrieb,[70] die gleich-

66 Ebd., S. 21.
67 Ebd.
68 Rückblicke, Kandinsky 1980, S. 33.
69 Ebd., S. 22.
70 Ebd.

wohl »noch stark unter dem Eindruck dieses Alpdruckes« liege.[71] In diesem Sinne sah Kandinsky sich in eine längerfristige geschichtliche Transformation eingebunden, eine Vorstellung, zu der er noch in den zwanziger Jahren in einer »Autobiographischen Notiz« anmerkte:[72] »Wir leben zur Zeit der Umwälzung in der Richtung zu den inneren Werten. Daher die abstrakte Kunst.«

Es mag überraschen, daß Kandinsky, in Abgrenzung vom Autonomieanspruch des »l'art pour l'art«, seine Definition von Kunst auf eine kulturelle Funktion für das Individuum zuspitzte. Der »Verfeinerung« der Seele solle die Kunst in der bürgerlichen Gesellschaft dienen. Dies ist zugleich eine Konkretisierung seines Begriffs des »Geistigen«, an dem der Künstler zu arbeiten habe. Aufgabe des Künstlers sei es, der »Kraft der menschlichen Seele«[73] einen sprachlichen Ausdruck zu geben. Er sei ein »Diener höherer Zwecke, dessen Pflichten präzis, groß und heilig sind«.[74] Der Künstler solle sich auf diesen Referenzpunkt beziehen. Er sei sodann »Priester des ›Schönen‹«, wenn dieses »Schöne« dem Maßstab »der inneren Größe und Notwendigkeit« genüge.[75] Kandinsky führte den Begriff der »Seele« des Individuums als den ausschließlichen Bezugspunkt für das »Schöne« ein: »Das ist schön, was einer inneren seelischen Notwendigkeit entspringt. Das ist schön, was innerlich schön ist.«

Die malerischen Mittel leiten sich somit von der »Seelenvibration« her, die sich mit ihnen verbindet.[76] Ziel dieses Konzeptes der Kunst ist die soziale Kommunikation, in die »der Künstler und der

---

71 »Und immer zu der Zeit, wo die menschliche Seele stärkeres Leben führt, wird auch die Kunst lebendiger, da Seele und Kunst in einer Verbindung von wechselseitiger Wirkung und Vervollkommnung stehen. Und in den Perioden, in welchen die Seele durch materialistische Anschauungen, Unglauben und daraus fließende rein praktische Bestrebungen betäubt und vernachlässigt wird, entsteht die Ansicht, daß die ›reine‹ Kunst nicht für spezielle Zwecke dem Menschen gegeben ist, sondern zwecklos, daß Kunst nur für die Kunst existiert (l'art pour l'art). Hier wird das Band zwischen Kunst und Seele halb anästhesiert.« Ebd., S. 134.
72 Abgedruckt in Kandinsky 1980, S. 65.
73 Kandinsky 1952, S. 135, Anm. 4.
74 Ebd., S. 135.
75 Ebd., S. 136.
76 Ebd., S. 136, Anm. 1.

Zuschauer« miteinander eintreten, die »mit Hilfe der Seelensprache miteinander reden«.[77] Weil eben der Ausgangspunkt für dieses Werk die Vertiefung in die eigene Seele ist, bleibe die künstlerische Arbeit mit den Begriffen einer rationalen Logik bestenfalls nachvollziehbar, kaum erklärbar. Das »wahre Kunstwerk« entstehe dagegen aus dem Künstler auf eine »geheimnisvolle, rätselhafte, mythische Weise«.[78] Die Künstlerseele müsse dabei – sofern sie »lebt« – in ihren intuitiven Vorgängen nicht notwendig von Theorien unterstützt werden:[79] »Sie findet selbst etwas zu sagen, was dem Künstler selbst im Augenblick ganz unklar bleiben kann. Die innere Stimme der Seele sagt ihm auch, welche Form er braucht und von wo sie zu holen ist (äußere oder innere ›Natur‹).« Die »Seele« des Künstlers sei das Subjekt der künstlerischen Produktivität. Andere Bindungen als die unbewußte des Zeitkontextes sollten dem Künstler nicht auferlegt sein.

Der Blaue Reiter

Mit seinem Konzept der Verlagerung des Bezugs der Bildidee in das Innere der Künstlerseele fand Kandinsky selbst bei seinen Kollegen aus der Neuen Künstler Vereinigung München gespaltene Resonanz oder Ablehnung.[80] Als es nach einem länger schwelenden Konflikt bei der Jurysitzung am 1. und 2. Dezember 1911 über das von Kandinsky zur Gruppenausstellung vorgesehene Bild »Komposition V« zum Konflikt kam,[81] hatte dieser jedoch in Franz Marc einen verläßlichen Bündnispartner gefunden. Für die Mehrheit der Mitglieder war Kandinskys Gemälde nicht akzeptabel. Begründet wurde die Zurückweisung mit einem geringen Überschreiten des vorgeschriebenen Formats. Jawlensky und We-

77 Ebd., S. 135.
78 Ebd., S. 132.
79 Ebd., S. 136.
80 Ein weiterer Entwurf zu einer Theorie des neuen Bildes wurde aus dem Kreis der Neuen Künstler Vereinigung München von Otto Fischer vorgelegt, vgl. Otto Fischer: Das neue Bild – Veröffentlichung der Neuen Künstler Vereinigung München, München 1912.
81 Vgl. die Schilderung des Konfliktes aus der Sicht der beteiligten Marianne von Werefkin in einem Brief an Richard Reiche im Dezember 1912, abgedruckt bei Hünecke 1989, S. 72 f.

refkin konnten in dieser Auseinandersetzung nicht vermitteln, blieben jedoch selbst in der Vereinigung, während Kandinsky, Münter und Marc demonstrativ austraten, in dem Bewußtsein, selbst ein zukunftsweisendes Konzept zu verfolgen. Bereits am 21. Januar 1911 hatte Franz Marc in einem Brief an Maria Franck mit einem historischen Argument die Notwendigkeit eines Bruchs erklärt:[82]

»Wir erleben heute einen der bedeutendsten Momente in der Kulturgeschichte. Alles, was wir von ›alter‹ Kultur (Religion, Monarchentum, Adel, Privilegien (auch rein geistige), Humanismus etc.) noch mit uns schleppen, ist eine Gegenwart, die schon der Vergangenheit angehört (...), welcher Art neuer Kultur wir entgegengehen, wird kaum weiter jemand sagen können, weil wir eben selber mitten in der Wandlung stehen; wir modernen Maler sind kräftig mit am Werk, für das kommende Zeitalter, das alle Begriffe und Gesetze neu aus sich gebären wird, auch eine ›neugeborene‹ Kunst zu schaffen.«

Kandinsky hatte seine Wahrnehmung der künstlerischen Qualität an differenten Medien und Kunstformen der unterschiedlichen Zeiten präzisiert. Er betrachtete verschiedene Ansätze von Individuen, deren Werke es in einem eigenständigen Buch zu versammeln galt, als Basis für die »moderne Bewegung«.[83] Im Vorwort zum Almanach »Der Blaue Reiter« konkretisierten die Herausgeber ihr Programm. Ihr Interesse galt der »inneren Verwandtschaft« der Künstler, die »innerlich« ihre Ziele »fühlen« konnten und doch an die Konfiguration ihrer jeweiligen historischen Epoche gebunden waren:[84] »Zu Zeiten des scheinbar intensiven Erblühens, des ›großen Sieges‹ des Materiellen, im eben abgeschlossen

---

82 Abgedruckt ebd., S. 42 f.
83 Wegen seiner Verdichtungsleistung wurde der Almanach »Der Blaue Reiter« als ein exponiertes Dokument in der wissenschaftlichen Literatur behandelt, beispielsweise Dittmann/Falk 1990, S. 177: »Er ist das wichtigste Manifest der modernen Kunst vor dem Ersten Weltkrieg, da er dem künstlerischen Bewußtsein neue, weite Horizonte eröffnete und die Grenzen zwischen den Künsten niederriß.« Bei Interpretationen dieser Art verschwinden längerfristige kulturgeschichtliche Kontexte, so daß die Heroisierung des »künstlerischen Bewußtseins« im Sinne des Künstlermythos kultiviert wird.
84 Wassily Kandinsky/Franz Marc (Hg.): Der Blaue Reiter, München 1912; eine Textdokumentation zur Entwicklung seit 1908, die den Diskurs erfaßt, Hünecke 1989.

XIX. Jahrhundert bildeten sich beinah unmerklich die ersten, neuen Elemente der geistigen Atmosphäre, welche dem Erblühen des Geistigen die nötige Nahrung geben wird und schon gibt.«
Wassily Kandinsky und Franz Marc relativierten mit diesem Selbstbild der eigenen Gebundenheit an einen epochalen Kontext wiederum die Unabhängigkeit von Kunst.[85] Als befreiender Bezugspunkt für die eigene Arbeit wurde nun der »innere Wunsch der Künstler« definiert, der – als quasi autonome Äußerung der Vorstellung – in unterschiedlichen Formen zum Ausdruck kommen könne. Innerhalb von zwei Wochen nach der Sezession von der Neuen Künstler Vereinigung München hatte die Redaktion »Der Blaue Reiter« eine Ausstellung mit 43 Werken verschiedener Künstler zusammengetragen. Die Gemeinsamkeit dieser Individuen und ihrer Kunst zu zeigen, sei der explizite Sinn des Ausstellungsunternehmens, wie Kandinsky im Katalog ausführte:[86] »Wir suchen in dieser kleinen Ausstellung nicht eine präzise und spezielle Form zu propagieren, sondern wir bezwecken in der Verschiedenheit der vertretenen Formen zu zeigen, wie der innere Wunsch der Künstler sich manifest gestaltet.« Die aus einem inneren Antrieb gespeiste Individualisierungsleistung im Medium ästhetischer Mittel bildete den Bezugspunkt der Ausstellung.
Im »Almanach« wurden ohnehin zeitgenössische und historische Werke nebeneinandergestellt.[87] So zeigte ein bayerisches Volkskunstmotiv den heiligen St. Martin. Es folgten Holzschnitte Kandinskys und Marcs sowie Essays von Franz Marc über »Geistige

---

85 »Die Kunst, Literatur und selbst die ›positive‹ Wissenschaft stehen in verschiedenen Graden der Wendung zu dieser ›neuen‹ Zeit. Unterliegen ihr aber alle.«
86 Zit. bei Weiss 1982, S. 70. Dieser kleinformatige Katalog bestand aus fünf Seiten mit einem kurzen Text von Kandinsky.
87 Franz Marcs »Text zum Subskriptionsprospekt des Almanachs« faßte die Beiträge folgendermaßen zusammen: »Das hiermit angekündigte erste Buch, dem andere in zwangloser Reihe folgen sollen, umfaßt die neueste malerische Bewegung in Frankreich, Deutschland und Rußland und zeigt ihre feinen Verbindungsfäden mit der Gotik und den Primitiven, mit Afrika und dem großen Orient, mit der so ausdrucksstarken ursprünglichen Volkskunst und Kinderkunst, besonders mit der modernsten musikalischen Bewegung in Europa und den neuen Bühnenideen unserer Zeit.« In: Franz Marc: Schriften, hg. von Klaus Lankheit, Köln 1978, S. 150.

Abb. 31: Wassily Kandinsky und Franz Marc mit dem Titelholzschnitt des Almanachs »Der blaue Reiter«, 1911/1912. – Die Fotografie wurde auf dem Dachgarten von Kandinskys Wohnung in der Ainmillerstraße 36 aufgenommen. Sie vermittelt die angeregte Spannung, in der die beiden Künstler nach angemessenen Darstellungsformen suchten. So ist Marcs Bewegung im Moment der Aufnahme zu erklären. Die Staffelei hinter Kandinsky deutet auf künstlerische Arbeiten im Freien hin.

Güter« und »Die ›Wilden‹ Deutschlands«. Eingearbeitet war ein deutscher Holzschnitt aus dem 15. Jahrhundert mit einer Badeszene, sodann eine chinesische Malerei, ferner das Gemälde »La femme à la mandoline au piano« von Pablo Picasso, daneben Kinderzeichnungen und ein Bild August Mackes. Einer Arbeit Ernst Kirchners stand eine Kriegerfigur aus Südborneo gegenüber. In diese Zusammenstellung hatte Kandinsky seine Essays »Über die Formfrage« und »Über Bühnenkomposition«, ferner das Bühnen-

stück »Der gelbe Klang« eingearbeitet. Außerdem wurde die Komposition »Herzgewächse« von Arnold Schönberg publiziert.
In der kunstwissenschaftlichen Literatur herrscht Konsens über die herausgehobene Bedeutung der Jahre zwischen 1910 und 1914 für den »Durchbruch« der künstlerischen Moderne. Wassily Kandinsky hatte mit seiner »Komposition IV« von 1911 seinen Weg in die Abstraktion als einer neuen Bildsprache beschritten. Damit radikalisierte sich auch sein Konzept des Künstlers: Er wird zum experimentellen Innovator, der im Prozeß der Werkentstehung autonom arbeitet. Kandinsky äußerte sich hinsichtlich der Verallgemeinerbarkeit jedoch vorsichtig, da er sich seiner eher isolierten Stellung als Künstlerindividuum bewußt war. In einem Brief schrieb er am 5. 4. 1912 an Hans Bloesch:[88] »Ich persönlich neige zu abstrakten Formen. Es scheint mir auch, daß die Malerei im Allgemeinen, im letzten Ziele (welches in nebligen Formen liegt) auf dem Wege zur reinen (also gegenstandslosen) Malerei sich bewegt.« Die Kommunikation zwischen dem Künstler und den Kunstrezipienten gestaltete sich in der Weise offen, daß nach dem Konzept Kandinskys die »reinen« Formen und Farben im Betrachter einen »inneren Klang« erzeugen sollten. Doch ob dies der Fall war, blieb der empirischen Erfahrung des Individuums vorbehalten. Die teilweise haßerfüllten Reaktionen der Ausstellungsbesucher auf den Anblick der Bilder in der Galerie Thannhauser bestätigten die Sonderstellung des avantgardistischen Künstlers und belegen eine als provozierend empfundene Reibung mit den konventionellen Wahrnehmungs- und Gefühlsmustern.
In seinem 1913 verfaßten Text »Rückblicke« resümierte Kandinsky schließlich seinen entfalteten Begriff von Kunst in der Bildlichkeit des »Aufleuchtens« als einer explosiven Entwicklung im Innenleben des Individuums:[89]

»Die Kunst besteht nicht aus neuen Entdeckungen, die die alten Wahrheiten streichen und zu Verirrungen stempeln (wie es scheinbar in der Wissenschaft ist). Ihre Entwicklung besteht aus plötzlichem Aufleuchten, das dem Blitz ähnlich ist, aus Explosionen (...). Dieses Aufleuchten zeigt mit blendendem Licht neue Perspektiven, neue Wahrheiten, die im Grunde nichts anderes sind, als die organische Entwicklung, das organische Weiterwachsen der früheren Weisheit (...).«

88 Abgedruckt in: Hünecke 1989, S. 195.
89 Kandinsky 1980, S. 46.

Abb. 32: Die 1. Blaue Reiter-Ausstellung bei Thannhauser in München, Dezember 1911 (Foto: Gabriele Münter). Im Durchgang der Tür ist das umstrittene Werk Kandinskys zu sehen.

Der Beginn des Ersten Weltkrieges und die aggressive Stimmung in Deutschland gegen Ausländer zwangen Kandinsky als einen Angehörigen der Feindnation Rußland zur fluchtartigen Abreise in die Schweiz und wenig später zur Rückkehr nach Rußland. Die russische Revolution mit der Vision eines Neuaufbaus der künstlerischen Kultur, eines im Dienst der Volksbildung stehenden Museumswesens und einer Neugestaltung der Künstlerausbildung bot ihm für einige Zeit Gestaltungsmöglichkeiten.

Die Zeit am Bauhaus

1922 kam Wassily Kandinsky nach Deutschland zurück, nachdem er an das Bauhaus nach Weimar berufen worden war. Für dessen Direktor Walter Gropius war er vermutlich aus zwei Gründen als qualifiziert erschienen. Einerseits war Kandinsky in einem interdisziplinären Sinn als avantgardistischer Künstler ausgewiesen und andererseits hatte er seine Fähigkeit zur konzeptionellen Reflexion der künstlerischen Arbeit hinreichend bewiesen. Während des Ersten Weltkrieges hatte die Galerie Dada in Zürich seine Bilder ausgestellt. Im Cabaret Voltaire hatte Hugo Ball Kandinskys Prosagedichte gelesen. Die deutschen Dadaisten sahen ihre Arbeit als eine satirische Montage von Fragmenten. Sie wollten die kulturellen Muster der konventionellen Bürgerlichkeit und die harmoniesüchtigen Bilder der deutschnationalen Identität in Frage stellen und mit Hilfe einer verfremdenden Collagetechnik »de-montieren«. Ihre provokante Kritik an der bürgerlichen Gesellschaft schien mit den Mitteln des Lächerlichmachens möglich. Die Konstruktivisten lokalisierten dagegen ihre künstlerische Arbeit im Kontext des Aufbaus einer modernen Kultur, in der die Rationalität, die Geometrisierung und die Abstraktion als zeitadäquate Formen zu einer ästhetischen Sprachlichkeit verarbeitet wurden, die zunächst auch im Kontext der noch pluralistischen Sowjetunion bedeutsamen Rückhalt fand.[90] Ähnliche Tendenzen bildeten sich in Holland in der De Stijl-Gruppe heraus. Alle diese unterschiedlichen Ansätze der künstlerischen Moderne waren als zeitgenössischer Kontext im Bauhaus präsent.

Ein weiterer Faktor, der Kandinsky für diese neuartige Kunstschule qualifizierte, waren seine konkreten Erfahrungen bei der Entwicklung einer neuen Künstlerausbildung in Rußland, da die konzeptionellen Probleme ähnlich gelagert waren. Kandinsky war 1918 zum Mitglied der Abteilung Bildende Kunst im Kommissariat für Volksaufklärung berufen worden, hatte sodann eine Pro-

---

90 Hieran entwickelte sich in Deutschland seit 1918/19 jenes Syndrom an Bedrohungsvorstellungen, das von den deutschnational-völkischen Gruppen als »bolschewistisches« Kunstverständnis abgewehrt und aggressiv bekämpft wurde. In dieser Intention beispielsweise M. Rogge: Kunst und Künstler im Räterußland. Ein Beitrag zur Soziologie der Kunst, in: Die Liga, Nr. 10, 1921.

fessur an den Freien Kunstwerkstätten VCHUTEMAS in Moskau übernommen, wurde 1919 Vorsitzender der gesamtrussischen Ankaufskommission für die Museen der IZO NARKOMPROS und zugleich zuständig für die Gründung des Museums für malerische Kultur. Bis 1921 betreute er in dieser Funktion 22 Provinzmuseen. 1920 erhielt er einen Ruf auf eine Honorarprofessur an die Universität Moskau. Während anfangs eine offene, auf das »Neue« orientierte Haltung zur Kunst die sowjetische Öffentlichkeit geprägt hatte, geriet Kandinsky mit seinem Konzept der abstrakten Kunst zunehmend in eine Verteidigungshaltung. Er mußte sich im Kampf der Weltanschauungen sowohl gegen die traditionellen Bildauffassungen der »Rechten« wie gegen die sozial engagierte Programmatik der »Linken« legitimieren. 1921 initiierte er die Akademie für Kunstwissenschaften. Allerdings spitzten sich die Konflikte bald so zu, daß sich Ende Dezember die Rückkehr nach Deutschland als Ausweg anbot.

Als Gropius in seinem »Manifest« zur Bauhausgründung die Konsequenzen der Umbruchserfahrungen nach dem Ersten Weltkrieg 1918/19 mit dem Wunsch nach dem Aufbau einer »Neuen Welt« verband,[91] ging er, in Abwendung vom modernen Spezialistentum, explizit auf die Bedeutung eines neuen Verständnisses des Künstlerhabitus ein. Den Ansatzpunkt für eine neue Synthese sah er im Rückbezug auf die Einheit der Künste, die im mittelalterlichen Handwerk beim Bau der Kathedralen gegeben schien. »Der Künstler ist eine Steigerung des Handwerks.« Daher müsse die Ausbildung von der unmittelbaren Arbeitserfahrung am handwerklichen Gegenstand in der Werkstatt ausgehen. Die bisherigen institutionellen Formen hatten diese Integrationsleistung nicht hervorgebracht, wie Gropius anmerkte: »Die alten Kunstschulen vermochten diese Einheit nicht zu erzeugen, wie sollten sie auch, da Kunst nicht lehrbar ist. Sie müssen wieder in einer Werkstatt aufgehen. Diese nur zeichnende und malende Welt der Musterzeichner und Kunstgewerbler muß endlich wieder eine bauende werden.« Seine abschätzige Bemerkung zur Realität der Entwurfsarbeit der Kunstgewerbler bezog sich auf den im Historismus entwickelten formalisierten Berufshabitus, wie er an den Kunstgewerbeschulen mit nur geringen Modifikationen weiterhin ge-

---

91 Ein Originalexemplar des vielfach publizierten Manifests befindet sich im GNM, ABK, Nachlaß Riemerschmid, B 167 (Mappe Bauhaus).

lehrt wurde und einer vom Leben abgehobenen Gestaltung von Schmuckornamenten diente.[92]

Die Dynamik der modernen Entwicklung und die visionäre Perspektive des Neubaus der Gesellschaft erforderte dagegen eine neue Synthese der Berufe im Bezug zum Künstlerhabitus. Da bereits seit 1900 wiederholt Debatten um neue Konzepte der Künstlerausbildung geführt worden waren, fand das Bauhausmanifest als Ergebnis des Aufbruchsversuchs im März und April 1919 große Beachtung. In Berlin hatte der Arbeitsrat für Kunst, eine Gruppe von engagierten Künstlern und Entwerfern, in den vorausgehenden Wochen pädagogische Reformideen für die Ausbildungsinstitutionen entwickelt. Gropius war hieran führend beteiligt gewesen, so daß seine Argumente im Manifest mit einem breiteren Diskurs in der zeitgenössischen Fachöffentlichkeit korrespondierten.

Ein weiteres Dokument gibt uns Einblick in die vor diesem Hintergrund berücksichtigten künstlerischen Berufsbilder. Im ersten Programm des Staatlichen Bauhauses in Weimar vom April 1919 wurden insgesamt 21 Berufe genannt, für die eine handwerkliche Ausbildung angeboten werden sollte, um den Bedarf an künstlerischen Fachkräften des Gewerbes zu befriedigen,[93] unter ihnen Bildhauer, Steinmetze, Schmiede, Schlosser, Gießer, Dreher, Tischler und Dekorationsmaler. Ferner wurden ältere, »aussterbende« Berufe des Kunsthandwerks einbezogen, deren soziale Basis mit der Industrialisierung mehr und mehr verschwand, wie an den Ergebnissen der Berufszählungen nachzuvollziehen ist. Hierzu zählten Glasmaler, Mosaiker, Emailleure, Ziseleure und Weber. Die starke Akzentuierung des Handwerks entsprach den Wünschen der in Weimar wie in Thüringen politisch einflußreichen regionalen Handwerkerschaft.

Angesichts seiner Bedeutung als avantgardistischer Maler und Experimentator einer ästhetischen Moderne war Kandinsky in diesem Kontext für die dauerhafte Mitarbeit bei der Erprobung einer neuen Ausbildung zum »schöpferischen Menschen« präde-

---

92 Vgl. auch Angelika Thiekötter/Eckhard Siepmann (Hg.): Packeis und Pressglas. Von der Kunstgewerbebewegung zum Deutschen Werkbund, Gießen 1987.
93 Fundort GNM, ABK, Nachlaß Riemerschmid, B 167 (Mappe Bauhaus), Programm des Staatlichen Bauhauses in Weimar, April 1919, S. 4.

stiniert. Seit Juni 1922 lehrte er in Weimar, seit 1925 bis zur erzwungenen Schließung des Bauhauses im Herbst 1932 in Dessau, anschließend bis Juli 1933 in Berlin. Mit Paul Klee zusammen erteilte er Unterricht in Form- und Farblehre im Rahmen der Vorkurse.[94] In den »Satzungen« des Bauhauses vom Juli 1922 wurde der Zweck der Institution definiert:[95] »Das Bauhaus erstrebt die Ausbildung bildnerisch begabter Menschen zum schöpferisch gestaltenden Handwerker, Bildhauer, Maler oder Architekten, Durchbildung aller in Handwerk, Technik und in der Form mit dem Ziel gemeinsamer Arbeit am Bau dient als einheitliche Grundlage.« Hierauf bezogen entwickelte Kandinsky als »Meister« Lehrmethoden, die dem Anspruch der Modernität genügen konnten, da sie zeitgenössische Paradigmen aufnahmen und erprobten.[96] Das Denken der künstlerischen Avantgarde wurde von den Modernisierungsstandards beeinflußt, wie sie in den Rationalisierungen der industriellen Arbeitsgestaltung, der arbeitsteiligen Serienfertigung oder im Refasystem, angewandt wurden. Dieses Konzept beruhte auf der Einsicht in die produktive Kraft der theoretischen Arbeit, der rationalen Analyse und Planung, auf die die kreative Gestaltung, die Montage und ästhetische Synthese folgen sollten.[97]

94 Magdalena Droste: Klee und Kandinsky, in: Ausst. Kat. Staatsgalerie Stuttgart: Klee und Kandinsky. Erinnerungen an eine Künstlerfreundschaft anläßlich Klees 100. Geburtstag, 6. Mai bis 29. Juli 1979, S. 9.
95 In der Lehrordnung, Paragraph 1. Fundort GNM, ABK, Nachlaß Richard Riemerschmid, B 167 (Mappe Bauhaus, Satzungen Staatliches Bauhaus in Weimar, Juli 1922).
96 Vgl. Clark V. Polling: Kandinsky-Unterricht am Bauhaus. Farbenseminar und analytisches Zeichnen dargestellt am Beispiel der Sammlung des Bauhaus-Archivs Berlin, Weingarten 1982, S. 107 ff.
97 Vgl. auch, Wassily Kandinsky: Gestern – Heute – Morgen (Weimar, April 1923), abgedruckt in: Paul Westheim (Hg.): Künstlerbekenntnisse. Briefe/Tagebuchblätter/ Betrachtungen heutiger Künstler, Berlin (o. J.) [circa 1928], S. 164 f. Dort beschreibt Kandinsky zwei »entgegengesetzte Bewegungen«, die zu »einem Ziel« laufen, in vier Versionen. Die »analytische« und die »synthetische« Bewegung, die »materialistische« und die »geistige« Bewegung, die »intuitive« und die »theoretische« Methode sowie die »synthetische, ›monumentale‹ Kunst« und die »in der Theorie – die teils wieder – teils neugeborene Kunstwissenschaft«. Er schließt den Text mit dem Satz: »Alle sich scheinbar ausschließenden Richtungen werden in diesen beiden Zielen verschmolzen, die weiter in einem Ziel schmelzen.«

Kandinsky verstand unter der Synthese der Künste die Arbeit am Gesamtkunstwerk, wie sie für die Bühne erforderlich war, bei der die Medien Malerei, Bühnenbild, Musik und Tanz in einer inneren Beziehung zusammenwirkten.
Der Auffassung von Modernität, aus der heraus Kandinsky in diesen Jahren ästhetisch experimentierte, entsprach es, jeder Farbe Wärme- und Kältegrade des menschlichen Empfindens zuzuordnen, ebenso den Formen als Repräsentationen von Gefühlen und Stimmungen. Hieraus sollte eine abschattierte Sprache von Empfindungen entwickelt werden.[98] Wiederum war somit das Innenleben des Individuums und dessen ästhetische Kommunizierbarkeit das Thema Kandinskys. Die Ergebnisse seiner theoretischen Überlegungen aus dieser experimentellen Arbeit publizierte er in einem zweiten Buch »Punkt und Linie zur Fläche«.[99]
Über die verschiedenen Entwicklungsstufen des Bauhauses hinweg mit unterschiedlichen personellen Konstellationen galt die Vorstellung der Einheit des Zusammenwirkens der künstlerischen Berufe und Medien als ein verbindendes Ziel. Im Programm zur Bauhauswoche 1923 wurde dieser Anspruch in einer zu diesem Zeitpunkt aktuellen Version formuliert. Der Text mit dem Titel »Die Ausstellung 1923« verdeutlicht die angestrebten Berufsqualifikationen und die Vorstellung vom Künstlerhabitus:[100]

»*Die Schule* zeigt Erziehung und Bildung des Menschen auf dem Wege von Handwerk und Kunst. Die Schule will den bildnerisch Begabten aus dem naiven Basteln und Werken zu der Erkenntnis seiner Mittel und ihrer Gesetze und daraus zur Freiheit schöpferischen Gestaltens führen. (...)
Malerei und Plastik zeigen Einzelwerke und ihre Vereinigung und Bildung zur Architektur. Die Aufgabe der bildenden Kunst war zu allen Zeiten großen Stils eine ethische und sie wird es fernerhin sein. Stoff und Ideen der Darstellung haben sich gewandelt ebenso wie ihre Darstellungsmittel. Mit der Heraufkunft einer neuen Baukunst ist die monumentale Kunst heute wieder im Werden, vorweggenommen oder vorbereitet im Einzelbild, das sich von architektonischen Vorstellungen leiten läßt oder auch über jeg-

---

98 Polling 1982, S. 48 ff.
99 Wassily Kandinsky: Punkt und Linie zur Fläche. Beiträge zur Analyse der malerischen Elemente, Bern 1955 (erstmals Band 9 der »Bauhaus-Bücher«, Schriftleitung Walter Gropius und L. Moholy-Nagy, München 1926).
100 Fundort GNM, ABK, Nachlaß Riemerschmid B 167 (Mappe Bauhaus), Die Bauhauswoche.

liche Beziehung sich hinwegsetzt. Solche Unabhängigkeit schafft ihm weitesten Spielraum und läßt es die Grenzen bildnerischen Gestaltens kühn erweitern. (...)
Die Bühne zeigt Schau-spieler, Spiele zum Schauen verschiedener Art, in denen die Ursprünge theatralischer Kunst zum Ausdruck kommen und zu neuen Wegen der Gestaltung führen. Sie sollen einer neuen Festlichkeit zum Siege helfen, die das Leben durchdringt. Die Bühnenkunst gleich der Architektur eine synthetische Kunst ist als Welt des Spiels und des Scheins Zufluchtsort des Irrationalen.«

In dieser Semantik wurde der Arbeit des Künstlers explizit die kulturelle Funktion eines Gegenpols zur Rationalität zugewiesen. Kunst sollte »Zufluchtsort des Irrationalen« in der bürgerlichen Gesellschaft sein und der Künstler dessen Akteur.

Die Programmatik der »Freiheit des schöpferischen Gestaltens« in der Moderne wurde zwar von einer Minderheit des Bürgertums getragen[101] oder zumindest toleriert. Die bürgerliche und kleinbürgerliche Rechte bekämpfte das Bauhaus jedoch von Beginn an mit Entschiedenheit.[102] Neben einer anhaltenden denunzierenden Polemik blieb die Bewilligung des Haushalts der Faktor, der das Weiterbestehen und die Arbeitsfähigkeit der Institution bestimmte. Im Jahre 1924 kürzte die bürgerliche und nationale Rechte im Thüringer Landtag die Mittel, so daß die Suche nach einem neuen Standort erforderlich wurde. Der sozialdemokratische Oberbürgermeister der Stadt Dessau, Hesse, konnte die Ansiedelung des Bauhauses 1925 in seinem Stadtrat als industriepolitisch bedeutsam legitimieren, indem er die Stärkung der Gestaltungskompetenz für die sachsen-anhaltinische Industrie am Beispiel des in Dessau ansässigen Werkes von Hugo Junkers in Aussicht stellte. Doch auch in Dessau formierte sich im regionalen Bürgertum eine starke antimodernistische Opposition, so daß der Ausstattung mit Stellen Grenzen gesetzt waren. Kandinskys Position im Lehrkörper blieb allerdings gefestigt.

In einem Brief Oskar Schlemmers vom 2. November 1925 an den Direktor der Stuttgarter Kunstgewerbeschule, Bernhard Pan-

---

101 Bei Thomas Nipperdey: Wie das Bürgertum die Moderne fand, Berlin 1988, eine sehr pauschale Konstruktion, die »dem Bürgertum« die Trägerschaft an der Entwicklung der modernen Kunst zuschreibt.
102 Zahlreiche Belege bei Hans M. Wingler: Das Bauhaus 1919-1933, Weimar, Dessau, Berlin und die Nachfolge in Chikago seit 1937, 3. Auflage, Bramsche 1975.

kok, der um 1900 auch dem Münchner Kreis der »modernen Bewegung« angehört hatte, wird die spannungsreiche Situation transparent. Schlemmer schilderte seine subjektive Reaktion als Künstler auf die Dessauer Arbeitsbedingungen und artikulierte den Wunsch nach Verbesserung seiner sozialen Stellung:[103]

»(...) ich bin nur nebenamtlich hier und soll nur ›bühne‹ machen. gropius konnte – oder wollte – nur 4 hauptstellen schaffen, die er mit kandinsky, moholy-nagy, klee und muche besetzte. zwar wird im grossen stil gebaut, aber die stadt ist fürchterlich und die opposition des bürgertums grösser als in weimar. unruhe, abwehr, tamtam, reklame werden weiterhin die wenig erfreulichen begleiterscheinungen des bauhauses sein. meine wirtschaftliche lage ist unmöglich und mein tätigkeitsgebiet ist an einem bauhaus, das gegen plastik, gegen wandbild, gegen alles, was unter ›romantik‹ läuft, auf ein minimum beschränkt. bühne ist das fünfte rad am wagen und die ›utilitaristischen‹ gebiete verschlingen den hauptteil der mittel. da ich vielleicht am vielseitigsten seither tätig war – als wechselweise leiter der wandmalerei, der metallwerkstatt, der holz- und steinbildhauerei und der bühnenwerkstatt – ist die beschränkung meiner tätigkeit hier so, dass ich ernstlich an eine veränderung meiner lage denke – trotz der tatsache, dass mir u. a. ein haus gebaut wird! ich weiss nicht, welches die gründe waren, die die verhandlungen mit anderen städten wegen übernahme des bauhauses (frankfurt, mannheim, köln, darmstadt etc.) zum scheitern brachten. in weimar, wo ich ursprünglich bei bartning bleiben wollte mit einem kreis von bauhäuslern, ist es gropius z. t. mit unlauteren mitteln gelungen, alles zu zerschlagen. es soll dort übrigens nahe daran gewesen sein, als eine krise mit bartning entstanden war, mir die leitung der nachgropiusschen schule zu übertragen. soviel ist sicher, dass mir ein nicht geringer teil der hier missvergnügten – und es sind nicht die schlechtesten – folgen würde im falle meines weggangs und bei der möglichkeit, anderwärts etwas aufzurichten (...).«

Man kann Schlemmers Äußerungen entnehmen, in welch hohem Maße der einzelne Künstler gezwungen war, sich als Individuum zu behaupten und seinen Marktwert zu veranschaulichen. Die kreative Individualität entstand somit auch aus der Notwendigkeit der Selbstreproduktion in der Konkurrenz, jedenfalls sofern die Künstler auf eigene Erwerbsarbeit zum Lebensunterhalt angewiesen waren.

Kandinsky und Klee wurde es nunmehr zugestanden, freie Malklassen zu führen. Dies signalisierte eine generelle Veränderung im Verständnis des Eigengewichts der künstlerischen Medien, zumal

---

103 Fundort GNM, ABK, Nachlaß Pankok.

hiermit Raum für die Ausbildung zum Maler entstand.[104] In einem Beitrag für die Zeitschrift »bauhaus« legte Kandinsky sein Selbstverständnis zum Verhältnis von gefühlsmäßiger Intuition und rationaler Wissenschaftlichkeit in dieser Phase nieder:[105] »auch die ›reine‹ kunst bedarf heute einer exakteren, konsequenten wissenschaftlichen grundlage. das einseitige betonen des intuitiven elementes und die damit verbundene ›zwecklosigkeit‹ der kunst haben öfters den jungen künstler (und wenn es nur der ›junge‹ künstler wäre!) zu ungeschickten, von der kunst ablenkenden folgerungen gebracht.« Die Aneignung wissenschaftlicher Grundlagen als Teilelement des synthetischen Studienprozesses, zur Ergänzung der im »freien« Künstler idealisierten Intuition, entsprach den Auffassungen von Gropius und anderer Bauhauslehrer.

Sie waren damit Repräsentanten einer auf soziale Reform und industrielle Rationalisierung drängenden Zeitstimmung in der zweiten Hälfte der zwanziger Jahre. Im Gegensatz zu Kandinskys unpolitischem Selbstverständnis als Künstler bildete sich am Bauhaus die für die 1920er Jahre typische Verbindung des ästhetischen Avantgardismus mit linksintellektuellen Weltanschauungen heraus. Insbesondere nach dem Weggang von Walter Gropius entwickelten sich hieraus unter dem Direktorat von Hannes Meyer im Kollegium wie in der Studentenschaft tiefgreifende Auffassungsunterschiede über die Stellung des Künstlers in der Gesellschaft. Die Beschränkung des Künstlerhabitus auf die kreative Individua-

---

104 Eine Dokumentation der Ergebnisse der Lehrtätigkeit in Peter Hahn: junge maler am Bauhaus, München 1979.
105 Wassily Kandinsky: der wert des theoretischen unterrichts in der malerei, in: bauhaus. Zeitschrift für bau und gestaltung, hg. von Walter Gropius und Laszlo Moholy-Nagy, Jg. 1926-1931, hier 1/1926: »beim unterricht in der malerei können verschiedene methoden verwendet werden, wobei diese methoden in zwei große gruppen geteilt bleiben:
1 die malerei wird als selbstzweck behandelt, d. h. der studierende wird zum maler ausgebildet: er bekommt auf der schule die dazu notwendigen kenntnisse – soweit es durch den unterricht zu erreichen ist – und braucht nicht unbedingt die grenzen der malerei zu überschreiten, oder
2 die malerei wird als eine mitorganisierende kraft behandelt, d. h. der studierende wird über die grenzen der malerei, aber durch ihre gesetzmäßigkeit zum synthetischen werk geleitet.
dieser zweite standpunkt bildet die grundlage des malerischen unterrichts im bauhause.«

lität oder deren Kontextualisierung in der Semantik sozialer und politischer Bewegungen standen sich gegenüber. Während Meyer oder Moholy-Nagy ein Engagement der avantgardistischen Moderne für eine sozialistische Umgestaltung der Gesellschaft propagierten und ein Teil der Bauhausstudenten dieses politische Konzept des Künstlers praktizierte, bestand Kandinsky auf der ausschließlichen Konzentration des Künstlers auf den subjektbezogenen Ausdruck der »inneren Notwendigkeit«, des seelischen Innenlebens des Individuums. Trotz zeitweiliger Animositäten im Kollegium konnte Kandinsky seine Malklasse fortführen.

Aufgrund seiner ästhetischen Formensprache galt Kandinsky 1933 dennoch als »Modernist« und exponiertester Feind für das völkisch-nationalistische Lager. Er wurde durch den Referenten des Preußischen Kulturministeriums, Wendtland, vom Bauhaus ausgeschlossen; und dieses wurde umgehend aufgelöst.

Kandinsky als Bildungs- und Besitzbürger

Die bildungsbürgerliche Sozialisation im russischen Bürgertum und auf Besitz gestützte Sicherheit ermöglichten Kandinsky die Ausbildung einer klaren Identität, die er in München zu einem Habitus profilierte und ohne markante Brüche lebenslang weiterführte. Seine emotionale Verbundenheit mit der Familie bot einen stabilen sozialen Rückbezug. In diesem Kontext konnte Kandinsky seit der Kindheit sowohl den international orientierten Horizont seines breiten Bildungswissens als auch die Befähigung zum musischen Ausdruck in musikalischen, visuellen und literarischen Medien gleichermaßen entwickeln. Zudem habe er bereits als Kind »sehr viel Deutsch« gesprochen, da seine Großmutter mütterlicherseits Baltin war. Von ihr stamme seine Kenntnis der »deutschen Märchen«, deren Bildlichkeit er in sich aufgenommen habe. Bei seiner Ankunft in München-Schwabing seien diese Eindrücke wieder »lebendig« geworden.[106] Neben der russischen und deutschen gehörte auch die französische Sprache zu seinem Bildungshorizont, da das russische Bürgertum einen kulturellen Austausch mit der europäischen Metropole Paris pflegte. 1876 bis 1885 besuchte Kandinsky das humanistische Gymnasium in Odessa,

---

106 Rückblicke, in: Kandinsky 1980, S. 28.

woran sich das Studium in Moskau anschloß. Ein Foto aus der Zeit um 1886 zeigt ihn als Cellospieler, begleitet von einem Pianisten. In der Zeit des Zusammenlebens mit Gabriele Münter spielte er Harmonium.[107]

Auch Kandinskys Zugehörigkeit zum Besitzbürgertum ergibt ein klares Bild. Während seines wissenschaftlichen Studiums in Moskau und seines Kunststudiums in München lebte er von der »sehr freigiebig(en)« Unterstützung durch seinen Vater.[108] Nach dem Tod seines Onkels erbte Kandinsky 1901 ein Moskauer Mietshaus mit sechs Etagen und 24 Wohnungen, das sein Schwager für ihn verwaltete. In einem Brief erklärte er mit berechtigter Zuversicht, daß dessen Ertrag »zu meinem Lebensunterhalt ausreicht«.[109] Bis 1917 dienten ihm die Einnahmen aus diesem Besitz dazu, der Existenz als Künstler ohne Einschränkungen folgen zu können.

Als die Rückkehr im November/Dezember 1914 nach Rußland unausweichlich war, bezog Kandinsky zunächst eine Wohnung in seinem Haus. Aufgrund der Planung eines Neubaus verkaufte er 1917 Haus und Grundstück, behielt seine Wohnung jedoch zu einer günstigen Miete, die er mit dem Käufer aushandeln konnte, weiterhin bei. Am 26. Januar 1918 leitete er den Kauf eines Grundstücks ein, um den Bau des neuen Hauses und Ateliers voranzutreiben. Im Zuge der Enteignungen der Revolution verlor er diesen Besitz jedoch.

Somit war Kandinsky in der formenden ersten Phase seiner Entwicklung als Künstler nicht auf Einnahmen aus dem Bilderverkauf oder ein anderes Arbeitseinkommen angewiesen. Dieses Leben ohne finanzielle Zwänge bot ihm Spielraum zur Hingabe an die Kunst und zum interesseorientierten Reisen. Gleichwohl partizipierte er an den Praktiken des kommerziellen Kunstmarktes. Die Teilhabe am sozialen Raum des modernen Künstlers bewältigte er mit Energie und einer Souveränität, die ihm zumeist exponierte Rollen in Künstlergruppen zuwies. Seine rege Ausstellungstätig-

---

107 Holzschnitt von Münter.
108 In: Rückblicke, Kandinsky 1980, S. 34, berichtete Kandinsky, daß sein Vater ihn »pekuniär viele lange Jahre sehr freigiebig unterstützte«.
109 In der Dolgij pereulok 8 (heute Burdenkostraße). »Vom Onkel ist mir ein Erbe zugekommen, das zu meinem Lebensunterhalt ausreicht.« Ausst. Kat. Frankfurt Wassily Kandinsky. Die erste sowjetische Retrospektive. Gemälde, Zeichnungen und Graphik aus sowjetischen und westlichen Museen, Frankfurt am Main 1989, S. 49.

keit folgte den Mustern der Eigenprofilierung als Individuum sowie der Schaffung eines Verbindungsnetzes in der Szene der modernen Kunst. Seine Unabhängigkeit nutzte er andererseits zur Freiheit des innovatorischen Experiments. Die Programmatik der Konzentration des modernen Künstlers auf sein Inneres, auf seine Individualität, unabhängig von der Akzeptanz des Publikums, hatte somit eine stabile finanzielle Grundlage. Kandinsky war mit seinem Besitz zwar in das Ertragssystem der bürgerlichen Gesellschaft mit ihren rationalen Zweck- und Verwertungsbezügen integriert. Gleichwohl konnte er, gestützt auf die daraus resultierende ökonomische Sicherheit, seine Sonderrolle als Künstler ausgestalten.

Dieses Selbstverständnis war bereits ausreichend habitualisiert, als er nach dem Verlust seines Besitzes und den verschiedenen Aufgaben im neu entstehenden Kunstapparat der Sowjetunion nach Deutschland zurückkehrte. Zunächst wurde ihm sein Moskauer Gehalt für drei Monate weitergezahlt, da er versuchsweise als eine Art »Gesandter« für die kulturellen Beziehungen zu Deutschland wirken sollte. Schließlich war mit der Anstellung am Bauhaus ein Einkommen als Hochschullehrer verbunden, zu dem Erträge aus Verkäufen hinzukamen. 1932, auf dem Höhepunkt der Weltwirtschaftskrise, kommentierte er seine finanzielle Situation angesichts des weitgehend zusammengebrochenen Kunstmarkts mit Unzufriedenheit:[110] »Verkäufe sind selten und unser Gehalt wird dauernd beschnitten.« Wenngleich Kandinsky seine Präsenz auf Kunstausstellungen und im Kunsthandel kontinuierlich pflegte, scheint eine unabhängige Existenz als freier Künstler aus Verkaufserträgen allein kaum möglich gewesen zu sein.

Als er mit der Schließung des Bauhauses dieses regelmäßige Einkommen verlor, nahm Kandinsky seine Bekanntheit in der französischen Kunstszene als Chance wahr, um nach dem Sommerurlaub in Frankreich nicht nach Deutschland zurückzukehren, sondern sich fortan als freier Künstler in Paris zu etablieren. In Frankreich waren die Möglichkeiten, sich eine Stellung im Kunstmarkt aufzubauen, unter den Umständen der Weltwirtschaftskrise ebenfalls eingeschränkt. Trotz aller Bemühungen konnte auch seine amerikanische Agentin Galka Scheyer nur wenig verkaufen.

---

110 Brief Kandinskys an Jawlensky vom 10. März 1932, erstmals publiziert in Hahl-Koch 1993, S. 318.

Schon von früher Kindheit an war es Kandinsky gewohnt, über eigenes Hauspersonal zu verfügen. Seine Eltern hatten Kutscher, und er selbst wurde von einer »Kinderfrau« betreut.[111] Während des mehrmonatigen Aufenthaltes in Sèvres bei Paris 1906 versorgte ein Hausmädchen namens Emilie seinen Haushalt.[112] Zumindest für die Jahre 1910 und 1911 ist die Anstellung von Dienstmädchen im Haushalt von Kandinsky und Münter belegt. Seit Ende Juni 1910 arbeitete Anna Gruber bei Kandinsky als Haushälterin, die ihm als jüngere Schwester der Köchin des am Blauen Reiter beteiligten russischen Komponisten Thomas von Hartmann empfohlen worden war.[113] Im Februar 1911 wurde ein Dienstverhältnis mit Fanny Dengler als Hausmädchen eingegangen.[114] Daraus ergibt sich, daß Kandinsky auch in der Zeit seiner radikalen Individualisierung des Künstlerhabitus in seiner Haushaltsführung den Konventionen des Bildungs- und Besitzbürgertums folgte.

Bürgerlichkeit

Seiner Herkunft und seinen sozialen Beziehungsnetzen im deutschen Bürgertum entsprach ein Selbstverständnis, das dezidiert Formen einer kultivierten Bürgerlichkeit pflegte. Die Fotografien aus Rußland und Deutschland zeigen ausnahmslos einen gutgekleideten Mann in korrekt-würdevoller Körperhaltung, der sich keineswegs als Bohemien von den Kleiderkonventionen des Bürgertums absetzte. Lediglich Bilder und Fotografien aus der Münchner Zeit von 1908 bis 1914 zeigen ihn in der Tracht der oberbayerischen Wahlheimat mit Lederhosen und »Wadlstrümpfen«.[115]
Kandinskys Erscheinung zu Beginn der Studienzeit in der Malschule Azbè wurde von dem Mitstudenten Igor Grabar kommentiert, der in einem Brief an seinen Bruder die Wahrnehmung eines

111 In: Rückblicke, Kandinsky 1980, S. 27, sprach er auch von der »Kinderfrau« als »seiner Wärterin«.
112 Gabriele Münter hatte eine Beletage in einem Landhaus für ein Jahr für beide angemietet, war jedoch wieder in die Innenstadt gezogen, um ihre künstlerische Fortbildung zu betreiben. Schmitt 1994, S. 34.
113 Ebd., S. 40.
114 Ebd.
115 Beispielsweise Gabriele Münter: Kandinsky und Erma Bossi, 1910, Städtische Galerie im Lenbachhaus München.

Abb. 33: Kandinsky mit anderen Studierenden der Azbè-Malschule, München 1897. – Das Bild veranschaulicht in der Differenz der Kleidercodes, der Körper- und der Gestensprache das Selbstverständnis Kandinskys (rechts) und seinen Habitus der dezidierten Bürgerlichkeit. Während Nikolaj Zeddler (links) sich in einem lockeren Gestus zeigt und seine Kleider unambitionierte »Sportlichkeit« signalisieren, demonstriert Kandinskys Körperhaltung einen Gestus der Eleganz. Mit der Zigarette in der Hand, im dunklen Anzug mit weißem Kragen, erscheint er auf sich selbst bezogen. Dimitrij Kardovskij in der Mitte stützt sich auf ein Schwert, ein typisches Atelierrequisit.

bürgerlichen »Herren« hervorhob:[116] »Da kommt so ein Herr mit einem Farbkasten, nimmt Platz und beginnt zu arbeiten. Seine Erscheinung ist typisch russisch, ja mit einem Anflug des Moskauer Universitätsmilieus und einem Hauch von Magistertum.« Eine Fotografie aus dem Jahre 1897, die ihn mit anderen russischen Studenten aus der Malschule, Nikolaj Zeddler und Dimitrij Kardovskij, zeigt, veranschaulicht den kulturellen Unterschied in Kleidung und Körpersprache und läßt Kandinsky nahezu posenhaft erscheinen: Weißer Kragen, dunkler Anzug mit gebügelten Hosenfalten und Hut, die Zigarette in der linken Hand haltend, das linke Bein leicht nach vorne gesetzt. Ein Bürger, der sich von dem bohemehaften Äußeren seiner Mitstudenten abhebt, deren Anzüge sportlich und deren Körperhaltung locker wirkten.[117] Schilderungen aus der Zeit der Neuen Künstler Vereinigung München bestätigen das Bild der »distinguierten« Bürgerlichkeit als Geschmacksmuster in dieser innovativen Künstlerszene. Nach einem Besuch des Düsseldorfer Kunstmalers Helmuth Macke zusammen mit dem ihm gut bekannten Maler Franz Marc bei dem führenden Mitglied der Neuen Künstler Vereinigung München Erbslöh, bei dem auch Alexander Canoldt anwesend war, schilderte Macke den Widerspruch zwischen der Vorstellung von der Boheme und der realen Bürgerlichkeit dieser Gruppe:[118]

»Diesen Herrn (Alexander Canoldt) lernte ich dann beim Tee kennen, den wir unten in der pompösen Wohnung des Herrn Erbslöh, der sehr reich zu sein scheint, einnahmen. (...) Es wurden uns dann noch pointillierte Sachen von Erbslöh und Canoldt gezeigt, riesig subtil und fein durchstudiert. Es ist zu komisch, wenn ich daran denke, was wir uns in Düsseldorf von den Leuten für eine Vorstellung gemacht haben. Kerle mit langen Haaren und Läusen, extravaganter Kleidung. Außergewöhnlich ist ihre Kleidung allerdings, aber höchst distinguiert. Einfach vornehm, die Kerle sehen aus wie geleckt.«

Auch in der gegenläufigen Perspektive des Künstlers auf potentielle Kunstkäufer diente das Gegensatzpaar Boheme und eleganter Herr zur Strukturierung der Wahrnehmung von Erscheinungsweisen, Kleidercodes und Körperhaltung. Der zu diesem Zeit-

---

116 Ausst. Kat. Frankfurt: Wassily Kandinsky. Die erste sowjetische Retrospektive, 1989, S. 47.
117 Abgedruckt in: Der frühe Kandinsky 1994, S. 20.
118 Brief von Helmuth Macke an Willi Wieger vom 2.11.1910, abgedruckt in: Hünecke 1989, S. 36f.

Abb. 34: Der Lehrkörper des Bauhauses, Dessau 1926. – Von links nach rechts: Hinnerk Scheper, Georg Muche, Laszlo Moholy-Nagy, Herbert Bayer, Joost Schmidt, Walter Gropius, Marcel Breuer, Wassily Kandinsky, Paul Klee, Lyonel Feininger, Gunta Stölzl, Oscar Schlemmer. Josef Albers ist in diesem Ausschnitt nicht sichtbar. Auffällig ist der Kleidercode der dezidierten Bürgerlichkeit, jenseits der Boheme.

punkt noch um Anerkennung und Verkauf seiner Arbeiten ringende Franz Marc schilderte seiner späteren Frau eine Begegnung in Begriffen, die auf Geschmacksmuster als Wahrnehmungskriterien von sozialen Zugehörigkeiten zurückgehen. Vor seiner Tür hätten »drei sehr junge und ziemlich elegante Herren« gestanden, die beim Kunsthändler Brakl bereits Werke von ihm gesehen hatten und nun den Künstler persönlich kennenlernen wollten. Marc wunderte sich, »weil aus den Leuten eine seltene, uneigennützige Kunstbegeisterung sprach und selbständiges Handeln«. Diese seien in einem Habitus von dezidierter Bürgerlichkeit aufgetreten, »keine Spur Boheme, – das Gegenteil, Tiptop«.[119]

Auch Kandinskys Arbeitsgestaltung wurde von einem Bemühen um Verstetigung und Regelmäßigkeit strukturiert, wenngleich er im konventionell-bürgerlichen Sinn zwischen »Notwendigkeit« und »Freiheit« unterschied. Seine frühe Moskauer Berufstätigkeit erschien ihm von einer Erfahrung des Verzichts auf individuelle Lusterfüllung gekennzeichnet: »Als ich von Moskau mit dem Gefühl einer Wiedergeburt nach München kam, die Zwangsarbeit hinter mir, die Lustarbeit vor mir, stieß ich sehr bald auf eine Begrenzung meiner Befreiung, die mich wenigstens zeitweise und wenn auch in einer neuen Form, aber doch zum Sklaven machte – Arbeit nach Modell.« Das Aktzeichnen erforderte eine hohe Diziplin bei der Wahrnehmung des menschlichen Körpers. Dies relativierte zunächst Kandinskys Vorstellung von der Freiheit künstlerischer Arbeit. Aus der Anfangszeit als Künstler berichtete er von einem obsessiven und verinnerlichten Arbeitsethos:[120]

»Ich habe zu der Zeit ganz besonders viel gearbeitet, oft bis in die Nacht hinein, wo ich durch völlige Ermattung in der Arbeit unterbrochen wurde und schnell zu Bett gehen mußte. Tage, die ich nicht gearbeitet hatte (so selten sie waren!), hielt ich für verloren und quälte mich deshalb. Bei einigermaßen anständigem Wetter malte ich jeden Tag eine oder zwei Studien, hauptsächlich im alten Schwabing, das sich damals langsam zu einem Stadtteil Münchens ausbildete.«

119 Brief Franz Marc an Maria Franck vom 6. 1. 1910, abgedruckt in: ebd., S. 15 f.
120 Rückblicke, in: Kandinsky 1980, S. 36.

Kandinsky zeigte in den Phasen seines Engagements in der Künstlervereinigung die für seinen Erfolg äußerst wichtige Bereitschaft, Projekte nicht nur zu initiieren, sondern auch organisatorisch voranzutreiben. Seine Klage, daß hierdurch ein erheblicher Teil seiner Zeit absorbiert und der Spielraum für die eigene künstlerische Arbeit eingeschränkt werde, entsprach dem Dilemma seiner Persönlichkeit. Obgleich er ökonomisch nicht auf die Verkäuflichkeit seiner Werke angewiesen war, gestaltete er seine Partizipation am Markt in den Mustern des Berufs.[121] In der Preisliste zur 1. Ausstellung der Neuen Künstler Vereinigung München 1909/10 bot Kandinsky insgesamt drei Werke an:[122] Die »Impression Moskau« wurde als bereits an Bernhard Koehler verkauft ausgewiesen (Nr. 26). Für die »Komposition Nr. 5« (= Nr. 24) hatte er einen Preis von 3000 Mark und für die »Impression« (Nr. 22) 1200 Mark angesetzt. Vergleicht man diese Preise mit denen Robert Delaunays (1000 fr.) oder Franc Marcs (600-1000 Mark), so muß man hieraus schließen, daß Kandinsky nicht nur einen organisatorischen Führungsanspruch, sondern in seinem Selbstbild auch eine hohe Wertigkeit seiner Kunst entwickelt hatte. Diese Haltung bestand offenbar in Kontinuität, da er selbst in einer Phase der angespannten wirtschaftlichen Lage in der Pariser Zeit nicht der allgemeinen Tendenz von Preisnachlässen folgte. Anläßlich des Ankaufs einer Gouache durch ein Museum kommentierte er sein Selbstverständnis als autonomes künstlerisches Individuum, das sich einer Marktsituation nicht anpaßte:[123] »Ich sagte ›bon‹ und blieb bei meinen Preisen. Jetzt wird hier immer mehr eingesehen, daß ich recht hatte.«
Kandinskys lebenslange Nutzung von Ausstellungsmöglichkeiten

---

121 Nina Kandinsky 1987, S. 43, beschrieb sein Selbstverständnis: »Kandinsky war fünfunddreißig Jahre alt, als er aus der Malklasse Stucks freiwillig ausschied und freischaffender Künstler wurde, gut gerüstet für einen Beruf, in dem zahllose Hindernisse und Schwierigkeiten auf ihn warteten. Aber wenn sich jemand zum Maler berufen fühlte, so war es Kandinsky. Unannehmlichkeiten hatte er vorerst nicht in seinem Berufsleben als Künstler, sondern in seinem Privatleben.«
122 Fundort Städtische Galerie im Lenbachhaus München, Gabriele Münter Archiv.
123 Brief an den Galeristen J. B. Neumann in New York vom 10. Februar 1937, Archives of the Getty Center for the History of Art and the Humanities, Los Angeles, zit. bei Hahl-Koch 1993, S. 328.

erfolgte in richtiger Einschätzung der Bedeutung von Präsenz im sozialen Raum der Künstler zur Durchsetzung der eigenen Kunstauffassung. In seiner »Selbstcharakteristik« zeichnete er ein Bild der zielbewußten Konsequenz bei der Erschließung der medialen Bühnen nach dem Ende seiner Studienzeit, wenngleich er auch mit dem heroischen Muster des Tabubruchs spielte:[124]

»Er nimmt bald an den Ausstellungen teil und wird von der Mehrzahl der Kritiker für seine ›übertriebene Zeichnung und schlampigen, schreienden Farben‹ scharf verurteilt. Bald darauf wird er zum Mitglied der Berliner Sezession und des Deutschen Künstler-Bundes und in Paris des ›Salon d'automne‹ gewählt. Die Münchner Sezession lehnt seine Bilder mehrere Male ab.«

Dieses Selbstbild entsprach seinem lebenslangen verstetigten Arbeitseinsatz.[125]

Während seiner Lehre am Bauhaus war Kandinsky in seiner Zeitökonomie zudem an die Rhythmen des Unterrichtsbetriebes gebunden. Daher mag der Neubeginn in Frankreich 1933/34 für den alternden Künstler auch eine befreiende Seite impliziert haben, obwohl er nun erstmals mit der Situation eines freien Künstlers ohne Einkommen aus eigenem Vermögen oder einer Anstellung konfrontiert war. Nina Kandinsky beschrieb seine Arbeitsgestaltung in dieser Spätphase:[126] »Er arbeitete nie an einem Werk allein, sondern gleichzeitig, publizierte durchschnittlich einen Aufsatz pro Jahr, malte ein großes Gemälde und daneben zahlreiche kleinere Bilder. Immer entwickelte er vor dem eigentlichen Arbeitsbeginn in seiner Vorstellung ein klares Konzept des Werkes.« Allerdings wurde die Triebkraft seines Arbeitsethos, die »innere Notwendigkeit«, durch Unterbrechungen seiner Arbeitsfähigkeit irritiert, wie sie mit den Veränderungen des Ortes einhergingen. Kandinsky beschrieb diese Erfahrung der Infragestellung seines Berufs als Maler durch Schwankungen der psychischen Befindlichkeit in einem Brief an Galka Scheyer vom 13. August 1938:[127]

---

124 Selbstcharakteristik, verfaßt als Beitrag für eine russische Enzyklopädie, in: Kandinsky 1980, S. 60.
125 Ein Beleg findet sich bei Nina Kandinsky: »Kandinsky hat mir gegenüber geäußert: ›Bei Stuck lernte ich, daß der Künstler vor allem Selbstdisziplin haben muß.‹« Nina Kandinsky 1987, S. 42.
126 Ebd.
127 Veröffentlicht in Hahl-Koch 1994, S. 331.

»(...) Als wir nach Paris übersiedelten, konnte ich 3 Monate nicht arbeiten. Es war ein Schreck. Ich dachte, ich bin kein Maler mehr. Nein, es war höchst unschön. In den Ferien arbeite ich nie – ich sauge nur ein, unbewußt, aber ständig. Wenn ich zurück bin, kann ich die erste Zeit auch nicht arbeiten. Immer ein Schreck – zum Donnerwetter, so wird es wieder, wenn ich von der Riviera zurück bin. Allerdings kommt es dann später wie eine Explosion.«

Mit dieser strukturierten Arbeitsökonomie stand Kandinsky nicht allein. Auch sein Mitstreiter Franz Marc organisierte den Alltag in einem ritualisierten Ablauf, der dem Ziel intensiver Produktivität folgte, nachdem er sein Atelier in der Münchner Schellingstraße 23 aufgegeben hatte. Eine von Helmuth Macke, der von Januar bis März 1911 in Marcs Simmelsdorfer Haus lebte, verfaßte Beschreibung, vermittelt das Bild einer dem Arbeitsalltag eines Büroangestellten angenäherten Zeitorganisation:[128]

»Marc führte ein sehr regelmäßiges Leben. Um halb neun, nach dem Frühstück, war er auf seinem Atelier oder besser seinem Dachboden und malte genau bis zum Glockenschlag zwölf, bei dessen Schall zu gleicher Zeit auch der große weiße Schäferhund zu jaulen anfing. Spätestens halb zwei Uhr stand Marc wieder vor seiner Staffelei, auf dem zugigen Boden mit unverputzten Pfannen, auf welchem eigentlich dieselbe Temperatur herrschte wie draußen. Er war eingehüllt in einen alten schwarzen Mantel, dessen mit Persianerpelz besetzten Kragen hochgeschlagen. Unter seiner vor Kälte feuchten Nase hing als Wärmespender die Zigarette zwischen den schmalen Lippen. Aber im übrigen war er vollständig absorbiert von seiner Arbeit, denn zu dieser Zeit erfolgte der Durchbruch zu seiner eigenen Form. Er hatte immer eine Folge von Bildern zu gleicher Zeit in Arbeit. Damals gehörte zu diesen Bildern als das führende das jetzt in Folkwang befindliche Pferdebild. Dann und wann kam ein neues Bild hinzu, das er den Abend vorher in seinem Skizzenbuch entworfen. (Ein Skizzenbuch, das zugleich eine Art künstlerisches Tagebuch war.) Nachmittags malte Marc bis zum Dunkelwerden. Nach dem Tee machten wir einen kleinen Gang, dann erledigte Marc seine Post, und nach dem Abendbrot saß er zeichnend und spintisierend in seinem Rohrstuhl, und zu dieser Stunde entstanden die meisten seiner Bildentwürfe. (...) Um zehn Uhr war Schluß des Tages. Dieser Rhythmus wiederholte sich mit geringen Unterbrechungen und änderte sich in seiner Grundstruktur auch nicht, als seine Frau im März aus Berlin zurückkehrte. Außer seiner Vorliebe für Zigaretten, seiner schönen Pfeife mit gutem Tabak war Marc geradezu spartanisch einfach in allem, was er sonst für sich brauchte. Er aß sehr wenig.«

---

128 Abgedruckt bei Hünecke 1989, S. 40.

Neben dem starken Bezug zu seiner Familie lebte Kandinsky seit seiner Studienzeit in drei längerfristigen Beziehungen. Als Student hatte er in Moskau bei Verwandten gewohnt und dort eine Cousine zweiten Grades, die sieben Jahre ältere Anna Semjakina, kennengelernt. Sie besuchte als Gasthörerin Lehrveranstaltungen an der Universität.[129] 1892, noch während seines Studiums, heiratete das Paar. Im Dezember 1896 kam Kandinskys Frau mit nach München.[130] Nachdem Kandinsky 1902 mit seiner Schülerin Gabriele Münter eine Beziehung aufgenommen hatte, trennte er sich 1904 von seiner Frau. Endgültig wurde die Ehe erst 1911 geschieden.[131] Während der gemeinsamen Aufenthalte mit Gabriele Münter in unterschiedlichen deutschen Städten, auf der Tunisreise und in Paris festigte sich diese Beziehung, so daß die Lebensgemeinschaft nach der Rückkehr nach München 1908 im neu erworbenen Münterschen Haus in Murnau einen festen Ort bekam. 1909 gab Gabriele Münter ihr Münchner Domizil in der Pension Bellevue auf und zog in Kandinskys Wohnung in der Ainmillerstraße. Diese Lebensform bestand bis zum Beginn des Ersten Weltkrieges. Nach einem kurzen gemeinsamen Aufenthalt in der Schweiz zwischen dem 3. August und dem 26. November 1914 trennte sich das Paar. Ein Treffen im Dezember 1915 in Schweden konnte das Auseinanderleben nicht mehr abändern. Kandinskys Rückkehr im März 1916 von Stockholm nach Moskau besiegelte die Trennung. Bereits im September lernte er die erheblich jüngere Nina Nikolaevna Andreevskaja kennen, die er am 11. Februar 1917 heiratete. Im

129 Schmitt 1994, S. 17.
130 Ebd., S. 24.
131 Nina Kandinsky behauptete, der Grund dafür, daß diese Beziehung nicht von Bestand war, habe in der mangelnden Befähigung von Anna gelegen, sich auf Kunst zu beziehen. Nina Kandinsky 1987, S. 43: »Die Ehe mit seiner Frau Anna zeigte solche Risse, daß der Bruch durch nichts mehr zu verhindern war. Kandinsky war sich seit den ersten Tagen seines Zusammenlebens mit Anja bewußt, daß sie ihm auf seinem Weg in die Welt der Kunst nicht folgen konnte, weil ihr jedes Verständnis für die Kunst fehlte. Im Grunde wurden sie auch menschlich durch die Kunst getrennt. Kandinsky zeigte nämlich nicht die geringste Bereitschaft, seine Berufung zu verleugnen und einen akademisch-bürgerlichen Beruf auszuüben, nur um die Erwartungen seiner Frau zu erfüllen. Die Kunst war seine Obsession, und nichts konnte ihn davon abbringen.«

September des Jahres wurde der Sohn Vsevolod geboren, der jedoch bereits 1920 starb. Die Ehe mit Nina dauerte bis zum Tod Kandinskys im Jahre 1944.
Fotografische Aufnahmen von Kandinskys Wohnung in der Ainmillerstraße 36 zeigen eine Einrichtung, die auf demonstrativen Konsum verzichtete, jedoch Standards eines auf Gebrauchsqualitäten abzielenden Mobiliars belegt:[132] Arbeitstisch und bequemer Stuhl, elektrische Arbeitslampe im Stile »moderner« funktionaler Sachlichkeit, wie er nach 1896/97 entwickelt worden war. Die Wände sind dicht mit zahlreichen Skizzen und Bildobjekten behängt. Historistische Objekte treten nicht hervor.[133] Der in der Nachbarschaft lebende Sohn von Paul Klee, Felix, beschrieb aus der Erinnerung seine Wahrnehmung der Wohnung Kandinskys, in die er gelegentlich als zweijähriges Kind gebracht worden war. Er hob die soziale Bedeutung der Muster von Bürgerlichkeit hervor:[134] »Es war eine etwas vornehmere Wohnung als die von Klees. Vor allem gab es bei ihm mehr Platz. Kandinsky war eben besser

---

132 Beispielsweise Kandinsky in der Ainmillerstraße 36, Aufnahme vom 24. Juni 1911, publiziert in Hahl-Koch 1993, S. 41.
133 Etwa aus der Zeit der Neuen Künstler Vereinigung München stammt eine Beschreibung der Atelierwohnungen von Alexej Jawlensky und Marianne von Werefkin aus der Perspektive Elisabeth Erdmann Mackes, der Frau von August Macke: »Sie hatten zwei Atelierwohnungen auf dem gleichen Stock inne. Es war ein seltsames Milieu, ein Durcheinander von altmodischen Möbeln, künstlerischen Dingen, orientalischen Teppichen, Stickereien und Fotografien von Ahnen. Beide stammten aus altem Adel. (...) Sie lebten damals in großer Freundschaft miteinander, sie hatte wohl auch die Geldmittel, die zu dem unbekümmerten Künstlerleben nötig waren, aber sie hatte auch die Herrschaft im Hause, sie bestimmte, und nach ihrem Willen mußte alles gehen. (...) In einem kleinen Nebenzimmer lebte Hélène, eine junge hübsche Person, die still und unbemerkt den Haushalt versorgte und alle täglichen Arbeiten verrichtete, aber nie mit am Tisch saß, wenn Gäste anwesend waren. In dem kleinen Zimmer stand ein Feldbett, eine Nähmaschine, ein Kinderpult, und es waren viele bunte Kinderzeichnungen mit Reißnägeln an der Wand befestigt. Der kleine André, damals sechs Jahre alt, der ›Neffe‹ von Jawlensky, in Wahrheit sein und Hélènes Sohn, hatte sie gemalt.« Elisabeth Erdmann Macke: Erinnerungen an August Macke, Stuttgart 1962, zit. nach Hünecke 1989, S. 73 f.
134 Nach Nina Kandinsky 1987, S. 55 f.

situiert als die Familie Klee. Nur legten wir nicht so furchtbar viel Wert darauf. Für Kandinsky war eine großzügige Wohnung und eine vornehme Einrichtung eine wichtige Angelegenheit.« Aus der Dessauer Phase der Tätigkeit am Bauhaus ist ein Foto von Wassily und Nina Kandinsky in ihrem Wohnzimmer überliefert, das mit avantgardistischen Möbeln aus der Werkstatt von Marcel Breuer ausgestattet war.

Das Konzept des Künstlers, politische Identität und die mentalen Muster des Eigen- und Fremdbildes

Äußerungen in den »Rückblicken« belegen, daß Kandinsky in seiner Studentenzeit einer antifeudalistischen Tendenz in der russischen Intelligenz und liberalen Ideen zuneigte. In diesem Sinne benannte er den Grundwert der »Selbsttätigkeit« oder der eigenen »Initiative« als bedeutsam, weil damit das »in feste Formen gedrückte Leben« in Bewegung komme.[135] Kandinsky hatte sich offenbar für eine allstudentische Organisation sämtlicher russischer Studenten engagiert, die jedoch durch Repressionen der Zarenherrschaft unterdrückt worden war. Das »unterirdische Donnern der politischen Bewegungen, die Entwicklung der Selbsttätigkeit der Studentenschaft« scheint für ihn »fortwährend neue Erlebnisse« mit sich gebracht zu haben.[136] Auch deutet sein Dissertationsthema »Über die Gesetzmäßigkeit der Arbeitslöhne« von 1893 auf ein Interesse an sozialen Verteilungsprozessen hin. Doch spätestens mit seinem Entschluß, Künstler zu werden und nach München zu gehen, verlor Kandinsky sein Selbstverständnis als politisch aktiver Bürger.

Allerdings läßt sich aus Briefen, die er während der russischen Revolution von 1905 verfaßte, weiterhin eine begrifflich klare Wahrnehmung des politischen Geschehens belegen. In der Zeit eines Besuches in Odessa erlebte er die revolutionäre Entwicklung mit. Auf deren Höhepunkt, am 18. Oktober 1905, schrieb er in enthusiastischem Tonfall an Gabriele Münter:[137] »Es ist geschehen,

---

135 Rückblicke, in: Kandinsky 1980, S. 31.
136 Er sah insofern eine Wirkung, als »die Seelensaiten empfindlich, empfänglich, besonders vibrationsfähig« geworden seien. Ebd.
137 Vgl. Gisela Kleine: Gabriele Münter und Wassily Kandinsky. Biographie eines Paares, Frankfurt am Main 1994, S. 230.

endlich, endlich. Wir haben eine richtige Verfassung und sind keine Untertanen mehr, sondern Bürger, richtige Bürger mit allen wichtigen Rechten. Nach 25 Jahren der Erwartung erlebe ich jetzt diesen Tag!« Emphatisch fuhr er fort: »Endlich, endlich die Freiheit!« Kurz darauf wurde er Augenzeuge von blutigen Straßenkämpfen und Plünderungen, einer gewaltbeherrschten Situation, der er sich mit der Abreise entzog.

Trotz seiner Distanz gegenüber dem Bereich des Politischen wurde Kandinsky in Deutschland immer wieder mit völkisch-nationalistischen Zuschreibungen, Abgrenzungen und kulturkonservativen Feindbildern konfrontiert. Zur zweiten Ausstellung der Neuen Künstler Vereinigung München im September 1910 erschien eine Ausstellungsrezension, unterzeichnet mit »G. J. W.«, in der die künstlerische Moderne als »fremd und feindlich« zur »Münchner Kunsttradition« ausgegrenzt wurde.[138] In ähnlicher Weise zielte M. K. Rohe in seiner Rezension auf eine Infragestellung der künstlerischen Befähigung Kandinskys:[139] »Diese absurde Ausstellung zu erklären, gibt es nur zwei Möglichkeiten: entweder man nimmt an, daß die Mehrzahl der Mitglieder und Gäste der Vereinigung unheilbar irrsinnig ist, oder aber, daß man es mit schamlosen Blüffern zu tun hat, denen das Sensationsbedürfnis unserer Zeit nicht unbekannt ist und die die Konjunktur zu nutzen ersuchen.« Die beiden Deutungen, es handele sich entweder um »unheilbaren Irrsinn« oder um »schamlose Blüffer«, belegen die längerfristige Existenz der Einstellungs- und Sprachmuster, die Hitler zweieinhalb Jahrzehnte später nahezu wörtlich in seinen populären Kulturreden zur Ausgrenzung der modernen Künstler benutzte.[140]

138 »Der schöne und in Kunstdingen so voll klingende Name München muß einer aus romanischen und slawischen Elementen gemischten Künstlergesellschaft, die obendrein der Münchner Kunsttradition fremd und feindlich gegenübersteht, als Aushängeschild dienen.« G. J. W.: Ausstellungsrezension, abgedruckt in: Hünecke 1989, S. 25.

139 M. K. Rohe: Zweite Ausstellung der Neuen Künstlervereinigung München in H. Thannhausers Moderner Galerie im Arco-Palais (September 1910), abgedruckt in: ebd., S. 29.

140 Brief Wassily Kandinskys an Galka Scheyer vom 19. Oktober 1937, abgedruckt bei Hahl-Koch 1993, S. 310: »Der Führer sagte kürzlich: ›Die modernen Künstler sind entweder Schwindler (Geld!) – dann gehören sie ins Gefängnis – oder überzeugte Fanatiker (Ideal!) – dann gehören sie ins Irrenhaus‹ – wir haben also zu wählen. – Sie haben

Daß diese Codierung nicht als ein lokales Phänomen Münchens zu betrachten ist, ersehen wir aus einer Besprechung von Hans Rosenhagen, in der sich dieser Berliner Kritiker mit der unterdessen in Berlin gezeigten Ausstellung beschäftigte. Auch hier dominieren ressentimentgeladene Ausgrenzungsmuster, wie das der »Fremdrassigkeit« und des »Wahnsinns«:[141]

»Diese Münchner Maler und Malerinnen, die allerdings meistens aus Rußland stammen, sind offenbar die Opfer des exklusiveren Milieus geworden, in das sie in Paris gerieten, und scheinen keine Ahnung davon zu haben, wie lächerlich sie sich vor französischen Augen machen. (...) Gottlob ist das deutsche Publikum und selbst das an starke Dinge gewöhnte des Cassirerschen Salons ebenso vernünftig wie die Besucher des Salon d'automne und lacht aus vollem Halse über diese Maler, die sich so grenzenlose Mühe geben, unnatürlich zu sein und wahnsinnige Bilder herzustellen.«

Selbst August Macke, der am »Blauen Reiter« beteiligt war, äußerte sich am 23. Januar 1912 in einer Zuschrift an Franz Marc in bemerkenswerter Ambivalenz:[142] »Kandinsky steht allein (als Asiate) und aufgrund seiner Entwicklung.«

In der Tat stand Kandinsky in der Münchner Kunstöffentlichkeit sehr isoliert. Lediglich Franz Marc und Hugo von Tschudi setzten sich für die Ausstellung ein. Um so heftiger wurde die emotionale Abscheu in aggressiver Form gegenüber seinen Bildern von Ausstellungsbesuchern und Passanten ausgelebt, die an der Galerie vorüberkamen. Kandinsky beschrieb die aggressiven Entladungen des »gut erzogenen« Publikums als Ausbrüche aus den zivilisato-

---

doch wohl von der Münchner Ausstellung ›die entartete Kunst‹ gelesen? Das arme liebe München! Nun ist der Erfolg ein unerwarteter: der Besuch ist riesig – über 1 Million Menschen sind da gewesen, und in München gibt es ja nur eine Million Einwohner. Es soll dort von Kunsthändlern wimmeln, obwohl sie dort nicht gerade liebenswürdig aufgenommen werden, wie ich hörte. Ein ehemaliger Schüler von mir erzählte mir, nie wäre bis jetzt das Interesse für neue Kunst in Deutschland so ernst und lebendig gewesen, wie es heute der Fall ist – in Deutschland nämlich!«.

141 Hans Rosenhagen: Die »Wilden« (Januar 1911), abgedruckt in: Hünecke 1989, S. 27.
142 Brief von August Macke an Franz Marc vom 23. Januar 1912, abgedruckt in: ebd., S. 94.

rischen Verhaltensformen der Bürgerlichkeit:[143] »Der Galeriebesitzer beklagte sich, daß er nach jeder täglichen Schließung die Bilder abtrocknen müßte, weil das Publikum sie angespuckt hatte. Man muß sagen, daß dieses entsetzte Publikum gut erzogen war; es spuckte, aber es zerschnitt die Leinwände nicht, wie mir dies einmal in einer anderen Stadt während einer Ausstellung passiert ist.«

Seit 1870/71 hatte sich in der deutschen Öffentlichkeit das nationalistische und völkische Paradigma mit der Wahrnehmung des »Eigenen« und »Fremden« als Muster des Gegensatzes von nationaler deutscher und internationaler Kunst konsolidiert. Gleichzeitig wurden in München in regelmäßigem Turnus die Internationalen Kunstausstellungen veranstaltet, und die bekannteren deutschen Künstler bewegten sich selbstverständlich in der internationalen Kunstöffentlichkeit oder nahmen an den Pariser Ausstellungen teil. In der Konsequenz der Hegemonie des Interpretaments der nationalen Identität brach um 1910 ein Streit darüber aus, ob deutsche Museen auch französische Kunstwerke ankaufen sollten, was einen tieferliegenden Wertkonflikt – den der kulturellen Offenheit oder der Abgrenzung des deutschen Kulturraumes – widerspiegelte. Bereits vorher war der liberale Generaldirektor der Nationalgalerie Hugo von Tschudi in Berlin mit seiner Ankaufspolitik im Hinblick auf impressionistische Maler gescheitert und nach München gewechselt.[144] Als aktueller Anlaß diente nunmehr der Erwerb eines Werkes von van Gogh durch die Bremer Kunsthalle. Der Münchner Maler Carl Vinnen organisierte eine Aktion, die sich mit dem Manifest »Ein Protest deutscher Künstler« gegen den Ankauf impressionistischer Werke durch deutsche Museen wandte und eine vorrangige Unterstützung der deutschen Künstler forderte. Er argumentierte, daß deren Verkaufschancen auf dem Kunstmarkt durch Käufe im Ausland

---

143 Wassily Kandinsky: Franz Marc (zuerst Cahier d'Art 8-10, 1936), in: ders.: Essays über Kunst und Künstler, Bern 1955, S. 195 f.: »Die Presse verlangte die sofortige Schließung dieser ›anarchistischen‹ Ausstellung (der Ausdruck ›marxistisch‹ war damals noch nicht en vogue), welche ausländische, der alten bayerischen Kultur gefährlich werdende Künstler zusammengestellt hätten.«
144 Vgl. Paret: Die Tschudi-Affäre, in: Ausst. Kat. Nationalgalerie Berlin: Tschudi, 1996, S. 396 ff.

gemindert würden.[145] Vinnen forderte dazu auf, »eine in Deutschland so übermächtig gewordenen Interessengruppe und deren Bundesgenossen, die Ästheten und die Snobs!« zurückzudrängen.[146] Zugleich behauptete er, daß die »Kunstspekulation« nicht mit der »Eigenart unseres Volkes« vereinbar sei, und empfahl ein Selbstbild »der Deutschen«, das mit dem des »Rembrandtdeutschen« weitgehend übereinstimmte. Er umschrieb dieses in den Begriffen »Vertiefung, Phantasie, Empfindung«.[147] Vinnen konstatierte eine markante Verschiebung des Kunstinteresses:[148] Aufgrund der »Invasion französischer Kunst, die sich seit einigen Jahren in den sogenannten fortgeschrittenen deutschen Kunstkreisen vollzieht, scheint es mir ein Gebot der Notwendigkeit zu sein, daß deutsche Künstler ihre warnende Stimme erheben und daß sie vor dem Einwande, sie triebe dazu nur der Neid, nicht zurückschrecken«. Vinnen schrieb die Mitglieder der Sezession und des Künstlerbundes an, nicht jedoch die explizit konservativen Verteidiger des Akademismus. Es schlossen sich dieser Initiative namhafte Künstler und Kunstschriftsteller zustimmend an, wie Franz von Stuck, Friedrich August von Kaulbach, Ludwig Dill, Käthe Kollwitz oder Paul Schultze-Naumburg, bei der sich wirtschaftliche und soziale Argumente mit national-völkischen und antimodernistischen Tönen mischten.[149] Beispielsweise betrachtete es der Kunstschriftsteller Fritz Hellwag als Aufgabe des »Bürgertums (...), dem Volkscharakter neuen Ausdruck zu verleihen«, und wies hierbei den Künstlern eine besondere Rolle zu, die eben-

---

145 Ein Protest deutscher Künstler, mit Einleitung von Carl Vinnen, Jena 1911.
146 Ebd., S. 1: »Aufruf ›was wir wollen!‹«
147 Ebd., S. 8.
148 Ebd., S. 2.
149 Ihre Zustimmung bekundeten neben zahlreichen bekannten Künstlern auch aus München: Bruno Becker, Julius Diez, Ludwig Dill, Hans am Ende, Fritz Erler, Karl Haider, Th. Th. Heine, Ludwig Hertrich, Angelo Jank, Arthur Kampf, Fritz August von Kaulbach, Albert von Keller, Käthe Kollwitz, Fritz Mackensen, Adelbert Niemayer, Momme Nissen, Hans Olde, Richard Riemerschmid, Paul Schultze-Naumburg, Franz von Stuck, Wilhelm Trübner, Josef Wakkerle, A. Weißgerber, Heinrich von Zügel.

falls mit den Visionen des »Rembrandtdeutschen« übereinstimmte:[150] »Am besten gefällt mir der Satz auf Seite 12, daß ›ein Volk nur durch Künstler seines Fleisches und Blutes zur Höhe gebracht werde‹. Solche Künstler, die in ihrer Zeit leben, sie wirklich innerlich verstehen, ja, ihr Produkt darstellen, haben wir in Deutschland schon eine ganze Reihe, und es treten immer mehr dazu.«
In München verfaßten Wassily Kandinsky, Franz Marc und Wilhelm Worringer als Angehörige der angegriffenen Minderheit eine Gegenschrift mit dem Titel »Im Kampf um die Kunst«, in der sie für eine internationale Orientierung der Kunst plädierten. Auch der Vorstand des Deutschen Künstlerbundes, bestehend aus Max Liebermann, Max Klinger und Graf Leopold von Kalckreuth, formulierte eine Stellungnahme, in der das Problem negiert wurde.[151]
Eine eingehende Analyse der von Vinnen mobilisierten Unterzeichner des »Protestes« belegt einen breiteren Konsens auch in der Münchner Künstlerschaft.[152] Die Liste der zustimmenden Äußerungen umfaßte[153] insgesamt 118 Personen. Von diesen nann-

---

150 Ebd., S. 75.
151 Abgedruckt in Vinnen 1911.
152 Aufschlußreich für die sonst im öffentlichen Diskurs zum Künstlerhabitus wenig thematisierten wirtschaftlichen Interessen ist eine Passage von Carl Vinnen, die dieser an den Schluß des Manifestes gestellt hatte. Im Unterschied zum inhaltlichen Anliegen, über das ein Konsens der Beteiligten bestehe, sei die Position vertreten worden, über »das Materielle« nicht zu sprechen, da dies als »Brotkorbpolitik« hätte denunziert werden können. Vinnen hielt jedoch gerade dies für erforderlich, denn er wolle einen deutlichen Importüberschuß aus dem Ausland im deutschen Kunstmarkt und damit die Legitimität der eigenen Position belegen. Ebd., S. 80: »Denn immer wiederkehrte in ihren Briefen und Gesprächen die Bitte, möglichst nur das ideelle Gebiet zu berühren, damit unser Protest nicht als Brotkorbpolitik aufgefaßt werden könnte. (...) Das Ideelle mag der Einzelne hochhalten, und möchten deutsche Künstler stets so vornehm denken! Aber für die Gesamtbeurteilung der Frage ist das Materielle so lange nicht auszuscheiden, als der Künstler des Lebens Notdurft genau wie jeder andere Sterbliche unterworfen ist.« 1909 wurde demnach an Gemälden und Zeichnungen im Wert von 19 914 000 Mark eingeführt, ausgeführt aber für 12 308 000 Mark. Vinnen bezog sich als Quelle auf das Jahrbuch des Statistischen Amtes.
153 Ebd., S. 17-20.

ten allein 53 Personen München als Wohn- und Arbeitsort. Dieser hohe Münchner Anteil spiegelt auch die ablehnenden Einstellungsmuster gegen die radikalisierte Moderne Kandinskys und insbesondere die Ressentiments, die sich im Publikum wie in der Künstlerschaft gegen die Neue Künstler Vereinigung München aufgebaut hatten. Der ebenfalls unterzeichnende Berliner Kunstkritiker Hans Rosenhagen bezog sich in seiner Zuschrift explizit auf jene zweite Ausstellung der Neuen Künstler Vereinigung München, die zeitgleich mit der Publikation des Manifests in der Galerie Paul Cassirers in Berlin gezeigt wurde. Darin kritisierte er die beteiligten Münchner Künstler – analog zu seiner Ausstellungskritik – als ein »abschreckendes Beispiel für die jungen deutschen Maler«, weil sie »das Heil der Kunst aus Paris erwarten und alles, was dort gemalt wird, für außerordentlich vorbildlich und nachahmenswert halten«.[154] Paul Schultze-Naumburg argumentierte dagegen mit einer historischen Einordnung, indem er eine grundsätzliche Fehlentwicklung annahm. Die »moderne Bewegung«, der er um 1900 noch vorbehaltlos selbst angehört hatte, habe sich in ihrer Mehrheit verirrt.[155]

Im Oktober 1911 begründeten Kandinsky und Marc das »Prinzip des Internationalen« in einem Manuskript zum Vorwort des Almanachs »Der Blaue Reiter« ausdrücklich als eigene Position.[156] Eine Formulierung in diesem Text veranschaulicht, wie stark der Druck der nationalen Deutungsmuster, die sich auf das »Volkstum« als kulturelle Ressource des künstlerischen Schaffens bezogen, in der öffentlichen Kommunikation präsent war und die für eine internationale Moderne plädierende Minderheit zur Rechtfertigung zwang:[157]

»Es sollte wohl überflüssig sein, speziell zu unterstreichen, dass in unserem Falle das Princip des Internationalen das einzig mögliche ist. Heutzutage muß aber auch das bemerkt werden: das einzelne Volk ist einer der

154 Ebd., S. 66.
155 Ebd., S. 48. »Es scheint, daß ein großer Teil der modernen Bewegung sich derartig in eine Sackgasse verlaufen hat, daß er sich sobald nicht wieder herausfinden kann.«
156 Kandinsky schrieb 1911 in einem Brief an Nikolaj Kul'bin: »Mein Traum ist ein möglichst enger Kontakt zwischen den Künstlern verschiedener Länder.« Ausst. Kat. Frankfurt Kandinsky 1989, S. 48.
157 Maschinenschriftliches Vorwort der »Redaktion« aus dem Nachlaß August Mackes, Oktober 1911.

Schöpfer des Ganzen und kann nie als Ganzes angesehen werden. Das Nationale, gleich dem Persönlichen, spiegelt sich in jedem großen Werke von selbst ab. In der letzten Consequenz aber ist diese Färbung eine nebensächliche. Das ganze Werk, Kunst genannt, Kunst kennt keine Grenzen und Völker, sondern die Menschheit.«

Kandinsky als moderner Künstler

Die Einordnung Kandinskys als einen exponierten Repräsentanten des modernen Künstlers[158] läßt sich unter sozial- und kulturgeschichtlichen Perspektiven bestätigen. Sie kann in fünf Punkten zusammengefaßt werden:

1. Wenngleich Kandinsky in seiner sozialen Stellung bis zur russischen Revolution zwar nicht auf ein Arbeitseinkommen aus seiner künstlerischen Arbeit angewiesen war, praktizierte er doch die üblichen Formen der künstlerischen Erwerbstätigkeit und bezog sich auf den sozialen Raum der Künstler. Er lehrte an der Kunstschule »Phalanx«, später am Bauhaus und verkaufte seine Arbeiten über Ausstellungen oder den Kunsthandel an ein interessiertes Publikum. Ferner publizierte er in den Medien der Kunstöffentlichkeit und verstand sich als »Maler-Schriftsteller«. Er war Mitglied von Künstlervereinigungen wie der Münchner »Vereinigung für angewandte Kunst«, der Künstlervereine »Phalanx« und der »Neuen Künstler Vereinigung München«, er trat dem »Deutschen Künstlerbund« bei und bildete in den zwanziger Jahren mit anderen die Künstlergruppe der »Blauen Vier«.

Kandinsky bewegte sich somit nicht nur in den sozialen Beziehungsnetzen der bürgerlichen Künstlerszene, sondern er gestaltete sein persönliches Leben dezidiert im Ordnungsmodell der Bürgerlichkeit. Zugleich beschrieb Nina Kandinsky seine soziale Situation bereits von den ersten Münchner Jahren an als die eines isolierten Außenseiters und Einzelgängers. Diese Situation hatte sich in seiner Studienzeit an der Akademie ergeben, als er zu Hause, direkt neben dem Akademiegebäude in der Friedrich-

---

158 Auch im Selbstverständnis von Franz Marc war der Begriff »wir modernen Künstler« emphatisch und geschichtsoptimistisch aufgeladen, vgl. Brief an Maria Franck, in: Hünecke 1989, S. 43.

straße 1, arbeitete:¹⁵⁹ »Die Folge davon war, daß er sich isoliert fühlte, kaum Freundschaften anknüpfte und ganz für sich allein lebte.« In graduellen Abstufungen wiederholte sich diese Lebensführung auch später. Kandinskys Partner in der Redaktion des »Blauen Reiter«, Franz Marc, kommentierte im Vorwort zum Katalog der ersten Ausstellung die soziale Isolation des Künstlers als eine durchaus normale zeitgenössische Gegebenheit.¹⁶⁰

2. Kandinskys Wunsch, »das unbegrenzt glückliche Leben eines Künstlers« führen zu wollen und Maler zu werden, war von den verbreiteten Vorstellungen des Künstlerhabitus in modernen Gesellschaften gespeist.¹⁶¹ Den Grundwert der »Selbsttätigkeit« bezog er auf die freie Entfaltung des inneren Unbewußten im Medium des künstlerischen Gestaltens:¹⁶² »Alle Formen, die ich je brauchte, kamen ›von selbst‹, sie stellten sich fertig vor meine Augen und es blieb mir nur, sie zu kopieren, oder sie bildeten sich schon während der Arbeit oft für mich selbst überraschend.« Andererseits wußte Kandinsky um die Bedeutung des Intellekts, als einer das »Unbewußte« kontrollierenden Befähigung des Individuums.¹⁶³

Die Ausfüllung seines Konzeptes von künstlerischer Arbeit erforderte eine Syntheseleistung:¹⁶⁴

»Das Talent bringt den Künstler auf große Höhen mit Kraft und Schnelligkeit. Der Künstler lenkt aber sein Talent. Das ist das Element des ›Bewußten‹, des ›Rechnens‹ in der Arbeit, oder wie man es sonst nennen will. Der Künstler muß seine Begabung durch und durch kennen und wie ein kluger Geschäftsmann kein Teilchen ungebraucht und vergessen liegen lassen, sondern ausnutzen, ausbilden muß er jedes Teilchen bis zur letzten Möglichkeit, die es für ihn gibt.«

---

159 Nina Kandinsky 1987, S. 41.
160 Franz Marc: Vorwort zur 2. Auflage des Katalogs der Ersten Ausstellung der Redaktion des Blauen Reiter, abgedruckt in: Marc 1978, S. 151. »Die isolierte Stellung des echten Künstlers im Volke ist heute eine naturgeschichtliche Notwendigkeit.«
161 Rückblicke, in: Kandinsky 1980, S. 32.
162 Ebd., S. 39.
163 »Mit den Jahren habe ich nun gelernt, diese Bildungskraft [des Unbewußten, d. V.] etwas zu beherrschen.« Ebd.
164 Ebd.

Kandinsky benutzte hier den rational kalkulierenden »Geschäftsmann« als Gegenbild zum freien Künstler, um seinem Plädoyer für eine optimierende Intensität des Arbeitsprozesses Anschaulichkeit zu verleihen, aber auch, weil er diese beiden Konzepte in sich selbst zu vereinigen suchte.[165] Er war sich der hieraus resultierenden Verluste für eine umfassende Persönlichkeitsentfaltung bewußt:[166]

»Diese Ausbildung, Verfeinerung der Begabung, verlangt eine große Konzentrationsfähigkeit, die andererseits zum Abnehmen der anderen Fähigkeiten führt. Dies habe ich deutlich an mir gesehen. Ich besaß nie ein sogenanntes gutes Gedächtnis: besonders war ich von jeher unfähig, Zahlen, Namen, sogar Gedichte auswendig zu lernen.«

Sein Erinnerungsvermögen bezog sich primär auf visuelle Eindrücke und akustische Wahrnehmungen.

3. Kandinskys Vorstellung vom Künstler entwickelte sich in der Adaption der Muster des Künstlerhabitus, wie sie im Kontext der Münchner »modernen Bewegung« propagiert wurden. Diese folgten nicht den Spezialisierungen und Trennlinien des Akademismus. Er sah die Spannung zwischen der materialistischen Zweckrationalität der bürgerlichen Gesellschaft einerseits und der »geistigen« Welt andererseits. Die Maler repräsentierten für ihn in besonderer Weise die Fragmentierungen der kulturellen Moderne:[167] »Das Malen ist ein donnernder Zusammenschluß verschiedener Welten, die in und aus dem Kampfe miteinander die neue

---

165 Ein Beleg hierfür ist eine Art exakter Buchführung, mit der er seine Werke systematisch katalogisierte, mit »akribischer Genauigkeit« beschrieb, Preise, Abmessungen und Malmittel, aber auch Käufer festhielt. Diese andere Seite mag auf seine Herkunft und wissenschaftliche Ausbildung zurückzuführen sein. Vgl. Vivian Endicott Barnett: Kandinskys Hauskataloge: Kategorien, Formate, Stilmittel, in: Möller 1994, S. 47 (= Der frühe Kandinsky). Modifizierend hierzu ist sein Selbstbild, in dem er zwar seine Liebe zum »abstrakten Denken« lokalisiert, jedoch seine Abneigung gegen das »Geldwesen« bekundet: »In der von mir erwähnten Nationalökonomie liebte ich aber außer der Lohnfrage nur das rein abstrakte Denken. Das Bankwesen, die praktische Seite des Geldwesens, war für mich unüberwindlich abstoßend. Es blieb mir aber nichts übrig, als auch diese Teile mit in den Kauf zu nehmen.« Rückblicke, in: Kandinsky 1980, S. 32.
166 Ebd.
167 Ebd., S. 41.

Welt zu schaffen bestimmt sind, die das Werk heißt.« Aus der damit einhergehenden Individualisierung des Malers resultierte jedoch zugleich die Gefahr, als Künstler verkannt zu werden, womit Fehldeutungen des Werkes verbunden sein konnten:[168] »Im allgemeinen ist es das Schicksal des Künstlers, mißverstanden zu werden. Wie jede Tatsache hat auch diese zwei Seiten. D. h. aus dem Mißverstehen wachsen die Möglichkeiten, in einem Werk immer neue Eigenschaften, also neue Erlebnisquellen zu entdecken.«

4. Kandinskys Anstrengungen zur Stärkung »des Geistigen« konzentrierten sich auf die Erfindung einer ästhetischen Grammatik für die Gefühlslandschaft des modernen Individuums. Diese Arbeit am Ausdruck der »inneren Notwendigkeit« und der Empfindungen des innengeleiteten Individuums sah er als sein zentrales Thema an. Somit radikalisierte Kandinsky die Arbeit an der symbolisch-ästhetischen Repräsentation der Individualität, zumal er seine Bildsprache fern von den Traditionen des Akademismus aus individualisierten ästhetischen Chiffren abzuleiten begann. Die künstlerische Arbeit war für ihn ein schöpferischer Prozeß, in dem sich die Autonomie des Individuums offenbarte: »Jedes Werk entsteht technisch so, wie der Kosmos entstand – durch Katastrophe, die aus dem chaotischen Gebrüll der Instrumente zum Schluß eine Symphonie bilden, die Sphärenmusik heißt. Werkschöpfung ist Weltschöpfung.« Das Kunstwerk erschien als das Medium der künstlerischen Schöpfung und somit der Religion verwandt.[169]

5. Diese Vorstellung des Künstlerhabitus hatte er bis 1914 ausgebildet. Kandinsky war sich über die Einbindung des künstlerischen Individuums in die Geschichtlichkeit und deren mentale Prägungskraft im klaren. In der Russischen Revolution reagierte er auf die neuen Herausforderungen, wie sie mit dem Konzept der Entwicklung der Gesellschaft verbunden waren, jedoch ohne den individualistischen Kern in seiner Identität als Künstler und seinen Habitus der Bürgerlichkeit in Frage zu stellen.

---

168 Ergänzung des Vorworts zum Katalog der Kandinsky-Kollektiv-Ausstellung 1902-1912 (erschien im Zweitdruck der ersten Auflage des Katalogs der Ausstellung bei Hans Goltz in München 1912), abgedruckt in: Kandinsky 1980, S. 22.
169 Ebd., S. 46: »Die Kunst ist in vielem der Religion ähnlich.«

Kandinsky befand sich in der für die kulturelle Moderne charakteristischen Spannung zwischen der gesellschaftlichen Transformation und der zivilisationsgeschichtlichen Tendenz einer fortschreitenden Individualisierung. Er zeigte dabei wesentliche Merkmale des Habitus des modernen Künstlers, des entgrenzenden Experimentators und Tabubrechers, der Sehkonventionen radikal in Frage stellte, des isolierten Außenseiters und des auf das ästhetische Werk konzentrierten »Sehers«, der eine versöhnende Macht des »Geistigen« als Synthese von Gefühl und Reflexion propagierte.

Mit diesem Konzept verarbeitete Kandinsky den Zerfall eines geschlossenen Bildes von der Welt und erhob die fragmentierten Seelenerfahrungen zum Thema der ästhetischen Chiffrierung in abstrakten Bildformen. Er verstand sich explizit als Träger der »modernen Bewegung«, indem er, im Diskurs mit anderen Künstlern, eine Sprache für die Zerrissenheit des modernen Individuums schuf, wobei er von einem autonomen und auf sich selbst bezogenen Individuum ausging. Sein Verständnis vom Künstlerhabitus richtete sich dementsprechend auf das aus seiner Seelenstimmung heraus produzierende schöpferische Subjekt. Elemente der historischen Kultur wurden lediglich fragmentarisch als Stimmungsträger angeeignet und verarbeitet, als adäquater Ausdruck für gegenwärtige Gefühle des Individuums.

Dritter Teil
Institutionen zur Vermittlung des Künstlerhabitus

Die Grammatik des Künstlerhabitus, als ein Ensemble von kulturellen Mustern, Sehweisen und ästhetischen Ausdrucksformen, mußte angehenden Künstlern angemessen vermittelt werden. Der Diskurs über die hierzu gebildeten Institutionen und deren Reformen gibt Aufschluß über die zugrundeliegenden Vorstellungen und Bedeutungszuweisungen. Die als legitim durchgesetzten Vorstellungen vom Künstlerhabitus und dessen adäquater Professionalität objektivierten sich folglich in den Ordnungsvorstellungen der Künstlerausbildung. Wir wollen die Konzepte und Formen der Professionalisierung zu künstlerischer Arbeit unter dieser Perspektive untersuchen, ferner die Brüche und Kontinuitäten nach einem Zusammenhang mit den gesellschaftlichen und kulturellen Modernisierungen sowie den politischen Konfigurationen befragen. Welche Aussagen zum Selbstbild des Künstlers lassen sich in administrativen Akten oder in Programmschriften zur Künstlerausbildung finden? In welcher Weise formten die Wandlungen des Künstlerhabitus die Institutionen um? Mit welchen Begriffen wurde die »sakrale Schranke« der legitimen Kunst und die Identität der Institutionen konstituiert?

Am Beispiel der Münchner Ausbildungsinstitutionen sind die Prozesse der Distinktion innerhalb des Künstlerhabitus exemplarisch zu verfolgen. In der Akademie und in der Kunstgewerbeschule wurden Zonen unterschiedlich bewerteter künstlerischer Arbeit tradiert. Beide definierten sich im Prozeß der kulturellen Modernisierung um, wenn auch in unterschiedlichem Maße. Die Akademie vollzog fortwährend indirekte Abgrenzungen zur Alltagswelt des Gebrauchs und der Industrialisierung, indem sie sich als Hüterin des »Reichs der Kunst« definierte, die Autonomie beanspruchte. Als Reaktion auf die Industrialisierung wurde die Kunstgewerbeschule gegründet. Sie nahm Bezug auf die Prozesse der industriellen Fertigung und war bestrebt, die Vorstellungen von »Schönheit« in die gestalterische Arbeit an Objekten zu implantieren.

Die beiden Versionen des Künstlerhabitus können somit als unterschiedliche Verarbeitungsweisen des kulturellen Modernisierungsprozesses und seiner Dynamik betrachtet werden. Die unterschiedlichen Konzepte und Bezüge der künstlerischen Arbeit bildeten sich in den Institutionen der Künstlerausbildung ab. Die beiden Formen traten im 19. und 20. Jahrhundert immer wieder in Austausch, und ihre Trennlinien wurden in Diskursen in Frage gestellt. Wir behandeln die schriftlichen Spuren dieser sozialen Kommunikation als Quellen, um hieran die kulturellen Konnotationen der unterschiedlichen Terrains im Künstlerhabitus herauszuarbeiten und zu bestimmen. Da die Diskurse um die Bedeutungen der Akademie und der Kunstgewerbeschule unterschiedliche Gravitationszentren hatten,[1] rekonstruieren wir ihre jeweiligen inneren Entwicklungsgeschichten in einander ergänzenden Perspektiven.

---

[1] Die Entwicklungslogik dieser Diskurse entfaltete sich aus der sozialen Kommunikation über den gesellschaftlichen Bedarf und die zu seiner Bearbeitung definierte Orientierung der Institutionen.

1. Die Ausbildung zum Maler. Die Kunstakademie als legitime Ausbildungsinstitution der Professionalisierung

Im Mittelalter erfolgte die Ausbildung der Maler nach denselben Mustern wie bei anderen Handwerken auch.[2] Diese wurden in der Regel von einer Zunft überwacht. Der Lehrling trat in die Werkstatt eines Malers ein und erlernte bei seinem Lehrherren die Berufspraktiken, wie sie am Ort üblich waren. Er bereitete Farben auf, grundierte Malflächen, übernahm mit zunehmender Befähigung Teilaufgaben und fertigte schließlich nach 6- bis 7jähriger Lehrzeit sein Gesellenstück. Daran schloß sich eine Zeit der Wanderschaft an, in der der Geselle in anderen Städten jeweils für eine begrenzte Zeit in Malerwerkstätten mitarbeitete und seine Berufskenntnisse ergänzte. Dann kehrte er an seinen Heimatort zurück, bewies den Stand seiner Kunstfertigkeit mit einem Meisterstück und ließ sich – sofern ihm diese Möglichkeit von den Zunftgenossen eingeräumt wurde – selbständig nieder. Nicht allein das individuelle Talent war als Voraussetzung für den Malerberuf ausschlaggebend, sondern ebenso der Geburtsstand. Idealiter ererbte er das Handwerk seines Vaters oder heiratete ein. Das Handwerk der Maler hatte sich in den Zunftordnungen Regeln gegeben, die die Arbeitsformen, die Art der Werkstücke sowie die Gebräuche nach festen Kriterien bindend festlegten.

Dieses Bild des Malerberufs als eines Handwerks besaß als romantische Gegenutopie zur fortschreitenden Industrialisierung im 19. und in der ersten Hälfte des 20. Jahrhunderts beträchtliche Faszination: In England wurde dieses Bild des Künstlers im ausgehenden 19. Jahrhundert von der »arts-and-crafts«-Bewegung und von William Morris propagiert. Mit dem Konzept der »Werkstatt« verband sich die Hoffnung, der industriellen Arbeitsteiligkeit ent-

---

2 Vgl. zu Florenz und Italien Wackernagel 1936; eine neuere Darstellung sozialgeschichtlicher Umstände des Künstlers bis zum 18. Jahrhundert bei Alessandro Conti: Die Entwicklung des Künstlers, in: Luciano Bellosi u. a.: Italienische Kunst. Eine neue Sicht auf ihre Geschichte, Bd. 1, Berlin 1987, S. 93-231.

gegenwirken und die Distanz zwischen dem künstlerischen Entwurf und der Fertigung der Produkte erneut einebnen zu können. Seit 1897 wurde diese Utopie auch in Deutschland in den Werkstättengründungen von München und Dresden erprobt. Nach 1919 ging sie auch in die Gründung des Bauhauses durch Walter Gropius ein.

1. Der Weg zum akademischen Künstler

Absolutistische Akademie und bürgerliche Reform

Neben der Tradierung von handwerklichem Berufswissen in der Werkstatt festigte sich seit dem 17. Jahrhundert eine zweite Form der Ausbildung. Die Institution Akademie[3] wurde von den absolutistischen Landesherren an ihren Höfen zunächst mit dem Ziel gegründet, über Experten für den Bedarf an visueller Kultur und professionell inszenierter Propaganda zu verfügen. Nachdem die erste Akademie 1664 durch Ludwig XIV. in Paris gegründet worden war, folgte man diesem Leitbild in den wichtigsten europäischen Residenzstädten und schuf analoge Einrichtungen, die »Akademien der Schönen Künste«, in Berlin 1696, in Wien 1704, Petersburg 1724, Kopenhagen 1754 und London 1769. Diesen lag ein Begriff des Künstlers zugrunde, der im Dienste des höfischen Bedarfs jede Art künstlerischer Arbeit zu bewältigen verstand,[4] die noch in keiner Weise in die Bereiche »freie« und »angewandte« Kunst auseinandergetreten war.[5] Fast alle Akademien überstanden

---

3 Die Institution der Akademie hat eine lange Geschichte, die vor allem im Italien der Renaissance in eine Blütezeit mündete. Dies wurde eingehend in einer breiten Darstellung von Nikolaus Pevsner: Die Geschichte der Akademien, München 1986, herausgearbeitet. Das Manuskript wurde zwischen 1930 und 1933 in deutscher Sprache verfaßt und vom Autor 1940 in englischer Sprache erstmals publiziert.
4 Vgl. auch A. R. Peltzer (Hg.): Academie der Bau-, Bild- und Malerey-Künste von 1675, München 1925.
5 Im Statut für die Berliner Akademie hieß es: »Der Endzweck des Instituts geht dahin, daß es auf der einen Seite zum Flor der Künste sowohl überhaupt beitrage, als insbesondere den vaterländischen Kunstfleiß erwecke, befördere und durch Einfluß auf Manufakturen und Ge-

die Modernisierung des Staates in der Reformphase um 1800, als das Bildungssystem auf eine den bürgerlichen Bildungsutopien gemäße Weise mit einer Teilimplementierung des entstehenden modernen Künstlerhabitus reorganisiert wurde.[6]
Die Berliner Akademie der Künste wurde 1790 mit einem Konzept reformiert, das alle künstlerischen Sparten gleichermaßen umfaßte und die Qualität der Arbeit des Hofhandwerks steigern sollte.[7] Eine Vielzahl von Gewerbeberufen wurde mit diesem Ziel der »Aufsicht« der Akademie unterstellt: Damast- und Seidenweber, Tapetenwirker, Sticker, Formenschneider, Kattundrucker, Drechsler, Schnitzer, Tischler, Töpfer und andere. Ferner mußten die Direktoren der Königlichen Bauten, der Hofmedailleure und der Königlichen Münze, die Kunstdirektoren der Porzellanfabrik sowie der Dekorateur der Königlichen Oper ihre Ideen und Entwürfe der Akademie zur Begutachtung und Billigung vorlegen.
In München vollzog sich dieser Übergangsprozeß analog zur

> werbe dergestalt veredle, daß einheimische Künstler in geschmackvollen Arbeiten jeder Art, den auswärtigen nicht ferner nachstehen...«. Hans Müller: Die Königliche Akademie der bildenden Künste zu Berlin 1696-1896, Tl. 1, Berlin 1896, S. 185; zit. n. Mai 1977, S. 28.
> 6 Alfred Lichtwarck kommentierte aus der späteren Sicht der etablierten bürgerlichen Gesellschaft mit ihrem wirtschaftlichen Marktgeschehen die Diskrepanz zwischen Hof und Bürgerschaft als zwei unterschiedliche Bezugsformen für künstlerische Arbeit: »Auch die Akademien wurden Staatsinstitute... (und) lagen an den Orten, wo der Fürst des absolutistischen Zeitalters ihrer bedurft hatte, nicht oder nur ausnahmsweise dort, wo das Gesetz des wirtschaftlichen Schwergewichts der neuen Zeit sie verlangt hätte und vor allem nicht in den alten Stammeshauptstädten. So ist es gekommen, daß in Deutschland die sogenannten Kunststädte entstehen konnten, in denen Kunst gelehrt und geschaffen wird, außerhalb des Wellenschlages der Zeit, mehr in abstrakto.« Alfred Lichtwarck: Deutsche Kunst, in: Die Kunst für Alle, Bd. 15, 1900, S. 443 f., zit. n. Mai 1977, S. 23.
> 7 Vgl. Müller 1896, Tl. 1, S. 167. Im Reglement für die Akademie der bildenden Künste und mechanischen Wissenschaften zu Berlin von 1790 wurden die Ausbildungsfächer der »hohen Schule der bildenden Künste« genannt, in denen Unterricht erteilt wurde, S. 183 ff.: Malerei, Bildhauerkunst, Architektur, Mechanische Wissenschaften, Kupferstecherkunst, Formenschneiderkunst, Komposition, Theorie und Altertumskunde, Landschaftsmalerei und Prospektzeichnung, Zeichnen nach dem Leben, Zeichnen nach Gipsabdrücken, Anatomie. Die Spaltung in »hohe Kunst« und Kunstgewerbe existierte noch nicht.

Modernisierung des Gestaltungsbedarfs. Bereits 1766 war aus der Initiative dreier Künstler, des Hofmalers Christian Wink, des Bildhauers Roman Anton Boos und des Stukkateurs Franz Xaver Feichtmayer, eine Zeichenschule entstanden, die im März 1770 vom Hof subventioniert und anerkannt wurde und seit 1774 unter kurfürstlichem Protektorat geführt werden konnte.[8] Wie an solchen Schulen üblich, wurde der Zeichenunterricht anhand von Modellen und Gipsen erteilt. Eine institutionelle Grundlage für die Münchner Akademie wurde erst im Zuge der spätaufklärerischen Reformpolitik des Grafen Montgelas geschaffen.[9] 1808 unterzeichnete der bayerische König Max I. Joseph die Konstitution, in der der programmatische Auftrag des neuen Instituts präzise festgelegt wurde.[10] Dieser Text legte drei Aufgabengebiete fest. Erstens wurde die Akademie in der »Haupt- und Residenzstadt« in der Tradition der absolutistischen Gründungen als eine »Zentral-Anstalt« mit der Bestimmung errichtet, »die Erhaltung und Fortpflanzung der Künste« zu sichern, wie es vom Wirken hervorragender Künstler erwartet werden konnte. Zweitens sollte den Künsten eine öffentliche Präsenz ermöglicht werden, damit sie »den Sinn für Schönheit und Geschmack an edlere Formen allgemein« verbreiten könnten. Drittens sollte die Akademie einen Unterricht anbieten, der die »Bildung« von »tüchtigen ausübenden Künstlern« zum Ziel hatte, die befähigt sein sollten, »das was sie gedacht, mit Richtigkeit, Wahrheit und Schönheit darzustellen«.

Als innere Struktur der Lehrinstitution wurden nunmehr vier

---

8 Zur Münchner Akademie vgl. Thomas Zacharias (Hg. im Auftrage der Akademie): Tradition und Widerspruch. 175 Jahre Kunstakademie München, München 1985, hier Ekkehard Mai: Problemgeschichte der Münchner Kunstakademie bis in die zwanziger Jahre, in: Zacharias 1985, S. 107; in München wurden 1801 lediglich 32 Schüler gezählt, vgl. ebd., S. 108.

9 Eine ältere Darstellung bei Eugen Stieler: Die Königliche Akademie der bildenden Künste zu München 1808-1858, München 1909; ferner Birgit Angerer: Die Münchner Kunstakademie zwischen Aufklärung und Romantik. Ein Beitrag zur Kunsttheorie und Kunstpolitik unter Max I. Joseph, München 1984.

10 Veröffentlicht im Königlich-Baierischen Regierungsblatt, XXV. Stück, München, Mittwoch den 1. Juni 1808, Wiederabdruck in: Zacharias 1985, S. 327 ff.

»Hauptschulen«, der »Mahlerei«, »Bildhauerkunst«, »Baukunst« und »Kupferstecherkunst« vorgesehen. In diesem Konzept wurde ein Teil des Kunsthandwerks abgespalten. Der Personalplan legte die Stelle eines Direktors und eines ständigen Generalsekretärs fest, ferner fünf Professuren der Malerei – inklusive der Landschaftsmalerei – und je eine Professur für die drei anderen Künste. Ferner wurde auch die »Art des Unterrichts« beschrieben. In den Begriffen dieses Dokuments objektivierte sich bereits ein bürgerliches Verständnis der Produktionsformen des »Geistigen«. Konstitutiv für den modernen Künstlerhabitus wurde nunmehr ein Konzept der notwendigen Entwicklung des Individuums, in einem Prozeß der freien Entfaltung zur Individualität:

»Der Lehrer soll daher keinen gleichförmigen Mechanismus aufkommen, sondern vielmehr dem Zöglinge so viel möglich Freiheit lassen, sein besonderes Talent, und die Eigenheiten seiner Ansicht der Gegenstände, sowie die Art, sie nachzuahmen, zu zeigen, um das Gute dieser Eigenheiten begünstigen, dem Fehlerhaften aber entgegen wirken zu können.«

Die Lehre solle den »Zögling« vom »Mechanischen in der Kunst« schrittweise »zu dem Geistigen derselben« hinführen.
Mit der Zentralisierung der Ausbildung von Künstlern in der Akademie verlor die handwerkliche Malerlehre gänzlich ihre Bedeutung als anerkannter Zugang zu diesem Beruf. Die neue Ausbildungsinstitution vermittelte mit ihrem Studienbetrieb nicht nur die nötigen Kenntnisse in den technischen Grundlagen, von Formbewußtsein und Kompositionskunst, sondern etablierte auch eine neue Form der staatlich autorisierten Legitimität des Künstlers.[11]
Der Künstlerberuf wurde in diesem Sinne »frei« von berufspraktischen Vorbildungen sowie von zünftischen Normen. Zwar gab es weiterhin auch Autodidakten, doch die Chance, in der Kunstöffentlichkeit Fuß zu fassen, wurde zunehmend von einem Akademiestudium abhängig, in dem sich das Erlernen von handwerk-

---

11 Julius Max Schottky: Münchens öffentliche Kunstschätze im Gebiet der Malerei, München 1833, S. 342. Absicht sei es, »die Erhaltung und Fortpflanzung der Künste, welche uns durch lebendige, ja persönliche Überlieferung möglich ist, zu sichern; sodann den Künsten ein öffentliches Daseyn, eine Beziehung auf die Nation und den Staat selbst zu geben, wodurch sie fähig werden, ihrerseits vorteilhaft auf das Ganze zurückzuwirken, den Sinn für Schönheit und den Geschmack an edleren Formen allgemein zu verbreiten«.

Abb. 35: Eine Klasse der Münchner Akademie, Bleistiftzeichnung, vermutlich 1820er Jahre. – In der Mitte vorn ist ein männliches Aktmodell dargestellt, das von dem rechts sitzenden Künstler gezeichnet wird. Im Hintergrund und an der Wand die üblichen Requisiten, ein Skelett für anatomische Studien, Büsten, Skizzen und Palette.

lich-praktischen Kompetenzen, des legitimen Wissens und der kunstgeschichtlichen Überlieferung verdichtete.[12] Privatschulen konnten die mit dem Besuch der Institution Kunstakademie verbundene Initiation in die »Weihen« der Kunst und des Künstlerhabitus nur teilweise ersetzen.

12 Es ist von starken Unterschieden auszugehen. Kurz nach der institutionellen Reform der Berliner Akademie konstatierte der Kunstschriftsteller Adolf Rosenberg: Die Berliner Malerschule 1819-1879, Studien und Kritiken, Berlin 1879, S. 7, dieser eine bislang bescheidene Bedeutung: »Die Königliche Akademie der Künste hat seit dem Beginn dieses Jahrhunderts einen ganz unbedeutenden Einfluß auf die Entwicklung der Berliner Malerei gehabt. Was die meisten der Berliner Maler geworden sind, das verdanken sie gerade dem Gegensatz, in welchem sie sich gegenüber dem akademischen Treiben stellten (...)«, zit. n. Mai 1977, S. 26.

In der ersten Hälfte des 19. Jahrhunderts blieb die Akademie noch weitgehend der Autorität des Königs verpflichtet, so daß die Kunst nicht unwesentlich als Medium zur Darstellung spätabsolutistischer Weltbilder und Geschichtsdeutung diente.[13] Dies kam noch in dem revidierten Statut zum Ausdruck, das unter Ludwig I. 1846 erlassen wurde:[14] »Allen Studien und Arbeiten an unserer Akademie soll übrigens die historische Kunstrichtung zu Grunde liegen. (...)« Es komme den dort gelehrten Künsten zu, »nicht nur den Sinn für Schönheit und den Geschmack an edlen Formen unter allen Ständen zu verbreiten, sondern auch durch ihre Werke das allgemeine Nationalbewußtsein, die Liebe zum Vaterland und ihre Achtung vor allem Hohen und Heiligen zu wecken, zu nähren, zu erhöhen.«

Unter Ludwig I. entschied die Gunst des Königs über die Chance, an Staatsaufträgen aus den umfänglichen Bauprogrammen beteiligt zu werden.[15] Dieser behielt sich vor, jedes Werk zu begutachten, zu ermutigen oder gegebenenfalls zu verwerfen. Auf dieses Abhängigkeitsverhältnis mag der Kunsthistoriker Anton Springer angespielt haben, als er 1845 in seinem Aufsatz »Kritische Gedanken über die Münchner Kunst« zum Ausdruck brachte, daß er gerade »freie Kunst« in München vermisse. Hiermit meinte er solche Kunst, die »als unmittelbarer Ausfluß des modernen Geistes« gelten könne, weshalb er »entschiedensten Protest« einlegte »gegen diese Anmaßung der Münchner Schule, eine nationale und historisch bedeutsame Kunst heißen, [und, d. V.] die Blüthe des modernen Zeitbewußtseins bilden zu wollen. Zuerst weil ihr der Atem der Freiheit fehlt«.[16] Diese selbstbewußte Forderung wurde von den Ansprüchen der politischen Bewegung des »Vormärz« getragen, die in den vierziger Jahren des 19. Jahrhunderts auf die bürgerliche Unabhängigkeit der Individuen hinarbeitete.

Mit der Zuwendung der Künstler zu dem zahlreicher werdenden bürgerlichen Publikum und dessen symbolischem Bedarf durch-

---

13 Vgl. auch Steffi Röttgen: Hofkunst – Akademie – Kunstschule – Werkstatt. Texte und Kommentare zur Kunstpflege von August III. von Polen und Sachsen bis zu Ludwig I. von Bayern, in: Münchner Jahrbuch der bildenden Kunst F. 3, 36, 1985.
14 Zit. nach Mai 1985, S. 116.
15 Vgl. Nerdinger 1987.
16 Anton Springer: Kritische Gedanken über die Münchner Kunst, in: Jahrbücher der Gegenwart, 1845, S. 1023, zit. nach Mai 1985, S. 116f.

lief das Studium an den Akademien eine tiefreichende Reform.[17] 1856 verband sich mit der Berufung Karl Pilotys zum Professor an der Münchner Akademie ein Geschmackswechsel, der eine von den Belgiern ausgehende neuartige koloristische Malweise mit historischen Themen des bürgerlichen Bildungskanons verband. Piloty war Spezialist für die Inszenierung dramatischer Ereignisse. Die Veranschaulichung der nationalen Mythen, aber auch von unterhaltenden Stoffen aus dem literarischen Gedächtnis avancierte zu einer Aufgabe der neuen Historienmalerei der Pilotyschule. Beispielsweise schloß er 1873 ein monumentales Werk ab, das auf der Weltausstellung in Wien gezeigt wurde. Es stellte den Einzug der heroisch stilisierten Thusnelda, der Gattin des Nationalhelden Arminius, als Gefangene in Rom dar. Die Berliner Akademie vollzog erst mit der Berufung Anton von Werners zum Direktor im Jahre 1875 eine analoge innere Reform.[18]

17 Sehr prägnant bestimmte der Gutachter für die Berliner Reformüberlegungen Hermann Grimm mit Schriftsatz vom 13. 1. 1874 den veränderten gesellschaftsgeschichtlichen Zusammenhang: »Unser Staatsleben beruht auf anderen Grundlagen als früher. Der Adel und die Gelehrten sind nicht mehr, wie im 18. und 17. Jahrhundert der Fall war, in Sachen des Kunstgeschmackes allein maßgebend. Das an diese beiden Hauptelemente sich anlehnende Publikum ist eine selbständige Macht geworden, die in den letzten Jahren durch Aufnahme von Massen eigentlich vorgebildeter Menschen, welche jedoch, indem sie bedeutende Geldmittel für Kunstwerke ausgaben, höchst einflußreich geworden sind, ihre innere Struktur veränderte (...). Es fragt sich, wie bei so durch und durch veränderten Verhältnissen Institute zu leiten seien, denen scheinbar bereits Grund und Boden unter den Füßen fortgezogen worden ist.« ZStA Merseburg, Minist. d. Inneren, Rep. 76 Ve, Sekt. 17, Abtlg. 1, Bd. 2, Bl. 148, zit. n. Mai 1977, S. 23.
18 Veränderte Anforderungen an die Künstler warfen die Frage nach adäquaten Formen der Neuorganisation auf, worauf Kugler, Förster u. a. drängten. Einen Überblick über Reformvorschläge in der ersten Hälfte des 19. Jahrhunderts und insbesondere die Vorstellungen um 1848/50 bietet Fr. Eggers: Denkschrift über eine Gesamt-Organisation der Kunst-Angelegenheiten. Im Auftrage des Preuss. Kulturministeriums zusammengestellt, in: Deutsches Kunstblatt. Zeitung für bildende Kunst und Baukunst, Organ der deutschen Kunstvereine Nr. 29/1851 (Sonnabend, den 19. Juli), S. 225-251, Nr. 33/1851, S. 257-259, Nr. 34/1851, S. 265-266, Nr. 35/1851, S. 273-277. Ein vergleichender Blick legt die Vermutung nahe, daß der Atelierbetrieb in Berlin bereits früh auf den Bedarf des Bürgertums ausgerichtet war. Dort organisierte der

Grenzziehung zwischen »hoher« und gewerbebezogener Kunst

In den programmatischen Passagen der 1844 formulierten und schließlich 1846 erlassenen Münchner Akademiereform wurde eine Spaltung in »hohe« und gewerbebezogene Kunst festgeschrieben.[19] Die fünfziger und sechziger Jahre sind hierbei als eine »Sattelzeit« der institutionellen Verfestigung dieser Differenz in zwei unterschiedliche Berufsbilder und Wertigkeiten des künstlerischen Arbeitens zu betrachten. In dieser Phase wurde der Begriff des »akademischen Künstlers« ausformuliert. Ein Beleg für die 1858 schließlich vollzogene Etablierung des Künstlerhabitus und der Akademieausbildung ist das Erscheinen eines Artikels, der sich mit dem »akademischen Künstler« beschäftigte.[20] Darin wird die Institution Akademie als lebensfern kritisiert und vor den Folgen dieser Ausbildung gewarnt. Der Autor Bandri sieht die

Berliner »Bildnismaler« Magnus als Lehrender in seinem Atelier mit seinen Malschülern einen traditionellen Werkstattbetrieb mit serieller Fertigung von Bildwerken. Schultze-Naumburg berichtete von Erzählungen seines Vaters, der bei diesem Künstler 1845/46 studiert hatte: »Magnus, der 1799 geboren war, verwendete die Fähigkeiten seines Schülers nicht allein dazu, viele seiner Bildnisse von ihm untermalen und vorbereiten, sondern auch Darstellungen auf Wiederholungen seiner Bilder ganz von ihm ausführen zu lassen. Mein Vater erzählte oft lachend davon, wie viele solcher Bilder in Privathäusern oder Sammlungen hingen, zu denen Magnus oft nicht mehr als seine Unterschrift beigesteuert habe, die aber doch als echte Werke des Meisters gelten.« GNM, ABK, Schultze-Naumburg, Lebenserinnerungen, 1. Teil: Jugend und Elternhaus, S. 2. Zum Zeitpunkt der Erzählung, gegen Ende des 19. Jahrhunderts, war diese Praxis mit der Etablierung des Begriffs des Unikats längst als unstimmig empfunden worden.

19 Waetzold 1921, S. 87, benannte für Berlin etwa zeitlich parallele Reformschritte: 1844 war das Reglement von 1790 revidiert worden und dieses schließlich 1882 mit der Beschränkung der Akademie auf Meisterateliers bei gleichzeitiger institutioneller Eigenständigkeit der Hochschule für bildende Kunst verfestigt worden. Alle Unterrichtsformen mit Bezug zum Gewerbe unterstanden dem Handelsministerium.
20 Ar. Bandri: »Akademie oder Werkstätte?« 1. Der akademische Künstler, in: Organ für christliche Kunst, hg. und redigiert von Ar. Bandri in Köln, Organ des christlichen Kunstvereins für Deutschland, VIII. Jg., Nr. 13, Köln den 1. Juli 1858, S. 145-150.

»Akademien der bildenden Künste« als »ein System, das den jungen Künstler aus der Gesellschaft isoliert und ihn einer Schar einverleibt, die weder unter sich, noch zur bürgerlichen Gesellschaft in einem organischen Verbande steht«.[21] Die Isolation komme durch ein »ausschließliches Studium« des Kunstschülers zustande, das ihn zwar »einführt in eine neue Welt«, ihn jedoch dabei »weit erhaben« werden lasse »über die Beschäftigungen anderer Stände (den Gelehrten ausgenommen), die immer mehr oder weniger sich mit den Bedürfnissen des Lebens befassen«.

Diese Beschreibung eines Sonderraumes, den die Akademie als Sozialisationsanstalt für angehende Künstler darstellte, kann als Indikator für den Wandel zu einer Autonomie gegenüber der Gesellschaft und den Bedürfnissen des Alltagslebens gelten. Bandris Kritik beruhte auf seinem Festhalten an der tradierten Werkstatt als einem gemeinschaftsstiftenden Ort im Kontextbezug des religiösen Weltbildes. Im Gegensatz hierzu isolierte die Akademie den »jungen Künstler« nicht nur von der Gesellschaft, sondern auch gegenüber seinen Mitstudenten. Bandri beschrieb eine Kunstpraxis, die weitgehend frei von Verflechtungen mit den Alltagsbezügen des gesellschaftlichen Gebrauchs war, da »die Kunst, die auf den Akademien erlernt wird, sich um alle die Gegenstände nicht kümmert, welche das gewöhnliche Leben fordert, sondern eine ›höhere‹, selbständige Richtung verfolgt«.[22] Dies führte zu einer Habitualisierung, deren Grenzen andere Tätigkeiten als fremd erscheinen ließen.[23]

In einer Grundsatzdebatte über die weitere Entwicklung der Münchner Akademie im Jahre 1864 ging es noch einmal um die Legitimität der mit den Berufsbildern bereits etablierten kulturellen Abgrenzungen, die in der Institution Kunstakademie festgeschrieben wurden und bis ins 20. Jahrhundert stabil blieben. Ein anonymer, jedoch sehr sachkundiger Autor hatte sich im Novem-

21 Ebd., S. 145.
22 Ebd., S. 146.
23 Ebd. »Für den akademischen Künstler wäre es eine Erniedrigung, sollte er die Kunstfertigkeit, welche er sich im Studium und Nachahmen der Antike erworben, nicht anwenden können, um Ähnliches zu schaffen, und statt dessen etwa einen Entwurf für einen Gegenstand machen, den man jetzt den Handwerkern überläßt.« Der »akademische Künstler« hat ein Profil entwickelt, nach dem er »nur der Kunst sich gewidmet, der Kunst, die nur ihrer selbst wegen da ist«.

ber 1863 an das Bayerische Staatsministerium des Handels und der öffentlichen Arbeiten mit dem Ansinnen gewandt, sowohl die Akademie zugunsten eines neuen Bezuges von Kunst und Industrie zu reformieren als auch ein Museum für Kunst und Industrie im Königlichen »Haupt Ausstellungs-Gebäude« einzurichten.[24] Der Grund für die hohe Aufmerksamkeit, die sein »Promemoria« fand, mag auch darin gelegen haben, daß es der Autor verstand, mit seinem Vorschlag einer Institutionalisierung des neuen Begriffs der industriebezogenen Kunst die staatliche »Fürsorge für die Leistungsfähigkeit der Industrie« anzusprechen.[25]
Bereits zwei Monate später, am 18. März 1864, lag eine Erklärung der Akademie vor, von Wilhelm Kaulbach, als Direktor der Akademie, und von deren Sekretär, Professor Moritz Carrière, unterzeichnet. Die Autoren sahen sich zu prinzipiellen Ausführungen zur Bedeutung der Kunst in der bürgerlichen Gesellschaft aufgefordert, um die Ablehnung eines Gewerbebezuges mit dem Verweis auf die Autonomie der Kunst darzulegen:

»Nach unserer Ansicht ist eine Blüthe der Kunstindustrie bedingt durch die Pflege der Kunst um ihrer selbst, um der Schönheit willen, denn nur, wenn in ihr das Ideale Gestalt gewinnt, kann sie zum Vorbilde für das Leben werden, die geläuterten Formen für die Gegenstände des Gebrauchs liefern und veredelnd auf den Geschmack wirken. Sollte die Kunst ihre Werke mit Rücksicht auf die Industrie schaffen, so würde das Herrlichste nicht zu Tage kommen und die Industrie selbst minder gefördert werden. Es ist ähnlich bei der Wissenschaft.«

Dieser Begründung wurde durch einen Analogieschluß zu den Wissenschaften Nachdruck verliehen, denn auch für diese gelte keine Beschränkung auf »die Bedürfnisse des Tages und die Zwecke der Industrie«, weil gerade »das so mächtig eingreifende frische Bahnen eröffnende Neue« sonst nicht gefunden werden könnte. Die zeitgenössische Erfahrung des »Neuen«, des Leitbegriffs der von der Innovationskraft Wissenschaft gespeisten gesellschaftlichen und wirtschaftlichen Modernisierung, legitimierte die eigene Institution in ihrer bisherigen Konstruktion:

---

24 BHStA München, MK 14095. Dieses »Promemoria« wurde auf der höchsten Ebene der Regierungsentscheidungen behandelt und der Akademie zu einer grundsätzlichen Stellungnahme weitergereicht.
25 Ebd., Schreiben 22. Jan. 1864 von v. Zwehl.

»Darum muß die Akademie ihre Selbständigkeit und Eigenthümlichkeit als eine Kunstanstalt wahren. Der Zweck der Akademie wie der Universität ist Bildung, nicht Abrichtung für besondere Fächer und Dinge, es gilt das selbständige Denken und Gestalten zu erwecken, zu entwickeln, damit der herangereifte Geist auch neuen Aufgaben gewachsen [ist, d. V.] und im Allgemeinen Besitz der Mittel sei, um im besonderen Fall das Rechte zu finden.«

Deshalb sollte die Akademie den »Schülern« eine »Bildung« zum Künstler ermöglichen, deren Teilkompetenzen eingehender benannt wurden:

»Wir meinen, wer gründlich Zeichnen gelernt hat, wessen Phantasie durch die Anschauung und das Studium der großen Meisterwerke aller Zeiten geweckt, genährt, gebildet ist, wer dem Schönen und Vollendeten in freier Kunst Ausdruck zu geben gelernt hat, der wird nun, wenn er sich den industriellen Gebiete zuwendet, in der Praxis selber das Material und seine Bedingungen kennen lernen, der wird nun geist- und geschmackvoll auch Neues erfinden können, mögen die Muster nun vom Seidenwirker oder vom Tapetenfabrikanten, vom Tischler oder vom Eisengießer verlangt werden. Der Unterricht im Dekorationsmalen aber gehört an keine Bildungsanstalt.«

In diesem Konzept der künstlerischen Bildung erscheint der Studieninhalt der Akademie wiederum von den Zwecken des bürgerlichen Lebens und des Gewerbes abgespalten. Der Künstlerhabitus wurde in Formen angeeignet, in denen das künstlerische Subjekt lernte, dem »Schönen und Vollendeten in freier Kunst« einen ästhetischen Ausdruck zu geben. Wer sich in dieser »freien Kunst« geübt hatte, dem wurde auch die Fähigkeit zugesprochen, ebenso für die Zwecke der Kunstindustrie Entwürfe anzufertigen.[26] Die Vertreter der Akademie beanspruchten hiermit dezidiert für ihre Institution einen von den Zwecken und Praktiken des bürgerlichen Lebens »freien« Sonderraum zur Pflege der Kunst.[27]

26 BHStA München, MK 14095. In einem etwas später abgefaßten Schreiben vom 8. Juni 1864 wies das Königliche Staatsministerium des Handels und der öffentlichen Arbeiten darauf hin, daß die in Nürnberg bestehende Kunstgewerbeschule sich unter dem Maler Kreling bereits erfolgreich der Verbindung von Industrie und Kunst widme. Zudem könne man daran denken, die bereits vorhandene Schule des Vereins zur Ausbildung der Gewerke in München zu erweitern.
27 Als Antwort auf die zweite vom Verfasser des »Promemoria« aufgeworfene Frage, ob im Ausstellungsgebäude ein Industriemuseum ein-

Dem Aktenvorgang der königlichen Verwaltung wurde das Referat eines namentlich nicht genannen Bearbeiters beigegeben, der sich nun beeilte, die besondere Stellung der Akademie zusätzlich zu begründen.[28] Der Autor entschuldigte sich, nach einer ersten Lektüre dem »Promemoria« dieses hohe Gewicht fälschlich beigemessen und die Akademie zu einer Grundsatzreflexion herausgefordert zu haben. Er führte aus, daß es darum gehe, die Beziehung der Kunst zum Staat näher zu erläutern. Implizit bezog er sich auf die vollzogene Abspaltung des bürgerlichen Lebens vom Sonderraum der »freien Kunst«, wenn er sich insbesondere an jene wandte, die unter der Last ihrer täglichen Geschäfte nicht über »Berufsarten seelischer Art« nachdächten:

»Es möchte aber für solche, die ihr Beruf zwingt, mehr den Markt und seinen lebendigen Austausch im Auge zu behalten sowie für jene, die von Geschäften erdrückt, nicht Zeit finden, über Berufsarten seelischer Art nachzudenken«, bedeutsam sein, zu wissen, worin die metaphysische Rolle der Kunst und die Bedeutung des »Schönen« für die »Einzel-Individuen« liege: »Die eigentliche Kunst hat ein sittliches Gesetz zu erfüllen und den göttlichen Keim des Schönen, der in den Einzel-Individuen mehr oder weniger ausgesprochen liegt, zur Blüthe zu bringen, sie lebt und schafft mit den übrigen Bildungsmitteln als ein mächtiger Faktor zusammenwirkend für das Edle und Schöne und deshalb für das ewig Wahre. Die Moral spannt mit Hilfe der Religion ihre Zettel auf den Webstuhl der Zeit aus als Grundlage des Guten, die Kunst verleiht als Einschlag dem Gewerbe durch Farbe und Form Schönheit, das heißt gesteigerte Sittlichkeit. Ohne die Kunst würde das Gewerbe der Menschheit grob, rauh und farblos erscheinen. Die Akademie hat also die Aufgabe, ihren Jungen die Wege aufzugeben, wie und wo das ewig Wahre, das ursprünglich Schöne, das durch den Zusammenstoß der Kräfte verloren gegangene Vollkommene wieder zu finden sei (...).«

Der Kunst wurde somit die kulturelle Funktion der Arbeit am »ewig Wahre(n)« und »ursprünglich Schöne(n)« zugewiesen, jener Konstruktion des »Vollkommenen«, die mit dem Prozeß der Modernisierung und in der Arbeitsteilung der bürgerlichen Gesell-

---

gerichtet werden könne, wurde daran erinnert, daß die Akademie verpflichtet worden sei, alle drei Jahre eine allgemeine Kunstausstellung zu veranstalten, wozu eben dieses Kunstausstellungsgebäude benötigt werde. Nach § 12 Absatz 5 der allerhöchsten Verordnung vom 14. August 1846.

28 BHStA München, MK 14095.

Abb. 36: Franz Lenbach: Zeichnen nach Gips, Skizzenbuch 1856.

schaft vermißt wurde. Bei dieser Bedeutung komme den in der Akademie wirkenden Individuen die Aufgabe der Pflege eines säkular-religiösen »höheren Cultus« zu, da dieser im »Genie« wurzele: »Man soll froh sein, daß es noch Männer gibt, die sich opferbereit einem höheren Cultus widmen: das Genie, das Talent ist Gottes ›Naturkult‹.« Dieses »Genie«, der idealisierte Motor des kreativen Individuums, sei jedoch auch in einer Akademie nicht zu lehren.[29] Die Akademie wurde zwar zu einer staatlichen Institu-

---

29 Ähnlich von Werner 1913, S. 112: »In unseren Künstlerkreisen war man selbstverständlich klar und einig darüber, daß die Kunst an sich nicht gelehrt oder durch Unterricht jemand beigebracht werden könnte; es konnte sich nur darum handeln, die Möglichkeit in umfassender Weise zu bieten, das zur Ausübung der Kunst Nötige, das Handwerkliche und Fachwissenschaftliche zu erlernen. Für die Malerei waren mit dem Ende des 18. oder Anfang des 19. Jahrhunderts die bis dahin bekannten Werkstatt-Traditionen – akademische Rezepte und Schablonen, wie sie törichterweise von denen genannt werden, die keine Ahnung davon haben, was in der Kunst überhaupt gelehrt werden kann – verloren gegangen, und sie müßten wieder gefunden oder dafür Ersatz geschaffen werden. (...) Mit seiner Individualität, der Freiheit der Kunst, mit

tion,³⁰ die die Pflege der Profession der Maler und die legitime Tradierung der Fachkenntnisse übernahm,³¹ sie könne jedoch bestenfalls als ein Raum für die »Selbstentwicklung« der Individuen gelten.³²
In der Folge wurden in der Institution Akademie nach zwei Richtungen Trennlinien befestigt. Die erste schrieb die geschlechtsspe-

> Realismus und Idealismus hat dies nicht das Geringte zu tun, es handelt sich einfach um das Erlernbare.«
>
> 30 Aus dem Reformkonzept der Verbürgerlichung, wie es sich zwischen den 1850er und 1870er Jahren etablierte, entstand jene neue Form der akademischen Ausbildung, die den legitimen Habitus mehrere Jahrzehnte prägte und die bis in die 1930er Jahre als »Akademismus« tradiert wurde. Der Münchner Bildhauer Adolf von Hildebrand, dem die Münchner Akademie vergeblich eine Professur angeboten hatte, beschrieb die Distanz zwischen dem Begriff von Individualität, der den Künstlerhabitus konstituierte, und den im Akademieunterricht tatsächlich erlernbaren Befähigungen: »Kein Künstler wird seine eigentliche Entwicklung einer Akademie verdankt haben. (...) Eine Akademie soll nicht den Anspruch machen, Künstler auszubilden, sondern sie nur gründlich vorbereiten wollen zur Selbstentwicklung, also nur eine Kunstschule sein (...).« Adolf Hildebrand: Gesammelte Schriften zur Kunst, hg. von H. Bock, Köln und Oplanden, 1969, S. 493. Vgl. zum Verhältnis von Staat und bildenden Künste Wolfgang Hütt: Der Einfluß des preußischen Staates auf die Entwicklung von Inhalt und Form der bildenden Kunst im 19. Jahrhundert, Dresden 1955.
>
> 31 Anton von Werner schilderte den Zusammenhang, in dem sein eigenes Programm bei seinem Amtsantritt 1875 stand, das er für die 1883 in »Königliche Academische Hochschule für die bildenden Künste« umbenannte Institution als notwendig ansah: »Als Programm für meine Tätigkeit hatte ich vor allem eine stärkere Reform des malerisch-technischen Unterrichts und der praktischen Tätigkeit im Atelier ins Auge gefaßt, was seit 1860 in München unter Piloty und an den neu gegründeten Kunstschulen in Weimar und Karlsruhe besonders gepflegt wurde. Um malen zu lernen, worunter man damals vorwiegend das technische Malen und die Bildwirkung verstand, war die ältere Künstlergeneration vor dieser Zeit nach Paris gegangen, um in den Ateliers von Dalaroche, Canture, Leon Coquiet oder in Barbizon zu studieren oder auch in Antwerpen (...).«
>
> 32 Vgl. die allgemeinen Skizzen in Ekkehard Mai: Kunstakademien im Wandel. Zur Reform der Künstlerausbildung im 19. Jahrhundert. Die Beispiele Berlin und München, in: Kunstschulreform 1900-1933, dargestellt vom Bauhaus Archiv Berlin, hg. von Hans M. Wingler, Berlin 1977, S. 22-41; und ders.: Die Berliner Kunstakademie im 19. Jahrhun-

zifische Grenze fort, und eine zweite hielt die Welt der Zwecke und der Rationalisierungen der bürgerlichen Gesellschaft in Distanz. Die geschlechtsspezifische Grenze blieb bis zu der von einer breiteren sozialen Bewegung getragenen Durchsetzung des demokratischen Gleichheitsgebotes in der Revolution von 1918/19 bestehen. Die gewerbebezogene, später »angewandte« Form der künstlerischen Arbeit, blieb von der legitimen Produktion »geistiger« Werte bis in die zwanziger Jahre abgegrenzt. Die Akademie sollte denjenigen Künstlern vorbehalten sein, die sich der »hohen« Kunst und den Vorstellungen von einer Gegenwelt zu der des bürgerlichen Alltags widmeten und die versuchten, den bürgerlichen Werten, der Imagination des Idealen, des Geistigen und Schönen sowie den nationalen Mythen ästhetischen Ausdruck zu geben.

Kontinuität des Akademiebetriebs

Die Direktoren der Akademie genossen in ihrer Amtsstellung und als Gutachter höchstes Ansehen in der bürgerlichen Gesellschaft, aber auch als Künstlerindividuen hohe persönliche Reputation.[33] Zugleich wurde die Entwicklungsgeschichte der Akademie von einer Rhetorik begleitet, die immer neue Zweifel an den dort erworbenen maltechnischen Kompetenzen und deren Tauglichkeit für den Künstlerberuf formulierte.[34] Diese Skepsis verstärkte sich seit den neunziger Jahren des 19. Jahrhunderts. Selbst Lenbach

dert. Kunstpolitik und Kunstpraxis, in: E. Mai/S. Waetzoldt: Kunstverwaltung, Bau- und Denkmalpolitik im Kaiserreich, Berlin 1981.

33 Wilhelm von Kaulbach 1849-1874, Karl von Piloty 1874-1886, 1891-1899, der Maler Ludwig von Löfftz, 1899-1919 der Bildhauer Ferdinand von Miller d. J., schließlich 1919-1924 der Maler Karl von Marr. 1924 wurde die Leitung in eine Präsidentschaft umgewandelt, die 1924-1942 der Architekt German Bestelmeyer und 1942-1945 der Maler Adolf Ziegler bekleidete. Vgl. die Aufstellung zum Kollegium der Akademie in Zacharias 1985, S. 317 ff.

34 Max Liebermann äußerte sich 1896 in der Zeitschrift »Pan« zu der ambivalenten Wertigkeit, die die Berufsbezeichnung »akademischer« Maler schon in den 1890er Jahren annahm: »An und für sich ist ›akademisch‹ kein Schimpfwort (...). Aber allmählich – und es ist klar, durch wessen Schuld – ist es dahin gekommen, daß kein Künstler, der sich einigermaßen respektiert, ein akademischer genannt werden will; obgleich eigentlich ein jeder es ist, oder doch es sein sollte. Jetzt

schloß sich in einer Rede vor dem Kongreß für rationelle Malverfahren im Jahre 1893 der Kritik an, als er vor einer allzu formalen Auffassung in der Kunstausbildung warnte,[35] die lediglich die konventionell gewordene Genremalerei fortschrieb, jedoch die »modernen« Wahrnehmungen des Käuferpublikums in der bürgerlichen Gesellschaft nur unzureichend einbezog.[36]
Franz Defregger schilderte, wie die Aufnahme in die Akademie in den 1860er Jahren vor sich ging.[37] Es galt als selbstverständlich, sich in privaten Kunstschulen hierauf vorzubereiten. Die Aufnahmeprüfung selbst bestand darin, vormittags einen Akt nach der Natur, nachmittags dieselbe Zeichnung aus der Erinnerung anzufertigen.[38] Lovis Corinth vermittelt uns ein ähnliches Bild des Aufnahmerituals an der Münchner Akademie im Jahre 1879.[39]

    heißt akademisch: ›zopfig‹.« Max Liebermann: Degas, in: Gesammelte Schriften, Berlin 1922, S. 75, zit. n. Mai 1977, S. 26, dort weitere Belege.
35 Auch Schultze-Naumburg 1905, S. 4, beschrieb das Ausbildungsprogramm der Akademien als meist auf »gewisse technische Ausbildung« reduziert.
36 Lenbach behauptete, in den Akademien werde »in den meisten Fällen durch die dort bestehenden Methoden nur ein Künstlerproletariat gezüchtet, das hernach bei dem ungeheuren Konkurrenzelend verkümmert und statt Werke zu schaffen, die einem wahrhaften Bedürfnis entsprechen, nur Ware liefert, für die unglückseligen Kunstmärkte unserer Ausstellungen, diesen einst prunklosen, jetzt prunkvollen Bilderbeerdigungsanstalten (...)«. Abgedruckt bei Wyl 1904, S. 119.
37 GNM, ABK, Nachlaß Franz v. Defregger, 1 B, Lebenserinnerungen, S. 16. Defregger hatte zuvor in Innsbruck bei Prof. Mich. Stolz an der Realschule Zeichenunterricht erhalten, der ihn nach seiner Selbsteinschätzung wesentlich qualifizierte.
38 Ebd. »Die Farbskizze, die ich mithatte und die ich ihm zeigte, schien ihm sehr gut zu gefallen. Die stellte vor, wie ein verwundeter Jäger von 2 Holzknechten heimgeführt wird und ein Bub, das Gewehr tragend, zur Türe hereinstürzt, während die Försterin ihr kleinstes Kind badet. Piloty hatte sich sichtlich gefreut und ging mit der Skizze in der Hand zu 2 Herren, die ebenfalls bei ihm auf Besuch waren, um ihnen die Skizze mit einigen Lobesworten zu zeigen. Das waren die Herren Prof. Ramberg und Phillip Noltz, Galeriedirektor der Neuen Pinakothek (...). Meinem nachmaligen Prof. Piloty hat die Skizze gut gefallen und das war die Hauptsache.« Dieser sagte, sobald ein Platz frei sei, könne Defregger eintreten.
39 GNM, ABK, Nachlaß Lovis Corinth, I A, Nr. 2, Meine Lebensbeschreibung, S. 16.

Corinth hatte bereits einige Zeit die Königsberger Akademie besucht und bemühte sich um einen Wechsel an die Münchner Akademie, weil diese »in Deutschland am berühmtesten war«.[40] Ein Königsberger Professor hatte Corinth eine Empfehlung an den bereits seit 1878 als Professor etablierten »Bauernmaler« Defregger mitgegeben:

»Ich suchte in München Defregger auf. Am Englischen Garten hatte er ein sehr schönes und freundliches Anwesen. Defregger nahm mich liebenswürdig auf, und sein Rat war ein vortrefflicher. Da ich noch nicht genügende malerische Qualitäten besaß, wollte er mich in die beste Malschule nach einiger Zeit einbringen. (…) Einstweilen sollte ich bei ihm in der Glückstraße, wo er einige Schüler hatte, Studienköpfe malen bis auf weiteres.«

Das wichtigste Ritual des künstlerischen Unterrichtes an der Akademie, die Korrektur, war ein Spiegel der Ausdrucksmöglichkeiten der lehrenden Künstler.[41] Mit zunehmendem internationalen Ruf

40 »Das war Sommer über und im Herbst trat ich in die Malschule bei Löfftz ein. Diese Malschule genoß einen enormen Ruf. Es genügte schon, ein Malschüler bei Löfftz zu sein: ›Der schlechteste Löfftz Schüler ist immer noch besser als der beste Lindenschmidt Schüler oder gar Seitz-Schüler.‹ Diese letzteren waren die Verpöntesten von allen Malklassen der Münchner Akademie. Im Oktober 1880 trat ich in die Malschule bei Löfftz ein. Löfftz hatte zwei große vollbesetzte Ateliers. Ich bekam sehr schwer noch einen ganz kleinen Platz.« Ebd.
41 Eine satirische Darstellung der repressiven Auswüchse des formalisierten Lehrbetriebes: »Gott schütze uns Künstler vor Akademien, Polytechniken und Kunstgewerbeschulen. Gott schütze dich, junger Mann, vor jenem berühmten Professor, der seit Jahren nur noch gelb-graubraune Leinwandstücke ausstellt. Hastig und nervös betritt er das Schüleratelier, radiert dir deinen Akt aus, kritzelt dir einen zittrigen Arm hin und empfiehlt sich. Im Nebenraume korrigiert ein anderer: der haut dir neben deine falsche Zeichnung einen superben Akt herunter, denselben, den er immer macht und stets gekonnt hat und sagt gar nichts dazu, weil er noch heute das verlegene bäuerische Schweigen seiner Jugend nicht verlernt hat. In der Kompositionsklasse hast du den schönen Vorwurf dargestellt: Kaiser Otto legt in Gegenwart des Bischofs Kuno den Grundstein zur Selbstherrlichkeitskirche. ›Meyer‹, sagt dir der Herr Professor, ›Sie lassen zu viel leere Stellen in Ihrem Bilde. Mehr Gleichgewicht! Hier wäre sehr gut Platz für noch einen Byzantiner!‹ Im Erdgeschosse aber lehrt der Brave, der Korrekte, der unerbittliche Zeichner nach Gips.« Hermann Obrist: Ein künstlerischer Kunstunterricht, in: ders. 1903, S. 64 f.

gewann die Akademie Studierende aus dem Ausland. Dies schlug sich in beachtlichen Studentenquoten von Österreichern, Amerikanern, Russen und von Polen nieder.[42] Im Wintersemester 1901/1902 zählte die Königliche Akademie der Bildenden Künste München 389 und im Sommersemester 1902 319 Studierende. 1904 lehrten an ihr 15 ordentliche Professoren, neben Franz von Defregger mit seiner »Komponierklasse« der »Künstlerfürst« Franz Stuck mit einer »Komponier- und technischen Malklasse« und Heinrich Zügel mit einer Klasse für »Tiermalerei«.[43]
Die Ausbildung zum Maler erfolgte an der Münchner Akademie in etwa zwei Jahren Zeichenunterricht, weiteren zwei Jahren Malunterricht und drei Jahren Unterricht in Bildkomposition.[44] Als durchschnittliche Dauer der Ausbildung zum »Akademischen Kunstmaler« wurden für die neunziger Jahre sechs bis sieben Jahre angegeben, ein Erfahrungswert, der auch für private Kunstschulen galt.[45]

42 BHStA München, MK 14095. Im Bericht des Direktors der Akademie an das Ministerium wurden die Nationalitäten und Religionen für 1872 präzis aufgelistet: »Im 1. Semester 260 Schüler, davon 69 Bayern, 76 sonstige Deutsche, 46 Österreicher, 17 Schweizer, 16 Russen und Polen, 20 Amerikaner, 3 Engländer, 1 Franzose, 1 Elässer, 4 Donaufürstentümer, 1 Grieche, 4 Schweden, 2 Italiener; davon waren 129 katholisch, 120 protestantisch und reformiert, 6 griechischer und 5 jüdischer Religion.«
43 Ferner nach dem Kunsthandbuch für Deutschland 1904, S. 400: W. v. Dietz »Komponier- u. technische Malklasse«; G. Hackel, J. Hertrich »Naturzeichenklasse«; L. v. Löfftz »Komponier- u. technische Malklasse«; K. Marr »Komponier- u. techn. Malklasse«; K. Raupp »Naturzeichnen, Mal-, Komponierklasse«; W. v. Rümann »Bildhauerkunst«; O. Seitz »techn. Malklasse«; R. Seitz »dekorative u. monumentale Kunst«; F. Tiersch »Architektur«; A. Wagner »Komponierklasse«; R. Halm »Naturzeichnen«. Direktor war der Bildhauer Ferdinand von Miller; der Sekretär E. von Stieler. Ferner unterrichteten als weitere Dozenten M. Kleiber das Fach »Perspektive«, Prof. Dr. B. Riehl »Kunstgeschichte«, Dr. A. Stoß »Tier-Anatomie« sowie Prof. Dr. H. Simonsfeld »Geschichte«.
44 Die Berlin-Charlottenburger Akademie bestand zusätzlich zur Akademischen Hochschule für bildende Künste aus drei Meisterateliers für Malerei (zwei für Geschichts- und eines für Landschaftsmalerei). Die Dresdner Akademie gliederte sich ähnlich, in eine Kunstschule mit Gips-, Natur-, Akt-, Ornament-, Tierklasse sowie Vorlesungen sowie in Ateliers für Meisterschüler.
45 Paul Schultze-Naumburg: Das Studium und die Ziele der Malerei, Leipzig 1900. Zur, wenn auch bescheidenen, Nivellierung der sozialen

Die Trennungslinie zur »angewandten« Kunst und das Selbstverständnis der Akademie

Ähnlich wie rund 40 Jahre zuvor mit dem »Promemoria« von 1864 wurden einige Jahre nach der Entstehung der »angewandten« Kunst in München im Jahre 1902 die Trennlinien der Akademie wiederum von außen problematisiert. Erneut galt die Frage des Bezugs der Kunst zur künstlerischen Gestaltung der Objekte des Alltagslebens als aktuell und die industriell-gewerbliche Produktion als eine neuartige Herausforderung. Dies rief wiederum die Abwehr der etablierten Künstler hervor. Peter Behrens war zuvor vom Großherzog von Hessen Ernst Ludwig von München an die Darmstädter Künstlerkolonie berufen worden. Dort war es sieben angewandten Künstlern aufgegeben, eine große Kunst- und Kunstgewerbeausstellung zu erarbeiten. Sie sollten dabei ausschließlich ihren individuellen künstlerischen Intentionen folgen. Kunst und angewandte Kunst partizipierten somit gleichberechtigt am Künstlerhabitus. Behrens suchte nun nach einer Möglichkeit, sein Konzept der Raum- und Objektgestaltung in einer Lehrinstitution zu verwirklichen. Hinter der Vorstellung eines neuen Ausbildungszweiges stand eine entwickelte künstlerische Praxis. Behrens übersandte seine Schrift »Von der künstlerischen und wirtschaftlichen Bedeutung der angewandten Kunst« an die Münchner Kunstakademie sowie an die Kunstgewerbeschule. Er schlug darin vor, an der Akademie eine Klasse für »angewandte Kunst« einzurichten. Diese begründete ihr Beharren auf der Grenzlinie ihres Terrains der »hohen« Kunst mit einer interessanten Argumentation, die veranschaulicht, wie das Kollegium mit der kulturellen Modernisierung umzugehen gedachte, die seit den

Grenzen standen für bedürftige Studenten 12 Stipendien zu je 270 Mark zur Verfügung, die auf Antrag des Rates der akademischen Lehrer vom König vergeben wurden. Demselben Verfahren unterlag ein Stipendium zu 360 Mark und ein Reisestipendium von 2400 Mark. In eigener Regie konnte das Direktorium der Akademie dagegen das Anna-von-Baadersche-Stipendium in Höhe von 200 Mark und das Squindo-Stipendium in derselben Höhe jährlich vergeben. Hinzu kamen Auszeichnungen von Schülerarbeiten auf der jährlichen Ausstellung: die große silberne Medaille, kleine silbene Medaille, bronzene Ehrenmünze, ferner eine öffentliche Belobigung. Vgl. Künstlerhandbuch für Deutschland 1904, S. 401.

neunziger Jahren in Teilen des Bürgertums bereits zu einer Erweiterung des Kunstverständnisses geführt hatte.
In einem Schreiben, in dem er den Behrensschen Vorschlag ablehnte, resümierte der Direktor Ferdinand von Miller die Argumente in knapper Form.[46] Er erklärte, daß das Fach »angewandte Kunst« kein Lehrgegenstand der Akademie sein könne, solange eigenständige Kunstgewerbeschulen bestünden, um sich dann prinzipieller auf den von Behrens formulierten neuen Begriff zu beziehen:

»Professor Behrens gibt ja auf Seite 1 seiner Broschüre zu, daß der Begriff ›angewandte Kunst‹ sich wesentlich mit dem decke, was man bisher als ›Kunstgewerbe‹ zu bezeichnen gewohnt war. Die Neubenennung begründete er mit der von ihm angestrebten stärkeren Betonung des künstlerischen Moments gegenüber dem gewerblichen.«

Zwar begrüße man die darin intendierte »Steigerung des künstlerischen Wertes gegenüber den kunstgewerblichen Arbeiten«, doch diese sei schließlich auch an den Kunstgewerbeschulen anzustreben. Die Akademie beharrte in ihrer Erklärung auf der etablierten Grenze zwischen dem ihr zugesprochenen Territorium der »freien Kunst«, die sich der Schönheit um ihrer selbst willen widme, und jenem abgespaltenen Bereich der Gestaltung der Gebrauchszwecke der Alltagswelt und der Dinge des Lebens, der als »fremd« und außerhalb des eigenen Territoriums stehend codiert wurde.[47] Peter Behrens' Initiative war damit abgewehrt. Die kulturellen Grenzen, die von den Begriffen, ihrer Semantik und den

46 BHStA München, MK 19095, Datum vom 27. März 1902.
47 Ebd. Auch die von der Akademie als zuständig definierte Münchner Kunstgewerbeschule gab im Schreiben ihres Direktors von Lange eine Stellungnahme ab, die sich gleichfalls auf eine Beratung des Lehrerkollegiums stützte. Ähnlich wie von Miller sah auch von Lange den Gegenstand der »angewandten Kunst« im Bereich des »kunstgewerblichen Unterrichts«. Behrens' Vorschlag, ein den »Componierklassen« gleichgestelltes Institut einer »Hochschule künstlerischer Betätigung« an der Akademie einzurichten, wäre daher als ein »schwerer Mißgriff« anzusehen. Die weiteren Ausführungen offenbaren, daß von Lange mit den Forderungen von Behrens nach einer stärkeren Betonung des »Künstlerischen« gegenüber dem Handwerk nichts zu verbinden vermochte. Für ihn bestand das Problem nicht, da die genannten Gegenstände zu dem »kunstgewerblichen Gebiet« gehörten und daher – vermutlich – ohnehin an der Kunstgewerbeschule repräsentiert waren.

damit verbundenen Bedeutungshierachien definiert wurden und der Akademie ihren Sonderraum des »Geistigen« und »Schönen« sicherten, erwiesen sich als undurchdringlich.

Im Jahre 1908 jährte sich der Erlaß zur Konstitution der Akademie zum hundertsten Male, doch eine angemessene Feier konnte nicht stattfinden.[48] Kurzerhand wurde das offizielle Jubiläum auf 1909 verschoben.[49] Die verspätete Jubelfeier begann mit einem »allegorischen Huldigungsakt« – wie die Formulierung der Münchner Neuesten Nachrichten am nächsten Tag lautete –, »der sich vor dem im Saale aufgestellten Genius vollzieht, den der Gründer der Akademie, König Maximilian Joseph, bei der Errichtung zum Geschenk gemacht hatte«.[50] Die Festveranstaltungen wurden am 12. Mai abends mit einem »Kellerfest« im Bürgerlichen Bräuhaus eröffnet, dessen Höhepunkt eine Tanzvorführung im Stil der Kostümausstattungen der Faschingsfeste bildete. Der eigentliche Festakt begann am 13. Mai 1909 vormittags mit der Verleihung der Eigenschaft einer Hochschule durch den Prinzregenten. An den Festvortrag des Sekretärs der Akademie, Josef Stieler, schloß sich wiederum eine allegorische Weiheszene an, in der die Musen der Malerei, der Plastik und der Architektur auftraten.[51] Erneut

---

48 BHStA München, MK 40913, Briefwechsel zwischen der Akademie und dem Ministerium. Die offiziellen Argumente lauteten, daß einerseits dem Generalsekretär Stieler zur Vorbereitung nicht ausreichend Zeit zugestanden worden sei und darüber hinaus ein eigener Festraum in Gestalt einer Aula fehle.
49 Die Münchner Neuesten Nachrichten gedachten dennoch bereits am 13. Mai 1908 in einer Würdigung »unserer weltberühmten« Akademie der Bildenden Künste und konnten am Tag darauf immerhin von einer kleinen Feier zu Ehren des Gründers, des Königs Max Joseph, berichten. MNN vom 14. Mai 1908.
50 MNN vom 16. April 1909.
51 Nach dem Bericht der MNN vom 14. Mai 1909. Wir erfahren aus der Schilderung der Münchner Neuesten Nachrichten Details über die Inszenierung von symbolischen Formen und die Bedeutung des Denkmalskults: »Orgelklänge leiteten die letzten Worte der Rede über zu dem Huldigungsakt vor der Büste des Königs Max I. Die Terrasse hinter der Büste bevölkerte sich mit Damen des Chors (Konzertgesellschaft für Chorgesang) in reizenden Empire Kostümen, die sich malerisch gruppieren. In dem Augenblick, wo zum Orgel- Harfenspiel einsetzte, erscheint ein junges Mädchen, Fräulein Lisa Eißfeldt, welches den Weg zu den Stufen des Denkmals hinauf mit Blumen bestreut.

hatte sich die Akademie, ihrem Selbstbild entsprechend, mit den Grenzen der »hohen« Künste definiert. Der Prinzregent zeigte sich damit zufrieden, lobte die Stellung der Akademie im »Reich der Kunst« und hielt »noch kurzen Cercle«, einer Restform der höfischen Kultur.[52]

Der Festakt wurde mit einem Festmahl im Künstlerhaus fortgesetzt, dessen Ausstattung dem Leserpublikum der Münchner Neuesten Nachrichten eingehend beschrieben wurde, nicht zuletzt, weil die festliche Dekoration das Bild der in der Münchner Ausstellungskunst entfalteten künstlerischen Phantasie bestätigte:[53]

»Hier hatte Künstlersinn ein entzückendes Bild geschaffen: Maienpracht, knospende, duftende Maienpracht war eingezogen in den prunkreichen Festsaal. Aus goldenen, mit lebenden Früchten gefüllten Körben, die die Tafel zierten, strebten Thyrosstäbe hoch empor, gekrönt mit goldenen Schalen, die Blumen in verschwenderischer Fülle bergen, oder mit ornamentalen Abschlüssen, auf denen Steinadler, Auerhähne, Fasanen neugierig auf das Treiben im Saale schauten.«

In diesem prächtig geschmückten Saal des historistischen Künstlerhauses hielt nunmehr der Sohn des greisen Prinzregenten, Prinz Ludwig, eine Rede, in der er eine Position darlegte, die die Mitglieder des akademischen Kollegiums mit zwiespältigen Gefühlen aufgenommen haben dürften. Er forderte die Akademie zur Öffnung ihres Kunstbegriffes auf und stellte eine Verbindung zwischen dem Einsatz des verstorbenen Künstlerfürsten Lenbach für

Darauf treten die neuen Musen auf, durch Attribute gekennzeichnet, und nehmen auf den Stufen des Denkmals Aufstellung; nach ihnen erscheinen die Sprecherinnen: die Malerei (Fräulein E. Berndl), die Plastik (Fräulein A. Dandler) und die Architektur. Dieselben sprechen das von dem bekannten Maler Karl Söhm verfaßte poesievolle Melodram und bringen der Büste des Königs ihre Huldigung dar, indem sie einzeln mächtige Lorbeerkränze niederlegen. Darauf fällt der Chor ein und unter Orgel- und Harfenklängen verlassen die Musen die Bühne.« Die Kostüme für die Darstellerinnen hatte Rudolf von Seitz entworfen. Der Festakt fand im Odeonssaal statt.

52 BHStA München, MK 40913. Ferner wurden Auszeichnungen an Akademiemitglieder verliehen, einer symbolischen Form der Integration der Künstler in die Würde- und Verdiensthierarchie der Monarchie: das Prädikat »Exzellenz« an den Akademiedirektor Ferdinand von Miller; das Großkonturkreuz des Verdienstordens der bayerischen Krone u. a. an Franz von Defregger sowie Adolf von Hildebrand.

53 MNN vom 19. Mai 1909.

die Errichtung des Künstlerhauses und der zeitgenössischen »angewandten Kunst« her:

»Er ist einer der größten Künstler seiner Zeit gewesen. Lenbach, dem wir in erster Linie dieses Meisterwerk verdanken. Ich habe gerade Lenbach und dieses Haus genannt; es ist mir ein Zeichen, daß die Kunst nicht außer dem Leben, sondern im Leben stehen soll, daß sie alle Stände ergreifen soll. Wie soll man das machen? Da möchte ich mich an die Herren Künstler wenden, sich nicht nur in höhern Sphären zu bewegen, wie wir es heute in der Festrede gehört haben, von der Zeit, in der die Akademie gegründet worden ist, sondern sich in dem alltäglichen Leben zu bewegen; sie möchten die Sachen, die sie schaffen, so machen, daß sie auch gebraucht werden können, und das gilt besonders für die Herren Architekten.«

Dieses Votum stellte die Legitimation der Grenzlinie des Terrains der »hohen Kunst« in Frage, wie sie von der Akademie verteidigt wurde. Die Zusammensetzung des akademischen Kollegiums ließ jedoch eine Öffnung zur »angewandten Kunst« nicht zu.

Dennoch war die Akademie in den Modernisierungsprozeß der Gesellschaft eingebunden.[54] 1911 galten die »Organisationsbestimmungen« von 1846 als überholt.[55] Das moderne Statut schrieb wiederum die Trennlinie der »hohen« Kunst in den Lehrgegenständen fest: »Die Akademie der bildenden Künste ist Hochschule für Malerei, Bildhauerei und Graphik sowie eine Kunstgesellschaft.« In Paragraph 5 wurde die berufliche Stellung der Professoren nach dem Grundsatz der künstlerischen Freiheit definiert: »Die Professoren haben den ihnen zugewiesenen Unterricht gewissenhaft nach freiem künstlerischem Ermessen unter tunlichster Berücksichtigung der künstlerischen Fähigkeiten und Neigungen der Studierenden zu erteilen.« In Paragraph 8 wurde das Ausbildungsziel benannt: Der Unterricht sollte geschlechtsspezifisch auf den »Lebensberuf« von Männern vorbereiten und diese zur Ausübung des »Künstlerberufes« befähigen.[56] Die Wertpräferenz

---

54 Zum Begriff Kunsthochschule, der zeitgenössisch Modernität signalisierte, Georg Fuchs: Die Kunst-Hochschule, in: Die Kunst, Bd. 10, VII. Jg. 1904.
55 BHStA München, MK 40907, Schreiben vom 20. Mai 1911.
56 Ebd. »Der Unterricht an der Akademie der bildenden Künste umfaßt das Gebiet der Malerei, Bildhauerei mit Graphik mit den dazugehörenden Nebenfächern. Seine Grundlage ist das Studium nach der Natur. Es hat die Aufgabe, jungen Männern, welche die bildende Kunst als Lebensberuf erwählt haben, jene Kenntnisse und Fertigkeiten zu ver-

wurde mit der Fähigkeit zur »eigenen Erfindung« beschrieben. Die Studenten sollten sich »unter der Leitung des Professors im Entwerfen und Ausführen von Werken eigener Erfindung« üben, um »zur selbständigen Ausübung der Kunst« befähigt zu werden.[57]
Für den theoretischen Unterricht legte das neue Statut Fächer fest, die geeignet schienen, eine zeitgemäße Grundlage für die künstlerische Arbeit zu vermitteln:
1. Allgemeine Geschichte mit besonderer Berücksichtigung der Kulturgeschichte,
2. Kunstgeschichte mit Berücksichtigung der die Kunstentwicklung bedingenden Kulturverhältnisse,
3. Anatomie des Menschen,
4. Anatomie der Tiere,
5. Darstellende Geometrie,
6. Architektur,
7. Malmaterialienkunde.
Die Studiendauer wurde auf sieben Jahre begrenzt. In besonderen Fällen konnte eine Verlängerung um ein Jahr gewährt werden. Der Besuch der »Komponierklassen« blieb jedoch auf drei Jahre beschränkt. Diese modernisierte Satzung trat mit ihrer Unterzeichnung durch den bayerischen Prinzregenten Luitpold am 8. Juli 1911 in Kraft.[58] Die inneren Trennungslinien, von denen das künstlerische Gegenstandsfeld der Akademie und die Geschlechtergrenze umschlossen waren, wurden folglich auch in modernisierter Form fortgeschrieben.

mitteln, deren sie zur selbständigen und erfolgreichen Ausübung des Künstlerberufes bedürfen.«
57 Ebd.
58 Ebd. Prinzregent Luitpold übernahm mit Datum vom 27. Januar 1913 das Protektorat über die Akademie, neben der Künstlergenossenschaft, dem Kunstverein, dem Künstler Unterstützungsverein sowie dem Bayerischen Kunstgewerbeverein.

2. Diskurse um die Neuorganisation

Abwehr und Öffnung des Künstlerbegriffs

Die institutionelle Grenzlinie zwischen der »hohen« Kunst und der mit dem Gewerbe, der Industrie und den gesellschaftlichen Gebrauchszwecken verbundenen Kunst wurde jedoch bald erneut in Frage gestellt. In München entwickelte sich eine Strukturdebatte, die 1917 begann und sich bis 1924 hinzog, in der es um die Legitimität der Bedeutungszuschreibungen zu den unterschiedlichen künstlerischen Arbeiten und deren Konsequenzen für die beiden Ausbildungsinstitutionen, die Akademie und die Kunstgewerbeschule, ging. Den Anstoß hatte eine Aufforderung des Bundes deutscher Dekorationsmaler vom 21. Dezember 1916 gegeben, an der Königlichen Akademie eine »dekorative Abteilung« einzurichten.[59] Begründet wurde dieses Ersuchen mit der Erfahrung, daß zahlreiche ihrer Berufsgenossen als Schüler an die Akademie gingen, jedoch von diesen kaum einer in das Gewerbe zurückkäme, obwohl über das reine Handwerk hinaus ein »Markt« für dieses künstlerische Fach vorhanden sei. Die Akademie vermied es längere Zeit, auf dieses Ansinnen einzugehen, das, vom eigenen Künstlerhabitus aus gesehen, unsinnig wirkte, und verwies, wie in früheren Debatten, auf die Zuständigkeit der Kunstgewerbeschule. Vom Ministerium um eine Stellungnahme ersucht,[60] äußerte sich der Direktor der Kunstgewerbeanstalt, der Maler, Objektentwerfer und Architekt Richard Riemerschmid,

---

59 BHStA München, MK 40907. Bund deutscher Dekorationsmaler, Anregung des Kunstmalers Julius Mössel vom 21. Dezember 1916 auf Errichtung einer dekorativen Abteilung an der Königlichen Akademie.
60 Auch in der Presse wurde die Initiative der Dekorationsmaler kommentiert. Nachdem die Münchner Neuesten Nachrichten am 16. Mai 1918 in Nr. 246 einen Bericht veröffentlicht hatten, wandte sich am 18. Mai 1918 der Initiator Rudolf Mössel an den Hauptvorstand des Bundes deutscher Dekorationsmaler, offenkundig enttäuscht vom mangelnden Verständnis des Blattes: »Nach dem üblichen erfolglosen Schrei nach großen Individualitäten« habe es sich um einen Versuch gehandelt, »von souveräner Höhe« über die Angelegenheit zu urteilen.

der seit 1912 im Amt war.⁶¹ Dieser lobte die Absichten der Dekorationsmaler, die Entfaltung des künstlerischen Niveaus zu fördern, und analysierte die damit verbundenen kulturellen Werteinstellungen vor dem Hintergrund seiner eigenen Erfahrungen. Er verwies darauf, daß die Kunstgewerbeschule eben nicht das »Besuchszeugnis einer Hochschule« bieten könne und die Wirkung der Hierarchisierung der Künste nicht zu unterschätzen sei:⁶² »Solange der ›freien Kunst‹ als solcher von der Autorität des Staates ein Vorrang zugewiesen wird vor der Kunst der Werkstatt, solange wird diese ›freie Kunst‹ auf die unerfahrenen, hochstrebenden jungen Leute verführend wirken.« Die »freie Kunst« sei von der Autorität des Staates über die Institution Kunstakademie mit gesteigertem Sozialprestige ausgestattet. Etwa gleichzeitig mit dieser Äußerung hatte Riemerschmid im Juni 1917 ein programmatisches Reformmanifest veröffentlicht, das für die angewandte Kunst verbesserte institutionelle Entwicklungschancen einforderte. Er bewegte sich damit in einem breiteren Diskurs um den Künstlerbegriff und die daraus abgeleitete Professionalisierung von Künstlern.

Die Akademie sah sich jedoch lange Zeit nicht unter Druck, hierauf auch nur zu reagieren. Erst nach dem Ende der revolutionären Umbrüche 1918/19 nahm sie in einem Schreiben vom 12. Juli 1919 Stellung. Darin grenzte sie ihr Territorium der »freien Kunst« erneut ab.⁶³ Während der Revolutionszeit vom November 1918

61 Ebd. Brief Richard Riemerschmids vom 8. August 1917.
62 Ebd.
63 Es wurde zwischen dem Begriff der dekorativen Kunst und der Dekorationsmalerei unterschieden und darauf hingewiesen, daß die Akademie für das unter ersterem Begriff zu verstehende Lehrgebiet über hervorragende Vertreter verfüge, wofür die Namen Stuck, Herterich, Marr und Becker-Gundahl anzuführen seien. Von diesem Tätigkeitsfeld sei das auf ornamentalen Schmuck spezialisierte dekorative Handwerk zu trennen, dem die erforderlichen Kenntnisse zur figürlichen Darstellung fehlten. Dieses letztere Lehrgebiet gehöre an die Kunstgewerbeschule. Ebd. Stellungnahme der Königlichen Akademie der bildenden Künste vom 12. Juli 1919. Ebd.: »Diese Erfahrungen lassen es als fragwürdig erscheinen, ob die Akademie der richtige Platz für die Brücke zwischen Kunst und Handwerk ist. Begriffsgemäß gehört die Dekorationsmalerei in die Kunstgewerbeschulen, die ja die Aufgaben haben, das Handwerk künstlerisch zu veredeln und dadurch auf eine höhere Stufe« zu heben.

bis zum 1. Mai 1919 war die Akademie als Institution allerdings grundsätzlich in Frage gestellt worden. Im Rat Münchner Künstler, der im November 1918 gebildet worden war, hatten sich Stimmen erhoben, die sich für eine völlige Abschaffung einsetzten. Andere wiederum, unter ihnen Richard Riemerschmid, plädierten für eine neue integrierte Ausbildung von Künstlern. In der Phase der anarchistischen Rätebewegung im April 1919 hatte Gustav Landauer, der im Wittelsbacherpalais residierende Kommissar für Volksbildung, Beauftragte eingesetzt, die dafür sorgten, daß ein Rat der Akademiemitglieder gebildet wurde.[64] Die Akademie sollte, nach dieser Weisung, nur soweit ihren Betrieb aufrechterhalten, daß die Studenten ihre Arbeiten fortführen konnten. Dies galt auch für die Professoren. Von Landauer wurde jedoch demonstrativ das Ritual der Korrektur durch die Professoren als Ausdruck eines tradierten Herrschaftsverhältnisses untersagt, das in der Zukunft als unwürdig abzuschaffen sei. Weitere Entscheidungen behielt sich der Vollzugsrat vor, insbesondere zu der noch unentschiedenen Frage, ob die Akademie schließlich geschlossen oder in einer anderen Form weitergeführt werden könne.

Im Kontext des mit der Revolution einhergehenden Diskurses über die Beziehung von Gesellschaft und Kunst befand sich die Akademie in der Defensive, zumal die fiskalischen Kriegsfolgen eine Sparpolitik unausweichlich machten und nach Möglichkeiten zur Verschlankung der tradierten Institutionen gesucht wurde.[65] Vor allem die in den Künstlerräten diskutierte Orientierung am Handwerk als einer Innovation, die in die Reform der Künstlerausbildung eingehen und mit der die Utopie der Vereinigung der Künste ermöglicht werden sollte, wurde von dem Vorschlag der Akademie konterkariert. Dieser sah vor, eine Vorschule einzurichten, mit dem Ziel, die Institution in ihren bisherigen Grenzen zu bewahren.[66] In dieser Vorschule sollten die »angehenden

64 BHStA München, MK 14907, Handzettel, der als Legitimation verwendet werden sollte.
65 Das Preußische Ministerium errechnete: »Der jährliche Staatszuschuß für einen Studierenden an der Berliner Kunsthochschule beträgt nach den für 1920 angestellten Berechnungen 8850 Mk!«, Waetzold 1921, S. 6.
66 BHStA München, MK 40907, Schreiben der Akademie der bildenden Künste an das Staatsministerium für Unterricht und Kultus vom 22. Juli 1919, unterzeichnet von H. von Zügel. Die Akademie erklärte,

Künstler« Gelegenheit bekommen, »die Art der eigenen Begabung zu erkennen und sich außer in allgemeinbildenden Fächern in allen technischen Voraussetzungen des künstlerischen Schaffens zu vervollkommnen«.[67] Als weitere »Neuerung« sei die Wahl des Direktors, beziehungsweise seine Berufung auf Zeit, vorzusehen.[68] Um diese Vorschläge in der Kunstöffentlichkeit verbreiten zu können, hatte die Akademie eine Druckschrift »Zur Reform der Akademie der bildenden Künste in München« herausgegeben. Darin wurde die eigene Reformbereitschaft mit der Initiative des »Künstlerrates« begründet, dem es darum gehe, die Autonomie des Berufsstandes zu stärken und »in Zukunft über eigenes Wohl und Wehe selbst zu bestimmen«.[69] In diesem Sinne könnten allerdings nur die »Lehrer der Akademie« befugt sein, über die Zukunft der Akademie zu entscheiden. Die substantiellen Inhalte des Reformdiskurses im Künstlerrat wurden in der Folge abgewehrt und in dem nach der Niederschlagung der Räterepublik umschlagenden politischen Klima in ihrer Seriosität denunziert:[70]

> daß sie eine »grundsätzliche Umgestaltung der äußeren Organisation« ablehne, wenngleich interne »Neuerungen« durchaus möglich seien. Schließlich habe bereits seit dem Ende des »Sommersemesters 1918« eine Reformdebatte an der Akademie stattgefunden. Insbesondere von den Studierenden sei der Vorschlag eingebracht worden, eine »Vorschule« einzurichten, um die bestehende Praxis des Erlernens von zeichnerischen und künstlerischen Grundlagen in den privaten Kunstschulen zu ersetzen, die mit zusätzlichen Kosten verbunden waren. Daß mit den für die privaten Kunstschulen aufzuwendenden Kosten auch ein Prinzip der sozialen Selektion verbunden war, wurde nicht diskutiert oder in den Quellen nicht festgehalten.

67 Ebd.
68 Es komme beim Direktor zwar auf eine »überragende Einzelperson« an, aber es sei nach aller Erfahrung besser, »wenn nicht eine noch so ausgezeichnete Individualität auf längere Dauer an der Spitze steht«, sondern ein Wechsel erfolge.
69 BHStA München, MK 40907, Zur Reform der Akademie der bildenden Künste in München, S. 3: »Die Ereignisse zu Anfang des November 1918 haben unser Volk vor völlig neue Verhältnisse gestellt. Auch die Münchner Künstlerschaft hat sich, um rechtzeitig am Platz zu sein, auf Betreiben einiger den verschiedensten Richtungen angehöriger Künstler zu einem Künstlerrat zusammengetan, um in Zukunft über eigenes Wohl und Wehe selbst zu bestimmen.«
70 Ebd., S. 4.

Abb. 37: Das Kollegium der Münchner Kunstakademie, 1919. Abschiedsfeier für den Direktor Prof. Ferdinand von Miller und Prof. Eugen von Stieler.

»Eine der Forderungen, die von der verschwindenden Minderheit des Künstlerrates kam, lautete auf gänzliche Abschaffung der Akademie; eine andere läßt befürchten, daß bei der Reform nicht rein künstlerische, sondern mehr intellektuelle Gesichtspunkte in den Vordergrund gerückt werden sollen, deren Anwendung die Akademie zum Tummelplatz ganz neuer kunstpädagogischer Experimente machen würde.«

Vielmehr komme es der Akademie darauf an, »eine Schule zum gründlichen Erlernen der künstlerischen und handwerklichen Mittel zu sein, deren hemmungslose Beherrschung dem Talente späterhin jeden persönlichen Ausdruck erlaubt«.[71] Der eigene Anspruch auf Kompetenz begründe sich darauf, daß man »immer noch die erste Akademie Deutschlands« sei.[72] In diesem Text wurde ferner das Beharren der Akademie auf der Autonomie eines von ihr definierten »rein künstlerischen« Terrains, wie es mit dem Konzept der »hohen Kunst« als einer alltagsenthobenen Institution entwickelt worden war, gegenüber den gesellschaftlichen Herausforderungen erklärt. Die Akademie verwies darauf, daß sie die Erbin der künstlerischen Handwerksstätten sei und als eine Einrichtung des Staates die »künstlerische Ausbildung« in dessen Interesse besorge.[73] Reformvorschläge, die aus dem Zeitkontext heraus entwickelt worden waren und mit dem Anspruch der Modernität auftraten, wurden mit dem Konstrukt einer Gegenwelt der Kunst abgewehrt: »Die Aufgaben, welche die Akademie als Schule zu erfüllen hat, sind von den kunstpolitischen und künstlerischen Richtungskämpfen unserer Tage durch eine ganze Welt getrennt.« Um diese Position der Ferne gegenüber der Gegenwart und ihren aktuellen Strömungen zu erhalten, sei es nicht angebracht, bei Neuberufungen die »extrem-

---

71 Ebd.
72 Ebd., S. 5; ein Beleg für das Selbstbewußtsein und das in der Öffentlichkeit zugestandene Prestige: »Was die Akademie in der künstlerischen Entwicklungsgeschichte Münchens bedeutet, was sie für die künstlerische Jugend, für die Forderung des Kunstlebens nicht nur in München, sondern in ganz Deutschland geleistet hat und noch leistet, ist eine ehrenvolle Tatsache.« Ebd., S. 4.
73 Ebd., hierbei gebe es eine Bandbreite unterschiedlicher Veranlagungen zu sehen. »Handelt es sich doch dabei nicht nur um die Ausbildung von Genies, sondern auch von solchen Talenten, die im gewaltigem Gebiete der Kunst und der ihr verwandten Zweige nutzbringenden Platz finden können.«

sten Richtungen zu empfehlen«.[74] Vielmehr gewinne das Prinzip der »Freiheit der Kunst« seine Legitimität allein aus der Eigengesetzlichkeit, aus der Autonomie der Kunst gegenüber der Gesellschaft:[75] »Die oft angerufene Freiheit der Kunst besteht doch wohl in nichts anderem als darin, daß letztere unabhängig ist und bleiben soll von Gesetzen, die ihr nicht inne wohnen, sondern von außen auferlegt werden.« Daher solle die Akademie nicht, wie von vielen gefordert, auf »das Hohe« hin erziehen, sondern vielmehr darauf hinwirken, »den jüngeren Künstler zu künstlerischer Freiheit im obigen Sinne heranzubilden«. In dieser Definition des Künstlerhabitus aus der Freiheit des autonomen Individuums wurde der Gegensatz zu Teilen des Arbeitsrates der Münchner Künstler und dem darin wirkenden Reformer Richard Riemerschmid bekräftigt.[76]

Zu diesem Zeitpunkt nahm das Ministerium als Entscheidungsinstanz gegenüber den gegensätzlichen Reformkonzepten eine noch unentschiedene Haltung ein. Da die Professorenschaft der Akademie jedoch überaltert war und sich im Sinne des »Akademismus« in einer mentalen Erstarrung befand, bot es sich an, mit einer aktiven Berufungspolitik dem weiteren Verlust des »Kunststadt«-Prestiges an Berlin entgegenzuwirken. Zeitgleich wurden von der Ministerialbürokratie Angebote an drei Künstler herangetragen, die der Akademie nicht nur neue Impulse, sondern auch neue Gebiete der künstlerischen Arbeit hätten erschließen können. Der Maler Max Slevogt verhandelte zwar, lehnte aber schließlich ab. Der Entwerfer und Direktor der Schule des Berliner Kunstgewerbemuseums Bruno Paul erhielt unterdessen weitreichende Zusagen zu einer grundlegenden Reform der Berliner Kunsthochschulen, so daß er blieb. Lediglich der konservative Architekt German Bestelmeyer wurde schließlich berufen.

74 Ebd., S. 10.
75 Ebd., S. 12.
76 Allgemein bemerkte der preußische Kunstadministrator Wilhelm Waetzold etwa gleichzeitig: »Die Akademie glaubt, eine ausreichende Berufsausbildung zum freien Maler, Bildhauer und Graphiker geben zu können mit Hilfe eines vom Ideal der Richtigkeit beherrschten Unterrichts im Malen, Modellieren und Zeichnen nach der Natur, der durch Hilfsfächer wie Anatomie, Perspektive, Schattenlehre u. a. m. ergänzt wird. Auf diesem Wege erzeugen die Akademien bis zum heutigen Tag, wenn alles gut geht, Virtuosen der Darstellung.« Waetzold 1921, S. 8.

Währenddessen stagnierte die Reform der Akademie. Von seiten des Kollegiums verstärkte sich die Abwehr gegenüber jeglicher Öffnung der Terraingrenzen. Der Akademiebetrieb lief in diesen Jahren in gewohnter Routine weiter.[77] Am 5. November 1922 teilte der Referent des Staatsministeriums der Akademie Bedenken bezüglich der Vorbereitungsklasse mit und forderte die Professoren auf, einzelne Stellungnahmen abzugeben. Diese sind als selbstreflexive Quellen von Aussagekraft, da sie Begriffe beinhalten, in denen die Selbstbilder von Professoren und Selbstlegitimationen des Künstlerhabitus konstituiert wurden.

Im Januar 1923 äußerte sich der Maler Hugo Freiherr von Habermann. Er grenzte sich prinzipiell von allen gesellschaftlichen oder politischen Kontextbezügen ab und betonte kategorisch, ihn interessiere nur die »rein künstlerische Seite«. Innerhalb dieses Terrains bezog er sich auf eine mentale Kommunikationsgemeinschaft der Künstler mit spezifischen Merkmalen:[78]

> »Rein künstlerische Gedankengänge in Worte umzuprägen ist unendlich schwer; der tiefste Sinn dessen, was der Pinsel und Meißel sagt, kann nicht mit Worten ausgesprochen werden, sowenig wie das, was uns die Musik im tiefsten Grunde sagt; diese Schwierigkeit erstreckt sich auf alles, was mit Kunst innerlich und unmittelbar in Verbindung steht, also auch auf den Werdegang des einzelnen Künstlers. Künstler unter sich begnügen sich in der Aussprache über künstlerische Dinge mit halben Worten, die nur andeuten, aber nicht zu definieren brauchen und von ihnen doch verstanden werden.«

Diese Ausdrucksform des Andeutens erschien dem Akademieprofessor Habermann als der angemessene Kommunikationsbezug der Künstler. Dennoch suchte er in seinem Text in der Folge

---

77 BHStA München, MK 40907, Bericht der Akademie der bildenden Künste München an das Staatsministerium vom 7. April 1922. Im Sommersemester 1921 zählte die Akademie 378 Studierende, hiervon 29 Frauen und 34 Ausländer, im Wintersemester 1921/22 448 Studierende, hiervon 39 Frauen und 48 Ausländer. An die Studierenden konnten zu diesem Zeitpunkt 12 Studienbeihilfen zu je 1400 Mark jährlich vergeben werden (= Gesamtbetrag 16 800 Mark). Für Künstlerpensionen stand ein Gesamtbetrag von 120 000 Mark zur Verfügung, die in 34 Pensionen à 2160 Mark, 5 Pensionen à 2640 Mark und 10 Pensionen à 3240 Mark aufgeteilt waren.

78 BHStA München, MK 40907, Schreiben von Hugo Freiherr von Habermann, betrifft Vorbereitungsklasse, vom Januar 1923.

den essentiellen Bezugspunkt für die »hohe« Kunst zu definieren: »Der menschliche Körper als der höchstentwickelte Organismus ist wohl der Kanon für alles höhere künstlerische Können, für den Maler wie für den Bildhauer, theoretisch auch für den Architekten.« Zu dessen Darstellung habe man sich an festen Gesetzen zu orientieren, soweit es »die Form betrifft«, Größenverhältnisse, Aufbau des Körpers, Verhältnisse der Teile zum Ganzen, der Perspektive, die Verteilung von Licht und Schatten je nach Lichtquellen. An diese Kompetenz zur Darstellung des menschlichen Körpers band sich für Habermann die »hohe« Kunst und in seinem Selbstverständnis auch der Künstlerhabitus. »Nur die Kenntnis vorgenannter Gesetze führt zur wahren künstlerischen Freiheit, zur Unabhängigkeit vom concreten Modell, zur Möglichkeit mit der menschlichen Figur frei zu schalten (...).« Es sei die innere Beziehung zwischen der »Schöpfung« und der »Kunst«, auf die sich das Selbstbild des Künstlers stützen solle, so daß der Künstler sich als Schöpfer verstehen könne.[79]

Eine zweite, in anderer Weise aufschlußreiche Stellungnahme verfaßte der Leiter der Klasse für Graphik, der Akademieprofessor Adolf Schinnerer, datiert vom Februar 1923. Dieser argumentierte mit der angeblichen »Zerfahrenheit und Rohheit der Kunstübung unserer Zeit«, die zwar nur der Spiegel der kulturellen Moderne sei, weshalb es aber gerade deshalb darauf ankomme, auf die »Gesundung« der Kunst zu drängen. Schinnerer hob zwei Begriffe als Bezugspunkte für die Kunst hervor: den Begriff der Zeit und den der »Rasse«.[80] Man müsse sich auf den Kern der Problematik besinnen: »Jede Überlegung über Künstlererziehung wird von dem Begriff des Künstlerischen ausgehen müssen, der zu allen Zeitenwechseln – die verschiedenen Stile geschaffen hat.« Im Unterschied zum Klassizismus, dem auch ein selektiver Begriff der Geschichte zugrunde lag, habe sich nun die Wertung zugunsten

79 Ebd.: »Schon die Bezeichnung ›Schöpfung‹, ›schaffen‹ für das Werk des Künstlers lenkt auf den Parallelismus von ›Schöpferwillen‹ und ›Kunstwillen‹ hin, und auf keine Beziehung darf der Künstler stolzer sein als auf diese.«
80 Stellungnahme von Adolf Schinnerer, Akademieprofessor, Februar 1923: »Unsere Zeit mag übel sein, aber sie hat doch erkannt, daß Kunst nichts anderes ist als der Ausdruck einer bestimmten Zeit und einer bestimmten Rasse und daß ihre Formen naturnotwendig wechseln wie diese.«

eines neuen Ausdruckskanons der »deutschen Kultur« verschoben, das als nationales Paradigma codiert wurde: »Die deutsche gotische Kunst, die heute als reinster Ausdruck unseres Wesens gilt, wurde [damals, d. V.] kaum geschätzt.«
Schinnerer distanzierte sich im folgenden sowohl vom »akademischen Maler« als auch vom »modernen Maler«, die beide dadurch charakterisiert seien, daß sie nach »Wirkung« strebten. Beide Ausprägungen des Künstlerhabitus seien schlicht Fehlentwicklungen, von denen es sich abzugrenzen gelte, um einen neuen Begriff des Künstlers zu gewinnen:

»Der Akademiker, indem er etwa, durch gehäufte Details den Schein besonderer Naturnähe zu erreichen sucht oder durch bravourösen Pinselstrich sein Virtuosentum zeigen will, der Moderne, indem er die Kunstmittel sinnlos übersteigert und die heterogensten Formen aufeinanderhäuft oder durch gesuchte Naivität überraschen will. Dem Formalismus beider steht der Formenzwang des Künstlers gegenüber, der Freiheit einer unverbindlichen Äußerung, die innere Gesetzmäßigkeit des wahren Kunstwerkes. Das Gefühl für die Notwendigkeit dieses inneren Zwanges gilt es beim Nachwuchs zu wecken.«

Schinnerer plädierte für die Entwicklung eines Ausdruckswillens, der die spezifische Persönlichkeit des Künstlers repräsentiere, ohne daß er den Begriff der Individualität explizit verwendete: »Die im schlimmen Sinne akademische Zeichnung nach der Natur unterscheidet sich von der Studie des Künstlers dadurch, daß sie die Natur möglichst bis zur Täuschung nachahmt, während die künstlerische Zeichnung aus der Natur das herausreißt (nach Dürers unsterblichem Wort), was in ihr als wesentlich und wichtig erkannt wurde.« Kunst entstehe somit aus der individuellen »Kraft« des Künstlers, aus der »Tiefe und Intensität seines Naturgefühls und der Konsequenz und der inneren Wahrhaftigkeit seiner Darstellung.« Wenn der Akademieschüler dies begreife, werde ihm klar werden, daß ihm niemand lehren könne, »Kunst zu machen«.

Dieses Verständnis des Künstlerhabitus mit einem Selbstbild, das sich in der »Mitte« der zeitgenössischen Kunstentwicklung sah, ist weitgehend repräsentativ für den Konservatismus der Kunstprofessoren der Akademie, die in ihrer Abwehr der radikalisierten künstlerischen Moderne der ersten Jahrzehnte des 20. Jahrhunderts den gemeinsamen Nenner ihrer akademischen Selbstbehauptung fanden.

Seit Ende 1923 drängte das Ministerium auf eine Entscheidung in der Reformfrage, die schließlich zugunsten der Positionen der Akademie und ihrer Neuordnung innerhalb des tradierten Terrains getroffen wurde. Zum 1.1.1924 wurde die Zwangspensionierung der über 65jährigen Akademieprofessoren angekündigt, um die Kosten für den Personalstand zu senken. Dagegen protestierte nicht nur die Akademie, sondern auch der Arbeitsausschuß der bildenden Künstler Münchens, der auf die Bedeutung der Institution Akademie für das gefährdete »Kunststadt«-Image Münchens hinwies, da diese »das Wesen der ganzen Stadt charakteristisch beeinflussen« könne.[81] Zudem sei die Stabilität dieser Institution als ein produktives Gegengewicht zu den Schwankungen des Kunstmarktes zu bedenken. Nach diesem öffentlichen Widerspruch schwächte das Staatsministerium bald seine rigorose Sparpolitik ab, nicht zuletzt weil die Akademie dem Reformkonzept des Ministeriums entgegenkam und die Berufung der bisherigen Professoren der Kunstgewerbeschule Julius Diez und Josef Wackerle an die Akademie vollzog.[82] Der zeitweilige Plan des Ministeriums, auch den Direktor der Kunstgewerbeschule, den beharrlichen Reformer, aber eben auch gemäßigt modernen Künstler Richard Riemerschmid an die Akademie zu holen, stieß dagegen auf einen so entschiedenen Widerstand des Kollegiums, daß er schließlich als Person und Amtsinhaber fallengelassen wurde, zumal er sich der Neugliederung zum Nachteil der Kunstgewerbeschule verweigerte.

81 BHStA München, MK 40916, Protest des Arbeitsausschusses der bildenden Künstler Münchens vom 25. Januar 1924: »Die Künstlerhochschule in einer führenden Stadt wie München, in welcher das Ansehen der bildenden Kunst unlöslich und schicksalhaft mit dem Ansehen der Stadt überhaupt, wie sonst nirgends, verkettet erscheint, ist nicht irgend eine Anstalt, wo mehr oder weniger begabten Jungen schlecht und recht das Handwerk des Malers oder Bildhauers semesterweise beigebracht werden soll, sondern nach unserer Ansicht ein gerade für München lebenswichtiges Organ, dessen Art und Wirkung, in Meistern und Schülern sich offenbarend, das Wesen der ganzen Stadt charakteristisch beeinflussen kann und dessen Schwächung bedenklich bleibt.« Abdruck der Stellungnahme in den MNN vom 28. Januar 1924.
82 Ebd. Schreiben der Akademie an das Staatsministerium vom 24. Januar 1924.

Stagnation und Autonomie

Der Akademiebetrieb lief in den zwanziger Jahren ohne nennenswerte Bezüge zur zeitgenössischen Moderne in den tradierten Einzelklassen weiter.[83] Lediglich mit dem Maler Karl Caspar war ein Künstler hinzugekommen, der das Gebiet der christlichen Kunst vertrat und sich mit einer expressiv-abstrahierenden Malweise am weitesten von der akademischen Konvention entfernt hatte.[84] Am 1. Dezember 1926 wies die Akademie einen Personalstand auf,[85] der zunächst, bis zu den Neubesetzungen nach 1933, das Spektrum der Lehre und die vermittelten Kunstauffassungen festschrieb:[86]

Architekt	German Bestelmeyer Außenarchitektur mit besonderer Berücksichtigung des Zusammenhangs der Architektur mit Plastik und Malerei[87]
Maler	Karl Caspar Plastik und Malerei
Maler	Julius Diez Zeichnen und Malschule für dekorative Malerei
Maler	Max Doerner Maltechnik einschließlich Wandmalerei, Malmaterialien-Kunde mit praktischen Übungen

83 BHStA München, MK 40908. 1925 war die Verfassung von 1911 durch die ministerielle Entschließung von 1924 zwar überholt, eine neue Veröffentlichung lag jedoch nicht vor, was auf eine schwache Reformarbeit des Kollegiums der Akademie hindeutet.

84 Die Künstlergenossenschaft hatte sich mit Schreiben vom 24. April 1924 für die Wiederbesetzung der Professur für christliche Kunst ausgesprochen, BHStA München, MK 40916.

85 BHStA München, MK 40908.

86 1928 lehnte die Akademie die Einrichtung einer Professur für Landschaftsmalerei mit der Begründung ab, »dieser lägen keine eigenen Gesetzmäßigkeiten zugrunde«. Lediglich Julius Hess wurde im August 1931 zum ordentlichen Professor mit einem Grundgehalt von 8900 RM jährlich ernannt.

87 Der Akademiepräsident Bestelmeyer war zugleich ordentlicher Professor für Baukunst an der TH München und nahm einen Lehrauftrag an der Akademie nach Bedarf wahr. BHStA München, MK 40916.

Maler	Hermann Groeber Zeichenschule
Maler	Frh. Hugo von Habermann Malschule
Maler	Ludwig von Herterich Malschule
Maler	Angelo Jank Tiermalschule
Maler	Franz Klemmer Zeichen- und Malschule für kirchliche Malerei
Maler und Radierer	Adolf Schinnerer Zeichen- und Radierschule
Maler	Franz von Stuck Malschule
Bildhauer	Bernhard Bleeker Bildhauerei
Bildhauer	Karl Killer kirchliche Plastik
Bildhauer	Josef Wackerle Bildhauerei

Um die Kosten für die Institution zu senken, zielte die Politik des Ministeriums seit 1924 auf eine Beschränkung der Studierenden, so daß deren Zahl im Wintersemester 1927/28 auf 332 Studierende zurückging.[88] Andererseits war der Ruf der Akademie in diesen Jahren so beschädigt, daß sich im Sommersemester 1928 lediglich noch 69 Bewerber um Aufnahme für ein Studium der Malerei und Graphik und 19 bei der Bildhauerei bewarben. Von diesen wurde

88 Die Zulassung von Ausländern erhielt mit der Festlegung der Genehmigungspflicht durch das Ministerium und durch erhöhte Gebühren einen restriktiven und abgrenzenden Charakter. Mit Weisung vom 20. April 1928 wurde ein völkischer Begriff durchgesetzt, in dem die Zulassung von Deutschösterreichern, von Angehörigen der vom Deutschen Reich abgetrennten Gebiete sowie von Auslandsdeutschen – in allen diesen Fällen mit der Voraussetzung deutscher Abstammung und deutscher Muttersprache – der Akademie übertragen wurde. BHStA München, MK 40908.

die hohe Quote von 47 bei den Malern und 18 bei den Bildhauern zum Studium zugelassen.[89]

Weitere Reformbemühungen des Staatsministeriums um 1930 wurden vom Kollegium der Akademie im Bewußtsein der Stabilität ihrer eigenen Legitimation schlichtweg abgelehnt, worauf unter Respektierung der Autonomie der Hochschule vom Ministerium keine weiteren Initiativen ausgingen.

---

89 Darunter befanden sich fünf Ausländer: ein Chinese, zwei Schweizer, ein Ungar und eine Nordamerikanerin. BHStA München, MK 40944.

11. Gewerbekünstler und angewandter Künstler. Begründungen eines Berufsbildes für den gesellschaftlichen Bedarf

Wechselt man die Perspektive, um von der Gegenseite aus die Trennlinie innerhalb des Künstlerhabitus zu rekonstruieren, so ist wiederum zunächst nach den Legitimationen für die innere Grenze zwischen der akademischen »hohen« Kunst und dem Kunstgewerbe zu fragen. Wie entwickelte sich das Terrain der künstlerischen Arbeit, das vom »akademischen« Künstler abgespalten wurde, und der Diskurs um das Selbstverständnis des neuen Berufsbildes und dessen Aufgabenstellung? Welche Merkmale galten in den verschiedenen Phasen für die ausdifferenzierten Berufsbilder, und durch welche gesellschaftliche und kulturelle Konfiguration waren diese bedingt?

Hinter dem Wandel der von der amtlichen Statistik aufgenommenen Begriffe der Künstlerberufe und den darin enthaltenen Distinktionen verbirgt sich ein langfristiger strukturgeschichtlicher Vorgang von Ausdifferenzierungen, der als Reaktion auf die fortschreitende Industrialisierung des 19. und 20. Jahrhunderts verstanden werden kann.[1] Die Trennlinie der Spaltung in zwei Territorien der Kunst bewegte sich entlang der Rationalisierung der Arbeit und der davon geordneten gesellschaftlichen Praktiken. Der Begriff des »Geistigen« grenzte das Gebiet der »hohen« Kunst von dem des Kunstgewerbes und der »angewandten« Kunst ab.

Zugleich entstand mit der Zurückdrängung von handwerklicher Arbeit und der zunehmenden industriellen Produktion von seriell gefertigten Objekten des Alltagslebens ein neuartiger Gestaltungsbedarf. Mit der Wahrnehmung eines Defizits an ästhetischer Form entwickelte sich im 19. Jahrhundert das Berufsbild des kunstge-

---

1 Vgl. den Überblick bei Pevsner 1986 (engl. 1940), S. 239–289; ferner zur Geschichte des Designs Gert Selle: Geschichte des Design in Deutschland, Frankfurt am Main/New York 1994, und Bernd Meurer/Hartmut Vincon: Industrielle Ästhetik. Zur Geschichte und Theorie der Gestaltung, Gießen 1983, sowie Sebastian Müller: Kunst und Industrie. Ideologie und Organisation des Funktionalismus in der Architektur, München 1974.

werblichen Entwerfers. Dieser sollte die für die industrielle Herstellung konstruierten Objekte mit Ornamenten so »veredeln«, daß sie dem ästhetischen Geschmacksempfinden sowie dem bürgerlichen Kultur- und Kunstbegriff entsprechen konnten. Seit den 1890er Jahren trat die Synthese von Funktion und Form als programmatisches Ziel hinzu, und die Frage, wie diese gestaltbar wäre, rückte in das Zentrum des Diskurses der künstlerischen Moderne. Das ästhetische Konzept der funktionalen Sachlichkeit erschien als eine adäquate Reaktion auf die Erfahrungen des modernen Menschen, einer zunehmenden Rationalisierung der Lebenswelt, der steigenden Bedeutung der Konstruktion, der Technik und der fortschreitenden Mechanisierung der Arbeit für die Produktion der materiellen Kultur.

1. Handwerk, Industrialisierung und Kunstgewerbe

Die Auflösung des »alten« Handwerks verstärkte sich im ausgehenden 18. Jahrhundert.[2] Die vom Diskurs der Aufklärung geforderte Reflexion über die »Nützlichkeit« in der Alltagsökonomie, über das Verhältnis der eingesetzten Mittel zum Ertrag, beschleunigte einen Rationalisierungsprozeß des arbeitspraktischen Handelns, zumal die Reformen in den deutschen Staaten, in der Folge der Rückwirkungen der Französischen Revolution, der Freisetzung von »Gewerbefleiß« dienten. Mit dem kulturellen Einfluß Frankreichs gingen Innovationen des Geschmacks einher.[3] Bis in die Jahre nach 1810 behauptete sich der von der napoleonischen Kolonialpolitik inspirierte ägyptisierende »Empire«-Stil, sodann dominierte in den 1820er und 30er Jahren ein Stilbegriff, der retrospektiv als »Biedermeier« bezeichnet wurde. Er zeichnete sich dadurch aus, daß er auf den Bedarf der bürgerlichen Lebenswelt und deren Objektbedürfnisse zugeschnitten war. Klarheit der Form, ästhetische Wirkung des Materials und eine Ökonomie des angemessenen Aufwandes waren mentale Ausdrucksformen von bürgerlicher Provenienz.

---

2 Michael Stürmer: Herbst des alten Handwerks, München 1979.
3 Insofern haben die Autoren durchaus recht, die den Traditionsbruch mit der Französischen Revolution identifizieren. So Jakob Falke: »Geschichte des modernen Geschmacks«, Leipzig 1866.

Serielle Arbeitsformen hatten sich bereits längerfristig im Metallgewerbe und im Hofhandwerk ausgebildet, so daß die Herstellung größerer Stückzahlen für die überlokalen Märkte Praxis geworden war.[4] Seit der zweiten Hälfte des 18. Jahrhunderts entstanden zudem vermehrt Manufakturen, die überwiegend auf Herstellungsprozessen mit arbeitsteiliger Handarbeit beruhten. Diese innovative Form der Manufakturproduktion löste sich vom handwerklichen Unikat und drängte mit seriellen Produkten wie Stühlen, Töpfen, Scheren und ähnlichen Objekten verstärkt auf den Markt. Um 1800 vertiefte sich die Auseinanderentwicklung von zweckfreier Kunst und gewerbebezogener Kunst in Europa als ein Vorgang von zivilisationsgeschichtlichem Gewicht. In Paris objektivierte sich diese Auseinanderentwicklung von Berufsbildern bereits in den Neugründungen eigenständiger Institutionen, der École des Beaux Arts und der École Polytéchnique.

Dem lagen Veränderungen der kulturellen Leitbilder in der bürgerlichen Gesellschaft und in den Alltagspraktiken der bürgerlichen Lebensgestaltung zugrunde. Mit dem Auseinandertreten der kulturellen Formen des Arbeits- und Alltagslebens einerseits sowie der tradierten künstlerischen Arbeitsmuster andererseits wurde eine Stagnation der gewerblichen Kunst unübersehbar. Der Berufsstand der »Künstler« verlor den Bezug zur Dynamik des Gewerbelebens und zog sich auf diejenigen Medien der Gestaltungsarbeit zurück, die »frei« von gewerblichen Zwecken waren,[5] sieht man von den Berufen der seriellen Bildherstellung wie dem des Lithographen ab.

Mit dem Beginn der ersten Industrialisierungsphase, der Errichtung von Fabriken für Maschinenbau und zur Textilherstellung in den 1830er und 40er Jahren verstärkte sich nicht nur die neue wirtschaftliche Dynamik, sondern es wurden auch Denkformen gesteigerter Rationalität und Praktiken zunehmender Arbeitsteiligkeit entwickelt, die auf die Mechanisierung von Arbeitsschritten

---

4 Michael Stürmer: Hofhandwerk, München 1981.
5 Die Kunstgewerbereformer lokalisierten um 1900 den historischen Bruch in der ersten Hälfte des 19. Jahrhunderts, dessen langfristige Folgen sie selbst mit einer neuen Synthese von Kunst und Leben auszugleichen bestrebt waren. Bruno Rauecker: Das Kunstgewerbe in München, Stuttgart und Berlin 1911, S. 1: »Jammervoller stand es kaum um die Kunst als am Anfange des 19. Jahrhunderts. Abseits vom Leben beharrte sie ohne Fortschritt in ihrer alten Tradition.«

gerichtet waren. Diese zogen eine neue Apparate- und Maschinenkultur nach sich, um das Verhältnis zwischen dem Arbeitsaufwand und dem Arbeitsertrag im Produktionsprozeß zu verbessern. Es wurden entwickeltere Maschinen, schließlich aus Metall, gebaut, die die Umformung von Werkstoffen in verschiedenen voneinander getrennten Arbeitsschritten bewältigten. Ein exemplarisches Beispiel hierfür ist die Preßglasherstellung.[6] Die Bedienung der Maschinen erforderte neuartige Kompetenzen der Arbeiter im Vergleich zum tradierten Handwerk. Mit der Etablierung der Konkurrenz auf dem regionalen wie überregionalen Markt verstetigte sich der Zwang zur Rationalisierung der Arbeitsstruktur für die einzelnen Unternehmer, um sich mit ihren Produkten im Wettbewerb behaupten zu können.[7] Eine Spannung zwischen der »Fortschritts«-Euphorie des industriell engagierten Bürgertums und dem am bürgerlichen Kultur- und Kunstbegriff orientierten Künstlerhabitus und seinem Kult des nicht an Zwecke gebundenen »Schönen« verstärkte sich.

Die Gestaltung der Objekte hatte für die Fabrikanten zumeist eine untergeordnete Bedeutung.[8] Das idealtypische Leitbild des Hand-

---

6 Zusammenfassend Manfred Franke: Preßglas als Massenware. Zur Technik, Typenbildung und Variation, in: Tilmann Buddensieg/Henning Rogge (Hg.): Die Nützlichen Künste. Gestaltende Technik und Bildende Kunst seit der industriellen Revolution, Ausst. Kat. Berlin 1981, S. 262-269.

7 In einer Esslinger Eisenwarenhandlung konnte man 1836 neben älteren Werkzeugen wie Sicheln, Sensen, Faßreifen, Strohmessern, Schaufeln auch Dinge des Hausrats erstehen: Stubenöfen, Leuchter, Lichtputzträger, Zuckerdosen, Tassen, Tabaksbehälter, Kruzifixe, Kreuzchen, Ringe, Strick- und Schlüsselhaken, Medaillons, Büsten, Briefbeschwerer, Schreibzeuge, Biegel-, Hippen-, Waffeleisen, Kaffeeröster u. a. m., Cleve 1996, S. 265.

8 In der Festschrift zum 25jährigen Jubiläum des Münchner Kunstgewerbevereins wurde 1876, aus der Rückschau von mehreren Jahrzehnten, die grundlegende Spaltung innerhalb der Künstlerschaft scharfsinnig erkannt. Sie wurde aus der Perspektive eines zwar vollzogenen, gleichwohl weiterhin revisionsbedürftigen historischen Vorgangs beschrieben. Der »Künstler« wende sich nach wie vor vom handwerklichen »Gewerbe« ab, so daß eine Trennungslinie festgeschrieben sei: »Staffelei- und Dekorationsmalerei stehen sich jetzt in der Tat zu ferne; zu ferne das Atelier des Bildhauers und des handwerklichen Bossierers; zu ferne das Zeichenbrett und die Werkstatt des Kunstschreiners. Von der Plafond-

werks, die Einheit von Entwurf, Gestaltung und Fertigung, war in der neuen industriellen Arbeitsteiligkeit der maschinellen Produktion nicht mehr praktikabel, so daß die alten Praktiken, Erfahrungen und ästhetischen Geschmacksleitbilder des Handwerks verlorengingen. Die Entwurfsarbeit für Maschinenobjekte wurde durch die Begriffe der Konstruktion für die »nützlichen« Zwecke und die Effektivität von Arbeitsverfahren definiert.

Daher bildeten sich in der Folge der Umstrukturierung dieses Arbeitsprozesses zwei neue, voneinander geschiedene Berufsfelder heraus. Zum einen habitualisierte sich die Konstruktion von Maschinen und maschinenproduzierten Objekten im Ingenieur mit spezialisierten ingenieurwissenschaftlichen Kenntnissen. Dieser Beruf avancierte mit neuen Techniken der Planung zum Organisator und Motor der industriellen Serienproduktion und zum Entwerfer einer »nützlichen« Objektkultur.[9] Das Medium des Ingenieurs bestand in der Konstruktionszeichnung. Die gestalterische Arbeit an den Objekten wurde nunmehr unter die Dominanz des ingenieurwissenschaftlichen Fortschritts gestellt, häufig aus Kostengründen auch ganz vernachlässigt. Zum zweiten etablierte sich, mit erheblicher Zeitverschiebung, der »Gewerbekünstler« als ein Spezialist für den Schmuck gewerblicher Erzeugnisse. An den in der Industriekultur der 1850er und 60er Jahre produzierten technischen Objekten, ihrer Konstruktion und Fertigung wurde er nur selten beteiligt. Dennoch entwickelte sich eine funktionale Ästhetik im Eisenbahnbau, bei Lokomotiven, Brücken und ähnlichen Objekten sowie bei der Herstellung von Gebrauchsgütern.[10]

In der Frühphase des Maschinenbaus der 1840er und 50er Jahre sind jedoch durchaus Übernahmen von Formelementen zu beob-

---

malerei bis zur Tapete, vom Kandelaber bis zum Lampenfuß, vom Büfett bis zum Stuhl harrt noch vieles des tonangebenden, stilbildenden Künstlers.«

9 Vgl. Alois Nedoluha: Kulturgeschichte des technischen Zeichnens, Wien 1960.
10 Vgl. die Ausstellungskataloge: Neue Sammlung. Museum für angewandte Kunst (Hg.): Verborgene Vernunft. Funktionale Gestaltung im 19. Jahrhundert, München 1971; und Tilmann Buddensieg/Henning Rogge (Hg.): Die nützlichen Künste, Berlin 1981; Tilmann Buddensieg: Von der Industriemythologie zur »Kunst in der Produktion«, in: Jahresring für Literatur und Kunst der Gegenwart 25, 1978/79, S. 46-72.

achten, die mit dem im Bildungsbürgertum anerkannten Verständnis von Kultur und Kunst korrespondierten. Beispielsweise wurden Säulen und klassizistische Tempelelemente auf die nach den technischen Erfordernissen konstruierten Dampfmaschinen appliziert. Diese Maschinen wurden somit mit Formen geschmückt, die als Code für »Cultur« gelesen werden konnten. Dieser Code von Formelementen des »Schönen« verband sich mit assoziierten Bedeutungsgehalten, die den Idealen des Bildungsbürgertums und einer mythologischen Bildlichkeit der Industrie entsprachen. Solche Maschinen verweisen auf eine ihnen zugeschriebene Brückenfunktion zwischen den für das Bürgertum auseinandertretenden Welten einerseits der Technik und der »Nützlichkeit« sowie andererseits der Ästhetik und des »Schönen«.

In den 1850er Jahren bildete sich ferner mit den neuartigen Welt- und Industrieausstellungen eine spezifische Präsentationsform für die Produkte der Industrie heraus. Das Publikum erhielt Gelegenheit zum Vergleich der Erzeugnisse, ihrer technischen Tauglichkeit für die betreffenden Zwecke sowie ihrer ästhetischen Form. Neue Objekte entfalteten als dingliche Repräsentanzen des Fortschritts eine magische Faszination. Die Prämierung gelungener Waren förderte den Diskurs über eine adäquate Gestaltung, woraus sich verstärkt die Forderung ergab, Kunst und Gewerbe sollten in eine neue innere Beziehung gebracht werden. Die Realisierung dieses Ziels erwies sich dagegen als schwierig, da verschiedene Sichtweisen und kulturelle Wertsysteme aufeinandertrafen. Die Agenten des Industrialisierungsprozesses, die Industriellen mit ihren ökonomischen Interessen,[11] und die Konstrukteure, als die Spezialisten für die technische Innovation, waren nur zu einem geringeren Teil für ästhetische Fragen aufgeschlossen, so daß die Dominanz der Ingenieurskonstruktion als defizitär erfahren wurde.[12] Daher entstand die Kunstgewerbebewegung mit dem ausdrücklichen Ziel, dem »Verfall« der Gestaltung der gewerblichen Objektproduktion entgegenzuwirken. Der Entwurfskünstler für gewerbliche Objekte trat nun als Akteur und Spezialist für das

---

11 Rauecker 1911, S. 3: »Den letzten Rest an Geschmack hatte der aufkommende kapitalistische Unternehmer verjagt. Ihm leuchtete nur ein Gesichtspunkt voraus: Marktgängige Ware herstellen. Der Künstler war dem Unternehmer gegenüber noch wehrlos.«

12 Diese historische Periodisierung von Verfallsphasen hat sich im Fachdiskurs fortgeschrieben. Beispielsweise bei Rauecker 1911, S. 1.

schöne Ornament sowie den visuellen Geschmack des Publikums hinzu.

Die Kunstgewerbebewegung

Als Ausdruck dieser widersprüchlichen mentalitätsgeschichtlichen Konfiguration ist die Gründung des ersten deutschen Kunstgewerbevereins in München im Jahre 1851 zu werten.[13] Dieser trug den programmatischen Namen »Verein zur Ausbildung der Gewerke«. Dementsprechend wurde in der Mitgliederversammlung am 2. November 1852 als Zweck des Vereins die »Ausbildung« der »Gewerkskunst« durch eine verbesserte Synthese von »Zweckmäßigkeit und Schönheit« festgelegt.[14] Präziseres zu den Vorstellungen, die im Vorfeld der Vereinsgründung entwickelt worden waren, erfahren wir von Ernst Förster, einem der führenden Beteiligten. Dieser publizierte im ersten Heft der neuen Zeitschrift des Vereins im Juni 1851 einen programmatischen Text unter dem Titel »Kunst und Gewerke«. Darin wurde die angestrebte Synthese der gespaltenen Teilbereiche der bürgerlichen Gesellschaft, des »Notwendigen« und des »Schönen«, aus Begriffen hergeleitet, die die Steigerung des Konsumwunsches der Menschen von der materiellen zur geistig-ästhetischen Aneignung als ein »Bedürfnis« beschrieben, das im bürgerlichen Kulturbegriff selbst wurzele. Daher müsse das Bestreben auf eine Verbindung der Gewerbeproduktion und eine Kunst gerichtet sein, die das Gefühl des Schönen zu wecken in der Lage sei:[15]

13 Ein Überblick bei Helga Schmoll-Hofmann: Der Bayerische Kunstgewerbeverein und die Kunstgewerbebewegung, in: 125 Jahre Bayerischer Kunstgewerbeverein, München 1976.
14 Satzungen des Vereins zur Ausbildung der Gewerke München 1853, Stadt Archiv München, Kulturamt 662: »Vervollkommnung aller derjenigen deutschen Gewerke, deren Erzeugnisse durch Anwendung wahrer Gewerkskunst und geschmackvoller, künstlerisch dargestellter Form einer höheren Ausbildung in Bezug auf Zweckmäßigkeit und Schönheit fähig sind.«
15 Ernst Förster: Kunst und Gewerke, Zeitschrift des Vereins zur Ausbildung der Gewerke in München, 1. Jg., 1. H. 1851, S. 3. »Zweckmäßigkeit, Güte und Wohlfeilheit sind die unerläßlichen Bedingungen für die Erzeugnisse des Gewerbefleißes. Allein die Erfahrung lehrt, daß ein

»Schöpfung, Entwicklung und Ausbildung der Form nach Gesetzen der Schönheit ist strenggenommen nicht Sache des Handwerkes, das zunächst auf die materiellen Bedürfnisse hingewiesen ist, sondern der Kunst, die ursprünglich von diesen nur für Gedanken und Empfindungen eine entsprechende Gestalt zu finden hat, und zwar vor allem der Baukunst, die gleich der Musik und gleich der Malerei und Bildhauerei, in der äußeren Natur keinen Anhalt hat, sondern ihre Gebilde aus dem Innern der Seele, aus der Phantasie und den Gefühlen holen, d. h. erzeugen muß.«

Dieser bürgerliche Begriff der Kunst, der die Innenseite des schöpferischen Individuums, die Ideen, die »aus dem Innern der Seele, aus Phantasie und den Gefühlen« entstanden waren, zum Bezugspunkt erhob, sollte auch für die Gestaltung von Produkten Geltung erlangen.[16] Daneben erschien es Förster unverzichtbar, aus den Leistungen früherer Blütephasen der »Culturgeschichte« zu lernen, von den Ägyptern, den Griechen und Römern, den Germanen, dem romanischen Stil sowie der Renaissance. Diese kulturelle Haltung der Aneignung der Geschichte und der Synthesearbeit für den Bedarf der Gegenwart, wie sie sich als Historismus festigte, ging konstituierend in die Vereinsgründung ein. Das Konzept schien der Zeiterfahrung einer beschleunigten Modernisierung und der sich spezialisierenden Arbeitsteiligkeit der bürgerlichen Individuen entgegenzuwirken. Förster thematisierte ferner das Prinzip der »freien Vereinigung« von selbstverantwortlichen Individuen, das die bürgerliche Gesellschaft konstituierte und den Verein leiten müsse.[17] In der Folge wurden in der Zeitschrift des Vereins theoretische Beiträge, Berichte und Beispiele gelungener Entwürfe für Produkte publiziert, die als Exempel einer neuen,

---

Volk, sobald es nur einen mäßigen Grad von Bildung erlangt hat, über die Befriedigung des Nothdürftigen hinaus noch höhere Anforderungen macht, daß es von Allem, was ihm das äußere Leben erhält und fördert, auch noch eine Nahrung für den Geist verlangt: die Freude, die aus der Anregung guter und heiterer Gedanken, wohltuender Empfindungen kommt, kurz zu dem Guten das Schöne.« Förster bezeichnete sich in einer Doppelkompetenz als Maler und signalisierte mit dem Dr. phil. seine Legitimität zur Formulierung des bürgerlichen Kultur- und Kunstverständnisses.

16 Ebd., S. 4: »Um die Ergebnisse des Kunstlebens den verwandten Abteilungen des Gewerbelebens zuzuführen.«

17 »(...) aus dem der Neuzeit trotz aller Kräftezersplitterung eigenen Rang nach freier Vereinigung«. Ebd.

geschmackvollen Objektkultur dieser Verbindung von Gebrauchswert und Ästhetik Ausdruck gaben.[18]

An der Gründung des Vereins beteiligten sich Künstler und »Gewerksleute« gleichermaßen. Die Kunsthandwerker hatten bei der Ausführung der »künstlerischen Pläne und Ideen« der Kunst- und Baupolitik Ludwigs I. in München eine wirtschaftliche Blütezeit erlebt. Sie bildeten auch nach dem Sturz dieses Monarchen in der Revolution vom März 1848 eine Interessengemeinschaft, die sich für die Belange der künstlerischen Arbeit einsetzte. Ihnen schlossen sich einschlägig tätige Entwerfer an: Architekten, Ingenieure und Kunsthandwerker, die im Staatsdienst oder als Selbständige arbeiteten.[19] Der Verein wuchs schnell, gewann bei einem fachlich interessierten überregionalen Publikum an Renommee und erreichte 1853 bereits eine Zahl von insgesamt 816 Mitgliedern, davon 667 Personen und 149 juristische Personen.[20] Die starke

18 Unter anderen ein »Blumentisch aus Eisen« von August Voit, »Ruhebett mit Drehtisch« (derselbe), »Blumengefäß« (Neureuther), »Uhrgehäuse« (Schwarzmann) sowie altenglische »Meubles«, ein Opferstock, Brunnenauslaufrohre (Zenetti), Schmuckobjekte mit einem Schließmechanismus, Lehnsessel und anderes mehr.

19 Der erste Verwaltungsausschuß des Vereins setzte sich in der Hauptsache aus diesen beiden Gruppen zusammen. Künstler: Voit, Oberbaurath; Bürklein, Civilbau Inspektor; Ainmüller, Inspektor der Glasmalerei; Rentz, Civilbau Inspektor; Kreling, Historienmaler; Zenetti, Ingenieur; Gottfried Neureuther, Commissions-Architekt, (Stellvertreter: Eugen Neureuther, Inspektor der Porzellanfabrik; F. Miller, Inspektor der Erzgießerei; Herwagen, Graveur; Förster, Maler Dr. phil.); Gewerksleute: Schwarzmann, Dekorationsmaler; Glink, Tischlermeister; Quellhorst, Juwelier; Edel, Drechslermeister; Sickinger, Bildhauer; Drähne, Schlossermeister; Weishaupt, Silberarbeiter (Stellvertreter: Marold, Lampenfabrikant; Wirbser, Tischlermeister; Santer, Gürtlermeister; Fischer, Tapezierer).

20 Unter ihnen befanden sich beispielsweise das königliche Hüttenamt Bodenwöhr, das Direktorium des Gewerbevereins Nürnberg, das Direktorium des Kärntner Industrie- und Gewerbevereins Klagenfurt, die Architektenversammlung Köln, ferner zahlreiche Kirchenverwaltungen und Gewerbevereine, aber auch Vereine wie der Hammerschmiede in Erding oder der Bauhandwerker in Tegernsee. Zeitschrift des Vereins zur Ausbildung der Gewerke in München, 3. Jg. 1853, dort wurde das »Verzeichnis sämmtlicher Mitglieder des Vereins zur Ausbildung der Gewerke für das Jahr 1853«, S. 1 bis 8, abgedruckt. Die Mitgliedszahlen des Münchner »Bayerischen Kunstgewerbevereins«

Partizipation des Bürgertums und der Handwerker, soweit diese am gewerblichen Fortschritt interessiert waren, wurde von Mitgliedern des Hochadels, unter ihnen König Maximilian II. von Bayern, ergänzt.

Eine Analyse der Berufsstruktur der Mitgliederliste von 1853 zeigt, auf welche Trägerschichten sich das Konzept der Kunstgewerbebewegung stützen konnte:[21] Zugehörigkeit zum

Besitzbürgertum	42 = 6,3%
(darunter Berufsangaben wie: Gutsbesitzer, Chemiker und Fabrikbesitzer, Kaufmann und Fabrikbesitzer, Privatiers, Hofparfümerie-Fabrikant, Papeterie-Fabrikant etc.)	
Bildungsbürgertum	157 = 23,5%
(Professor der polytechnischen Schule, Universitätsprofessor, Regierungsräthe, zahlreiche Maler, Architekten etc.)	
alter Mittelstand	320 = 48,0%
(Schreinermeister, Glockengießer, Lebzelter, Hofsticker, Buchbinder, Mühlbesitzer, Meubelfabrikant, Kaufleute etc.)	
neuer Mittelstand	120 = 18,0%
(Civil- und Bauingenieur, Schieneninspektor, Brandversicherungs-Inspektor, Bauinspektor, Designateur etc.)	
Unterschicht	7 = 1,0%
(Silberarbeiter, Knopf- und Kreppinarbeiter etc.)	
ferner Adel	21 = 3,2%
(ohne Berufsangabe)	

schwankten um die Jahrhundertwende um 2000 Personen, vgl. auch Ingo Tornow: Das Münchner Vereinswesen in der ersten Hälfte des 19. Jahrhunderts mit einem Ausblick auf die zweite Jahrhunderthälfte, München 1977 (= Miscellanea Bavarica Monacensia Bd. 75), S. 118. Bis um 1900 war die Mitgliederzahl aller Kunstgewerbevereine in Deutschland auf um 18 000 angestiegen, vgl. Rauecker 1911, S. 8.

21 Mitgliederliste in Zeitschrift des Vereins zur Ausbildung der Gewerke in München, 3. Jg. 1853; die Zuordnungen erfolgten wiederum nach dem Schichtungsmodell Ludgreen/Kraul/Ditt 1988, S. 321 f.

Die stärksten Anteile an den Trägerschichten stellen somit der alte Mittelstand, das Bildungsbürgertum und der neue Mittelstand. Die Definition des Vereinszieles, die angestrebte Verbindung von »Zweckmäßigkeit und Schönheit« im Gewerbe, festigte zugleich die innere Grenzlinie zur »hohen« Kunst und verpflichtete den Gewerbekünstler auf die Beachtung der Gebrauchswerte der gestalteten Objekte. Der Verein wollte den Nachweis führen, »daß dauerhafte Arbeit nicht zu hoch im Preise kommt und schöne Erzeugnisse nicht theurer zu seyn brauchen, als geschmacklose«.[22] Dies blieb langfristig ein Argument für die gute Form, das die weitere Entwicklung begleitete.[23]

Im Diskurs dieser Öffentlichkeit sollten Modelle und Konzepte

[22] Die konkreten Maßnahmen konzentrierten sich auf die Anfertigung von Vorbildern und auf die diskursive Meinungsbildung hierüber: »Kunstgerechte Zeichnungen zu Gewerksgegenständen aller Art zu verbreiten; Gewerksgegenstände aller Art, von den einfachsten bis zu den reichlichst ausgestatteten, als Muster fleißiger dauerhafter und künstlerischer Ausführung anzufertigen; allseitig gelungene Werke zur Ausstellung zu bringen, dieselben je nach den Mitteln des Vereins aufzukaufen, und unter den Mitgliedern zu verloosen, sowie von den gelungensten eine Sammlung als Nachweis der Leistungen des Vereins anzulegen; Absatzquellen für die ausgestellten Gewerksgegenstände ausfindig zu machen; diese ohne Selbstbenützung den Verfertigern derselben mitzutheilen und bereits bestehenden und noch zu bildenden Vereinen gleichen und ähnlichen Zweckes sich anzuschließen, um durch gemeinsames Wirken sich gegenseitig zu unterstützen und zu erkräftigen.«

[23] StadtA München, Kulturamt 662, Statut des Bayerischen Kunstgewerbe-Vereins in München. Die in den siebziger Jahren des 19. Jahrhunderts gültige, revidierte Satzung des »Kunstgewerbe-Vereins in München«, verwandte den seit den sechziger Jahren eingeführten Begriff »Kunstgewerbe« zur Verdeutlichung der angestrebten inneren Verbindung der beiden Bereiche: »Zweck des Vereins ist: das deutsche Kunstgewerbe mit allen Kräften zu fördern, Kunst und Gewerbe innig mit einander zu verbinden, Sinn für das Schöne, künstlerisches Verständnis und guten Geschmack allenthalben zu verbreiten.« Um diesem Programm Geltung zu geben, sollte der Fachdiskurs der Mitglieder des Vereins unter der Zielsetzung der »Vermittlung des gegenseitigen Austausches von Fortschritten, Ideen und Erfahrungen auf allen Gebieten des Kunstgewerbes, sowie durch Pflege des persönlichen Verkehrs, namentlich zwischen Künstlern und Kunsthandwerkern« geführt werden.

propagiert und reflektiert werden, um die wahrgenommene Spannung, die entstanden war aus der mit der Industrialisierung sich verändernden gewerblichen Produktion von seriellen Objekten für den Alltagsgebrauch und den Bemühungen um deren »Schönheit«, bewältigen zu können. Dies erschien bis in die neunziger Jahre des 19. Jahrhunderts hinein nur mit Hilfe der Bilder einer retrospektiven Geschichtlichkeit möglich, in der die Einheit der einstigen mittelalterlichen Welterfahrung und einer integralen Beziehung von Kunst und alltäglichem Leben beschworen wurde, die es wiederherzustellen gelte. Die Geschichte lieferte somit die Leitbilder für die »Bewältigung« dieser Problemstellung der kulturellen Moderne.

Der Kult der Gotik war mit dieser Bedeutungsvalenz eines geschlossenen historischen Vorstellungsbildes von Religiosität und Kunst aufgeladen, das in seinen architektonischen Spuren Authentizität verbürgte und ein Wiederanknüpfen an die frühbürgerliche Kultur zu ermöglichen schien. Doch bereits 1865 problematisierte der Zeitgenosse Julius Meyer in einer distanzierten Sicht den fiktionalen Charakter dieser Konstruktion:[24]

»Die rückwärtsblickende Romantik unseres Jahrhunderts, selber eine Mischung von nüchterner Reflexion und phantastischer Willkür, hat die gothische Bauart neu zu beleben versucht. Nur eine unthätige, noch in abhängigen Formen hängende Zeit konnte in mittelalterlichen Gefühlen schwelgen und Ersatz für die Prosa einer erschlafften und leeren Gegenwart in dem Ausbau deutscher Münster finden wollen.«

Dennoch hielt die Faszination durch diese fiktionale Vorstellung an.[25] Daraus erklärt sich die intensive Beschäftigung von Vereinen

24 Julius Meyer: Die Gothik im neunzehnten Jahrhundert, in: Grenzboten 1, 1865, S. 488.
25 Anläßlich der Einweihung des Vereinshauses zum 25jährigen Jubiläum 1878 bekräftigte der Erzgießer Ferdinand von Miller das historistische Integrationskonzept erneut als eine weiterhin voluntaristische Projektion: »Der Verein soll sein, was einst die deutsche Bauhütte war, ein Verein von Meistern in Kunst und Handwerk und ihren Freunden und Gesellen.« Vgl. Tornow 1977, S. 118. Die Bildlichkeit dieser Zielutopie einer Wiedervereinigung von Handwerk und Kunst im Modell der Bauhütte besaß deshalb Faszination, weil die Einheit der Kunst und erst recht die Integration von Nutzen und Schönheit in der bürgerlichen Gesellschaft nur noch in Randbezirken existierte und vor der Folie der romantischen Verklärung des Mittelalters als ein schmerz-

sowohl mit der »Cultur« vergangener Hochkulturen als auch mit den gestalterischen Problemen der eigenen Gegenwart.[26]

Nach mittelalterlichem Vorbild wurden Gilden gebildet,[27] in denen sich Kunsthandwerker, wie Goldschmiede, Schreiner, Schlosser und Maler, zusammenschlossen, soweit sie sich mit dekorativen Aufgaben beschäftigten oder sich mit dem romantischen Ideal identifizierten. Die Verklärung der handwerklichen Arbeit sowie der vorindustriellen Arbeits- und Ehrbegriffe stand jedoch mit einer anderen Ebene der Realität in Kontrast, dem zeitgenössischen Markt für die Produkte der Kunstindustrie. Die Vorstellung der Anwendung der handwerklichen Einheit des Arbeitsvorganges auf die Industrie blieb schließlich Utopie. Offenbar war der mit diesen Gilden verbundene Mittelalterkult 1892 in seiner Faszination bereits verblaßt, da der Kunstgewerbeverein die Gilden mangels Interesses aufheben mußte.

Die industriellen Herstellungsverfahren und deren Produkte gewannen an Einfluß auf die Vorstellungen von der zeitgenössischen Realität. Sie konnten in den Industrieausstellungen wahrgenommen werden, die zugleich als Inszenierung des Modernisierungsprozesses wirkten. Der Typus des Glaspalastes als Ausstellungs-

  licher Verlust erscheinen mußte. Die Vision der Rekonstruktion der Kultur des mittelalterlichen Bürgertums diente der geschichtlichen Fundierung des eigenen Weltbildes, das den industriellen Fortschritt mit einem Glücksversprechen für die daran beteiligten Bürger verband. Vgl. den Rechenschaftsbericht: Der Bayerische Kunstgewerbeverein in München. Seine Bestrebungen, seine Hilfsmittel, seine Statuten und Geschäftsführung, München 1878.
26 Tornow 1977, S. 118. Als ein populäres Beispiel für die ideale Einheit von Kunst und Kunsthandwerk wurde in diesem Kontext Albrecht Dürer benannt, schien dieser doch zugleich für den zeitgenössischen Anspruch einer nationalen Kulturentwicklung Deutschlands reklamierbar, in Abgrenzung zu den nationalen Kulturen Frankreichs und Englands.
27 BHStA München, MH 14781. Die Gilden des Bayerischen Kunstgewerbevereins in München. Ihr Wesen, ihre Aufgaben, ihre Satzungen, München 1884. »Auch soll der alten Meister und was sie uns als manch herrliches Beispiel hinterließen, nicht vergessen werden und somit durch Wort und Vorbild aus der Vergangenheit für die Gegenwart der echte Nutzen gezogen werden.« Zit. n. Norbert Götz: Die traditionellen Kräfte des Kunstgewerbes, in: Prinz/Kraus 1988, S. 238.

halle,[28] wie er 1854 nach dem Londoner Vorbild von August Voit entworfen und von der Maschinenfabrik Cramer-Klett seriell hergestellt wurde, repräsentierte die Dynamik des Fortschritts und den Anbruch eines »neuen Zeitalters«. In München wurden bereits seriell hergestellte Produkte und die Arbeiten der »Kunstindustrie« emphatisch präsentiert. Bezogen auf die Breite der zunehmenden Massenproduktion bemerkte man allerdings auch hier, »daß in aller industrieller Tätigkeit das Kunstgefühl überhaupt zu Grunde gegangen sei«.[29]

Museen, Geschmacksbildung, Gewerbekünstler

Vor dem Hintergrund der Londoner Weltausstellung von 1851, der dort präsentierten Industriekultur und der hiervon gespeisten Erfahrung eines Epochenbruches fanden theoretische Überlegungen eine Basis, die eine neue Kulturinstitution begründeten. Der im Londoner Exil lebende deutsche Architekt Gottfried Semper reflektierte über ein Synthesekonzept von Wissenschaft, Industrie und Kunst.[30] Im Kontext der Modernisierungserfahrung gewannen die Spuren der Geschichte eine neue Valenz. Daher sollten in der Institution des Kunstgewerbemuseums historische Objekte versammelt werden, die besonders gelungene Gestaltungen verschiedener Epochen repräsentieren und eine lehrreiche Anschauung zur Geschichte der Dinge geben könnten. Bei der Betrachtung dieser Sammlung sollte das Publikum seine Geschmackswahrnehmung bilden, aber auch die Handwerker und Gestalter ihre ästhetische Kompetenz schulen. Die Geschmacksbildung des Käuferpublikums und die Erweiterung des Marktes für gut gestaltete Objekte wurden in ihrem inneren Zusammenhang gesehen. In der Folge dieser Bemühungen um eine neue Produktkultur erschien die Ausbildung eines neuen Typus des Künstlers, des Gewerbekünstlers, als eine notwendige Konsequenz des fortschreitenden Industrialisierungsprozesses.

28 Vgl. Volker Hütsch: Der Münchner Glaspalast 1854-1931. Geschichte und Bedeutung, München 1980.
29 Jakob Falke: Geschichte des modernen Geschmacks, Leipzig 1866, S. 380.
30 Gottfried Semper: Wissenschaft, Industrie und Kunst, Braunschweig 1852.

Auf die Initiative von Privatleuten hin, die sich für eine angemessene künstlerische Ausbildung engagierten, wurde in München 1855 eine der ersten Schulen eingerichtet, die den »modernen Bestrebungen«[31] dienen sollte und als deren Träger der Kunstgewerbeverein fungierte. Dem gingen frühere Bemühungen voraus. Beispielsweise war die Akademie bereits im September 1848 in einer Ministerialentscheidung aufgefordert worden, auch die kunstgewerbliche Ausbildung zu gewährleisten.[32] Die Spaltung zwischen den beiden Begriffen der künstlerischen Arbeit, zwischen der »hohen« Kunst und der gewerbebezogenen Gestaltung, war jedoch bereits so weit habitualisiert, daß die Akademie zu dieser Forderung in Abwehr verharrte. Es entstand jedoch ein unabweisbarer Bedarf an Gestaltern und Zeichnern, aus dem heraus sich das Berufsbild von kunstgewerblichen Zeichnern entwickelte. Diese sollten in den zu schaffenden Museen und Sammlungen Studienmaterial kopieren,[33] um »dem Gewerbe die verlorene Kunst wieder« zurückgeben zu können.[34]

Zur Verbesserung des Ausbildungsniveaus der Gewerbekünstler in München wurde 1868 die Kunstgewerbeschule als eine staatliche Anstalt reorganisiert und 1872 mit einer Abteilung für Mädchen ergänzt.[35] Dagegen wurden seit 1868 die Kunstgewerbeschulen in Wien und in Berlin institutionell als Teil der Museen geführt. Für München kam dieses Modell, das das zeichnerische Lernen an

31 Falke 1866, S. 45.
32 Wolfgang Kehr: Aus der Chronik der Münchner Akademie, in: Zacharias 1985, S. 320.
33 Wilhelm Waetzold kommentierte retrospektiv dieses Konzept kritisch: »Der Zeichner kopierte, der Handwerker bildete nach den Kopien historische Prunk- und Schmuckformen, die er – so gut er es verstand – mit den Nutzkörpern der Alltagsgeräte, Möbel usw. verband.« Waetzold 1921, S. 78.
34 Allerdings merkte der Kunstgewerbeexperte Falke bereits 1867 in künstlerischer Hinsicht eine unbefriedigende Entwicklung der privaten Münchner Kunstgewerbeschule an. Man sei dort in einen »langweiligen Stil« geraten, »der sich dem frischen Leben entfremdet« habe und der als veraltet gelten müsse. Zu einem »Musterinstitut« habe sich demgegenüber die zweite bayerische Kunstgewerbeschule in Nürnberg unter Krehlings Leitung entwickelt. Falke 1866, S. 44.
35 1877 bezog die Schule ein neu eingerichtetes Gebäude an der Luisenstraße. E. Lange: Die Königliche Kunstgewerbeschule München. FS zur Vollendung des neuen Schulgebäudes, München 1877.

einem reichen Schatz historischer Vorbilder ermöglichte, schon aufgrund einer regionalen Trennung nicht in Frage, da das bayerische Gewerbemuseum 1869 nicht in der Landeshauptstadt, sondern in der aufstrebenden Industriestadt Nürnberg eingerichtet wurde. Die schulische Ausbildung orientierte sich am Berufsbild des Musterzeichners, der »das Schöne« in Form von Ornamenten auf geeignete Objekte applizieren lernte. Dieser »Gewerbekünstler« hatte jedoch in der Regel keinerlei Beziehung zur industriellen Fertigung in den Fabriksälen oder zur Arbeit der Ingenieure. Er verfügte über keine Kenntnisse der Technik, der Konstruktion der Dinge oder der Materialeigenschaften der Objekte selbst, sondern zeichnete lediglich historische Ornamente für Industrieprodukte. Im wesentlichen schöpfte der Entwerfer aus dem Formenvorrat der »Culturgeschichte«, indem er aus Vorlagenbüchern historische Gestaltformen, Ornamente und Stile rezipierte oder sich aus der Anschauung beispielhafter Objekte inspirieren ließ. Im Medium des Zeichnens wurden somit ältere Formensprachen reproduziert, deren ursprüngliche Bedeutung jedoch allenfalls chiffrenhaft assoziiert wurde. Dieser Gestaltungsbegriff des Historismus genügte zwar einerseits einem formalisierten Kulturbegriff des bürgerlichen Bildungsverständnisses, aber andererseits blieb eine unübersehbare Distanz zwischen dem Zeichenwert dieser Schmuckelemente, die auf eine künstlerische Ästhetik und auf die kulturellen Blüteepochen der Vergangenheit verwiesen, und der eigenen Gegenwart bestehen.[36] Jakob Falke kritisierte diese Beliebigkeit bereits für die sechziger Jahre des 19. Jahrhunderts als eine »charakterlose Mannigfaltigkeit der Imitationen« und sprach von einer »Verwirrung und Vermischung der Stile«, ein Argument, das später vor allem der »modernen Bewegung« der neunziger Jahre zur Abgrenzung dienen sollte.[37]

Man kann davon ausgehen, daß mit der verstärkten Industrialisierung der 1850er und 60er Jahre[38] umfassende Veränderungen der ästhetischen Wahrnehmungsmuster bei den gesellschaftlichen Käuferschichten und deren Bedarf an Produktkultur verbunden

---

36 Georg Buß: Die Frau im Kunstgewerbe, Berlin 1895, S. 111: »Kunstgewerbe und ornamentale Kunst werden geradezu für identisch gehalten, und unter dieser Auffassung wird die Benutzbarkeit der Geräte erheblich beeinträchtigt, wenn nicht illusorisch gemacht.«
37 Falke 1866, S. 380.
38 Vgl. zusammenfassend Wehler 1995, S. 66 ff.

waren. Wie Falke konstatierte, war der Geschmack »in allerjüngsten Tagen offenbar in einem großen Wandel begriffen«.[39] Nicht mehr die Höfe und die darauf ausgerichtete Luxusproduktion, sondern das »bürgerliche Haus« und die Mittelschichten mit einem dominierenden Bedarf an Gebrauchsobjekten bildeten, als Folge des fortschreitenden gesellschaftlichen Umbruchs, die wichtigste Käuferschicht.[40] Aufgrund der ästhetischen Anforderungen geriet der Beruf des Gewerbekünstlers in eine Spannung zur faktischen industriellen Rationalisierung, die technisch vom Ingenieur vorangetrieben wurde und deren Kostenorientierung für »einfaches Geräth« vielfach keinerlei Gestaltungsaufwand vorsah. Demgegenüber wollte Falke das Arbeitsgebiet des Gewerbekünstlers dahingehend definieren, daß es nicht allein den gehobenen, kunstindustriellen Ausstattungsbedarf des Bürgertums umfaßte.

Während der »legitime« Künstler in den Medien der »hohen« Kunst an der Darstellung der Ideale arbeitete und auf seine individuellen Vorstellungen von »Schönheit« bezogen blieb,[41]

39 Falke 1866, S. 382.
40 Die Kunstindustrie »muß daher, wie es theilweise wirklich geschieht für den Bedarf des bürgerlichen Hauses arbeiten. Heutzutage ist es aber ein großer Unterschied, für den bürgerlichen Stand und das bürgerliche Haus zu arbeiten und Ordinäres zu schaffen; wir wollen, daß auch das Gewöhnliche, daß auch das einfache Geräth schön in der Form und angemessen in der Verzierung sei.« Falke 1868, S. 44. Am ehesten sei eine angemessene ästhetische Qualität im Berufsfeld der Möbelschreinerei vorzufinden. Dies sei damit zu erklären, daß diese »am unmittelbarsten unter dem Einfluß der Architekten steht«, womit künstlerisch praktizierende Objektentwerfer und Architekten gemeint waren, im Unterschied zum Zeichner, Handwerker oder Ingenieur. Ebd., S. 43.
41 Falke versuchte, diese Spannung zwischen den im Künstlerhabitus wirkenden Vorstellungen und der bescheideneren Realität der Herstellung von seriellen Produkten an einem markanten Fallbeispiel der Kunstindustrie zu veranschaulichen. Die Silberwarenfabrik von Sy und Wagner (ehemals Hoffauer) in Berlin erschien ihm als Beispiel geeignet, um eine charakteristische Disproportion zu demonstrieren. Deren Produktionspalette umfaßte Ehrengeschenke wie Schilder und Vasen, Schalen, Pokale, aber auch Blumengefäße größerer Art: »Die besten Künstler aus der Schule Schinkels und Rauchs haben die Compositionen gemacht und die Modelle geliefert, und die Ausführungen in Silber sind nicht hinter ihren Intentionen zurückgeblieben; die edelsten Formen sind angestrebt, die schönsten Ornamente der Griechen und

oblag es dem kunstgewerblich ausgebildeten Musterzeichner, die Objekte mit Gebrauchswert zu schmücken.[42] Die schöpferische Leistung des Gewerbekünstlers reduzierte sich vielfach auf eine eklektizistische Kombination von ästhetischen Schmuckzeichen.[43] Diese Codes erinnerten lediglich an die im Bildungswissen vorhandenen Vorstellungen der Epochen Neu-Gotik, Neu-Renaissance, Neu-Barock oder Klassizismus. Aus der Perspektive des Unternehmens maß sich die Qualität des Musterzeichners primär an der Marktfähigkeit seiner Ornamente, die davon abhing, daß sie den Zeitgeschmack des Käuferpublikums traf.

Objektkultur und die Konstruktion einer deutschen Tradition

In der Gründerzeit der 1870er Jahre steigerte sich das Interesse am Kunstgewerbe, verstärkt durch die Ausstrahlung der Wiener Weltausstellung von 1873.[44] Zu einem weiteren Ereignis entwickelte sich die von Ferdinand von Miller angeregte und von Lorenz Gedon inszenierte Abteilung der »Deutschnationalen Kunstgewerbe-Ausstellung« von Juni bis Oktober 1876 im Münchner Glaspalast mit der Bezeichnung »Unserer Väter Werke«. Anlaß war die Feier des 25jährigen Jubiläums des Kunstgewerbevereins in München.[45] Bereits in der Projektausschreibung wurden Definitionen formuliert, die uns Aufschluß über die Begriffe von Kunst und Künstler geben, die dem Konzept der Ausstellung zugrunde

---

der Renaissance zur Verwendung gekommen.« Doch es fehle an »Schwung« und Originalität. Grund sei der Umstand, »daß wir diese Arbeiten als Schöpfungen der hohen Kunst betrachten sollen, und sie es doch nicht sind, weder in Anbetracht des Zweckes noch des Materials«. Ebd., S. 47.

42 J. Matthias: Die Formensprache des Kunstgewerbes. Über die Bedeutung, Gestaltung und Anwendung der ornamentalen Formen, Typen und Symbole auf dem Gebiete der technischen Künste, Liegnitz 1875.
43 Vgl. Wend Fischer: Bau, Raum, Gerät, München 1957, S. 9.
44 Julius Lessing: Das Kunstgewerbe auf der Wiener Weltausstellung 1873, Berlin 1874.
45 Franz Reber: Festschrift zur Feier des 25jährigen Bestehens des Münchner Kunstgewerbevereins, München 1876.

lagen.⁴⁶ Insgesamt wurden drei Abteilungen in ihren Inhalten festgelegt. Zum einen die »Ausstellung von kunst- und kunstgewerblichen Erzeugnisse(n) älterer Meister«, in der ein integrierter Begriff von Malerei und Objekten realisiert wurde. Die zeitgenössischen Werke wurden dagegen, zweitens, in eine Ausstellung »neuerer deutscher Meister der bildenden Kunst« und, drittens, eine Ausstellung »kunstgewerblicher Erzeugnisse der Gegenwart« unterteilt.

Mit der Semantik dieses Konzeptes war eine differenzierte Vorstellung von künstlerischer Arbeit repräsentiert. Während im Bereich der bildenden Kunst von ausstellenden »Meistern« im personalen Sinn die Rede war, wurden im Kunstgewerbe lediglich Objekte als »Erzeugnisse« ausgestellt. In diesen Begriffen schlug sich die gesellschaftlich zugeschriebene Hierarchie der Bedeutungen nieder. In der Malerei erschien das Werk des Künstlerindividuums, während im Kunstgewerbe die Geltung des Entwerfers hinter seinem Objekt zurücktrat. Im Prospekt, der das Künstlerpublikum zur Teilnahme einlud, wurden eine weitere Definition und die implizierten Trennlinien mitgeliefert, um vorhandene Schwierigkeiten bei der Zuordnung auszuschließen. So rechnete man der bildenden Kunst die »Architektur, Skulptur, Malerei, Zeichnungs-, Kupferstecher-, Holz- und Stempelschneiderkunst« zu. Ferner erschien es im Text angebracht, den Begriff der »Kunstindustrie« für den Leser in seinem Mischcharakter zu definieren. Als kunstgewerbliche Erzeugnisse sollten »Kunstgegenstände, welche sich von eigentlichen Kunstwerken durch ihre gewerbsmäßige Ausführung unterscheiden, teils Gewerbsgegenstände, welche durch ihre der Kunst entnommenen Formen sich über gewöhnliche Handwerksprodukte erheben«, verstanden werden. Die Aussagen dieses Ausstellungskonzeptes geben uns Aufschluß über die im Kunstbetrieb praktizierten Trennlinien zwischen Kunst, Kunstgewerbe und Handwerk. Diese wurden zum einen von der »gewerbsmäßigen« Herstellung gebildet, die die Aura des Unikats, die Spur der Individualität des Künstlers, nicht besaß. Zum anderen wurden sie durch die der Kunst lediglich entnommenen Formen markiert, die auf ein »Erzeugnis« appliziert wurden und dieses vom »gewöhnlichen Handwerksprodukt« unterschie-

---

46 Programm zur Jubiläumsfeier des Kunstgewerbevereins, Stadt München Kulturamt 185.

den. Diese beiden Trennlinien, nach »oben« zur »hohen« Kunst und nach »unten« zum bloßen Handwerk, umreißen das Terrain der Berufspraxis der Gewerbekünstler im Historismus präzis.

In der Ausstellung »älterer Meister« trat ein nochmals gesteigertes historisches Interesse an älteren Objekten zutage. Das Kunstgewerbe hatte sich im Bürgertum bereits zu einer kulturellen Mode entwickelt. Hier wurde dem Publikum nun eine »ungeahnte Fülle kunstgewerblicher Kostbarkeiten und Meisterwerke aus alter Zeit« präsentiert. Insbesondere die Neorenaissance erhielt eine gesteigerte Geltung, so daß der Zeitgenosse Moritz Carrière davon sprach, daß Gedon in der dekorativen Kunst »die deutsche Renaissance erweckte und fortbildete«.[47] Sie erschien nun aber als eine Repräsentanz spezifischer nationaler Fertigkeiten, deutbar als ein Code »deutscher« Kultur.[48] Mit der emphatischen Aufnahme der überlieferten Objekte lief unverkennbar ein nationales Paradigma einher. Die kulturellen Interpretationsmuster fanden in diesem Objektfeld eine Anschauung für eine Geschichtlichkeit, die sich auf die mentale Konstruktion von »deutscher Kultur« ausrichtete. Das nationale Selbstbild verdichtete und transzendierte sich im Medium der ästhetischen Wahrnehmungen, so daß eine zeitgenössische »Erneuerung« deutscher Kultur aus dem Handwerk erhofft wurde. Diese Rückwendung des »selbstschöpferischen« Künstlers zu einem Mythos einer »eigenen« – das ist der »deutschen« – Kultur analysierte und bekräftigte der Kunstkritiker Friedrich Pecht:[49] »Unsere Kunstindustrie ist genau wie unsere Kunst überall da lebensfähig, wo sie nicht Fremdes nachahmt, sondern selbst schöpferisch auftritt, national ist, d. h. der spezifischen Eigentümlichkeit unseres Volkes, seiner Denkungsart, seiner Sitten, seinen Mitteln und Bedürfnissen entspricht.« Auch Anton von Werner berichtete, daß er von dieser historischen Ausstellung einen »unvergeßlichen Eindruck« mit »nach Hause« nahm,[50] und er hoffte, daß sich verstärkt »künstlerisch

---

47 Carrière 1889, S. 72.
48 »Man wurde nicht müde, sich immer wieder und wieder an diesen Schätzen aus vergangenen Zeiten zu erfreuen, die auf deutschem Boden entstanden waren.« GNM, ABK, Schultze-Naumburg: Lebenserinnerungen, Tl. 1: Jugend und Elternhaus, S. 24.
49 Friedrich Pecht: Aus dem Münchner Glaspalast, S. 244, zit. n. Rauecker 1911, S. 7f.
50 Von Werner 1913, S. 171.

geschulte Kräfte der kunstgewerblichen Tätigkeit« zuwenden würden.[51] Auf dem Höhepunkt der kunstgewerblichen Mode beteiligten sich die führenden Künstler Münchens an der Pflege dieses Objektkultes, der die Geschmackskultur des zeitgenössischen Bürgertums prägte. Als 1879 ein eigenes »Kunstgewerbehaus« in München eröffnet wurde, symbolisierte dies die Anerkennung, die das Kunstgewerbe nun als ein künstlerisches Arbeitsgebiet gefunden hatte.

1888 wurde eine weitere »Deutschnationale Kunstgewerbeausstellung« ausgerichtet, mit der die Stilrichtungen des Barock und des Rokoko ins Zentrum des zeitgenössischen Interesses traten, so daß sich nun neobarocke Ornamente sowie neuartige Mischungen mit der deutschen Renaissance zu einem epochentypischen Code verdichteten.[52] Gleichzeitig wuchs jedoch die Skepsis am historistischen Verfahren der Aneignung von Epochenzeichen. Die Mehrheit der Konsumenten betrachtete die historistischen Stile ohnehin lediglich als modischen Schmuck, der um des Prestige willen adaptiert wurde. Der Münchner Publizist und Verleger Georg Hirth kommentierte die Bedeutung der fortbestehenden Spaltung in zwei Territorien der künstlerischen Arbeit, wie sie mit dem Auseinandertreten von »hoher Kunst« und »Kunstgewerbe« aufgetreten waren.[53] Er reflektierte die Unterschiede, die

51 Ebd., S. 136.
52 Vgl. das Konvolut in der Staatsbibliothek München: Schriften, welche sich auf die im Jahre 1888 in München abgehaltene Kunstgewerbeausstellung beziehen, München 1888.
53 Georg Hirth (Hg.): Der Formenschatz der Renaissance. Eine Quelle der Belehrung und Anregung für Künstler und Gewerbetreibende wie für alle Freunde stylvoller Schönheit aus den Werken der Dürer, Holbein..., München/Leipzig 1877ff.; ders.: Das deutsche Zimmer der Renaissance. Anregungen zu häuslicher Kunstpflege, München/Leipzig 1880; ders.: Das deutsche Zimmer, 3. erw. Auflage, München/Leipzig 1886; ders.: Das deutsche Zimmer vom Mittelalter bis zur Gegenwart, München/Leipzig, 4. Aufl. 1899; als lebensgeschichtlicher Überblick Erich Ramstöck: Das theoretische und praktische Wirken Georg Hirth's 1841-1916, Diss. med. Fak. Ludwig-Maximilians-Universität zu München 1956/57; ferner die ältere Monographie, Georg Hirth. Ein deutscher Publizist, München 1921; Clelia Segieth: Georg Hirth und die deutsche Neorenaissance. »Das deutsche Zimmer der Renaissance« als Beitrag zur Charakterisierung der deutschen Neorenaissance in München, München 1984 (Magisterarbeit, MS masch.).

in der Gegenwart im Vergleich mit früheren kulturgeschichtlichen Phasen gegeben waren:[54]

»Es gab Zeiten, wo überhaupt alle und jede Kunst *nur* ornamental und dekorativ war, d. h. wo die einzelne Kunstleistung sich nicht selbstsüchtig und selbstherrlich hervordrängte, sondern immer nur eine dekorative Funktion, sei es als höchster Abschluß oder als untergeordneter Theil oder endlich als umschließender Rahmen erfüllte; Zeiten, in denen man überhaupt den heutigen Unterschied zwischen ›hoher Kunst‹ und ›Kunstgewerbe‹ nicht kannte; Zeiten, in denen uns Kunst und Leben wie aus Einem Guße, kraftvoll, breit und sicher angelegt erscheinen (...).«

Hirth nahm in den achtziger Jahren des 19. Jahrhunderts den Charakter des Modernisierungsprozesses als ein Schwinden von traditionalen »ganzheitlichen« Beziehungen wahr. Deren Verlust und die Ausdifferenzierung kultureller Bedeutungssektoren bei der Säkularisierung des Weltbildes bilde jedoch die Voraussetzung für den neuen Begriff der Autonomie der »hohen Kunst«:[55]

»Die Losschälung der Kunst von den dogmatisch-religiösen Vorstellungen kann ich nicht besser bezeichnen als durch den Satz: ›*Das einzelne Kunstwerk wird Selbstzweck, wird mobil.*‹«

Für Hirth erforderte jedoch auch »die kunstgewerbliche Leistung« einen schöpferischen Künstler. Auch für kunstgewerbliche Objekte sollte das Paradigma der Individualität des Künstlerhabitus Gültigkeit besitzen und das »innige Aufgehen der Eigenart ihres Schöpfers« im Werk wahrnehmbar sein:[56] »Wie jedes Kunstwerk, so erhält auch die kunstgewerbliche Leistung ihre rechte Weihe erst dadurch, daß wir in ihr das volle und innige Aufgehen der Eigenart ihres Schöpfers finden; der leblose Gegenstand strömt gewissermaßen in sichtbaren Strahlen die Wärme wieder aus, welche der begeisterte Urheber ihm eingehaucht hat. Dieser geheime Zauber ist es (...)«. Die kreative Individualität war auch im Kunstgewerbe eine Vorausetzung für die Gestaltung des schönen Werks.

---

54 Hirth, 3. Aufl. 1886, S. 28, kursive Hervorhebungen im Original; die zitierten Passagen erschienen in der 4. Aufl. 1899 unverändert.
55 Ebd., S. 38.
56 Ebd., S. 52.

2. Kunst im Alltagsleben. Die Öffnung der Grenzen des Künstlerhabitus

Nachdem in einer zweiten Industrialisierungsphase die elektrotechnische und die chemische Industrie entstanden waren, vermehrte sich mit der damit einhergehenden kulturellen Modernisierung die Zahl der Objekte fortwährend. Beispielsweise erforderte die Elektrifizierung des Alltags die Herstellung einer Vielzahl von neuen Geräten wie Schaltern, Lampen und ähnlichen Objekten der materiellen Kultur in hohen Stückzahlen. Diese serielle Massenfertigung in den Formen einer optimierten Funktionalität war nur mit der halbautomatischen Maschinenproduktion möglich. Die zunehmende Präsenz von Objekten aus der industriellen Massenproduktion schuf in der modernen Lebenswelt eine neue Wahrnehmungslandschaft. In der Folge entwickelte sich ein hieraus abgeleitetes Verständnis von moderner Sachlichkeit.[57]

Die dynamische Modernisierung der Arbeitsteiligkeit[58] beschleunigte aber nicht nur den Wandel der Alltagskultur, sondern sie ordnete die Produktion von Zeichen neu, wie sie mit der Etablierung der Werbung zahlreicher wurden, mit bislang unbekannten Folgen für die subjektive Reizverarbeitung der bürgerlichen Individuen.[59] Der Begriff der »Nervosität« avancierte als modische

---

57 Joseph August Lux/Max Worratsch: Die Stadtwohnung, Charlottenburg 1910, S. 33. »Die modernen Lichtquellen, Gas und Elektrizität, haben zu Beleuchtungskörpern geführt, deren Form keinem Vorbild aus der Vergangenheit entlehnt werden konnte. Die Form mußte aus der Natur der Sache geschöpft werden. Um schön zu sein, bedarf es keines Ornaments. Man kann die lehrreiche Wahrnehmung machen, daß solchen rein sachlichen Lösungen ein großer dekorativer Reiz innewohnt.«

58 Die Entstehung der großen Fabriken wurde früh reflektiert, vgl. Ludwig Sinzheimer: Über die Grenzen der Weiterbildung des fabrikmäßigen Großbetriebes, Stuttgart 1893 (= Münchner volkswirtschaftliche Studien 3).

59 »Da begann in den neunziger Jahren abermals ein unruhig hastender wirtschaftlicher Aufschwung, mit dem Generalnenner der Nervosität. In atemloser Hast jagten sich die Moden, die Stile.« So stellte sich zwei Jahrzehnte später für den Doktoranden der Volkswirtschaft Bruno Rauecker der innere Zusammenhang zwischen der sektoralen Wirt-

Chiffre zur Bezeichnung des psychischen Phänomens einer inneren Ruhelosigkeit des Menschen, wie sie aufgrund der gleichzeitigen Reizüberflutung und der zunehmenden Intensität des modernen Lebens beobachtet wurde.[60] Vor dem Hintergrund dieser neuartigen Zeiterfahrung kann man die Veränderungen des kulturellen Verhältnisses zur eigenen Gegenwart erklären. Insbesondere ein Teil der jüngeren Generation von Künstlern,[61] der damals Mitte Zwanzigjährigen, reagierte auf diese bislang nicht bekannte Konfiguration mit dem Bruch der ästhetischen Konventionen und einer Suche nach neuen ästhetischen Chiffren, in denen die Bedürfnisse des »modernen« Menschen einen adäquaten Ausdruck finden konnten.

Innovation und Künstlerhabitus

Die Gründe für den Bruch in der kulturellen Wahrnehmung der neunziger Jahre des 19. Jahrhunderts erschließen sich, wenn man ihn mit dem Modernisierungsschub in Beziehung setzt. Anstelle des bislang hegemonialen Konzeptes der historistischen Geschichtlichkeit konsolidierte sich nun eine neue Version des Künstlerhabitus. Das »Neue« als das noch nicht Dagewesene wurde vollends kultfähig und zu einem Prädikatskriterium für das künstlerische Werk erhoben.[62] Dieser auf ästhetische Codes bezogene »Schlachtruf« des »Neuen« hatte seine Entsprechung im beschleunigten Wandel der Technik sowie dem zunehmenden Umschlag

---

schaftsentwicklung und den neuartigen kulturellen Erscheinungen der Moderne dar. Rauecker 1911, S. 8.

60 Vgl. zusammenfassend zum Phänomen »Nervosität« Joachim Radkau: Die Wilhelminische Ära als »nervöses Zeitalter« oder: Die Nerven als Netzwerk zwischen Tempo- und Körpergeschichte, in: Geschichte und Gesellschaft 20, 1994, S. 211-241.

61 Wichtige Vertreter der Münchner »modernen Bewegung« gehörten der Generation an, die in den späten 1860er Jahren geboren war: Richard Riemerschmid 1869, Paul Schultze-Naumburg 1869, Peter Behrens 1868.

62 Zur Ambivalenz dieses Künstlerkultes einer heroischen Selbststilisierung des »neuen« Menschen als »Lichtgestalt« vgl. Janos Frecot/Johann Friedrich Geist/Diethart Kerbs: Fidus 1868-1948. Zur ästhetischen Praxis bürgerlicher Fluchtbewegungen, München 1972.

der Dingwelt durch die industrielle Massenproduktion. Zudem übte die breitere Rezeption der Gesellschafts- und Gestaltungsutopie des englischen Sozialisten und Künstlers William Morris mit seinem Programmtext »Kunde von Nirgendwo« seit den frühen neunziger Jahren einen nicht zu unterschätzenden Einfluß aus. Sie verstärkte den Wunsch, die Entfremdungserscheinungen der industriellen Arbeitsteiligkeit rückgängig zu machen und erneut am Leitbild der handwerklichen Arbeit anzuknüpfen.[63] Die Produktionsform der Werkstatt galt als die Basis dieses integrativen Verständnisses von entwerfender und herstellender Arbeit.

Dieser kulturelle Bruch vollzog sich zwischen 1892, dem Beginn der »Münchner Künstlerbewegung«, der Sezession, und etwa 1897, der Gründung der Münchner Werkstätten.[64] Er objektivierte sich in der floral-abstrahierenden Mode des Jugendstils sowie der Propagierung einer sachlichen Ästhetik, die den von Maschinen hergestellten Dingen eine neue Erscheinung verleihen sollte. Georg Lehnert sprach wenig später vom Ende der »Rückblickszeit oder Retroperspektive« zwischen 1850 und 1895, von der nun »die Moderne« seit der Mitte der neunziger Jahre abzugrenzen sei. In der Perspektive des Kunstgewerbes werde diese durch die »tektonische und konstruktive Richtung« repräsentiert.[65] Das Verhältnis der künstlerischen Produktivität zur Technik war somit neu zu ordnen.[66] Der zentrale Programmsatz in der neuen Version des Künstlerhabitus lautete mit den Worten von Josef August Lux:[67] »Der Künstler bemächtigte sich des Lebens.« München und Dresden avancierten zu Produktionsorten des neuen Selbstverständnisses, das alle Felder der gestalteten Objektkultur des Menschen einer neuen Wahrnehmung unterwarf:[68] Neben den Gebrauchsobjekten des technischen Bedarfs, des Haushalts und des Wohnbedarfs, des Essens und Trinkens, der gehobenen und damit in-

---

63 Vgl. auch Pevsner 1986, S. 252 ff.
64 Allgemein Hans Ulrich Simon: Sezessionismus. Kunstgewerbe in literarischer und bildender Kunst, Stuttgart 1976.
65 Lehnert 1908, S. 409.
66 Ein Beispiel für die schnelle Historisierung Kornelius Gurlitt: Die deutsche Meisterzeichner-Kunst und ihre Geschichte, Darmstadt 1899.
67 Josef August Lux: Das neue Kunstgewerbe in Deutschland, Leipzig 1908, S. 121.
68 U. a. Hermann Muthesius: Wohnungskultur. Dritte Flugschrift zur ästhetischen Kultur, hg. vom Dürerbund, München 1906.

dividualisierungsfähigen Alltagskultur wurden vor allem auch Textilien und Kleiderentwürfe zum Gegenstand prinzipiell gleichwertiger künstlerischer Arbeit.
In München bildeten sich innerhalb der Künstlerschaft Diskurszirkel, die das eigene Selbstverständnis als »schöpferische Künstler« und den Wettstreit über innovatorische Entwurfsarbeit vorantrieben.[69] Der Bildhauer Hermann Obrist hatte sich seit 1894 mit experimentellen Entwürfen für Stickereien beschäftigt und diese 1896 in einer eigenständigen Ausstellung der Galerie Littauer am Münchner Odeonsplatz gezeigt.[70] Das Urteil der Presse hob deren floral-linearen Stil in die Bedeutung eines signifikanten Codes für den ästhetischen Umbruch und für eine gesteigerte Modernität.[71] Bereits zur Internationalen Kunstausstellung 1897 bot sich für den um Obrist versammelten Kreis die Chance, einem internationalen Publikum die eigenen Arbeiten zu präsentieren. Diese öffentliche Bühne ging auf eine Förderung durch den Vorsitzenden der Münchner Künstlergenossenschaft, Franz von Lenbach, aber auch auf die Unterstützung durch Hofrat Dr. Wilhelm von Rolfs zurück.[72] Von Rolfs kommentierte das moderne Kunstgewerbe mit der Einschätzung, in dieser neuen Ästhetik werde der sonst in der Kultur bestehende Gegensatz zwischen der »hohen« Kunst und dem bisherigen Kunstgewerbe aufgehoben.
Der weitgehende Verzicht auf Ornamente bei der Gestaltung schien dem Kriterium der »Wahrheit« der tatsächlichen zeitgenös-

---

69 F. H. Ehmcke: Zur Krisis der Kunst, Jena 1920, S. 10: »Die neunziger Jahre brachten den Vorstoß der schöpferischen Künstler, die von sich aus, ohne Vorbedingungen fachlicher Art selbstherrlich aus einer frischen Anschauung der Natur heraus eine Erneuerung und Beseelung der Formen anstrebten. Dies war die Zeit der van de Velde, Eckmann, Endell, Obrist, die einen kühnen Vorstoß auf das Ziel des neuen Stils hin bedeutete, aber bei dem Mangel der Tradition des Handwerklichen, dem Fehlen jedes soliden Unterbaus, vorerst einen direkten Erfolg vermissen ließ (...).«
70 GNM, ABK, Akt Obrist; vgl. auch: Die Stickereien von H. Obrist, in: Zeitschrift des Bayerischen Kunstgewerbevereins 1895/96.
71 Georg Fuchs/Wilhelm von Bode: Hermann Obrist, in: Pan, Juni-Juli, 1895/96.
72 Wilhelm Rolfs: Alte Gleise – Neue Gleise, in: Kunst und Handwerk 1897, S. 11, zit. n. Götz 1988, S. 239.

sischen Warenproduktion zu entsprechen, auf die Hermann Obrist 1898 aufmerksam machte:[73]

»Die große Masse dieser Waren stammt aus Fabriken, und leider nur zu viele Kunstgewerbetreibende arbeiten direkt oder indirekt mit oder für Fabrikanten. Die Mehrzahl aller gewöhnlichen Möbel z. B. werden im Großbetrieb gefertigt. Eben diese Fabriken aber sind es, die mit einer solchen beklagenswerten Energie den Markt mit schlechten und nach unseren Begriffen oft unfaßbar geschmacklosen Möbeln überschwemmen.«

Die Zweckökonomie der industriellen Serienfertigung und die im Modernisierungsprozeß sich zunehmend versachlichende Lebenswelt mit ihren technischen Objekten wurden als epochentypische Erfahrung in den Diskurs über gestaltungsbedürftige Formen der Kultur aufgenommen. Das Konzept des modernen Künstlerhabitus bestand darin, aus der Kraft des künstlerischen Individuums eine fiktive Gegenwelt zur »bürgerlichen Wirklichkeit« zu schaffen, in der die emotionale »Erfahrung« einen Bezugspunkt habe, wie dies Hermann Obrist formulierte:[74] »Aber nicht die bürgerlichen Wirklichkeiten sind die Wahrheit, sondern von jeher waren es nur die Utopien der Männer und Frauen von Gemüt, Verstand, Erfahrung und Zielbewußtsein.« Nicht die Bürgerlichkeit konnte als Ausdruck des Ideals der »Wahrheit« gelten, sondern die utopische Phantasie des intellektuell und emotional entwickelten Individuums.

Im Kontext dieser kulturellen Umorientierung von Einstellungsmustern öffneten sich die Trennlinien zwischen Malerei und Objektgestaltung. Die krasse Hierarchie der Wertigkeiten der gestalterischen Medien relativierte sich. Die Synthese von Kunst und modernem Leben faszinierte als Utopie des ästhetischen Aufbruchs.

---

73 Hermann Obrist: »Hat das Publikum Interesse« (1896, Zusätze 1898), in: ders. 1903, S. 35.
74 Obrist: Ein künstlerischer Kunstunterricht, 1903, S. 83.

Öffentliche Anerkennung und Auftragsmärkte

Bereits im Jahr 1895 kommentierte Paul Schultze-Naumburg, zu diesem Zeitpunkt ein junger Maler, der sich selbst dieser Tendenz anschloß, den kulturellen Bruch in Begriffen, die auf den Diskurs der »anwendenden Künstler« verwiesen:[75]

»Und da nun der Bann des Vorurteils gegen das Kunstgewerbe gebrochen ist, die anwendenden Künstler sogar im Zenit des Interesses stehen, seitdem die glänzendsten Talente und Namen in der sozialen Geltung dem Kunstgewerbe dasselbe Niveau wie der Malerei erobert haben, scheut sich auch keiner mehr, dem Kunstgewerbe anzugehören.«

Doch die innere Gemeinsamkeit der Künstler, die die »moderne Bewegung« bildeten, bestand vor allem in der Abgrenzung zum Historismus.[76] Dessen oberflächlichste Formen schienen am realen Berufsbild des Gewerbekünstlers exemplifizierbar, so daß sich die Polemik gegen die Inkompetenz der konventionellen Musterzeichner richtete:[77]

»Es werden in unseren Möbelfabriken unzählige häßliche, unbequeme, banale Stücke gemacht, die nach was aussehen und wenig kosten sollen. Überall trifft man sie, in keiner guten Stube des Reiches entgeht man ihnen. Diese Stücke werden von den Herren Zeichnern der Fabrik entworfen, und wir denken viel zu hoch von den in all diesen Hunderten von jungen Leuten vergrabenen Fähigkeiten, als daß wir sie direkt verantwortlich machten für all diese Geschmacks- und Komfortsünden. Sie kommen sehr jung in das Fabrikgetriebe hinein und haben einfach zu gehorchen. Alle erfinderischen Mucken werden ihnen bald ausgetrieben, und sie werden bald gänzlich gleichgültig. Oder aber sie sollen gerade etwas Neues

---

75 Schultze-Naumburg 1895/96, S. 383.
76 Obrist: Hat das Publikum Interesse, 1903, S. 33: »Treten wir in ein Lampengeschäft, so ist es fast unmöglich, eine einfache Lampe zu entdecken. Die Hängelampen sind mit Zierat bedeckt, alles ist vergoldet oder imitierte Bronze. Die Stehlampen sind überall mit Buckeln, Knöpfen, Festons, Gekringel aller Art verziert. Und begeben wir uns erst in ein Luxuswarengeschäft, wie flimmert es einem da vor den Augen! Man sieht den Laden vor Prunkstücken nicht. Was für Vasen aus Majolika und Bronze montiert, wie großartig nutzlos! (...) Man muß es erlebt haben wie wir, daß eine vornehme Frau von Geschmack beim Weihnachtseinkauf den Laden mit Tränen in den Augen vor Verwirrung und Ratlosigkeit verließ, um den ganzen Jammer dieser Überproduktion zu ermessen.«
77 Obrist: »Wozu über Kunst schreiben«, 1903, S. 7 f.

erfinden; es wird ihnen jedoch keine Zeit gelassen und so skizzieren sie denn flott etwas Pseudomodernes hin, um die Meister zu ›befriedigen‹.«

Diese Kommentierung der Arbeitspraktiken der Musterzeichner, die die erfinderische Kreativität nicht zur Entfaltung kommen ließen, mag die durchschnittliche Realität treffen.

Dagegen gehörten der Generation von »anwendenden Künstlern« (Schultze-Naumburg) zahlreiche ausgebildete Maler an, die sich dem neuentdeckten Tätigkeitsfeld der Objektgestaltung zuwandten. Da dieses wirtschaftlich attraktive Realisierungsmöglichkeiten bot, steigerten sich auch die künstlerischen Standards.[78] Als Vision dieser Künstlergeneration gewann die Vorstellung einer Synthese von Kunst und Leben an Faszination, da sie die Trennlinien zwischen den Spezialisierungen der Künstlerschaft aufhob, eine Gruppenkultur ermöglichte und ein produktives Zusammenwirken erforderte.[79] Der Begriff des »Gesamtkunstwerkes« beinhaltete nicht allein die Vorstellung einer geschlossenen, in sich einheitlichen »künstlerischen« Ästhetik, sondern er verwies auch auf die Ensembles der Raum- und Objektkultur, in denen sich die Individualität des bürgerlichen Menschen repräsentieren ließ. Der Maler Franz Stuck schuf sein Künstlerhaus selbst, Architektur, Gestaltung, Möblierung und Wandgemälde als geschlossenen Ausdruck seiner universalen künstlerischen Individualität. Künstler wie Peter Behrens erhielten vom Darmstädter Großherzog die Möglichkeit, auf der Mathildenhöhe eigene Villen als Gesamtkunstwerke und Repräsentanzen ihrer ästhetischen Individualität zu entwerfen. Entsprechende Aufträge erteilten auch vermögende Bürger und Angehörige der Oberschicht.

Diese neue Version des Künstlerhabitus bezog ihre Legitimität somit nicht länger aus einer vom Leben entfernten idealen Thematik, den Stoffen und Vorstellungsbildern des bildungsbürgerlichen

---

78 Schultze-Naumburg 1895/96, S. 383, hebt den Aspekt der Verschiebung von Marktfeldern für künstlerische Arbeit hervor: »Hatte man lange die Überfüllung des Malerberufes beklagt, so bietet nun das weite, dem Künstler wieder geöffnete Gebiet der angewandten Kunst die Möglichkeit des Abflusses. Nicht nur die verlockenden wirtschaftlichen Aussichten haben so viele Talente hinübergezogen, sondern vor allem that es die richtige Erkenntnis ihres wahren Berufes.«

79 Vgl. allgemein Ausst. Kat. Kunsthaus Zürich: Der Hang zum Gesamtkunstwerk. Europäische Utopien seit 1800, Aarau und Frankfurt am Main 1983.

Wissenskanons, wie sie in der »hohen Kunst«, der akademischen Malerei und Bildhauerei, gepflegt wurden. Für Obrist charakterisierte nunmehr der Ausdruck von Intensität einer lebensnahen Empfindung seine Vorstellung des Künstlers, nicht aber die Zugehörigkeit zu einer Profession der »Fächler«.[80]
Von der Mehrzahl der akademischen Künstler und ihren Institutionen wurde die Gruppe der Modernen bald mit Mißtrauen betrachtet und in ihrem Einfluß abgewehrt. Diese suchten daher nach neuen Organisationsformen. Ein primäres Erfordernis war die Präsentation der Arbeiten auf gemeinsamen Ausstellungen,[81] aber auch der Diskurs über die Bedeutungen des Kunstgewerbes.[82] Vom Kunstgewerbeverein spaltete sich zunächst eine Gruppe »Kunst im Handwerk« ab.[83] Ihr gehörten Theodor Fischer, Martin Dülfer, Richard Riemerschmid, Hans Eduard von Berlepsch-Velundas und Bernhard Pankok an. Um über eine Produktionsstätte zur Realisierung ihrer Entwürfe zu verfügen, die hohen handwerklichen Standards entsprechen sollte, beteiligten sich 1897 einige führende Künstler-Entwerfer[84] an der Gründung der Münchner »Vereinigten Werkstätten«.[85] Diesen lag das Konzept einer nahen

80 Obrist: »Wozu über Kunst schreiben, 1903, S. 7. »Mag einer noch so verrannt in eine Manier sein, sei es plein-air oder Symbolismus oder Impressionismus oder Empirestil: ein wirklicher Künstler, und es gibt Gott sei Dank viele, erkennt doch sofort das Starke, das überzeugend Packende in einer Arbeit, und mag sie aus der Steinzeit datieren oder aus den sechziger Jahren (...).«
81 Georg Fuchs: Angewandte Kunst in der Secession zu München, in: Deutsche Kunst und Dekoration, 1899.
82 An der Bedeutungsreflexion und Propaganda beteiligten sich zahlreiche Autoren, vgl. u. a. Henry van de Velde: Die Renaissance im modernen Kunstgewerbe, Berlin 1901; R. Graul (Hg.): Die Krisis im Kunstgewerbe. Studien über die Wege und Ziele der modernen Richtung, Leipzig 1901; Werner Sombart: Kunstgewerbe und Kultur, Berlin 1908.
83 A. L. Plehm: 1. Ausstellung für Kunst im Handwerk, München 1901, in: Kunstgewerbeblatt NF 13, 1902.
84 Zum Begriff vgl. Gert Selle: Zwischen Kunsthandwerk, Manufaktur und Industrie. Rolle und Funktion des Künstler-Entwerfers um 1898 bis 1908, in: Gerhard Bott (Hg.): Von Morris zum Bauhaus. Eine Kunst gegründet auf Einfachheit, Hanau 1977.
85 Vgl. Überblick und Dokumentation bei Hans Wichmann: Aufbruch zum neuen Wohnen. Deutsche Werkstätten und WK-Verband 1898-1970, Basel/Stuttgart 1978.

Beziehung zwischen den Künstlern und den Produzenten zugrunde, das mit der verbreiteten Idee der Rückkehr zum Handwerk als einer Arbeitsform, die den gestaltenden Entwurf und die Herstellung gleichermaßen umfaßte, assoziiert wurde.[86] Mit ähnlichem Konzept entstand in Dresden-Hellerau eine »Werkstätte«.

In welchem Maße die etablierte Fachöffentlichkeit,[87] aber auch das breitere konsumierende Publikum zwiespältig auf die neue künstlerische Richtung reagierte, wird aus einem Kommentar von Hermann Obrist ersichtlich, als die Frage im Raume stand, ob über spektakuläre Ausstellungen hinaus auch Entwurfsaufträge zu erwarten wären. Es erschien noch ungeklärt, in welcher Form die Integration dieser neuen Variante des Künstlerhabitus in den Markt oder in die Institutionen des künstlerischen Ausbildungsbetriebs gelingen könnte:[88]

»Die Kunstgewerbetreibenden, zuerst sehr abwartend, haben sich zwar zum Teil mit fieberhaftem Eifer auf das Moderne geworfen, aber noch immer beschränkt sich die Produktion auf mehr oder minder billige Luxus-Geschmacksartikel. (...) Solange das Neue noch klein war, ließen es die offiziell anerkannten Vertreter der Hohen Kunst zur Seitenthüre noch herein. (...) Seit es aber ein großer Junge zu werden verspricht, haben sie die Thore zugemacht.«

Aufgrund des Mangels an Aufträgen orientierten sich die modernen Entwerfer überregional und verließen München nach und nach. Nur Riemerschmid blieb ansässig. Peter Behrens unterrichtete in Meisterkursen zur Fortbildung von Kunstgewerblern an der Bayerischen Landesgewerbeanstalt in Nürnberg.[89] 1903 bil-

---

86 Vgl. Sonja Günther: Interieurs um 1900. Bernhard Pankok, Bruno Paul und Richard Riemerschmid als Mitarbeiter der Vereinigten Werkstätten für Kunst und Handwerk, München 1971.
87 Aus dem Konvolut der Staatsbibliothek München, Schriften, welche das 50jährige Jubiläum des Kunstgewerbevereins betreffen, 1.-4. Juli 1901, München 1901, geht hervor, daß das historistische Kunstgewerbe weiter bestand und sich auf einen Markt stützen konnte. Das Jubiläumsfest wurde im Schloß Schleißheim in historischen Kostümen des Neorokoko mit der Aufführung eines Geschichtsspektakels inszeniert.
88 Hermann Obrist: Die Antwort, 1901, S. 2, zit. n. Christine Schack-Simitzis: Der Anbruch der neuen angewandten Kunst, in: Prinz/Krauss 1988, S. 241.
89 Vgl. Peter-Klaus Schuster (Hg.): Peter Behrens und Nürnberg, Stuttgart 1980.

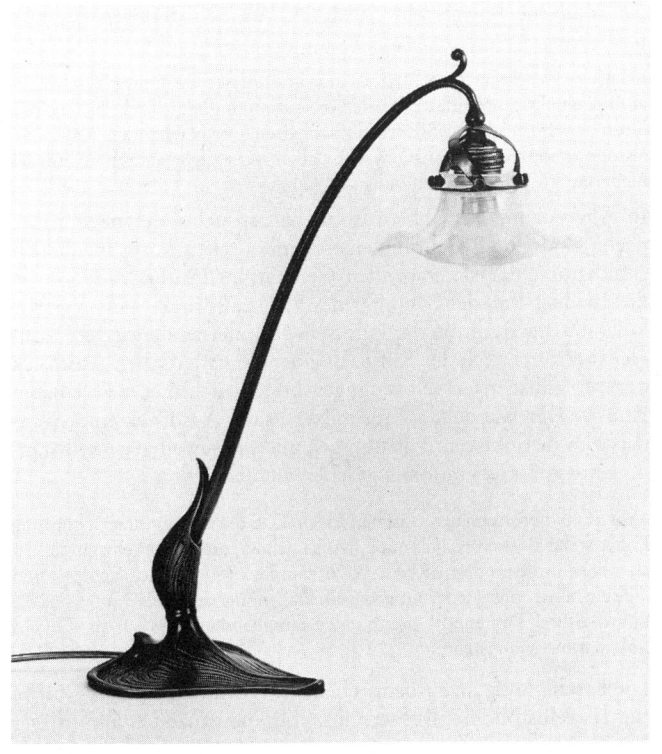

Abb. 38: Richard Riemerschmid: Elektrische Tischlampe, 1899/1900.

dete sich in München schließlich eine »Vereinigung für angewandte Kunst«, der sich Kandinsky anschloß. Aus dieser ging der »Münchner Bund« hervor, der später als eine Teilorganisation des »Werkbundes« weitergeführt wurde.

»Künstlerischer Ausdruck unserer selbst«

1903 hielt es Paul Schumann in einer Besprechung der Ausstellung der Dresdner Werkstätten für geboten, seinen Lesern die kulturelle Semantik des Kreativen zu erklären, in der sich der moderne Stil als ein Ausdruck von Selbstbildern darstellte:[90]

»Daß der Geschmack wechselt, ist eine uralte Tatsache. Dieser Wechsel ist völlig berechtigt. Mindestens jede Generation muß das Recht haben, sich ihren Geschmack, ihren Stil selbst zu schaffen. Der Nachahmer steht tiefer als der Schöpfer. Im Kunstgewerbe haben wir einige Jahrzehnte auf der niederen Stufe der Nachahmung gestanden.«

In Abgrenzung zum Historismus beanspruchte der neue ästhetische Code die Bedeutung einer symbolischen Form für die Eigenidentität der sie tragenden Generation. Idealisiert wurde in diesen Begriffen der Schöpfer des Selbstausdrucks, eine Vorstellung, die die Tradition der kulturellen Moderne markierte:[91] »Zugleich ertönte auch der Ruf nach einem künstlerischen Ausdruck unserer selbst, nach selbständiger, bodenwüchsiger, zeitgemäßer Kunst.« Der Wandel des Stils müsse als der Ausdruck eines Wandels von distinktiven Bedeutungen und der jeweiligen »Selbständigkeit« von Generationen gesehen werden:[92]

»Vor allem beruht er auf ethischen Ideen. Daß die selbständige Schöpfung höher stehe als die Nachahmung, wurde schon gesagt; auf Selbständigkeit aber beruhe die moderne Kunst. Nicht minder strebt sie nach Echtheit und Gediegenheit, die wiederum unzweifelhaft höher stehe als Imitation, die zum Beispiel Tannenholz durch einen täuschenden Anstrich als Eichenholz darzustellen suchte.«

Die Erscheinung im authentischen Stil vermittelte sich als Chiffre für das Selbstbild des Bürgertums: »Mit der ganzen Summe dieser Leitidee aber erweist sich der moderne kunstgewerbliche Stil als ein Kind unserer Zeit. In seiner Schlichtheit und Gediegenheit liegt etwas echt Bürgerliches. Staat und Bürgertum aber sind seit der Großen Revolution und ihren Folgen die Hauptträger der Kunst, wie es vordem vorzugsweise die Höfe waren.« Dieser Begriff des »Bürgerlichen« erschien wiederum eingebettet in die kollektiven Praktiken und die emotionale Verarbeitung der kulturellen Moderne. Die Wohnung wurde bewußt als »Heim« mit den Gefühlen der »Gemüthlichkeit« und eines Ruhebedarfs aufgeladen, der als

---

90 GNM, ABK, Nachlaß Riemerschmid B 170.
91 Ebd.
92 Ebd.

Gegenpol zur Rationalität der Alltagsökonomie des bürgerlichen Lebens entstanden war.[93]

In dieser Argumentation wurden die ästhetischen Formen, Flächen und Farben als Bedeutungsträger für kulturelle Funktionen im Alltagsleben interpretiert. Das Bedürfnis nach Ruhe stiftete die kulturelle Semantik einer neuen Subjekt-Objekt-Beziehung, für die die moderne Form entworfen werden sollte. Die sogenannte »Raumkunst« repräsentierte die Suche nach einer symbolischen Form für das »Heim« von Individuen, in dem sich ein emotionaler Bezugspunkt bildete. Dieser Ort sollte die Identität der bürgerlichen Subjekte stabilisieren und vor der »nervösen« Abnutzung durch die Dynamik der Modernisierung schützen.

Diskurs über die Ausbildung

Den veränderten Erwartungen entsprechend, wurden nicht nur die Defizite eines zu engen Berufsbildes des »Kunstgewerblers« beklagt,[94] sondern mit dem Erstarken der ästhetischen Reformbe-

---

93 »Auch der nervösen Hast unseres Lebens ist der moderne Stil wohl angepaßt. Mein Haus ist mein Schloß, können die wenigsten sagen; aber umso mehr sollte unsere Wohnung unser Heim sein, das heißt eine gemütliche, behagliche Stätte zum Aufenthalte während der knapp bemessenen Zeit, die uns vergönnt ist, daheim zuzubringen. Das Heim soll uns Erholung bieten von dem Kampfe ums Dasein, ein Ruheplatz sein in den sozialen Nöten und Kämpfen, die uns draußen nicht zur Ruhe kommen lassen. Das vermag uns aber der moderne Stil zu bieten. Denn er verwandelt unsere Wohnung nicht nur in ein Atelier mit allerhand hängenden Teppichen und dekorativem Gerümpel aus allen Jahrhunderten und Zonen, wie es die Mode der 1820er und 1880er Jahre mit sich brachte, sondern er gibt uns Wände Hohlkehlen und Decken in ruhigen Flächen und wenigen ausgesprochenen Farbtönen, die dem Auge und den Nerven Ruhe und Stille bieten.« Ebd.
94 Ausst. Kat. Werkbund Archiv: Hermann Muthesius, Berlin 1990/91, S. 16. Auf dem Höhepunkt der Reformbewegung charakterisierte der sehr einflußreiche Kunstgewerbler und Architekt Hermann Muthesius die Kunstgewerbeausbildung des letzten Drittels des 19. Jahrhunderts negativ. Früher hätte »der alle Stile beherrschende Musterzeichner« das Berufsbild verkörpert, »der an seinem Zeichentische mit dem formalen Rüstzeug, das ihm die Schule mitgegeben hatte, irgendwelche Gegenstände ›entwarf‹, das heißt mit Ornamentformen umkleidete, ohne von

wegung⁹⁵ verband sich bald auch ein Diskurs über neue Ausbildungskonzepte.⁹⁶ Schultze-Naumburg beschrieb das erweiterte Berufsbild mit einer veränderten Kompetenzpalette des angewandten Künstlers an einem konkreten Erfordernis.⁹⁷ Beispielsweise war ihm für seine Saalecker Werkstätten an Mitarbeitern gelegen, die imstande waren, »ein Gebäude, ein Möbel, eine Gartenanlage, einen entworfenen Gebrauchsgegenstand ein- oder mehrfarbig so darzustellen, daß man danach die Wirkung des ausgeführten Gegenstandes in Formgebung und Materialbehandlung, kurz seine volle reale Erscheinung klar und zuverlässig beurteilen kann«. Hierzu seien jedoch die zahlreichen »künstlerisch ausgebildeten« Maler, die eine Akademie absolviert hatten, in der Regel nicht in der Lage, weil man dort den »alten Methoden verfallen« sei. Auf den Kunstgewerbeschulen fehle aber eine entwickelte künstlerische Kompetenz der »feineren malerischen Darstellung«. Daher werde bei deren Absolventen ein zusätzliches, »meist jahrelanges Studium« erforderlich, um den Anforderungen der Berufspraxis der »angewandten Kunst« entsprechen zu können.⁹⁸

    der Technik, in der sie ausgeführt wurden, mehr als die oberflächlichste Kenntnis zu haben (…).«

95 A. Koch: Eine kunstgewerbliche Akademie, in: Deutsche Kunst und Dekoration, Bd. VII, 1901.
96 Obrist: Hat das Publikum Interesse (1899), in: ders. 1903, S. 35: »Die Fabrik treibt nur zu oft den Kunsthandwerker gegen seinen Willen und gegen seine bessere Erkenntnis in die Bahn, etwas Ordinäres und Langweiliges machen zu müssen. In Ermangelung sicherer Privataufträge ist er dazu gezwungen, um zu verdienen. Dazu kommt es, daß wir trotz der hochentwickelten Technik bei den Kunsthandwerkern doch in ihnen kein rechtes Gegengewicht haben gegen die geschmacklose Dutzendware der Fabriken. Aber viele Hunderte dieser Kunsthandwerker ertragen die Zwangslagen nur mit innerem Widerstreben, sogar mit Groll. Sie wissen, daß sie ewig dieselben Formen wiederkauen, daß sie nicht aus dem Kreislauf der Stile herauskommen.«
97 Paul Schultze-Naumburg: Maler Erziehung, in: Kunstwart XIX. Jg., 1. Januarheft 1906, S. 383. Derartige vermittlungsnahe Gestaltungsaufgaben der Veranschaulichung gebe es »auf dem Gebiet der Technik, der Industrie, des Handwerks, der Wissenschaft und der Illustration sehr viele«, trotz des Vordringens der Fotografie als eines dokumentarischen Darstellungsmediums.
98 Auch die von impressionistischen Kunstauffassungen geleiteten Malschulen trügen zu dieser gestalterischen Kompetenz nichts bei. Ebd.

Abb. 39: Richard Riemerschmid: Der Musikzimmer-Stuhl, Mooreiche, 1898/99. – Dieser Stuhl integrierte den konstruktiven Gebrauchsbezug und die organischen Linien des Jugendstils zu einem eleganten Ausstattungsstück ästhetisierter Bürgerlichkeit. Er entstand auf Initiative der Vereinigten Werkstätten München als Teil eines Musiksalons und wurde 1899 auf der Deutschen Kunstausstellung in Dresden gezeigt.

In der Konsequenz der neuen Definition des Künstlerhabitus begann die experimentelle Suche nach einer geeigneten Form der Künstlerausbildung. Ziel der Ausbildung sollte die Befähigung zur Umsetzung des inneren Lebenseindrucks des Individuums in eine ästhetische Repräsentation sein.[99] Der Begriff der Wahrnehmung sollte von allem Formalen befreit werden und ganz auf die Gestaltung von kulturellen Formen des Lebens gerichtet sein. In diesen Bestimmungen der kreativen Individualität gewann der Begriff des »Schönen« seinen innovativen Bezug.

Drei Versionen des Künstlerhabitus standen sich somit um 1900 gegenüber. Erstens das Verständnis von Kunst als einem Sonderraum des »Schönen«, des »rein Künstlerischen«, wie er sich in der Akademie institutionalisiert hatte, zweitens die ebenfalls institutionell verfestigte Form des tradierten Kunstgewerbes und drittens dieses Konzept der noch überschaubaren Zahl der »modernen« Künstler, die die Durchdringung des Lebens mit der Kunst propagierten und sich der »angewandten« Kunst widmeten. Mit dieser Öffnung des Künstlerhabitus entstand ein Bedarf an theoretischer Reflexion. Die Akteure des Münchner Kreises der späten neunziger Jahre des 19. Jahrhunderts nahmen an dieser Debatte regen Anteil. In einem Text vom Herbst 1900 leitete Hermann Obrist aus der Aufhebung der Hierarchisierungen im Künstlerhabitus die Notwendigkeit eines gemeinsamen »Elementarunterrichtes« ab, der allein von einem zukunftsorientierten Verständnis des dem Leben zugewandten Künstlers ausgehen sollte:[100]

»Alles was da Künstler werden will, sei es Zeichner, Maler, Bildhauer, Erbauer oder Zweck- und Zierkünstler, alle diese jungen Leute sollten einmal ein Jahr lang gemeinsam bei einem Elementarunterricht vereinigt werden und ohne jedes Programm unter unmerklicher Leitung jubelnd ausschwärmen, und keine andere Verpflichtung soll ihnen auferlegt

---

99 In den Worten Obrists klang dies so: »Sollte es nicht zur obersten Forderung gemacht werden, daß nur aus dem Leben, aus der Freude an der vielgeschmähten schönen Welt, aus der Lust an der Wiedergabe des Geschauten und zuletzt aus dem Triebe, innerlich neugeschaute Gebilde schöpferisch zu gestalten, die einzelne Leistung allmählich durch freudiges Verdichten, durch das Sichtbarmachen des Gewollten entstehe, statt daß wie jetzt der Anfang ein Pensum und das Ende ein Examen sei?« Hermann Obrist: Ein künstlerischer Kunstunterricht (Herbst 1900), in: ders. 1903, S. 73.
100 Ebd., S. 74.

werden, als die eine, etwas von all dem Geschauten täglich zu irgend einer Leistung zu verdichten, und wenn es zuerst die bescheidenste wäre.«

Ihm galt »die Freude am Sehen« als das »Allerheiligste« der »Künstlerseele«. In diesem Diskurs trat ferner Peter Behrens mit seiner Schrift »Von der künstlerischen und wirtschaftlichen Bedeutung der angewandten Kunst« in exponierter Weise hervor. Die Kunstakademien blieben gegenüber dieser innovativen kulturell-ästhetischen Tendenz abweisend. Insbesondere die personelle Stabilität der Lehrkörper sorgte für ein Beharren auf dem tradierten Habitus des Malers. Die neue Auffassung des Künstler-Entwerfers wurde daher nicht in die Akademien integriert, sondern mit dem Argument der Ausbildung von »freien« Künstlern der »hohen Kunst« abgewehrt.

Das Angebot der Kunstgewerbeschulen stand im Ruf einer konventionellen, aber zugleich sicheren Berufsausbildung für den Arbeitsmarkt im Vergleich zur existentiellen Unsicherheit des »freien« Künstlers.[101] Aus diesem Grund, aber auch weil sie im Unterschied zu den Akademien Schülerinnen aufnahmen, war der Anteil an »höheren Töchtern« beträchtlich, die oft weniger einen Beruf als die kunstgewerbliche Praxis zu erlernen suchten.[102] Mit der Veränderung der kulturellen Auffassungen in der Kunstöffentlichkeit kam es auch in den älteren Kunstgewerbeschulen teilweise zu einer Entgrenzung der Gegenstandsfelder zwischen »hoher« Kunst und Kunstgewerbe.[103] Nunmehr entstand neben den Mu-

---

101 Paul Schultze-Naumburg, der seit 1886 zunächst an der Karlsruher Kunstgewerbeschule studiert hatte, schilderte deren Betrieb aus erheblichem zeitlichen Abstand: »Der Geist der damaligen Karlsruher Kunstgewerbeschule bestand im wesentlichen darin, ihren Schülern eine routinierte Darstellung eines etwas kraftlos gewordenen Renaissance-Ornaments beizubringen, mit dem Sinn, die Oberfläche irgend welcher Körper damit zu überziehen. Je mehr daran angebracht werden konnte, umso höher stehend war das Kunstwerk.« Schultze-Naumburg: Lebenserinnerungen, Tl. 1: Jugend und Elternhaus, S. 24.
102 Georg Buß: Die Frau im Kunstgewerbe, Berlin 1895, S. 110. Vielfach wurden nicht auf ein Einkommen angewiesene Kunstgewerblerinnen lediglich als lästige Konkurrenz betrachtet, die die Preise für kunstgewerbliche Arbeiten drückten. Ebd., S. 111.
103 Anton von Werner vermerkte später in kritischer Distanz, daß die Kunstgewerbeschulen sich schließlich, teils »dank de(s) Ehrgeiz(es)

sterzeichnern das neue Berufsbild von »Gewerbe- und Raumkünstlern«, die, ohne selbst Handwerker zu sein, Leiter von Werkstätten werden konnten.[104]

Die 1868 unter der Bezeichnung »Königliche Kunstgewerbeschule München« als staatliche Einrichtung übernommene ehemalige Ausbildungsstätte des Kunstgewerbevereins hatte 1872 unter gemeinsamer Leitung und Verwaltung eine selbständige Abteilung für Mädchen erhalten. Aus der Geschichte dieser Institution ergibt sich ein Bild der beklagten Stagnation in Routine. Im Schuljahr 1902/03 umfaßte sie 202 Schüler und 157 Schülerinnen.[105] Die geschlechtsspezifische Differenzierung von Berufsprofilen äußerte sich in unterschiedlichen Unterrichtsfächern sowohl im Vor- als auch im Fachunterricht. Bei den Mädchen wurden in stärkerem Maße »weibliche« Handarbeiten oder Schmuckgestaltung gelehrt, für die männlichen Schüler aber stand das klassische Zeichnen von Schmuckornamenten im Vordergrund.[106]

Lehrfächer des Fachunterrichts waren: Architektur: architektonischer Bauschmuck, Mobiliar und Gerät; Flachornament: für alle Zweige der Textilindustrie; figürliche Dekoration: für Ausschmük-

ihrer Leiter«, zu »beschränkten Kunstakademien« entwickelt hatten, in denen das Malen von Porträts, von Akten und Landschaften als künstlerische Aufgabe betrieben wurde. Von Werner 1913, S. 122.

104 Kunst- und Kunstgewerbeschulen unterschiedlichen Profils existierten, meist in kommunaler oder privater Trägerschaft, in zahlreichen Städten. Teilweise hatten sie auch den Charakter von Fachschulen mit der tradierten Handwerkerfortbildung für die regionalen Wirtschaftszweige, so beispielsweise in Aachen für die Textilindustrie. Andere Kunstschulen wie in Altenburg oder Frankfurt, Hanau, Lübeck, Stuttgart oder Weimar lehrten Zeichnen und Modellieren. Ferner bestanden Kunst- und Kunstgewerbeschulen in Altona, Barmen, Berlin, Breslau, Kassel, Köln, Dresden, Düsseldorf, Eberfeld, Erfurt, Frankfurt am Main, Karlsruhe, Königsberg, Magdeburg, Mainz, Nürnberg, Pforzheim, Stuttgart und Weimar. Nach dem Kunsthandbuch für Deutschland 1904, S. 402 ff.

105 Ebd., S. 453 und 454.

106 Ebd. Lehrfächer des Vorunterrichts waren: Technisches Zeichnen, Linearzeichnen, Geometrie, Projektionslehre, Schattenkonstruktion und Perspektive, architektonisches Zeichnen, Ornamentzeichnen, Flachornament-Malen, ornamentale Formenlehre, Figuren-, Tier- und Draperie-Zeichnen, Blumen-Zeichnen und -Malen, Modellieren und Schnitzen, Kunstgeschichte und Stillehre.

kungen in Zeichnung und Malerei; Dekorations-Malen: für ornamentale Decken- und Wandmalerei; Glasmalen: Glas- und keramisches Malen; Modellieren und Schnitzen: Bauschmuck, Mobiliar und Geräte; Metallarbeiten: für Metallarbeiter, Goldschmiede etc.; Keramik: für Gefäßmaler und Modelleure; Xylographie. In der Abteilung für Mädchen wurden in den Lehrfächern des Vorunterrichts dieselben Fächer unterrichtet wie in der männlichen Abteilung, allerdings unter Wegfall des architektonischen Zeichnens, des Modellierens, Schnitzens und der Anatomie.[107] Die geschlechterspezifische Differenz des Fächerspektrums verdeutlicht den praxisorientierten Charakter des Unterrichts an der Königlichen Kunstgewerbeschule, bei dem Fertigkeiten lediglich für die bestehenden Felder des Berufsbildes gelehrt und imitativ erlernt wurden. Ein reflexiver Anteil war in dieser Berufsausbildung nicht enthalten, da auch der kunstgeschichtliche Unterricht lediglich im Kennenlernen von historischem Material bestand.[108]

107 Die Lehrfächer des Fachunterrichts waren: Musterzeichnen für weibliche Handarbeiten mit künstlerischer Formgebung: Spitzen, Stickmuster etc.; ferner für kunstindustrielle Zwecke in der Weberei, Tapetengestaltung, typographische Dekoration, für Schmuck, Gefäße etc. Dekoratives Malen für kunstindustrielle Zwecke mit besonderer Rücksicht auf Porzellan- und Fayencen-Malen; Lithographien, Xylographieren, das Lehrfach Zeichnen.
108 In der Abteilung für Mädchen fand darüber hinaus auch die Ausbildung von Zeichenlehrerinnen statt, für die ein Unterricht in Pädagogik angeboten wurde. Interessanterweise differierten die Listen der Lehrkräfte der beiden Abteilungen in der inneren Hierarchie, die ihre Bedeutung und ihr Gewicht für die Ausbildung signalisierten, trotz teilweise gleicher Lehrfächer und -personen. In der »männlichen Abteilung« unterrichteten: »K. Gebhardt, Prof.: Dekorationsmalen; L. Gmelin, Prof.: Geräte- und Gefäßezeichnen; H. Wadere, Prof.: Figürliches Modellieren; M. Kleiber, Prof.: Technisches Zeichnen, Geometrie, Projektionslehre und Perspektive; L.von Langenmantel, Prof.: Figurenzeichnen; F. von Miller, Prof.: Ziselieren; A. Pruska, Prof.: Ornamentmodellieren; L. Romeis, Prof.: Technisches Zeichnen und Architektur; T. Spiess, Prof.: Flachornament- und Blumenzeichnen; M. Dasio, Prof.: Ornamentzeichnen; R. Ulke, Prof.: Glas- und Porzellanmalen; F. Widmann, Prof.: Figurenzeichnen; Dr. S. Mollier, o. Prof. an der K. Universität: Anatomie; Dr. Ph. Halm, Kunsthistoriker: Kunstgeschichte und Stillehre.« Ebd., S. 453. In der Abteilung für Mädchen unterrichteten: »L. Gmelin, Prof.: technisches Zeichnen, ornamentale Formenlehre und kunstgewerb-

Institutionelle Reformversuche und das Berufsprofil

Die Neugründung von Kunstgewerbeschulen war zunächst leichter in Aussicht zu nehmen als eine Implementierung der neuen künstlerischen Richtung in die bestehenden Kollegien der etablierten Institutionen.[109] Mit der Generation der gegen Ende der neunziger Jahre fachlich ausgewiesenen Künstler-Entwerfer standen Gestalter zur Verfügung, deren Selbstverständnis eine experimentelle Lehre der eigenen Auffassungen von angewandter Kunst nahelegte, zumal es für die neue Version des Künstlerhabitus keine pädagogischen Vorbilder gab.[110] In München gründeten

liches Musterzeichnen (Abteilung für Schmuck, Geräte und Gefäße); M. Kleiber, Prof.: Projektionszeichnen und Perspektive; T. Spiess, Prof.: Flachornamentmalen und kunstgewerbliches Musterzeichnen (Abteilung für Weberei und Tapetendruck); H. Stelzner, Prof.: Figurenzeichnen, dekoratives Malen und Lithographieren; R. Ulke, Prof.: Porzellan- und Fayence-Malen; H. Wolf, Prof.: Ornamentzeichnen und Xylographieren; A. Bock, K. Oberlehrer an der Kreislehrerinnen-Bildungsanstalt: Pädagogik; A. Böhaimb, K. Professor an der Maria-Theresia-Kreisrealschule: Methodik des Zeichenunterrichts; Dr. Ph. Halm, Kunsthistoriker: Kunstgeschichte und Stillehre; M. Geys, Lehrerin: Ornamentzeichnen und kunstgewerbl. Musterzeichnen (Abteilung für weibl. Handarbeiten); O. Weiss, Lehrerin: Blumenzeichnen und Malen.« Ebd., S. 454.

109 Dargestellt sind die Reformprojekte: Kunstschule Debschitz München, Akademie für Kunst und Kunstgewerbe Breslau, Reimann-Schule Berlin, Bauhaus Weimar/Dessau/Berlin, Frankfurter Kunstschule; Kunstschulreform 1900-1933, dargestellt vom Bauhaus-Archiv Berlin, hg. von Hans M. Wingler u. a., Berlin 1977; ferner Ekkehard Mai: Von der hohen zur angewandten Kunst: Kunstgewerbebewegung und Reform der Künstlerausbildung um und nach 1900, in: Bauhausarchiv, Sammlungs-Katalog, Berlin 1981.

110 An der Kunstgewerbeschule in Stuttgart wurde eine »Kunstgewerbliche Lehr- und Versuchs-Werkstätte« unter Leitung der Professoren Krüger und Pankok eingerichtet, die sich beide mit dem Entwerfen von Möbeln beschäftigten. Pankok hatte sich im Kreis der Münchner Künstler-Entwerfer einen Namen gemacht. Diese »Versuchs-Werkstätte« sollte die Vorstellungen der Kunstgewerbebewegung im Unterricht in den Abteilungen Schreinerei, Metallwerkstätte und Flächenkunst erproben. Es wurden hier nur solche Schüler aufgenommen, die bereits »eine künstlerische Allgemeinbildung« besaßen und nun erstens den Entwurf kunstgewerblicher Gegenstände unter

Hermann Obrist und Wilhelm von Debschitz eine experimentelle Kunstschule, die sich in ihrer programmatischen Benennung deutlich vom Begriff des Kunstgewerbes absetzte: die »Lehr- und Versuchs-Ateliers für angewandte und freie Kunst«. Diese Bezeichnung verdeutlichte die intendierte innere Nähe zur »freien« Kunst.[111] Der Unterricht erfolgte in Lehrwerkstätten, die praxisnah und zudem als Produktionsbetrieb gewinnorientiert arbeiteten. Es wurde eine Vorstellung des Künstlerhabitus zugrunde gelegt, die produktive schöpferische Arbeit, Orientierung am Markt und den Bezug auf die Geschmacksvarianten des bürgerlichen Publikums integrieren sollte. Das Konzept war tatsächlich erfolgreich und wurde in den 1920er Jahren in ähnlicher Weise vom Bauhaus fortentwickelt.

In der »modernen Bewegung« gewann somit ein Berufsbild an Bedeutung, das die Erfordernisse der Rationalität des modernen Arbeitsprozesses, der Fertigung sowie der betriebswirtschaftlichen Kalkulation, aber auch die bearbeitbaren Materialien und Werkstoffe in das künstlerische Entwurfskonzept miteinbezog. Darüber hinaus fand diese Vorstellung des angewandten Künstlers in den gegenüber Reformen aufgeschlossenen Teilen des Bürgertums Akzeptanz, so daß einige zu diesem Zeitpunkt bekannte Künstler-Entwerfer die Leitung von Ausbildungsstätten übernehmen konnten. Peter Behrens wurde 1903 als Direktor der Kunstgewerbeschule Düsseldorf gewonnen. 1906 erhielt der im Münchner Kontext zum routinierten Entwerfer aufgestiegene Bruno Paul auf Betreiben von Wilhelm von Bode die Position des Direktors der Berliner Unterrichtsanstalt am Kunstgewerbemuseum. Der

---

Berücksichtigung des Materials, der technischen Arbeitsmittel und der Kostenberechnung übten, zweitens solche Entwürfe auch ausführten und drittens in »Stoffkunde« ausgebildet wurden. Ferner wurden kunstgewerbliche Meisterkurse abgehalten und kommerziell für gewerbliche Betriebe eigene Entwürfe und Modelle angefertigt. Kunstbuch 1904; im Jahre 1901/02 wurden 20 Bewerber aufgenommen.

111 Wilhelm von Debschitz: Eine Methode des Kunstunterrichts, in: Dekorative Kunst 12, 1904; vgl. hierzu Helga Schmoll, gen. Eisenwerth: Die Münchner ›Debschitz-Schule‹ – Lehr- und Versuchs-Ateliers für angewandte und freie Kunst. Hermann Obrist und Wilhelm von Debschitz, München 1902-1914, in: Kunstschulreform 1900-1933, Berlin 1977.

Belgier Henry van de Velde ging 1909 zum Aufbau einer neuen Kunstgewerbeschule nach Weimar.

Diese Entwicklung nahm der Redakteur der Zeitschrift »Kunst und Künstler«, Karl Scheffler, 1907 zum Anlaß, einige profilierte Künstler um eine kurze Bilanz zu bitten.[112] Zu den Aufgeforderten zählten Peter Behrens, Hermann Obrist, Paul Schultze-Naumburg, ferner August Endell. Ihre Stellungnahmen zeigen unterschiedliche Vorstellungen im Spannungsverhältnis zwischen kreativer Erfindung und künstlerischem Praxisbezug. In seiner Einführung ging Scheffler 1906 von dem Erfolg des erneuerten Kunstgewerbes aus und argumentierte nicht auf künstlerische Intentionen bezogen, sondern vorrangig in Hinblick auf die Bedeutung der Gestaltung bei der Sicherung von Märkten für Industriewaren: »Als unser Markt in Gefahr war, der Kunstindustrie vom Ausland entrissen zu werden, als die Schöpfungskräfte der architektonischen Künste und des Handwerks ganz versiegt schienen, haben moderne Künstler Rettung gebracht.« Mit dieser Deutung des »modernen Künstlers« als »Retter« wurde eine konventionelle Zuschreibung an den Künstlerhabitus variiert. Für unseren Zusammenhang ist interessant, daß diese vom »freien Künstler« abgeleitete Bedeutung sich nun auf den »gewerblich schaffenden Künstler« und damit auf die Zwecke der industriellen Gesellschaft beziehen konnte.

Peter Behrens nannte in seinem Text zwei Ansatzpunkte für die Ausbildung von modernen Künstlern für das Gewerbe, wie sie gleichberechtigt in der Düsseldorfer Kunstgewerbeschule berücksichtigt werden sollten:[113] die »Forderungen des Handwerks nach ästhetischen Direktiven« und die »Bedürfnisse der Industrie nach künstlerischen Impulsen«. Es sei sehr wohl möglich, zwischen beiden zu vermitteln, wenn man einige allgemeine Befähigungen zugrunde lege. Es komme darauf an, »auf die geistigen Grundprinzipien aller formschaffenden Arbeit« zurückzugehen und die

---

112 Die Auswahl legitimierte er mit dem Kriterium, daß sie »mehr oder weniger im Gegensatz zu den akademischen Unterrichtsprinzipien« standen und erfolgreich »für eine lebendige Erneuerung der Ausbildung von Künstlern gewirkt« hatten. Karl Scheffer: Kunstschulen, in: Kunst und Künstler, Jg. v, Berlin 1907, S. 206; außer den Zitierten äußerte sich der Leiter einer privaten Schule für Rhythmus in Zeichnung und Malerei, Lothar von Kunowski.
113 Ebd., S. 207.

»Gestaltungsprinzipien mehr im künstlerisch Spontanen, in den inneren Gesetzen der Anschauung, als direkt im Mechanischen der Werke« zu sehen. Behrens griff hiermit auf allgemein übliche Vorstellungen des Künstlerhabitus zurück, indem er auf das Geistige und Intuitive verwies, das sich im künstlerischen Subjekt entfalten sollte. Er bezog sich sodann auf die im frühen 19. Jahrhundert auseinandergetretenen Kompetenzen des Künstlers und des Ingenieurs, als er für die Synthese von Kunst und Technik plädierte.[114] Die gegensätzlichen Pole des Subjektiven, der künstlerisch intuitiv-spontanen Ausdrucksqualitäten, und des Objektiven, mit dem »Studium der Konstruktion, Funktion und Technik«, wurden in seinem Konzept verbunden.[115] Der Begriff des »Geistigen«, wie er in der bildnerischen »Anschauung der Natur« enthalten war, sollte nicht dem »akademischen Künstler« vorbehalten bleiben, sondern in dieser Version des Künstlerhabitus im Bezug auf die »Bedürfnisse der Industrie« variiert werden.[116]

In einer anderen Akzentuierung benannte Hermann Obrist die »neue angewandte Kunst« als die »letzte schöpferische Bewegung unserer Zeit« und äußerte seine Verwunderung, daß diese Wirkung »von einem kleinen Häuflein Geister ausging, die ausnahmslos Autodidakten« gewesen waren. Da er der Instanz des »Unbewußten« die höchste Bedeutung für das »Schöpferische« zuordnete, kam in der Gestaltungsarbeit »der Begabung, dem Triebe, dem unbewußten Suchen und Erfinden der Jugend« Priorität zu. Ob diese Befähigungen gelehrt werden könnten, erscheine ihm freilich mehr als fraglich.[117] Obrist betrachtete die Entstehung der »neuen angewandten Kunst« als eine Reaktion auf die in den Institutionen

---

114 »Für die bildnerisch darstellende Arbeit ist dieser primäre, zu entwickelnde Vorstellungsinhalt, die Anschauung der Natur; für die technisch konstruktive Thätigkeit die Kenntnis von Material, Technik und Funktion.« Ebd.
115 Vgl. auch den Artikel von Peter Behrens: Kunstschulen, in: Kunst und Künstler, Bd. 5, Berlin 1907, S. 206-210.
116 Vgl. ders.: Reform der künstlerischen Erziehung, in: Der Geist der Neuen Volkswirtschaft, Berlin 1919.
117 Ebd., S. 208: »Gelehrt werden können im Kunstbetriebe stets nur die notwendigen Vorbedingungen des ›Ausführen‹-Könnens. In der Musik Harmonie und Kontrapunkt, das Beherrschen eines Instruments; in der Architektur das praktische Bauen, Statik und Konstruktionslehre; in der bildenden Kunst das sachliche Zeichnen und Modellieren;

erstarrten Formen: »Man hüte sie und beschütze sie, denn sie ist der Anfang, der Keim der neuen freien Kunst der Zukunft. Beim Erschaffen, beim Erfinden heißt es: weg mit dem ›ordentlichen‹, ›planmäßigen‹ Unterricht! So allein wird die Bahn frei für die Kunst, für das Schöpferische.« Hinzukommen müsse ferner ein Begriff von Individualität, der sich gerade in der »Freude an der eigenen Art anderer« erweise.

Wiederum eine andere Perspektive nahm Paul Schultze-Naumburg ein. Dieser verwies auf seine umfangreiche Erfahrung in einer 15jährigen Lehrtätigkeit auf »künstlerischem Gebiet«, die er unterdessen aufgegeben hatte.[118] Ursprünglich habe er versucht, in dem Schüler ein »genaues Verständnis für die Form der Erscheinung« zu wecken. Schultze-Naumburg vertrat die grundsätzliche Auffassung, daß Zeichnen eine »charakterstärkende Wirkung« bei der Persönlichkeitsbildung für das Individuum habe. Seine eigene Arbeit hatte sich von der Malerei hin zur angewandten Kunst und Architektur verschoben. Seitdem er seine »Bureaus« unter dem Namen Saalecker Werkstätten GmbH in Saaleck bei Kösen als eine »Bau und Möbelfirma« betreibe, habe er auch hier ältere Volontäre zur künstlerischen Ausbildung in der Praxis aufgenommen.

Schließlich erklärte August Endell den wachsenden Bedarf der Industrie zum wesentlichen Bezugspunkt der neuen Ausbildungsform. Im Interesse der Kunst müsse man Zeichner mit hoher Flexibilität, »mit biegsamer Phantasie, mit sicherem Auge und lebendiger Empfindung für Schönheit heranbilden«. Allerdings komme der Kunstgewerbeschule eine andere Funktion zu als der Praxis, in der sich die Geschicklichkeit von selbst steigere. Kunstgewerbe müsse sich künftig auf »erfindendes, nicht darstellendes Zeichnen« stützen.[119]

in der angewandten Kunst das eigentliche Handwerk, das sachliche Entwerfen, Werkstatt- und Wohnungspraxis.«
118 »Es scheint mir, daß ein intensives Ringen um zeichnerischen Ausdruck eine charakterstärkende Wirkung hat; denn das wirklich exakte Festlegen der Form erfordert eine außerordentliche Energiebetätigung, die den Willen zu weiteren künstlerischen Aufgaben stärkt; auch geben Aufgaben der Formbewältigung dem Anfänger die beste Sicherheit über das Wo und Wie.« Ebd., S. 209.
119 Ebd., S. 210: Nach einer Grundlehre von mindestens einem Jahr sei ein Unterricht nach Sachgruppen anzuschließen. »Dann gliedert sich der Unterricht in drei Gruppen: Flächenkunst: Tapeten, Stoffe, Teppiche;

Industrie und die Gestaltung
der modernen Massenkultur

Als nach dem Paradigmenwechsel der 1890er Jahre die Technik partiell ästhetisierungsfähig und nach der Jahrhundertwende in den Diskurs über den bürgerlichen Kulturbegriff aufgenommen wurde,[120] entstand ein für diese zivilisationsgeschichtliche Verschiebung von Bedeutungszuschreibungen programmatisches Dokument. Josef August Lux versammelte die wichtigsten Aspekte und vorbildlichen Beispiele der technischen Ästhetik unter dem Begriff Ingenieurs-Ästhetik in einem eigenen Buch und veranschaulichte sie als eine Genealogie der »Sachlichkeit«.[121] Diese Propaganda erschien deswegen geboten, weil die industrielle Massenproduktion weiterhin den ästhetischen Ansprüchen der Bildungseliten, wie sie im Diskurs der modernen Kunstgewerbebewegung und der Architektur entwickelt wurden, keineswegs entsprach.[122] In den industriellen Objekten verdichteten sich jedoch die Konsequenzen des Rationalisierungsprozesses. Wollte man die Lebenswelt ästhetisieren, so erforderte die Dynamik des Maschineneinsatzes eine Reaktion der angewandten Künstler. Richard Riemerschmid entwarf nun einfache Möbel für die Dresdner Werkstätten, die mit Maschinen hergestellt werden konnten. Neuartig war hierbei die bewußte Gestaltung von Merkmalen, die die mechanische Herstellung als ästhetischen Ausdruck der Moderne einbezogen. Diese Möbel konnten für den Bedarf von Unterschichten verbilligt angeboten werden. Dieses sogenannte »Maschinenmöbelprogramm« wurde 1906 auf der Dresdner Ausstel-

---

räumliche Kunst: Gefässe, Beleuchtungskörper, Möbel; Einführung in die Techniken, z. B. Schnitt- und Bildweberei, Jacquardmaschine, Patronisierung, Teppichweberei. Als vierte Gruppe werden sich später Vortragsreihen über Architektur anschließen.«

120 E. Schur: Maschine, Publikum, Fabrikant, Zs. f. dekorative Kunst, Jg. 1907.
121 Josef August Lux: Ingenieursästhetik. In den 1920er und 1960er/70er Jahren wurde diese Tradition der sachlichen Moderne als Herkunftsbezug dargestellt.
122 Beispielsweise Hermann Muthesius: Kunstgewerbe und Architektur, Jena 1907.

lung gezeigt und als ein Symbol für die propagierte moderne Synthese von Industrie und Kunst gefeiert.[123]

In dem Maße, in dem sich die angewandten Künstler auf die Interessen der Industrie, den Angebotskatalog der Warenhäuser oder der kommerziellen Werbung bezogen, wurden ihre Entwurfsarbeiten Teil der zweckbezogenen Arbeitsteiligkeit von kommerziellen Produktionsprozessen und unter das Erscheinungsbild der Auftraggeber sowie deren Warennamen subsumiert. Hierdurch wuchs die Spannung zwischen dem Anspruch des Künstlers auf selbstbestimmte Entfaltung seiner Phantasie und dem versachlichten Verwertungsinteresse der gewerblichen Aneignung.[124]

Ein Teil der Künstler-Entwerfer suchte die aktive Zusammenarbeit mit der Industrie. Beispielsweise nahm Peter Behrens 1906 das Angebot der Allgemeinen Elektrizitäts Gesellschaft in Berlin an, im Sinne einer »corporate identity« als künstlerischer Formgeber von Produkten, als Architekt und Gestalter des Erscheinungsbildes der Firma zu arbeiten.[125]

Als eine diskursive Plattform für die institutionelle Zusammenarbeit zwischen Industriellen und Künstlern diente seit 1907 der »Deutsche Werkbund«.[126] Neben der Stärkung der exportorientierten nationalen Wirtschaftskraft der deutschen Industrie sollte die Gestaltqualität der Produkte verbessert werden.[127] Die publi-

---

123 Vgl. Das deutsche Kunstgewerbe, 1906, III. Deutsche Kunstgewerbe-Ausstellung, Dresden 1906.
124 Lu Märten beschrieb die Erfahrungen mit der Adaption des Schönen für die »Repräsentation« der Firmen: »Wo zur Repräsentative eines großen Unternehmens künstlerische Arbeit gebraucht wird, geschieht es im Zeitalter des ›Individualismus‹ nicht zum Ruhm des Individuums, des einzelnen Künstlers, oder zum Ruhm des individualen Lebens breiter Kreise, sondern möglichst unter dem industriellen Decknamen der Firma, die dem Künstler seine Schöpfung ermöglichte, so namentlich in der gewerblichen Architektur und im Warenhaus.« Märten 1914, S. 69.
125 Vgl. Buddensieg/Rogge 1978.
126 Zum Deutschen Werkbund grundlegend Joan Campbell: Der Deutsche Werkbund 1907-1934, München 1989 (zuerst Princeton N. J. 1978); aus Sicht der DDR, Kurt Junghanns: Der Deutsche Werkbund. Sein erstes Jahrzehnt, Berlin 1982.
127 Diese Beziehung wurde reflektiert, vgl. beispielsweise Günther von Pechmann: Der Künstler und die Industrie, in: Dekorative Kunst, Aprilheft 1909.

zistische Propaganda des Werkbundes für eine Ästhetik der Moderne stellte vorbildliche Objekte des Massenkonsums heraus, von der Industrie produzierte Gläser und Töpfe, aber auch Investitionsgüter wie Lokomotiven, Dampfer und Luftschiffe, die als Chiffren für Modernität codiert waren. Der Diskurs sollte den Geschmackswandel fördern und verdeutlichen, wie eine moderne Ästhetik aussehen könnte, die die Technik als essentiellen Teil der zeitgenössischen kommerziellen Lebenswelt in den Begriff des »Schönen« integrierte.[128]

Keineswegs zufällig spitzte sich in der Vereinsöffentlichkeit des Werkbundes jener Diskurs über den Künstlerhabitus zu, als das Grundproblem zu erörtern war, wie weit sich der Künstler auf den industriellen Produktionsprozeß selbst beziehen sollte. Im sogenannten Werkbundstreit von 1914 wurde dieser Konflikt um zwei verschiedene Habituskonzepte von den Repräsentanten der beiden Richtungen, Hermann Muthesius[129] und Henry van de Velde, ausgetragen.

Die Kriseneskalation des Juli 1914 und der Erste Weltkrieg veränderten das innenpolitische Klima in Deutschland grundlegend. Mit der Abnutzung der Waffenpotentiale im industriellen Materialkrieg und der hohen Verluste an Menschen im Stellungskrieg kam der Steigerung der industriellen Leistungsfähigkeit eine kriegsentscheidende Bedeutung zu. Weitere Rationalisierungen in der Rüstungswirtschaft erforderten neue Methoden der Ressourcenbewirtschaftung und der Bedarfsplanung, so daß die Effektivität und die Funktionalität in der industriellen Massenfertigung weiter gesteigert wurden. Um einen sparsamen Umgang mit Rohstoffen zu gewährleisten, wurde 1917 die deutsche Industrienorm (DIN) eingeführt, was tiefreichende Folgen für die Formgebung der Industriegüter nach sich zog. Dieser Hintergrund erklärt, weshalb sich seit 1917 der Diskurs über einen auf die Industrie bezogenen Gestaltungsbegriff intensivierte.

---

128 Der Diskurs wurde in den Jahrbüchern zu zentralen Themen gebündelt, beispielsweise Die Kunst in Industrie und Handel. Jahrbuch des Deutschen Werkbundes, Jena 1913.
129 Hermann Muthesius: Die Werkbund-Arbeit der Zukunft, Jena 1914; zu Muthesius vgl. Hans-Joachim Hubrich: Hermann Muthesius. Die Schriften zu Architektur, Kunstgewerbe, Industrie in der »Neuen Bewegung«, Berlin 1981.

Neuer Diskurs um die Öffnung der »Scheidelinien« im Künstlerhabitus

Der Diskurs über die angemessene Form der modernen Künstlerausbildung in der Fachöffentlichkeit begann 1916 und zog sich bis 1924 hin. Es ging dabei insbesondere um die Legitimität der »Scheidewand« (Riemerschmid) zwischen der »freien« und der »angewandten« Kunst. Wir lesen diesen Diskurs als Quelle für Bedeutungszuordnungen und für Begriffe, mit deren Hilfe die Habitusvorstellung der Beteiligten konstruiert wurde. Für die Akademie ging es um ihre Selbstbehauptung in der bisherigen Form, für die Propagandisten der Reform jedoch um die Vereinigung der Künstlerausbildung. Dieser Konflikt entwickelte sich in ähnlicher Weise in München, Berlin, Karlsruhe und an anderen Orten, jedoch mit unterschiedlichen Ergebnissen.

Für München lassen sich drei Phasen nachvollziehen. Erstens die Veröffentlichung der Reformmanifeste 1916/17, zweitens das offensive Bemühen um die institutionelle Form einer integrierten Hochschule für bildende Kunst 1918/19, insbesondere während der Revolutionszeit. Drittens schließt sich daran ein Ringen um Kompromißlösungen an, das 1924 mit der Niederlage für die Initiatoren der Reform endete. Während der Beginn des Diskurses bis zur Niederschlagung der Münchner Räterepublik Anfang Mai 1919 von Offenheit der Reform gegenüber gekennzeichnet war, verschob sich die Stimmung in der Folge. Es zeigt sich hieran sehr deutlich, daß keineswegs von einer Autonomie der Künstlerausbildung auszugehen ist, sondern eine direkte Kontextualisierung mit Bedeutungszuweisungen an die Kunst und den Künstler durch die Gesellschaft existierte und hierfür weltanschauliche und symbolische Ordnungen ausschlaggebend waren.[130]

Eröffnet wurde der überregionale Diskurs 1916 mit einem Aufsatz des Berliner Kunsthistorikers und Museumsfachmanns Wilhelm von Bode in der Zeitschrift »Woche« über »Die Aufgaben der Kunsterziehung nach dem Kriege«.[131] Bode plädierte für eine

---

130 Wilhelm Waetzold kommentierte bereits 1921 den Stimmungsumschwung im politisch-mentalen Kontext: »Die Reformfreudigkeit der ersten Monate nach der Revolution ist allmählich einem Reformmißtrauen gewichen.« Waetzold 1921, S. 5.

131 Erschienen am 1. April 1916.

gemeinsame »Erziehung« der Kunstgewerbler und der »freien« Künstler. Nach diesem ersten »gewerklich« ausgerichteten Studienabschnitt sollten nur solche Schüler zu einem Aufbaustudium der »hohen« Kunst zugelassen werden, die sich im Grundstudium hervorragend qualifiziert hatten. In diesen Überlegungen offenbarte sich ein erster Angriff auf die bisherige, von den gesellschaftlichen Notwendigkeiten abgehobene Studienform der »freien« Künstler im Sonderraum des »rein Künstlerischen«. Hierauf antwortete der Direktor der Berliner Akademie, Arthur Kampf, in einem Beitrag für dieselbe Zeitschrift. Im Anschluß daran wurde eine Umfrage unter Fachleuten durchgeführt, deren Ergebnisse Waldemar von Seidlitz 1917 unter dem Titel »Die Zukunft der Vorbildung unserer Künstler« publizierte.[132]

Im Kontext der sich intensivierenden Debatte veröffentlichte Richard Riemerschmid seinen programmatischen Text »Künstlerische Erziehungsfragen« als erste Flugschrift des »Münchner Bundes«. Darin beschäftigte er sich mit einem zeitgenössischen Begriff der Kunst, um schließlich die bestehenden Institutionen mit ihrer getrennten Professionalisierung für unterschiedliche Berufsfelder in Frage zu stellen:[133]

»Warum haben wir, getrennt voneinander, Schulen für Malerei und Bildhauerei, für die Architektur und für das Kunstgewerbe? Warum haben wir Mauern aufgerichtet und erhalten sie mit großem Aufwand, die den Gleichstrebenden verbieten, die Arbeit und die Erfolge aller andern mitzuerleben, mitzuverstehen, mitzunutzen?«

Riemerschmid verwies darauf, daß eine breitere Öffentlichkeit unter dem Begriff »Künstler« lediglich Maler und Bildhauer verstehe. Er wußte um die Auswirkungen dieser Semantik auf die Strukturierung der Institutionen. Daher schlug er, in Abgrenzung zu dieser in der gesellschaftlichen Kommunikation dominierenden Begriffsversion, seinen eigenen Begriff von Kunst vor, der der künftigen Künstlerausbildung zugrunde gelegt werden sollte:[134]

---

132 Abgedruckt in: Waldemar von Seidlitz: Die Zukunft der Vorbildung unserer Künstler, Leipzig 1917. In dieser äußerte sich auch der Direktor der Berliner Kunstgewerbeschule Bruno Paul.
133 Richard Riemerschmid: Künstlerische Erziehungsfragen, Flugschriften des Münchner Bundes, Erstes Heft, Juni 1917, S. 20.
134 Ebd., S. 6.

»Von Anfang an muß nicht nur gelehrt, sondern auch gezeigt werden, daß nicht Zeichnen können, Malen, Modellieren können Kunst bedeutet, sondern daß überall, wo Formen entstehen, ob nun Mauern aufgeführt werden oder Eisenhämmer niederdröhnen oder geschickte Finger die Nadel führen oder der Meißel den Stein behaut oder der Pinsel Farben aufträgt, daß da überall auch Kunst sein kann, wenn eben die Sehnsucht und die Kraft mit dabei tätig ist, die Formen leben und reden zu lassen.«

Diese »Sehnsucht«, die der Formungsarbeit die künstlerische Intensität verleihe, habe ihren Ursprung im »Innern« des Künstlers,[135] dem Bezugspunkt der »Phantasie« und der »Gestaltungskraft«:[136] »Da beginnt das Gebiet der Kunst, und da endigt es, wo die Ausdrucksfähigkeit von Formen und Farben soweit zum Bewußtsein vordringt, daß sie festgehalten werden kann.«

Aus dem Riemerschmidschen Konzept des innengeleiteten Künstlerhabitus resultierte für die Erziehung von Künstlern zweierlei: Er müsse sich sowohl die künstlerischen Ausdrucksmittel, Zeichnen, Malen, Modellieren und die Darstellungstechniken, aneignen als auch seine Identität als »Mensch« entwickeln, somit den Willen, Kunst hervorzubringen aus »Liebe und Ehrfurcht für die Kunst«. Die Akademie, die als ein »geheimnisvoller, fast geheiligter Bezirk erscheine«,[137] betrachtete Riemerschmid für diese Ziele als nicht dienlich. Seiner eigenen Prägung aus der Aufbruchsbewegung der neunziger Jahre folgend, vertrat er die Programmatik der Verbindung von Kunst und »Leben« sowie die Zuwendung der künstlerischen Arbeit zum gesellschaftlichen Bedarf.

Etwa gleichzeitig mit dem Erscheinen dieser Flugschrift am 18. Juni 1917 wandte Riemerschmid sich in seiner Eigenschaft als Direktor der Münchner Kunstgewerbeschule mit einem Reformvorschlag für den Unterricht an seinem Institut an das ihm vorgesetzte Königliche Staatsministerium des Inneren. Er legte wiederum sein Selbstverständnis eingehend dar und stellte die Differenzierung der künstlerischen Produktionsformen in voneinander geschiedene Terrains in Frage. Seine Argumentation ging hierbei von der Feststellung aus, daß schließlich Künstler – Maler, Bildhauer, Architekten – als Lehrer und Leiter an die Kunstgewerbeschule berufen worden waren, eine Tatsache, die selbst auf

135 Ebd., S. 3.
136 Ebd., S. 6.
137 Ebd., S. 3.

die innere Zusammengehörigkeit der künstlerischen Arbeitsformen verweise. Es sei unangemessen, die inneren Trennlinien und die stereotypen Bedeutungszuweisungen an die künstlerischen Arbeitsgebiete fortzuschreiben:[138]

»Sie [die Kunstgewerbeschule, d. V.] bietet Unterricht in den Zweigen der bildenden Kunst, die sich in den Dienst der Architektur, der Industrie und des Handwerkes stellen. Damit ist die Grenze gegen die Akademie hin gezogen, die sich mit bildender Kunst, soweit sie der Industrie und dem Handwerk dient, überhaupt nicht abgibt. Strittig bleiben kann nur ein Grenzgebiet da, wo sich die bildende Kunst in den Dienst der Architektur stellt. (...) Der Versuch, die Frage durch ein Einreihen solcher Arbeiten in höhere oder niedere Klassen zu lösen, wird nur Leuten beifallen, die noch nicht zu der Einsicht gekommen sind, daß künstlerische Aufgaben nicht nach dem, was dargestellt ist, sondern danach, wie sie angefaßt und durchgeführt sind, bewertet werden können.«

Aus diesem Kunstbegriff, der sich an der Qualität der schöpferischen Arbeit orientierte und die »Scheidelinie« der hierarchisierten Bewertungen ihrer Medien in Frage stellte, leitete Riemerschmid seine Forderung nach der Gleichwertigkeit von Kunstgewerbeschule und Akademie ab, insbesondere aufgrund der negativen Erfahrungen mit dem historisch gewachsenen krassen Ungleichgewicht der staatlichen Institutionen.[139] Das prinzipielle Plädoyer für die Gleichwertigkeit der künstlerischen Medien wurde andererseits in einem Punkt modifiziert, indem Riemerschmid der »Kraft des Genies« eine besondere Autonomie zugestand:[140] »Tatsächlich ist den freien Künsten insofern ein Vorrang

138 BHStA München, MK 40903.
139 Ebd. »Der Staat darf nicht mit seiner Autorität eine Meinung stützen und sogar großziehen, die schon viel Unheil angerichtet und viel vernichtet hat. Ich meine den fast allgemein festgehaltenen Irrtum, daß Malerei und Bildhauerei grundsätzlich etwas Höheres bedeuten als das sogenannte Kunstgewerbe.«
140 Ebd. »Wo es gelingt, die Natur in ihrer unendlichen Fülle und die menschlichen Mittel in ihrer bedürftigen Beschränktheit mit der triumphierenden Kraft des Genies zu einer neuen Einheit zusammenzuzwingen, so daß sie losgelöst von allen Bindungen zu ihrer Umgebung und zu irgend welcher praktischen Verwendung eine in sich selbst begründete, beglückende Daseinsberechtigung erlangt, da wird wirklich die Grenze überschritten, die der dienenden, der angewandten Kunst gezogen ist. Aber es wird meist übersehen, daß von Werken, die auf solcher Höhe stehen, nur eine verschwindend kleine Zahl

zuzugestehen, als in ihrem Kreis die höchsten, am meisten verfeinerten, die größte Sensibilität und schöpferische Kraft beanspruchenden Werke entstehen können.«

Wenngleich Richard Riemerschmid 1917 mit der Publikation seiner »Münchner Flugschrift« eine Debatte in der Kunstöffentlichkeit über notwendige Veränderungen der institutionellen Formen der Künstlerausbildung intendierte,[141] so blieb dieser Impuls zunächst auf den theoretischen Diskurs von Fachleuten begrenzt. Erst mit dem Kriegsende und der Novemberbewegung des Jahres 1918 zur Demokratisierung der deutschen Gesellschaft entstand ein Klima der kulturellen Innovation. München war das wichtigste Zentrum der Revolutionsbewegung in Süddeutschland und später ein spannungsreicher urbaner Fokus der politischen, gesellschaftlichen und kulturellen Konflikte der zwanziger und dreißiger Jahre. Zwar gelang es der Revolutionsregierung, wie sie sich im November 1918 aus einem Bündnis von USPD und MSPD unter Kurt Eisner bildete, ein Mindestmaß an institutioneller Stabilität zu gewinnen, doch blieb die politische Basis für tiefreichende Reformen in der polarisierten Gesellschaft begrenzt. Im Januar 1919 offenbarten die ersten freien Wahlen die fehlende politische Basis außerhalb der Industriestädte in Bayern. Die Radikalisierung der Rätebewegung nach der Ermordung Eisners im Februar 1919 mit der ersten und zweiten Räterepublik im März und April 1919 und die darauf folgende gewaltsame Niederschlagung des Revolutionsexperiments Anfang Mai 1919 durch »weiße« Freikorps und Truppen der Reichswehr erzeugten in München schließlich ein stabiles Klima der Restauration. Völkische Ideen, bäuerlich-katholische Ideologie und konservativ-bürgerliches Elitebewußtsein beherrschten in der Folge den kommunalen Raum und noch mehr den bayerischen Staat. In diesem restaurativen Klima waren die Voraussetzungen für grundsätzliche Reformen der Künstlerausbildung im Sinne der Moderne nicht eben günstig, zumal die Inflation bis 1923 auch die finanziellen Möglichkeiten des Staates begrenzte.

> entsteht: nur für diese kleine Zahl von Meisterwerken darf man den Vorrang gelten lassen, und für ihre Schöpfer braucht im allgemeinen der Staat und die Schule sich nicht zu sorgen, sie gehen ihre eigenen Wege.«

141 Kommentierender Bericht zum Verlauf und zu den Reaktionen bei F. H. Ehmcke: Die Kunstgewerbeschule, in: Der Cicerone, XVI. Jg, H. 17, August 1924, S. 816.

Die Chance zur Reform

Der Diskurs um die Künstlerausbildung war in diesen Kontext verwoben. Richard Riemerschmid veranstaltete auf dem Höhepunkt der politischen Reformbewegung, im März 1919, als führendes Mitglied des Arbeitsrats der bildenden Künstler Münchens eine Konferenz, auf der man über die Grundlinien einer neuen Institution debattierte. Ein Dokument gibt Einblick in die Argumentation, mit der das Verständnis von Kunst und Künstlerhabitus entwickelt wurde.[142] Ziel der »Leitsätze zur Errichtung einer Staatsschule für bildende Kunst« war es, eine textliche Basis für die Reform zu gewinnen und im Staatsministerium für Unterricht und Kultus um Akzeptanz zu werben. Deshalb wurde in diesem Grundsatzpapier zunächst fiskalisch argumentiert und auf das Mißverhältnis zwischen den aufgewandten Finanzmitteln und dem Ergebnis der künstlerischem Erziehung hingewiesen. In München werde Malerei und Bildhauerei an der Akademie, »angewandte Kunst« an der Kunstgewerbeschule und Architektur an der Technischen Hochschule gelehrt, ein Faktum, das als Resultat einer geschichtlichen Entwicklung im Historismus betrachtet werden müsse, als der »lebendige Sinn für künstlerische Dinge« verloren gewesen sei. Durch diese institutionelle Trennung werde es dem »Anfänger« unmöglich gemacht, mit den verschiedenen Gebieten in Fühlung zu kommen, ja, sie führe sogar in die Irre, indem die Institutionalisierung in drei Schulen die »Zusammenhänge zu leugnen« scheine, die der Studierende doch eigentlich erkennen solle.[143] So sei das produktive, sich gegenseitig »stützende und steigernde Zusammenwirken der Künste, das die alten Zeiten ausgezeichnet« habe, bereits aufgrund von organisatorischen Strukturen unmöglich geworden.

In der Fortführung seiner Argumentation warb Riemerschmid für seine Auffassung von der inneren Produktivität des Individuums als dem integrierenden Ursprung aller Kunst: »Das Gebiet der bildenden Kunst umfaßt alles Menschenwerk, das durch Form und Farben reden, das durch sichtbare Mittel sein eigenes und seines

---

142 Dieses Dokument befindet sich gleichfalls im Material Riemerschmids, GNM, ABK, Nachlaß Richard Riemerschmid »Leitsätze zur Errichtung einer Staatsschule für bildende Kunst«, S. 3.
143 Ebd., S. 2.

Urhebers Wesen aussprechen kann.« Aus der Unmöglichkeit, für diese Auffassung des Schöpferischen »Grenzen« zu ziehen, begründete sich sein Vorschlag der »Schule für bildende Kunst«. Deren »Arbeitsgebiet« reiche überall hin, »wo bildnerische Begabung, also der Trieb, sichtbar zu machen, was das Innere bewegt, erzogen und gefördert werden soll«. Entscheidend sei, daß dieser »Trieb« des künstlerischen Individuums authentisch – mit dem Begriff Riemerschmids – »echt« sei. Daher bleibe es der Aufnahme zum Studium vorbehalten, diejenigen zuzulassen, die über eine entsprechende »künstlerische Begabung« verfügten:[144] »Begabt ist, wer mit Formen und Farben seine besondere Zwiesprache führen kann.« Der wichtigste integrierende Ausgangspunkt hierbei sei die Arbeit in der Werkstatt.[145]

Auf dieser handwerklichen Basis erhielten auch die »freien Künste« bessere Grundlagen als in der bisherigen Akademie. Denn auch das Gebiet der »freien Künste«, die Beschäftigung mit der Menschengestalt, gehe vom »Handwerk« aus.[146] Spezifisch sei jedoch, daß »alle gröberen Nützlichkeitswerte ganz in den Hintergrund treten«. Wenn sich die Lehre auch auf die »unlösbaren Zusammenhänge zwischen Arbeitsvorgang und Form« konzentrieren müsse, so bleibe darauf zu achten, daß die Schule sich darum bemühe, »alle Arten von Begabung« zu entwickeln, und eben nicht auf die »freie, hohe Kunst« eingeengt sei.[147]

144 Ebd., S. 4. Begabung äußere sich, so präzisiert er, »als jener Trieb, inneres Leben sichtbar zu machen, und als Vorstellungskraft, die mit dem Raum, mit Formen und Farben« umgehen will. Diese »Äußerung« sei nicht darauf reduziert, »geschickt das Naturvorbild wiederzugeben«. Da die Institution Begabungen nicht anerziehen kann, so müsse sie vor den Schülern »die Ausdrucksmöglichkeiten« ausbreiten und »die Ausdrucksfähigkeit« fördern.
145 Ebd., S. 7. Zudem komme der Institution eine Funktion zu, die mit der fortschreitenden Industrialisierung der Arbeit in der Gesellschaft bedeutsamer werde: »Die Überlieferung handwerklichen Könnens wird damit zur Hauptaufgabe jeder Schule für bildende Kunst und ständiges, werkstattmäßiges Arbeiten wird zum unentbehrlichen Erziehungsmittel.«
146 Es sei »eine besondere Provinz« der modernen Kunst, in der »das Gebiet liegt, wo, allein herrschend, die Natur und die Menschengestalt sich spiegelt und darstellt«. Ebd., S. 10.
147 Ebd., S. 12. Es gebe viele Formen von Kunst und eben auch Arbeiten, in denen »eine Fülle echter Kunst« möglich sei, obwohl »die Men-

Als Richard Riemerschmid 1919 seinen Reformvorschlag zur Zusammenlegung der Kunstgewerbeschule und der Kunstakademie vorlegte, wurde die angestrebte »Hochschule für bildende Kunst« als ein Reformkonzept wahrgenommen, das die tradierte Münchner Kunst und die hierarchisierten Versionen des Künstlerhabitus in Frage stellte. Entsprechend ordneten sich die Fronten. Der »Kunstgewerbe-Verein«, der zu diesem Zeitpunkt als »Standesvertretung der Ausübenden dieses Berufes« und vor allem der »Kunstgeschäftsleute« einflußreich war, opponierte.[148] Darüber hinaus trat »die Künstlerschaft« als meinungsbildende Kraft und – wie der Kommentator schrieb – eine »mit nichts zu fassende« Masse gegen das Projekt auf, die über die einflußreichen »Münchner Neuesten Nachrichten« die Urteilsbildung zu beeinflussen suchte.[149] In dem Maße, in dem sich eine breitere Öffentlichkeit der Künstler an der Debatte beteiligte, zeigte es sich immer deutlicher, daß die Münchner Kunstszene in starkem Maße von einer traditionalistischen Mentalität beherrscht war und die Anhänger einer gemäßigten Moderne sich in der Minderheit befanden. Die Abwanderung führender Vertreter der modernen Kunst seit Beginn des Jahrhunderts hatte das Einflußfeld der Moderne nach Berlin verschoben.

Der Ausgang des Konfliktes zeigte symptomatisch die Akzeptanz der Versionen des Künstlerhabitus, die schließlich mit einem Erlaß des Ministeriums vom 8. April 1924 durchgesetzt wurden. Als zwei Lehrer der Kunstgewerbeschulen als Professoren an die Akademie berufen wurden und der bisher allein verantwortliche Direktor mit einer Amtszeit von drei Jahren nunmehr einem Wahlverfahren durch das Kollegium der Lehrerschaft unterworfen wurde, der Präsident der Akademie aber zu allen wichtigen Angelegenheiten, die die Kunstgewerbeschule betrafen, mit angehört werden sollte und somit eine Oberaufsicht durch die Akademie drohte, resignierte Riemerschmid und schied aus seinem Amt aus.

Dieses Beispiel eines gescheiterten Reformdiskurses zeigt, daß mehrere Faktoren als Voraussetzung dafür zusammentreffen

---

schengestalt gar keine Rolle« spiele. Zu denken ist an Baukunst, Seidenmalerei oder Schmuck.

148 Ehmcke 1924, S. 817.
149 Ebd.

mußten, damit ein Projekt erfolgreich etabliert werden konnte. Hierzu zählten eine programmatisch überzeugende Künstlerpersönlichkeit, eine reformorientierte Verwaltung der staatlichen oder kommunalen Trägerschaft, vor allem aber eine ausreichend breite regionale Kulturszene, die im kommunalen Raum Einfluß ausüben konnte. Innovative Konzepte des Künstlerhabitus konnten nicht autonom entwickelt werden. Vielmehr mußten diese in weltanschauliche Sinn- und Wertkontexte eingebunden sein und auf ein Mindestmaß an Unterstützung in der Gesellschaft rechnen können. Diese Faktoren trafen in Deutschland in regional unterschiedlicher Weise zu. In München mit seiner zunehmend aktiveren konservativ-national-völkischen Szene wurde eine Veränderung des Künstlerhabitus zugunsten einer Variante im Sinne der gemäßigten Moderne abgewehrt. Berlin erwies sich für eine analoge Reform als offen, gestützt auf in der Sozialdemokratie geteilte Auffassungen von moderner Kunst und Kultur. In Berlin hatten sich unter anderen Walter Gropius und Otto Bartning an der Reformdiskussion des Arbeitsrates beteiligt. Dort war ein ähnliches Projekt, die Gründung der Vereinigten Staatsschulen, unter der Leitung von Bruno Paul durchgesetzt und von der sozialdemokratisch beeinflußten preußischen Ministerialverwaltung als Reformprojekt gefördert worden. Eben dieser Umstand verstärkte jedoch in München, bei dem vorhandenen Ressentiment »gegen Berlin«, das als Zentrum des »marxistischen« Einflusses galt, die mentale Abwehrhaltung und beschränkte eine seriöse Diskussion auf kleine Zirkel. In dieser Konfiguration entwickelte sich auch die Geschichte des einflußreichsten Projektes der Moderne der zwanziger Jahre, des Bauhauses. Es war jedoch in Weimar und Dessau ebenso sehr von den politischen Umfeldern und finanziellen Voraussetzungen der staatlichen und kommunalen Haushalte abhängig.

Stagnation und administrative Erlasse

Der ministerielle Entscheid sollte die Voraussetzung für eine von der Akademie geleitete Zusammenarbeit der beiden Institutionen schaffen. Eine grundlegende Verbesserung der Situation der Kunstgewerbeschule blieb jedoch aus. Alle Äußerungen der Akademie liefen auf Aneignung der für sie brauchbaren künstlerischen

Stellen und die Abstoßung der sodann entstandenen handwerklichen Rumpfschule hinaus. Argumentiert wurde mit Begriffen, die weiterhin eine hierarchisierende »Scheidelinie« des »Künstlerischen« gegenüber der bloß »angewandten Kunst« legitimierten. Die Akademie befestigte die Grenzlinie ihrer Aneignungsbestrebungen mit einer neuen Wortbildung, indem nun von der »angewandten Kunst im hohen Sinne« die Rede war. Der nach dem Ausscheiden Riemerschmids kommissarisch berufene Direktor Richard Berndl reagierte auf die Argumentation der Akademie in einer Stellungnahme an das Staatsministerium vom 23. Januar 1925, in der er die sachliche Aussagefähigkeit dieser Ordnungsmuster in Zweifel zog.[150] Berndl beklagte das zutage tretende »Machtstreben« der Akademie und erneuerte seinerseits die unterlegene Argumentation Riemerschmids, indem er hervorhob, es sei »der Zeit gemäß, wenn zwischen der Akademie und Kunstgewerbeschule eine Verschmelzung eintreten würde«.[151] Er wies darauf hin, daß diese Reform schließlich unterdessen in Berlin, Dresden und Karlsruhe vollzogen worden sei, ohne daß man das dort praktizierte Synthesemodell für München »in allen Einzelheiten« übernehmen müsse.

Doch die Zeit für Reformen war in München vorerst vorbei.[152]

150 BHStA München, MK 40908. »Der Begriff der angewandten Kunst im hohen Sinne ist ein sehr unbestimmter und kaum feststellbarer. Der künstlerische Wert der jeweils entstehenden Arbeit hängt ausschließlich ab 1. von der Begabung des ausführenden Schülers und 2. von der Gestaltungskraft und Anschauungsweise des Lehrers. Es werden sich nach diesen tatsächlich gegebenen Bedingungen Arbeiten der Fachschulen denen der Akademie gleichstellen und in einer Reihe von Fällen überraschen lassen.«
151 GNM, ABK, Riemerschmid, B 160. Riemerschmid erhielt einen Ruf an die Kunstgewerbeschule Köln, dem er folgte. Am 3. Dezember 1925 beschrieb er Berndl den Unterschied der lokalen Situation zwischen München und Köln: »Die großzügige, elastische, ich möchte sagen freundliche Art, wie von allen Seiten dort an dieselben Fragen herangegangen wird, die uns hier Jahre lang nichts anderes als unfruchtbaren Kampf gebracht haben, hat mir Lust und Mut gemacht.«
152 BHStA München, MK 40908. Zur Stellensituation erstellte das Ministerium für 1925 die Übersicht: 14 Stellen Akademie, davon 12 besetzt, einem Künstler mit den Bezügen übertragen, 22 Stellen die Kunstgewerbeschulen München und Nürnberg, davon 18 ordentliche Professoren, 4 außerordentliche Professoren, davon 3 Professoren mit

Erst im Jahre 1928 wurde das Ministerium erneut initiativ, übernahm den Reformbegriff und setzte als neue Bezeichnung der bisherigen Kunstgewerbeschule »Hochschule für angewandte Kunst« durch. Mit der Ministerialentschließung vom 28. Februar 1929 wurde deren Oberstufe die Hochschuleigenschaft eingeräumt. Diesen Bemühungen gegenüber verhielt sich die Akademie weiterhin wenig konstruktiv, woran auch eine Besprechung am 3. März 1930 nichts ändern konnte, als die Frage zu erörtern war, ob es nicht doch richtiger sei, als Alternative zur Errichtung einer zweiten Kunsthochschule beide Institutionen zu vereinigen.[153] Wiederum schien es unmöglich, die Trennungslinie der Kunst so zu legen, daß dies mit den künstlerischen Ausbildungsfächern der Akademie vereinbar war.[154]

Erneut wies das Staatsministerium gegenüber der Akademie explizit auf die in der ersten Hälfte der zwanziger Jahre vollzogenen institutionellen Neubildungen in anderen Kunstzentren hin, die

> Dienstvertrag. 1924 wurden nach einer präzisen Auflistung des Ministeriums an der Kunstgewerbeschule München die Fächer gelehrt:
>
> | | |
> |---|---|
> | Weibliche Handarbeit | (Joskolla) |
> | Stoffdruck | (Dübbers) |
> | Gebrauchsgraphik | (Ehmcke) |
> | Dekorationsmalerei | (Hillebrand) |
> | Keramik | (Wadere-Niemeyer) |
> | Metalltechnik | (Wadere) |
> | Modellieren (Kunstgewerbliche Plastik) | (Wadere) |
> | Kunstgewerbliches Entwerfen | (Niemeyer) |
> | Möbel entwerfen und Geräte zeichnen | (Berndl bzw. Pfeiffer) |
> | Porzellan malen | (Lohr) |
> | Kopieren | (Lohr) |
> | Maßaufnahmen | (Lohr) |
> | Naturzeichnen | (Weinhier). |

153 Von seiten der Akademie nahmen hieran Bestelmeyer, Caspar und Wackerle, von seiten der Staatsschule für angewandte Kunst deren neuer Direktor Sattler, Berndl und Praetorius teil.

154 »Die Akademie der bildenden Künste tut Recht daran, wenn sie sich nicht auf die ›freie‹ Kunst beschränken will, sondern die ›angewandte‹ Kunst zu ihrem Aufgabenkreis rechnet; andererseits kann aber die Staatsschule in ihren Lehrbetrieben nicht überall da Halt machen, wo er über den engeren Rahmen der ›Gebrauchskunst‹ hinausgreifen würde.« Schreiben des Staatsministeriums für Unterricht und Kultus an die Akademie vom 27. April 1930.

der Münchner Reformdiskussion entsprachen. In Berlin hatte der 1922 vollzogene Zusammenschluß der Hochschule für die bildenden Künste und der früheren »Unterrichtsanstalt des Kunstgewerbemuseums« zu den »Vereinigten Staatsschulen für freie und angewandte Kunst« sich unterdessen gefestigt und bewährt. In Düsseldorf war die Kunstgewerbeschule in der Staatlichen Kunstakademie aufgegangen. In Karlsruhe hatte man die Akademie und die Kunstgewerbeschule zur Landeskunstschule zusammengefaßt. Wenn man in München eine Vereinigung anstrebe, so ließe sich an drei Abteilungen denken:[155] Eine Abteilung für Malerei, Zeichnen und Graphik, eine Abteilung für Bildhauerei sowie eine allgemeine Abteilung.

Auf diesen Vorschlag reagierte die Akademie schließlich am 10. Juni 1930 in unkooperativer Weise, was den Staatsminister Goldenberger am 1. Dezember 1930 resigniert feststellen ließ,[156] die »Gedanken« dieses Votums wichen so sehr von den Vorschlägen des Ministeriums ab, daß eine »weitere Verständigung nicht erhofft werden kann«. Zwar hatte die Akademie sich bereit gefunden, »einzelne Fächer und Lehrer der Staatsschule« zu übernehmen, daneben solle jedoch in Abhängigkeit vom akademischen Kollegium eine »Staatsschule für Gewerbekunst« gesondert wei-

---

155 BHStA München, MK 40908. Auch die unterschiedlichen Aufnahmeverfahren von Akademie und Kunstgewerbeschule erschienen dem Staatsministerium nicht als Hindernis. In der Akademie entschied ein Ausschuß des akademischen Kollegiums aufgrund der vorgelegten Zeugnisse und Arbeiten über die Eignung des Bewerbers für die Zulassung zur Prüfung. Die Prüfung umfaßte für Maler und Graphiker drei Tage Kopf- und drei Tage Aktzeichnen, für Bildhauer vier Tage Kopf-Modellieren und zwei Tage Aktzeichnen nach dem lebenden Modell. Die Aufnahme erfolgte dann für eine zweisemestrige Probezeit. Für die Staatsschule für angewandte Kunst wurde die Gesellenprüfung, das Abgangszeugnis einer Fachschule oder das Vorprüfungszeugnis der Architekturabteilung einer Technischen Hochschule verlangt. Für die Textil- und Graphikklassen genügte eine künstlerische Begabung, die anhand von Arbeiten nachzuweisen war. Für die Aufnahmeprüfung wurden vier Aufgaben gestellt: Zeichnen nach dem plastischen Modell, Entwurf nach einem gegebenen Thema, Ausschmückung eines gegebenen Gegenstandes, Zeichnen nach dem lebenden Modell.

156 BHStA München, MK 40908, Brief des Staatsministeriums an die Akademie.

terbestehen.[157] Dies aber machte aus der Sicht des Ministers keinen Sinn. Wenn also die »Vereinigung« nicht möglich sei, so müsse man den anderen Weg des »freien Wettbewerbs miteinander« wählen, damit sich die beiden Institutionen in ihren Eigenpotentialen zur »höchstmöglichen Leistung entwickeln«. Zu einer sinnvollen Bestimmung der Trennlinie bedürfe es jedoch einer anderen Definition als der von der Akademie verwandten:

»Unter ›angewandter Kunst‹ wird nach dem Sprachgebrauch jedes von vornherein auf einen bestimmten Zweck hingedachte, ihm dienende, künstlerisch formende Gestalten verstanden. Der noch wenig eingebürgerte Ausdruck ›Gewerbekunst‹ wäre zu eng, wenn damit das Arbeitsgebiet der Staatsschule auf Dinge beschränkt werden sollte, die dem ›Gewerbe‹ zuzurechnen sind. So ist beispielsweise die Theaterkunst einer Klasse Praetorius ›angewandte‹, weil von vornherein zweckgebundene Kunst, hat jedoch mit dem ›Gewerbe‹ nichts zu tun.«

Wenn die Vereinigung weiterhin nicht zustande komme, entscheide der Minister in diesem Sinne, daß das Hauptarbeitsgebiet der Akademie wie bisher die »freie«, das der Staatsschule nunmehr die »angewandte Kunst« sein müsse.[158]

Dieser Prozeß der Aufwertung der Institution setzte sich in den dreißiger Jahren mit der Etablierung neuer politischer Ordnungsmuster fort. Die Erfordernisse der nationalsozialistischen Baupolitik für die architektonische Ausgestaltung der Vision des »tausendjährigen Reiches« und der populären Festkultur, wie beispielsweise des »Tages der deutschen Kunst« in München, stärkten die politische Bedeutung der angewandten Kunst. Hinzu kam die nicht unwichtige Tendenz der Modernisierung der Bürokratie unter der zentralen Organisationshoheit der Reichsbehörde,

---

157 Ebd. »Die Akademie will in ihrem Bereich eine Unterscheidung zwischen ›angewandter Kunst‹ und ›Gewerbekunst‹ machen und die Staatsschule anscheinend auf das Arbeitsgebiet der ›Gewerbekunst‹ beschränken, während sie die ›angewandte Kunst‹ ihrem eigenen Aufgabengebiet zuzählt.«

158 BHStA München, MK 40908. Der Staatsschule für angewandte Kunst wurde wiederum mitgeteilt, daß die Verhandlungen zu keinem Ergebnis geführt hatten und nunmehr den Schülern der Oberstufe nach einem erfolgreichen Abschluß bestätigt werden solle, »daß der Bereich der Oberstufe dem Besuch einer Kunsthochschule als gleichwertig zu erachten ist«. Die bisherigen Schüler der Oberstufe sollten daher künftig als Studierende bezeichnet werden.

die nunmehr auf Muster der Vereinheitlichung drängte und bislang bestehende föderale Sonderformen und historisch entstandene Unterschiede aufhob. Aus diesen Gründen wurde die Staatsschule schließlich zu einer »Akademie für angewandte Kunst« ausgebaut.[159]

159 Im Vollzug dieser Tendenzen teilte das Staatsministerium dem Reichsminister am 16. Februar 1939 die jeweiligen Charakteristika der beiden nunmehr gleichberechtigten Hochschulen mit. An der Akademie der bildenden Kunst werden Malerei, Graphik und Bildhauerei als »freie Künste« betrieben. Die Akademie für angewandte Kunst aber unterrichte in allen Zweigen der bildenden Kunst »unter dem Gesichtspunkt ihrer Anwendung in der Baukunst, im Handwerk und Gewerbe«. Ebd. Als Lehrende an der Akademie für angewandte Kunst wurden Richard Klein, Büchner und Praetorius genannt.

Zusammenfassung und Ausblick

I.

Der Beruf des modernen Künstlers formierte sich in Deutschland seit den neunziger Jahren des 18. Jahrhunderts und konsolidierte sich nach einer längeren Übergangsphase zwischen 1840 und 1860 als normbeherrschendes Konzept. Der Künstler wurde zu einem unverzichtbaren Akteur des kulturellen Lebens. Ihm wurden Aufgaben für die geistige Reproduktion der bürgerlichen Gesellschaft, für die Erfahrungsartikulation der Individuen und die ästhetische Gestaltung der Lebenswelt übertragen. Die für diesen Bedarf entwickelte kulturelle Grammatik mußte in die Innenseite des Gefühlsapparates des künstlerischen Individuums eingeschrieben werden, da die Äußerung von kreativer Individualität – mit diesem kulturellen Körper – aus der vorrationalen Intuition im Medium der ästhetischen Form erfolgte.

In der langen Zeit des Bedeutungsgewinns dieses Konzeptes, das schließlich in seinen sozialgeschichtlichen Merkmalen als Beruf, in einem spezifischen Künstlerhabitus und in eigenständigen sozialen Organisationsformen in der zweiten Hälfte des 19. und im 20. Jahrhundert tradierungsfähig war, sind mehrere Schichten der sozialen und kulturellen Zeit zu differenzieren. Die Idee des modernen Künstlers als autonomes Subjekt wurde von Immanuel Kant und Friedrich Schiller bereits vor 1800 entworfen und seither als eine normative Vorstellung in der Kunsttheorie vermittelt.

Zudem hatte sich seit dem ausgehenden 18. Jahrhundert ein spezifischer sozialer Raum mit eigenen Institutionen in einem graduellen Entwicklungsprozeß so weit konstituiert, daß der neue Habitus des modernen Künstlers in der bürgerlichen Gesellschaft um die Jahrhundertmitte selbstbewußt vertreten und durchgesetzt werden konnte. Merkmale wie Selbständigkeit, Erwerbstätigkeit für den Markt, kollektive Selbstorganisation in den Künstlergenossenschaften sowie der Selbstbezug der Künstlerindividuen in der freien Phantasieproduktion ergaben ein »geistiges« Leistungsprofil, das den bürgerlichen freien Berufen zuzuordnen ist. Diese Merkmale galten für die bildenden Künstler, vor allem die Maler und Bildhauer, jedoch nur in abgeschwächter Form für solche künstlerischen Berufe, die überwiegend in einer unselbständigen Stellung arbeiteten, wie Kunstgewerbler, Zeichner, Ziseleure und andere Kunsthandwerker.

Begriffsgeschichtlich kann die Umschreibung des Künstlers zum Träger des »Geistigen« und dessen Abspaltung vom Alltagsleben im Verlauf der ersten Hälfte des 19. Jahrhunderts nachvollzogen werden. Dies galt insoweit, als es sich um Praktiken, Themen, Sujets und Bilder handelte, denen jene Werte des »Geistigen«, als eine Repräsentation des Idealen und – zunehmend bedeutsamer – der Subjektivität, der inneren Vorstellungen, Empfindungen und Erfahrungen des Individuums, anhafteten, so daß sie als ein besonderer kultureller Teilbereich für die Lebenswelt rezipiert werden konnten. In der Fortführung dieser Tendenz institutionalisierte sich die Sphäre der »hohen Kunst«. Mit der Spaltung von »Kunst« und »Leben« in zwei weitgehend getrennte Bereiche entstanden neue strukturierende Bedingungen für die Erwerbstätigkeit der Künstler in der bürgerlichen Gesellschaft.

Die Bildung eines spezifischen Territoriums der Künste und der Sonderstatus der bildenden Künstler sind auf die Neudefinition der Tätigkeitsfelder und die Zuweisung von besonderen symbolischen Aufgaben zurückzuführen, die mit dem kulturellen Bedarf der bürgerlichen Gesellschaft verwoben waren. Die Bezüge der künstlerischen Arbeit in der Gesellschaft verschoben sich im Verlauf des 19. Jahrhunderts von den Höfen, dem Adel und dem alten Stadtbürgertum hin zum differenzierten Kunst- und Ausstattungsbedarf der neuen Eliten, die sich aus den Mittelschichten, dem Besitz- und Bildungsbürgertum sowie denjenigen Teilen des Adels konstituierten, die die kulturelle Modernisierung mitvollzogen hatten.

Nunmehr wurde das Postulat der Selbständigkeit des modernen Künstlers als gesellschaftlichem Akteur zu einer der zentralen Vorstellungen, die sich auf einen Wechselbezug von sozial- und kulturgeschichtlichen Faktoren stützte. Die idealisierende Forderung nach der ausschließlichen Verpflichtung auf das »Schöne« und die autonome Freiheit des Künstlers im Arbeitsprozeß der Werkentstehung setzte die in der ersten Hälfte des 19. Jahrhunderts erfolgte Konsolidierung des neuen sozialen Raums voraus. Dieser wurde durch das Zusammenspiel von eigenständigen Institutionen mit jeweils spezialisiertem Personal gebildet, die auf das neuartige Berufskonzept des modernen Künstlers ausgerichtet waren. Deren wichtigste war der Kunstmarkt mit seinen frei fluktuierenden Preisen, die zwischen den Künstlern als den Verkäufern, den Kunsthändlern als den Vermittlern und den Kunstinteressenten als den Käufern ausgehandelt wurden. Daneben genossen die Kunstausstellungen als eine Institution der bürgerlichen Öffentlichkeit höchstes Renommée. Sie dienten den Künstlern als eine Bühne zur Präsentation ihrer Werke, und sie wurden weitgehend von diesen kontrolliert. Die Kunstkritik übernahm die Funktion einer Vermittlungsinstanz von Wertzuweisungen zwischen den schöpferischen Produzenten und dem rezipierenden Publikum. Sie informierte über ausgestellte Arbeiten oder neu entstehende Richtungen der künstlerischen Phantasieproduktion, vertiefte das Wissen über die Künstler und übte erheblichen Einfluß auf die Meinungsbildung aus.

Die längerfristige Transformation der Binnengrenzen zwischen den unterschiedlichen künstlerischen Berufen blieb in den Prozeß der Modernisierung des kulturellen Bedarfs und der Geschmacksvorstellungen vom »Schönen« eingelagert. Mit der Nachfrage nach künstlerischen Arbeiten entwickelten sich auch die inneren Spezialisierungen der Maler fort, die in der Quantität des Arbeitsumfangs und der Zahl der jeweils Beschäftigten den Entwicklungen des Marktes folgten. In längerfristiger Perspektive scheint der Bildermarkt in seinem Volumen zwischen den 1880er und den 1930er Jahren stabil geblieben zu sein, da die Zahl der Maler im Verhältnis zu der der Erwerbstätigen eine relative Konstanz aufweist, wenngleich von den Zeitgenossen mit den Konjunkturen der allgemeinen Kaufkraft einhergehende Schwankungen der Verkäuflichkeit von Kunst beobachtet wurden.

Aufgrund der unterschiedlichen Bewertungen der Werke am Markt differenzierte sich die Einkommenssituation der Künstler in starkem Maße zwischen einer kleineren Zahl von reich gewordenen und einer erheblich größeren Zahl von Künstlern aus, die lediglich in auskömmlichen Verhältnissen oder gar in Armut lebten. Somit kann zwar generell von einer Zugehörigkeit des Malers zu den freien Berufen gesprochen werden. Den bürgerlichen Schichten sind jedoch nur diejenigen Künstler zuzuordnen, die einen den Standards der Bürgerlichkeit angenäherten Lebensstil vom Ertrag ihrer Arbeit finanzieren oder mit gleichzeitiger Fortführung einer besitzbürgerlichen Existenz pflegen konnten. Ein größerer Teil der Künstler, der nicht exakt quantifiziert werden kann, befand sich in pauperisierten Lebensumständen, ohne jede Chance, den Normen der bürgerlichen Lebensführung genügen zu können.

Mit den sozialgeschichtlichen Strukturen verbanden sich zugleich kulturelle Zuschreibungen und Vorstellungen von einer besonderen Tätigkeit, die in der Gesellschaft in Diskursen thematisiert und in ihrer Bedeutung immer wieder erörtert wurden, wie beispielsweise 1864 in einer Debatte um die Aufgaben der Münchner Kunstakademie.

Die kulturelle Eigenidentität der modernen Künstler begründete sich aus einer Polarität zur Zweckrationalität des Modernisierungsprozesses. Den Malern wurde in ihrer Zuständigkeit für den Gültigkeitsbereich des »Schönen« eine Sonderstellung gegenüber der Mentalität des Kalküls und der bürgerlichen Zweckökonomie eingeräumt. Vor diesem Hintergrund erschienen sie als »befreite« Akteure, die einer ungebundenen Phantasieproduktion folgen konnten. In Stilisierung dieser Gegebenheit grenzte sich ein Teil der bildenden Künstler kulturell von den normativen Mustern der Bürgerlichkeit ab und pflegte die bedürfnisbezogene Antihaltung der Boheme. Die Aura der Künstlerorte, wie beispielsweise die des urbanen München-Schwabing oder des ländlichen Dachau, leitete sich von der Verdichtung der »geistigen« Produktivität und eines subkulturellen sozialen Milieus ab, in dem die Spielräume, in denen die kreative Individualität ausgelebt werden konnte, eine anregende Atmosphäre ergaben.

Für das Ensemble von Leitbildern, mentalen Einstellungen, Werten und Arbeitsverfahren, die das Selbst- und Fremdverständnis der Künstler konstituierten, haben wir den Begriff des Künstlerhabitus eingeführt. Dieser implizierte eine kulturelle Grammatik, die gleichermaßen Identitätsbilder und Ausdrucksformen für die Individualisierungsarbeit des Individuums einschloß. Die Merkmale des Künstlerhabitus und die damit verbundenen symbolischen Formen wurden in der sozialen Kommunikation der Gesellschaft überindividuell und unabhängig vom einzelnen Künstler kommuniziert und, überwiegend unbewußt, in bildlichen Vorstellungen sowie anhand von biographischen Beispielen tradiert. Angehende Künstler mußten sich den Künstlerhabitus in seinen kollektiv gültigen Merkmalen aneignen, da sich ihre Anerkennung als Mitglieder der Berufsgruppe an diesen orientierte. Hierzu zählten die Leitwerte der kreativen Individualität, des

Genies sowie die Verhaltenspraktiken der Autonomie gegenüber Fremdbestimmung. Innerhalb der Grenzen dieser kollektiven Merkmale wurde der Habitus jedoch notwendigerweise in sich individualisiert und vielfach variiert, woraus die Künstler besondere Identitäten als unverwechselbare Individuen entwickelten und ihre gesellschaftliche Legitimität aus dem Nachweis bezogen, über eine eigenständige kreative Gestaltungskraft zu verfügen.
Auf der Basis dieser Merkmale, die über einen langen Zeitablauf hinweg Bindekraft für den Künstlerhabitus behielten, wurden in den Stadien der kulturellen Modernisierung und den jeweils spezifischen Epochenerfahrungen durchaus variierende Versionen des Künstlerhabitus entwickelt. Deren jeweilige Ausformung erfolgte häufig in Bezug zum zeitgenössischen gesellschaftlichen Bedarf an ästhetischen Chiffren, an Ausdruck für die kulturellen Erfahrungen des Individuums, oder auch an Äußerungen, die von politischen Kontexten hergeleitet waren.
Der Gültigkeitsbezirk des »Schönen« wurde in der bürgerlichen Gesellschaft in Kunsthallen, Kunstvereinen, regelmäßigen Ausstellungen, Kunstmuseen, aber auch in den Institutionen der Künstlerausbildung als Territorien des »Geistigen« repräsentiert. In diesen Institutionen stabilisierte sich der legitime Habitus des modernen Künstlers. Er wurde als ein Repräsentant des modernen Individuums dazu bestimmt, Ausdruck für seine Gefühle und Vorstellungen zu suchen und diese in eine individualisierte ästhetische Sprachlichkeit umzusetzen. Die Künstlermythen bezogen sich in besonderem Maße auf die künstlerischen Produktionsformen der Maler. In ihrem Beruf erschien die »eigenschöpferische« Gestaltungskraft des Menschen in besonderer Weise symbolisiert und die Autonomie des »Geistigen« aufgehoben. Sofern die Künstler jedoch gegenüber den Standards der Bürgerlichkeit abweichende symbolische Formen entwickelten, sich in mentalen Praktiken und symbolischen Formen ihrer Selbstdarstellung unterschieden, beispielsweise in ihren Kleidercodes, gerieten sie in die Rolle von Außenseitern, denen häufig stilisierende Bewunderung, aber nicht selten auch Ambivalenz entgegenschlug. Diese Sonderstellung in der Gesellschaft galt in gesteigerter Weise, sobald ihnen der Erfolg im Kunstmarkt nicht zuteil wurde.
Andererseits bekam der moderne Künstler mit der ihm zugeschriebenen Freiheit zugleich eine kulturelle Stellvertreterschaft für den Bürger übertragen, indem es ihm aufgegeben war, die

subjektive Seite »des modernen Menschen« zum Ausdruck zu bringen und sinnlich zu veranschaulichen. In einer Dimension dieser Zuschreibungen sollte seine ästhetische Produktion zudem innovative Erfahrungs-, Wahrnehmungs- und Handlungsweisen, somit schlechthin das Neue, artikulieren und die mit dem kulturellen Modernisierungsprozeß immer neu umgeformten Erfahrungsräume erkunden. Die aus diesem Gestus des Erfinders entstandenen Werke fanden entweder als Repräsentationen der kulturellen Zeitgenossenschaft im Kunstpublikum Anerkennung oder sie blieben fremd, geheimnisvoll unverständlich und nicht selten unbeachtet.

Eine einflußreiche Verarbeitung, an der die Bedeutung der kulturellen Muster des Künstlerhabitus für die nationalen Selbstbilder »der Deutschen« seit den neunziger Jahren des 19. Jahrhunderts nachvollzogen werden kann, ist die visionäre Vorstellung des »Rembrandtdeutschen« von Julius Langbehn. In diesem Konzept wurde dem Künstler explizit die Rolle eines Versöhners der Widersprüche und der Fragmentierungen zugewiesen, die sich mit den Erfahrungen der kulturellen Modernisierung ergaben. Darüber hinaus sollte die Kluft zwischen der zum Elitären tendierenden Stellung des modernen Künstlers und den konventionellen kulturellen Mustern, die dem »deutschen Volk« zugeschrieben wurden, erneut geschlossen werden. Der zum »Führer« des Volkes und als dessen »Seher« berufene Künstler erschien Langbehn als ein Repräsentant von Individualität, Emotion und Ganzheitlichkeit. Er stand in einem Gegensatz zum spezialisierten Berufsmenschentum, das von Langbehn beispielhaft an der Figur des Professors, als dem Repräsentanten der Wissenschaft, kritisiert wurde. Die nationale und völkische Weltanschauung integrierte diese politische Vorstellung als einen tradierungsfähigen Mythos bis 1945.

An zwei lebensgeschichtlichen Fallstudien haben wir eingehender untersucht, wie die Austauschprozesse zwischen dem kollektiven Habitus und denjenigen Individuen verliefen, die sich diesen aneigneten und ihn fortschrieben, aber auch wie dieser Vorgang in die jeweils spezifischen geschichtlichen Konfigurationen eingewoben war. Die ausgewählten Künstler gehörten zwei Generationen unterschiedlicher kultureller Orientierungen an. Lenbach verstand es, den gründerzeitlichen Historismus zu gestalten. Er repräsentierte den erfolgreichen Künstler, der geschäftsmäßig für den Bildbedarf der gesellschaftlichen Eliten produzierte und als ein Meister des Porträts gefeiert wurde. Lenbach fand Anerkennung, weil sich seine Bildsprache als ein für seine Zeitgenossen attraktives Medium für die ästhetische Repräsentation von statusfähigen Identitätsbildern erwies, aber auch, weil er das Legitimationsmuster der Karrierechancen des Individuums in der verstärkten sozialen Mobilität der bürgerlichen Gesellschaft mit seinem sozialen Aufstieg zum »Künstlerfürsten« bestätigte.

Wassily Kandinsky gehörte der folgenden Künstlergeneration an, die sich als Träger der »modernen Bewegung« verstand und, in Reaktion auf die Erfahrung der verstärkten kulturellen Modernisierung, seit den 1890er Jahren neue Konzepte der radikalen Konzentration auf die ästhetische Repräsentation der psychischen Individualität formulierte.

Gemeinsam war beiden Künstlern, daß sie sich im sozialen Raum der Künstler professionell bewegten und ihre gesamte Lebensführung hierauf ausrichteten. Sie erhielten ihre Ausbildung, im Falle Kandinskys zumindest in einer begrenzten Zeitphase, in der legitimen Institution Kunstakademie, entwickelten Eigenaktivitäten als Individuen im Kunstbetrieb mit verstetigter Präsenz auf Ausstellungen und in selbstorganisierten Künstlergruppen. Beiden war eine hohe Mobilität mit häufigen Reisen gemeinsam. Lenbach partizipierte jedoch an den Konsensströmungen des gesellschaftlichen Lebens. Er war kein Außenseiter, sondern ein durch die besonderen Weihen des Künstlermythos und seine Nähe zu den Machtträgern der Gesellschaft herausgehobener »Künstlerfürst«. Kandinsky hingegen geriet mit seiner avantgardistischen Suche nach einer neuen Bildsprache als Künstlerindividuum phasenweise in Isolation und in Reibung zu den gesellschaftlichen Mehrheiten, wenngleich er in der sozialen Kommunikation der Künstler letztlich erfolgreich agierte. Zudem publizierte Kandinsky reflexive Texte zur Bedeutung seines Konzeptes innerhalb des Künstlerhabitus.

Lenbach betrieb die Malerei als Erwerbsarbeit, da er auf die Einkünfte aus diesem freien Beruf angewiesen war. Gestützt auf sein hohes Einkommen, veranschaulichte er die erreichte soziale Stellung durch den Bau einer Villa in einer symbolischen Repräsentation.

Demgegenüber repräsentierte Kandinsky eine andere Variante innerhalb des Künstlerhabitus. Aufgrund seiner besitz- und bildungsbürgerlichen Herkunft unterlag er nicht dem Zwang zu eigener Erwerbsarbeit, sondern besaß die Freiheit, in sich selbst legitimierte Kunst zu produzieren. Diese Entfaltungschance verarbeitete Kandinsky in seinem Konzept des auf die eigene Innenseite der Gefühlswahrnehmung bezogenen Künstlers, das von einer Lebenspraxis der dezidierten Bürgerlichkeit ergänzt wurde. In seiner kreativen Arbeit entstanden äußerst verdichtete Werke, die dem Prinzip der »inneren Notwendigkeit« folgten und in einer experimentellen Sprachlichkeit einen ästhetischen Ausdruck für die »Seelenvibrationen« anstrebten. Kandinsky bezog sich in dieser existentiellen Haltung auf den modernen, innengeleiteten Menschen. Man könnte in der ihm zuteil gewordenen Anerkennung jedoch zugleich eine Projektion der »Befreiung« von der Notwendigkeit des Gelderwerbs in der Konkurrenz der bürgerlichen Gesellschaft sehen. Kandinsky stand in Opposition zu deren »Materialismus« und propagierte »das Geistige« als eine humanisierende Gegenkraft und geschichtliche Vision. Er war Vertreter einer internationalen Orientierung der Kunstöffentlichkeit und des Konzeptes einer internationalen Moderne.

Anhand dieser Fallstudien konnte konkretisiert werden, wie sich der Austausch zwischen den kollektiven Mustern des Künstlerhabitus und den Künstlerindividuen mit ihren Individualisierungsanstrengungen vollzog und welch unterschiedliche Formen sich aus der Produktion von Individualität im historischen Kontext ergaben. In ihnen sind zwei Stadien der Individualisierung, dieses zivilisationsgeschichtlichen Prozesses von langer Dauer, repräsentiert. Während Lenbach nach einem ästhetischen Ausdruck für die individuelle Erscheinung des Porträtierten suchte, radikalisierte Kandinsky die Aufgabe des Künstlers, indem er die subjektive Wahrnehmung und die Repräsentation der »Seele« in einer ästhetischen Grammatik der Abstraktion als Bezugspunkte der Kunst propagierte. In einer Entwicklungsgeschichte der kulturellen Moderne ist Lenbach somit als ein Künstler des Übergangs einzuordnen, in dessen Person sich gegenläufige Schichten, einerseits die einer bereits modernen Berufstätigkeit und andererseits die in der Zeitperspektive rückwärtsgewandte kulturelle Orientierung im Historismus, überlagerten. Kandinsky wurde dagegen als der Prototyp des modernen Künstlers gefeiert, da sein Werk auf gesteigerter Subjektivität, Abstraktion und einer elitären Autonomie beruhte. Ausgehend von der normativen Kraft der kollektiven Muster des Habitus bewegten sich die Varianten der künstlerischen Individualität somit zwischen den Polen der Erwerbsarbeit und der Freiheit der schöpferischen Phantasie.

Kandinskys Stellung innerhalb des Künstlerhabitus wird vor der Folie einer gleichzeitigen, doch zu ihm in krasser Weise kontrastierenden Variante noch deutlicher modelliert. Paul Schultze-Naumburg, ebenfalls 1869 geboren, hatte die Kunstakademie in Karlsruhe besucht und war dann in die attraktive »Kunststadt« München übergesiedelt, um hier zunächst eine Malschule zu betreiben, aber auch um als Maler im Kunstbetrieb besser präsent zu sein. Im Mitvollzug der »modernen Bewegung« veränderte sich jedoch sein Selbstbild als Künstler. Er stellte seine Kompetenz als Maler zurück, arbeitete nach 1900 überwiegend als Entwerfer für den gehobenen Ausstattungsbedarf und wurde dabei zum erfolgreichen bürgerlichen Geschäftsmann.[1] Schultze-Naumburg betrieb schließlich in Saaleck eine eigene Werkstätte und konzipierte eine »zeitgemäße« Repräsentationsästhetik für die gesellschaftlichen Eliten aus Besitzbürgertum und Adel. Auf dem Höhepunkt seiner Akzeptanz in den Führungsschichten des Kaiserreichs erbaute er für den Kronprinzen das Schloß Cecilienhof bei Potsdam und gestaltete dessen Einrichtung. Als kulturpolitisch engagierter Künstler wirkte Schultze-Naumburg in der bürgerlichen Öffentlichkeit für Heimatschutz und die Bewahrung der deutschen Kulturlandschaft. Mit Kandinsky war Schultze-Naumburg eine zivilisationskritische Haltung gegenüber der Modernisierung der materiellen Welt gemeinsam, doch sie verarbeiteten ihre Erfahrungen in höchst unterschiedlicher Weise. Schultze-Naumburg wies schließlich dem Künstler, in Abwehr zur avantgardistischen Moderne der zwanziger Jahre, bei der Konstruktion einer »deutschen Kultur« die Funktion eines »Sehers« zu. Unter dem Einfluß rassebiologischer Erklärungsmuster propagierte er nach 1927 schließlich nationalistisch-rassistische Abgrenzungen von anderen kulturellen Strömungen und Ethnien. Schließlich übte er um 1930 einen nicht unerheblichen Einfluß auf die nationalsozialistische Kunstpolitik aus.

---

1 Eine erste Fassung dieser Untersuchung enthielt eine weitere ausführliche Fallstudie zu diesem Künstler. Hierzu wird ein eigenständiges Buch publiziert. Vgl. als Überblick zum architektonischen Werk Norbert Borrmann: Paul Schultze-Naumburg. Maler – Publizist – Architekt, Essen 1989.

Entlang der für den Modernisierungsprozeß so bedeutsamen Rationalisierung der Lebenswelt und der Kultur des Gebrauchs war im 19. Jahrhundert innerhalb der Künstlerschaft eine Trennungslinie entstanden. Dies war die Voraussetzung dafür, daß eine von der industriellen Modernisierung »befreite« Zone der ästhetischen Individualität als Bezirk der »hohen« Kunst abgespalten werden konnte. Diese Grenze zu den Bezügen der Zwecke in der modernen Zivilisation wurde einerseits in punktuellen Diskursen kultur- und kunsttheoretisch befestigt, andererseits allerdings auch, gegenläufig hierzu, gerade unter Hinweis auf die industrielle Prägung der Moderne als eine unabweisbare Erfahrung des Zeitgenössischen, immer wieder in Frage gestellt. Diese Trennlinie wurde in die Institutionen der Künstlerausbildung eingeschrieben. Die Diskurse um deren Reform im Modernisierungsprozeß konnten als aussagefähige Quellen für die Bedeutungszuweisungen an die Berufsprofile sowie für die Etablierung und Fortschreibung ihrer inneren Grenzen gelesen werden.
Die Institution Kunstakademie entwickelte sich mit Beginn des 19. Jahrhunderts von ihrer ursprünglichen Orientierung auf den Bedarf der Höfe weg. Sie nahm die neuen Leitbilder der Entfaltung des Individuums als Orientierung des Ausbildungsprozesses auf. Ihrer Umgestaltung lagen ferner die veränderten Auffassungen von einer adäquaten künstlerischen Praxis für den Kunstbedarf der bürgerlichen Gesellschaft zugrunde, so daß der Beruf des Malers zunehmend als ein freier Beruf für den Kunstmarkt gesehen wurde. Die Akademie in München vollzog diese Umorientierung in mehreren Schritten bis in die fünfziger Jahre des 19. Jahrhunderts, die Berliner Akademie definitiv mit einer Neuorganisation in den siebziger Jahren. Für den seit dem frühen 19. Jahrhundert abgespaltenen Bedarf an künstlerischer Objektgestaltung und zeichnerischem Schmuck entstand das spezialisierte Berufsbild des Kunstgewerblers als eines entwerfenden Zeichners, für dessen Ausbildung in den 1850er und 60er Jahren die Kunstgewerbeschule geschaffen wurde.
Infolge der Aufrichtung der Trennlinien bildeten die Professionen kulturelle Eigenidentitäten aus, die mit einer inneren Hierarchisierung zwischen den Malern und den Kunstgewerblern einhergingen. Die Arbeitsgegenstände der Kunstgewerbler erschienen als in geringerem Maße mit »geistigen« Gehalten aufgeladen, da sie überwiegend Alltags- und Schmuckfunktionen erfüllten. Zunächst

blieben die gestalterischen Orientierungen an die Traditionen des Handwerks gebunden, auch dann noch, als die »angewandte Kunst« der späten neunziger Jahre eine neue Synthese von Kunst und Leben propagierte, die in den Konzepten einer reintegrierten Kunst sowie der Ästhetisierung der gesamten Lebenswelt an Kraft gewann. Dieses Programm blieb als Leitbild in Teilen der bürgerlichen Eliten im 20. Jahrhundert lebendig und lag schließlich auch dem Konzept des Bauhauses zugrunde. Erst seit Mitte der zwanziger Jahre erfolgte dort unter Walter Gropius und Hannes Meyer die programmatische Öffnung für die industriellen Herstellungstechniken und deren gestalterische Erfordernisse.
Die unterschiedlichen Bedeutungen, die mit den beiden Künstlervarianten und ihren Werken konnotiert wurden, bildeten sich im Statussystem der bürgerlichen Gesellschaft ab. Die symbolischen Kämpfe um die Befestigung und Öffnung der Trennlinien zwischen den künstlerischen Berufen sind somit als ein kultureller Vorgang der Bewertung von gesellschaftlichen Arbeits- und Wirkungsfeldern zu erklären. Zugleich ging es um das Verhältnis der Alltagskultur zur Kunst. Mit der Abspaltung eines Terrains der »hohen« Kunst, als eines Sonderbereichs des ästhetischen Kults, wurden mit den »freien« Künstlern in gesteigerter Weise mythische Zuschreibungen assoziiert.
In geschlechtergeschichtlicher Hinsicht blieb der Künstlerhabitus männlich dominiert. Künstlerinnen bewegten sich großteils in den sozialen Organisationsformen der Künstler. Sie waren mit der männlichen Definitionsmacht in der Auffassung vom künstlerischen Individuum konfrontiert. In den Münchner Ausbildungsinstitutionen bildeten sich diese Vorgänge von inneren Distinktionen im Künstlerhabitus exemplarisch ab. In der Akademie der bildenden Künste wurden damit zwei kulturell-mentale Trennlinien befestigt und fortgeschrieben, die Grenze zur gewerbebezogenen künstlerischen Arbeit und die geschlechterspezifische, die das legitime Berufsbild bis 1918 den Männern vorbehielten. Die Münchner Kunstakademie verweigerte die Aufnahme von Frauen, begründet durch kulturelle Zuschreibungen, solange die hierarchisierte Wertordnung der Monarchie bestand. Argumente hierfür wurden in einer angenommenen »Natur« von Frauen formuliert, die sich angeblich nicht zur Darstellung des »Monumentalen« eigneten. Angehende Künstlerinnen konnten daher bis 1918/19 in München die malerischen Kompetenzen lediglich über

Privatschulen oder in der von einem Verein getragenen Künstlerinnenakademie erwerben. Dem in den Geschlechterbildern gängigen kulturellen Zuschreibungsmuster der »schönen« Handarbeiten entsprechend, stand den Mädchen allerdings die Ausbildung in den Kunstgewerbeschulen seit den siebziger Jahren des 19. Jahrhunderts offen.

Die auch nach der Reichsgründung 1870/71 an die Territorien der deutschen Länder gebundene Kultushoheit sowie die einflußnehmenden Direktoren und Kollegien der staatlichen Akademien und Hochschulen der bildenden Künste stabilisierten innerhalb des Künstlerhabitus eine Vielfalt von Auffassungen und zahlreiche distinktive Varianten der Professionalisierung für künstlerische Tätigkeiten. Die Institutionen ordneten im Zeitablauf ihr Selbstverständnis immer wieder neu an den Etablierungschancen der Kunstschüler im Kunstmarkt. Eine Standardisierung oder gar normative Vereinheitlichung widersprach ohnehin der Vorstellung von der Ungebundenheit und Freiheit des Künstlers.

II.

Die eingehende Analyse der Münchner Institutionen der Künstlerausbildung ergab eine Hegemonie des Konservatismus und eine ausgeprägte Abwehrhaltung gegen die avantgardistische Moderne auch noch für die 1920er Jahre.[2] Um die Konstitutionsphase des Künstlerhabitus einordnen zu können, ist es sinnvoll, die Brüche und Kontinuitäten des langen Zeitablaufs über die Zeitschwelle von 1930 hinaus als Ausblick in knappen Bemerkungen zu markieren.

Die dem künstlerischen Akademismus verpflichtete Kunstakademie erklärte im März 1933 ihre Bereitschaft zur »freudigen Mitarbeit an der nationalen Erhebung«, insbesondere bei der »Entwicklung der künstlerischen Verhältnisse«.[3] Bereits im Herbst dieses Jahres wurde dem akademischen Kollegium jedoch demon-

---

2 Vgl. auch Adelheid von Saldern: »Kunst fürs Volk«. Vom Kulturkonservatismus zur nationalsozialistischen Kulturpolitik, in: Harald Welzer (Hg.): Das Gedächtnis der Bilder. Ästhetik und Nationalsozialismus, Tübingen 1995, S. 45-104.
3 BHStA München, MK 40908, Schreiben des Präsidenten German Bestelmeyer an das Staatsministerium für Unterricht und Kultus am 24. März 1933.

striert, daß im NS-Staat an erster Stelle der Wille des »Führers« gelten sollte. Gegen anfänglichen Einspruch wurde auf Wunsch Hitlers der in der Fachwelt gänzlich unbekannte Maler Adolph Ziegler im Oktober 1933 vom Bayerischen Staatsministerium für Unterricht und Kultus zum Professor für Malerei ernannt. Die Akademie paßte sich an und bestand in den 1930er Jahren nicht weiter auf dem davor kultivierten Recht auf weitgehende Selbstorganisation des Kollegiums der bildenden Künstler.[4]

Mit den für die Selbstdarstellung des Regimes zentralen Repräsentationsbauten in München, wie dem »Haus der deutschen Kunst«, oder den populären Massenveranstaltungen, wie dem »Tag der deutschen Kunst«, wurde der Bedarf an einer Künstlerelite explizit artikuliert, die in der Lage war, eine adäquate ästhetische Gestaltung der symbolischen Formen im NS-Staat zu schaffen, und die zudem dem kunsttheoretischen Postulat der völkischen. Ideologie, einer neuen Nähe von Künstler und »Volk«, entsprechen konnte. Daher ging es seit 1937 bei der Besetzung von Professuren an der Münchner Kunstakademie um die Vision des Aufbaus einer »deutschen Kunst«, die dem Herrschaftsanspruch der rassischen Überlegenheit auch auf dem Gebiet der Kunst entsprechen sollte. Im Sinne erster Schritte wurden Hermann Kaspar, der Inszenator des Festzuges zum »Tag der deutschen Kunst« 1937, und Josef Thorak, ein Meister des monumentalen Stereotyps, zu Professoren berufen. Dieser Bildhauer erschien in besonderer Weise befähigt, die Vorstellung vom »arischen Rassemenschen« ästhetisch zu veranschaulichen.

Auch in ihrer Abwehr gegenüber der angewandten Kunst hatte die Akademie nicht länger institutionelle Definitionsmacht. Sie wurde schlicht nicht mehr gefragt, als der »Führer« dekretierte, die bereits in ihrer Oberstufe weiterentwickelte Kunstgewerbeschule zu einer »Akademie für angewandte Kunst« zu erheben, mit gleichberechtigtem Status gegenüber der Akademie. Die Autonomie der »hohen« Kunst und ihr Anspruch auf eine alleinige Kompetenz in Kunstangelegenheiten erwies sich im NS-Führerstaat als obsolet.

4 Zur folgenden Entwicklung vgl. auch den zusammenfassenden Überblick bei Winfried Nerdinger: Akademiegeschichte von den zwanziger bis zu den fünfziger Jahren, in: Tradition und Widerspruch, München 1985, S. 179-203, insbesondere S. 188 ff.; ferner Peter-Klaus Schuster (Hg.): Die »Kunststadt« München 1937. Nationalsozialismus und »Entartete Kunst«, München 1987.

Die Orientierung am ästhetischen Bedarf der nationalsozialistischen Gesellschaft wurde von den im Dienste der Akademie stehenden Künstlern mitvollzogen. Ein Grund hierfür mögen die erweiterten Entfaltungschancen gewesen sein, die gerade diejenigen Künstler erhielten, die die Tradition des handwerklichen Akademismus nie in Frage gestellt hatten, wie dies an der Münchner Kunstakademie, mit Ausnahme von Karl Caspar,[5] überwiegend der Fall war. Die neue Wertordnung in den Künsten hatte die in der Weimarer Republik im Kunstbetrieb anerkannte künstlerische Moderne und die ästhetische Avantgarde als eine auf dem Kunstmarkt lästige Konkurrenz beseitigt.

Mit dem Ende des »Dritten Reiches« im Mai 1945 sahen sich insbesondere diejenigen Künstler, die teils im Sinne des Aufbaus einer »deutschen Kunst« gearbeitet oder teils lediglich an der jährlichen Kunstausstellung im »Haus der deutschen Kunst« teilgenommen hatten, mit einer bruchartigen Situation konfrontiert. Durch die Kontrollmaßnahmen und die Kulturpolitik der westlichen Besatzungsmächte erhielten die Kunstformen der radikalisierten Moderne eine neue Wertigkeit.[6] Zahlreiche Künstler entdeckten nach einer Übergangszeit die Möglichkeiten der ästhetischen Sprachlichkeit des Expressionismus und der Abstraktion für sich, zumal dies zugleich ein sichtbares Abrücken von der eigenen Geschichte, vielfach auch ein Verdrängen der eigenen Verflochtenheit mit der Zeit vor dem Mai 1945, bedeutete.[7]

1949 fand im ehemaligen »Haus der deutschen Kunst« in München

---

5 Zum Kontext Peter-Klaus Schuster (Hg.): »München leuchtete«. Karl Caspar und die Erneuerung christlicher Kunst in München um 1900, München 1984 (zugleich Ausst. Kat. Bayerische Staatsgemäldesammlungen), darin insbesondere der Beitrag von Annegret Hoberg: Karl Caspar, der Expressionismus und das Problem der modernen christlichen Kunst, S. 268 ff.

6 Zur westdeutschen Nachkriegsentwicklung zusammenfassend beispielsweise Grasskamp 1989, S. 76 ff., und ders. 1992, S. 100 ff.

7 Zu diesen komplexen Vorgängen vgl. die informativen Überblicke, in: Wagner 1991, dort u. a. die Beiträge von Verspohl, Heinz, Zänker sowie die Diskussion zwischen Gaßner, Jochims, Mittig und Rötzer; auch Hans-Joachim Manske: Anschlußsuche an die Moderne. Bildende Kunst in Westdeutschland 1945-1960, in: Axel Schildt/Arnold Sywottek (Hg.): Modernisierung im Wiederaufbau. Die westdeutsche Gesellschaft der 50er Jahre, Bonn 1993, S. 563-582.

eine große Kandinsky-Retrospektive statt, ein demonstratives Zeichen des Wertebruchs bei den meinungsbildenden Eliten des Münchner Kunstbetriebes. Die Wiederanknüpfung am Werk der Avantgarde des Blauen Reiters bedeutete zu einem Teil eine Form von Wiedergutmachung, sie begründete jedoch zugleich den Kult um den innengeleiteten, ganz um sich selbst und seine subjektive Wahrnehmung kreisenden Künstler und eine Version des Künstlerhabitus, die die kulturelle Moderne als eine Steigerung der Individualisierung betrachtete. Mit der zunehmenden internationalen Orientierung des Kunstbetriebs erlangte das Konzept der Abstraktion im Verlauf der 1950er Jahre Hegemonie. Amerikanische Künstler wie Jackson Pollock wirkten inspirierend. Emigrierte Künstler, beispielsweise der 1901 in Hamburg geborene Richard Lindner, der von 1922 bis 1924 in Nürnberg an der Kunstgewerbeschule und von 1925 bis 1927 an der Münchner Kunstakademie studiert hatte, wurden in den fünfziger und sechziger Jahren in Deutschland sukzessive bekannt und zu Impulsgebern von Diskursen über den Kunstgeschmack und die Rolle des Künstlers. Diese stärkten auch die Tendenzen der Neo-Moderne, die an die Kunstentwicklungen der Moderne der zwanziger Jahre anzuschließen versuchte.

Damit öffnete sich der Künstlerhabitus zum Ausdruck gesteigerter Subjektivität, zu aktionistischen Formen und schockierenden Effekten der ästhetischen Sprachlichkeit, wie in der Kunstform der »Performance«. Der Tabubruch, der die moralischen Normen und Konventionen der Bürgerlichkeit attackierte, wurde als eine spektakuläre Herausforderung der Gesellschaft wahrgenommen. Die Geste der Entgrenzung, der Erfindung des noch Unbekannten entsprach dem Originalitätsgebot des Künstlerhabitus. Dies ist als eine Steigerung der elitären Heroik des Künstlers zu interpretieren, wie sie in der »modernen Bewegung« bereits vor 1900 zu beobachten war.

Anhang

Tabellen

Verkaufsergebnisse der Ausstellungen der Münchner Künstlergenossenschaft und des Vereins bildender Künstler Münchens »Sezession«:

Ausstellungsjahr	Bezeichnung der Ausstellung	Zahl der ausgest. Gemälde	Zahl der verkauften Gemälde absolut	Zahl der verkauften Gemälde prozentual	Verkaufserlös in Mark
1879	III. I. A	–	–	–	453 286
1883	IV. I. A	–	–	–	677 860
1888	V. I. A.	–	–	–	1 070 000
1892	VI. I. A.	–	–	–	681 873
1893	Jh.-A.	–	–	–	388 829
1894	Jh.-A.	–	–	–	362 245
1895	Jh.-A.	–	–	–	438 933
1896	Jh.-A.	–	–	–	240 072
1897	VII. I. A.	–	–	–	620 283
1898	Jh.-A.	–	–	–	303 620
1899	Jh.-A.	–	–	–	380 124
1900	Jh.-A.	2 230	322	14,9	395 260
1901	VIII. I. A.	3 064	529	17,3	768 339
1902	Jh.-A.	2 580	421	16,3	352 993
1903	Jh.-A.	2 230	437	19,6	396 770
1904	Jh.-A.	2 256	364	16,1	304 702
1905	IX. I. A.	2 834	523	18,5	602 542
1906	Jh.-A.	2 921	319	10,9	369 192
1907	Jh.-A.	2 331	448	19,2	371 272
1908	Jh.-A.	2 358	399	16,9	305 573

Ankäufe

Ausstellungsjahr	München		übriges Deutschland		Ausland	
	Stück	Summe	Stück	Summe	Stück	Summe
1879	–	–	–	–	–	–
1883	–	–	–	–	–	–
1888	–	–	–	–	–	–
1892	–	–	–	–	–	–
1893	–	–	–	–	–	–
1894	–	–	–	–	–	–
1895	–	–	–	–	–	–
1896	–	–	–	–	–	–
1897	–	–	–	–	–	–
1898	–	–	–	–	–	–
1899	–	–	–	–	–	–
1900	30	60 665	155	184 286	137	150 319
1901	191	222 000	177	221 653	153	289 986
1902	64	70 700	202	123 833	155	158 460
1903	55	39 086	270	191 730	115	165 954
1904	65	62 810	195	137 377	104	104 515
1905	228	216 027	139	179 052	143	190 658
1906	61	64 892	150	127 573	105	162 527
1907	110	92 419	206	140 414	130	125 139
1908	37	20 591	192	143 536	167	141 016

Quelle: Drey 1910, S. 312: Ausstellungen im Münchner Glaspalast:
1. Jahresausstellungen der Münchner Künstlergenossenschaft (= Jh.-A.) sowie 2. Internationale Ausstellungen der Münchner Künstlergenossenschaft (seit 1897) gemeinsam mit der Sezession (= I. A.)

Berufszählung von 1907

Maler und Bildhauer (Künstler)

Aquarellmaler
Bilderreiniger (wenn Künstler)
Bildhauer (wenn Künstler)
Bühnenmaler (Künstler)

Figurenmaler
Gemälderestaurateure
Geschichtsmaler
Idyllen-, Stillebenmaler

Architekturmaler (wenn Künstler)

Bilderrestaurateure
Blumenmaler
Dekorationsmaler (f. Bühnen, Panoramen usw.)
Freskomaler
Genremaler
Historienmaler
Kirchenmaler

Kunstbildhauer
Landschaftsmaler
Marinemaler
Panoramamaler
Porträtmaler
Schlachtenmaler
Steinbildhauer (Künstler)

Theatermaler (wenn Künstler)

Tiermaler

Kunstmaler
Maler (Künstler)
Miniaturmaler
Perspektivmaler (wenn Künstler)
Sandsteinbildhauer (Künstler)
Sezessionsmaler
Theaterdekorationsmaler (wenn Künstler)

Tierbildhauer

Graveure, Steinschneider, Ziseleure, Modelleure

Bildhauer (Modelleure)
Druckformen- und Druckwalzengraveure
Edelsteinschneider
Estampeure
Formenschneider
Glasgraveure
Gold- und Silberschneider
Guillochierer
Hornstecher
Kunstätzer
Landschaftsmodelleure
Marketeur
Metallgraveure
Modellstecher
Moliteur
Mosaikkünstler
Münzgraveure
Petschaftstecher
Releveur
Schriftgraveure
Stahlgraveure
Steingraveure
Stempel (für Metallstempel)
Tapetenformenstecher
Walzengraveure
Wappenstecher

Bossierer (Wachs-)

Edelsteingraveure
Elfenbeingraveure
Estamporier
Formenstecher
Goldgraveure
Graveure
Holzformenstecher
Kameengraveure
Kunstformer
Marketeriearbeiter
Medaillengraveure
Modelleur (selbständig)
Modelieur
Mosaikbildmacher
Mosaikschneider
Nielleure
Printenformenstecher
Schablonenstecher
Silbergraveure
Stanzenmacher
Steinschneider

Stempelschneider
Wachsbossierer
Walzenstecher
Ziseleure

Musterzeichner, Kalligraphen

Dessinateure
Industriezeichner
Kalligraphen

Kartenschlägerei
Levierer (in Kartenschlägerei oder Musterzeichnerei)
Manufakturzeichner
Monogrammzeichner

Dessinzeichner
Jacquardkartenschläger
Kartenschläger (in Kartenschlägerei oder Musterzeichnerei)
Landschaftsanfertiger

Möbelzeichner
Mustermacher (selbständig oder in Musterzeichnerei)

Mustermaler (selbständig oder in Musterzeichnerei)
Musterschläger (selbständig oder in Musterzeichnerei)
Musterzeichner (selbständig oder in Musterzeichnerei)
Musterzeichnereiinhaber
Pantographist

Patroneuer
Schablonenmaler
Stickereizeichner

Vorzeichner
Wappenzeichner

Ornamentzeichner
Patronenzeichner (selbständig oder in Musterzeichnerei)
Plakatmaler
Schriftmaler
Vervielfältigungsanstalt technischer Zeichnungen
Wappenmaler

Sonstige künstlerische Berufe (mit Ausnahme von Musik, Theater und Schaustellung)

Altertümerreparateure
Antiquitätenreparateure
Brandmaler
Emaillierer
Gipsfiguren
Gipsgießer
Gipsmodelleure
Glasschreiber

Anatomische Nachbildungen
Ateliers (für Kunstgewerbe)
Emaillemaler
Figuren
Gipsformatoren
Gipsmodell
Glasbildner
Kunstgewerbliche Werkstätten

Künstler, sofern nicht näher zu ermitteln
Marketeur (Wachsbildner)   Patineur
Reparaturwerkstatt für plastische Bildwerke
Silhouettenschneider   Tätowierer
Transparentmaler   Wachsfiguren
Zeichner, sofern nicht näher zu ermitteln

Quelle: Statistik des Deutschen Reiches, Berufszählung 1907, Systematische Berufsliste, S. 104 B 162-165

Berufszählung von 1925

Bildende Künstler (Maler, Bildhauer usw.) (...)

Aquarellmaler
Bilderreiniger
Bildhauer

Figurenmaler
Gemälderestaurator
Geschichtsmaler
Historienmaler
Idyllenmaler
Kirchenmaler
Kunstmaler
Landschaftsmaler
Marinemaler
Möbelzeichner
Perspektivmaler
Plakatzeichner
Radierer
Restaurator
Sezessionsmaler
Steinbildhauer
Tiermaler
Zeichner

Architekturmaler
Bilderrestaurator
Blumenmaler (Radierer und Zeichner)
Frescomaler
Genremaler
Graphiker
Holzbildhauer
Karikaturist (Zeichner)
Künstler
Kupferstecher
Maler
Miniaturmaler
Panoramamaler
Plakatmaler
Porträtmaler
Reklamezeichner
Schlachtenmaler
Silhouettenschneider
Tierbildhauer
Wappenmaler

Quelle: »Statistik des Deutschen Reiches, Berufszählung 1925, Bd. 402, S. 136 Bildende Künstler (Maler, Bildhauer usw.)...

Archivalische Quellen

Akademie der Bildenden Künste München

Matrikelbücher
Grundbuch 1841-1884   (Matrikelnummern 1-5101)
Jahrgang 1882   (Matrikelnummern 4103-4291)
Grundbuch 1884-1920
Jahrgang 1890   (Matrikelnummern 659-799)
Jahrgang 1895   (Matrikelnummern 1371-1516)
Jahrgang 1907   (Matrikelnummern 3261-3446)
Grundbuch 1920-1935
(enthält keine Angaben mehr über den Stand der Eltern/des Vaters)

Bayerisches Hauptstaatsarchiv München (BHStA)

Bestand MK = Bayerisches Staatsministerium für Unterricht und Kultus

MK 14091 Akademie der Bildenden Künste. Konstitution, Bd. I, 1770-1808
MK 14092 dito, Bd. II, 1808-1825
MK 14093 dito, Bd. III, 1827-1840
MK 14094 Akademie der Bildenden Künste. Im Allgemeinen, Organisation, Bd. IV, 1841-1863
MK 14095 dito, Bd. V, 1864-1910
MK 14097 Akademie der Bildenden Künste. Geschäftsordnung, 1851-1859
MK 40854 Wettbewerb zur Förderung des Studiums der klassischen Kunst, hier die Beteiligung der Künstler Deutschlands, Wettbewerb, Preisausschreiben 1896-1937
MK 40903 Verhandlungen über die Neugestaltung der staatlichen Kunsterziehung, Bd. 1, 1917-1919
MK 40904 dito, Bd. 2, 1919-1920
MK 40905 dito, Bd. 3, 1920-1937
MK 40906 Kunsterziehung und Kunsterziehungstage, 1901-1926
MK 40907 Akademie der Bildenden Künste. Organisation (Generalia), Bd. 6, 1911-1926
MK 40908 Akademie der Bildenden Künste. Organisation, Bd. 7, 1925-1942
MK 40913 Akademie der Bildenden Künste München. Jahrhundertfeier 1909, 1905-1910
MK 40916 Akademie der Bildenden Künste. Lehrpersonal, 1923-1932
MK 40923 Königliche Akademie der Bildenden Künste. Turnen, Tanzen 1911-1942
MK 40926 Akademie der Bildenden Künste. Franz von Defregger'scher Stiftungsfonds 1921-1957
MK 40944 Akademie der Bildenden Künste. Satzungen, Aufnahmen, Dispensen, Zulassung von Ausländern (Spezialia), Bd. 4, 1928-1935
MK 40949 Allgemeiner Studentenausschuß. Studentenschaft 1923-1944
MK 40952 Reichsbund Deutscher Kunsthochschüler, Sitz München. Hilfsunternehmungen zu Gunsten deutscher Kunsthochschüler 1921-1935
MK 40954 Malerei, Erfindungen, Rationelles Malverfahren – Deutsche Gesellschaft zur Förderung rationeller Malverfahren, Bd. 3, 1909-1920
dito, Bd. 4, 1921-1942
MK 40960 Kriegsmaler und -zeichner, 1915-1918

MK 51422 Akademie der Bildenden Künste. Stipendiatenstiftung Schwabylon 1936 der Studierenden der Akademie der Bildenden Künste München, 1936-1937
MK 51433 Statistik der Akademie der Bildenden Künste in München. Übersicht über Zahl und Staatsangehörigkeit der Studierenden, 1922-1949
MK 51438 Akademie der Bildenden Künste in München. Unterricht im Aktzeichnen, 1885-1949
MK 51445 Akademie der Bildenden Künste. Ferien, Jubiläen, 1888-1951
MK 51462 Kunstangelegenheiten im Allgemeinen 1923-

Stadtarchiv München (StadtA München)

Meldebogen der Stadt München, Franz Ritter zu Lenbach
Kulturamt 133   Künstlerinnen-Verein München
Kulturamt 185   Kunstgewerblicher Verein München, Jubiläumsfeier des Kunstgewerbevereins
Kulturamt 403   Künstlerkommissionen, Satzungen des Rates der bildenden Künstler Münchens
Kulturamt 662   Bayerischer Kunstgewerbe Verein. Allgemeines 1853-1925
Statut des Bayerischen Kunstgewerbe-Vereins in München
Satzungen des Vereins zur Ausbildung der Gewerke München 1853
Programmblatt des Ausschusses des Vereins zur Ausbildung der Gewerke vom April 1863
Kulturamt 764   Künstler Unterstützungsverein betreffend
Sozialamt 1068 Acta des Armenpflegschafts Rathes der königl. Haupt- u. Residenz Stadt München
Sozialamt 2450 Künstler Unterstützungsverein
Verfassung der Renten- und Pensionsanstalt
für deutsche bildende Künstler Weimar 1893
Sozialamt 2944 Renten- und Pensionsanstalt für deutsche bildende Künstler in Weimar unter dem Protektorate Sr. Kgl. Hoheit des Großherzogs von Sachsen Weimar, 1893
Sozialamt 3787 Künstlerdarlehen 1930

Germanisches Nationalmuseum Nürnberg,
Archiv für Bildende Kunst (GNM, ABK)

Konvolut Otto Bartning
Konvolut Peter Behrens

Nachlaß Carl Gustav Carus

Nachlaß Lovis Corinth, Teil 1
1 A, Personalia; Nr. 2 Lebensbeschreibung; Nr. 3, 4, 7, 8
1 B, Beruf und Werk; Nr. 1 Bronzeabguß undatiert; Nr. 2; Nr. 4 Kritikenbuch
1 C, Korrespondenz Nr. 1, 11
1 D, Varia
II C, Nr. 1
Teil II
1 A, Personalia; 1-3
1 B, Beruf und Werk; Nr. 5 a

Nachlaß Franz von Defregger
1 A; 1 B Lebenserinnerungen; II C

Nachlaß Julius Diez

Nachlaß Ludwig Dill
1 A Memoiren

Nachlaß Adolf Erbslöh

Nachlaß Lorenz Gedon (1843-1883)
1 B-2 Porträt von Lenbach
1 B-8 Bericht über das Fest in der Künstlergesellschaft Allotria in München, geschrieben – vermutlich – vom ältesten Sohn Lorenz Gedons, Rudolf.
1 B-4; II B-1 Biographische Aufzeichnungen

Konvolut Hugo Fritz Habermann

Konvolut Alexej Jawlensky

Konvolut Wassily Kandinsky

Konvolut Hermann Obrist

Nachlaß Bernhard Pankok

Nachlaß Richard Riemerschmid
E 160 Lehrtätigkeit. Korrespondenz; Mappe Muthesius
E 161 Lehrtätigkeit. Fragen künstlerischer Erziehung,
       Mappe: Künstlerische Erziehungsfragen,
       Mappe: Die Presse zur künstlerischen Erziehung, 1917-
E 162 Lehrtätigkeit. Vorträge Druckschriften, Veröffentlichungen
E 163 Lehrtätigkeit. Zeitungsausschnitte

E 159 Lehrtätigkeit. Lehrpläne, »Leitsätze«
E 158 Lehrtätigkeit. Adressen
B 157 Lehrtätigkeit Kunstgewerbeschule. Schriftwechsel Staatsministerium
B 167 Bauhaus

Nachlaß Hans Thoma
Brief Cosima Wagners an Hans Thoma vom 3. Januar 1903
III A, Typoskript Francees Grun: Meine Seelenbrautschaft mit Hans Thoma, undatiert, mit der Aufnotierung »Übertragen von Heinrich Nelson, Eugen Dietrich Verlag 1909«
I C; II C; IV C

Nachlaß Paul Schultze-Naumburg
Lebenserinnerungen (unveröffentlichtes Manuskript), entstanden 1946-48
Mein baukünstlerisches Vermächtnis. Erziehung des Baukünstlers (unveröffentlichtes Manuskript)

Städtische Galerie im Lenbachhaus München

Lenbach Archiv
Ordner 1 Lenbachs Leben, Materialien, Alfred Lichtwarcks Brief an die Hamburger Kunsthalle vom 17. April 1893; Mappe persönliche Erinnerungen; Mappe Beerdigung und Trauerfeier 1904
Gabriele Münter Archiv
Die Bücher aus dem Nachlaß Münters (= Bibliothek) umfassen insgesamt 84 Titel bis 1960, darunter zahlreiche parapsychologische und musische Publikationen, aber auch beispielsweise der Roman über die Schwabinger Boheme von Franziska von Reventlow: Herrn Dames Aufzeichnungen, München 1913, oder Mitgliederverzeichnis des Deutschen Künstlerbundes, Frühjahr 1912
Fotosammlung:
Ordner Kandinsky
Ordner Münter 1877-1916; Haus in Murnau

Münchner Stadtbibliothek

Sammlung Monacensia Literaturarchiv, Nachlaß Hubert Wilm, MS 200 und MS 243

Bayerische Staatsbibliothek München

Schriften, welche die deutsche Kunst (und Kunstindustrie-Ausstellung) in München im Jahre 1876 betreffen

Konvolut: Schriften, welche sich auf die im Jahre 1888 in München abgehaltene Kunstgewerbeausstellung beziehen, München 1888
Drucksachen, welche auf die Münchner Künstlergenossenschaft Bezug haben, München 1891
Konvolut: Schriften, welche das 50jährige Jubiläum des Kunstgewerbevereins betreffen, 1.-4. Juli 1901, München 1901
Münchner Künstler-Genossenschaft. Bericht über das Verwaltungs-Jahr 1893 und Mitglieder Verzeichnis, München 1894; Geschäftsordnung der Münchner Künstlergenossenschaft. Nach den bis zum Jahre 1903 einschließlich gefaßten Beschlüssen der Generalversammlungen, München 1904
Königliche Kunstgewerbeschule München (Prospekt), München 1913; ferner die Jahresberichte 1913, 1913/14, 1914/15, 1917/18
Friedrich August Kaulbach: Festgabe zum Künstlerfest, Carneval 1898, München 1898
Künstlerfest Carneval 1898 in den beiden kgl. Hoftheatern München 15. Febr., München 1898 (cf. Fritz August Kaulbach)
Teufel, Carl: Fotographien Münchner Künstler, 3 Bde., 1889

Veröffentlichte Quellen

Statistische Quellen
Berufszählung 1882:
Statistik des Deutschen Reiches, hg. vom Kaiserlichen Statistischen Amt, Berufsstatistik nach der allgemeinen Berufszählung vom 5. Juni 1882, Neue Folge, Bd. 3, Berufsstatistik der deutschen Großstädte, Berlin 1884
Berufszählung 1885:
Statistik des deutschen Reiches, bearbeitet im Kaiserlichen Statistischen Amt, Neue Folge, Bd. 102, Berufsstatistik für das Reich im Ganzen, Erster Theil, Berlin 1897; Bd. 103, Berufsstatistik für das Reich im Ganzen, Zweiter Theil, Berlin 1897
Berufszählung 1907:
Statistik des Deutschen Reiches, hg. vom Kaiserlichen Statistischen Amte, Bd. 210, 2 Teile, Berufsstatistik Abtl. IX: Die Bevölkerung nach Hauptberuf und Gebürtigkeit, Teil 1: Landesteile, Teil 2: Großstädte, Berlin 1910
Berufszählung 1925:
Statistik des Deutschen Reiches, bearbeitet im Statistischen Reichsamt, Bd. 402: Berufszählung. Die berufliche und soziale Gliederung der Bevölkerung des Deutschen Reiches, Berlin 1927; Teil I: Einführung in die Berufszählung 1925, Teil II: Die Reichsbevölkerung nach Haupt- und Nebenberuf; Bd. 406, Hefte 1-7: Berufszählung. Die berufliche und soziale Gliederung der Bevölkerung in den deutschen Großstädten,

Heft 1: Berlin und die ostdeutschen Großstädte; Heft 6: Die süddeutschen Großstädte; Heft 7: Die deutschen Großstädte insgesamt, Berlin 1929
Berufszählung 1933:
Statistik des Deutschen Reiches, bearbeitet im Statistischen Reichsamt, Bd. 453, Hefte 1-3: Berufszählung. Die berufliche und soziale Gliederung des Deutschen Reiches, Heft 1: Einführung in die Berufszählung. Systematische und alphabetische Verzeichnisse zur Berufszählung 1933; Heft 2: Die Erwerbstätigkeit der Reichsbevölkerung; Heft 3: Die Erwerbspersonen und die berufslosen Selbständigen nach Alter und Familienstand, Berlin 1936
Mitteilungen des Statistischen Bureaus der Stadt München, VII. Bd., München 1889
Statistik über die Auswanderung von Kunstwerken nach Amerika, in: Der Kunstmarkt 7, 1910

Primärliteratur

Allgemeine deutsche Real-Encyklopädie für die gebildeten Stände. Conversations-Lexikon, 10. verb. u. vermehrte Auflage, 9. Bd., Leipzig 1853
Allgeyer, J.: Anselm Feuerbach, Berlin 1903
Allotria. Ein halbes Jahrhundert Münchner Kulturgeschichte. Erlebt mit der Künstlergesellschaft Allotria. Mit Beiträgen von Ostini, Eggert, Sälzle u. a., München 1959
Bandri, Ar.: »Akademie oder Werkstätte?« 1. Der akademische Künstler, in: Organ für christliche Kunst, hg. und redigiert von Ar. Bandri in Cöln, Organ des christlichen Kunstvereins für Deutschland, VIII. Jg., Nr. 13, Köln den 1. Juli 1858, S. 145-150
Baselitz, Georg: »Reden über Deutschland« in den Münchner Kammerspielen, in: Süddeutsche Zeitung vom 14./15. November 1992
Baudelaire, Charles: Der Maler des modernen Lebens (1863), in: ders.: Zur Ästhetik der Malerei und der bildenden Kunst, übers. von Max Bruns, Minden in Wstf. 1906 (= Charles Baudelaires Werke, 4. Bd.)
Beenken, Hermann: Das 19. Jahrhundert in der deutschen Kunst, München 1944
Behrend-Corinth, Charlotte: Mein Leben mit Lovis Corinth, München 1958
Behrens, Peter: Kunstschulen, in: Kunst und Künstler, Bd. 5, Berlin 1907, S. 206-210
ders.: Reform der künstlerischen Erziehung, in: Der Geist der Neuen Volkswirtschaft, Berlin 1919
ders.: Stil?, in: Form 1, 1922
Berger, Ernst: Einladungskarten für Künstlerfeste einst und jetzt, in: Die Kunst für Alle, Jg. 11, München 1895/96, S. 161-165
Berlepsch, H. E. von: Allotria, in: Die Kunst für Alle, Jg. 9, 1893/94, H. 1

Bilder-Conversations-Lexikon für das deutsche Volk. Ein Handbuch zur Verbreitung gemeinnütziger Kenntnisse und zur Unterhaltung, 2. Bd., Leipzig 1838

Bode, Wilhelm von: Die amerikanische Konkurrenz im Kunsthandel und ihre Gefahr für Europa, in: Kunst und Künstler, Bd. 1, 1902/03, S. 5-12

Bredt, Ernst Wilhelm: Die Wohnstätte eines Maler-Fürsten als Vorbild für jedermanns Heim, in: Innen-Dekoration, IX. Jg., 1898

ders.: München, die künstlerische Stadt, in: Verein zur Förderung des Fremdenverkehrs in München und im bayerischen Hochland (Hg.): Ein Führer und Ratgeber zur dauernden Ansiedlung, München 1911

Brieger, Lothar: Das Genrebild. Die Entwicklung der bürgerlichen Malerei, München 1922

Brockhaus, 14. vollst. u. neubarb. Aufl., 10 Bde., Berlin und Wien 1894

Brougier, Adolf: Gedanken über die fernere Entwicklung Münchens als Kunst- und Industriestadt, München 1905

Bülow, Joachim von: Künstler Elend und -Proletariat. Ein Beitrag zur Erkenntnis und Abhilfe, Berlin 1911

Burckhardt, Jacob: Die Griechen und ihre Künstler, in: ders.: Vorträge 1844-1887, hg. von Emil Dürr, Basel 1918, S. 202-214, wieder abgedruckt in: ders. 1984, S. 221-236

ders.: Über die Kunstgeschichte als Gegenstand eines akademischen Lehrstuhls (1874), in: ders. 1984

ders.: Die Kunst der Betrachtung. Aufsätze und Vorträge zur Bildenden Kunst, hg. von Henning Ritter, Köln 1984

ders.: Die Kultur der Renaissance in Italien, hg. von Horst Günther, Frankfurt am Main 1989

Buß, Georg: Die Frau im Kunstgewerbe, Berlin 1895

Carrière, Moritz: Dreißig Jahre an der Akademie der Künste zu München. Lebenserinnerungen, in: Westermanns Illustrierte deutsche Monats-Hefte für das gesamte geistige Leben der Gegenwart, 63. Jg., 65. Bd., Braunschweig 1889

Cassirer, Else (Hg.): Künstlerbriefe aus dem 19. Jahrhundert, 3. Auflage, Berlin 1923

Corinth, Lovis: Das Erlernen der Malerei. Ein Handbuch, Berlin 1908

ders.: Legenden aus dem Künstlerleben, Berlin 1909

ders.: Meine frühen Jahre, Hamburg 1954

Das deutsche Kunstgewerbe. 1906, III. Deutsche Kunstgewerbe-Ausstellung, Dresden 1906

Debschitz, Wilhelm von: Eine Methode des Kunstunterrichts, in: Dekorative Kunst 12, 1904

Deiters, H.: Geschichte der allgemeinen deutschen Kunstgenossenschaft, Düsseldorf 1906

Der Blaue Reiter, hg. von Wassily Kandinsky und Franz Marc. Dokumentarische Neuausgabe von Klaus Lankheit, München/Zürich 1984

Deutscher Künstler-Kalender, Berlin und Stuttgart 1884
Deutsches Künstler-Album, redigiert von Wolfgang Müller von Königswinter, Düsseldorf 1867
Die deutsche Kunstkorrespondenz, Folge 33, Ostermond 1930
Die Kunst in Industrie und Handel. Jb. des Deutschen Werkbundes, Jena 1913
»Die Münchner Kunst der Gegenwart. Die bayerischen Könige Ludwig der Erste und Maximilian der Zweite«, (ohne Namenszeichnung) in: Grenzboten I, 1865, S. 9-22
Donath, Adolph: Psychologie des Kunstsammelns, 3. verm. Auflage, Berlin 1920
Donay, E.: Die Beziehungen zwischen Herkunft und Beruf, Essen 1941
Drey, Paul: Die wirtschaftlichen Grundlagen der Malkunst. Versuch einer Kunstökonomie, Stuttgart/Berlin 1910
ders.: Der Kunstmarkt. Eine Studie über die wirtschaftliche Verwertung des Bildes, Stuttgart 1911
Droysen, Johann Gustav: Historik, hg. von R. Hübner, 3. Aufl., Darmstadt 1958
Dürck-Kaulbach, Josef: Erinnerungen an Wilhelm von Kaulbach und sein Haus, München 1918
Dürer als Führer, in: Kunstwart, 1. Maiheft 1904
Eckstein, Hans: Schultze-Naumburgs Kampf um die Kunst, in: Die Kunst, 63. Bd., 32. Jg., München 1931
Eggers, Fr.: Denkschrift über eine Gesamt-Organisation der Kunst-Angelegenheiten. Im Auftrage des Preuss. Kulturministeriums zusammengestellt, in: Deutsches Kunstblatt. Zeitung für bildende Kunst und Baukunst, Organ der deutschen Kunstvereine Nr. 29/1851 (Sonnabend, den 19. Juli), S. 225-251; Nr. 33/1851, S. 257-259; Nr. 34/1851, S. 265-266; Nr. 35/1851, S. 273-277
Ehmcke, F. H.: Zur Krisis der Kunst, Jena 1920
ders.: Die Kunstgewerbeschule, in: Der Cicerone, XVI. Jg, H. 17, August 1924, S. 814-823
Engels, Eduard: Lenbach's Sturz, in: Die Gegenwart 30, 1901, Nr. 2
ders.: »Münchens Niedergang als Kunststadt«. Eine Rundfrage, München 1902
Faber Du Faur, Hans von: Erinnerungen an Maler – Lenbach, in: Kunst und Künstler, Jg. 1926, Nr. 24
Falke, Jakob: Geschichte des modernen Geschmacks, Leipzig 1866
ders.: Die Kunstindustrie der Gegenwart. Studien auf der Pariser Weltausstellung 1867, Leipzig 1868
Fiedler, Conrad: Schriften zur Kunst, ediert von Hermann Konnerth, München 1913/14
Fischer, Otto: Das neue Bild – Veröffentlichung der Neuen Künstler Vereinigung München, München 1912

Floerke, H.: Der niederländische Kunsthandel im 17. und 18. Jahrhundert, Basel 1901
Förster, Ernst: Kunst und Gewerke. Zeitschrift des Vereins zur Ausbildung der Gewerke in München, 1. Jg., 1. H., 1851
Freud, Sigmund: Das Interesse an der Psychoanalyse (1913), in: Gesammelte Werke, 8. Bd., Werke aus den Jahren 1909-1913, 5. Auflage, Frankfurt am Main 1969
Freytag, Gustav: Fürst und Künstler, in: Grenzboten Nr. 1, 1866
Fuchs, Georg: Erste internationale Kunstausstellung des Vereins bildender Künstler Münchens »Sezession«, in: Allgemeine Kunst-Chronik. Illustrierte Zs. für Kunst, Kunstgewerbe, Musik, Theater und Literatur, 17. Jg., 1893
ders./Bode, Wilhelm von: Hermann Obrist, in: Pan, Juni-Juli 1895/96
ders.: Angewandte Kunst in der Secession zu München, in: Deutsche Kunst und Dekoration, Jg. 1899
ders.: Die Kunst-Hochschule, in: Die Kunst, Bd. 10, VII. Jg., 1904
ders.: Sturm und Drang in München um die Jahrhundertwende, München 1936
Gadamer, Hans-Georg: Zu Kants Begründung der Ästhetik und dem Sinn der Kunst, in: Festschrift für Richard Hamann zum 60. Geburtstag, Burg bei Magdeburg 1939
Gahl, Felix: Bei Franz von Lenbach, in: Der Sammler, Nr. 58, 1882
Gedanken über bildende Kunst, in: Kunst für Alle 1902/03, München 1902
Graul, R. (Hg.): Die Krisis im Kunstgewerbe. Studien über die Wege und Ziele der modernen Richtung, Leipzig 1901
Guhl, Ernst: Künstlerbriefe, Berlin 1853
ders.: Vorträge und Reden kunsthistorischen Inhalts, Berlin 1863
Gurlitt, Kornelius: Die deutsche Meisterzeichner-Kunst und ihre Geschichte, Darmstadt 1899
Hanfstaengl, Ernst: Lenbach, in: Thieme/Becker: Künstlerlexikon, 23. Bd., Leipzig 1929
Harden, Maximilian: Franz von Lenbach, in: ders.: Köpfe, Berlin 1910, Bd. 1
Helferich, Herman: Zur Ausstellung der Lenbach'schen Bildwerke, in: Die Nation. Wochenschrift für Politik, Volkswirtschaft und Literatur, 1. Oktober 1887, S. 205- 207
Hildebrand, Adolf: Gesammelte Schriften zur Kunst, hg. v. H. Bock, Köln/Opladen 1969
Hirsch, H.: Bildende Künstlerinnen der Neuzeit, Stuttgart 1905
Hirth, Georg (Hg.): Der Formenschatz der Renaissance. Eine Quelle der Belehrung und Anregung für Künstler und Gewerbetreibende wie für alle Freunde stylvoller Schönheit aus den Werken der Dürer, Holbein ..., München/Leipzig 1877ff.

ders.: Das Deutsche Zimmer der Gothik und der Renaissance, München/ Leipzig 1886

ders.: Stellungnahme, in: Münchens Niedergang als Kunststadt. Eine Rundfrage von Eduard Engels, München 1902

ders.: Der angebliche Niedergang Münchens als Kunstmetropole, in: ders.: Wege zur Kunst, München 1902, S. 413-426

ders.: Die Zukunft des Münchner »Salons«, in: ders: Wege zur Kunst, München 1902

ders.: Lenbachisierung, in: ders.: Wege zur Liebe, München 1917

Hönig, Eugen: Gegenwart und Zukunft der Münchner Künstlergenossenschaft, in: Das Bayerland, Bd. 39, München 1928

Horst, G. H.: Die historische Sammlung und das Archiv der Münchner Künstlergenossenschaft, in: Die Kunst für Alle, Jg. 8, München 1892/93

Kandinsky, Nina: Kandinsky und ich, München 1987

Kandinsky, Wassily/Marc, Franz (Hg.): Der Blaue Reiter, München 1912

Kandinsky, Wassily: Gestern – Heute – Morgen (Weimar, April 1923), abgedruckt in: Paul Westheim (Hg.): Künstlerbekenntnisse. Briefe/Tagebuchblätter/ Betrachtungen heutiger Künstler, Berlin (o. J.) [circa 1928]

ders.: der wert des theoretischen unterrichts in der malerei, in: bauhaus. Zeitschrift für bau und gestaltung, hg. von Walter Gropius und Laszlo Moholy-Nagy, Jg. 1926-1931

ders.: Über das Geistige in der Kunst, Bern 1952 (zuerst München 1912)

ders.: Punkt und Linie zur Fläche. Beiträge zur Analyse der malerischen Elemente, Bern 1955 (erstmals Band 9 der »Bauhaus-Bücher«, Schriftleitung Walter Gropius und L. Moholy-Nagy, München 1926)

ders: Brief an Paul Westheim, Der Blaue Reiter (Rückblick), in: Das Kunstblatt XIV, 1930, wiederabgedruckt in Kandinsky: Essays über Kunst und Künstler, hg. und kommentiert von Max Bill, Bern 3. Aufl., 1973

Kandinsky. Die gesammelten Schriften, hg. von Hans K. Roethel und Jelena Hahl-Koch, Bd. I, Bern 1980

Kaspar, Hermann: Wesen und Aufgabe der Architekturmalerei, in: Die Kunst im Dritten Reich, Jg. 1939

Keppler, Paul Wilhelm: Zum Geleit, in: Momme Nissen: Der Rembrandtdeutsche, Freiburg 1926

Kessler, Harry Graf: Der deutsche Künstlerbund, Berlin 1904

Knille, Otto: Grübeleien eines Malers über seine Kunst, in: Deutsche Rundschau, 48. Bd., Juli-Sept. 1886

Knorr, Thomas: Die Galerie Thomas Knorr, München 1904

Kobell, Luise von: Franz von Lenbach über moderne Kunst, in: Deutsche Revue 19, 1894, Bd. 4

Koch, A.: Eine kunstgewerbliche Akademie, in: Deutsche Kunst und Dekoration, Bd. VII, 1901

Kris, Ernst/Kurz, Otto: Die Legende vom Künstler. Ein geschichtlicher Versuch, Wien 1934 (Neuausgabe mit einem Vorwort von E. H. Gombrich, Frankfurt am Main 1979)

Kronegy, Ferdinand: Illustrierte Geschichte der Stadt München, München, 2. Aufl. 1900

Kügelgen, Wilhelm von: Jugenderinnerungen eines alten Mannes, Zürich 1970

Kutter, Paul: Das materielle Elend der jungen Münchner Maler, München 1912

Lademann, Otto: Künstlerischer Beirat in Betrieben des Kunstgewerbes III, in: Werkkunst, 2. Jg., 1906

Langbehn, Julius: Rembrandt als Erzieher. Von einem Deutschen, Leipzig 1890

Lange, E.: Die Königliche Kunstgewerbeschule München. Festschrift zur Vollendung des neuen Schulgebäudes, München 1877

Lehnert, Georg: Das Kunstgewerbe der Neuesten Zeit, in: ders. (Hg.): Illustrierte Geschichte des Kunstgewerbes (o. J. u. O.) [circa 1908]

Lenbach's künstlerisches Credo. Ein Selbstbekenntnis des Meisters, in: Kunst für alle, Jg. 1902/03, München 1902

Lessing, Julius: Das Kunstgewerbe auf der Wiener Weltausstellung 1873, Berlin 1874

ders.: Das Moderne in der Kunst, in: Volkswirtschaftliche Zeitfragen. Vorträge und Abhandlungen, hg. von der Volkswirtschaftlichen Gesellschaft in Berlin, Jg. XIX, Berlin 1898

Lichtwarck, Alfred: Makartbouquet und Blumenstrauß, Berlin 1894

ders.: Die Seele und das Kunstwerk. Boecklinstudien, Berlin 1899

ders.: Palast und Flügelthür, Berlin 1899

ders.: Deutsche Kunst, in: Die Kunst für Alle, Bd. 15, 1900

ders.: Aus der Praxis, Berlin 1902

ders.: Die Erziehung des Farbensinnes, 3. Auflage, Berlin 1905 (ursprünglich Vortrag von 1891 an der Kunsthalle)

ders.: Die Grundlagen der künstlerischen Bildung. Der Deutsche der Zukunft, Berlin 1905

ders.: Briefe an die Verwaltung der Hamburger Kunsthalle. Auswahl mit einer Einleitung, hg. v. Gustav Pauli, 2 Bde., Hamburg 1923

Liebermann, Max: Gesammelte Schriften, Berlin 1922

Lipps, Theodor: Ästhetik. Psychologie des Schönen in der Kunst, 2 Bde., 1903/06

Loos, Adolf: Interieurs (1898), in: ders.: Sämtliche Schriften, Wien/München 1962, Bd. 1

Lübke, Wilhelm: Die Kunst und der Kaufmann, in: ders.: Kunstwerke und Künstler. 3. Sammlung vermischter Aufsätze, Breslau 1886

Lux, Josef August: Das neue Kunstgewerbe in Deutschland, Leipzig 1908

ders.: Ingenieur-Ästhetik, München 1910

ders./Worratsch, Max von: Die Stadtwohnung. Wie man sie sich praktisch, schön und preiswert einrichtet und gut erhält, Charlottenburg 1910

Märten, Lu: Die wirtschaftliche Lage der Künstler, München 1914

dies.: Die Künstlerin. Kleine Monographie zur Frauenfrage, München 1920

Mann, Thomas: Betrachtungen eines Unpolitischen, Frankfurt am Main 1983

Marc, Franz: Schriften, hg. von Klaus Lankheit, Köln 1978

Matthias, J.: Die Formensprache des Kunstgewerbes. Über die Bedeutung, Gestaltung und Anwendung der ornamentalen Formen, Typen und Symbole auf dem Gebiete der technischen Künste, Liegnitz 1875

Mebes, Paul (Hg.): Um 1800. Architektur und Handwerk im letzten Jahrhundert ihrer traditionellen Entwicklung, 2 Bde., München 1908

Meier-Graefe, Julius: Ein modernes Milieu, in: Dekorative Kunst, Jg. 1901

Memorandum des Vereins bildender Künstler Münchens (= Münchner Secession), München Juni 1892

Meser, Thomas M.: Wassily Kandinsky, in: Wassily Kandinsky 1866-1944, Ausst. Kat. Haus der Kunst München 13. November 1976 bis 30. Januar 1977

Meyer, Julius: Die Gothik im neunzehnten Jahrhundert, in: Grenzboten 1, 1865

Meyerheim, Paul: Lenbach-Erinnerungen, in: Allgemeine Zeitung Augsburg vom 6. August 1910

Meyers Handlexikon, 7. gänzl. veränderte u. neubearb. Auflage, Leipzig und Wien 1920

Meyers Konversationslexikon, 3. gänzl. umgearbeitete Auflage, Leipzig 1877

Mitgliederverzeichnis der Künstlergesellschaft Allotria, München 1905

Mühsam, Erich: Tagebücher 1910-1924, München 1994

Müller, Hans: Die Königliche Akademie der bildenden Künste zu Berlin 1696-1896, Tl. 1, Berlin 1896

München. Das moderne Athen (1869), geschildert von einem Italiener, in: Münchner Propyläen, München 1869, S. 1183 ff.

München. Ein Führer und Ratgeber zur dauernden Ansiedelung, 1. Teil, München 1911

Münchner Künstler-Bilderbuch, München 1912

Muther, Richard: Deutsches Künstlerleben im 15. und 16. Jahrhundert, in: Die Grenzboten, 44. Jg., 3. Quartal, Leipzig 1885, S. 15-29

Muthesius, Hermann: Kultur und Kunst, Jena 1904

ders.: Wohnungskultur. Dritte Flugschrift zur ästhetischen Kultur, hg. v. Dürerbund, München 1906

ders.: Kunstgewerbe und Architektur, Jena 1907

ders.: Die Werkbund-Arbeit der Zukunft, Jena 1914

Neumann, Carl: Der Kampf um die moderne Kunst, 2. Aufl., Berlin 1897

Nietzsche, Friedrich: Menschliches, allzu Menschliches. Ein Buch für freie Geister, 1. Bd., 1876-1878
ders.: Gesammelte Werke, 8. Bd., München 1923
Nissen, Momme: Zur Neuordnung unseres Kunstlebens, in: Die Zukunft der Vorbildung unserer Künstler. Aussprüche von Künstlern und Kunstfreunden, zusammengestellt von Waldemar von Seidlitz, Leipzig 1917
ders. (Hg.): Rembrandt als Erzieher, 56.-60. Aufl. (Neuausgabe), Leipzig 1922
ders.: Der Rembrandtdeutsche Julius Langbehn, Freiburg i. Br. 1926
Obrist, Hermann: Neue Möglichkeiten in der Bildenden Kunst. Essays, Leipzig 1903
Oettingen, Wolfgang von: Die Schicksale der Künstler. Festrede zur Feier des Allerhöchsten Geburtstages seiner Maj. d. Kaisers u. Königs, 27. Januar 1905, Berlin 1905
Ostini, Fritz von: Die Münchner Allotria, in: Allotria. Ein halbes Jahrhundert Münchner Kulturgeschichte, München 1959
Pauli, Gustav: Einleitung zu Alfred Lichtwarck: Briefe an die Kommission für die Verwaltung der Kunsthalle, Hamburg 1928
Pechmann, Günther von: Der Künstler und die Industrie, in: Dekorative Kunst, Aprilheft 1909
Pecht, Friedrich: Deutsche Künstler 2, 1877
ders: Bei Franz von Lenbach, Allgemeine Zeitung Augsburg vom 15. 1. 1885
ders.: Geschichte der Münchner Kunst im neunzehnten Jahrhundert, München 1888
ders.: Aus meiner Zeit, 2 Bde., München 1894
Peltzer, A. R. (Hg.): Academie der Bau-, Bild- und Malerey-Künste von 1675, München 1925
Pietsch, Ludwig: Die internationale Kunstausstellung zu München, in: Deutsche Rundschau, 20. Bd., Juli-Sept. 1879, S. 461 f.
Poschinger, Heinrich von: Geleitspruch, in: Die Propyläen v. 10. Mai 1904
Praetorius, Emil: Das Bauhaus in Weimar, in: Die Kunst, Jg. 1924
Purrmann, Hans: Erinnerungen an meine Studienzeit, in: Barbara und Erhard Göppel: Leben und Meinungen des Malers Hans Purrmann, Wiesbaden 1961
Rank, Otto: Der Künstler, 4. verm. Aufl., Leipzig/Wien/Zürich 1925
Rauecker, Bruno: Das Kunstgewerbe in München, Stuttgart und Berlin 1911
Reber, Franz: Festschrift zur Feier des 25jährigen Bestehens des Münchner Kunstgewerbevereins, München 1876
Reber, Franz von: Geschichte der Malerei, München 1894
Rechenschaftsbericht des Kunstvereins München für das Jahr 1903
Rechenschaftsbericht: Der Bayerische Kunstgewerbeverein in München.

Seine Bestrebungen, seine Hilfsmittel, seine Statuten und Geschäftsführung, München 1877

Reichsbund Deutscher Kunsthochschüler (Hg.): Einführung von Paul Kantzsch, (o.O.) 1930

Reidelbach, Hans: König Ludwig I. von Bayern und seine Kunstschöpfungen. Zu allerhöchst dessen Hundertjähriger Geburtstagsfeier, München 1888 (Nachdruck Hannover 1985)

Reventlow, Franziska von: Herrn Dames Aufzeichnungen oder Begebenheiten aus einem merkwürdigen Stadtteil, München 1913

Riemerschmid, Richard: Künstlerische Erziehungsfragen. Flugschriften des Münchner Bundes, Erstes Heft, Juni 1917

Rietzler, Walter: München und die moderne Bewegung, in: Die Kunst für Alle, Bd. XIV, 1910/11

Roeßler, Arthur: Neu Dachau, Bielefeld/Leipzig 1905

Rogge, M.: Kunst und Künstler im Räterußland. Ein Beitrag zur Soziologie der Kunst, in: Die Liga, Nr. 10, 1921.

Rosenberg, Adolf: Die Berliner Malerschule 1819-1879. Studien und Kritiken, Berlin 1879

ders.: Die Münchner Malerschule in ihrer Entwicklung seit 1871, Leipzig 1887

ders.: Die Internationale Kunstausstellung in München, in: Zeitschrift für bildende Kunst, 19. Bd., 1884

ders.: Franz von Lenbach, Bielefeld 1898

Rosenhagen, Hans: Die »Wilden« (Januar 1911), abgedruckt in: Hünecke 1989, S. 27

Rudorf, Ernst: Heimatschutz. Im Auftrage des Deutschen Bundes Heimatschutz neu bearbeitet von Prof. Dr. Paul Schultze-Naumburg, Berlin-Lichterfelde 1927

Runkel, Ferdinand (Hg.): Böcklin Memoiren. Tagebuchblätter von Böcklins Gattin Angela mit dem gesamten brieflichen Nachlaß, Berlin 1910

Schack, Adolf Friedrich Graf von: Meine Gemäldesammlung, Stuttgart 1881

ders.: Ein halbes Jahrhundert. Erinnerungen und Aufzeichnungen, Bd. I-II, Stuttgart/Leipzig 1888

Scheffler, Karl: Kunstschulen, in: Kunst und Künstler, Jg. V, Berlin 1907

Schlittgen, Hermann: Erinnerungen, Hamburg-Bergedorf 1947

Schnur, Ernst: Kunst und Publikum, in: Blaubuch, 1910, Nr. 50

Schottky, Julius Max: Münchens öffentliche Kunstschätze im Gebiet der Malerei, München 1833

Schultze-Naumburg, Paul: Die Frühjahrsausstellung der Münchner Sezession, in: Die Kunst für Alle, X. Jg., H 15, Mai 1895

ders.: Münchner Bericht, in: Der Kunstwart, 9. Jg., 1895/96

ders.: Der Studiengang des Malers, Leipzig 1896

ders.: Die Vorgänge in der Münchner Künstlergenossenschaft, in: Kunst-

chronik. Wochenschrift für Kunst und Kunstwerke, N. F., VIII. Jg., Nr. 14, 4. Febr. 1896/97, S. 210-211
ders.: Das Studium und die Ziele der Malerei, Leipzig 1900
ders.: Häusliche Kunstpflege, 4. Auflage, Leipzig 1902 (zuerst 1899)
ders.: Das individuelle Haus, in: Der Kunstwart, 17. Jg., 1. Maiheft 1904
ders.: Das Studium und die Ziele der Malerei, 3. Auflage, Leipzig 1905
ders.: Maler-Erziehung, in: Der Kunstwart, XIX. Jg., 1. Januarheft 1906
ders.: Der Kampf um die Kunst, München 1932 (= Nationalsozialistische Bibliothek 36)
Schumacher, Fritz: Stufen des Lebens. Erinnerungen eines Baumeisters, Stuttgart/Berlin 1935
Schumann, Paul: Ausstellung der Dresdner Werkstätten, in: Dresdner Anzeiger vom 24. XI. 1903
Schur, E.: Maschine, Publikum, Fabrikant, in: Zeitschrift für dekorative Kunst, Jg. 1907
Seidlitz, Waldemar von: Die Zukunft der Vorbildung unserer Künstler, Leipzig 1917
Semper, Gottfried: Wissenschaft, Industrie und Kunst, Braunschweig 1852
Simmel, Georg: Rembrandt als Erzieher (1890), wiederabgedruckt in: ders.: Vom Wesen der Moderne, Hamburg 1990
ders.: Die Großstädte und das Geistesleben, in: Die Großstadt. Vorträge und Aufsätze zur Städteausstellung, Dresden 1903
Sinzheimer, Ludwig: Über die Grenzen der Weiterbildung des fabrikmäßigen Großbetriebes, Stuttgart 1893 (Münchner volkswirtschaftliche Studien 3)
Sombart, Werner: Gewerbewesen, Bd. 1, Leipzig 1904
ders.: Kunstgewerbe und Kultur, Berlin 1908
Spangher, Edoardo: München. Das moderne Athen, geschildert von einem Italiener, in: Münchner Propyläen, München 1869, S. 1183 ff.
Spengler, Oswald: Untergang des Abendlandes. Umrisse einer Morphologie der Weltgeschichte, Bd. 1, München 1919
Spier, Anna: Franz von Lenbach, in: Kunst unserer Zeit, Jg. 12, 1901
Sponsel, Jean Louis: Das moderne Plakat, Dresden 1897
Stahl, Fritz: Eine Geschmacksausstellung, in: Berliner Tageblatt vom 18. VI. 1908
Stettner, Th.: Das Münchner Künstlerfest von 1840. Eugen Neureuther und Gottfried Keller, in: Zeitschrift für Bücherfreunde 11, N.F., 1919/20, S. 171-177
Stieler, Eugen: Die Königliche Akademie der bildenden Künste zu München 1808-1858, München 1909
Tätigkeit des Münchener Kunstvereins. Zusammengestellt aus dem Rechenschaftsbericht des Kunstvereins München für das Jahr 1903
Thoma, Hans: Im Herbst des Lebens, München 1909
Trübner, Wilhelm: Personalien und Prinzipien, Berlin 1907

Über Künstler und Kunstwerke, Berlin 1865
Uechtritz, Fr. von: Blicke in das Düsseldorfer Kunst- und Künstlerleben, Düsseldorf 1839
Uphoff-Hagen, C.-E.: Die soziale Stellung von Kunst und Künstler, in: Das freie Wort. Frankfurter Halbmonatsschrift für Fortschritt auf allen Gebieten des geistigen Lebens, begründet von Carl Saenger, hg. von Max Henning, 10. Jg., Nr. 13, 1. Oktoberheft 1910, S. 611-615
Vasari, Georgio: Vite, (dt.) Leben der ausgezeichneten Maler, Bildhauer und Baumeister, Stuttgart/Tübingen 1832-49
Velde, Henry van de: Die Renaissance im modernen Kunstgewerbe, Berlin 1901
ders.: Gegenleitsätze, abgedruckt in: Wend Fischer: Zwischen Kunst und Industrie, der deutsche Werkbund, Stuttgart 1987 (zuerst Neue Sammlung München, Ausst. Kat. 1975)
Verzeichnis der Mitglieder des Künstler-Unterstützungs-Vereins nach dem Stande vom 31. Dezember 1912
Vinnen, Carl: Ein Protest deutscher Künstler, Jena 1911
Voß, Georg: Die Frauen in der Kunst, Berlin 1895
Waetzoldt, Wilhelm: Die Kunst des Porträts, Leipzig 1907
ders.: Gedanken zur Kunstschulreform, Leipzig 1921
Werner, Anton von: Zuschrift, in: Der Kunstfreund an der Saar. Organ zur Hebung und Förderung des Sinnes für Kunst, Musik, Litteratur und Kunstgewerbe, Saarbrücken, I. Jg., Nr. 4 vom 15. Dezember 1897
ders.: Erlebnisse und Eindrücke 1870-1890, Berlin 1913
Westheim, Paul: Vom unbewußt schaffenden Künstler, in: Deutsche Kunst und Dekoration 24, 1909, S. 118-119
ders.: Künstlerbekenntnisse, Berlin (o. J.) [1928]
Wolf, Georg Jacob: Kunst und Künstler in München, München 1908
ders. (Hg.): Münchner Künstlerfest. Münchner Künstlerchroniken, München 1925
ders.: Münchner Kunst. Münchner Künstlergenossenschaft und Secession, München (o. J.) [1927]
Wölfflin, Heinrich: »Kunstgeschichte des 19. Jahrhunderts«. Mitschrift der Berliner Vorlesung von 1911, hg. v. Norbert Schmitz, Alfter 1993
Worringer, Wilhelm: Abstraktion und Einfühlung. Ein Beitrag zur Stilpsychologie, München 1908, 3. Auflage um einen Anhang erweitert, München 1911
Wyl, Wilhelm (Wilhelm Ritter von Wymetal): Franz von Lenbach. Gespräche und Erinnerungen, Stuttgart/Leipzig 1904
Zils, W.: Geistiges und künstlerisches München in Selbstbiographien, München 1913
Zilsel, Edgar: Die Entstehung des Geniebegriffes. Ein Beitrag zur Ideengeschichte der Antike und des Frühkapitalismus, Tübingen 1926

Zeitschrift »Der Kunstwart« – Rundschau über alle Gebiete des Schönen, hg. v. Ferdinand Avenarius, 9. Jg. (Okt. 1895 bis Sept. 1896); 10. Jg. (Okt. 1896 bis Sept. 1897), Halbmonatsschau über Dichtung, Theater, Musik, bildende und angewandte Künste, 14. Jg. (Okt. 1900 bis April 1901); 18. Jg. (April bis September 1905); 19. Jg. (April bis Sept. 1906); 20. Jg. (Okt. 1906 bis März 1907); 21. Jg. (April bis Sept. 1907)

Zeitschrift des Vereins zur Ausbildung der Gewerke in München, 3. Jg., 1853

Zimmermann, Walter /Roth, Hermann: Das Münchner Künstlerhaus und der Künstlerhausverein 1900-1938, o. O. [1938]

Sekundärliteratur

Adorno, Theodor W.: Resümé über Kulturindustrie, Frankfurt am Main 1963

Allotria. Ein halbes Jahrhundert Münchner Kulturgeschichte. Erlebt mit der Künstlergesellschaft Allotria. Mit Beiträgen von Ostini, Eggert, Sälzle u. a., München 1959

Alpers, Svetlana: Rembrandt als Unternehmer. Sein Atelier und der Markt, Köln 1989

Angerer, Birgit: Die Münchner Kunstakademie zwischen Aufklärung und Romantik. Ein Beitrag zur Kunsttheorie und Kunstpolitik unter Max 1. Joseph, München 1984

Asendorf, Christoph: Ströme und Strahlen. Das langsame Verschwinden der Materie um 1900, Gießen 1989

Assmann, Aleida: Kultur als Lebenswelt und Monument, in: dies./Dietrich Harth (Hg.): Kultur als Lebenswelt und Monument, Frankfurt am Main 1991

Ausst. Kat. Berlin Akademie der Künste: Aspekte der Gründerzeit, 8. September bis 24. 11. 1974, mit einer Einleitung von Jost Hermand, Berlin 1974

Ausst. Kat. Berlinische Galerie: Profession ohne Tradition. 125 Jahre Verein der Berliner Künstlerinnen, Berlin 1992

Ausst. Kat. Berlin Brücke Museum: Der frühe Kandinsky 1900-1910, 1. September bis 27. November 1994, hg. von Magdalena M. Möller, München 1994

Ausst. Kat. Berlin Kunsthalle: 1933 – Wege zur Diktatur, Berlin 1983

Ausst. Kat. Nationalgalerie, Staatliche Museen zu Berlin: Manet bis Van Gogh. Hugo von Tschudi und der Kampf um die Moderne, hg. von Joh. Georg Prinz von Hohenzollern und Peter-Klaus Schuster, Berlin 1996

Ausst. Kat. NGBK Berlin: Kunst der Bürgerlichen Revolution von 1830 bis 1848/49, Berlin Dezember 1972

Ausst. Kat. Berlin Verein Berliner Künstler: Versuch einer Bestandsaufnahme von 1848 bis zur Gegenwart, mit Beiträgen von Helmut Börsch-Supan u. a., Berlin 1991

Ausst. Kat. Berlin Werkbund Archiv: Hermann Muthesius, Berlin 1990/91

Ausst. Kat. Düsseldorf Stadtmuseum: Armer Maler – Malerfürst. Künstler und Gesellschaft Düsseldorf 1819-1918, 10. 9. bis 26. 10. 1980, Düsseldorf 1980

Ausst. Kat. Frankfurt: Wassily Kandinsky. Die erste sowjetische Retrospektive. Gemälde, Zeichnungen und Graphik aus sowjetischen und westlichen Museen, Frankfurt am Main 1989

Ausst. Kat. München Bayerische Staatsbibliothek in Zusammenarbeit mit dem Bayerischen Hauptstaatsarchiv: Ludwig I. von Bayern. Der königliche Mäzen, München 18. 9.-29. 11. 1986, München 1986

Ausst. Kat. München Haus der Kunst: »In uns selbst liegt Italien«. Die Kunst der Deutsch-Römer, hg. von Christoph Heilmann, München 1987

Ausst. Kat. München Neue Pinakothek: Wilhelm Leibl zum 150. Geburtstag, München 1994

Ausst. Kat. München Neue Sammlung. Museum für angewandte Kunst: Verborgene Vernunft. Funktionale Gestaltung im 19. Jahrhundert, München 1971

Ausst. Kat. München Stadtmuseum: Die Münchner Secession und ihre Galerie, 10. 7.-14. 9. 1975, bearb. von Renate Heise, München 1975

Ausst. Kat. München Stadtmuseum: Die Prinzregentenzeit, 15. 12. 1988-16. 4. 1989, hg. von Norbert Götz u. a., München 1988

Ausst. Kat. München Städtische Galerie im Lenbachhaus: Retrospektive Ausstellung der Münchner Secession, 1. 9.-21. 10. 1951, München 1951

Ausst. Kat. München Städtische Galerie im Lenbachhaus: Paul Klee. Das Frühwerk 1883-1922, 12. Dezember 1979 bis 2. März 1980, mit einem Vorwort von Rosel Gollek, München 1979

Ausst. Kat. München Städtische Galerie im Lenbachhaus: Franz von Lenbach 1836-1904, 14. Dezember 1986 bis 3. Mai 1987, Katalogredaktion Winfried Ranke unter Mitarbeit von Ingeborg Geith und Gesine Hirsch, München 1987

Ausst. Kat. Städtische Galerie im Lenbachhaus München: Gabriele Münter 1877-1962. Retrospektive, 29. Juli bis 1. November 1992, hg. von Annegret Hoberg und Helmut Friedel, München 1992

Ausst. Kat. München Villa Stuck: Poetter, Jochen (Hg.): Villa Stuck – Franz von Stuck 1863-1928, München 1984

Ausst. Kat. Staatsgalerie Stuttgart: Klee und Kandinsky. Erinnerungen an eine Künstlerfreundschaft anläßlich Klees 100. Geburtstag, 6. Mai bis 29. Juli 1979

Ausst. Kat. Wien Kunsthistorisches Museum: Von Brueghel bis Rubens. Das goldene Jahrhundert der flämischen Malerei, hg. von Ekkehard Mai und Hans Vlieghe, Köln 1993

Ausst. Kat. Zürich Kunsthaus: Der Hang zum Gesamtkunstwerk. Europäische Utopien seit 1800, Gesamtidee für Ausstellung und Buch Harald Szeemann, Aarau und Frankfurt am Main 1983

Baetens, Roland: Antwerpens Goldenes Jahrhundert. Konstanten und Wandel des wirtschaftlichen Lebens, in: Ausst. Kat. Kunsthistorisches Museum Wien, hg. von Ekkehard Mai/Hans Vlieghe: Von Brueghel bis Rubens. Das goldene Jahrhundert der flämischen Malerei, Köln 1993

Bäthe, Kristian: Wer wohnte wo in Schwabing?, München 1965

Bahlsen, Gerhard: Grenze der Kunstwissenschaft, in: Festschrift (FS) für Richard Hamann zum 60. Geburtstag, 29. Mai 1939, Burg bei Magdeburg 1939

Bajohr, Frank u. a. (Hg.): Zivilisation und Barbarei, Hamburg 1991

Baranow, Sonja von: Franz von Lenbach. Leben und Werk, Köln 1986

Bartmann, Dominik (Hg.): Anton von Werner. Geschichte in Bildern, München 1993

Bauer, Richard: Prinzregentenzeit. München und die Münchner in Fotografien, München 1988

Baumhoff, Anja: Zwischen Berufung und Beruf: Frauen am Bauhaus, in: Berlinische Galerie (Hg.): Profession ohne Tradition. 125 Jahre Verein der Berliner Künstlerinnen, Berlin 1992, S. 113-120

Becher, Ursula A. J.: Geschichte des modernen Lebensstils, München 1990

Belting, Hans: Bild und Kult, München 1990

Benjamin, Walter: Das Kunstwerk im Zeitalter seiner technischen Reproduzierbarkeit, Frankfurt am Main 1963

ders.: Das Passagen-Werk, hg. von Rolf Tiedemann, 2 Bde., Frankfurt am Main 1983

Bentmann, Reinhard/Müller, Michael: Die Villa als Herrschaftsarchitektur, Frankfurt am Main 1970

Berger, Renate: Malerinnen auf dem Weg ins 20. Jahrhundert. Kunstgeschichte als Sozialgeschichte, Köln 1982

Bergmann, Klaus: Agrarromantik und Großstadtfeindschaft, Meisenheim 1970

Betz, Esther: Kunstausstellungswesen und Tagespresse in München um die Wende des 19. Jahrhunderts. Ein Beitrag zum Kunst- und Kulturleben der bayerischen Hauptstadt, Diss. München 1953

Blackbourn, David/Evans, Richard J. (Hg.): The German Bourgeoisie. Essays on the Social History of the German Middle Class from the Late Eighteenth to the Early Twentieth Century, London 1991

Bleek, Stephan: Das Stadtviertel als Sozialraum. Innerstädtische Mobilität in München 1890 bis 1933, in: Wolfgang Hardtwig/Klaus Tenfelde

(Hg.): Soziale Räume in der Urbanisierung. Studien zur Geschichte Münchens im Vergleich 1850 bis 1993, München 1990

Bock, Gisela: Historische Frauenforschung. Fragestellungen und Perspektiven, in: Karin Hausen (Hg.): Frauen suchen ihre Geschichte. Historische Studien zum 19. und 20. Jahrhundert, 2. Aufl., München 1987, S. 24-63

Böddrich, Jürgen: Der Strukturwandel von München-Schwabing seit 1850. Eine sozialgeographische Untersuchung, Diss. München 1959

Boehm, Gottfried: Einleitung zu Fiedler, Conrad: Schriften zur Kunst I, München 1913/14, Neuausgabe 1969

Boesch, Ernst E.: Das Magische und das Schöne. Zur Symbolik von Objekten und Handlungen, Stuttgart/Bad Cannstatt 1983

Bohrer, Karl Heinz (Hg.): Mythos und Moderne, Frankfurt am Main 1983

ders.: Der romantische Brief. Die Entstehung ästhetischer Subjektivität, München 1987

Boltanski, Luc/Chamboredon, Jean-Claude: Der Beruf des Photographen, in: Thomas Luckmann/Walter M. Sprondel (Hg.): Berufssoziologie, Köln 1972, S. 138-147

Borchart, Joachim: Der europäische Eisenbahnkönig Bethel Henry Strousberg, München 1991

Borrmann, Norbert: Paul Schultze-Naumburg. Maler – Publizist – Architekt, Essen 1989

Bourdieu, Pierre: Die Museumskonservatoren, in: Thomas Luckmann/Walter M. Sprondel (Hg.): Berufssoziologie, Köln 1972, S. 148-154

ders.: Zur Soziologie der symbolischen Formen, Frankfurt am Main 1974

ders.: Die feinen Unterschiede. Kritik der gesellschaftlichen Urteilskraft, Frankfurt am Main 1982

ders.: Ökonomisches Kapital, kulturelles Kapital, soziales Kapital, in: Reinhard Kreckel (Hg.): Soziale Ungleichheiten, Göttingen 1983, S. 183-198 (= Soziale Welt Sonderband 2)

ders.: Sozialer Raum und »Klassen«, Frankfurt am Main 1985

Braudel, Fernand: Geschichte und Sozialwissenschaften. Die »longue durée« (1958), in: Hans-Ulrich Wehler (Hg.): Geschichte und Soziologie, Köln 1972, wiederabgedruckt in: M. Bloch u. a.: Schrift und Materie der Geschichte. Vorschläge zur systematischen Aneignung historischer Prozesse, hg. von Claudia Honegger, Frankfurt am Main 1977

Braun, Günther u. Waltraud (Hg.): Mäzenatentum in Berlin. Bürgersinn und kulturelle Kompetenz unter sich verändernden Bedingungen, Berlin/New York 1993

Braun, Rudolf/Gugerli, David: Macht des Tanzes – Tanz der Mächtigen. Hoffeste und Herrschaftszeremoniell 1550-1914, München 1993

Brenner, Hildegard: Die Kunstpolitik des Nationalsozialismus, Reinbek bei Hamburg 1963

Bringmann, Michael: Friedrich Pecht (1814-1903). Maßstäbe der deutschen Kunstkritik zwischen 1850 und 1900, Berlin 1982

Brix, Michael/Steinhauser, Monika (Hg.): »Geschichte allein ist zeitgemäss«. Historismus in Deutschland, Lahn-Gießen 1978

Brönner, Wolfgang: Die bürgerliche Villa in Deutschland 1830-1890, Düsseldorf 1987

Bruch, Rüdiger vom: Kunst- und Kulturkritik in führenden bildungsbürgerlichen Zeitschriften des Kaiserreichs, in: Ekkehard Mai/Stephan Waetzold/Gerd Wolandt (Hg.): Ideengeschichte und Kunstwissenschaft. Philosophie und bildende Kunst im Kaiserreich, Berlin 1983, S. 313-347

Brunner, Otto/Conze, Werner/Koselleck, Reinhart (Hg.): Geschichtliche Grundbegriffe, Bd. 1, Stuttgart 1972

Buck-Morss, Susan: Dialektik des Sehens. Walter Benjamin und das Passagen-Werk, Frankfurt am Main 1993

Budde, Gunilla-Friederike: Auf dem Weg ins Bürgerleben. Kindheit und Erziehung in deutschen und englischen Bürgerfamilien 1840-1914, Göttingen 1994

Buddensieg, Tilmann: Von der Industriemythologie zur »Kunst in der Produktion«, in: Jahresring für Literatur und Kunst der Gegenwart 25, 1978/79, S. 46-72

ders.: Die Villa Hügel, Berlin 1984

ders./Rogge, Henning (Hg.): Die nützlichen Künste, Berlin 1981

Burke, Peter: Die Renaissance in Italien. Sozialgeschichte einer Kultur zwischen Tradition und Erfindung (zuerst London 1972), Berlin 1984

Busch, Werner: Die notwendige Arabeske. Wirklichkeitsaneignung und Stilisierung in der deutschen Kunst des 19. Jahrhunderts, Berlin 1985

ders. (Hg.): Funkkolleg Kunst, München 1987

ders.: Die Autonomie der Kunst, in: ders.: (Hg.): Funkkolleg Kunst. Eine Geschichte der Kunst im Wandel ihrer Funktionen, Bd. 1, München 1987, S. 230-256

ders: Das sentimentalische Bild. Die Krise der Kunst im 18. Jahrhundert und die Geburt der Moderne, München 1993

ders.: Die fehlende Gegenwart, in: Reinhard Koselleck (Hg.): Bildungsbürgertum im 19. Jahrhundert, Teil II. Bildungsgüter und Bildungswissen, Stuttgart 1992, S. 286-316

Campbell, Joan: Der Deutsche Werkbund 1907-1934, München 1989 (zuerst Princeton N. J. 1978)

Cassirer, Ernst: Philosophie der symbolischen Form. Erster Teil: Die Sprache, Berlin 1923

ders.: Wesen und Wirkung des Symbolbegriffs, Darmstadt 1969

Castelnuovo, Enrico: Der Künstler, in: Jacques Le Goff: Der Mensch des Mittelalters, Frankfurt am Main/New York 1989, S. 232-267

Castelnuovo, Enrico/Ginzburg, Carlo: Zentrum und Peripherie, in: Lu-

ciano Bellosi u. a.: Italienische Kunst. Eine neue Sicht auf ihre Geschichte, Berlin 1987
Chapeaurouge, Donat de: Die Anfänge der freien Gegenstandswahl durch den Künstler, in: Festschrift für Herbert von Einem, Bonn 1965, S. 55-62
Chartier, Roger: Die unvollendete Vergangenheit. Geschichte und die Macht der Weltauslegung, Berlin 1989
ders.: Die Welt als Repräsentation, in: Matthias Middell/Steffen Sammler (Hg.): Alles Gewordene hat Geschichte. Die Schule der Annales in ihren Texten, Leipzig 1994
Christians, Susanne (v. Möller): Studien zum Münchner Kunsthandel der Prinzregentenzeit (1886-1912), München 1989 (Magisterarbeit)
Clair, Jean: »Beilhieb im Kopf«, in: ders. u.a.: Wunderblock, Wien 1989
Cleve, Ingeborg: Geschmack, Kunst und Konsum. Kulturpolitik als Wirtschaftspolitik in Frankreich und Württemberg (1805-1845), Göttingen 1996
Conti, Alessandro: Die Entwicklung des Künstlers, in: Luciano Bellosi u. a.: Italienische Kunst. Eine neue Sicht auf ihre Geschichte, Bd. 1, Berlin 1987, S. 93-231
Conze, Werner/Kocka, Jürgen (Hg.): Bildungsbürgertum im 19. Jahrhundert. Teil 1: Bildungssystem und Professionalisierung im internationalen Vergleich, Stuttgart 1985
Corbin, Alain: Kulissen, in: Michelle Perrot (Hg.): Von der Revolution zum Großen Krieg, Frankfurt am Main 1992, S. 427 ff. (= Philippe Ariès und George Duby (Hg.): Geschichte des Privaten Lebens, Bd. 4)
Czymmek, Götz: Wilhelm Leibls Leben in seinem Briefen und in der Überlieferung seiner Freunde, in: Ausst. Kat. Neue Pinakothek München 1994, Wilhelm Leibl zum 150. Geburtstag, S. 8-48
Dahm, Inge: Das Schornsche Kunstblatt 1816-1849, Diss. phil. München 1953
Damus, Martin: Ideologiekritische Anmerkungen zur abstrakten Kunst und ihre Interpretationen – Beispiel Kandinsky, in: Martin Warnke (Hg.): Das Kunstwerk zwischen Wissenschaft und Weltanschauung, Gütersloh 1970, S. 48-75
Daniel, Ute: »Kultur« und »Gesellschaft«. Überlegungen zum Gegenstandsbereich der Sozialgeschichte, in: Geschichte und Gesellschaft 19, 1993, S. 69-99
Dann, Otto (Hg.): Vereinswesen und bürgerliche Gesellschaft in Deutschland, München 1984
Decker, Elisabeth: Zur künstlerischen Beziehung zwischen Hans von Marées, Conrad Fiedler und Adolf Hildebrand, Basel 1967
Deneke, Bernward/Kahsnitz, Rainer (Hg.): Das kunst- und kulturgeschichtliche Museum im 19. Jahrhundert. Vorträge des Symposions im Germanischen Nationalmuseum Nürnberg, München 1977

Der Blaue Reiter. Dokumente einer geistigen Bewegung, hg. von Andreas Hünecke, Leipzig 1989

Der Blaue Reiter im Lenbachhaus München, hg. und mit einer Einführung von Armin Zweite, München 1991

Dilly, Heinrich: Kunstgeschichte als Institution. Studien zur Geschichte einer Disziplin, Frankfurt am Main 1979

Dittmann, Lorenz/Falk, Walter: Auflösung aller Vertrautheit. Kandinsky und Klee, in: Nitschke u. a. 1990, Bd. 2

Doerry, Martin: Übergangs-Menschen. Die Mentalität der Wilhelminer und die Krise des Kaiserreiches, 2 Bde., Weinheim/München 1986

Dülmen, Richard van: Protestantismus und Kapitalismus. Max Webers These im Licht der neueren Sozialgeschichte, in: Christian Gneuss/Jürgen Kocka (Hg.): Max Weber. Ein Symposion, München 1988, S. 88-101

Dumont, Louis: Individualismus. Zur Ideologie der Moderne, Frankfurt am Main/New York 1991

Ebertshäuser, Heidi C.: Malerei im 19. Jahrhundert. Münchner Schule, München 1979

Eco, Umberto: Zeichen. Einführung in einen Begriff und seine Geschichte, Frankfurt am Main 1981

Ehmer, Joseph: Heiratsverhalten, Sozialstruktur, ökonomischer Wandel. England und Mitteleuropa in der Formationsperiode des Kapitalismus, Göttingen 1991

Eissler, K. R.: Leonardo da Vinci. Psychoanalytische Notizen zu einem Rätsel, Basel/Frankfurt am Main 1992

Eley, Geoff: Die deutsche Geschichte und die Widersprüche der Moderne. Das Beispiel des Kaiserreichs, in: Bajohr 1991, S. 17-65

Elias, Norbert: Über den Prozeß der Zivilisation. Soziogenetische und psychogenetische Untersuchungen, 1. Bd.: Wandlungen des Verhaltens in den weltlichen Oberschichten des Abendlandes, Frankfurt am Main 1976

ders.: Die höfische Gesellschaft. Untersuchungen zur Soziologie des Königtums und der höfischen Aristokratie, Frankfurt am Main 1983

ders.: Mozart. Zur Soziologie eines Genies, Frankfurt am Main 1991

Eltz, Johanna: Der große Bilderdiebstahl oder das ›originale‹ Fälschen, in Lenbachkat. 1987

Endicott-Barnett, Vivian: Kandinskys Hauskataloge. Kategorien, Formate, Stilmittel, in: Möller 1994

Engelhardt, Ulrich: »Bildungsbürgertum«. Begriffs- und Dogmengeschichte eines Etiketts, Stuttgart 1986

Eschenburg, Barbara/Tornow, Ingo/Groß, Fritz: Zur Geschichte des Kunstvereins in München, in: Künstler – Kommunikation – Kunstverein. 150 Jahre Kunstverein München, München 1974

Evers, Bernd (Hg.): Architekturmodelle der Renaissance. Die Harmonie des Bauens von Alberti bis Michelangelo, München/New York 1995

Fassmann, Kurt: Die Kunstkritik der Presse in der Antikritik bildender Künstler. Studien zur Geschichte der deutschen Kunstkritik im 19. Jahrhundert, Diss. München 1951

Feist, Peter H.: Publikum und Ausstellungen in Deutschland um die Mitte des 19. Jahrhunderts, in: Arbeiten des XXV. Internationalen Kongresses für Kunstgeschichte, 4: Zugang zum Kunstwerk, Wien 1986 (Sektion 4 am 25. 4. 1983), S. 79-86

Fisch, Jörg: »Zivilisation und Kultur«, in: Geschichtliche Grundbegriffe, Bd. 7, hg. von Otto Brunner u. a., Stuttgart 1991

Fischer, Jens Malte: Imitieren und Sammeln. Bürgerliche Möblierung und künstlerische Selbstinszenierung, in: Hans Ulrich Gumbrecht/K. Ludwig Pfeiffer: Stil. Geschichten und Funktionen eines kulturwissenschaftlichen Diskurselements, Frankfurt am Main 1986, S. 371-393

Fischer, Wend: Bau, Raum, Gerät, München 1957

ders.: Zwischen Kunst und Industrie. Der deutsche Werkbund, Stuttgart 1987 (zuerst Neue Sammlung München, Ausst. Kat. 1975)

Fischer, Wolfram/Kunz, Andreas (Hg.): Grundlagen der historischen Statistik von Deutschland. Quellen, Methoden, Forschungsziele, Opladen 1991

Fohrbeck, Karla/Wiesand, Andreas Johannes: Der Künstler-Report. Musikschaffende – Darsteller/Realisatoren – Bildende Künstler/Designer, München 1972

Franke, E. A.: Publikum und Malerei in Deutschland vom Biedermeier zum Expressionismus, Emstetten 1934

Franke, Manfred: Preßglas als Massenware. Zur Technik, Typenbildung und Variation, in: Tilmann Buddensieg/Henning Rogge (Hg.): Die Nützlichen Künste. Gestaltende Technik und Bildende Kunst seit der industriellen Revolution, Ausst. Kat. Berlin 1981, S. 262-269

Frecot, Janos/Geist, Johann Friedrich/Kerbs, Diethart: Fidus 1868-1948. Zur ästhetischen Praxis bürgerlicher Fluchtbewegungen, München 1972

Fredel, Jürgen/Verspohl, Franz-Joachim: Zur Kritik der Künstlerideologie in der ersten Hälfte des 19. Jahrhunderts. Die frühen Dürerfeiern, in: Marburger Jahrbuch für Kunstwissenschaft, 19. Jg., Marburg 1974, S. 275-87

Frericks, Petra/Steinrücke, Margareta (Hg.): Soziale Ungleichheit und Geschlechterverhältnisse, Opladen 1993

Frevert, Ute (Hg.): Bürgerinnen und Bürger. Geschlechterverhältnisse im 19. Jahrhundert, Göttingen 1988

Frisby, David: Fragmente der Moderne. Georg Simmel – Siegfried Kracauer – Walter Benjamin, Rheda-Wiedenbrück 1989

Gaehtgens, Thomas W.: Anton von Werner. Die Proklamierung des Deutschen Kaiserreiches. Ein Historienbild im Wandel preußischer Politik, Frankfurt am Main 1990 ders.: Die Berliner Museumsinsel im Deutschen Kaiserreich. Zur Kulturpolitik der Museen in der wilhelminischen Epoche, München 1992

Gall, Lothar: ». . . ich wünschte ein Bürger zu sein.« Zum Selbstverständnis des deutschen Bürgertums im 19. Jahrhundert, in: Historische Zeitschrift 245, 1987, S. 601-623

ders. (Hg.): Stadt und Bürgertum im Übergang von der traditionalen zur modernen Gesellschaft, München 1993

Gay, Peter: Erziehung der Sinne. Sexualität im bürgerlichen Zeitalter, München 1986

ders.: Freud für Historiker, Tübingen 1994

Gebhardt, Heinz: Franz Hanfstaengl. Von der Lithographie zur Photographie, München 1984

Geck, Martin: Die Bildnisse Richard Wagners, München 1970

Gedon, Brigitte: Lorenz Gedon. Die Kunst des Schönen, München 1994

Geertz, Clifford: Dichte Beschreibung. Beiträge zum Verstehen kultureller Systeme, Frankfurt am Main, 2. Aufl. 1991

Gehlen, Arnold: Die Seele im technischen Zeitalter. Sozialpsychologische Probleme in der industriellen Gesellschaft, Reinbek bei Hamburg 1957 (zuerst Tübingen 1949)

Germer, Stefan: Alte Medien – Neue Aufgaben. Die gesellschaftliche Position des Künstlers im 19. Jahrhundert, in: Wagner 1991, Bd. 1

Giedion, Siegfried: Die Herrschaft der Mechanisierung, Frankfurt am Main 1982

Gilcher-Holtey, Ingrid: Kulturelle und symbolische Praktiken: das Unternehmen Pierre Bourdieu, in: Wolfgang Hardtwig/Hans-Ulrich Wehler (Hg.): Kulturgeschichte Heute. Geschichte und Gesellschaft, Sonderheft 16, Göttingen 1996, S. 111-130

Gößlein, Andrea: Die internationalen Kunstausstellungen der Münchner Künstlergenossenschaft im Glaspalast in München von 1869 bis 1888, München 1987

Gohr, Siegfried: Der Kult des Künstlers und der Kunst im 19. Jahrhundert. Zum Bildtyp der Hommage, Köln und Wien 1975

Gollek, Rosel: Brennpunkte der Moderne. Der Blaue Reiter in München, München 1989

Gombrich, Ernst H.: Die Krise der Kulturgeschichte. Gedanken zum Wertproblem in den Geisteswissenschaften, München 1983 (zuerst London 1979)

Grasskamp, Walter: Die unbewältigte Moderne. Kunst und Öffentlichkeit, München 1989

ders.: Die Einbürgerung der Kunst. Korporative Kunstförderung im 19. Jahrhundert, in: Mai u. a. 1993, S. 104-113

Greiffenhagen, Martin (Hg.): Das evangelische Pfarrhaus. Eine Kultur- und Sozialgeschichte, Stuttgart 1984

Greverus, Ina-Maria: Kultur, in: Wolfgang R. Langenbucher u. a.: Kulturpolitisches Wörterbuch, Stuttgart 1983

Groblewski, Michael/Bätschmann, Oskar (Hg.): Kultfigur und Mythenbildung. Das Bild vom Künstler und sein Werk in der zeitgenössischen Kunst, Berlin 1993

Grossmann, Joachim: Künstler, Hof und Bürgertum. Leben und Arbeit von Malern in Preußen 1786-1850, Berlin 1994

Groys, Boris: Über das Neue. Versuch einer Kulturökonomie, München/Wien 1992

Günther, Sonja: Interieurs um 1900. Bernhard Pankok, Bruno Paul und Richard Riemerschmid als Mitarbeiter der Vereinigten Werkstätten für Kunst und Handwerk, München 1971

Gurjewitsch, Aaron J.: Das Individuum im Europäischen Mittelalter, München 1994

Habermas, Jürgen: Die Moderne – ein unvollendetes Projekt (1980), in: ders.: Kleine politische Schriften, Frankfurt am Main 1981

ders.: Der philosophische Diskurs der Moderne, Frankfurt am Main 1985

Hahl-Koch, Jelena: Kandinsky, Stuttgart 1993

Hahn, Peter: junge maler am Bauhaus, München 1979

Haltern, Utz von: Die »Welt als Schaustellung«. Zur Funktion und Bedeutung der internationalen Industrieausstellung im 19. und 20. Jahrhundert, in: Vierteljahresschrift für Sozial- und Wirtschaftsgeschichte 60, 1973, S. 1-40

ders.: Bürgerliche Gesellschaft. Sozialtheoretische und sozialhistorische Aspekte, Darmstadt 1985

Handl, Johann: Berufschancen und Heiratsmuster von Frauen. Empirische Untersuchung zu Prozessen sozialer Mobilität, Frankfurt am Main/New York 1988

Hanfstaengl, Ernst: Lenbach, in: Thieme/Becker: Künstlerlexikon, 23. Bd., Leipzig 1929

Hardtwig, Wolfgang: Geschichtsschreibung zwischen Alteuropa und moderner Welt. Jacob Burckhardt in seiner Zeit, Göttingen 1974

ders.: Strukturmerkmale und Entwicklungstendenzen des Vereinswesens in Deutschland 1789-1848, in: Dann 1984, S. 11-50

ders./Tenfelde, Klaus (Hg.): Soziale Räume in der Urbanisierung. Studien zur Geschichte Münchens im Vergleich 1850-1933, München 1989

ders.: Privatvergnügen oder Staatsaufgabe? Monarchisches Sammeln und Museum 1800-1914, in: Mai u. a. 1993, S. 81-103

ders./Brandt, Harm-Hinrich (Hg.): Deutschlands Weg in die Moderne. Politik, Gesellschaft und Kultur im 19. Jahrhundert, München 1993

Hartmann, Wolfgang: Der historische Festzug, München 1976

Haskell, Francis: Maler und Auftraggeber. Kunst und Gesellschaft im italienischen Barock, Köln 1996

Haupt, Heinz-Gerhard: Männliche und weibliche Berufskarrieren im deutschen Bürgertum in der zweiten Hälfte des 19. Jahrhunderts. Zum Verhältnis von Klasse und Geschlecht, in: Geschichte und Gesellschaft 18, 1992, S. 143-166

Haus, Andreas: Ernst ist das Leben. Heiter ist die Kunst. Graphik zu Künstlerfesten des 19. Jahrhunderts. Textheft zur Ausstellung in der Kunstbibliothek, Berlin 1971

Hein, Dieter: Bürgerliches Künstlertum. Zum Verhältnis von Künstler und Bürgern auf dem Weg in die Moderne, in: Hein/Schulz 1996, S. 102-120

ders./Schulz, Andreas: Bürgerkultur im 19. Jahrhundert. Bildung, Kunst und Lebenswelt, München 1996

Herding, Klaus: Against the Cliché of Constants Beyond History, in: Irit Rogoff (Ed.): The Divided Heritage. Themes and Problems in German Modernism, Cambridge et al. 1990

ders.: Die Moderne. Begriff und Problem, in: Wagner 1991, Bd. 1, S. 175-196

Hermann, R.-D.: Der Künstler in der modernen Gesellschaft, Frankfurt am Main 1971

Herzogenrath, Wulf (Hg.): Bauhaus Utopien. Arbeiten auf Papier, Stuttgart 1988

Hinz, Berthold: Zur Dialektik des bürgerlichen Autonomie-Begriffs, in: Michael Müller/Horst Bredekamp/Berthold Hinz/Hans Joachim Verspohl/Friedel Apitzsch: Autonomie der Kunst. Zur Genese und Kritik einer bürgerlichen Kategorie, Frankfurt am Main 1972

ders.: Künstlerinnen im 18. Jahrhundert. Eine soziologische Skizze, in: Kritische Berichte 4, 1992, S. 97-104

ders.: Lucas Cranach d. Ä. und seine Bildermanufaktur. Eine Künstler-Sozialgeschichte, München 1994 (hg. von der Bayerischen Vereinsbank, Abteilung Öffentlichkeitsarbeit)

Hirschfeld, Peter: Mäzene. Die Rolle der Auftraggeber in der Kunst, München 1968

Hofmann, Helga D.: The Villa Stuck. A Masterpiece of the Bavarian Attic Style, in: Apollo 1971, N. S. 117, S. 384-395

Hoh-Slodcyk, Christine: Die Villa Lenbach, in: Mehl 1980, S. 42-50

dies.: Das Hildebrandhaus, in: Das Hildebrandhaus in München. Seine Erbauer, seine Bewohner, München 1981

dies.: »Kunststadt« und Künstlervilla, in: Franz von Stuck 1863-1928, Ausst. Kat. Museum Villa Stuck, München 1984

dies.: Das Haus des Künstlers im 19. Jahrhundert, München 1985

Hohls, Rüdiger/Kaelble, Hartmut: Die regionale Erwerbsstruktur im Deutschen Reich und in der Bundesrepublik 1895-1970, St. Katharinen 1989

Hohorst, Gerd/Kocka, Jürgen/Ritter, Gerhard A.: Sozialgeschichtliches Arbeitsbuch II. Materialien zur Statistik des Kaiserreiches 1870-1914, 2. Aufl. München 1978

Hojer, Gerhard (Hg.): König Ludwig II., München 1986
Huber, Gerdi: Das klassische Schwabing. München als Zentrum der intellektuellen Zeit- und Gesellschaftskritik an der Wende des 19. zum 20. Jahrhundert, München 1973
Hubrich, Hans-Joachim: Hermann Muthesius. Die Schriften zu Architektur, Kunstgewerbe, Industrie in der »Neuen Bewegung«, Berlin 1981
Hütsch, Volker: Der Münchner Glaspalast 1854-1931. Geschichte und Bedeutung, München 1980
ders.: Der Münchner Glaspalast des August von Voit von 1854 und seine Stellung in der zeitgenössischen Architektur und Ingenieurbaukunst, München 1980
Hütt, Wolfgang: Der Einfluß des preußischen Staates auf die Entwicklung von Inhalt und Form der bildenden Kunst im 19. Jahrhundert, Dresden 1955
Hummel, Rita: Die Anfänge der Münchner Secession, München 1989
Ihrer, Maria: Der Habitus als illegitimer Normalfall gesellschaftlicher Reproduktion, Diss. Sozial- und Wirtschaftswissenschaften, Wien 1983
Jaeger, Friedrich: Der Kulturbegriff im Werk Max Webers und seine Bedeutung für eine moderne Kulturgeschichtsschreibung, in: Geschichte und Gesellschaft, 18. Jg., 1992, S. 371-393
Janz, Oliver: Bürger besonderer Art. Evangelische Pfarrer in Preußen 1850-1914, Berlin/New York 1994
Janz, Rolf-Peter: Die Faszination der Jugend durch Rituale und sakrale Symbole. Mit Anmerkungen zu Fidus, Hesse, Hofmannsthal und George, in: Koebner u. a. 1985
Jarausch, Konrad H.: Deutsche Studenten 1800-1970, Frankfurt am Main 1984
ders.: »Die Not der geistigen Arbeiter«. Akademiker in der Berufskrise 1918-1933, in: Werner Abelshauser (Hg.): Die Weimarer Republik als Wohlfahrtsstaat, Wiesbaden 1986
ders.: Die Krise des deutschen Bildungsbürgertums, in: Kocka (Hg.) 1989
Jauß, Hans Robert: Studien zum Epochenwandel der ästhetischen Moderne, Frankfurt am Main 1989
Jelavich, Peter Charles: Theater in Munich 1890-1914. A Study in the Social Origins of Modernist Culture, Diss. Phil. Princeton University 1982
ders.: München als Kulturzentrum. Politik und die Künste, in: Zweite 1982, S. 17-26
ders.: Munich and Theatrical Modernism. Politics, Playwriting and Performance 1890-1914, Harvard 1985
ders.: Poststrukturalismus und Sozialgeschichte aus amerikanischer Sicht, in: Geschichte und Gesellschaft 21, 1995, S. 259-289
Junghanns, Kurt: Der Deutsche Werkbund. Sein erstes Jahrzehnt, Berlin 1982

Kaelble, Hartmut: Sozialer Aufstieg in Deutschland 1850-1914, in: Vierteljahresschrift für Sozial- und Wirtschaftsgeschichte 60, 1973, S. 41-71

ders.: Soziale Mobilität und Chancengleichheit im 19. und 20. Jahrhundert, Göttingen 1983

Kaschuba, Wolfgang: Deutsche Bügerlichkeit nach 1800. Kultur als symbolische Praxis, in: Kocka 1988, Bd. 3, S. 9-44

ders.: Lebenswelt und Kultur der unterbürgerlichen Schichten im 19. und 20. Jahrhundert, München 1990

Keferstein, Georg: Bürgertum und Bürgerlichkeit bei Goethe, Weimar 1933

Kehr, Wolfgang: Aus der Chronik der Münchner Akademie, in: Zacharias 1985

Kimpel, Dieter: Die Soziogenese des modernen Architektenberufs, in: Friedrich Möbius/Helga Sciurie (Hg.): Stil und Epoche. Periodisierungsfragen, Dresden 1989

Klein, Dieter: Martin Dülfer. Wegbereiter der deutschen Jugendstil-Architektur, München 1981

Kleine, Gisela: Gabriele Münter und Wassily Kandinsky. Biographie eines Paares, Frankfurt am Main 1994

Kleinspehn, Thomas: Der flüchtige Blick. Sehen und Identität in der Kultur der Neuzeit, Reinbek bei Hamburg 1989

Klingenburg, Karl-Heinz (Hg.): Historismus. Aspekte zur Kunst im 19. Jahrhundert, Leipzig 1985

Knapp, Gottfried: Jeder Fünfte ein Künstler?, in: Süddeutsche Zeitung Nr. 73 vom 29. März 1993

Knauss, Bernhard: Das Künstlerideal des Klassizismus und der Romantik, Reutlingen 1925

Koch, G.-F.: Die Kunstausstellung. Ihre Geschichte von den Anfängen bis zum Ausgang des 18. Jahrhunderts, Berlin 1967

Kocka, Jürgen: Quantifizierung in der Geschichtswissenschaft, in: Quantitative Methoden in der historisch-sozialwissenschaftlichen Forschung, Stuttgart 1977, S. 4-10

ders.: Sozialgeschichte, 2. erw. Aufl. Göttingen 1986

ders.: Sozialgeschichte zwischen Strukturgeschichte und Erfahrungsgeschichte, in: Wolfgang Schieder/Volker Sellin (Hg.): Sozialgeschichte in Deutschland. Entwicklungen und Perspektiven im internationalen Zusammenhang, Bd. 1 (Die Sozialgeschichte innerhalb der Geschichtswissenschaft), Göttingen 1986

ders. (Hg.): Bürger und Bürgerlichkeit im 19. Jahrhundert, Göttingen 1987

ders. (Hg.): Bürgertum im 19. Jahrhundert. Deutschland im europäischen Vergleich, 3 Bde., München 1988

ders. (Hg.): Bildungsbürgertum im 19. Jahrhundert, Teil IV: Politischer Einfluß und gesellschaftliche Formation, Stuttgart 1989 ders.: Die Bedeutung historischer Statistikdaten für die Geisteswissenschaft, in: Nils Diederich/Egon Hölder/Andreas Kunz u. a.: Historische Statistik in der Bundesrepublik Deutschland, hg. vom Statistischen Bundesamt Wiesbaden, Stuttgart 1990 (= Bd. 15 der Schriftenreihe Forum der Bundesstatistik), S. 22-26

ders.: Middle Class and Civil Society in Nineteenth-Century Europe, Vortrag Lund, MS 1996

ders.: The Difficult Rise of a Civil Society. Societal History of Modern Germany, in: Mary Fulbrook/John Breuilly (Hg.): German History Since 1800, London 1997, S. 493-511

Koebner, Thomas/Janz, Rolf-Peter/Trommler, Frank: »Mit uns zieht die neue Zeit«. Der Mythos Jugend, Frankfurt am Main 1985

König, René: Das Selbstbewußtsein des Künstlers zwischen Tradition und Innovation, in: Kölner Zeitschrift für Soziologie, Sonderheft 17, 1974

ders.: Vom Beruf des Künstlers, in: ders.: Soziologische Orientierungen, 2. Aufl., Köln 1974

Koselleck, Reinhart (Hg.): Bildungsbürgertum im 19. Jahrhundert, Teil II: Bildungsgüter und Bildungswissen, Stuttgart 1992

Kracauer, Siegfried: Jacques Offenbach und das Paris seiner Zeit, Frankfurt am Main 1980 (zuerst Amsterdam 1937)

Kratzsch, Gerhard: Kunstwart und Dürerbund. Ein Beitrag zur Geschichte der Gebildeten im Zeitalter des Imperialismus, Göttingen 1969

Krenzlin, Ulrike: »auf dem ernsten Gebiet der Kunst ernst arbeiten«. Zur Frauenausbildung im künstlerischen Beruf, in: Profession ohne Tradition. 125 Jahre Verein der Berliner Künstlerinnen, Ausst. Kat. Berlinische Galerie, Berlin 1992

Kreuzer, Helmut: Die Bohème. Beiträge zu ihrer Beschreibung, Stuttgart 1968

ders.: Die Bohème. Analyse und Dokumentation der intellektuellen Subkultur vom 19. Jahrhundert bis zur Gegenwart, Stuttgart 1971

Kris, Ernst/Kurz, Otto: Die Legende vom Künstler. Ein geschichtlicher Versuch, Wien 1934 (Neuausgabe mit einem Vorwort von Ernst H. Gombrich, Frankfurt am Main 1979)

Kroeber, A. L.: Configurations of Culture Growth, Berkeley/Los Angeles 1944

Krois, John Michael: Ernst Cassirers Semantik der symbolischen Form, in: Zs. f. Semiotik, Bd. 6, H. 4, 1984, S. 433-444

Kroker, Evelyn: Die Weltausstellungen im 19. Jahrhundert. Industrieller Leistungsnachweis, Konkurrenzverhalten und Kommunikationsfunktion unter Berücksichtigung der Montanindustrie des Ruhrgebietes zwischen 1851 und 1880, Göttingen 1975

Kultermann, Udo: Geschichte der Kunstgeschichte. Der Weg einer Wissenschaft, Düsseldorf und Wien 1966

Kunstschulreform 1900-1933, dargestellt vom Bauhaus-Archiv Berlin, hg. von Hans M. Wingler u. a., Berlin 1977

Lange-Eichbaum, Wilhelm: Genie – Irrsinn und Ruhm, München 1928

ders.: Genie als Problem, (ohne Ort) 1931

Langenstein, York: Der Münchner Kunstverein im 19. Jahrhundert. Ein Beitrag zur Entwicklung des Kunstmarktes und des Ausstellungswesens, München 1983

Langer, Brigitte: Das Münchner Künstleratelier des Historismus, Dachau 1992

Langner, Johannes: »Das Sprechen von Geheimen durch Geheimes.« Kandinsky und der Symbolismus, in: Ausst. Kat. Berlin 1994, Der frühe Kandinsky 1900-1910, hg. von Magdalena M. Möller, München 1994, S. 71-83

Lankheit, Klaus, Kommentar in: Der Blaue Reiter, hg. von Wassily Kandinsky und Franz Marc. Dokumentarische Neuausgabe von Klaus Lankheit, München/Zürich 1984

Le Goff, Jacques: Eine mehrdeutige Geschichte, in: Ulrich Raulff (Hg.): Mentalitäten-Geschichte. Zur historischen Rekonstruktion geistiger Prozesse, Berlin 1987

Lehmann, Ernst Herbert: Geschichte des Konversationslexikons, Leipzig 1934

Lenman, Robin: Der deutsche Kunstmarkt 1840-1933. Integration, Veränderung, Wachstum, in: Mai u. a. 1993, S. 135-152

ders.: Die Kunst, die Macht und das Geld. Zur Kulturgeschichte des kaiserlichen Deutschland 1871-1918, Frankfurt am Main/New York 1994

Lenz, Christian: Wilhelm Leibl. Der Maler, in: Ausst. Kat. Neue Pinakothek München 1994, Wilhelm Leibl zum 150. Geburtstag, S. 49-79

Ley, Andreas: Die Villa als Burg. Ein Beitrag zur Architektur des Historismus im südlichen Bayern 1842-1968, München 1981

Liedke, Volker: Die Herkunft der Münchner Maler und Bildhauer des 16., 17. und 18. Jahrhunderts, in: Ars Bavarica 10, 1979

ders.: Die Lehrjungen der Münchner Maler und Bildhauer des 16. Jahrhunderts, in: Ars Bavarica 15/16, 1980

Luckmann, Thomas/Sprondel, Walter Michael (Hg.): Berufssoziologie, Köln 1972

Ludwig, Horst: Malerei der Gründerzeit. Bayerische Staatsgemäldesammlungen. Vollständiger Katalog, München 1977

ders.: Münchner Malerei im 19. Jahrhundert, München 1978

ders.: Kunst, Geld und Politik um 1900 in München, Berlin 1986

Lüdecke, Heinz/Heiland, Susanne: Dürer und die Nachwelt, Berlin/DDR 1955

Lundgreen, Peter: Zur Konstituierung des »Bildungsbürgertums«: Berufs- und Bildungsauslese der Akademiker in Preußen, in: Conze/Kocka 1985 ders./Kraul, Margret/Ditt, Karl: Bildungschancen und soziale Mobilität in der städtischen Gesellschaft des 19. Jahrhunderts, Göttingen 1988

Mai, Ekkehard: Kunstakademien im Wandel. Zur Reform der Künstlerausbildung im 19. Jahrhundert. Die Beispiele Berlin und München, in: Kunstschulreform 1900-1933, dargestellt vom Bauhaus Archiv Berlin, hg. v. Hans M. Wingler, Berlin 1977, S. 22-41

ders.: Die Berliner Kunstakademie im 19. Jahrhundert. Kunstpolitik und Kunstpraxis, in: E. Mai/S. Waetzoldt: Kunstverwaltung, Bau- und Denkmalpolitik im Kaiserreich, Berlin 1981

ders.: Von der hohen zur angewandten Kunst: Kunstgewerbebewegung und Reform der Künstlerausbildung um und nach 1900, in: Bauhausarchiv, Sammlungs-Katalog, Berlin 1981

ders.: Expositionen. Geschichte und Kritik des Ausstellungswesens, München 1982

ders.: Problemgeschichte der Münchner Kunstakademie bis in die zwanziger Jahre, in: Zacharias 1985

ders. (Hg.): Historienmalerei in Europa. Paradigmen in Form, Funktion und Ideologie, Mainz 1990

ders./Paret, Peter, unter Mitwirkung von Ingrid Severin (Hg.): Sammler, Stifter und Museen. Kunstförderung in Deutschland im 19. und 20. Jahrhundert, Köln/Weimar/Wien 1993

Makela, Maria Martha: The Munich Secession. Art and Artists in Turn-of-the-Century Munich, Princeton N. J. 1991

Mehl, Sonja: Franz von Lenbach (1836-1904). Leben und Werk, Diss. phil. München 1972

dies.: Franz von Lenbach in der Städtischen Galerie München, München 1980

Mende, Matthias: Die Transparente der Nürnberger Dürer-Feiern von 1828, in: Anzeiger des Germanischen Nationalmuseums 1969, S. 177-209

Meurer, Bernd/Vincon, Hartmut: Industrielle Ästhetik. Zur Geschichte und Theorie der Gestaltung, Gießen 1983

Meyer, P.: Die Kunst und ihr Publikum, in: G. Eisermann (Hg.): Wirtschaft und Kultursystem, Erlenbach/Zürich/Stuttgart 1955, S. 255-266

Misch, Georg: Geschichte der Autobiographie, Bd. I-IV, Frankfurt am Main, 2. Aufl. 1949-1952

Möckl, Karl: Gesellschaft und Politik während der Ära des Prinzregenten Luitpold in Bayern, München und Wien 1972

ders.: Hof und Hofgesellschaft in Bayern, in: Karl Ferdinand Weber (Hg.): Höfische Kultur und Politik im 19. Jahrhundert, Bonn 1985

Möller, Frank: Zwischen Kunst und Kommerz. Bürgertheater im 19. Jahrhundert, in: Hein/Schulz 1996

Möller, Susanne von: Kunsthandel und Kunstexport. Ein Markt für gehobene Schichten, in: Prinz/Krauss 1988, S. 501-513

Mogge, Winfried: Wandervogel, Freideutsche Jugend und Bünde. Zum Jugendbild der bürgerlichen Jugendbewegung, in: Thomas Koebner/Rolf-Peter Janz/Frank Trommler: »Mit uns zieht die neue Zeit«. Der Mythos Jugend, Frankfurt am Main 1985

Mohr, Christoph/Müller, Michael: Funktionalität und Moderne. Das Neue Frankfurt und seine Bauten 1925-1933, Frankfurt am Main 1984

Mommsen, Wolfgang J.: Rationalisierung und Mythos bei Max Weber, in: Karl Heinz Bohrer (Hg.): Mythos und Moderne. Begriff und Bild einer Rekonstruktion, Frankfurt am Main 1983

ders.: Max Webers Begriff der Universalgeschichte, in: Kocka 1986, S. 51-72

ders.: Die Kultur der Moderne im Deutschen Kaiserreich, in: Die Wiener Jahrhundertwende. Einflüsse, Umwelt, Wirkungen, hg. von Jürgen Natz/Richard Vahremkamp im Auftrage der Universität GHS Kassel, Wien/Köln/Graz 1992, S. 856-881

ders.: Die Kultur der Moderne im Deutschen Kaiserreich, in: Wolfgang Hardtwig/Harm-Hinrich Brandt (Hg.): Deutschlands Weg in die Moderne. Politik, Gesellschaft und Kultur im 19. Jahrhundert, München 1993

ders.: Die Herausforderung der bürgerlichen Kultur durch die künstlerische Avantgarde. Zum Verhältnis von Kultur im Politik im Wilhelminischen Deutschland, in: Geschichte und Gesellschaft 20, 1994, S. 424-444

Müller, Michael: Die Verdrängung des Ornaments. Zum Verhältnis von Architektur und Lebenspraxis, Frankfurt am Main 1977

Müller, Sebastian: Kunst und Industrie. Ideologie und Organisation des Funktionalismus in der Architektur, München 1974

Münch, P. (Hg.): Ordnung, Fleiß und Sparsamkeit. Texte und Dokumente zur Entstehung der »bürgerlichen Tugenden«, München 1984

Münch, Richard: Die Struktur der Moderne, Frankfurt am Main 1984

Mundt, Barbara: Die deutschen Kunstgewerbemuseen im 19. Jahrhundert, München 1974

Nedoluha, Alois: Kulturgeschichte des technischen Zeichnens, Wien 1960

Nerdinger, Winfried (Hg.): Richard Riemerschmid. Vom Jugendstil zum Werkbund – Werke und Dokumente, München 1982 (zugleich Ausst. Kat. Architekturslg. der TU München, des Münchner Stadtmuseums und des Germanischen Nationalmuseums)

ders.: Fatale Kontinuität. Akademiegeschichte von den zwanziger bis zu den fünfziger Jahren, in: Zacharias 1985, S. 179-204

ders. (Hg.): Romantik und Restauration. Architektur in Bayern zur Zeit Ludwigs I., 1825-1848, München 1987 (zugleich Ausst. Kat. Architekturslg. der TU München, des Münchner Stadtmuseums in Verbindung mit dem Zentralinstitut für Kunstgeschichte)

Neumann, Eckhard: Künstlermythen. Eine psychologische Studie über Kreativität, Frankfurt am Main/New York 1986

Neumann, Thomas: Der Künstler in der bürgerlichen Gesellschaft. Entwurf einer Kunstsoziologie am Beispiel der Künstlerästhetik Friedrich Schillers, Stuttgart 1968

Nipperdey, Thomas: Verein als soziale Struktur in Deutschland im späten 18. und frühen 19. Jahrhundert, Göttingen 1972 (= Veröffentlichungen des Max-Planck-Instituts für Geschichte, Bd. 1)

ders.: Probleme der Modernisierung in Deutschland, in: ders.: Nachdenken über die deutsche Geschichte, München 1986, S. 44-59

ders.: Der Mythos im Zeitalter der Revolution, in: Dietrich Borchmeyer (Hg.): Wege des Mythos in der Moderne. Richard Wagner – Der Ring des Nibelungen, München 1987

ders.: Kommentar »bürgerlich« als Kultur, in: Kocka 1987

ders.: Wie das Bürgertum die Moderne fand, Berlin 1988

ders.: Deutsche Geschichte 1866-1918, 1. Band: Arbeitswelt und Bürgergeist, München 1990

Nitschke, August/Ritter, Gerhard A./Peukert, Detlev J. K./vom Bruch, Rüdiger (Hg.): Jahrhundertwende. Der Aufbruch in die Moderne 1880-1930, 2 Bde., Reinbek bei Hamburg 1990

Nohl, H.: Die Kunst und das Publikum, in: Sammlung 7, 1952, S. 14-22

North, Michael: Kunst und Kommerz im goldenen Zeitalter. Zur Sozialgeschichte der niederländischen Malerei des 15. Jahrhunderts, Köln/Weimar/Wien 1992

Panofsky, Erwin: Artist, Scientist, Genius: Notes on the »Renaissance-Dämmerung«, in: W. K. Ferguson et al.: The Renaissance. A Symposium, New York 1953, S. 123-182

ders.: Meaning in the Visual Arts, New York 1955

Paret, Peter: Die Berliner Secession. Moderne Kunst und ihre Feinde im Kaiserlichen Deutschland, Berlin 1981

ders.: Kunst als Geschichte. Kultur und Politik von Menzel bis Fontane, München 1990

Peters, Hans Joachim: Der Maler und sein Modell, München 1969

Petzet, Detta und Michael: Die Richard-Wagner-Bühne König Ludwigs II., München 1970

Petzina, Dietrich/Abelshauser, Werner/Faust, Anselm: Sozialgeschichtliches Arbeitsbuch III. Materialien zur Statistik des Deutschen Reiches 1914-1945, München 1978

Peukert, Detlev J. K.: Die »letzten Menschen«. Beobachtungen zur Kulturkritik im Geschichtsbild Max Webers, in: Geschichte und Gesellschaft, 12. Jg., 1980, H. 4, S. 425-442

ders.: Die Rezeption Max Webers in der Geschichtswissenschaft der Bundesrepublik Deutschland, in: Kocka 1986, S. 266

ders.: Max Webers Diagnose der Moderne, Göttingen 1989

ders.: »Der Tag klingt ab, Allen Dingen kommt nun der Abend ...«. Max Webers »unzeitgemäße« Begründung der Kulturwissenschaften, in: Rüdiger vom Bruch u. a.: Kultur und Kulturwissenschaften um 1900, Stuttgart 1989, S. 155-173

Pevsner, Nikolaus: Die Geschichte der Akademien, München 1986

Plagemann, Volker: Das deutsche Kunstmuseum 1790-1870, München 1967

Plessner, Helmuth: Über die gesellschaftlichen Bedingungen der Malerei, in: ders.: Diesseits der Utopie, Berlin 1966

Polling, Clark V.: Kandinsky-Unterricht am Bauhaus. Farbenseminar und analytisches Zeichnen dargestellt am Beispiel der Sammlung des Bauhaus-Archivs Berlin, Weingarten 1982

Pophanken, Andrea: Graf Adolf Friedrich von Schack und seine Galerie. Anmerkungen zur Münchner Sammlungsgeschichte, in: Mai u. a. 1993, S. 114-134

Posener, Roland: Kultur als Zeichensystem. Zur semiotischen Explikation kulturwissenschaftlicher Grundbegriffe, in: Aleida Assmann/Dietrich Harth (Hg.): Kultur als Lebenswelt und Monument, Frankfurt am Main 1991, S. 37-74

Prinz, Friedrich/Krauss, Marita (Hg.): München – Musenstadt mit Hinterhöfen. Die Prinzregentenzeit 1886-1912, München 1988

Puhle, Hans-Jürgen (Hg.): Bürger in der Gesellschaft der Neuzeit. Wirtschaft – Politik – Kultur, Göttingen 1991

Puschner, Uwe/Schmitz, Walter/Ulbricht, Justus H. (Hg.): Handbuch zur »Völkischen Bewegung« 1871-1918, München 1996

Radkau, Joachim: Die Wilhelminische Ära als »nervöses Zeitalter« oder: Die Nerven als Netzwerk zwischen Tempo- und Körpergeschichte, in: Geschichte und Gesellschaft 20, 1994, S. 211-241

Ramstöck, Erich: Das theoretische und praktische Wirken Georg Hirth's 1841-1916, Diss. med. Fak. Ludwig-Maximilians-Universität zu München 1956/57

Ranke, Winfried: Franz von Lenbach. Der Münchner Malerfürst, Köln 1986

ders.: Graf Schack und die »Deutschrömer«, in: Münchner Jb. der Bildenden Kunst, 3. Folge, Bd. XXXIX, München 1988, S. 175-202

Rauheit, Franz: Die Herkunft der Worte und Begriffe »Kultur«, »Civilisation« und »Bildung«, in: Germ.-Rom. Monatsschrift NF, Bd. III, 1953

Raulff, Ulrich (Hg.): Mentalitäten-Geschichte. Zur historischen Rekonstruktion geistiger Prozesse, Berlin 1987

Rech, Peter: Engagement und Professionalisierung des Künstlers, in: Kölner Zeitschrift für Soziologie 24, 1972, S. 509-522

Reitmaier, Marina: Die Jahresgaben des Münchner Kunstvereins (1825-1865), München 1988

Reulecke, Jürgen: Geschichte der Urbanisierung in Deutschland, Frankfurt am Main 1985

Riesman, David: The Lonely Crowd, 1950 (deutsch: Die einsame Masse. Eine Untersuchung der Wandlungen des amerikanischen Charakters, Berlin 1956)
Ringbom, Sixten: Kandinsky und das Okkulte, in: Zweite 1982, S. 85-101
Ritter, Gerhard A./Tenfelde, Klaus: Arbeiter im Kaiserreich, Bonn 1994
Ritter, Joachim: Musealisierung als Kompensation, 1963
Röhrl, Boris: Wilhelm Leibl. Leben und Werk, Hildesheim 1994
ders.: Die Kontroverse um Wilhelm Leibl. Über die Umwertung des Realismus als konservative Strömung. Eine Kritik der Leibl-Retrospektive in der Neuen Pinakothek und im Wallraff-Richartz-Museum, in: Kritische Berichte 1, 1995, S. 46-56
Röttgen, Steffi: Hofkunst – Akademie – Kunstschule – Werkstatt. Texte und Kommentare zur Kunstpflege von August III. von Polen und Sachsen bis zu Ludwig I. von Bayern, in: Münchner Jb. der bild. Kunst F. 3, 36, 1985
Roh, Franz: Der verkannte Künstler, München 1948
ders.: Streit um die moderne Kunst, München 1962
Roth-Wölfle, Lotte (Hg.): Die Münchner Freie Gesellige Vereinigung »Die Mappe«. 1926-1990, München 1990
Rüger, Maria (Hg.): Kunst und Kunstkritik der dreißiger Jahre, Dresden 1990
Ruhmer, Eberhard: Künstlerbildnisse des Leibl-Kreises, in: Die Kunst und das schöne Heim 57, 1959, S. 121-125
Ruppert, Wolfgang: Lebensgeschichten. Zur deutschen Sozialgeschichte 1850-1950, Opladen 1980
ders.: Bürgerlicher Wandel. Die Geburt der modernen deutschen Gesellschaft im 18. Jahrhundert, Frankfurt am Main 1984
ders. (Hg.): Die Arbeiter. Lebensformen, Alltag und Kultur von der Frühindustrialisierung bis zum »Wirtschaftswunder«, München 1986
ders.: Der Blick der bürgerlichen Künstler auf die ländliche Lebenswelt im letzten Drittel des 19. Jahrhunderts, in: Wolfgang Jacobeit u. a.: Idylle oder Aufbruch? Das Dorf im bürgerlichen 19. Jahrhundert. Ein europäischer Vergleich, Berlin 1990, S. 139-154
ders. (Hg.): Fahrrad, Auto, Fernsehschrank. Zur Kulturgeschichte der Alltagsdinge, Frankfurt am Main 1993
ders.: Der verblassende Reiz der Dinge. Die Produktion von Bedeutung als Teilschicht der Objektkultur in der industriellen Massenkultur, in: Gerd Kuhn/Andreas Ludwig (Hg.): Alltag und soziales Gedächtnis. Die DDR-Objektkultur und ihre Musealisierung, Hamburg 1997, S. 217-229
Sabean, David Warren: Das zweischneidige Schwert. Herrschaft und Widerspruch im Württemberg der frühen Neuzeit, Frankfurt am Main 1990
Saldern, Adelheid von: Häuserleben. Zur Geschichte städtischen Arbeiterwohnens vom Kaiserreich bis heute, Bonn 1995

dies.: »Kunst fürs Volk«. Vom Kulturkonservatismus zur nationalsozialistischen Kulturpolitik, in: Harald Welzer (Hg.): Das Gedächtnis der Bilder. Ästhetik und Nationalsozialismus, Tübingen 1995, S. 45-104

Schack-Simitzis, Clementine: Münchner Kunstgewerbe auf den Ausstellungen 1908 und 1912 – Ringen um den »modernen Stil«, in: Münchner Messe- und Ausstellungsgesellschaft und Münchner Stadtmuseum (Hg.): Vom Ausstellungspark zum Internationalen Messeplatz. München 1904 bis 1984, München 1984

dies.: Der Anbruch der neuen angewandten Kunst, in: Prinz/Krauss 1988, S. 240-243

Schambach, Karin: Photographie – ein bürgerliches Medium, in: Hein/Schulz 1996, S. 66-81

Schick, Gabriele: Die Münchner Kunststadt-Diskussion 1781 bis 1945, Wien 1994

Schindler, Norbert: Jenseits des Zwangs? Zur Ökonomie des Kulturellen inner- und außerhalb der bürgerlichen Gesellschaft, in: Zeitschrift für Volkskunde, 81. Jg., 1985, H. II, S. 192-219

Schissler, Hanna: Soziale Ungleichheit und historisches Wissen. Der Beitrag der Geschlechtergeschichte, in: dies. (Hg.): Geschlechterverhältnisse im historischen Wandel, Frankfurt am Main/New York 1993, S. 9-36

Schmid, Alois: Der Hof als Mäzen. Aspekte der Kunst und Wissenschaftspflege der Münchner Kurfürsten, S. 185-268, in: Rationalität und Sentiment, St. Ottilien 1987

Schmidt, Jochen: Die Geschichte des Genie-Gedankens in der deutschen Literatur, Philosophie und Politik 1750-1945, 2 Bde., Darmstadt 1985

Schmitz, Walter: Der ästhetische Staat. Die Kulturpolitik Ludwigs I. und ihre literarischen Wertungen, in: ders. (Hg.): Die Münchner Moderne, Stuttgart 1988

ders. (Hg.): Die Münchner Moderne. Die literarische Szene in der »Kunststadt« um die Jahrhundertwende, Stuttgart 1990

Schmoll-Hofmann, Helga: Der Bayerische Kunstgewerbeverein und die Kunstgewerbebewegung, in: 125 Jahre Bayerischer Kunstgewerbeverein, München 1976

Schmoll, Helga, gen. Eisenwerth: Die Münchner »Debschitz-Schule«. Lehr- und Versuchs-Ateliers für angewandte und freie Kunst. Hermann Obrist und Wilhelm von Debschitz, München 1902-1914, in: Kunstschulreform 1900-1933, Berlin 1977

Schnell, Werner: Georg Friedrich Kersting (1785-1847): Das zeichnerische und malerische Werk mit Œuvrekatalog, Berlin 1994

Schober, Karen/Tessaring, Manfred: Vom Wandel im Bildungs- und Berufswahlverhalten Jugendlicher, in: Materialien aus der Arbeitsmarkt- und Berufsforschung, Bundesanstalt für Arbeit Nürnberg, Nr. 3, 1993

Schoch, Rainer: Das Herrscherbild in der Malerei des 19. Jahrhunderts, München 1975

Schöttler, Peter: Wer hat Angst vor dem »linguistic turn«?, in: Geschichte und Gesellschaft 23, 1997, S. 134-151

Schorske, Carl E.: Wien. Geist und Gesellschaft im Fin de Siècle, Frankfurt am Main 1982

ders.: Österreichs Ästhetische Kultur 1870-1914. Betrachtungen eines Historikers, in: Ausst. Kat. Historisches Museum Wien: Traum und Wirklichkeit. Wien 1870-1930, Wien 1985

Schüren, Reinhard: Soziale Mobilität. Muster, Veränderungen und Bedingungen im 19. und 20. Jahrhundert, St. Katharinen 1989

Schulze, Hagen: Weimar. Deutschland 1917-1933, 6. Aufl., Berlin 1944

Schuster, Peter-Klaus (Hg.): Peter Behrens und Nürnberg, Stuttgart 1980

ders. (Hg.): »München leuchtete.« Karl Caspar und die Erneuerung christlicher Kunst in München um 1900, München 1984 (zugleich Ausst. Kat. Bayerische Staatsgemäldesammlungen)

ders.: München, das Verhängnis einer Kunststadt, in: ders. (Hg.): Die »Kunststadt« München 1937. Nationalsozialismus und »Entartete Kunst«, München 1987

Schwarz, Hans-Peter: Im Spannungsfeld von Fürstenhof und Bürgerstadt. Die Entstehung der Künstlerhäuser im 16. Jahrhundert, in: ders. (Hg.): Künstlerhäuser. Eine Architekturgeschichte des Privaten, Frankfurt am Main 1989 (zugleich Ausst. Kat. Deutsches Architekturmuseum)

Segieth, Clelia: Georg Hirth und die deutsche Neorenaissance. »Das deutsche Zimmer der Renaissance« als Beitrag zur Charakterisierung der deutschen Neorenaissance in München, München 1984 (Magisterarbeit, MS masch.)

Selig, Heinz: Münchner Stadterweiterung von 1860-1910. Stadtgestalt und Baukunst, München 1978

Selle, Gert: Zwischen Kunsthandwerk, Manufaktur und Industrie. Rolle und Funktion des Künstler-Entwerfers um 1898 bis 1908, in: Gerhard Bott (Hg.): Von Morris zum Bauhaus. Eine Kunst gegründet auf Einfachheit, Hanau 1977

ders.: Geschichte des Design in Deutschland, Frankfurt am Main/New York 1994

Sellin, Volker: Mentalität und Mentalitätsgeschichte, in: Historische Zeitschrift, Jg. 1985, H. 241, S. 555 ff.

Sennett, Richard: Civitas. Die Großstadt und die Kultur des Unterschiedes, Frankfurt am Main 1991

Severin, Ingrid: Baumeister und Architekten. Studien zur Darstellung eines Berufsstandes in Porträt und Bildnis, Berlin 1990

Sfeir-Semler, Andree: Die Maler am Pariser Salon 1791-1880, Frankfurt am Main/New York 1992

Siedler, Wolf Jobst: Kommentar. Fürstenmaler und Malerfürst, in: Kocka 1987, S. 239-242

Siegrist, Hannes (Hg.): Bürgerliche Berufe. Beiträge zur Sozialgeschichte

der Professionen, freien Berufe und Akademiker im internationalen Vergleich, Göttingen 1988
Silbermann, Alphons: Empirische Kunstsoziologie. Eine Einführung mit kommentierter Bibliographie, Stuttgart 1973
ders.: Zur Wesentlichkeit der Beziehung zwischen Künstler und Gesellschaft, in: Kölner Zeitschrift für Soziologie und Sozialpsychologie, Sonderheft 17, Künstler und Gesellschaft, Opladen 1974
Simhart, Florian: Bürgerliche Gesellschaft und Revolution. Eine ideologiekritische Untersuchung des politischen und sozialen Bewußtseins in der Mitte des 19. Jahrhunderts. Dargestellt am Beispiel einer Gruppe des Münchner Bildungsbürgertums, München 1978
Simon, Hans Ulrich: Sezessionismus. Kunstgewerbe in literarischer und bildender Kunst, Stuttgart 1976
Stamm, Brigitte: Das Reformkleid in Deutschland, Diss. phil. TU Berlin 1976
Stein, G.: Unternehmer als Förderer der Kunst, Frankfurt am Main/Bonn 1952
Stelzer, Otto: Die Vorgeschichte der abstrakten Kunst. Denkmodelle und Vor-Bilder, München 1964
Stern, Fritz: Kulturpessimismus als politische Gefahr, (zuerst Bern/Stuttgart 1963) 2. Aufl., München 1986
Stockmann, Rainer/Willms-Herget, Angelika: Erwerbsstatistik in Deutschland. Die Berufs- und Arbeitsstättenzählungen seit 1875 als Datenbasis der Sozialstrukturanalysen, Frankfurt am Main/New York 1985
Stürmer, Michael: Herbst des alten Handwerks, München 1979
ders.: Hofhandwerk, München 1981
Stukenbrok, Christiane: Wilhelm Leibl und die Niederländische Malerei des 17. Jahrhunderts, in: Ausst. Kat. München Neue Pinakothek, Wilhelm Leibl, München 1994
Sturm, Eva: Museifizierung und Realitätsverlust, in: Wolfgang Zacharias (Hg.): Zeitphänomen Musealisierung, Essen 1990
Sturm, Hermann: Fabrikarchitektur – Villa – Arbeitersiedlung, München 1977
Tenfelde, Klaus: Die Entfaltung des Vereinswesens während der industriellen Revolution in Deutschland 1850-1878, in: Dann 1984, S. 55-114
Thiekötter, Angelika/Siepmann, Eckhard (Hg.): Packeis und Pressglas. Von der Kunstgewerbebewegung zum Deutschen Werkbund, Gießen 1987
Timm, Hermann: Bildungsreligion im deutschsprachigen Protestantismus – Eine grundbegriffliche Perspektivierung, in: Koselleck 1992, S. 57 ff.
Tornow, Ingo: Das Münchner Vereinswesen in der ersten Hälfte des 19. Jahrhunderts mit einem Ausblick auf die zweite Jahrhunderthälfte, München 1977 (= Miscellanea Bavarica Moncensia Bd. 75)

Trommler, Frank: Mission ohne Ziel. Über den Kult der Jugend im modernen Deutschland, in: Thomas Koebner/Rolf-Peter Janz/Frank Trommler: »Mit uns zieht die neue Zeit«. Der Mythos Jugend, Frankfurt am Main 1985

Uhde-Bernays, Hermann: Die Münchner Malerei im 19. Jahrhundert, 2. Teil: 1850-1900, neu herausgegeben von Eberhard Ruhmer, München 1983

Veblen, Thorstein: Theorie der feinen Leute. Eine ökonomische Untersuchung der Institutionen, München 1971

Venturi, L.: Geschichte der Kunstkritik, München 1972

Venzmer, W.: Neu-Dachau. 1895-1905. Ludwig Dill, Adolf Hölzel, Arthur Langhammer in der Künstlerkolonie Dachau, Ausst. Kat. Dachau 1984

Wackernagel, Martin: Vier Aufsätze über geschichtliche und gegenwärtige Faktoren des Kunstlebens, Wattenscheid 1936

ders.: Der Lebensraum des Künstlers in der florentinischen Renaissance, Leipzig 1938

Wagner, Monika (Hg.): Moderne Kunst, Bd. 1. Das Funkkolleg zum Verständnis der Gegenwartskunst, Reinbek bei Hamburg 1991

Waldmann, Heinz: Die Künstlerateliers und ihre Inhaber im Zeitwandel von 1750-1900. Studie zur Geschichte des Künstlers und der Arbeitsweise des Künstlers, Diss. phil. Münster 1954

Warnke, Martin: Bau und Überbau. Soziologie der mittelalterlichen Architektur nach den Schriftquellen, Frankfurt am Main 1976

ders.: Zur Situation der Couchecke, in: Jürgen Habermas (Hg.): Stichworte zur »Geistigen Situation der Zeit«, Bd. 2, Frankfurt am Main 1979, S. 683-697

ders.: Hofkünstler. Zur Vorgeschichte des modernen Künstlers, Köln 1985

ders.: Das Bild als Bestätigung, in: Werner Busch (Hg.): Funkkolleg Kunst, München 1987

ders.: Ein Motiv aus der politischen Ästhetik, in: Kocka 1987, S. 227-238

Washton-Long, Rose-Carol: Kandinsky. The Development of an Abstract Style, Oxford 1980

Watson, Bruce A.: Kunst, Künstler und soziale Kontrolle, Köln und Opladen 1961

Weber, Jürgen: Entmündigung der Künstler. Geschichte und Funktionsweise der bürgerlichen Kunsteinrichtungen, München 1979

Weber, Max: Die protestantische Ethik. Eine Aufsatzsammlung, hg. von Johannes Winckelmann, München und Hamburg, 2. Aufl. 1966

Wehler, Hans-Ulrich: Modernisierungstheorie und Geschichte, Göttingen 1975

ders.: Deutsche Gesellschaftsgeschichte, 1. Bd.: Vom Feudalismus des Alten Reiches bis zur defensiven Modernisierung der Reformära 1700-1815; Bd. 2: Von der Reformära bis zur industriellen und politischen »Deutschen Doppelrevolution« 1815-1845/49, München 1987 ders.: Wie bürgerlich war das Deutsche Kaiserreich?, in: Kocka 1987, S. 243-280

ders.: Deutsche Gesellschaftsgeschichte, 3. Bd.: 1849-1914, München 1995

Weichel, Thomas: Bürgerliche Villa im 19. Jahrhundert, in: Hein/Schulz 1996, S. 234-251

Weihe, Hugo Keith: Die Ware Kunst. Geschäft mit der Ästhetik, hg. von Suzanne Kappler, Zürich/Villingen 1989

Weiss, Peg: Kandinsky in Munich. The Formative Jugendstil Years, Princeton N.J. 1979

dies.: Kandinsky und München. Begegnungen und Wandlungen, in: Zweite 1982, S. 29-84

Wellensiek, Hertha: Kunsthandel in München. Verkaufsformen im frühen 19. Jahrhundert, in: Katalog der 15. Deutschen Kunst- und Antiquitätenmesse, München 1970

Welsch, Wolfgang: Unsere postmoderne Moderne, Weinheim, 2. Aufl. 1988

Wichmann, Hans: Aufbruch zum neuen Wohnen. Deutsche Werkstätten und WK-Verband 1898-1970, Basel und Stuttgart 1978

Wichmann, Siegfried/Roth, Monika: Hermann Obrist. Wegbereiter der Moderne, München 1968

ders.: Franz von Lenbach und seine Zeit, Köln 1973

Wietek, Gerhard (Hg.): Deutsche Künstlerkolonien und Künstlerorte, München 1976

Wilhelm, Hermann: Die Münchner Boheme. Von der Jahrhundertwende bis zum Ersten Weltkrieg, München 1993

Willms-Herget, Angelika: Frauenarbeit. Zur Integration der Frauen in den Arbeitsmarkt, Frankfurt am Main/New York 1985

Windecker, Sabine: Gabriele Münter. Eine Künstlerin aus dem Kreis des »Blauen Reiter«, Berlin 1991

Wingler, Hans M.: Das Bauhaus 1919-1933. Weimar, Dessau, Berlin und die Nachfolge in Chikago seit 1937, 3. Auflage, Bramsche 1975

Wittkower, Rudolf und Margot: Künstler. Außenseiter der Gesellschaft, Stuttgart 1965

Wülfing, Wulf/Bruns, Karin/Porr, Rolf: Historische Mythologie der Deutschen 1798-1918, München 1991 *den 690.40/W92*

Würtenberger, Franzsepp: Das Maleratelier als Kultraum im 19. Jahrhundert, in: Miscellanea Bibliotheca Hertziana, München 1961, S. 502-513

Zacharias, Thomas (Hg. im Auftrag der Akademie): Tradition und Widerspruch. 175 Jahre Kunstakademie München, München 1985

Zeitler, Rudolf: Handwerk – Kunsthandwerk – Kunst. Ansprache zur Eröffnung der Ausstellung »Künstlerleben in Rom – Bertel Thorvaldsen (1770-1844). Der dänische Bildhauer und seine deutschen Freunde« im Germanischen Nationalmuseum in Nürnberg am 1. Dez. 1991, in: Anzeiger des Germanischen Nationalmuseums und Berichte aus dem Institut für Realienkunde, Nürnberg 1994, S. 20-24

Zimmermann, K.: Friedrich August von Kaulbach 1850-1920. Monographie und Werkverzeichnis. Materialien zur Kunst des 19. Jahrhunderts XXVI, München 1980

Zweite, Armin (Hg.): Kandinsky und München. Begegnungen und Wandlungen 1896-1914, München 1982

Bildnachweis

Die in Klammern gesetzten Seitenzahlen bezeichnen die Abbildungsnummern der zitierten Abbildungen in diesem Werk.

Ausst. Kat. Lenbach 1987: S. 160 (Abb. 24); S. 212 (Abb. 21); S. 231 (Abb. 17); S. 228/29 (Abb. 18 und 19); S. 317 (Abb. 20); S. 415 (Abb. 9)

Ausst. Kat. Kandinsky 1982: S. 34 (Abb. 26); S. 37 (Abb. 28)

Ausst. Kat. Kandinsky 1989: S. 22 (Abb. 34)

Ausst. Kat. Münchner Stadtmuseum Prinzregentenzeit 1988: S. 319 (Abb. 13)

Gabriele Münter Archiv, Städt.Galerie im Lenbachhaus München: Ateliergebäude (Abb. 30); Aktzeichnen (Abb. 6) Blaue Reiter-Ausstellung (Abb. 32); Faschingsfest (Abb. 10) Kandinsky und Marc (Abb. 31); Klasse Kandinsky (Abb. 29) Münter Atelier (Abb. 16)

Bauer, Richard: Prinzregentenzeit. München und die Münchner in Fotografien, München 1988, S. 111 (Abb. 8); S. 114 (Abb. 4); S. 117 (Abb. 5); S. 121 (Abb. 11); S. 121 Tierstück (Abb. 14)

Hoh - Slodcyk 1985: S. 63 (Abb. 23); S. 67 (Abb. 22);

Moeller, Magdalena M. (Hg.): Der frühe Kandinsky 1900-1910, München 1994: S. 20 (Abb. 33)

Nerdinger 1982: S. 18 (Abb. 39); S. 97 (Abb. 25); S. 286 (Abb. 38)

Schnell, Werner: Georg Friedrich Kersting 1785-1847, Berlin 1994, S. A 29 (Abb. 15)

Tradition und Widerspruch 1985: S. 33 (Abb. 36); S. 109 (Abb. 35); S. 119 (Abb. 2); S. 149 (Abb. 3); S. 151 (Abb. 12); S. 162 (Abb. 7); S. 171 (Abb. 27); S. 180 (Abb. 37)

Wichmann, Siegfried: Carl Spitzweg, München 1990, S. 111 (Abb. 1)

Namenregister

Adorno, Theodor W. 298, 301
Albers, Josef 451
Alberti 305
Andreevskaja, Nina Nikolaevna 456
Angeli, H. v. 285
Avenarius, Ferdinand 270, 399
Azbè, Anton 161, 162, 413, 414, 449, 456

Bachmann, Alfred 110
Bandri, Ar. 483
Bartning, Otto 443, 570
Baselitz 12
Baudelaire, Charles 269
Baum, Paul 426
Bayer, Herbert 451, 458
Becker, Bruno 462
Becker, Carl 215
Becker-Gundahl 501
Beenken, Hermann 252
Begas, Oscar 215
Begas, Reinhold 93
Behrend-Corinth, Charlotte 307, 324
Behrens, Peter 175, 178, 209, 218, 264, 267, 403, 409, 416, 419, 421, 494, 495, 537, 542, 544, 551, 555, 556, 560
Benjamin, Walter 36, 47
Berndl, Richard 571, 572
Bestelmeyer, German 490, 506, 511, 572, 588
Beuys, Josef 193
Beyschlag, Robert 182
Bismarck, Otto v. 327, 328, 341, 354, 358, 359, 361, 366, 368, 381, 383, 385
Bleeker, Bernhard 512
Bloesch, Hans 435

Böcklin, Arnold 93, 344, 348, 398
Bode, Wilhelm v. 555, 562
Boos, Roman Anton 478
Bosselt, Rudolf 419
Bourdieu, Pierre 233, 281
Braques, Georges 427
Breuer, Marcel 450, 458
Bülow, v. 101
Burckhardt, Jacob 25, 48, 55, 69, 228, 255, 258, 259, 276, 281, 296, 309, 378
Burljuk, David 427
Burljuk, Wladimir 427

Carrière, Moritz v. 151, 169, 171, 186, 197, 311, 485
Caspar, Karl 511, 572, 590
Cassirer, Ernst 37
Cassirer, Paul 464
Chartier, Roger 52, 53
Chirico, Giorgio de 209
Christiansen, Hans 419
Conrad, Michael Georg 400
Corinth, Lovis 113, 144, 176, 177, 185, 191, 205, 209, 210, 215, 227, 257, 264, 307, 308, 311, 324, 411, 491
Cornelius, Peter 151, 256, 274, 416
Cramer-Klett, Theodor 73, 527

Davydov, Natalija 419
Debschitz, Wilhelm v. 555
Defregger, Franz v. 69, 70, 91, 97, 111, 186, 187, 195, 285, 310, 344, 356, 491, 493, 497
Degas 189, 250
Delaunay, Robert 410, 453
Descartes 261
Dietz, Feodor 171, 241, 242

Diez, Julius 168, 462, 510, 511
Diez, Wilhelm 90, 111
Dill, Ludwig 176, 178, 220, 313, 462
Doerner, Max 511
Dülfer, Martin 401
Dürer, Albrecht 180, 181, 261, 282, 305
Dyck, Anton van 349, 352, 365, 369

Ebersberger, Max 108
Eckmann, Otto 176, 403, 539
Eisner, Kurt 566
Elias, Norbert 50, 51, 304
Ende, Hans am 221, 462
Endell, August 398, 403, 407, 539, 556, 558
Engels, Eduard 211, 340, 389, 390, 403
Ense, Varnhagen v. 170
Erbslöh, Adolf 426, 427, 449
Erler, Fritz 178, 462
Exter, Julius 176

Faber Du Faur, Hans v. 364
Falke, Jakob 243, 378, 515, 527 ff.
Feininger, Lyonel 411, 451
Feuerbach, Anselm 112
Fidus 401, 537
Fiedler, Conrad 112, 149, 203, 296, 342
Fischer, Theodor 392
Flaubert, Gustave 226
Förster, Ernst 169, 520, 521
Franck, Maria 432, 452, 456
Franz Joseph 362
Freud, Sigmund 49
Freytag, Gustav 76, 416
Frick, Hans 251
Friedrich, Caspar David 32, 218, 252, 298, 316, 317, 323
Fröhlicher, Otto 313
Fuchs, Georg 174

Gallen-Kallela, Akseli 419, 420
Gedon, Lorenz v. 92, 174, 185, 370, 531, 533
Gedon, Rudolf 185
George, Stefan 216, 401
Goethe, Johann Wolfgang v. 60, 334
Gogh, Vincent van 461
Grabar, Igor 413, 448
Groeber, Hermann 512
Gropius, Walter 180, 437, 439, 441, 443, 444, 451, 476, 570, 587
Grützner, Eduard v. 111, 112, 195, 265
Gulbransson, Ninni 407

Habermann, Hugo Freiherr v. 175, 178, 316, 507, 512
Hackländer, F.W. 309
Hagemeister, Karl 313
Hagen, Ludwig v. 357
Haider, Karl 173, 329, 462
Hanfstaengl, Ernst 71, 341, 348
Harden, Maximilian 393
Hartmann, Thomas v. 448
Hecker, Waldemar 416, 417
Heine, Th. Th. 176, 462
Hellwag, Fritz 462
Herterich, Ludwig 158, 462, 512
Hess, Julius 511
Heß, Anton 369, 370
Heyse, Paul 214, 359
Hildebrand, Adolf v. 195, 203, 308, 342, 489, 497
Hiltensperger, Georg Johann 345
Hirth, Georg 208, 212, 213, 264, 319, 369, 388, 392, 400, 401, 403, 404, 534, 535
Hitler, Adolf 181, 189, 459
Hofer, Karl 411, 426
Hoff, Konrad 174
Hofmann, Ludwig v. 177, 401
Holbein 365

Hölzel, Adolf 113, 220, 300, 399, 410
Hornstein, Lolo Freiin v. 365
Hübner, Julius 99
Hüsgen, Wilhelm 177, 416, 420

Jank, Angelo 158, 160, 175, 178, 462, 512
Jawlensky, Alexej 149, 411, 413, 420, 426, 427, 431, 447, 457

Kalckreuth, Leopold Graf v. 177, 463
Kalkreuth, Graf Stanislaus 188
Kampf, Arthur 462, 563
Kandinsky, Nina 162, 412, 426, 453, 454, 455, 457, 466
Kandinsky, Wassily 42, 56, 65, 149, 161, 162, 177, 191, 209, 210, 212 f., 213, 215, 216, 264, 279, 300, 302, 396-469, 545, 583, 584, 585, 591
Kanoldt, Alexander 426, 427
Kant, Immanuel 26, 218, 233, 295, 296, 297, 577
Kardovskij, Dimitrij 449
Karl V. 184
Kaspar, Hermann 589
Kaufmann, Eugenie 172
Kaulbach, Friedrich August v. 91, 113, 174, 183, 192, 195, 214, 285, 319, 344, 369, 391, 394, 462
Kaulbach, Hermann 187
Kaulbach, Wilhelm v. 82, 83, 132, 169, 186, 196, 268, 319, 485, 490
Keller, Albert v. 344, 462
Keller, Gottfried 181, 308
Keppler, Paul Wilhelm 331
Kersting, Georg Friedrich 316, 317, 321
Kessler, Harry Graf 177, 292, 299
Killer, Karl 512
Kirchner, Ernst 434
Klee, Felix 457

Klee, Paul 209, 297, 411, 415, 440, 443, 451, 457
Klein, Richard 575
Kleinhempel, Erich 419
Klemmer, Franz 512
Klenze, Leo v. 84
Klinger, Max 177, 274, 308, 463
Knille, Otto 72
Kobell, Luise v. 270, 275, 276, 380
Koehler, Bernhard 452
Kollwitz, Käthe 172, 249, 462
Kracauer, Siegfried 340
Kubin, Alfred 209, 426, 427
Kügelgen, Wilhelm v. 306
Kunowski, Lothar v. 556
Kutter, Paul 196, 198

Lamprecht, Karl 53
Landauer, Gustav 502
Langbehn, Julius 313, 327-339, 344
Langhammer, Arthur 220
Le Bruns 365
Leibl, Wilhelm 113, 173, 312, 313, 329, 344, 350
Lenbach Franz v. 42, 73, 91, 109, 114, 142, 177, 183, 186, 191, 195, 211, 214, 217, 254, 270, 275, 285, 308, 313, 319, 322, 332, 337, 338, 340-395, 400, 425, 488, 491, 498, 583, 584
Lessing, Julius 246, 263
Lichtwarck, Alfred 80, 86, 100, 234, 235, 255, 272, 273, 274, 316, 318, 337, 366, 380, 477
Liebermann, Max 90, 176, 209, 211, 344, 463, 490
Lindau, Paul 285
Lindner, Richard 591
Lindpaintner, Mary 360, 361
Lipps, Theodor 275, 406, 408
Liszt, Franz 359
Löfftz, Ludwig v. 356, 490

Loos, Adolf v. 314
Lübke, Wilhelm 278, 279
Ludwig I. 41, 74, 82, 83, 84, 181, 182, 207, 213, 318, 348, 481, 522
Ludwig II. 101, 203, 284, 362, 390
Ludwig XIV. 365, 476
Lux, Josef August 95, 156, 211, 538, 559

Macke, August 434, 460, 464
Macke, Helmuth 450, 455, 457
Mackensen, Fritz 222, 462
Mahler, Gustav 410
Makart, Hans 109, 111, 235, 254, 285, 316, 319, 322, 324, 344, 345, 352, 354, 369, 370, 373
Mann, Thomas 150, 209, 416
Mannheim, Karl 53
Marc, Franz 41, 397, 411, 431, 432, 433, 434, 452, 455, 460, 462, 464, 465, 466
Marées, Hans v. 149, 203, 342, 346
Märten, Lu 11, 163, 247, 248, 253, 255, 266, 284, 289
Max I. Joseph 478, 496
Max, Gabriel v. 90, 116, 344
Maximilian II. 74, 84, 207, 523
Meidner, Ludwig 408
Menzel, Adolph 83, 90, 176, 243, 285, 298
Meyer, Hannes 444, 445, 587
Meyer, Julius 525
Meyerheim, Paul 285, 354
Michelangelo 365, 386
Miller d. J., Ferdinand v. 490
Miller, Ferdinand v. 162, 167, 390, 391, 495, 497, 525, 531
Moholy-Nagy, Laszlo 441, 443, 444, 445, 451
Moltke, Lena Gräfin v. 365
Mommsen, Theodor 359
Monet, Claude 189, 250, 424
Morris, William 406, 475, 538

Mozart, Wolfgang Amadeus 22, 23
Muche, Georg 443, 451
Müller, Carl Leopold 354
Müller, Viktor 79, 173
Münter, Gabriele 149, 161, 164, 178, 190, 325, 417, 419 ff., 426, 427, 432, 436, 446, 448, 456, 458
Muther, Richard 104, 358
Muthesius, Hermann 266, 267, 327, 538, 547, 559, 561

Neumann, Carl 245, 288
Neureuther, Eugen 181
Niczky, Rudolf 418
Niemayer, Adalbert 462
Nietzsche, Friedrich 282, 391
Nissen, Momme 286, 327-339, 462
Nolde, Ernst 411
Noltz, Phillip 491

Obrist, Hermann 73, 196, 211, 244, 292, 299, 323, 398, 403, 406, 418, 539, 540, 543, 544, 548, 550, 555, 556, 557, 558
Offenbach, Jacques 340
Olde, Hans 177, 462
Ostini, Fritz v. 315, 384
Overbeck, Fritz 222

Pankok, Bernhard 403, 411, 443, 554
Paul, Bruno 403, 411, 506, 555, 570
Paulsen, Fritz 312
Pecht, Friedrich 104, 228, 269, 270, 285, 318 ff., 322, 323, 341 f., 346, 349, 352, 353, 350, 365, 370, 373, 378, 533
Perfall, K. v. 183
Picasso, Pablo 427, 434
Pietsch, Ludwig 91, 104
Piloty, Karl v. 88, 89, 90, 97, 109, 111, 132, 217, 318, 344, 345, 359, 378, 481, 489, 490, 491

Piper, Reinhard 428
Pollock, Jackson 591
Poschinger, Heinrich v. 358
Praetorius 572, 575
Prinz Rupprecht v. Bayern 391
Prinzregent Luitpold 203, 205, 392, 499
Purrmann, Hans 415

Raffael 195, 365, 388
Raupp, Karl 112
Reber, Franz v. 261, 531
Rembrandt 159, 328, 330, 332, 338, 349
Renoir 189
Reventlow, Franziska v. 309
Richter, Gustav 188
Riemerschmid, Richard 151, 152, 178, 211, 401, 403, 405, 411, 416, 438, 439, 440, 441, 462, 501, 502, 506, 510, 537, 544, 545, 549, 559, 563, 564, 565, 567, 568, 569, 571
Roeßler, Arthur 399
Rolfs, Wilhelm v. 539
Rosenberg, Adolf 70, 90, 109, 111, 253, 254, 343, 350, 363, 480
Rouault, Georges 427
Rubens, Peter Paul 350, 352, 369, 386
Runge, Carl Philipp 298
Runge, Philipp Otto 272

Sacharoff, Alexander 426
Salzmann, Alexander v. 415
Schack, Graf 92, 202, 207, 303, 332, 346, 348, 353
Schadow, Wilhelm v. 99
Schanzenbach, Oscar 346, 347
Scheffler, Karl 556
Scheper, Hinnerk 451
Scheyer, Galka 454, 459
Schiller, Friedrich 21, 26, 295, 296, 577
Schinkel 252, 530
Schinnerer, Adolf 508, 509, 512
Schlemmer, Oscar 251, 443, 451
Schlittgen, Hermann 109
Schmidt, Joost 451
Schmitt-Reutte, L. 158
Schönberg, Arnold 410, 435
Schottky, Julius Max 207, 479
Schrader, Julius 116
Schroether, Alfred v. 220
Schuh, Charles 313
Schultze-Naumburg, Paul 68, 78, 88, 89, 161, 163, 189, 192, 194, 197, 209, 211, 212, 244, 247, 251, 264, 324, 403, 411, 462, 464, 483, 491, 533, 537, 541, 542, 548, 551, 556, 558, 585
Schwind, Moritz v. 182, 253
Segantini, G. 176
Seidl, Gabriel v. 150, 379, 391
Seidlitz, Waldemar v. 563
Seitz, Anton 112
Seitz, Franz v. 195, 285
Seitz, Rudolf 174, 391, 497
Semper, Gottfried 354, 527
Simmel, Georg 49, 53, 263, 266, 330, 333, 335, 338
Slevogt, Max 177, 506
Söhm, Karl 497
Sombart, Werner 266
Sperl, Johann 312
Sphanger, Edoardo 208, 280
Spiro, Eugen 415
Spitzweg, Carl 71, 197, 253
Steffeck, C. 180
Steiner, Rudolf 398, 421
Stern, Ernst 415
Stieler, Eugen 363, 478, 511
Stölzl, Gunta 451
Strauss, Johann 183
Strousberg, Bethel Henry 93, 94
Stuck, Franz v. 175, 176, 178, 191, 195, 315, 388, 391, 398, 411, 415, 416, 453, 462, 493, 501, 512, 542

Tecklenborg, Johanna 159
Thoma, Hans 73, 75, 78, 79, 176, 178, 196, 209, 253, 257, 262, 278 ff., 283, 286, 292 f., 305 f., 312, 329, 331, 344
Thorak, Josef 589
Thorvaldsen, Berthel 66
Tieck, Wilhelm 287, 308
Tintoretto 349, 350
Tizian 195, 349, 350, 365, 369, 372, 382
Trübner, Wilhelm 176, 306 ff., 312, 313, 419, 462
Tschudi, Hugo v. 250, 294, 460, 461

Uhde, Fritz v. 176

Vasari, Georgio 304
Velasquez 350, 349, 350
Velde, Henry van de 176, 178, 264, 266 f., 539, 556, 561
Vinci, Leonardo da 287, 305
Vinnen, Carl 64, 461 ff.
Vogeler, Heinrich 222
Voit, August v. 100, 527
Voß, Georg 218

Wackerle, Josef 510, 512
Waetzold, Wilhelm 146, 277, 483, 502, 506, 562

Wagner, Cosima 286, 366, 367
Wagner, Richard 35, 214, 228, 243, 269, 284, 285, 286, 313, 335, 359, 377, 385
Weber, Max 34, 35, 36
Weisgerber, Albert 415, 462
Werefkin, Marianne Baronin v. 149, 413, 420, 426, 427, 432, 457
Werner, Anton v. 24, 116, 180, 187, 188, 191, 243, 250, 270, 271, 272, 285, 393, 482, 488, 489, 533, 550
Westheim, Paul 275, 308, 440
Wilhelm II. 367
Winckelmann, J. J. 54, 296
Wolff, Albert 116
Wölfflin, Heinrich 55, 296
Wolfskehl, Karl 216
Wopfner, Josef 112
Worringer, Wilhelm 275, 408, 463
Wyl, Wilhelm (Wilhelm Ritter von Mymetal) 202, 337, 342, 345, 351, 367, 373, 377, 384, 386, 387, 388, 491

Zeddler, Nikolaj 449
Ziegler, Adolf 490, 589
Zügel, Heinrich v. 113, 462, 493, 502